LES DROITS DES PEUPLES AUTOCHTONES

Des Nations unies aux sociétés locales

Irène Bellier, Leslie Cloud et Laurent Lacroix

Avec la collaboration de

Rowena Dickins Morrison, Jennifer Hays, Verónica González González, Stéphanie Guyon, Martin Préaud, Raphaël Rousseleau et Benoît Trépied

Collection « Horizons autochtones »

Collection dirigée par Irène Bellier et Patrick Kulesza
avec Joëlle Chassin

À l'issue d'une vingtaine d'années de négociation, dans le cadre des Nations unies, entre les représentants des États et les délégués des organisations autochtones, la Déclaration des Nations unies sur les droits des peuples autochtones a été approuvée en septembre 2007, à une très large majorité, par l'Assemblée générale des Nations unies.

Cette adoption ouvre un nouvel horizon de réflexion et d'action sur les différentes modalités possibles d'exercice du droit des peuples autochtones à disposer d'eux-mêmes.

La collection « Horizons autochtones » a pour objectif de faire connaître les dynamiques, luttes et changements que l'on observe dans la situation des communautés autochtones concernées par cette déclaration à travers le globe.

Déjà parus

Guillaume Fontaine, 2010, *Gaz et pétrole en Amazonie, conflits en territoires autochtones.*

Bellier Irène (dir.), 2013, *Peuples autochtones dans le monde. Les enjeux de la reconnaissance.*

Charters Claire et Stavenhagen Rodolfo (dir.), 2013, *La Déclaration des droits des peuples autochtones. Genèse, enjeux et perspectives de mise en œuvre.*

Bellier Irène (dir.), 2014, *Terres, Territoires, Ressources. Politiques, pratiques et droits des peuples autochtones.*

Bellier Irène et Hays Jennifer (dir.), 2016, *Quelle éducation pour les peuples autochtones ?*

LES DROITS DES PEUPLES AUTOCHTONES

Des Nations unies aux sociétés locales

Irène Bellier, Leslie Cloud et Laurent Lacroix

Avec la collaboration de

Rowena Dickins Morrison, Jennifer Hays, Verónica González González, Stéphanie Guyon, Martin Préaud, Raphaël Rousseleau et Benoît Trépied

SOGIP
Scales of Governance & Indigenous Peoples

L'Harmattan
Collection « Horizons autochtones »

Cet ouvrage est le fruit d'une recherche collaborative de l'équipe Sogip dont Irène Bellier, directrice de recherches au CNRS, fut responsable scientifique de 2010 à 2015. La recherche portait sur la vie pratique d'une norme – depuis l'adoption par les Nations unies de la Déclaration sur les droits des peuples autochtones – dans une dizaine de pays, sur quatre continents. Elle a été subventionnée par le Conseil européen de la recherche dans le cadre du 7e programme-cadre de la Communauté européenne (FP7/2007-2013 *Grant Agreement* n° 249236, www.sogip.ehess.fr). Les données, rassemblées par l'ensemble des chercheurs membres de Sogip, ont été analysées et mises en forme par Irène Bellier, Leslie Cloud et Laurent Lacroix. Nous remercions Rowena Dickins Morrison, Marion Dupuis, Jennifer Hays, Verónica González González, Stéphanie Guyon, Martin Préaud, Raphaël Rousseleau et Benoît Trépied pour leur implication tout au long de ce projet d'écriture qui a suscité plusieurs révisions, notamment pour saisir les derniers changements importants à mentionner. Nous tenons à remercier M. Jean Leclair, professeur de droit à l'Université de Montréal (Québec), et Mme Geneviève Motard, professeure de droit à l'Université Laval (Québec), pour leurs relectures très fines d'une première version et leurs commentaires avisés. Ce travail est le fruit de multiples collaborations, et de nombreux aspects ont été discutés lors du séminaire mensuel « Perspectives comparatives sur les droits des peuples autochtones » qui se tient à l'EHESS depuis 2011. Les auteurs du présent livre se sont efforcés d'être le plus rigoureux possible mais, des erreurs pouvant s'y être glissées, sans décliner notre responsabilité nous invitons les lecteurs à nous communiquer leurs observations (ibellier@ehess.fr).

Couverture

Œuvre de Miguel Ángel Biazzi, 2003 : *Lo que queda / Ce qu'il reste.* « Ce n'est pas seulement ce qui se voit, mais aussi ce que personne ne voit. L'effort, les échecs, l'apprentissage, tout cela se retrouve dans les branches peintes. Mais le regard porte vers le haut, sur les rameaux qui ne sont pas peints. »

Nous remercions Miguel Ángel Biazzi de nous avoir autorisé gracieusement à reproduire son œuvre. http://www.biazzi.com.ar/

Artiste engagé et sensible à la cause des peuples autochtones, sa principale préoccupation était de sauvegarder les cultures préhispaniques. Ayant enquêté sur les racines des cultures autochtones, l'artiste recréa certaines de leurs images avec un nouveau regard, en assumant la responsabilité de restaurer tout un héritage grâce à des techniques contemporaines. Il a participé à de nombreuses expositions individuelles et collectives, à Buenos Aires, en Argentine, à l'étranger, et a reçu de nombreux prix.

Conception : Évelyne Chotard - 2017

5-7, rue de l'École polytechnique, 75005 Paris
http://www.librairieharmattan.com
diffusion.harmattan@wanadoo.fr – harmattan1@wanadoo.fr

ISBN : 978-2-343-11908-3
EAN : 9782343119083

Sommaire

Introduction[1]

Les « peuples premiers », les « premières nations », les populations « aborigènes » ou « indigènes », également connues comme constituant des minorités « ethniques » ou « nationales », ont acquis une grande visibilité dans le monde avec la négociation puis l'adoption par l'Assemblée générale des Nations unies de la Déclaration sur les droits des peuples autochtones (ci-après, la DDPA[2]), en 2007. La revendication puis la reconnaissance de la qualité de « peuple » a accompagné l'identification de ces collectifs par les expressions « peuples autochtones » en français, *indigenous peoples* en anglais, *pueblos indígenas* en espagnol, et leurs variantes en russe, chinois et arabe, soit dans les six langues officielles des Nations unies. L'expression a fait couler beaucoup d'encre, et un précédent livre rappelle les enjeux politiques des processus de nomination et de catégorisation (Bellier, 2013b). Le présent ouvrage s'appuie sur ces discussions antérieures pour examiner les cadres constitutionnels, législatifs et réglementaires qui encadrent les politiques susceptibles d'affecter aujourd'hui les collectifs qui, quels que soient les termes que l'on emploie pour les nommer, se caractérisent par les formes de leur effacement et de leur subordination dans la construction politique des États-nations, et par leur réémergence dans le champ du social.

Le temps consacré à la négociation d'un texte à vocation universelle, plus de vingt ans, coïncide avec la construction d'un mouvement international qui, en poussant à la participation toujours plus active de délégués autochtones aux

1. Nous exprimons toute notre reconnaissance à M. Jean Leclair, professeur de droit à l'Université de Montréal (Québec), et à Mme Geneviève Motard, professeur de droit à l'Université Laval (Québec), pour leur relecture attentive de l'ensemble du livre. Leur ouverture interdisciplinaire, leur connaissance des questions autochtones, leur sensibilité linguistique et leurs commentaires avisés nous ont permis de préciser les analyses proposées. Nous les remercions très chaleureusement.

2. L'acronyme DNUDPA est parfois utilisé.

activités des Nations unies, a obtenu au moins deux gains : la consécration de la catégorie « peuples autochtones » pour distinguer certaines populations dans l'ensemble colonial (et postcolonial) ; la reconnaissance de droits collectifs qui viennent compléter l'arsenal des droits humains protecteurs des individus. Le droit international distingue dorénavant le droit des minorités et les droits des peuples autochtones, ces derniers étant mieux protégés en droit que les premières. Ce ne sont pas des succès mineurs si l'on songe que les groupes concernés sont considérés, selon les indicateurs du développement humain, comme les plus pauvres, les plus vulnérables, les moins éduqués des laissés pour compte du développement, si ce n'est durement affectés par des processus qui viennent bouleverser les économies de subsistance, l'équilibre écologique du territoire ainsi que les systèmes de transmission culturelle (Bellier, 2008 ; 2014). Cette nouvelle visibilité d'une catégorie de sujets promis à la disparition du fait de la construction de l'État-nation et de sa modernisation est à mettre en relation avec leur émergence dans le champ du politique (Bengoa, 2000). Loin d'être les sujets passifs de politiques publiques supposées les intégrer dans l'économie (à défaut de les assimiler par la réduction de leur différence culturelle), ils montrent par leurs luttes et leurs prises de parole qu'ils sont acteurs de leurs destins, reconnus dans leur capacité de former des choix et de nommer des représentants, y compris dans les centres de la gouvernance mondiale où ils prononcent des paroles fortes.

L'adoption de la DDPA, en 2007, par l'Assemblée générale des Nations unies (143 États sur 193 se sont prononcés en sa faveur), ainsi que le ralliement, en 2009 et 2010, des quatre seuls opposants déclarés (Australie, Canada, États-Unis et Nouvelle-Zélande) marquent une étape de la reconfiguration souhaitée des relations entre les États et les sociétés indigènes/autochtones. En posant leur droit à l'autodétermination (article 3), la Déclaration scelle le principe de la reconnaissance des peuples autochtones en droit et ouvre la voie à la redéfinition de leur place dans la communauté internationale (Anaya, 2000). Les juristes se penchent sur l'« ambiguïté constructive » de ce document, examinent la possibilité de mettre en œuvre ses dispositions et analysent la portée des droits collectifs énoncés, dont la plupart figurent dans le droit international[3]. Nous soulignons l'influence du processus de la DDPA sur la formation d'un imaginaire d'inclusion et sur

3. Nous pensons en particulier aux deux pactes internationaux sur les droits civils et politiques (PIDCP) et sur les droits économiques, sociaux et culturels (Pidesc), adoptés en 1966, dont l'article 1 (commun) a inspiré l'article 3 de la Déclaration. Il indique que : « Tous les peuples ont le droit de disposer d'eux-mêmes. En vertu de ce droit, ils déterminent librement leur statut politique et assurent librement leur développement économique, social et culturel. » Ce droit collectif bénéficie de l'interprétation libérale d'un autre article du PIDCP (article 27) qui dispose que « dans les États où il existe des minorités ethniques, religieuses ou linguistiques, les personnes appartenant à ces minorités ne peuvent être privées du droit d'avoir, en commun avec les autres membres de leur groupe, leur propre vie culturelle, de professer et de pratiquer leur propre religion, ou d'employer leur propre langue ». L'interprétation de cet article revêt une importance singulière pour les peuples autochtones. Les autres textes les plus importants du droit international sont : la Convention 169 de l'OIT (1989) ; les conventions sur l'élimination de toutes les formes de discrimination raciale (CERD, 1969), sur l'élimination des discriminations à l'égard des femmes (Cedef, 1979), sur les droits de l'enfant (Cide, 1989) et sur la diversité biologique (CDB, 1992).

l'évocation d'une possible réparation pour les dommages subis par ces populations du fait de la colonisation. Nous prêtons attention à la manière dont ceux qui l'ont négociée aux Nations unies poursuivent le travail sur les scènes continentales (dites aussi « régionales »), comme dans les espaces nationaux et locaux. Cela nous a invités à comprendre les situations juridiques tout comme les cadres législatifs et réglementaires qui s'appliquent aux sociétés et aux personnes autochtones, dans une perspective comparative et historique.

L'importance symbolique de la DDPA est considérable. Elle invite les États du XXIe siècle à considérer *autrement* les populations sur la colonisation desquelles s'est appuyée la fabrique du « sentiment national », à les reconnaître comme des peuples en droit international, c'est-à-dire comme des sujets dotés d'une personnalité juridique. La dimension politique de l'adoption doit être aussi soulignée, puisque les organes et les institutions spécialisées du système des Nations unies ainsi que d'autres organisations intergouvernementales, les États-membres, la communauté internationale, s'engagent à mettre en œuvre les dispositions de cette déclaration (articles 41 et 42). Les deux dimensions du symbolique et du politique se renforcent du fait de la participation des représentants autochtones à la négociation de l'instrument, et de leur volonté persistante de le voir mis en œuvre.

Pour analyser les transformations liées à cet événement, un programme de recherche a été mis en place sur les Échelles de la gouvernance[4] dont le questionnement initial visait à comprendre la manière dont des normes internationales destinées à changer le statut de groupes dominés pouvaient s'appliquer dans les contextes étatiques qui ont organisé leur mise à l'écart. Les premiers travaux ont porté sur les catégories politiques et l'identification des populations et peuples autochtones dans les dix pays que nous avons retenus[5], et aussi ailleurs (Bellier, 2013b ; Cloud, González González et Lacroix, 2013 ; Davenel, 2013 ; Simon et Mona, 2013 ; Guyon et Trépied, 2013 ; Préaud, 2013). Ils ont permis de poser l'état des enjeux liés à leur reconnaissance à l'échelle mondiale et régionale. Mais, qu'en est-il au niveau des États ? Pour cela, il fallait entrer dans la fabrique de l'histoire, de la loi et de la différence, et se placer dans une position telle que l'on puisse d'abord poser, puis

4. Ce livre s'appuie sur une recherche dirigée par Irène Bellier et financée, de juin 2010 à novembre 2015, par le Conseil européen de la recherche, dans le cadre du 7e programme-cadre (FP7/2007-2013 Grant Agreement ERC n° 249236). Le programme Sogip, selon l'acronyme anglais pour *Scales of governance, the UN and Indigenous peoples*, abrégeant un titre bien plus long en français, « Échelles de gouvernance : les Nations unies, les États et les peuples autochtones : l'autodétermination à l'heure de la globalisation », examina sur une dizaine de pays les transformations induites par la DDPA dans la gouvernementalité des autochtones (www.sogip.ehess.fr). Les données présidant à l'écriture de ce livre ont été recueillies par l'ensemble des chercheurs associés à ce projet jusqu'en 2013, et actualisées par les auteurs de ce volume.

5. En Amérique latine – Mexique, Guyane française, Bolivie, Argentine et Chili ; en Asie – Inde ; en Afrique – Botswana et Namibie ; en Océanie – Nouvelle-Calédonie et Australie. Les enquêtes de terrain nationales ont été complétées et nourries par les études réalisées sur le terrain onusien, à New York, à Genève et dans plusieurs sommets de la planète organisés par les Nations unies avec la participation du Groupe majeur « Peuples autochtones ». Ce dispositif collaboratif permit de saisir les relations entre les échelles, les circulations entre les niveaux « global » et « local ». Des ateliers de travail internationaux nous ont permis d'élargir le dispositif comparatif à d'autres pays tels que Aotearoa-Nouvelle-Zélande, Brésil, Canada, Colombie, Guatemala, Kenya, pays du bassin du Congo, Pérou, Russie, Suriname.

analyser les enjeux que l'émergence d'un droit international des peuples autochtones introduit dans une situation définie par une sorte de face-à-face historique entre les pouvoirs de l'État (exécutif, juridique, législatif) et les demandes de ces collectifs en quête de reconnaissance, d'autonomie et de respect. Ces perspectives engagent toutes sortes de réflexions sur la mise à distance de ces populations par d'autres groupes sociaux, sur leur place dans la diversité culturelle du monde, sur l'importance de la construction des liens transnationaux, aussi bien que sur la transformation de l'État, sur les formes néolibérales de régulation ou sur la diplomatie des droits de l'homme[6]. Mais, dans le cadre de cette recherche, nous nous sommes surtout attachés à un travail, assez compliqué, d'évaluation de l'état du droit concernant les populations autochtones, ou minoritaires.

Sachant qu'en principe tout le droit leur est applicable en tant que leurs membres ressortissent d'un État quelconque, mais que très souvent la loi ou les dispositifs qu'elle sert à construire (politiques publiques, décrets, règlements, circulaires administratives) ne sont pas en adéquation avec les normes qui émanent de la communauté internationale et que d'aucuns réprouvent, comment procéder? Nous avons choisi comme méthode de repérer les points de connexion ou de divergence entre, d'une part, le document international, à savoir la DDPA qui est destinée à porter le changement «ambitieux» (dit *aspirational*, selon la langue anglaise qui a présidé à sa négociation) et, d'autre part, les corpus juridiques et réglementaires qui se rapprochent le plus des dispositions qu'elle contient. L'entreprise est sans doute imparfaite, notamment parce qu'elle est entreprise par une équipe composée d'une seule juriste et de plusieurs anthropologues et sociologues, mais le dialogue entre les chercheurs a permis de mettre en relation des approches différentes du droit et du politique et des analyses socio-historiques, donnant ainsi un éclairage plus complet aux questions dont traite cet ouvrage.

Les États étudiés par le programme SOGIP et la Déclaration

Quatre continents et dix pays ont été retenus pour la recherche sur les échelles de la gouvernance des peuples autochtones. En Amérique latine, et du nord au sud, il s'agit du Mexique, de la Guyane française, de la Bolivie, de l'Argentine et du Chili; en Afrique, du Botswana et de la Namibie; en Océanie, de l'Australie et de la Nouvelle-Calédonie; et de l'Inde, en Asie.

Tous les États considérés dans cette étude ont voté en faveur de la DDPA ou l'ont adoptée plus tardivement (Australie). Mais ils ont tenu des positions

6. L'expression «droits de l'homme» ou «droits de l'Homme» est sujette à discussion: sur la capitalisation du [H] pour référer au genre humain ou sur le remplacement de «l'homme» par l'adjectif «humains» pour s'aligner sur les usages anglophone *human rights* ou hispanophone *derechos humanos*. Au Canada, l'usage «droits de la personne» est plus commun. S'il est vrai que les droits humains sont principalement des droits individuels, la locution «droits de l'homme» nous semble renvoyer à une dimension collective plus que l'expression «droits de la personne». Dans cet ouvrage, nous emploierons les termes: «droits de l'homme» au sens générique mais en suivant la règle éditoriale du [h]; «droits humains», plus appropriés au regard des raisonnements émanant des langues anglaise et espagnole; et occasionnellement «droits de la personne».

bien distinctes au cours des phases de négociation et d'adoption tant pour ce qui concerne la portée de ce document, que son contenu ou sa force normative. Certains, comme la Bolivie et le Mexique, l'ont soutenue depuis le début des négociations jusqu'à son adoption. D'autres, comme l'Australie, se sont distingués par la variabilité de leur soutien politique, leur opposition finale et pour finir leur ralliement, en 2010. En position intermédiaire, le Groupe africain dirigé par la Namibie et le Botswana a retardé, en 2006, l'adoption de la Déclaration par l'Assemblée générale des Nations unies en invoquant sept préoccupations majeures (Barume, 2013 ; Crawhall, 2013). L'Inde, qui s'est longtemps opposée à la catégorie *indigenous peoples,* l'a, elle aussi, adoptée, tout comme le Chili et l'Argentine qui ont activement participé aux débats et à la négociation. La France, longtemps réticente à l'adoption d'un tel instrument, a finalement fait partie des États européens les plus impliqués, avec le Royaume-Uni et l'Espagne, ou encore les pays scandinaves, mais sur des positions totalement distinctes de ces derniers. Les raisons pour lesquelles les États ont adopté la Déclaration sont extrêmement variables, et si l'on sait qu'une déclaration des Nations unies a une valeur morale et symbolique plus qu'elle ne contraint juridiquement les États à l'appliquer, il n'en reste pas moins qu'il s'agit de comprendre comment les dispositions de cet outil international peuvent être mises en œuvre. Le premier rapporteur spécial des Nations unies sur les droits des peuples autochtones évoque à cet égard les défis de la mise en œuvre, en soulignant différents domaines de l'administration de l'État, de la justice, ou des territoires et les difficultés politiques qui limitent la participation démocratique des peuples autochtones (Stavenhagen, 2013). En 2014, la réunion de haut niveau de l'Assemblée générale des Nations unies, connue sous le nom de Conférence mondiale des peuples autochtones, a adopté une autre déclaration destinée à permettre la mise en œuvre de la DDPA. Le paragraphe 31 prie

> le Secrétaire général, agissant en concertation et en coopération avec les peuples autochtones, le Groupe d'appui inter-organisations sur les questions concernant les peuples autochtones et les États Membres, de commencer à élaborer, dans les limites des ressources existantes, un plan d'action à l'échelle de l'ensemble du système en vue de garantir la cohérence de l'action menée pour réaliser les objectifs définis dans la Déclaration, et de rendre compte à l'Assemblée générale à sa soixante-dixième session, par l'intermédiaire du Conseil économique et social, des progrès accomplis.

En 2016, l'Instance permanente sur les questions autochtones discutait des débuts de mise en œuvre de ce plan à l'échelle du système (dit en anglais *system wide action plan* – Swap) et de ses effets sur la mise en place de plans d'action nationaux, élaborés pour certains sur la base de recommandations précises et d'implications directes de personnalités autochtones ayant acquis renommée et visibilité dans le système onusien[7]. De notre côté, en nous fondant sur les grands paramètres qui se dégagent de la lecture de la DDPA, nous nous sommes efforcés

7. Notes de terrain de I. Bellier, 20 mai 2016, Instance permanente sur les questions autochtones, New York.

d'identifier les bornes juridiques et politiques qui, dans les États que nous avons étudiés, marquent le potentiel respect de l'engagement de la communauté internationale et des pays concernés par les questions autochtones sur leur territoire.

Premiers éléments de variations

Le rapport démographique entre la population autochtone et la population non autochtone constitue un facteur déterminant de la place accordée aux communautés autochtones au sein des politiques publiques étatiques, des législations. Il détermine leurs chances de participer à la vie politique du pays. Cette relation varie considérablement selon les États même si, dans la majorité des cas, les peuples autochtones sont minoritaires. Les données démographiques que nous introduisons ci-dessous revêtent un caractère indicatif et n'ont qu'une valeur relative puisqu'elles dépendent des méthodes de recensement utilisées.

En Argentine, l'enquête complémentaire sur les populations autochtones publiée par l'Institut national de la statistique et des recensements en 2010 indique que 600 329 personnes se reconnaissent comme descendant de, ou appartenant à, un peuple autochtone sur 40 millions d'habitants. Trente-cinq noms de peuples sont inscrits au registre officiel des peuples autochtones, qui est établi sur la base de l'auto-identification des personnes.

L'Australie recense, en 2010, une population autochtone d'environ 517 000 personnes, soit 2,5 % de la population nationale. Elle se distribue en deux grandes collectivités, les Aborigènes (90 %) et les Insulaires du détroit de Torres (6 % ; 4 % d'ascendance mixte entre ces deux peuples), qui regroupent chacune une multiplicité d'identités régionales (Koori, Murri, Nyoongah, etc.) et locales (Ngarringjeri, Nyikina, Warlpiri, etc.).

Au Botswana, la population concernée par le sens international de la catégorie peuples autochtones (Bellier, 2013c) correspond à 2,5 % ou 3 % de la population, avec une estimation de 46 000 à 60 000 San/Basarwa[8]. Le reste de la population nationale, environ deux millions de personnes, se compose d'une variété de groupes parlant une langue de la famille Bantu, parmi lesquels figurent les Baherero, Wayei, Hambukushu et Bakgalagadi qui résident dans les régions rurales, souvent à proximité des communautés San/Basarwa.

En Bolivie, le recensement de 2012 indique que 48 % de la population déclarent appartenir à une nation ou peuple autochtones, ce qui est inférieur à la proportion souvent avancée de 60 %. Les plus nombreux sont les Quechua (36,41 %), et les Aymara (31,67 %) qui vivent dans les Andes occidentales. Les Chiquitano (2,9 %), Guarani (1,92 %) et Moxeno (0,84 %) forment trois des principaux peuples des Basses Terres couvrant le nord et l'est du pays.

Au Chili, selon le recensement de 2009, 1 188 340 personnes se reconnaissent comme autochtones, soit 6 % de la population totale, réparties en neuf peuples

8. La langue setswana identifie les San comme Mosarwa/Basarwa (singulier/pluriel).

reconnus par la loi n° 19253 en tant qu'ethnies: Aymara, Atacameño, Kollas, Diaguita, Queshua, Rapa Nui, Mapuche, Kawashkar et Yamana.

En Guyane française, située en Amérique du Sud, la population totale était de 237 550 habitants au 1er janvier 2011. La France ne réalisant pas de statistiques ethniques, il n'existe pas de recensement des populations amérindiennes et noires-marrons, que les chercheurs estiment à environ 10 000 Amérindiens (Kali'na, Wayana, Lokono, Teko, Palik'wene et Wayampi) et 60 000 Noirs-Marrons (dits aussi Bushinenge)[9].

En Inde, les 461 groupes ethniques reconnus comme « tribus répertoriées » *(Scheduled Tribes, ST)*, également nommés *adivasi* en hindi[10], sont considérés comme peuples autochtones, au sens international de l'expression. Avec une population estimée à 84,3 millions, les Adivasi représentent 8,2 % de la population totale. Plusieurs groupes ethniques pourraient être qualifiés au sein du statut de *Scheduled Tribes* mais, non officiellement reconnus, ils ne figurent pas sur la liste qui indique 705 noms à la suite du recensement 2011. La principale concentration des peuples autochtones se trouve dans sept États du Nord-Est indien et dans la dite « ceinture tribale centrale » qui s'étend du Rajasthan au Bengale.

Sur une population totale de 112 336 538 habitants que compte le Mexique, selon le recensement de 2010, la Commission nationale de la population estime que la population autochtone dépasserait quatorze millions de personnes, soit 12,6 % de la population totale. Elles se distribuent en 68 peuples parlant autant de langues distinctes, qui relèvent de onze familles linguistiques et 364 variantes de celles-ci.

En Namibie, la population concernée – au sens du droit international des peuples autochtones et selon les termes de la Commission africaine des droits de l'homme et des peuples – représente environ 8 % de la population nationale, soit de 27 000 à 44 000 San (anciennement Bushmen, aujourd'hui identifiés comme Ju|'hoansi, ‡X'ao||'aesi, !Xun, Hai||om, Khwe, Naro, et !Xoon), 25 000 Himba, 70 000 Nama et les Damara, un peu plus nombreux.

En Nouvelle-Calédonie, territoire du Pacifique relevant de l'État français, le recensement de 2014 indique une population totale de 268 767 personnes dont on ne connaît pas la ventilation précise mais, en 2009, la population kanak s'élevait à 99 078 personnes, soit 44,3 % de la population totale de ce territoire d'outre-mer. Notable exception à la règle républicaine, l'existence du peuple kanak, « peuple d'origine » de la Nouvelle-Calédonie, est reconnue par la République française depuis la signature de l'Accord de Nouméa (5 mai 1998), lequel a été intégré à la Constitution française (titre XIII, articles 76 et 77) lors de la révision constitutionnelle du 20 juillet 1998 (loi constitutionnelle 98-610).

Les données démographiques permettent d'évaluer l'importance relative des ensembles autochtones d'un pays comparativement à d'autres. Mais le fait que les communautés autochtones soient en minorité en regard de la population

9. http://www.Sogip.ehess.fr/spip.php?rubrique43.

10. Le terme [*ādivāsī*], communément usité aujourd'hui en Inde provient du sanskrit आदिवासी, des racines ādi, « origine », et vās « habiter », « résider ».

nationale ne signifie pas que les personnes qui relèvent de ces entités, quel que soit le régime juridique de reconnaissance dont bénéficient leurs organisations, sont toujours minoritaires au plan territorial. L'histoire de leur localisation compte dans la compréhension des revendications que certaines d'entre elles portent jusqu'aux Nations unies – une perspective qui exige dès lors de s'intéresser à leur environnement économique, écologique et social.

Le cadre comparatif

Si les États entrent en négociation internationale sur la base d'une histoire et pour des objectifs qui leur sont propres, en matière de reconnaissance des droits des peuples autochtones on observe des cheminements partagés, des points de forte divergence et des espaces de convergence. Par la comparaison, et en systématisant la saisie des données sur plusieurs échelles, on peut mettre en évidence des éléments qui, ensemble, contribuent à définir le champ de l'autochtonie politique et, séparément, éclairent les évolutions nationales du traitement des populations concernées. Sur le plan théorique, cette approche, que l'équipe Sogip a suivie depuis le début de sa constitution en 2010, nous a incités à dégager quelques grands facteurs permettant d'expliquer les distinctions que l'on notait entre, par exemple, l'Amérique latine et l'Afrique, ou entre l'Inde et l'Australie. Sur le plan pratique, cela nous a conduits, à partir d'un regard combinant les interprétations du droit et la connaissance des dynamiques sociales et politiques, à sérier les effets que la fabrique internationale des droits de l'homme peut avoir localement.

Toute entreprise comparative comporte une part d'arbitraire, relative notamment aux éléments pris en considération pour la comparaison. Elle comporte aussi une part aléatoire, au sens où les hypothèses retenues dans la sélection des éléments comparés peuvent s'avérer insuffisantes et requérir l'identification d'autres facteurs explicatifs des phénomènes observés. C'est cette démarche expérimentale que nous essayons de retracer ici et dont il s'agit maintenant de clarifier les linéaments.

De prime abord, les pays que l'on étudie varient par leur taille (de l'échelle d'une île, la Nouvelle-Calédonie, à celle d'un continent, l'Australie), par leur densité démographique (l'Inde compte à elle seule plus d'habitants et plus d'autochtones que tous les autres réunis), par leurs langues officielles (anglais, espagnol, français), par leurs structures politiques (État unitaire comme le Chili, ou État fédéral comme l'Argentine, le Mexique, l'Inde ou l'Australie), par leur mode d'intégration en droit interne du droit international (système dualiste *versus* système moniste), par la solidité de leur tissu démocratique et du respect de tous envers le principe de primauté du droit (*rule of law*) ou encore par leurs régimes de gouvernance territoriale : la France a établi des régimes distincts dans ses collectivités d'outre-mer ; la Namibie gère les héritages de l'apartheid contre lequel le Botswana a lutté ; la Bolivie propose l'instauration d'un État plurinational. Le fait qu'ils aient tous des dispositifs publics concernant les populations autochtones d'une part, et qu'ils aient tous ratifié la DDPA d'autre part, établit une première base de comparaison. Une seconde base est ressortie, à l'analyse, des expériences coloniales qui permettent de différencier les États résultant de la colonisation de la Grande-Bretagne, de la France, de l'Espagne, de l'Allemagne ou de l'Afrique du Sud. Une troisième base a émergé du type de droit qui est mis en œuvre, *common law* ou droit romano-germanique. Puis l'on s'est aperçu que des évolutions se produisaient, qui tiennent à des héritages plus récents, issus de l'affirmation des organisations onusiennes dans la gouvernance (normative ou morale) des affaires du monde.

Ces affaires étant très générales, et les agences onusiennes très nombreuses, afin de comparer les dispositifs juridiques et publics nous avons retenu une série de thèmes sous trois rubriques principales, au croisement des dispositifs de la DDPA et des préoccupations qui traversent le mouvement international des peuples autochtones et que portent les organisations locales. Ainsi que le montrent les tableaux présentés dans la troisième partie, nous avons identifié trois grands blocs de droits autour des questions de la gouvernance et de la citoyenneté (GC), des questions d'accès à et de gestion des terres, des territoires et des ressources (TTR), ainsi que des questions de culture, d'identité, d'éducation et de santé (CIES). Ces regroupements demandent à être explicités.

Si le concept de « gouvernance » n'est pas dénué d'ambiguïté au regard des analyses portant sur la gouvernementalité des questions autochtones comme nous le verrons plus loin, précisons que la rubrique « gouvernance » rassemble des éléments certes hétérogènes mais qui éclairent la notion d'autodétermination qui est au cœur de la DDPA. Ils concernent les aspects relatifs aux institutions, aux garanties procédurales, à l'organisation de la participation politique, aux régimes d'autonomie, aux droits économiques. Le deuxième bloc, dénommé TTR, abréviation de « terres, territoires et ressources » (Bellier, 2014), reprend, selon cette terminologie héritée des négociateurs de la Déclaration, un ensemble de dispositions qui sont source de contentieux entre les peuples autochtones et les États, mais qui sont aussi des moyens de penser la terre comme autre chose qu'une matière d'appropriation et d'exploitation, engageant dès lors un ensemble de représentations et d'interprétations jurisprudentielles susceptibles d'aider aux règlements des litiges. Le troisième bloc, intitulé CIES, regroupe les éléments qui donnent sens à l'identité autochtone en général, et à son devenir en particulier, à travers des dimensions que les autochtones ont l'habitude de mettre en relation mais qui sont disjoints dans les dispositifs des politiques éducatives, ou culturelles, ou de santé. Le découpage que l'on retrouve dans la plupart des formes gouvernementales étudiées ne permet pas de penser la manière dont ces domaines sont en relation systémique avec les usages économiques, sociaux et politiques des territoires. Nous explorons ces aspects dans la troisième partie de cet ouvrage.

Structure du livre

Le livre s'agence en trois parties, les deux premières ayant vocation à définir tous les éléments utiles à la lecture des dispositions du droit international et des tableaux qui sont présentés et commentés dans la dernière. La première partie précise l'émergence du cadre juridique international, en revenant sur le processus de rédaction de la DDPA qui, outre le fait qu'elle est le premier instrument international à être négocié par les représentants des États *avec* les délégués desdits peuples, suit un style original. Elle éclaire le droit international des droits de l'homme et le potentiel qu'il représente compte tenu des interprétations dynamiques favorables auxquelles il donne lieu, ce qui en fait un outil mieux adapté globalement à la résolution des problèmes posés et vécus par les groupes sociaux concernés que le droit de la propriété ou le droit des affaires. Il présente à cet égard les systèmes régionaux des droits humains existant dans les Amériques, en Afrique et en Europe. La deuxième partie présente les échelles spatio-temporelles dans lesquelles évoluent les droits des peuples autochtones, échelles qui, sur le plan spatial, permettent de comprendre les figures de l'internationalisation et de la transnationalisation des questions autochtones. Sur le plan temporel, elles témoignent des évolutions des représentations du monde et des divisions de celui-ci. La mise en évidence de ces échelles permet d'expliquer comment un sujet de droit international, ainsi que sont désormais reconnus les peuples autochtones du fait de l'adoption de la DDPA, est saisi de manières distinctes aux niveaux global, régionaux et étatiques. Cette « chaîne de traitement » a bien évidemment un effet sur les collectifs autochtones qui souhaitent voir leurs droits respectés. Cette partie témoigne des étapes de la reconnaissance normative, à travers un chronogramme dont nous pressentions la pertinence mais dont la valeur ne nous est apparue qu'une fois la collecte et l'analyse des données organisées, l'échelle du temps permettant de réfléchir à la vie sociale et politique des normes et à leur environnement (tableau 24).

La troisième partie présente les états de la reconnaissance pour les pays cibles de l'étude, à travers des lectures commentées des blocs de droits mentionnés plus haut, qui se réfèrent d'une part à l'espace du politique, d'autre part aux dimensions de la territorialité, et enfin aux questions de société. Une synthèse finale des types et catégories de droits s'efforce de donner une vue d'ensemble que l'on ne peut proposer au regard qu'après avoir posé clairement les éléments d'interprétation qui y sont résumés (tableau 25).

Ce livre, agencé et rédigé par trois personnes, est le fruit d'un travail collectif organisé de 2010 à 2015 dans le cadre de l'équipe Sogip[11] qui a réfléchi aux manières dont les normes internationales, et en particulier la DDPA, étaient perçues, comprises, et instrumentalisées dans une série de pays caractérisés par leurs différents positionnements vis-à-vis des questions autochtones. Il est nourri des contributions factuelles, des apports analytiques et des commentaires des membres de cette équipe que nous citons régulièrement : Verónica González González, sociologue, spécialiste du Mexique et de la construction internationale de l'« indigène/autochtone » ; Stéphanie Guyon, politiste, spécialiste de la

11. Hébergée à l'EHESS, à Paris, l'équipe Sogip composée de dix chercheurs, d'une documentaliste, d'un gestionnaire de projet à laquelle se sont agrégés plusieurs étudiants en master et doctorat, post-doctorants et jeunes chercheurs de visite, a collecté durant plus de cinq ans les données présentées ici et testé son approche comparative dans le cadre du séminaire de recherche mensuel « Perspectives comparatives sur les droits des peuples autochtones ». Voir www.sogip.ehess.fr.

Guyane française; Jennifer Hays, anthropologue, spécialiste de l'Afrique australe; Rowena Dickins Morrison, juriste, et Benoît Trépied, anthropologue, tous deux spécialistes de la Nouvelle-Calédonie; Martin Préaud, anthropologue, spécialiste de l'Australie; Raphaël Rousseleau, spécialiste de l'Inde. Les artisans de la synthèse sont Laurent Lacroix, sociologue, spécialiste de la Bolivie et de l'État plurinational, Leslie Cloud, juriste, spécialisée en droits de l'homme et des peuples autochtones, avec une connaissance très précise du cône sud de l'Amérique, et Irène Bellier, anthropologue, spécialiste du mouvement international des peuples autochtones et des espaces dédiés au traitement des questions autochtones, aux Nations unies notamment.

PREMIÈRE PARTIE

L'ÉMERGENCE D'UN CADRE JURIDIQUE INTERNATIONAL

La fabrique de la DDPA a constitué la matière d'une publication réalisée par les principaux acteurs, diplomates, hauts fonctionnaires des Nations unies, présidents des groupes de travail qui l'ont portée à terme ou du Conseil des droits de l'homme qui l'a adoptée (Charters et Stavenhagen, [2009] 2013). Le lecteur y trouvera une mine d'informations tant sur le processus de la négociation que sur les états d'âme des négociateurs autochtones et étatiques. Unique dans le système des Nations unies, du fait de l'association des bénéficiaires de l'instrument – les peuples autochtones – à sa négociation, la DDPA occupe une position éminente dans l'imaginaire autochtone, au point d'y représenter l'équivalent de la Charte des Nations unies. Elle donne une base juridique, non seulement à la reconnaissance d'entités subalternisées par la construction des États modernes, mais aussi à la formulation d'un symbole puissant d'incorporation dans la communauté civique internationale : « Nous, les peuples autochtones ». Une formule que les leaders emploient souvent, non pour signaler leurs principales différences, mais pour marquer leur rattachement à l'ensemble de l'humanité (Bellier et González González, 2015). En témoignent les propos du chef Wilton Littlechild, pionnier du mouvement mondial pour les droits des peuples autochtones, premier membre amérindien du Parlement canadien, ancien rapporteur de l'Instance permanente des Nations unies sur les questions autochtones (Ipqa), et membre du Mécanisme d'experts sur les droits des peuples autochtones (Medpa)[1] :

> Excellences, on peut affirmer que l'ONU a réussi, avec l'importante contribution des dirigeants et représentants autochtones, à ce que les peuples autochtones fassent maintenant partie de l'humanité avec l'égalité des droits et des libertés. La Déclaration des Nations unies sur les droits des peuples autochtones clarifie la Déclaration universelle des droits de l'homme et dit comment elle s'applique pour notre survie, notre dignité et notre bien-être. Ainsi qu'un Ancien [Aîné] m'a demandé de vous le dire : « Maintenant je ne suis pas un objet, je ne suis pas un sujet, je suis un être humain ! » (Littlechild, 2013 : 273)

1. Le chef Wilton Littlechild, un avocat cree de la nation Ermineskine, au Canada, a été le premier Indien du Traité n° 6 à être diplômé de l'université d'Alberta, en éducation physique et en droit.

Tirant les leçons de ce changement de statut, formel mais ô combien symbolique, plusieurs ouvrages anglophones et hispanophones ont rassemblé des contributions scientifiques et des témoignages d'acteurs autochtones (entre autres, Charters et Stavenhagen déjà cité ; Allen et Xanthaki, 2011 ; Hartley, Joffe et Preston, 2010). Ce faisant, ces publications témoignent d'un autre changement, à savoir l'entrée des autochtones dans la communauté scientifique et universitaire, dans l'espace des lettrés et des intellectuels. Cette requalification s'est produite dans le dernier quart du XXe siècle, années qui coïncident avec l'émergence d'un mouvement global prenant pied dans le domaine du droit pour avancer dans les champs du social, de l'économie et du politique. Certains autochtones ont emprunté d'autres voies que l'université pour accomplir le même destin, comme en témoigne Yves Sioui-Durand[2] :

> Serons-nous capables de briser la chape de plomb de nos ghettos ? Violence, suicide, désœuvrement, bêtise politique nous maintiennent dans cette « infériorité néocoloniale », celle de l'indigence qui fait que, sous le joug du mépris des autres, nous nous méprisons nous-mêmes. [...] Nous ne voulons pas être changés. Nous voulons nous changer nous-mêmes ; il s'agit d'une révolution nécessaire, qui doit rompre l'isolement et l'enfermement culturel où nous avons été maintenus, et nous ouvrir à toute la réalité amérindienne du continent. La nouvelle génération ne peut être sacrifiée, nous ne pouvons pas accepter le sacrifice inutile de celle-ci. (Sioui-Durand, 2009 : 513)

Trois chapitres composent cette première partie. Le premier, entièrement consacré au document qu'est la DDPA, rappelle les modalités et les enjeux de sa négociation aux Nations unies, revient sur l'originalité de la forme du texte qui, en quelque sorte, en précise le sens. Il dévoile les options qu'ont retenues les négociateurs pour stimuler la naissance d'un partenariat entre des acteurs de puissance très inégale – peuples autochtones et États – qui acceptent à travers ces avancées du droit international de progresser dans le règlement de leurs contentieux. Il aborde *in fine* la diffusion et la portée de ce document en considérant la légitimité des acteurs qui le portent et sa juridicité, un point qu'il est important de clarifier en raison des réserves que l'on entend, ici ou là, sur le fait qu'il s'agit d'un texte « non contraignant au plan juridique ». Le chapitre suivant précise, à l'intention d'un public non spécialisé, ce qu'est le droit international des droits de l'homme, l'usage en français du même vocable « droit » ne simplifiant pas la compréhension des relations entre ce qui relève d'une part du droit international, *international law* en anglais, et le domaine des droits humains, *human rights*, lequel comprend aujourd'hui une extension relative aux droits des peuples autochtones, *indigenous peoples rights*. Ce chapitre explicite la relation établie entre droits de l'homme et droits des peuples autochtones ainsi que le cadre posé par la Convention 169 de l'Organisation internationale du travail (OIT) qui, en tant que convention, est juridiquement contraignante pour les États qui l'ont ratifiée. Il montre notamment

2. Écrivain, dramaturge, acteur et metteur en scène de la nation huron-wendat, Yves Sioui-Durand est le pionnier du théâtre amérindien au Québec et le fondateur des productions Ondinnok.

comment s'impose une interprétation dynamique de ce que, en langage familier, les spécialistes du droit international nomment des « instruments », c'est-à-dire les conventions, les pactes, ou les déclarations. Le troisième chapitre traite des systèmes régionaux de droits de l'homme qui permettent de comprendre le cadre régional dans lequel la DDPA donne lieu à interprétation.

CHAPITRE 1

Un document *sui generis*: la Déclaration sur les droits des peuples autochtones

La DDPA a été négociée au niveau des Nations unies durant vingt-cinq ans au sein du Groupe de travail sur les populations autochtones (GTPA), de 1982 à 1994, puis au sein du Groupe de travail sur le projet de déclaration (GTPD) de 1995 à 2006, et enfin au sein du Conseil des droits de l'homme et au Troisième Comité de l'Assemblée générale dédié aux affaires sociales, humanitaires et culturelles (2006), avant d'être adoptée par l'Assemblée générale (2007). Pendant la première décennie de ce long périple, la communauté internationale n'a guère été sensible aux enjeux de la DDPA. Dans les années 1990, qualifiées par un politiste de «décennie des droits de l'homme» (Badie, 2002), elle devait cependant réaliser qu'il s'agissait là de préoccupations majeures, ce qui l'amena à poser des gestes symboliquement forts avec l'adoption d'un jour des peuples autochtones (le 9 août), puis d'une année des populations autochtones (1993), suivie en 1994 d'une première décennie pour les populations autochtones et, en 2005, d'une seconde décennie dont les thèmes d'action évoquaient la construction d'un partenariat (Bellier et González González, 2015). Simultanément, sous la poussée des délégations autochtones et dans le sillage de ces négociations, ce que l'on prit l'habitude de dénommer en français les «questions autochtones[1]» fit l'objet d'une

1. L'expression «questions autochtones» que nous employons régulièrement procède d'une série d'ajustements et situe l'inscription dans le politique de problématiques relatives à un segment précis de la population. Elle est la traduction française de *indigenous affairs* ou *asuntos indígenas*. Elle fait partie du vocabulaire administratif de plusieurs pays qui l'emploient pour désigner une structure gouvernementale, tels: le Canada avec son ministère des Affaires autochtones et du Nord Canada; la Colombie qui dispose d'une Dirección de Asuntos Indígenas, ROM y Minorías; l'Argentine, le Chili, le Mexique qui

institutionnalisation graduelle. C'est ainsi que, au niveau international, s'est renforcée la participation des autochtones aux « affaires les concernant », dans l'esprit de la DDPA qui en a posé les principes (Bellier, 2012).

De bout en bout, les acteurs autochtones ont été moteurs des négociations sur la DDPA, prenant la parole, énonçant des séries de principes, préparant des modèles, des amendements, des contre-propositions, rédigeant des articles, se montrant très capables de définir des positions collectives susceptibles de démontrer la nécessité de changer de position aux États qui s'opposaient à des points clés. Cette participation active n'a pas seulement nourri la légitimité de la DDPA, comme le soutient Claire Charters (2013), elle a enclenché un nouveau moteur de la gouvernance internationale, passant par l'association des sujets à la définition des politiques les concernant. Cette relation, loin d'être parfaite, nourrit souvent plus d'illusions que de résultats, mais elle est incontestablement à la base des évolutions que l'on observe aujourd'hui dans le champ des « questions autochtones » et que l'on précisera dans le reste de cet ouvrage.

Négociateurs au GTPA et soutenus par la présidente en exercice – la diplomate grecque Erica-Irene Daes, qui contribua à clarifier les concepts de « peuple autochtone » et de « souveraineté permanente sur les ressources naturelles » –, la plupart des délégués autochtones étaient satisfaits du projet que les membres experts du Groupe de travail sur les populations autochtones (GTPA ; établi par la Sous-Commission de la lutte contre les mesures discriminatoires et de la protection des minorités) avaient adopté en 1994. Ils regrettèrent que la Commission des droits de l'homme mette fin à cette unanimité en convoquant le GTPD, un autre groupe de travail sur le projet de déclaration, pour reprendre l'écriture du texte. Mais, ainsi que l'exprima le représentant de la France bien plus tard, en 2002, « il s'agissait de déminer ce texte[2] », sous-entendant par ces mots que le texte en question était politiquement inacceptable par les États, même doués de la meilleure volonté, voire de bonne foi. La phrase suggère qu'il contenait des dispositions susceptibles d'exploser à la tête des États, telles des grenades... En termes policés, l'expression témoigne de la situation d'opposition active qui tint les représentants autochtones et les délégués des États face à face durant plusieurs années.

La négociation et l'adoption de la DDPA

Sous la patte de velours et la voix déterminée de Luis Enrique Chávez, ambassadeur du Pérou qui prit en 1999 la succession de son homologue, José

---

accolent les termes *asuntos indigenas* à différentes structures (institut, ministère, bureau, unité administrative, commission, etc.). L'expression employée par une ONG internationale comme Iwgia (http://www.iwgia.org/), organisation spécialisée dans les droits des peuples autochtones, servit jusqu'en 2010 de titres à deux publications en anglais (*indigenous affairs*) et en espagnol (*asuntos indígenas*). Enfin, elle se retrouve aux Nations unies dans l'intitulé de l'Instance permanente des Nations unies sur les questions autochtones, l'expression « questions » étant rendue en anglais par le vocable *issues* (UN Permanent Forum on Indigenous Issues) et en espagnol par le terme *cuestiones* (Foro Permanente para las Cuestiones Indigenas).

2. Notes de terrain, I. Bellier.

Urrutia, pour diriger jusqu'à la fin les travaux du GTPD en qualité de président-rapporteur, les représentants autochtones furent amenés à sortir de la position « Pas de changement/*No change* » (par rapport au projet de la sous-commission), pour suivre la voie de petits compromis (Chávez, 2013). Sans céder sur le fond de la reconnaissance du droit à l'autodétermination, ils finirent par consentir à ce que les États déposent des amendements, sous réserve de n'accepter que les propositions susceptibles de renforcer le texte initial. Cette attitude leur permit *in fine* de gagner sur une série de points clés. Entre-temps, ils vécurent des psychodrames, des moments d'intense émotion, et le groupe des autochtones dut s'organiser pour résister aux tensions qui faillirent briser sa cohésion et pour apporter des réponses collectives, formées sur la base d'assemblées régionales (*regional caucuses*). En face, les États s'organisèrent aussi pour contrôler le processus d'adoption de la DDPA, au sein des blocs de pays organisés à l'ONU (Afrique, Asie, Amérique du Sud, Europe de l'Ouest/États-Unis/Australie/Canada, Europe centrale et orientale, et ancienne URSS), ainsi que dans les groupes de l'Union européenne, du G20, ou du G77 + Chine. Ils passèrent d'une position d'entente cordiale sur le fait que le mot « peuple » ne rimait pas avec les attributs « autochtone » ou « indigène », à un examen plus sérieux des dispositions du droit international, des droits de l'homme et des multiples conventions, pactes et déclarations que les délégations autochtones ne manquaient pas de leur communiquer, pour convenir du texte que nous avons aujourd'hui sous les yeux. Tous ces documents, dont la variété terminologique témoigne de l'existence de statuts différenciés, constituent des instruments internationaux, ainsi nommés parce qu'ils permettent de mobiliser les ressources du droit.

La DDPA se compose des 27 alinéas du Préambule qui définit l'esprit portant ce document, et de 46 articles qui constituent son dispositif opérationnel. L'article 3, dont le libellé est calqué sur celui des articles 1 des pactes internationaux relatifs, le premier aux droits civils et politiques (PIDCP), le second aux droits économiques, sociaux et culturels (Pidesc), représente le trésor d'une architecture qu'il s'est agi de protéger jusqu'au bout, tant pour les représentants autochtones et un ensemble de négociateurs, y compris les fonctionnaires internationaux, que pour les représentants de plusieurs groupes d'États. Il est ainsi libellé :

> Les peuples autochtones ont le droit à l'autodétermination. En vertu de ce droit, ils déterminent librement leur statut politique et assurent librement leur développement économique, social et culturel.

Jusqu'à la dernière minute, des guillemets accompagnaient l'expression « peuples autochtones », et un astérisque renvoyait en note à l'information suivante, dans la version anglaise qui servait de base aux discussions : « L'expression peuples autochtones dans ce document ne peut être entendue comme ayant une implication quant aux droits attachés à ce terme [peuple] en droit international[3] ». On peut dire que l'enjeu des vingt-cinq ans de négociations fut de lever les guillemets, les réserves

3. *The term "indigenous peoples" in the document can not be construed as having any implication as to the rights which attach to the term under international law.*

et les marques d'un traitement inégal entre des peuples de « première catégorie », soit les peuples des États-nations, et ceux qui apparaissaient, du fait de ces réserves, comme de seconde catégorie : les peuples autochtones. L'accord a été rendu possible par une insertion en toute fin de l'article 46.1 qui indique que :

> Aucune disposition de la présente Déclaration ne peut être interprétée comme impliquant pour un État, un peuple, un groupement ou un individu un droit quelconque de se livrer à une activité ou d'accomplir un acte contraire à la Charte des Nations unies, ni considérée comme autorisant ou encourageant aucun acte ayant pour effet de détruire ou d'amoindrir, totalement ou partiellement, l'intégrité territoriale ou l'unité politique d'un État souverain et indépendant.

Les juristes des États européens, et plus largement du bloc occidental, s'opposaient à une vision collective des droits de l'homme, en raison des génocides commis dans l'histoire et résultant d'une stigmatisation du groupe dans son ensemble ou par crainte de mouvements fascisants qui s'appuieraient sur une lecture communautarienne des droits collectifs au sein des majorités. Ils souhaitaient protéger le caractère inaliénable, indivisible et sacré des droits attachés à la personne. Ce sont ces droits, individuels, qui nourrissent le corps des conventions dédiées aux droits de l'enfant, de la femme ou des personnes appartenant à des minorités. Ils estimaient aussi qu'il y avait une incompatibilité entre les droits individuels de l'homme et les pratiques « coutumières ou traditionnelles » susceptibles d'être reconnues par une approche collective des droits, et cela pour des peuples que la plupart considéraient comme des symboles du passé, destinés à disparaître par la logique d'une modernisation sans frontières. Les délégations autochtones s'opposèrent fermement à la vision selon laquelle les droits collectifs d'une part, et les droits coutumiers d'autre part, violeraient nécessairement les droits de la personne. Au-delà des représentations clivées quant à la place sociale et culturelle de l'individu et à la fonction de la loi dans les différents ensembles qu'elle est censée réguler, l'enjeu moins nettement affirmé par le camp occidental mais bien présent était de protéger l'architecture complexe des droits à la propriété ainsi que les droits des États sur les ressources du sol et du sous-sol. Si les premiers sont au fondement du droit, les seconds constituent la clé de voûte d'un système international qui repose sur le respect de deux piliers : l'intégrité territoriale et la souveraineté politique des États. Dans ce double contexte, déterminé par la prééminence de la notion occidentale de propriété et ces deux principes du droit international, l'émergence de demandes portées par les organisations des peuples autochtones est venue bousculer certains équilibres. La notion de systèmes juridiques autres qu'étatiques, la possibilité que des sociétés colonisées disposent d'institutions propres, la nature collective de droits culturels, comme le droit à l'éducation, à la langue, à la santé, mais aussi les relations entre l'éducation, la santé et le territoire, ont fait débat. Le blocage le plus long porta sur les articles 25 à 32, soit l'ensemble des dispositions rattachées au bloc qui fut alors dénommé TTR, abréviation de « terres, territoires et ressources ». Si l'on suit la lettre de l'article 26, sur lequel nous reviendrons dans la troisième partie, le lecteur peut imaginer la difficulté de faire consensus sur un libellé qui indique que :

1. Les peuples autochtones ont le droit aux terres, territoires et ressources qu'ils possèdent et occupent traditionnellement ou qu'ils ont utilisés ou acquis.

2. Les peuples autochtones ont le droit de posséder, d'utiliser, de mettre en valeur et de contrôler les terres, territoires et ressources qu'ils possèdent parce qu'ils leur appartiennent ou qu'ils les occupent ou les utilisent traditionnellement, ainsi que ceux qu'ils ont acquis.

3. Les États accordent reconnaissance et protection juridiques à ces terres, territoires et ressources. Cette reconnaissance se fait en respectant dûment les coutumes, traditions et régimes fonciers des peuples autochtones concernés.

Des heures de discussion et des trésors de qualités oratoires et pédagogiques furent déployés par les délégués autochtones qui s'efforcèrent de faire progresser la connaissance des représentants des États autour de plusieurs notions clés : la notion de « possession », en considération des spoliations vécues et des déplacements toujours actuels ; la notion de « mise en valeur », au regard des pratiques écologiques, des transferts de savoirs, des mutations organiques des sociétés locales ; autour, enfin, des obligations de l'État de respecter les us et coutumes ou d'indemniser, de compenser et de réparer les dommages subis par les peuples concernés. La question de la possession du sol et du sous-sol suscita les plus fortes résistances, les droits de nue-propriété, d'usufruit et de pleine propriété étant ardemment débattus, ainsi que la question de savoir à qui ils bénéficiaient et à qui ils étaient opposables dans la perspective du règlement à envisager des relations avec les parties tierces.

Le texte final fut proposé par le président-rapporteur, à l'issue d'une ultime séance de travail du GTPD, en janvier 2006 à Genève. Voyant qu'il restait des articles où le consensus n'était pas atteint, sensible à la pression de certains États qui indiquaient que la négociation n'irait pas plus loin, conscient que le Conseil des droits de l'homme[4] rêvait d'adopter ce document lors de sa première session de travail, il proposa de réaliser seul la synthèse des travaux, ce qui fit trembler les délégations autochtones. Elles se voyaient en quelque sorte privées de leur droit de regard final et obligées de faire confiance à l'ambassadeur/président-rapporteur. Nous ne pouvons évoquer tous les enjeux moraux, politiques, psychologiques que revêtit une telle proposition de rédaction sous la seule plume du président Luis Enrique Chávez : il les rappelle lui-même (2013 : 102-111). Le fait est qu'il parvint à formuler une version de synthèse qui connut le succès, après quelques secousses toutefois. Adoptée en juin 2006 par le Conseil des droits de l'homme, à

4. Le Conseil des droits de l'homme a été établi par la résolution de l'Assemblée générale 60/251 du 15 mars 2006. Il succède à la Commission des droits de l'homme, dont il reprend tous les mandats, mécanismes, fonctions et attributions. Organe intergouvernemental du système des Nations unies, il est composé de 47 États qui ont la responsabilité de renforcer la promotion et la protection des droits de l'homme autour du globe. Il entreprend notamment chaque année une revue des performances des États en la matière, à travers le mécanisme de l'Examen périodique universel. Voir : http://www.ohchr.org/FR/HRBodies/HRC/Pages/HRCIndex.aspx.

Genève, le projet de DDPA fut en effet repoussé en septembre 2006, à New York, suite à une pression exercée au Troisième Comité de l'Assemblée générale dédié aux affaires sociales par le Groupe des États africains qui demandait la mise en place d'un nouveau groupe de travail et un an de nouvelles négociations. Après un an d'un exceptionnel *lobbying* du mouvement international autochtone et de ses alliés, ONG des droits de l'homme et pays dits « amis », la DDPA fut finalement adoptée en septembre 2007 avec des changements mineurs permettant de rallier les suffrages des États africains.

Au cours de la négociation, on assista à un nouveau partage du monde entre globalement trois grands ensembles, dont l'un des auteurs de ce livre observa les jeux subtils et complexes à partir de 2002 (Bellier, 2005 et 2006a). Le premier rassemblait le groupe des pays « amis » (sensibles aux demandes des organisations autochtones et au compromis initial), incluant notamment la majorité des pays d'Amérique centrale et du Sud, réunis dans le bloc dit Grulac (pour Amérique latine et Caraïbes) et des pays scandinaves. Le deuxième correspond au groupe des pays « récalcitrants », qui marqua constamment son opposition sur des points spécifiques avant de rallier une posture favorable au consensus. Dans ce groupe (familièrement dénommé Canzus) figure le noyau dur constitué par le Canada, l'Australie, la Nouvelle-Zélande et les États-Unis, qui fut régulièrement rejoint par le Royaume-Uni et la France, avant que l'Union européenne n'adopte une position favorable à la DDPA sous l'impulsion de ces deux États, lorsque la question de la place des droits individuels fut réglée dans le texte. Le troisième groupe correspondait à un ensemble très hétérogène de pays qui, pour des raisons extrêmement variées, n'ont pas participé de manière active ou régulière aux négociations et dont l'absentéisme explique pour partie les réticences lors de l'adoption de ladite déclaration : la plupart des États africains figurent dans ce groupe (Barume, 2010 : 231).

L'ambassadeur mexicain Luis Alfonso de Alba, qui assuma la première présidence du Conseil des droits de l'homme lors de sa création en 2006, raconte comment le texte de la DDPA parcourut les instances onusiennes, ainsi que les tractations et accords qui précédèrent son adoption par cet organe dont l'ambition était de marquer la réforme de la gouvernance internationale des droits humains et *in fine* l'esprit qui prévalut :

> Nous considérons que le processus de négociation de la Déclaration a une logique très particulière, non seulement parce que le thème est en soi complexe, divers, épineux, qu'il vient après de longs processus historiques qui vont bien au-delà des colonisations récentes, mais aussi parce que des paradigmes culturels et juridiques ne permettent pas de comprendre entièrement « l'altérité » de ces peuples. Il faut également réfléchir au fait que la participation des autochtones fut *sui generis* dans le cadre des négociations des Nations unies, dans la mesure où des gouvernements et des peuples autochtones se trouvaient pratiquement sur un pied d'égalité. Une déclaration (juridiquement non contraignante, mais moralement obligatoire) qui n'aurait pas compté sur l'approbation des représentants autochtones aurait été une déclaration vide. Cet aspect est fondamental pour comprendre le dénouement du processus. (Alba, 2013 : 112)

Le 29 juin 2006, le Conseil des droits de l'homme vota sur la résolution intitulée « Groupe de travail de la Commission chargée d'élaborer un projet de Déclaration conformément au paragraphe 5 de la résolution 49/214 de l'Assemblée générale du 23 décembre 1994 (motion A/HRC/1/L.3) », par laquelle il adoptait la DDPA et recommandait à l'Assemblée générale de l'adopter à son tour. Le Canada et la Fédération de Russie furent les deux seuls pays à voter contre cette résolution présentée par le Pérou et disposant du soutien d'une quarantaine de parrains, onze pays choisissant de s'abstenir[5]. Les organisations autochtones, qui étaient globalement pour son adoption, firent plusieurs déclarations au nom des *caucus* (assemblées régionales) d'Asie, d'Afrique, d'Amérique latine, d'Amérique du Nord et du Pacifique. Comme le signale l'ambassadeur du Mexique,

> [...] toutes ont remarqué que le texte n'était pas parfait et elles auraient préféré qu'il eût établi des normes plus élevées mais elles attirèrent l'attention du Conseil en affirmant que le moment était venu de l'adopter et de penser à sa diffusion et à son application. Dès lors, elles furent extrêmement critiques des gouvernements qui s'opposaient à l'adoption. (Alba, 2013 : 125)

Dans ce climat d'incertitude, précédé de nombreuses réunions où l'on vit plusieurs pays changer de position et les organisations autochtones s'inquiéter du devenir d'un texte qui les avait occupées plus de deux décennies et sur lequel elles faisaient fond pour l'avenir, le président du Conseil des droits de l'homme s'attacha à calmer les réticences, voire les oppositions franches de certaines organisations à l'égard du texte présenté par le président du GTPD.

> Comme dans d'autres cas, en qualité de président du Conseil, j'ai considéré que la priorité était de faire avancer le processus en neutralisant ce type d'actions et en utilisant les meilleurs arguments pour maintenir une atmosphère ouverte au Conseil. (Alba, 2013 : 125)

C'est ainsi que le texte de la DDPA (alors dénommé « texte du Conseil ») suivit son chemin à l'ONU et remonta à l'Assemblée générale où il devait être adopté lors de la 61e session. Une nouvelle stratégie fut alors envisagée, ainsi que le rappelle l'ambassadeur,

> [...] en raison, d'abord, de l'importance des documents en question et, ensuite, pour manifester l'autonomie et la position hiérarchique du Conseil, un organe rénové des Nations unies [...] Pour la présidence du Conseil, il était toujours important de faire campagne pour la promotion de la Déclaration, en montrant la valeur du document et en exorcisant les phantasmes invoqués par quelques États. (Alba, 2013 : 126)

Cette idée de « phantasmes » est intéressante car elle signale que les questions autochtones ont la capacité de provoquer des clivages en convoquant un imaginaire politique, souvent très décalé quant à la nature des problèmes à considérer,

5. La DDPA fut adoptée par le Conseil des droits de l'homme, le 29 juin 2006, par 30 voix pour, 2 contre et 12 abstentions. Sur les 12 membres africains du Conseil, seulement 3 votèrent pour (le Cameroun, l'Afrique du Sud et la Zambie), 6 s'abstinrent (l'Algérie, le Ghana, le Maroc, le Nigeria, le Sénégal et la Tunisie) et 3 furent absents (Djibouti, le Gabon et le Mali).

fantasmatique donc. Au-delà des fantasmes, qui renvoient au domaine de l'imaginaire et dont la compréhension suppose de déconstruire les cultures politiques qui en constituent le terreau comme de discerner les mouvements qui les nourrissent, la scène des Nations unies est propice à la construction de rapports de force, à l'émission de signes valant ralliement pour certains pays et opposition pour d'autres, à l'émergence des identités autochtones (Bengoa, 2000 ; Morin et Saladin d'Anglure, 1995 ; Morin, 2001, 2005, 2006), comme à la projection de peurs destinées à couvrir d'autres enjeux.

C'est dans ce contexte que l'on peut comprendre pourquoi, à la surprise générale, la DDPA ne fut pas adoptée à la 61e session de l'Assemblée générale en raison d'un mouvement des États africains qui ne s'étaient guère manifestés jusqu'alors, exception faite de l'Afrique du Sud qui soutenait le processus onusien. L'affaire étant maintenant bien connue (Barume, 2013 ; Alba, 2013 ; Crawhall, 2013), nous ne rappelons ici que les points principaux.

Le 9 novembre 2006, le Groupe africain présidé par la Namibie (qui ne participa guère aux travaux du GTPA ou du GTPD) envoya à la présidence de l'Assemblée générale (alors tenue par le représentant du Bahreïn) une lettre demandant de « différer la prise en considération de la Déclaration afin que les États membres examinassent et négociassent "avec plus de profondeur" ». En réponse à une lettre émanant des États qui soutenaient la DDPA, le Botswana envoya une autre lettre signalant les difficultés de son pays vis-à-vis du texte et accompagnée d'un projet d'aide-mémoire qui invoquait l'absence de définition du concept « autochtone ». La lettre mentionnait une série de craintes : craintes que le droit à l'autodétermination puisse être interprété comme un droit de faire sécession et que son corollaire, le droit au consentement libre, préalable et éclairé, ne confère un droit de veto aux autochtones ; peur que la reconnaissance du droit à appartenir à une communauté ou à une nation autochtone et à disposer d'institutions politiques sociales et culturelles propres ne porte atteinte à l'unité nationale étatique ou institutionnelle ; crainte que la reconnaissance des droits des autochtones à la terre, au territoire et aux ressources naturelles (possédés, occupés, utilisés ou acquis traditionnellement) ne remette en cause le droit de l'État sur le sol, le sous-sol et les ressources qu'ils contiennent. L'aide-mémoire évoquait aussi le refus d'accorder une valeur juridique aux traités, accords et autres arrangements constructifs réalisés entre les collectivités autochtones et les États, au motif que les traités relevaient exclusivement de la compétence étatique.

Alors que plusieurs pays du Groupe africain soutenaient l'adoption de la DDPA (ainsi du Bénin, du Cameroun, du Congo et de l'Afrique du Sud), les pays de ce groupe qui s'y opposaient présentèrent leur position comme relevant seulement de la procédure. De manière informelle, le Groupe africain fit savoir qu'il demanderait une prolongation des négociations jusqu'à la conclusion de la 61e session de l'Assemblée générale en septembre 2007. Sachant combien longues avaient été les négociations avant d'arriver au texte adopté par le Conseil, alors que les États récalcitrants avaient largement eu le temps d'avancer leurs arguments, la réouverture de négociations sur le fond semblait être le plus sûr moyen de ruiner toute l'entreprise. S'ensuivit une période de tensions assez fortes dont il est difficile de rendre compte de manière synthétique, deux regards étant projetés sur le même événement. Le regard des diplomates (tels que Miguel Alfonso de Alba, 2013) met l'accent sur les discussions entre les États et sur les enjeux de procédure. De leur côté, les représentants de la société civile africaine mettent l'accent sur les réponses aux préoccupations formelles des pays (comme l'indique Barume, 2013) et sur le travail explicatif que réalisèrent les organisations autochtones. Celui-ci avait pour but de mettre les États africains en situation de faire coïncider leurs positions sur la DDPA avec les avancées réalisées sur ce continent à partir des avis de la Commission africaine des droits de l'homme et des peuples – CADHP (Crawhall, 2013 ; CADHP-IWGIA, 2005).

La CADHP remit, en mai 2007, un avis juridique[6] auquel se rangèrent finalement les chefs d'État alors qu'ils avaient pris une position tout à fait différente lors d'un précédent sommet de l'Union africaine. À l'issue de ces échanges et suivant la recommandation de la CADHP, le Groupe africain manifesta son soutien à la DDPA[7]. Tout en adhérant à ce document en tant qu'instrument universel applicable aux peuples autochtones des cinq continents, les membres du groupe maintenaient leur propre interprétation du concept d'autochtonie. Ainsi le Botswana adopta-t-il la DDPA en précisant qu'elle n'était pas utilisable sur son territoire puisque le concept d'autochtone concernait tous les citoyens du Botswana. En Namibie, pays qui partage avec le Botswana et l'Afrique du Sud, et dans une moindre mesure avec l'Angola, le privilège d'inclure dans ses frontières les communautés san, la position officielle du gouvernement consiste à reconnaître aujourd'hui que la DDPA fait partie du droit namibien mais que sa portée dans le cadre juridique national est réduite du fait que la plupart des Namibiens sont considérés comme autochtones. Ce pays reconnaît l'existence de « communautés marginalisées » parmi lesquels figurent les San ou les Himba. Signe des évolutions liées aux avancées du contexte international de promotion des droits, il vient de mettre un San à la tête de la Division chargée des « communautés marginalisées », avec un statut inédit de *deputy minister*. Lors de la dernière session de l'Instance permanente sur les questions autochtones, ce représentant évoqua les réticences de son pays à employer l'expression « *indigenous peoples* » usitée ailleurs et qu'il retiendrait pour sa part[8].

L'Australie, le Canada, la Nouvelle-Zélande et les États-Unis sont les quatre seuls pays qui ont voté contre l'adoption de la Déclaration le 13 septembre 2007. Si chacun de ces États a, depuis lors, révisé sa position et apporté son soutien à la DDPA (en avril 2009 pour l'Australie, avril 2010 pour la Nouvelle-Zélande, novembre 2010 pour le Canada et décembre 2010 pour les États-Unis), ils l'ont fait en précisant explicitement que cela ne devait rien changer à leurs politiques

6. Avis juridique, adopté par la Commission africaine des droits de l'homme et des peuples, lors de sa 41e session ordinaire tenue en mai 2007 à Accra, Ghana. http://www.iwgia.org/iwgia_files_publications_files/Advisory_Opinion_FRE.pdf.

7. En septembre 2007, une large majorité d'États africains adopta la DDPA. Sur 52 États composant le groupe, on compta 34 en faveur de la DDPA, 3 abstentions, 15 absents.

8. Notes de terrain, Irène Bellier, 10 mai 2016.

actuelles, en vertu notamment de l'article 46 qui garantit l'unité politique et l'intégrité territoriale des États. Ces États insistèrent sur le caractère non contraignant de la DDPA, en tant qu'il s'agit d'une simple résolution de l'Assemblée générale des Nations unies.

Ainsi, le 12 novembre 2010, le gouvernement du Canada énonça publiquement que la Déclaration

> est un document d'aspirations qui porte sur les droits individuels et collectifs des peuples autochtones et qui tient compte de leur culture et de leur situation socio-économique particulières. Même si la Déclaration n'est pas juridiquement contraignante, ne constitue pas une expression du droit international coutumier et ne modifie pas les lois canadiennes, notre appui à ce document réitère notre volonté de continuer à travailler de concert avec les peuples autochtones pour bâtir un Canada meilleur[9].

Toutefois, le gouvernement avait souligné que la DDPA était applicable au Canada dans la mesure où ses dispositions étaient conformes au droit canadien : « le Canada peut interpréter les principes de la Déclaration de façon conforme à sa Constitution et à son cadre juridique ». En 2016, un revirement se produisit. Le Canada gouverné depuis peu par Justin Trudeau, chef élu du Parti libéral du Canada, se montra particulièrement fier d'annoncer une grande évolution de sa politique vis-à-vis des peuples autochtones du Canada, par la voix de la première femme amérindienne nommée ministre de la Justice et procureur fédéral, l'Honorable Jody Wilson-Raybould[10], et par celle de l'Honorable Carolyn Bennett, première femme amérindienne nommée ministre des Affaires autochtones et du Nord. Celle-ci devait préciser que le Canada « appuy[ait] maintenant sans réserve la Déclaration [et qu'il] ne vis[ait] rien de moins que l'adoption et l'application de la Déclaration, conformément à la Constitution canadienne[11] ». Elle mentionna également que s'appliquait la politique dite « Personne ne reste à la traîne » (*No one left behind*).

Cette évolution particulière d'un pays permet d'évaluer à quel point les contextes politiques éclairent les soutiens affichés ou retirés au processus de la Déclaration. Ainsi, en 2009, au moment de son adhésion à la DDPA, l'État australien répéta-t-il, comme le Canada, que la Déclaration était un document *aspirational,* littéralement « ambitieux », un idéal ou un objectif à atteindre, ce qui en langage diplomatique témoigne d'une indéniable distance. À la différence

9. https://www.aadnc-aandc.gc.ca/fra/1309374239861/1309374546142 [consulté le 7 juillet 2016].

10. « [...] Mon nom traditionnel est Puglaas. Je suis descendante des peuples Musgamagw Tsawatineuk et Laich-Kwil-Tach de la côte Ouest du Canada. Je fais partie du clan de l'aigle et mon père, Hemas Kla-Lee-Lee-Kla, est notre chef héréditaire. J'aimerais vous remercier de m'avoir invitée à faire partie de l'ouverture de la 15e session de l'Instance permanente et je suis heureuse de vous transmettre les salutations de notre Premier ministre, le très honorable Justin Trudeau. Aujourd'hui, je m'adresse à vous en tant que ministre de la Justice et procureur général du Canada, une nomination qui en dit long sur le chemin que notre pays a parcouru, mais aussi sur celui que nous voulons parcourir. [...] » : http://nouvelles.gc.ca/web/article-fr.do?nid=1063249 [consulté le 8 juillet 2016].

11. http://nouvelles.gc.ca/web/article-fr.do?nid=1064009&_ga=1.159195708.762502390.1467814959 [consulté le 8 juillet 2016].

du Canada, ce pays maintint un langage minimaliste en 2016, dans le contexte de sa candidature au Conseil des droits de l'homme, la cheffe de la délégation australienne réitérant un simple soutien de son pays à la DDPA. Dans ce pays, l'approche affichée par le gouvernement conservateur est de stimuler les opportunités de développement économique des peuples aborigènes et insulaires du détroit de Torres[12], ce qui est loin de répondre aux demandes desdits peuples qui cherchent à voir leurs droits constitutionnalisés.

La France, qui est concernée par la question des droits des peuples autochtones dans les départements, territoires ou pays d'outre-mer, n'a donné aucun écho public à un document assez éloigné des préoccupations nationales, qu'elle adopta cependant en 2007. Elle a longtemps oscillé entre une position globale de soutien aux droits de l'homme et une position de refus des droits collectifs, notamment ceux impliquant la reconnaissance de « peuples autochtones », anticonstitutionnelle au regard de l'article 1 de sa Constitution. Celui-ci dispose en effet que :

> La France est une République indivisible, laïque, démocratique et sociale. Elle assure l'égalité devant la loi de tous les citoyens sans distinction d'origine, de race ou de religion. Elle respecte toutes les croyances. Son organisation est décentralisée. La loi favorise l'égal accès des femmes et des hommes aux mandats électoraux et fonctions électives, ainsi qu'aux responsabilités professionnelles et sociales.

Pour expliquer cette position de la France face à la DDPA, que la Représentation permanente auprès des Nations unies ne prend pas la peine de préciser ultérieurement, Laurent Sermet avance deux arguments :

> [...] d'un côté la France était convaincue de l'absence de force juridique de l'acte déclaratoire onusien, lui ouvrant ainsi la possibilité de faire partie du groupe des États parrains et du groupe des États favorables majoritaires. De ce fait un gain politique non négligeable pour elle. D'un autre côté, elle a donné les éléments suffisants destinés à empêcher que le texte lui soit éventuellement opposable juridiquement. (Sermet, 2012 : 203)

Cette résistance de la France à mettre en œuvre les droits des peuples autochtones prévus par la DDPA vient d'être sanctionnée par la Commission nationale consultative des droits de l'homme (CNCDH) à l'occasion d'un avis, rendu en février 2017, sur la situation des droits de l'homme des peuples autochtones d'outre-mer. Cette instance recommande à la France de respecter son engagement vis-à-vis de la DDPA, de ratifier la Convention 169 et de reconnaître aux peuples autochtones les droits collectifs (CNCDH, 2017).

---

12. *Australia is pleased to support the Declaration and we continue working towards achievement of its principles. We will continue to ensure that our international and domestic activities remain in line with the aspirations of the Declaration. A key component of our approach to improving economic development opportunities for Aboriginal and Torres Strait Islanders is through our Indigenous Procurement Policy introduced in July 2015. For the first time, this policy sets mandatory annual procurement targets for Australian Government agencies to award contracts to Indigenous businesses.* http://statements.unmeetings.org/media2/7658064/australia.pdf [consulté le 27 mai 2016].

L'Amérique latine a globalement soutenu le processus de la Déclaration qu'elle a adoptée en majorité, la Colombie s'abstenant en 2007 puis revenant sur sa réserve en 2009. Se distinguant dans cet ensemble, le Mexique et le Guatemala se sont fortement impliqués dans la recherche du compromis final qui permit la rédaction du texte mis au point par l'ambassadeur péruvien, et la Bolivie intégra toute la DDPA dans la Constitution de l'État plurinational de Bolivie, en 2009. Le Chili et l'Argentine, sur lesquels portent aussi nos recherches, ont adopté la Déclaration, ce qui ouvrit un espace pour les mobilisations autochtones dans ces deux pays ; mais ils le firent sans volonté particulière d'intégrer son dispositif dans une série d'actes législatifs ou constitutionnels. Dans ces deux pays, comme ailleurs en Amérique latine, la DDPA semble avoir eu pour principal effet de relancer les perspectives d'application de la Convention 169 qu'ont ratifiée l'Argentine, en 2000, et le Chili, en 2008. Près d'une dizaine d'années plus tard, sous la présidence de Michelle Bachelet, élue du parti socialiste à la présidence du Chili de 2006 à 2010 puis réélue en 2014, la transition vers la démocratie étant consolidée, une volonté nouvelle d'inclure les peuples autochtones du pays est clairement affichée, en 2015, avec la mise en place difficile d'un ministère des Affaires autochtones et, en 2016, avec l'inclusion des peuples autochtones du Chili dans un processus constituant[13].

L'Inde a approuvé la DDPA, après avoir manifesté ses réticences principalement sur le concept de *indigenous peoples*. Comme le rappelle Alexandre Soucaille,

> [...] l'ambassadeur de l'Inde auprès de l'ONU, Ajai Malhotra, rappela que son gouvernement comprenait le syntagme de « *Peuples Autochtones* » (qui n'a pas comme nous allons le voir de définition), au sens donné par la Convention n° 169 de l'Organisation internationale du travail (OIT), soit comme étant « les peuples dans les pays indépendants qui sont considérés comme autochtones du fait qu'ils descendent des populations qui habitaient le pays, ou une région géographique à laquelle appartient le pays, à l'époque de la conquête ou de la colonisation ou de l'établissement des frontières actuelles de l'État, et qui, quel que soit leur statut juridique, conservent leurs institutions sociales, économiques, culturelles et politiques propres ou certaines d'entre elles », et que, selon cette définition, il tenait « l'ensemble de la population de l'Inde à l'Indépendance et leurs descendants comme étant autochtones ». (Soucaille, 2007 : 107-108)

L'Inde n'a pas ratifié la Convention 169 (adoptée en 1989 et ratifiée depuis par 22 pays) ni dénoncé la Convention 107 relative aux populations aborigènes et tribales (adoptée en 1957 et qu'elle ratifia en 1958), comme l'ont fait la plupart des pays qui ont adopté la Convention 169. Ses gouvernements successifs ne se sentent guère engagés par la DDPA, dont le dispositif relatif au droit à l'autodétermination est susceptible de contrarier sa gestion politique des territoires du

13. « [...] *el proceso de cambio mas significativo esta dado por el recientemente iniciado cambio constitucional, une nueva constitución generada en democracia, que pretende una amplia participación de los ciudadanos en general, proceso donde por cierto los pueblos indígenas tendrán participación y opinión activa, pues actualmente se diseña el proceso constituyente para los pueblos indígenas* », http://statements.unmeetings.org/media2/7658180/chile.pdf [consulté le 27 mai 2016].

Nord-Est. La question de la mise en œuvre des dispositions de la DDPA soulève de ce fait une série de questions en regard du dispositif constitutionnel qui s'applique aux « tribus répertoriées » ainsi que du système applicable dans la résolution des conflits, lequel varie selon que l'on considère les tribus relevant de l'une ou l'autre des annexes de la Constitution, *5th Schedule* (Inde centrale) ou *6th Schedule* (territoires du Nord-Est).

La forme du texte et le sens de la Déclaration

Pour beaucoup d'observateurs et d'acteurs directement impliqués dans son élaboration et son adoption, la DDPA offre l'occasion d'engager une nouvelle relation entre les peuples autochtones et les États, marquant ainsi un moment important dans l'histoire du droit international et celle des Nations unies. Fruit d'un compromis obtenu à l'issue d'un long dialogue lui inculquant une légitimité reconnue, cette Déclaration exprime le souhait d'une réconciliation historique et d'une redéfinition des relations tripartites entre peuples autochtones, États et ONU sur la base d'une confiance mutuelle renouvelée.

Dans cette perspective, la DDPA prône une relation privilégiée de partenariat dans laquelle les peuples autochtones ont pleinement leur place, la reconnaissance du droit à l'autodétermination impliquant un statut d'associés (*partners*) pour ces derniers et un rééquilibrage attendu des relations avec les États (Fernández Carrillo, 2013). Ainsi, dans son préambule, la DDPA se présente-t-elle comme un « idéal à atteindre dans un esprit de partenariat et de respect mutuel » (alinéa 24) dont la mise en œuvre – qui doit être assurée par les États – devrait être réalisée « en consultation et en coopération avec les peuples concernés » (alinéa 19). Elle incite à « des relations harmonieuses et de coopération entre les États et les peuples autochtones, fondées sur les principes de justice, de démocratie, de respect des droits de l'homme, de non-discrimination et de bonne foi » (alinéa 18), considérant que « tous les traités, accords et autres arrangements constructifs [...] sont la base d'un partenariat renforcé » (alinéa 15).

Si la DDPA « parle de "droits" et de "statuts" », comme le remarque Dalee Sambo Dorough (2013 : 268), présidente de l'Instance permanente sur les questions autochtones en 2014, elle définit aussi la nature et les modes d'interaction entre les peuples autochtones dotés de droits collectifs, les États promoteurs de politiques publiques censées respecter les droits et les organes des Nations unies chargés du suivi de ces normes internationales, à l'échelle globale. Nous proposons ici quelques clés de lecture quant à la relation tripartite établie par la Déclaration en portant une attention particulière aux actions attendues des États, qui paraissent centrales dans la mise en œuvre de la Déclaration comme dans la compréhension des enjeux et des conflits locaux. La structure du texte et les champs lexicaux employés constituent des indicateurs permettant de mieux saisir l'orientation générale de ce document international, les principes du partenariat et les types d'actions qui en découlent. Il s'agit moins d'une analyse textuelle et sémantique que d'une lecture du caractère politique inhérent à la DDPA, le but étant d'en éclairer la portée, la signification, la philosophie.

L'équilibre entre l'énoncé de droits autochtones et la recommandation d'actions étatiques

Le texte de la DDPA s'organise en trois grandes sections. La première se compose des dix premiers articles qui énoncent les droits politiques fondamentaux des peuples autochtones considérés d'emblée comme « sujets de droit dans l'ordre international » (Regino Montes et Torres Cisternos, 2013 : 165). Ces articles ont été largement commentés, en particulier celui concernant le droit à l'autodétermination. Dans ce premier bloc, il semble important de relever l'absence significative de références spécifiques aux États et de ce fait l'endossement (textuel) des droits collectifs des peuples autochtones à l'identité, à l'appartenance revendiquée à une communauté ou une nation, à l'autonomie, à disposer d'institutions propres, à une nationalité, à la sécurité et à la protection physique, à vivre sur leurs terres et dans leurs territoires. En revanche, les États se voient chargés d'une mission, ô combien importante, de protéger les peuples autochtones comme entités collectives dotées de droits et de faire respecter ceux-ci.

La deuxième section constitue ce que l'on peut considérer comme le noyau de la DDPA. La majorité des articles qui la composent présentent une structure et une écriture particulières. Ils proposent le plus souvent deux alinéas, le premier édictant un droit, le second spécifiant l'action attendue des États pour l'application de celui-ci. Ainsi la Déclaration établit-elle des droits pour les peuples autochtones : 35 articles sur 46 utilisent l'expression « les peuples autochtones ont le droit » ou « ont droit », et 19 précisent les actions à mener par les États, ce qui induit implicitement un caractère « moralement » contraignant pour ces derniers.

La troisième et dernière section précise la portée politique de la Déclaration. Elle engage l'ONU dans la mise en œuvre des dispositions établies qui constituent des « normes minimales » et implique la communauté internationale dans la pleine application des droits des peuples autochtones. Il apparaît que les organismes internationaux sont chargés de la réalisation de la Déclaration ainsi que d'une possible intermédiation entre les États et les peuples autochtones, si celle-ci s'avère nécessaire ou utile.

Tableau 1. Le format des articles : simple ou dual

Art.	Domaines	PA ont (le) droit	Action étatique recommandée
1	Respect des droits de l'homme	X	
2	Ne pas subir de discrimination	X	
3	Autodétermination	X	
4	Autonomie	X	
5	Institutions autochtones	X	
6	Nationalité	X	
7	Ne pas subir de génocide ; violence	X	
8	Ne pas subir d'assimilation forcée ; destruction culture	X	X
9	Appartenance à une communauté ; nation	X	
10	Ne pas subir de déplacement forcé	(1)	
11	Traditions culturelles ; coutumes	X	X
12	Rites religieux et spirituels	X	X
13	Culture (histoire, langue, traditions, philosophie, littérature, etc.)	X	X
14	Systèmes et établissements scolaires ; accès à l'éducation publique	X	X
15	Enseignement ; diversité culturelle	X	X
16	Médias	X	X
17	Droit du travail	X	X
18	Consultation et participation aux décisions qui les concernent	X	
19	Obtention du consentement pour mesures législatives et administratives		X
20	Systèmes ou institutions politiques, économiques et sociaux	X	
21	Amélioration situation économique et sociale	X	X
22	Besoins des plus faibles ou marginalisés		X
23	Développement	X	
24	Pharmacopée traditionnelle, pratiques médicales	X	X
25	Liens spirituels avec ressources et environnement	X	
26	Reconnaissance et protection juridique des TTR (2)	X	X
27	Processus de reconnaissance des droits sur TTR	X	X
28	Réparation ; indemnisation juste	X	
29	Préservation, protection de l'environnement	X	X
30	Ne pas subir d'activités militaires		X
31	Patrimoine culturel, savoir traditionnel, expressions culturelles	X	X
32	Priorités et stratégies/terres, territoires, ressources	X	X
33	Identité, appartenance, institutions, procédures	X	
34	Structures institutionnelles et coutumes ; spiritualité, etc.	X	
35	Responsabilité des individus	X	
36	Activités et relations transfrontalières	X	X
37	Respect des traités et accords	X	
38	Application DDPA		X
39	Assistance financière et technique	X	
40	Procédures justes et équitables/conflits	X	
41	ONU et moyens de mise en œuvre		
42	ONU favorise le respect et l'application de la DDPA		X
43	Droits reconnus par la DDPA sont des normes minimales		
44	DDPA pour tous les autochtones, hommes et femmes		
45	DDPA ne peut diminuer ou éteindre des droits existants ou à venir		
46	Garantie de l'intégrité territoriale et unité politique d'un État souverain et indépendant		

(1) Pas de droit déclaré, mais une interdiction est posée.

(2) TTR : abréviation de l'expression « terre, territoire et ressources naturelles ».

Le principal objectif de la DDPA est double : établir des droits pour les peuples autochtones et instaurer une relation plus juste et plus équilibrée entre ces derniers et les États dans lesquels ils vivent. Ce texte propose ainsi trois grands types d'interaction entre les droits énoncés et les actions étatiques éventuellement préconisées pour leur application. Ils correspondent à trois catégories d'articles qui se distinguent par leur structure et leur contenu.

Certains articles ont pour seule nature de déclarer un droit, ne faisant aucune référence à quelque action étatique pour l'appliquer. C'est le cas déjà évoqué des premiers articles de cette Déclaration auxquels neuf autres dispositions viennent s'ajouter. Ainsi, dans un style de libellé similaire, les articles 20, 23, 25, 33, 34 et 35 garantissent aux peuples autochtones une gouvernance interne et autonome par la reconnaissance de droits à l'identité ou à l'appartenance, à conserver leurs propres institutions, procédures, coutumes et liens spirituels à l'environnement naturel local et aussi à un développement autonome, si possible autogéré. De même, les articles 28 (réparation et indemnisation juste), 37 (application des traités et accords), 39 (assistance financière et technique) et 40 (procédures justes, équitables et rapides en cas de contentieux) ne recommandent aucune action étatique, laissant entendre le caractère fondamental, à la fois incontestable et imprescriptible des droits énoncés. L'article 10 concernant le lien immuable des peuples autochtones à leurs terres ou territoires trouve ici sa place malgré une formulation unique qui ne déclare pas un droit mais proclame un interdit du déplacement forcé et pose des conditions à la relocalisation.

Tableau 2. Droits des peuples autochtones sans recommandations aux États

Art.	Domaines	PA ont (le) droit	Action étatique recommandée
1	Respect des droits de l'homme	X	
2	Non-discrimination	X	
3	Autodétermination	X	
4	Autonomie	X	
5	Institutions autochtones	X	
6	Nationalité	X	
7	Droit à la vie ; à ne pas subir de génocide, de violence	X	
9	Appartenance à une communauté ; à une nation	X	
10	Ne pas subir de déplacement forcé	(1)	
20	Systèmes ou institutions politiques, économiques et sociaux	X	
23	Développement	X	
25	Liens spirituels avec ressources et environnement	X	
28	Réparation ; indemnisation juste	X	
33	Identité, appartenance, institutions, procédures	X	
34	Structures institutionnelles et coutumes ; spiritualité, etc.	X	
35	Responsabilité des individus	X	
37	Respect des traités et accords	X	
39	Assistance financière et technique	X	
40	Procédures justes et équitables/conflits	X	
		18	0

(1) Pas de droit déclaré, mais une interdiction est posée.

D'autres articles se caractérisent par leur caractère dual, tant dans leur forme que dans leur contenu. Ce deuxième ensemble, composé d'un corpus quasi similaire au précédent, évoque simultanément l'existence d'un droit et la démarche à entreprendre par les États pour son application.

Tableau 3. Droits des peuples autochtones et actions étatiques recommandées

Art.	Domaines	PA ont (le) droit	Action étatique recommandée
8	Interdiction de l'assimilation forcée ; destruction culture	X	X
11	Traditions culturelles et coutumes	X	X
12	Rites religieux et spirituels	X	X
13	Culture (histoire, langue, traditions, philosophie, littérature, etc.)	X	X
14	Systèmes et établissements scolaires ; accès à l'éducation publique	X	X
15	Enseignement ; diversité culturelle	X	X
16	Médias	X	X
17	Droit du travail	X	X
18	Consultation et participation aux décisions qui les concernent	X	
19	Consentement pour les mesures législatives et administratives qui les concernent		X
21	Amélioration situation économique et sociale	X	X
24	Pharmacopée traditionnelle, pratiques médicales	X	X
26	Reconnaissance et protection juridique des TTR	X	X
27	Processus de reconnaissance des droits sur TTR	X	X
29	Préservation, protection de l'environnement	X	X
31	Patrimoine culturel, savoir traditionnel, expressions culturelles	X	X
32	Priorités et stratégies/TTR	X	X
36	Activités et relations transfrontalières	X	X
		17	17

Notons que les articles 18 et 19 sont les seuls à fonctionner de manière binomiale, l'un avec l'autre : le premier établit un droit, le second indique aux États ce qu'ils doivent faire. Leur contenu permet d'y voir un point central de la relation entre les peuples autochtones et les États : il concerne le droit pour les premiers de participer à la prise de décisions sur des questions qui peuvent affecter leurs droits (article 18) et il invite les seconds à s'assurer de légiférer en concertation et en coopération avec les principaux intéressés afin d'obtenir leur consentement préalable, donné librement et en connaissance de cause (article 19). C'est la gouvernance des questions autochtones qui est directement traitée dans ces deux articles et qui nécessite cet agencement spécifique. Ces deux articles font écho au droit à l'autodétermination des peuples autochtones comme sujets politiques et juridiques, invoquent deux principes de partenariat (concertation et coopération) et un principe éthico-moral (bonne foi), non sans renvoyer à un droit fondamental, celui du consentement. En somme, ce binôme spécifique des articles 18 et 19 résumerait presque à lui seul l'esprit général de la DDPA.

Lorsque les États sont mentionnés, plusieurs types d'initiatives sont préconisés :

- Prendre des mesures efficaces.
- Prendre des mesures spécifiques/nécessaires/appropriées.
- Mettre en place des mécanismes ou des mesures.

- Accorder reconnaissance, réparation et protection.
- Se concerter, coopérer, consulter.

Tableau 4. Types d'initiatives étatiques recommandées

Art.	Types d'action des États	Domaines
13	Prendre des mesures efficaces	Culture (histoire, langue, traditions, philosophie, écriture, etc.)
14	Prendre des mesures efficaces	Systèmes et établissements scolaires ; accès à l'éducation
15	Prendre des mesures efficaces	Enseignement ; diversité culturelle
21	Prendre des mesures efficaces	Amélioration situation économique et sociale
29	Prendre des mesures efficaces	Préservation, protection de l'environnement
31	Prendre des mesures efficaces	Patrimoine culturel, savoir traditionnel, expressions culturelles
36	Prendre des mesures efficaces	Activités et relations transfrontalières
17	Prendre des mesures spécifiques	Droit du travail
24	Prendre les mesures nécessaires	Pharmacopée traditionnelle, pratiques médicales
32	Mettre en place des mesures adéquates	Priorités et stratégies/terres, territoires, ressources
8	Mettre en place des mécanismes	Réparer l'assimilation forcée et destruction culture
32	Mettre en place des mécanismes efficaces	Priorités et stratégies/terres, territoires, ressources
11	Mécanismes efficaces	Traditions culturelles et coutumes
12	Mécanismes justes, transparents et efficaces	Rites religieux et spirituels
27	Processus de reconnaissance	Droits sur terres, territoires, ressources
26	Reconnaissance et protection juridique	Droits sur terres, territoires, ressources
19	Se concerter et coopérer avec PA	Mesures législatives et administratives
32	Consulter les PA	Priorités et stratégies/terres, territoires, ressources
16	Encourager les médias	Médias

On relève que les États sont invités à prendre des « mesures efficaces » principalement dans les domaines de la culture (article 13), de l'éducation (articles 14 et 15), du patrimoine (article 31), de l'environnement (article 29), des savoirs (article 31) et de l'identité transfrontalière (article 36). Par ailleurs, le cadre de la DDPA respectant scrupuleusement la souveraineté des États indépendants dans lesquels vivent les peuples autochtones donne lieu à l'utilisation d'un vocabulaire quelquefois subtil, mais explicite. C'est ainsi que les États « accordent », gracieusement semble-t-il, reconnaissance et protection juridique aux terres, territoires et ressources traditionnellement possédés, occupés, utilisés ou acquis (article 26).

Un troisième et dernier groupe de quatre articles se distingue par l'absence d'énoncé de droit accordé aux peuples autochtones. Pour autant, sont indiquées les initiatives à prendre par les États. C'est le cas pour la protection des enfants, des femmes, des anciens et des handicapés (article 22) et celle des terres et territoires, qui doivent être protégés des activités militaires (article 30) « à moins que ces activités ne soient justifiées par des raisons d'intérêt public ou qu'elles n'aient été librement décidées en accord avec les peuples autochtones concernés, ou demandées par ces derniers ». Par ailleurs, la responsabilité des États est engagée dans la mise en œuvre effective de la DDPA. Ces derniers sont appelés à favoriser « le respect et la pleine application des dispositions » en veillant « à en assurer l'efficacité » (article 42), en prenant « les mesures appropriées, y compris législatives, pour atteindre les buts de la Déclaration » en consultation et coopération avec les peuples autochtones (article 38).

Tableau 5. Recommandations d'initiatives étatiques

Art.	Domaines	PA ont (le) droit	Action étatique recommandée
22	Besoins des plus faibles ou marginalisés		X
30	Activités militaires		X
38	Application de la DDPA		X
42	ONU et application de la DDPA		X
		0	4

Les objectifs des actions étatiques

Si les deux derniers articles mentionnés définissent une mission d'ordre général, voire un idéal, les autres actions devant être engagées par les États, généralement en lien avec un droit particulier, s'avèrent d'une nature diversifiée lorsqu'on étudie, ne serait-ce que brièvement, le vocabulaire employé pour définir les objectifs des mesures à engager.

Tableau 6. Les objectifs des actions engagées par les États

Art.	Domaines	PA ont (le) droit	Objectifs des actions étatiques
	Diversité, reconnaissance		
15	Enseignement ; diversité culturelle	X	Combattre les préjugés Éliminer la discrimination Promouvoir la tolérance
16	Médias	X	Refléter la diversité
	Protection		
8	Assimilation forcée ; destruction culture	X	Prévenir Réparer Protéger
17	Droit du travail	X	Protéger (enfants)
22	Besoins des plus faibles ou marginalisés		Veiller à la protection
29	Préservation, protection de l'environnement	X	Veiller à la protection Veiller à appliquer mesures
	Réparation		
11	Traditions culturelles et coutumes	X	Réparer Restituer
	Soutien, aide		
12	Rites religieux et spirituels	X	Facilité l'accès
14	Systèmes et établissements scolaires ; accès à l'éducation publique	X	Facilité l'accès
21	Améliorer la situation économique et sociale	X	Assurer
	Légiférer, normaliser		
13	Culture (histoire, langue, traditions, philosophie, littérature, etc.)	X	Protéger ce droit
24	Pharmacopée traditionnelle, pratiques médicales	X	Assurer ce droit
26	Reconnaissance et protection juridique des TTR		Reconnaître le droit Protéger (juridique)
27	Processus de reconnaissance des droits sur TTR	X	Reconnaître
31	Patrimoine culturel, savoir traditionnel, expressions culturelles	X	Reconnaître les droits
36	Activités et relations transfrontalières	X	Faciliter l'exercice et l'application de ce droit

Art.	Domaines	PA ont (le) droit	Objectifs des actions étatiques
	Consentement		
19	Mesures législatives et administratives		Obtenir le consentement
30	Activités militaires sur terres et territoires		Obtenir le consentement
32	Projets affectant terres, territoires, ressources	X	Obtenir le consentement Assurer la réparation Atténuer les effets néfastes
	Déclaration		
38	Application DDPA		Atteindre les buts de la Déclaration
42	ONU et application DDPA		Favoriser le respect de la DDPA

Ainsi, l'enseignement, les moyens d'information et les médias (articles 15 et 16) doivent à la fois « refléter » la diversité culturelle, « promouvoir la tolérance », « combattre les préjugés » et « éliminer la discrimination ». Par leurs actions, les États doivent également protéger les cultures autochtones de l'assimilation forcée et de la « destruction » (article 8), leurs membres de l'exploitation au travail (article 17), de la violence et de la discrimination (article 22), et leur environnement ou espace d'habitat de toute « matière dangereuse » (article 29). Dans le même esprit de respect et de protection, « les États doivent accorder réparation [...] – qui peut comprendre la restitution – [...] de biens culturels, intellectuels, religieux et spirituels » qui ont été pris, sans consentement préalable, aux peuples autochtones (article 11).

Les États « veillent » à garantir leur accès aux « objets de culte et aux restes humains » (article 12) ainsi qu'à un « enseignement dispensé selon leur propre culture et dans leur propre langue » (article 14). Ils s'emploient à « assurer une amélioration continue de la situation économique et sociale des peuples autochtones » (article 21), à « protéger », « assurer », « reconnaître » et « faciliter » leurs droits culturels, territoriaux, identitaires et patrimoniaux (articles 13, 24, 26, 27, 31 et 36). Quelques articles définissent l'obtention du consentement comme l'objectif à atteindre en ce qui concerne les processus de législation susceptibles de concerner les peuples autochtones (article 19), les activités militaires (article 30) et tout projet mené en terres et territoires autochtones (article 32).

Reconnaissance, protection, réparation, soutien, aide, facilitation constituent donc le lot principal de l'action demandée aux États en direction des peuples autochtones. Malgré l'avancée juridique et politique indéniable que représente pour ces derniers la DDPA, on ne peut que constater la persistance d'une relation déséquilibrée (voire paternaliste) dans laquelle les États assument un rôle incontournable et primordial, sollicités qu'ils sont pour rendre effectifs et consolider les droits des peuples autochtones. L'application de la DDPA ne peut absolument pas se réaliser sans le concours impératif des États chargés, en somme, de l'émancipation de leurs sujets autochtones.

Malgré cet aspect, la Déclaration insiste sur une relation de partenariat. Le texte établit clairement la fonction de celle-ci : c'est un outil de transition, permettant le rééquilibrage des relations entre les parties. C'est pourquoi la DDPA se présente comme une norme minimale (article 43), qui ne demande qu'à être étoffée et consolidée avec le temps.

LES PRINCIPES DU PARTENARIAT ENTRE PEUPLES AUTOCHTONES ET ÉTATS

Le partenariat entre peuples autochtones et États établi par la DDPA s'articule autour de quatre principes fondamentaux énoncés dans le préambule et dans seize articles[14] : la consultation, la concertation, la coopération et le consentement. Six scénarios de partenariat sont proposés, reposant sur un, deux ou trois de ces principes. Les articles 19 et 32 sont les deux seuls à combiner une triade de principes : appeler à la (coopération de) « bonne foi » des États, obtenir le consentement des peuples autochtones et traiter d'adoption législative. Ces particularités incitent à considérer ces articles comme des pierres angulaires de la DDPA.

Tableau 7. Les principes du partenariat

Art.	Domaines de droit	Actions recommandées
	Consultation	
30	Contrôle des activités militaires	Procédures appropriées
	Consultation et coopération	
15	Enseignement ; diversité culturelle	Mesures efficaces pour éliminer la discrimination
17	Droit du travail	Mesures de protection
36	Activités et relations transfrontalières	Mesures efficaces pour faciliter
38	Application de la DDPA	Mesures appropriées
	Consultation et coopération en vue du consentement	
32	Législation sur terres, territoires et ressources	Mécanismes efficaces visant à assurer une réparation juste et équitable
	Concertation	
11	Traditions culturelles et coutumes	Réparation par le biais de mécanismes efficaces – qui peuvent comprendre la restitution
12	Accès aux objets de culte et aux restes humains et/ou leur rapatriement	Mécanismes justes, transparents et efficaces
14	Systèmes et établissements scolaires ; éducation publique	Mesures efficaces pour y accéder
22	Protection des personnes vulnérables	Mesures
31	Patrimoine culturel, savoir traditionnel, expressions culturelles	Mesures efficaces pour reconnaître ces droits
27	Terres, territoires et ressources	Processus de reconnaissance de droits
	Concertation et coopération en vue du consentement	
19	Législation générale	Mesures législatives ou administratives
	Consentement	
10	Déplacement forcé et réinstallation	Accord sur indemnisation et/ou retour éventuel (1)
11	Traditions culturelles et coutumes	Restitution et réparation rétroactives
28	Terres, territoires, et ressources	Réparation ou indemnisation rétroactives
29	Terres, territoires, et ressources	Stock ou dépôt de matières dangereuses
	Sans principe préétabli	
8	Prévention, réparation de l'assimilation forcée	Mettre en place des mécanismes
13	Culture (histoire, langue, philosophie…)	Mesures efficaces pour protéger ce droit
16	Médias (accès et représentation)	Mesures efficaces pour refléter la diversité
21	Situation économique et sociale	Mesures efficaces pour améliorer
24	Pharmacopée traditionnelle, pratiques médicales	Mesures nécessaires pour réaliser ce droit
26	Terres, territoires, ressources	Accorder reconnaissance et protection
42	DDPA	Favoriser le respect et la pleine application

(1) La recommandation ne s'adresse pas seulement aux États.

14. Sept articles (8, 13, 16, 21, 24, 26, 42) ne précisent aucun principe de partenariat dans la recommandation des actions étatiques à engager pour reconnaître et appliquer un droit particulier.

Du fait de l'absence de définition des termes usités, il est difficile de distinguer avec précisions le sens, la portée et les implications de chacun des principes énoncés du partenariat et de saisir la signification de telle ou telle combinaison dans le cadre défini par un article. On peut toutefois relever que la consultation et la concertation ne vont jamais de pair et qu'elles semblent proposer deux schémas directeurs distincts de partenariat, la coopération avec les peuples autochtones étant toujours prévue. Le consentement des peuples autochtones peut, quant à lui, constituer un objectif à atteindre (« afin d'obtenir » selon l'article 19 et « en vue d'obtenir » selon l'article 32), ou être une condition de réalisation du droit : certaines actions ne peuvent être réalisées « sans le consentement » (articles 10 et 29). Dans certains cas, l'absence de consentement antérieur est évoquée pour indiquer une situation passée de violation de droits pouvant impliquer une mesure rétroactive : tel est le sens des termes « restitution », « réparation » et « indemnisation » prévus par les articles 11 et 28.

La DDPA n'établit pas de lien systématique entre la consultation et le consentement. Seul l'article 32 instaure une relation indirecte entre ces deux principes. Quelques articles sollicitent la première sans pour autant rechercher le second (articles 15, 17, 36, 38). À l'inverse, le consentement peut constituer une fin ou un prérequis sans impliquer de consultation préalable (articles 10, 11, 19, 28, 29). C'est l'occasion de souligner ici qu'à aucun moment la DDPA n'évoque directement le caractère préalable de la consultation qu'elle applique au principe de consentement. S'il peut sembler évident que le consentement ne peut être obtenu sans consultation, la manière dont celle-ci est réalisée est matière à préoccupation si l'on prête attention aux récits des représentants autochtones qui évoquent des situations de consultation postérieure à la réalisation d'une activité affectant une communauté.

Ainsi le texte de la DDPA propose-t-il différentes options de partenariat entre « peuples autochtones » et « États », et laisse-t-il ouvertes les modalités de son application sur le terrain. De ce fait, la Déclaration constitue un document susceptible de produire un changement dans les termes des relations conflictuelles entre les deux entités politiques – États et peuples autochtones – concernées par le nouvel horizon normatif, mais non contraignant en pratique. Au fil du temps, c'est cette lecture qui semble s'imposer, parfaitement compatible avec d'autres initiatives de la communauté internationale, telles que la promulgation de deux décennies successives consacrées au partenariat avec les peuples autochtones (1995-2004 sur le thème « Peuples autochtones : partenariat dans l'action », et 2005-2015 sur le thème « Partenariat pour l'action et la dignité »), la mise en place d'une autre initiative (Unipp – United Nations and Indigenous Peoples Partnership, qui engage plusieurs agences onusiennes et se réalise sur la base de dotations financières des États-parties) en vue de coordonner la coopération sur le terrain. Cette option, de faible contrainte, est inscrite dans le document final résultant de la réunion plénière de haut niveau connue sous le nom de Conférence mondiale des peuples autochtones, adopté le 22 septembre 2014[15]. Ce document, qui sert en quelque

15. Résolution de l'Assemblée générale des Nations unies, A/RES/69/2.

sorte de feuille de route aux initiatives nationales et internationales de mise en œuvre de la DDPA, a introduit une dizaine de « nouvelles reconnaissances et engagements »[16] et demande spécifiquement aux Nations unies de mettre en place un système d'action à l'échelle du système.

La diffusion de la Déclaration

Après que la DDPA a été adoptée, la question de sa diffusion s'est posée autant pour que les appareils gouvernementaux s'en saisissent que pour que les principaux concernés y aient accès. Le matériel produit témoigne de certaines limites qu'il s'est agi de surmonter dans les tout premiers temps de la vie de ce document. Il a été traduit dans une série de langues extra-onusiennes, par l'entremise de différents organismes qui ont proposé des versions en soixante langues, un certain nombre d'entre elles appartenant à des peuples autochtones – ce qui est une première dans l'histoire des documents onusiens –, toutes disponibles sur le site web de l'Instance permanente sur les questions autochtones[17]. Si les Nations unies ont facilité la distribution de livrets reprenant le texte intégral de la DDPA dans les six langues onusiennes (anglais, arabe, espagnol, chinois, français et russe), des ONG autochtones mais aussi le Commissariat à la justice sociale (qui, en Australie, fait partie de la Commission des droits de l'homme) se sont appliqués à produire de nouveaux documents, sous forme d'affiches, en organisant le sens autour de huit thèmes clés : Droits fondamentaux ; Vie et sécurité ; Culture, langue et identité spirituelle ; Éducation, information et emploi ; Participation, développement et droits économiques et sociaux ; Droits à la terre, ressources, savoir ; Autogouvernement ; Mise en œuvre.

La portée de l'instrument DDPA

Le caractère justiciable ou non de la DDPA représenta un enjeu majeur lors des discussions préalables à son adoption et continue de constituer l'un des gages de sa mise en œuvre. En effet, les résolutions adoptées par l'Assemblée générale des Nations unies ne font pas partie des sources formelles du droit international prévues par l'article 38 du statut de la Cour internationale de justice qui cite, sans établir de hiérarchie particulière entre elles : « les conventions internationales, la coutume internationale, les principes généraux de droit et, sous réserve de la

16. Il s'agit de : ventilation des données statistiques sur les peuples autochtones ; reconnaissance des systèmes de justice autochtones ; construction des capacités des jeunes autochtones ; situations des personnes handicapées ; autonomisation des femmes autochtones et réponse aux violences qui les concernent ; soutien aux occupations des peuples autochtones, activités de subsistance traditionnelles, économies et sécurité alimentaires ; mécanisme d'accès et de rapatriement des objets cérémoniels et des restes humains ; réduction des MST, santé génésique et reproductive ; reconnaissance de la responsabilité des firmes transnationales et autres industries quant au respect des principes directeurs sur le business et les droits humains. Voir http://www.un.org/esa/socdev/unpfii/documents/2015/concept-notes/wcip.pdf [consulté le 30/05/2016].

17. https://www.un.org/development/desa/indigenouspeoples/declaration-on-the-rights-of-indigenous-peoples/previous-updates.html.

disposition de l'article 59, les décisions judiciaires et la doctrine des publicistes les plus qualifiés des différentes nations comme moyen auxiliaire de détermination de la règle de droit» (article 38.1 du Statut de la Cour internationale de justice). Dans une circonstance où les déclarations, en tant que résolutions de l'ONU, ne sont pas considérées en soi au titre des sources formelles du droit international, il convient d'analyser la force contraignante de la DDPA sous les angles de sa légitimité et de sa juridicité.

La légitimité de la DDPA

Un système juridique est considéré comme légitime lorsque les destinataires des règles se plient volontairement à la discipline qu'elles imposent, et ce, même en l'absence de sanction. Comme l'énonce Claire Charters, une juriste maori de Aotearoa-Nouvelle-Zélande, « plus grande est la perception de la légitimité de la Déclaration des droits des peuples autochtones [...] plus grande sera la probabilité que les États la rendent effective» (2013: 283). Selon cette juriste, spécialiste du droit international, le degré de légitimité d'un instrument dépend de trois facteurs qui permettent donc de la mesurer: la qualité des processus dont il est issu – en termes de transparence, de formalité, de cohérence et de prévisibilité –; la justice inhérente à son contenu; et l'étendue de l'engagement que les acteurs internationaux lui consacrent, qu'il s'agisse d'individus, de sociétés civiles, de compagnies multinationales, d'États ou de peuples autochtones, pour le mettre en œuvre (*idem*: 284-285).

L'histoire de l'adoption de la DDPA, depuis sa préparation au sein du Groupe de travail sur les populations autochtones jusqu'à son adoption par l'Assemblée générale des Nations unies, atteste d'un processus hautement institutionnalisé, prévisible et transparent. La participation directe de l'ensemble des acteurs concernés (États, peuples autochtones, ONG de défense des droits humains, juristes) est venue renforcer la légitimité du processus de négociation et d'adoption du texte. L'implication inédite des délégués des peuples autochtones à son élaboration fait de ce document une déclaration *sui generis* par comparaison avec d'autres déclarations adoptées par l'Assemblée générale des Nations unies.

La Déclaration semble satisfaire largement le critère relatif à l'objectif de justice de son contenu. Son article 43 précise qu'elle exprime les « normes minimales nécessaires à la survie, à la dignité et au bien-être des peuples autochtones du monde». Dans cette perspective, comme l'affirment de nombreux auteurs et en particulier James Anaya (2013: 195), deuxième rapporteur spécial des Nations unies sur les droits et libertés fondamentales des peuples autochtones, la DDPA ne créerait pas de nouveaux droits mais confirmerait pour les peuples autochtones des droits déjà inscrits dans les différents instruments de droits de l'homme souscrits au sein des Nations unies et remplirait ainsi une fonction réparatrice. Dans le même sens, Claire Charters estime que:

> la Déclaration améliore la justice du droit international en garantissant un espace aux droits des peuples autochtones. [...] La meilleure illustration en est, peut-être,

la claire reconnaissance par la Déclaration que les peuples autochtones sont vraiment des peuples et que, comme les autres peuples, ils ont droit à l'autodétermination. (Charters, 2013 : 291)

Le troisième critère énoncé tient à l'engagement des acteurs internationaux à mettre en œuvre la Déclaration. En l'espèce, depuis le changement de position des quatre États du groupe Canzus (Canada, Australie, Nouvelle-Zélande, États-Unis) qui avaient voté contre le 13 septembre 2007, et de deux États qui s'étaient abstenus (Colombie et Samoa), une immense majorité des États soutient la DDPA. Par ailleurs, l'article 42 de celle-ci engage l'ONU, ses organes (en particulier l'Instance permanente sur les questions autochtones, ainsi que les institutions spécialisées au niveau des pays), et les États à favoriser « le respect et la pleine application des dispositions de la présente Déclaration et de veiller à en assurer l'efficacité ». Le haut degré de légitimité de la DDPA vient renforcer la juridicité de l'instrument, une notion qui expose la capacité de la résolution si ce n'est à être contraignante, du moins à être mise en œuvre.

La juridicité de la Déclaration

Comme mentionné plus haut, les déclarations, en tant que résolutions de l'ONU, ne sont pas considérées au titre des sources formelles du droit international et leur nature leur confère un caractère non légalement contraignant. Il s'agit ici d'un argument avancé régulièrement par les États réticents à mettre en œuvre le contenu de la DDPA, comme l'Australie, le Canada et les États-Unis, et par un ensemble de personnes plus ou moins informées qui vont bâtir sur cet argument une interprétation visant à minorer son importance, en reléguant la DDPA au rang de symbole certes puissant, mais non susceptible de modifier le cours du droit.

La DDPA comme droit coutumier international

À plusieurs reprises, tout en affirmant le caractère non contraignant, ces mêmes États se sont préoccupés de nier le statut de « coutume de droit international » de la DDPA. Cette notion n'est pas simple à comprendre pour les profanes. Aussi nous y arrêterons-nous brièvement.

La présence de deux éléments permet d'attester l'existence d'une coutume juridique de droit international. Un premier élément, matériel, consiste en l'accomplissement répété dans le temps et dans l'espace d'actes dénommés « précédents », émanant de sujets de droit international : ce sont des comportements positifs et négatifs, mais aussi toute expression d'une opinion sur l'opportunité et la légalité des agissements d'autres sujets du droit international. Un second élément, psychologique et qualifié par l'expression de *opinio juris*, correspond au sentiment du sujet de droit international d'être juridiquement lié (Daillier et Pellet, 1999 : 321), l'expression latine indiquant la conviction que l'usage répété constitue une règle de droit.

Les déclarations des États du groupe Canzus rejetant le caractère de coutume de droit international de la DDPA visaient à empêcher l'émergence d'une *opinio juris* relative au caractère contraignant de celle-ci. Les États-Unis rejetaient ainsi toute possibilité que ce texte soit ou puisse devenir une coutume internationale: «cette Déclaration ne décrit pas la pratique ou des actions que les États se sentiraient obligés de suivre en tant qu'obligation juridique et ne peut pas être citée comme une preuve de l'évolution du droit international coutumier» (Sermet, 2012: 227).

Parmi les États de notre étude, l'Australie a aussi signalé, lors du vote de la DDPA à l'Assemblée générale, que,

> dans la mesure où elle ne décrit pas la pratique actuelle des États ni les mesures que les États se considèrent comme légalement tenus de prendre, elle ne saurait être la preuve d'une évolution du droit coutumier international. (A/61/PV.107: 12)[18]

Comme on l'a vu plus haut, le Canada qui avait adopté une position similaire a finalement adhéré «sans réserve» à la DDPA en mai 2016.

Il n'est pas possible de limiter l'analyse de l'*opinio juris* de ces États à leurs déclarations. En effet, comme le souligne Sermet, malgré les résistances d'ordre diplomatique, la participation continue et active de ces États à l'élaboration du texte international durant plus de deux décennies ainsi que leurs politiques publiques et leurs législations témoignent plus d'une convergence que d'une opposition à l'esprit général de la DDPA dont les dispositions fondamentales, ainsi que l'article 42, jouent en faveur de la reconnaissance de sa juridicité. Le lien entre droit coutumier international et juridicité de ce document continue d'être établi, dépendant de la mise en œuvre progressive de tout ou partie de la DDPA par les sujets de droit international, dans une perspective nécessairement dynamique.

La juridicité des dispositions de la DDPA

Comme l'ont souligné de nombreux auteurs[19], la juridicité de la Déclaration ne dépend pas uniquement de son statut en tant que norme de droit international mais aussi de son contenu. Partant du constat que de nombreux droits consacrés par ce document se reflètent dans le droit international coutumier et/ou conventionnel existant, ils en déduisent qu'ils sont dotés d'une juridicité qui dérive de la «normativité précédemment acceptée» (Sermet, 2012: 231), que celle-ci soit conventionnelle, coutumière ou ait été consacrée comme norme de *jus cogens,* dite aussi «norme impérative» (*cf. infra*). Nous éclairons brièvement ces distinctions ci-après.

Les droits de source conventionnelle

Selon cette approche, la DDPA n'introduit pas de nouveaux droits mais reprend dans son ensemble des droits déjà consacrés par des conventions internationales ou régionales des droits de l'homme. L'analyse comparative des dispositions de la DDPA, des droits consacrés par divers traités de droits de l'homme et de la Convention 169 que Luis Rodriguez-Piñero Royo a réalisée démontre que la

18. Assemblée générale des Nations unies, A/61/PV.107, https://documents-dds-ny.un.org/doc/UNDOC/GEN/N07/504/30/PDF/N0750430.pdf?OpenElement.

19. Entre autres: Anaya, 2013; Rodriguez-Piñero Royo, 2013; Sermet, 2012; Clavero, 2009.

plupart des droits consacrés par ce document sont une adaptation à la spécificité autochtone de droits déjà reconnus par les principaux instruments internationaux de protection des droits fondamentaux en vigueur (Rodríguez-Piñero, 2013: 322-323). En ce sens, la DDPA fait office de cadre de référence pour l'interprétation, interculturelle, des instruments internationaux ou régionaux de droits de l'homme.

Cependant quatre droits ne se retrouvent pas au sein de ces instruments. Le premier est « le droit d'appartenir à une communauté ou à une nation autochtone, conformément aux traditions et coutumes de la communauté ou de la nation considérée » (article 9). Le deuxième est l'interdiction d'activités militaires sur les terres ou territoires des peuples autochtones, à moins que ces activités ne soient justifiées par des raisons d'intérêt public ou qu'elles n'aient été librement décidées en accord avec les peuples autochtones concernés ou demandées par ces derniers (article 30). Le troisième est le droit de propriété intellectuelle collective du patrimoine culturel, des savoirs traditionnels et des expressions culturelles traditionnelles (article 31). Le dernier est le droit des peuples autochtones « à ce que les traités, accords et autres arrangements constructifs conclus avec des États ou leurs successeurs soient reconnus et respectés par les États » (article 37).

Les droits de la DDPA comme coutume juridique de droit international

Une approche complémentaire envisage certaines dispositions, par opposition à l'ensemble des articles, comme le reflet d'une coutume juridique de droit international. Il s'agit en l'espèce des piliers fondateurs de la DDPA: le droit des peuples à l'autodétermination, affirmé dans les articles 3 et 4 (et nuancé par l'article 46.1), et le droit des peuples autochtones sur leurs terres traditionnelles, consacré par l'article 26. Le premier est une déclinaison du droit des peuples à disposer d'eux-mêmes, un droit international coutumier établi par de nombreuses résolutions des Nations unies adoptées à de très larges majorités depuis plus de vingt ans. Le principe bénéficie d'une *opinio juris* indiscutable, renforcée par l'autorité des avis consultatifs de la Cour internationale de justice du 21 juin 1971 et du 16 octobre 1975, dans les affaires de la Namibie et du Sahara occidental. La pratique de la décolonisation fondée sur le droit des peuples conforte l'expression de cette *opinio juris*. Quant au second de ces piliers – le droit des peuples autochtones à leurs terres traditionnelles –, le système américain des droits de l'homme avait déjà signalé, avant même l'adoption de la DDPA, qu'« il existe un droit coutumier international en vertu duquel sont affirmés les droits des peuples autochtones sur leurs terres traditionnelles[20] ».

Les droits de la DDPA comme norme de *jus cogens*

L'expression juridique *jus cogens* désigne des normes impératives du droit international général, lesquelles sont définies par l'article 53 de la Convention de Vienne (1969) comme « une norme acceptée et reconnue par la communauté internationale des États dans son ensemble en tant que norme à laquelle aucune

20. CourIDH 2001, *Affaire de la Comunidad Mayagna (Sumo) Awas Tingni v. Nicaragua* : § 140(d).

dérogation n'est permise et qui ne peut être modifiée que par une nouvelle norme du droit international général ayant le même caractère ».

Certaines dispositions de la DDPA ont précédemment été reconnues comme norme ayant valeur de *jus cogens* par la jurisprudence internationale. Il s'agit par exemple du droit de chaque être humain de revendiquer son appartenance à la communauté ethnique, religieuse ou linguistique de son choix et, pour ces communautés, de bénéficier d'un minimum de protection, droit proclamé par la Commission d'arbitrage de la Conférence européenne pour la paix en Yougoslavie[21]. De même, le droit des peuples à l'autodétermination a été proclamé comme norme de *jus cogens*[22].

---

21. Avis n° 15 du 29 novembre 1991 et n° 9 du 4 juillet 1992, RGDPI 1992 : 265-267, cité par Daillier et Pellet, 1999 : 204.

22. Dans l'affaire de la détermination de la frontière maritime entre la Guinée-Bissau et le Sénégal, le tribunal admet, au moins implicitement, le caractère impératif du droit à l'autodétermination des peuples (Daillier et Pellet, 1999 : 204). Ce droit est inscrit dans la liste des exemples de règles impératives fournies par la Commission du droit international dans son rapport sur le droit des traités (Daillier et Pellet, 1999 : 515). Rappelons toutefois l'étendue limitée de ce droit qui n'ouvre pas la porte à un droit à la sécession.

CHAPITRE 2

Le droit international des droits de l'homme

Le droit international couvre une série de domaines, parmi lesquels figurent les droits de l'homme. Dans la mesure où les droits des peuples autochtones sont une extension du domaine des droits de l'homme, ce chapitre vise à préciser trois caractéristiques qu'il nous semble important de poser pour comprendre leur émergence, et surtout les conditions de possibilité de leur mise en œuvre, sachant que le droit n'est qu'un élément, un langage ou un instrument qui borne les actions des individus ou des institutions, et rendent possible l'énoncé de sanctions dans le cas de violations explicites. Nous présentons ainsi une réflexion sur la relation dans le domaine des droits – de l'homme et des peuples autochtones –, puis nous indiquons comment l'unique instrument de droit contraignant qu'est la Convention 169 de l'Organisation internationale du travail a ouvert l'espace de l'édiction des droits des peuples autochtones. Nous montrons ensuite comment ce droit international évolue, la nature dynamique des droits des peuples autochtones représentant une caractéristique de ce domaine.

La relation entre droits de l'homme et droits des peuples autochtones

Il est souvent posé que les droits des peuples autochtones sont des droits de l'homme. Cependant la relation entre droits de l'homme et droits des peuples autochtones n'est pas si évidente. Afin d'interroger cette assimilation, des précisions terminologiques s'imposent. Tout d'abord, qu'entend-on par droits de l'homme ? Comment envisager leur caractère universel ?

L'expression se réfère aux droits consacrés par les instruments internationaux des droits de l'homme, mais ceux-ci ne reflètent pas nécessairement les philosophies de juridicités non occidentales, et *a fortiori* pas celles des peuples autochtones. Ce débat déjà ancien ne peut être évacué, notamment pour comprendre comment certains pays semblent tourner le dos aux droits de l'homme tout en ayant des conceptions extrêmement précises de la place de l'homme et de l'humain. L'expression peut également désigner les droits de l'homme en tant que référence, dont il serait possible de retrouver un équivalent fonctionnel homéomorphe au sein de la multiplicité des cultures de la planète. Cette méthodologie d'essence pluraliste fut introduite par un juriste indien, Raimon Panikkar, qui s'interrogeait sur le caractère universel des droits de l'homme. Il conclut qu'en Inde le *dharma* correspondrait à un équivalent homéomorphe fonctionnel des droits de l'homme tels qu'ils sont conçus en Occident, tandis que l'équivalent homéomorphe du *dharma* en Occident serait la religion. Cette démarche est aujourd'hui reprise et alimentée par plusieurs auteurs qui réfléchissent aux conditions d'un dialogue diatopique, reposant sur une variation selon les régions, entre les cultures juridiques[1]. À cet égard, le juriste Jean Leclair souligne les limites et les « périls du totalitarisme conceptuel en droit et en sciences sociales » (Leclair, 2009).

À quel objet se réfère le droit des peuples autochtones ? Est-il réduit aux droits reconnus par le droit étatique ou international pour les peuples autochtones ? Ou s'agit-il des droits déterminés par les juridicités autochtones[2] ? La question se pose à l'aune des changements qui se sont produits depuis une trentaine d'années, mais il est difficile d'y répondre puisque la plupart des peuples concernés ont été symboliquement, et par le fait de la colonisation, dépossédés des droits ou des institutions sociales qui les gouvernaient. Il convient alors de rappeler ici deux facteurs que l'on retrouvera plus loin. Au nom du principe de *terra nullius*, dit en français « terre vacante et sans maître », les conquérants et explorateurs européens se sont saisis du territoire qu'ils découvraient. Au nom de la religion, et du droit des personnes à s'installer sur ces terres *par le fait du prince*, ils ont lutté contre les coutumes sociales, matrimoniales ou résidentielles des habitants qui occupaient ces territoires. Comment dans ces conditions, contraires à toute reconnaissance de souveraineté préalable ou continue, l'existence d'une juridicité autochtone peut-elle être acceptée et comment lui donner force de loi ?

À travers les dispositions de la DDPA, on observe que les peuples autochtones demandent la reconnaissance de leurs systèmes institutionnels et juridiques, de leurs organisations sociales, comme de leurs droits et de leurs coutumes. Qu'est-ce que cela désigne ? Les États négociateurs ont du mal à admettre que ce qu'ils

1. Sans prétendre à l'exhaustivité, citons Rude-Antoine et Chrétien-Vernicos (coord.), 2009 ; Eberhard et Vernicos (eds), 2006 ; Eberhard, 2010, 2011, 2013 ; Le Roy, 2013 ; Otis, 2012 ; Panikkar, 2014 ; Sousa Santos, 2013 ; Robert Vachon et la revue *Interculture* qu'il fonda et dirigea un temps : revue disponible en libre accès sur le site http://www.iim.qc.ca/publications/interculture/larevue.html.

2. Pour une réflexion sur les droits autochtones, leur saisine par le droit étatique et le caractère pluriel ou unique de leur protection, voir Leclair J. (2011). « "Il faut savoir se méfier des oracles." Regards sur le droit et les autochtones », *Recherches amérindiennes au Québec*, vol. XLI, n° 1, pp. 102-111 et « Réplique », pp. 119-120.

rangent dans la rubrique « coutumes et traditions » soit élevé au rang de loi ou de système. Les anthropologues ont parfois décrit très finement des institutions et des systèmes qui seraient qualifiés de « droit » dans le langage occidental, mais ils leur ont souvent attribué d'autres valeurs que légales. Ainsi ont-ils parfois collecté (et remis dans les musées) les objets qui les incarnent, sans leur donner la valeur juridique qui est revendiquée aujourd'hui par les descendants de ces peuples, héritiers de ces objets comme des pratiques qu'ils autorisent. On citera pour exemple les *wampum*, ces ceintures de perles qui requièrent une interprétation autre qu'esthétique, que les Mohawk (donnés pour éteints par Fenimore Cooper en 1826) exhibent avec autant de fierté et de précaution qu'un archiviste le ferait de l'original du traité de Versailles. Plus généralement, le terme de droit/loi (*law*) est réemployé aujourd'hui par les autochtones, non seulement par référence à la norme de l'État mais pour nommer ce qui tient leurs sociétés ensemble. Pour Martin Préaud, qui a travaillé dans le nord de l'Australie,

> Ainsi que ce fut le cas pour le terme « business », employé communément par les Aborigènes pour se référer à leurs activités rituelles, les termes de « Loi et Culture » nous renseignent sur la manière dont les Aborigènes du Kimberley perçoivent ce qu'ils considèrent être d'une importance centrale dans la société coloniale, afin de s'engager avec elle selon leurs termes. On peut voir cela comme une ruse de la kriolisation, ou un ultime moyen de déjouer les catégories coloniales qui déterminent le secteur autochtone australien… Le fait est que l'expression « Loi et Culture » ne s'inscrit pas facilement dans ce cadre administratif qui distingue généralement « Loi et Ordre » de « Arts et Culture ». En liant les deux domaines, nominalement et fonctionnellement, l'organisation [Kalacc] met en avant une manière spécifiquement aborigène de traiter les affaires sociales. (Préaud, 2015 : 18)

La présente étude visant à identifier, au sein des ordres juridiques des États du périmètre Sogip, les facteurs de reconnaissance légale des droits prévus par la DDPA, nous nous sommes limités à poser la relation entre « droits de l'homme » et « droits des peuples autochtones » tels qu'ils sont définis par les ordres juridiques nationaux, régionaux et internationaux. Nous nous inscrivons ainsi dans une conception essentiellement universelle des droits de l'homme comme des droits des peuples autochtones[3]. Mais cette approche ne nous fait pas oublier que la reconnaissance nationale de droits aux peuples autochtones est le fruit tant de la réception du droit international que des mobilisations autochtones ; en conséquence, elle est susceptible d'incorporer certains éléments, aussi infimes soient-ils, des juridicités autochtones. Une approche pluraliste nous aurait conduits à examiner tous les sens de la loi,

3. Nous observons une corrélation forte entre la protection nationale des droits fondamentaux et la protection des droits des peuples autochtones. Rappelons que, selon Jean-Jacques Israel (1998 : 31-35), la définition des droits de l'homme est plus large que celle des droits fondamentaux. Les droits fondamentaux « sont consubstantiels à la notion fondamentale de liberté ou à la notion de liberté fondamentale ». Sont référencés par le droit français comme étant fondamentaux : le droit à la vie, le principe d'égalité, les droits politiques (droit des peuples à disposer d'eux-mêmes et son corollaire en droit international, le droit à l'autodétermination), les droits économiques et sociaux (le droit de grève, le droit à l'emploi et à la sécurité du travail, le droit à la sécurité sociale et à la santé, le droit de propriété, la liberté du commerce et de l'industrie).

ainsi que les différentes conceptions des droits chez les différents peuples concernés. Cette approche, aussi intéressante soit-elle, est entièrement à construire, tant elle a été négligée dans les sciences sociales jusqu'à présent.

Tableau 8. Comparaison entre les dispositions des traités des droits de l'homme de l'ONU et celles de la Déclaration sur les droits des peuples autochtones

Traité de l'ONU	Droits fondamentaux	Art.	Droits autochtones dans la Déclaration	Art.
CIEDR	Prohibition de la discrimination raciale	2	Participation politique Consultation, consentement Intégrité culturelle et langue Développement compatible avec la culture	5, 18 19, 32(2) 11-13, 34, 38 32(1)
PIDCP	Autodétermination	1	Autodétermination Autonomie et autogouvernement	3 4
	Droits des minorités	27	Intégrité culturelle et langue Terres, territoires et ressources Économies de subsistance Participation politique	11-13, 25-29 20, 5, 18
	Vie, torture, liberté et sécurité	6, 7, 9	Vie, intégrité physique et mentale, liberté et sécurité	7(1)
	Esclavage et travail forcé	8	Jouissance égale des droits du travail	17(1)
	Jugement juste Usage de la langue dans les procédures juridiques	14	Compensation juste et équitable Usage de la langue dans les procédures juridiques	40 13(2)
	Vie privée et famille	17, 23	Terres, territoires et ressources	25-28
	Liberté de religion et de croyances	18	Religions et spiritualité autochtones	11-12
	Liberté d'opinion	19	Médias autochtones	16(1)
	Liberté d'association	22	Institutions politiques ou sociales	5, 34
	Enfance, nationalité	24	Enfance autochtone Nationalité	21(2), 22 6
	Participation politique	25	Participation politique	5, 18
	Égalité devant la loi	26	Égalité	2
Pidesc	Autodétermination	1	Autodétermination	3, 4
	Coopération internationale	2(1)	Coopération internationale	39
	Droits du travail	7-9	Jouissance égale des droits du travail	17
	Éducation	13	Langue Éducation et médias Éducation des enfants Amélioration de l'éducation	13 14-16 17(2) 21
	Alimentation	11(1)	Modes de subsistance Amélioration des conditions sociales Terres, territoires et ressources Environnement	20 21 25-28 29
	Logement	11(1)	Amélioration des conditions de logement Programmes de logement Interdiction des déplacements forcés Terres, territoires et ressources	21 23 10 25-28

Traité de l'ONU	Droits fondamentaux	Art.	Droits autochtones dans la Déclaration	Art.
Pidesc	Santé	12	Amélioration des conditions de santé	21
			Programmes de santé	23
			Droit à la santé et à la médecine traditionnelle	24
			Environnement	29
			Santé des enfants	17(2)
	Éducation	13	Langue	13
			Éducation et médias	14-16
			Éducation des enfants	17(2)
			Amélioration de l'éducation	21
	Vie culturelle	15	Intégrité culturelle	11-12
	Bénéfices de la production intellectuelle ou artistique		Institutions culturelles	5, 34
			Savoirs traditionnels	31
Cide	Enfants autochtones	30 *et al.*	Mesures spéciales pour les enfants autochtones	21(2), 22(1)
	Violence contre les enfants	19	Violence contre les enfants autochtones	22(2)
	Langue autochtone dans les médias	17(d)	Médias autochtones	16(1)
	Éducation libre de préjugés	29(d)	Préjugés dans les médias ou l'éducation	15, 16(2)
CCT	Prohibition de la torture en général		Intégrité physique et mentale	7(1)
Cedef	Droits des femmes en général		Mesures spéciales pour les femmes autochtones	21(2), 22(1)
CTM	Droits des migrants en général		Coopération transfrontalière	36
CDPH	Droits des personnes handicapées en général		Personnes autochtones handicapées	21(2), 22(1)
CIPPDF	Prohibition de la disparition forcée		Liberté et sécurité personnelles	7(1)

Source : Rodriguez-Piñero Royo, 2013 : 322-323.

CIEDR : Convention internationale sur l'élimination de toutes les formes de discrimination raciale.
PIDCP : Pacte international relatif aux droits civils et politiques.
Pidesc : Pacte international relatif aux droits économiques, sociaux et culturels.
Cide : Convention internationale des droits de l'enfant.
CCT : Convention contre la torture.
Cedef : Convention sur l'élimination de toutes les formes de discrimination à l'égard des femmes.
CTM : Convention internationale sur la protection des droits de tous les travailleurs migrants et des membres de leur famille.
CDPH : Convention relative aux droits des personnes handicapées.
CIPPDF : Convention internationale pour la protection de toutes les personnes contre les disparitions forcées.

Bien que le respect des droits des peuples autochtones ne soit pas garanti par leur reconnaissance juridique, une plus grande offre juridique en matière de droits de l'homme et un plus grand nombre de recours en justice offrent des outils qui permettent de revendiquer le respect de certains droits autochtones, notamment si le catalogue des droits de l'homme disponible comprend des droits dits de troisième et de quatrième générations[4]. L'ouverture étatique aux droits de l'homme

4. Le catalogue des droits de l'homme consacré par les ordres juridiques nationaux, régionaux et internationaux s'est enrichi au fil du temps au point de parler de « générations de droits de l'homme ». Les deux premières générations correspondent à la reconnaissance des droits individuels (1948), des droits

favorise une dynamique interprétative du droit et prépare la culture juridique nationale à la réception des droits des peuples autochtones. Ce pont est nécessaire, mais il ne suffit pas à assurer la réponse aux revendications formulées par les organisations autochtones. Cette insuffisance, qui a précisément justifié la nécessité de faire exister un instrument tel que la DDPA, éclaire la poursuite des mouvements sociaux que l'on observe aujourd'hui.

La convention 169 : précurseur et complémentaire de la DDPA

Dans l'histoire moderne de la reconnaissance internationale de droits aux collectivités autochtones par des organismes internationaux, l'Organisation internationale du travail (OIT) est le premier organisme à se pencher sur la situation des populations autochtones avec une étude pionnière sur les conditions de travail des populations indigènes en 1921[5]. Ces travaux sont à l'origine d'une intense activité qui se concrétisera par l'adoption d'une série de conventions[6]. En 1957, l'OIT adopta la Convention 107 relative aux populations aborigènes et tribales, laquelle, à la différence des instruments la précédant, aborde différents aspects de la vie des autochtones et plus seulement leur situation par rapport au travail[7]. Depuis une perspective assimilationniste, visant à intégrer politiquement, socioculturellement et économiquement l'indigène (l'autochtone, dirait-on aujourd'hui) à la société nationale, cet instrument s'inscrivait dans l'esprit de l'indigénisme intégrationniste de l'époque, coordonné en Amérique du Sud par l'Institut indigéniste

civils et politiques puis économiques et sociaux (1966). La troisième génération de droits de l'homme est associée à l'apparition des droits dits de solidarité, le plus souvent à implication internationale, tels que les droits à l'environnement, le droit à la paix ou le droit au développement (Israel, 1998 : 21-23). La reconnaissance de droits aux peuples autochtones a introduit, sur la scène internationale et certaines scènes nationales, des droits considérés comme fondamentaux, cependant reconnus à des sujets distincts des individus ou de leur appartenance collective, tels les droits de la nature ou ceux de la terre-mère. Certains parlent à cet égard de droits de quatrième génération. La sériation des droits humains et fondamentaux étant matière à débat, nous nous limitons ici à constater l'extension du domaine.

5. À propos de l'histoire de cette organisation : « À l'origine, l'OIT était préoccupée par la situation des peuples indigènes et tribaux, particulièrement dans leur rôle de travailleurs. Dès 1921, l'OIT commença à traiter le problème des "travailleurs natifs" dans les colonies d'outre-mer des puissances européennes. Il s'est avéré rapidement que les peuples indigènes étaient exposés à une grave exploitation en matière de travail et qu'ils avaient besoin d'une protection spécifique en cas d'expulsion de leurs terres ancestrales pour devenir des travailleurs saisonniers, migrants, à domicile, ou travaillant en servitude pour dette. L'un des résultats de cette constatation a été l'adoption en 1930 de la Convention sur le travail forcé de l'OIT (n° 29) », http://www.ilo.org/indigenous/Aboutus/HistoryofILOswork/lang--fr/index.htm [consulté le 9 février 2015].

6. Au cours de la période 1930-1955, l'OIT adopta la Convention n° 29 (1930) sur le travail forcé, la Convention n° 50 (1936) sur la réglementation des systèmes de recrutement des travailleurs, la Convention n° 65 (1939) sur les sanctions pénales contre les travailleurs autochtones pour le non-accomplissement du contrat de travail, la Convention n° 86 (1947) sur la durée maximale des contrats de travail des travailleurs autochtones et la Convention n° 104 (1955) sur l'abolition des sanctions pénales pour l'inaccomplissement du travail par les travailleurs autochtones (Oliva Martínez, 2012 : 643-644).

7. La Convention 107, adoptée en 1957 et ratifiée par 27 États, demeure en vigueur dans seulement 17 États depuis l'adhésion de 10 d'entre eux à la Convention 169, en vigueur depuis 1989.

interaméricain[8], fondé en 1940 (Oliva Martínez 2012 : 644). Comme le signale cet auteur,

> Les objectifs de la politique indigéniste intégrationniste consistaient à intégrer l'Indien à la société nationale, équipé d'une grande partie de son bagage culturel tout en lui fournissant les instruments de la civilisation (depuis une vision occidentale) présumés nécessaires à son articulation et évolution dans une société moderne. (Oliva Martínez, 2012 : 419)

Dans les années 1980, face aux critiques de l'esprit intégrationniste de la Convention 107, formulées par de nombreuses organisations autochtones qui commençaient à revendiquer leur reconnaissance comme sujet collectif doté d'un droit à l'autodétermination (Cloud, González González et Lacroix, 2013), l'OIT engagea un processus de réforme, en même temps qu'au sein des Nations unies le Groupe de travail sur les populations autochtones travaillait à la rédaction du projet de Déclaration (DDPA). Le Comité d'experts, convoqué par l'OIT en vue de cette révision, alerta l'opinion sur l'effet destructeur de l'« indigénisme intégrationniste » et recommanda de s'inspirer des conclusions de l'étude de José Martínez Cobo[9] pour préparer un nouvel instrument (Oliva Martínez, 2012 : 646).

À l'issue de ce processus de révision, l'OIT adopta, en 1989, la Convention 169 sur les droits des populations indigènes et tribales[10]. À partir de son entrée en vigueur, il n'était plus possible d'adopter la Convention 107. Les États ayant préalablement adhéré à celle-ci eurent la possibilité de lui substituer la Convention 169 au sein de leur ordre juridique lorsqu'ils adhèrent à cette dernière. Cette Convention est le premier instrument juridique de droit international contemporain à se référer expressément aux peuples autochtones en tant que sujet de droits collectifs, tout en précisant que le concept de peuple ne peut pas bénéficier des effets qui lui sont reconnus en droit international[11]. En rupture avec l'esprit intégrationniste de l'outil précédent, elle reconnaît les droits des peuples autochtones à leurs terres et territoires traditionnels (articles 13 à 18), certains droits de participation dont le droit à la consultation et au consentement libre, préalable et éclairé pour toute mesure législative et administrative concernant les

---

8. L'Institut indigéniste interaméricain a été créé au sein de l'OEA, en 1940, à l'issue de la Convention de Pátzcuaro, Mexico, en vue de mettre en œuvre une politique coordonnée d'intégration de l'Indien au sein des États membres, pour résoudre la dite « problématique indigène ». Pour plus d'informations sur les origines, la création et le fonctionnement de l'Institut indigéniste interaméricain, voir Oliva Martínez, 2012 : 421-460.

9. Cette étude pionnière dans le système des Nations unies, sur le thème de la discrimination à l'encontre des populations autochtones, fut commandée par le Conseil économique et social en 1971 et conclue en 1985. Les principaux chapitres alimentèrent les réflexions du GTPA, à partir de 1982, et l'ensemble fut publié ensuite par les Nations unies. Consultable aujourd'hui en fac-similé.

10. L'OIT, conscient des évolutions terminologiques liées à l'adoption de la DDPA, a publié un *Guide sur les droits des peuples autochtones et tribaux dans la pratique* destiné à interpréter la Convention 169 à la lumière du droit international actuel. Disponible sur le site consulté le 17 février 2016, http://www.ilo.org/wcmsp5/groups/public/@ed_norm/@normes/documents/publication/wcms_116077.pdf.

11. La Convention 169 précise que « l'emploi du terme peuples dans la présente convention ne peut en aucune manière être interprété comme ayant des implications de quelque nature que ce soit quant aux droits qui peuvent s'attacher à ce terme en vertu du droit international » (article 1, alinéa 3).

peuples autochtones (articles 6 et 7), des droits liés à la reconnaissance et à l'exercice de leur identité culturelle ainsi qu'une certaine portée juridique aux institutions et juridicités autochtones. Ces dernières sont cependant qualifiées à un degré plus faible, de coutumes ou droit coutumier (articles 8 et 10)[12]. Quatorze États d'Amérique centrale et du Sud, soit la majorité des vingt-deux États-parties, ont ratifié cette convention. Pour la plupart d'entre eux, cette ratification correspond à un accompagnement international venant renforcer une reconnaissance constitutionnelle des droits des peuples autochtones. Celle-ci fut accomplie en : Argentine, 1994 ; Bolivie, 1994-2004-2009 ; Brésil, 1988 ; Colombie, 2001 ; Équateur, 1998-2008 ; Guatemala, 1985 ; Honduras, 1982 ; Mexique, 1992-2001 ; Nicaragua, 1987 ; Paraguay, 1992 ; Pérou, 1993 ; Venezuela, 1999. Pour les autres États-parties, la ratification de la Convention 169 vient accompagner : une politique de reconnaissance juridique, par exemple au Chili, en Suède, en Norvège, au Népal et à Fidji ; une politique de coopération internationale, par exemple en Espagne ; ou les prémices d'une politique de reconnaissance des peuples autochtones, par exemple en République centrafricaine. Le poids de la Convention 169 au sein des ordres juridiques nationaux dépend dans les États monistes[13] de la valeur accordée aux traités de droit international (voir tableau 10).

Au Mexique, où les traités internationaux de droits de l'homme ont valeur constitutionnelle, des débats au sein des trois pouvoirs étatiques continuent d'interroger la qualité de traité de droits de l'homme de la Convention 169. Le principal motif de cette discussion tient à ce que les origines de l'OIT (Organisation internationale du travail) sont extérieures à l'Organisation des Nations unies (dont elle précède l'existence). Le but est de nier la valeur constitutionnelle de cet instrument. Au Chili, le tribunal constitutionnel a considéré, en 2013, que la Convention 169 de l'OIT avait une valeur infra-constitutionnelle et supra légale.

Depuis l'adoption de la DDPA, le caractère complémentaire de ce document et de la Convention et la nécessaire interprétation harmonieuse et intégrée des droits des peuples autochtones à la lecture des deux instruments ont été affirmés par les organes de contrôle des droits de l'homme des Nations unies et par les systèmes américains et africains des droits de l'homme. La complémentarité des

12. La Convention ne définit pas les peuples indigènes et tribaux. Elle utilise une approche pratique et fournit des critères pour décrire les peuples qu'elle vise à protéger. L'auto-identification est considérée comme un critère fondamental, ainsi que les éléments indiqués ci-après. « Les éléments relatifs aux peuples indigènes incluent : modes de vie traditionnels ; culture et modes de vie différents des autres segments de la population nationale, par ex. de par leur façon de gagner leur vie, leur langue, leurs coutumes, etc. ; organisation sociale et institutions politiques propres ; habitat historique dans une région donnée, ou avant que des tiers ne "l'envahissent" ou ne viennent dans la région. Les éléments relatifs aux peuples tribaux incluent ce qui suit : modes de vie traditionnels ; culture et modes de vie différents des autres segments de la population nationale, par ex. de par leur façon de gagner leur vie, leur langue, leurs coutumes, etc. ; et organisation sociale propre avec coutumes et lois traditionnelles », http://www.ilo.org/indigenous/Conventions/no169/lang--fr/index.htm.

13. Moniste, l'État est contraint par les normes internationales dès leur ratification, au contraire de l'État dualiste pour qui l'incorporation des normes internationales doit nécessairement passer par leur transposition au sein d'une norme nationale.

deux instruments est par ailleurs prescrite par l'article 35 de la Convention 169 qui dispose que :

> l'application des dispositions de la présente convention ne doit pas porter atteinte aux droits et aux avantages garantis aux peuples intéressés en vertu d'autres conventions et recommandations, d'instruments internationaux, de traités, ou de lois, sentences, coutumes ou accords nationaux.

Mais des différences existent et l'une peut renforcer l'autre ou, au contraire, en faire un objectif à éloigner. Par sa vocation universelle, la DDPA a le potentiel d'engager l'ensemble des États, au contraire de la Convention 169 qui n'est contraignante que pour les vingt-deux États qui, à ce jour, l'ont ratifiée. Ce constat permet de comprendre pourquoi la France n'a aucune volonté de ratifier la Convention 169 et limite son interprétation de la Déclaration à un usage hors du périmètre national.

Un travail de comparaison et de mise en correspondance des objets des articles (tableau 9) a été réalisé par Luis Rodriguez-Piñero Royo, spécialiste du droit international et des droits des peuples autochtones, notamment en Amérique du Sud. Lors d'un séminaire tenu à Paris (Sogip/EHESS, 2013), il estimait que, dans cette région du monde, l'adoption de la DDPA avait eu pour principal effet de relancer la mise en œuvre de la Convention 169, autour notamment du principe de la consultation. Comme nous en avons évoqué le principe au premier chapitre et que nous développons ses modalités au chapitre 8, signalons ici brièvement que les États sont tenus d'effectuer une consultation en vue d'obtenir le consentement des collectivités autochtones concernées pour toute activité susceptible d'affecter leurs territoires ce qui, dans la configuration d'une économie mondialisée, concerne au premier chef l'essor des industries forestières, agro-industrielles et minières dont l'expansion contemporaine, pour être attrayante pour les économies nationales, demeure un défi pour les économies de subsistance et les cultures des peuples autochtones (Bellier, 2014 ; Sariego, 2014).

Figure 1 : Pays ayant ratifié la Convention 107 (gris clair) et ratifications de la Convention 169 (gris foncé)

© F. Pirot

Source : réalisation Françoise Pirot, données rassemblées par les auteurs.

Les États encore parties à la Convention 107	Les États parties à la Convention 169
Angola (1976) ; Bangladesh (1972) ; Belgique (1958) ; Cuba (1958) ; République dominicaine (1958) ; Égypte (1959) ; Ghana (1958) ; Guinée-Bissau (1977) ; Haïti (1958) ; Inde (1958) ; Irak (1986) ; Malawi (1965) ; Pakistan (1960) ; Panama (1971) ; République arabe syrienne (1959) ; Tunisie (1962) ; Salvador (1958).	Argentine (3 juillet 2000) ; Bolivie (11 décembre 1991) ; Brésil (25 juillet 2002) ; Chili (15 septembre 2008) ; République centrafricaine (30 août 2010) ; Colombie (7 août 1991) ; Costa Rica (2 avril 1993) ; Danemark (22 février 1996) ; Dominique (25 juin 2002) ; Équateur (15 mai 1998) ; Espagne (15 février 2007) ; Fidji (3 mars 1998) ; Guatemala (5 juin 1996) ; Honduras (28 mars 1995) ; Mexique (5 septembre 1990) ; Népal (17 septembre 2007) ; Nicaragua (25 août 2010) ; Norvège (19 juin 1990) ; Paraguay (10 août 1993) ; Pays-Bas (2 février 1998) ; Pérou (2 février 1994) ; République bolivarienne du Venezuela (22 mai 2002).

Tableau 9. Comparaison entre les dispositions de la Convention 169 de l'OIT et celles de la DDPA

Droits autochtones selon la Convention 169	Art.	Droits autochtones selon la DDPA	Art.
Principes généraux			
Jouissance égale des droits de l'homme	2, 3, 4(3)	Jouissance égale des droits de l'homme	1, 2
		Autodétermination	3
Droits individuels			
Prohibition de la force et de la coercition en violation des droits de l'homme	3(2)	Vie, intégrité physique et mentale, liberté, sécurité	7(1)
		Interdiction de l'assimilation forcée	8
Citoyenneté	4(3)	Nationalité – Citoyenneté	3, 33
Droit à un procès juste et équitable Droit à un interprète dans les procédures légales	12	Droit à un procès juste et équitable Droit à un interprète dans les procédures administratives, juridiques et politiques égales	40 13(2)
Prohibition du travail forcé	11		
Jouissance égale des droits du travail	20	Jouissance égale des droits du travail, y compris pour les enfants	17
Droits d'autonomie			
		Autonomie et gouvernement autonome	4
		Droit d'appartenir à communauté ou nation autochtone	9, 33
Respect des coutumes, institutions, droit coutumier compatibles avec système juridique national et droits de l'homme Respect des méthodes coutumières de règlement des conflits compatibles avec système juridique national et droits de l'homme	8 9 (1)	Conserver structures institutionnelles, coutumes et systèmes juridiques en conformité avec normes internationales de droits humains Responsabilité des individus vis-à-vis de la communauté	34 35
Règlements des conflits en matière pénale tenant en compte des coutumes Prise en compte des caractéristiques économiques, sociales et culturelles dans les sanctions pénales	9(2) 10	Règlement des conflits tenant compte des coutumes, traditions, règles et système juridique	40
Participation/Consultation/Consentement			
Consultation pour arriver à un accord Participation à la prise de décisions Développement des institutions propres	6	Participation à la prise de décisions Concertation et coopération pour obtenir le consentement préalable, libre et informé	18 19
Participation aux projets de développement	7(1)	Participation aux projets de développement	23
Droits culturels			
Valeurs et pratiques sociales, culturelles, religieuses et spirituelles	1.1, 2.2, 5, 30.1	Maintien et renforcement des institutions politiques, juridiques, économiques et sociales	5
		Droit d'observer et de revivifier les traditions et coutumes ; de conserver, protéger et développer le patrimoine culturel	11(1)
		Droit à la réparation, y compris la restitution en cas de confiscation des biens culturels, intellectuels, religieux et spirituels	11(2)
		Droit de pratiquer la tradition, de protéger et d'accéder aux sites sacrés, religieux et culturels ; rapatriement des restes humains	12
		Droit de préserver, contrôler, développer la propriété intellectuelle collective de leur patrimoine culturel et savoirs traditionnels	31
Services sociaux et développement			
Droit de décider des priorités de développement	7(1)	Droit de décider des priorités de développement	23 32(1)
Priorité dans les programmes de développement	7(2)	Mesures spéciales pour promouvoir le progrès social et économique	21(2)
Études d'impact environnemental	7(3)	Atténuation des conséquences du développement	32(3)
Éducation, y compris l'éducation interculturelle	26, 27, 29	Éducation, y compris l'éducation interculturelle bilingue	14

Droits autochtones selon la Convention 169	Art.	Droits autochtones selon la DDPA	Art.
Services sociaux et développement			
Élimination des préjugés dans l'Éducation nationale	30	Combattre les préjugés, éliminer discrimination Médias autochtones Médias publics et privés invités à refléter la diversité culturelle	15 16(1) 16(2)
Sécurité sociale	24	Sécurité sociale	21(1)
Santé, y compris la médecine traditionnelle	25	Améliorer la santé Santé, y compris la médecine traditionnelle	21(1) 24
Formation professionnelle	21		
Terres, territoires et ressources naturelles			
Reconnaissance de la relation particulière aux terres et territoires	13(1)	Reconnaissance de la relation particulière aux terres et territoires	25
Droits sur les terres traditionnellement occupées ou utilisées Droits sur les ressources Sanction contre l'utilisation non autorisée de leurs terres Octroi terres suffisantes	14 15(1) 18 19	Droits sur les terres et ressources et protection juridique	26
Consultation pour l'exploitation des ressources	15(2)	Consultation pour l'exploitation des ressources	32(2)
Interdiction de l'expulsion ou du déplacement forcé Aucune réinstallation sans consentement préalable Droit de retour et indemnisation	16	Interdiction de l'expulsion ou du déplacement forcé Aucune réinstallation sans consentement préalable Indemnisation et droit de retour Mécanismes de prévention et de réparation en cas de transfert forcé	10 8(2)
Respect mode coutumier de transfert de propriété	17	Droit aux TTR respectueux de la coutume et régimes fonciers	27
Protéger et préserver l'environnement	7(4)	Protéger et préserver l'environnement	29
Consultation pour déterminer menaces liées à prospection et exploitation des ressources Association aux avantages et indemnisation	15(2)	Indemnisation en cas de privation des moyens de subsistance	20(2)
		Restitution et/ou compensation si privation TTR	28
		Protection des ressources biologiques et génétiques	31
Coopération transfrontalière			
Faciliter la coopération des peuples à travers les frontières	32	Coopération transfrontalière	36
Groupes particuliers			
Non-discrimination Entre autochtones et non-autochtones Entre hommes et femmes Y compris au travail Et dans l'éducation	 2(2) 3 20 26	Non-discrimination fondée sur l'origine et l'identité autochtone Mesures spéciales pour améliorer situation des anciens, femmes, jeunes, enfants et personnes handicapées Attention spéciale aux anciens, femmes, jeunes, enfants et personnes handicapées – dans l'application DDPA – pour protéger femmes et enfants de violence et discrimination	2 21 22(1) 22(2)
Autres thèmes			
		Prohibition du génocide	7(2)
		Interdiction de la militarisation des terres autochtones, sauf intérêt public	30
		Traités et accords constructifs	37

Source : adaptation du tableau de Luis Rodriguez-Piñero Royo, 2013 : 325.

UNE INTERPRÉTATION DYNAMIQUE DU DROIT INTERNATIONAL DES CONVENTIONS

Avant même l'adoption d'un droit international des peuples autochtones et encore depuis celle-ci, plusieurs instruments internationaux et régionaux de protection des droits de l'homme ont été et continuent d'être mobilisés afin de protéger les droits des peuples concernés et ceux de leurs membres. Certaines dispositions de ces instruments protègent expressément le droit des individus ou des personnes appartenant à des minorités ethniques, religieuses et culturelles, un droit qui se distingue du droit des peuples autochtones. Elles ont fait l'objet d'une interprétation spécifique de la part du Comité des droits de l'homme et des organes des traités des Nations unies[14], en vue d'améliorer la protection des peuples autochtones et d'élaborer un corpus cohérent. Pour Luis Rodriguez-Piñero Royo,

> L'analyse des normes des droits de l'homme de l'ONU et la jurisprudence de leurs organismes d'expertise relatifs aux peuples autochtones mettent en évidence une synergie significative entre les obligations générales des États, les droits de l'homme et les droits affirmés par la Déclaration. Ceci est particulièrement remarquable dans les domaines qui requièrent une attention particulière aux peuples autochtones, à savoir l'autodétermination, l'intégrité culturelle, les terres et ressources naturelles et le développement social et économique. (Rodriguez-Piñero Royo, 2013 : 321)

Les instruments de droits de l'homme les plus usités dans la protection des droits précités par cet auteur sont : les deux pactes internationaux adoptés en 1966, le premier étant relatif aux droits civils et politiques (PIDCP, articles 1 et 27, déjà cités), le second aux droits économiques et sociaux (Pidesc, articles 1 et 26), tous deux adoptés en 1966 ; la Convention internationale sur l'élimination de toutes les formes de discrimination raciale, adoptée en 1969 ; la Convention internationale sur les droits de l'enfant (article 30[15]), adoptée en 1989. Bien que la Convention pour la biodiversité biologique ne soit pas un traité de droits de

14. Les organes de traités sont chargés de la promotion et du contrôle du respect par les États des dispositions des instruments internationaux de droits de l'homme de l'ONU : Comité des droits de l'homme ; Comité contre l'élimination des discriminations raciales ; Comité des droits sociaux économiques et culturels ; Comité des droits de l'enfant ; Comité pour l'élimination des discriminations à l'égard des femmes. Ils sont saisis des questions intéressant les peuples autochtones ainsi que le sont les rapporteurs spéciaux chargés de la promotion et du contrôle de certains droits tels le rapporteur spécial sur les droits des peuples autochtones, le rapporteur spécial pour la liberté d'expression, le rapporteur spécial sur la liberté de religion ou de conscience. La jurisprudence de l'ensemble de ces organes relative aux peuples autochtones émise au cours de la période 2011-2012 a été recensée par Fergus MacKay (2013).

15. Cide - article 30 : « Dans les États où il existe des minorités ethniques, religieuses ou linguistiques ou des personnes d'origine autochtone, un enfant autochtone ou appartenant à une de ces minorités ne peut être privé du droit d'avoir sa propre vie culturelle, de professer et de pratiquer sa propre religion ou d'employer sa propre langue en commun avec les autres membres de son groupe. »

l'homme, son article 8j[16] intéresse spécialement la protection des savoirs et pratiques traditionnels autochtones dans le domaine de la conservation et l'utilisation de la biodiversité biologique.

Dès lors que l'article 42 de la DDPA charge les différentes agences des Nations unies de veiller à son application, depuis l'adoption de cet instrument les organes des traités et le Comité des droits de l'homme ont enrichi leur jurisprudence de cet apport, quelle que soit la position de l'État mis en examen vis-à-vis de ce document international. Cette situation a pour effet de favoriser le caractère contraignant des dispositions de la Déclaration et permet d'avancer vers une interprétation harmonieuse des droits de l'homme et des peuples autochtones, destinée à circuler entre les différents lieux de discussions, de l'international au local.

---

16. Convention pour la diversité biologique de 1992, article 8 – Conservation *in situ*, alinéa J : « Sous réserve des dispositions de sa législation nationale, respecte, préserve et maintient les connaissances, innovations et pratiques des communautés autochtones et locales qui incarnent des modes de vie traditionnels présentant un intérêt pour la conservation et l'utilisation durable de la diversité biologique et en favorise l'application sur une plus grande échelle, avec l'accord et la participation des dépositaires de ces connaissances, innovations et pratiques et encourage le partage équitable des avantages découlant de l'utilisation de ces connaissances, innovations et pratiques. »

CHAPITRE 3

Les systèmes régionaux de droits de l'homme

Il existe actuellement trois systèmes régionaux juridictionnels de protection des droits de l'homme qui concernent les continents européen, américain et africain. Le système européen des droits de l'homme est le plus ancien, avec l'adoption de la Convention européenne de sauvegarde des droits de l'homme et des libertés fondamentales en 1950, suivie de la mise en place d'une Cour européenne des droits de l'homme. Le système africain des droits de l'homme et des peuples a été créé plus récemment avec l'adoption de la Charte africaine des droits de l'homme et des peuples en 1981 et la récente entrée en fonction de la Cour africaine des droits de l'homme et des peuples (CADHP) en 2009. Entre-temps s'est mis en place le système interaméricain. En matière de droits des peuples autochtones, la Commission et la Cour interaméricaines des droits de l'homme (respectivement CIDH et Couridh) fournissent des éléments d'interprétation juridictionnelle qui sont repris par les autres systèmes régionaux, et qui sont aussi abondamment cités par les défenseurs des droits des peuples autochtones, y compris les rapporteurs spéciaux.

Le système interaméricain des droits de l'homme

Le système interaméricain des droits de l'homme institué par l'Organisation des États américains (OEA) est caractérisé par un dualisme institutionnel avec, d'une part, la Commission interaméricaine des droits de l'homme, créée en 1959 et qui siège à Washington, et, d'autre part, la Cour interaméricaine des droits de l'homme, créée en 1978 et installée à San José au Costa Rica. Il repose sur l'existence de trois instruments juridiques : la Déclaration américaine des droits et des devoirs de l'homme, adoptée en 1948; la Convention américaine des droits de l'homme, adoptée en 1969 et également appelée Pacte de San José, entrée en vigueur en 1978; et enfin, la Déclaration américaine des droits des peuples autochtones, adoptée le 15 juin 2016.

Aujourd'hui 25 États ont ratifié la Convention, parmi lesquels 22 ont accepté la compétence de la Cour. La Commission assume une double fonction statutaire et quasi juridictionnelle. Dans le cadre de sa première fonction, elle veille au respect et à la promotion des droits de l'homme auprès des États de l'OEA. Elle réalise pour ce faire, depuis 1961, des visites de supervision et des audiences publiques à son siège concernant les affaires en instance d'instruction ou qui intéressent une thématique des droits de l'homme. Dans des situations d'urgence ou d'extrême gravité, elle est compétente pour appeler un État, d'office ou à la demande d'une partie, à prendre des mesures conservatoires afin de prévenir des dommages irréparables à une personne, à des groupes de personnes ou à l'objet d'une procédure en cours. À la différence du système européen des droits de l'homme, la Cour interaméricaine ne peut pas être directement saisie par un individu ou un groupe de personnes, mais seulement par la Commission ou un État. Dans les affaires concernant des États ayant accepté la compétence de la Cour, les plaintes individuelles relatives à la violation d'un droit de l'homme protégé par ce système (la Déclaration américaine des droits de l'homme ou le Pacte de San José) sont présentées à la Commission, laquelle instruit l'admissibilité de la requête puis tente de résoudre le litige entre l'État en question et le requérant à travers une procédure de règlement à l'amiable. Ce n'est qu'en cas d'échec de la procédure que la Commission peut saisir la Cour sur le fond. Nous rappelons ici que la Commission, ayant été créée avant l'adoption de la Convention américaine, conserve les prérogatives quasi judiciaires qui étaient les siennes envers les États membres de l'Organisation qui n'ont pas ratifié ce traité. Tel est le cas du Belize, du Canada, des États-Unis et de certains pays des Caraïbes qui n'ont pas ratifié la Convention américaine ni accepté la juridiction de la Cour. Trois autres pays des Antilles (la Jamaïque, la Dominique et la Grenade) ont ratifié la Convention mais ne reconnaissent pas la compétence de la Cour. Cela complique le fonctionnement du système interaméricain car, dans ce cas, il n'existe pas de recours possible autre que devant la Commission.

Depuis 2001, la Commission soumet à la Cour l'ensemble des affaires concernant lesquelles l'État n'a pas mis en œuvre les mesures recommandées. La Commission et la Cour assurent elles-mêmes le suivi de l'exécution de leurs recommandations et décisions. Au contraire de la Cour européenne, les mesures de réparation dictées par la Cour ne se limitent pas à des compensations pécuniaires mais couvrent un vaste champ visant, si possible, une réparation intégrale impliquant le rétablissement de la situation antérieure. La Cour peut dicter « une série de mesures qui, en plus de garantir les droits violés, réparent les conséquences de ces violations » (Bonneau, 2006 : 4). Celles-ci peuvent, par exemple, consister en des mesures de satisfaction, des compensations pécuniaires ou encore des modifications de l'ordre juridique étatique (ratification d'un instrument international de droit de l'homme, réformes constitutionnelles, abrogation de loi d'amnistie, etc.). La Cour exerce également une fonction consultative. Elle peut être saisie par tout État de l'OEA, y compris ceux qui n'ont pas accepté sa compétence juridictionnelle, d'une question d'interprétation portant sur le droit interaméricain des droits de l'homme ou sur d'autres instruments du droit international des droits de l'homme.

La diversité, l'étendue et la répartition de leurs compétences permettent à ces deux institutions de concilier une bonne connaissance du terrain et des instruments régionaux et internationaux des droits de l'homme, ce qui est favorable à une protection maximale de ces droits et à leur universalisation. Elles procèdent à des interprétations novatrices et autonomes du droit interaméricain des droits de l'homme, basées sur le référencement croisé, la technique consistant pour un juge à se référer à un instrument ou à une jurisprudence qui lui sont étrangers (Hennebel, 2007 : 1). Le dialogue des juges participe à la création du droit international. La démarche d'interprétation évolutive et dynamique, assumée par la Cour, s'inscrit dans la perspective de l'article 29b du Pacte de San José qui interdit toute interprétation restrictive du droit (Rinaldi, 2009 : 219).

Dans ce contexte, il n'est pas étonnant que l'émergence d'une jurisprudence relative aux droits des peuples autochtones, au sein du système interaméricain, coïncide avec l'éclosion d'un droit international des peuples autochtones au niveau international, à partir des années 1990. À l'époque de la création du système interaméricain, les peuples autochtones étaient négativement connotés. Comme le rappelle Rinaldi (2012a: 36), « la Charte américaine de garanties sociales (de 1947) voyait les "Indiens" comme un "problème" nécessitant "assistance" et encourageait l'exploitation des richesses naturelles de leurs territoires ». Bien que près de trois décennies plus tard la Commission ait adopté une résolution intitulée *Protection spéciale des populations autochtones. Action pour combattre le racisme et la discrimination raciale* (CIDH, 1973), ses premiers jugements ne prenaient pas spécialement en compte les droits des peuples autochtones.

Les années 1990, avec l'adoption de la Convention 169 de l'OIT en 1989 et la discussion du projet de Déclaration des Nations unies sur les droits des peuples autochtones, marquent un tournant au sein du système. Dès 1990, le premier bureau de rapporteur spécial qui sera alors créé concernera les peuples autochtones (neuf autres mandats de rapporteur spécial seront par la suite établis). Cette même année, dans son rapport annuel, la CIDH recommande l'adoption d'un instrument spécifique adapté à la situation des populations autochtones, ouvrant la voie, deux ans plus tard, à la discussion de la Déclaration américaine sur les droits des peuples autochtones. À partir de cette nouvelle étape, la question autochtone ne va cesser d'alimenter le système interaméricain des droits de l'homme. De nombreux rapports spécifiques seront adoptés par la CIDH (1993, 1994, 2000, 2001, 2009, 2010a et b, 2013) et les premières recommandations en faveur des peuples autochtones paraîtront, durant cette période, tout en restant limitées (Rodrigez-Piñero Royo, 2006 : 162).

Un nouveau cycle dans la reconnaissance des droits des peuples autochtones est inauguré, à partir de 2001, avec l'arrêt *Awas Tingni*, qui annonce une jurisprudence en rupture avec celle des décennies antérieures. Elle se caractérise par une interprétation dynamique, évolutive, interculturelle et « sociologique » (Hennebel, 2010) des instruments interaméricains des droits de l'homme, à la lumière de la Convention 169, de la DDPA et depuis le 15 juin 2016 de la Déclaration américaine sur les droits des peuples autochtones[1]. Cette démarche permet à la Commission et à la Cour d'interpréter, à partir des droits à l'égalité et à la non-discrimination, les droits proclamés par la Convention selon une conception autonome, de sorte qu'ils protègent les droits tels qu'ils sont entendus par les normativités autochtones.

À cette occasion, les deux instances ont eu à se prononcer sur une grande diversité de violations de droits des peuples autochtones[2] : élimination physique (violation du droit à la vie, massacre) ; exclusion (déplacement de communautés) ; refus de l'égalité et de la non-discrimination (atteinte aux droits politiques).

> Ainsi, la réinterprétation de la Convention à la lumière des spécificités autochtones et tribales a concerné les disparitions forcées et leurs répercussions sur la culture autochtone; le droit à la vie; le droit à l'intégrité de la personne, qui a été relié à la liberté de circulation; les droits politiques; les droits linguistiques et la liberté d'expression; les garanties et protections judiciaires; le droit coutumier autochtone, et le droit à la propriété privée. (Rinaldi, 2009 : 220)

La création prétorienne de la Commission et de la Cour a permis de protéger des droits non énoncés dans la Convention comme certains droits sociaux, le droit à un environnement sain ou le droit à l'identité culturelle. La portée de ces interprétations est telle qu'elles servent de référence à de nombreux tribunaux nationaux des États membres de l'OEA, mais aussi aux instances régionales et internationales de protection des droits de l'homme. En nous basant sur les travaux de Karine Rinaldi (2012a), nous pouvons mentionner quatre apports fondamentaux de cette jurisprudence.

* La reconnaissance du droit au territoire et à la propriété traditionnelle, sur la base de l'article 21 de la Convention américaine, articulé avec les articles 1, 2 et 25 du même texte :

> La lecture du droit fondamental de propriété au bénéfice des peuples autochtones et tribaux intègre la nature *sui generis* de la relation qu'ils ont avec leurs territoires. Cette vision nouvelle du droit de propriété, qui contribue au renouveau du droit coutumier ancestral en droit international, permet de défendre que la Convention américaine est apte à intégrer en son sein les spécificités des revendications autochtones et tribales [...]. (Rinaldi, 2012a : 126)

À ce jour, neuf arrêts ont reconnu les droits territoriaux de requérants autochtones, trois contre le Paraguay, un contre le Suriname, deux contre le Honduras,

1. Pour une analyse critique de la Déclaration américaine des droits des peuples autochtones le 15 juin 2016, voir Clavero, 2016 et Gouritin, 2016.

2. Les décisions peuvent être consultées sur le site de l'OEA : http://www.oas.org/es/cidh/indigenas/decisiones/corteidh.asp.

un contre le Nicaragua, un contre le Panama et un contre l'Équateur. Une autre affaire contre le Suriname a été transmise à la Cour en 2014[3].

Deux décisions prises par la Cour dans des affaires en lien avec le droit au territoire manifestent certains fléchissements de sa jurisprudence, probablement à associer avec les pressions politiques qu'elle subit de la part des États qui la financent. Selon Rinaldi, dans sa décision du 27 juin 2012 relative à l'affaire *Pueblo Indígena Kichwa de Sarayaku v. Ecuador*, la Cour a

> tout simplement évité la question. La violation du droit de propriété étant déjà établie en raison du défaut de consultation, il semble que la Cour ait estimé bon ne pas aller au-delà et entériner le veto que représente le droit au consentement, si débattu. (Rinaldi, 2012b)

Dans une autre décision du 14 octobre 2014 (*Caso de los Pueblos Indígenas Kuna de Madungandí y Emberá de Bayano y sus miembros)*, pour la première fois la Cour a précisé les obligations des États concernant la délimitation, la démarcation, ainsi que la remise d'un titre collectif de propriété relatif à un territoire non pas ancestral mais alternatif (correspondant en l'espèce à des terres octroyées par l'État au peuple déplacé de son territoire ancestral, inondé en raison de la construction d'un barrage hydroélectrique). Cependant, invoquant son incompétence *rationae temporis*, la Cour a refusé le droit des communautés déplacées à une indemnisation relative à la perte du territoire traditionnel, au motif que

> l'indemnisation promise suite au déplacement forcé des communautés avant la reconnaissance de compétence contentieuse de la Cour (et qui ne s'est toujours pas matérialisée) n'est qu'une simple réparation de la violation, et non une partie intégrante de l'examen de la responsabilité de l'État. (Rinaldi, 2015)

* La reconnaissance du droit à l'identité culturelle des membres des peuples autochtones.

Comme l'analyse Rinaldi,

> Un droit à l'identité culturelle émerge de divers articles du texte interaméricain. En ce sens, l'article 21 du Pacte de San José protège le territoire qui est l'essence de l'identité ancestrale; l'article 22 peut être protecteur du non-déracinement; l'article 4 a servi à sanctionner la violation du droit à la vie menée en accord avec une culture déterminée; l'article 5 a servi à sanctionner la violation d'un droit à l'intégrité culturelle; l'article 23 a servi à protéger les formes différenciées d'organisation politique; l'article 13 a été protecteur de la langue; l'article 17 a servi à sanctionner l'atteinte à l'apprentissage culturel des enfants; l'article 19 a servi à sanctionner l'atteinte au contexte communautaire de l'enfant; l'article 12 a finalement servi à protéger les croyances religieuses; et enfin, les articles 8 et 25 ont été protecteurs d'un accès à la justice culturellement pertinent. (Rinaldi, 2012a: 252)

En application du droit à l'identité culturelle, la Cour a mis en place des réparations culturellement pertinentes.

3. *Affaire Peuples Kaliña et Lokono c. Suriname*, remise à la Cour le 26 janvier 2014.

* L'aptitude de la Convention à protéger les droits individuels et collectifs des peuples autochtones et de leurs membres.

« Dans certains contextes historiques, les droits de la personne ne peuvent s'exercer pleinement que si sont reconnus les droits de la collectivité à laquelle appartient cette personne » (CIDH, 2001, *Affaire Awas Tingni* : § 83 d). Cette démarche a permis à la Cour de protéger des droits collectifs autochtones, et d'édicter des mesures de réparations collectives même dans les circonstances où un seul individu invoquait être victime d'une violation de droits.

* Le dépassement de la protection assurée par la Convention 169 de l'OIT et la Déclaration des Nations unies sur les droits des peuples autochtones.

> En effet, la protection de la Convention de l'OIT diffère notamment en ce qui concerne l'étendue du droit de propriété. Contrairement au droit interaméricain qui implique un droit aussi bien sur les terres que sur *toutes* les ressources naturelles présentes sur ces terres qui sont traditionnellement utilisées, la Convention n° 169 de l'OIT admet que les États puissent conserver la propriété des ressources naturelles. Cette disposition vide alors de sens les droits territoriaux des peuples autochtones et tribaux. (Rinaldi, 2012a : 416)

La même auteure considère que la DDPA permet une meilleure protection que la Convention 169, toutefois moindre que celle proposée par la jurisprudence interaméricaine : « [L]a différence la plus importante est celle relative au droit au consentement » (Rinaldi, 2012a : 423).

Dans ce contexte où la question autochtone acquit une importance croissante au sein du système interaméricain des droits de l'homme, la Commission, la Cour et les peuples autochtones des États relevant de l'OEA dans notre étude (Argentine, Bolivie, Chili et Mexique) ont entretenu des relations suivies, que ce soit à l'occasion des visites de terrain de la Commission, des audiences publiques[4] ou encore des plaintes individuelles. La CIDH a ordonné dix mesures conservatoires au Mexique entre 1995 et 2013, trois au Chili, deux en Argentine et une en Bolivie. Elle s'est rendue au Mexique en juin 2005, en Bolivie en août 2008, en Argentine en mai 2013 et au Chili en novembre 2014. Depuis 1996, elle a tenu à son siège près de 150 audiences publiques[5] relatives à des plaintes, des demandes de mesures conservatoires ou à d'autres thématiques, avec une moyenne de 10 audiences par an depuis 2000. Hormis les plaintes étudiées par la CIDH, les audiences ont concerné :

- pour le Chili ; les industries extractives et les droits du peuple mapuche (mars 2015) ; le droit à la consultation préalable des peuples autochtones du Chili (mars 2014) ; la situation des défenseurs des droits du peuple mapuche (2008) ; et celle des droits du peuple mapuche (2005) ;

---

4. Depuis 2003, la Commission interaméricaine organise, en dehors des audiences relatives à l'étude de plaintes, des audiences thématiques fréquentes sur la situation des droits des autochtones sur le continent.

5. Pour consulter les thèmes des audiences et en visionner certaines : http://www.oas.org/es/cidh/audiencias/TopicsList.aspx?Lang=es&Topic=17.

• pour le Mexique; elles avaient pour thèmes la destruction de l'héritage bioculturel au Mexique du fait de mégaprojets de développement (octobre 2014); la situation des droits des peuples Raramuri et Tepeguan de la Sierra Tarahumara de Chihuahua (mars 2013); les droits fonciers et droits des peuples autochtones au Mexique (mars 2011); la situation du droit à la santé des autochtones dans le Chiapas (mars 2010); les droits des autochtones journaliers, migrant au Guerrero (novembre 2009); le droit à l'usage et à la jouissance des ressources naturelles et à la consultation préalable du peuple Cucapa (octobre 2008); la politique agraire et les droits autochtones au Chiapas (2006); la situation des personnes autochtones sujettes à des procès pénaux à Oaxaca (mars 2005); la situation des droits des peuples autochtones au Mexique (novembre 2001);

• concernant la Bolivie; elles traitaient de la situation des droits de l'homme des peuples autochtones qui habitent le Territoire indigène et Parc national Isiboro Sécure (Tipnis - mars 2013); la situation du peuple guarani dans le Chaco (octobre 2010); la situation des droits des communautés captives (mars 2008); les droits des populations autochtones et paysannes (octobre 2005);

• pour l'Argentine; les audiences ont concerné la situation des droits des peuples autochtones (mars 2012) et celle de la communauté Nam Qom du peuple Toba (octobre 2011).

De nombreuses plaintes ont été déposées à la Commission par des parties autochtones qui dénonçaient des violations du Pacte de San José[6]. À ce jour, trois processus de règlement à l'amiable ont été menés à terme, deux avec le Mexique (*affaires Gerónimo Gómez López*, du 17 juillet 2012, et *Ricardo Ucán Seca*, du 15 juillet 2010) et un autre avec le Chili (*affaire « Ralco » – Mercedes Julia Huenteao Beroiza et autres*, du 11 mars 2004). Un processus de règlement à l'amiable, initié en 2000 avec l'Argentine à propos de la revendication territoriale de l'Association Lhaka Honhat, a été interrompu par l'État en 2005. L'affaire a été déclarée admissible par la Commission en 2006. Compte tenu des dix-sept années écoulées depuis la présentation de sa requête en 1998 auprès de la Commission, l'Association Lhaka Honhat espère que la Commission saisira au plus vite la Cour afin qu'elle statue sur le fond de l'affaire (Carrasco, 2014: 107-124). Concernant les plaintes de parties autochtones déclarées admissibles par la Commission: seize d'entre elles concernent le Mexique, six le Chili, deux l'Argentine et aucune la Bolivie. Enfin, la Cour a statué dans deux affaires au Mexique[7] et une au Chili relative à l'application de la loi antiterroriste à des Mapuche impliqués dans des mobilisations de récupération territoriale[8].

6. Notre recension a été réalisée à partir des affaires relevant de questions autochtones selon leur classement sur le site de l'OEA à la page du bureau du rapporteur spécial sur les droits des peuples autochtones: http://www.oas.org/es/cidh/indigenas/decisiones/corteidh.asp.

7. *Arrêt Rosendo Cantú et autres c. México* du 31 août 2010; *arrêt Fernández Ortega et autres c. México* du 30 août 2010.

8. *Arrêt Norín Catriman et autres (Lonkos, dirigeants et activistes du peuple autochtone Mapuche) c. Chili*, du 29 mai 2014.

Le système interaméricain des droits de l'homme qui a permis de nombreuses victoires judiciaires des peuples autochtones contre l'industrie extractive en Amérique et contre les violences touchant ces populations doit aujourd'hui faire face à de nouveaux défis, à commencer par la mise en œuvre de la Déclaration américaine des droits des peuples autochtones, adoptée le 15 juin 2016 après dix-sept années de discussion et neuf ans après l'adoption de la DDPA. Cette Déclaration américaine se présente comme une spécification de la DDPA dont elle reprend de nombreuses dispositions. Il est trop tôt pour évaluer son application par les organes de l'OEA et les États l'ayant adoptée, mais son contenu présente quelques différences significatives avec la DDPA, que nous résumons ici en nous appuyant sur l'analyse d'un juriste spécialiste des questions autochtones, Bartolomé Clavero (2016). Il observe que : le droit à l'autodétermination des peuples autochtones apparaît dans la Déclaration américaine comme un principe subsidiaire à la participation ; les entités pluriculturelles ne sont pas les États mais les peuples autochtones ; le droit des peuples autochtones à l'éducation y est considéré comme un droit interculturel qui doit incorporer l'éducation étatique ; le droit d'accès à la justice y est plus développé que le droit à leur propre juridiction ; enfin, pour ce qui concerne le droit aux territoires et aux ressources naturelles, la Déclaration accorde une supériorité hiérarchique au droit étatique sur le droit international sans prendre en compte la nécessité du consentement des peuples autochtones pour la détermination de ces normes étatiques.

Par ailleurs, on observe le fléchissement de la jurisprudence interaméricaine relative aux territoires autochtones, notamment à l'encontre des projets extractifs, et le système semble affecté par une grave crise financière qui compromet ses capacités de travail pour les années à venir. Cette situation a fait l'objet d'une vaste campagne, lancée en 2016 par la CIDH et soutenue par de nombreuses organisations de droits de l'homme, afin d'inciter les membres de l'OEA à continuer de financer les organismes qu'elle a créés. Aujourd'hui, l'OEA ne consacre que 6 % de son budget au système interaméricain. Sans nouveaux apports, les conséquences immédiates de la crise se traduiront bientôt par l'annulation des visites de terrain prévues, la non-tenue des audiences et le licenciement de 40 % du personnel. Pour les ONGs, la crise est aussi politique. Selon Nancy Yáñez, codirectrice de l'Observatorio Ciudadano, « Il s'agit d'une action concertée de certains États en réaction à l'efficacité du système interaméricain des droits de l'homme qui a remis en cause le modèle néolibéral et extractiviste prévalant dans les pays » (citée par Acevedo y Observatorio Ciudadano, 7 juin 2016).

Le système africain des droits de l'homme et des peuples

La mise en place d'un système régional de protection des droits de l'homme intervient en Afrique avec l'adoption au sein de l'Organisation de l'Union africaine (à laquelle succède l'Union africaine en 2001) d'un instrument régional protecteur des droits de l'homme en 1981, sous le nom de Charte africaine des droits de l'homme et des peuples. Comme son nom l'indique et son contenu le précise, la spécificité de la Charte qui est entrée en vigueur en 1986 tient à sa conception extensive des droits de l'homme qui protège spécialement les droits des peuples (articles 19 à 24), à savoir : le droit des peuples à l'égalité (article 19), le droit des peuples à l'existence, à l'autodétermination et au développement (articles 20 et 22)[9], soit le droit des peuples de se libérer de leur état de domination en recourant à tous les moyens reconnus par la communauté internationale ; le droit à l'assistance dans leur lutte de libération contre la domination étrangère, qu'elle soit d'ordre politique, économique ou culturel (article 20) ; le droit des peuples à la libre disposition de leurs richesses et ressources naturelles (article 21) ; le droit des peuples au développement économique, social et culturel (article 22) ; le droit des peuples à la paix et à la sécurité nationale et internationale (article 23) ; le droit des peuples à un environnement satisfaisant et global, propice à leur développement (article 24).

La Commission africaine des droits de l'homme et des peuples (CADHP) insiste sur cette particularité :

> la Charte africaine est un document de droits de l'homme unique et novateur en comparaison avec les autres instruments régionaux de droits de l'homme, en particulier pour son accent sur les droits des « peuples ». Elle se distingue substantiellement des formulations d'autres instruments régionaux et internationaux de droits de l'Homme en incorporant les trois générations de droits civils et politiques, économiques, sociaux et culturels, et les droits des groupes et populations. (CADHP, 2009 : § 149, trad. litt.)

Un an après l'entrée en vigueur de la Charte, commençait à fonctionner la CADHP chargée de contrôler son application par les États parties. En 2001, cet organe créait en son sein le Groupe de travail sur les populations/communautés autochtones, composé de trois commissaires de la CADHP, de trois experts des communautés autochtones africaines et d'un expert international en questions autochtones. Dans son premier rapport (CADHP-IWGIA, 2005), ce groupe de travail a clarifié l'interprétation pour l'Afrique des groupes concernés par l'approche internationale des droits des peuples autochtones[10]. En résumé, les experts de la Commission désignent par le concept de « populations/communautés autochtones » :

> … des peuples dont la culture et le mode de vie diffèrent considérablement de ceux de la société dominante et dont les cultures sont menacées, parfois d'extinction. Une caractéristique clé pour la plupart d'entre eux est que la survie de leurs modes de vie particuliers dépend de la reconnaissance de leurs droits et de l'accès à leurs terres et à leurs ressources naturelles traditionnelles. Ils souffrent de la discrimination dans la mesure où ils sont considérés comme étant moins développés et

---

9. Article 20 1. « Tout peuple a droit à l'existence. Tout peuple a un droit imprescriptible et inaliénable à l'autodétermination. Il détermine librement son statut politique et assure son développement économique et social selon la voie qu'il a librement choisie. »
Article 22 1. « Tous les peuples ont droit à leur développement économique, social et culturel, dans le respect strict de leur liberté et de leur identité, et à la jouissance égale du patrimoine commun de l'humanité. »

10. Le rapport complet peut être téléchargé sur http://www.achpr.org.

moins avancés que les autres groupes plus dominants de la société. Ils vivent souvent dans des zones inaccessibles, souvent géographiquement isolées et souffrent de diverses formes de marginalisation tant politique que sociale. Ils font souvent l'objet de domination et d'exploitation à l'intérieur des structures politiques et économiques qui sont communément conçues pour refléter les intérêts et les activités de la majorité nationale. Cette discrimination, cette domination et cette marginalisation constituent une violation de leurs droits humains en tant que peuple/communauté, menacent la pérennité de leurs cultures et modes de vie et les empêchent de participer véritablement à la prise de décisions sur leur avenir et leurs formes de développement. (*In* Bellier, 2013 : 205)

À titre d'exemples, l'actuelle présidente du Groupe de travail de la Commission sur les populations/communautés autochtones, Soyata Maïga, citait devant l'Instance permanente, lors du dialogue sur les droits de l'homme qui eut lieu à New York en 2014, les différents systèmes économiques, cultures, religions et institutions sociales auxquels se rattachent les communautés et populations autochtones en Afrique, en mentionnant les Pygmées de la région des Grands Lacs, les San d'Afrique australe, les Hadzabe de Tanzanie, les Ogiek, Sengwer et Yakuu du Kenya, chasseurs-cueilleurs qui s'auto-identifient comme peuples autochtones. Elle nommait également les pasteurs Pokot du Kenya et d'Ouganda, les Barabaig de Tanzanie, les Maasai du Kenya et de Tanzanie, ainsi que les Samburu, Turkana, Rendille, Endorois, Borana du Kenya, les Toubou du Mali, Burkina Faso et Niger, les Amazigh d'Afrique du Nord qui s'auto-identifient de la même façon.

Depuis sa création, le groupe de travail de la CADHP a réalisé une série d'enquêtes d'observation sur le terrain, dans treize pays et notamment au Botswana et en Namibie en 2005. Elle a produit chaque fois des rapports qu'elle a rendus publics[11] et qui ont conduit certains pays à suivre ses recommandations : avec, par exemple, l'adoption de la Convention 169 en République centrafricaine et l'adoption, en 2010, d'une loi sur les peuples autochtones au Congo, laquelle suit la plupart des dispositions de la Déclaration onusienne sur les droits des peuples autochtones.

Face aux préoccupations de l'Union des gouvernements africains, exprimées pendant la phase de négociation et d'adoption de la Déclaration des Nations unies, au cours de sa 41e session ordinaire tenue à Accra (Ghana) en mai 2007, la CADHP chargea le groupe de travail d'élaborer un avis juridique traitant des préoccupations exprimées par les États africains en vue d'en saisir les organes concernés avant et lors du sommet de l'Union africaine prévu à Accra deux mois plus tard. Dans cet avis juridique qui analyse la définition des « peuples autochtones », la portée de l'autodétermination, les droits de propriété des terres et l'exploitation des ressources, la création d'institutions politiques et économiques distinctes, et l'intégrité nationale et territoriale, le groupe de travail conclut que la DDPA était applicable aux États africains dès lors qu'elle devait être interprétée « dans le cadre du respect strict de l'intangibilité des frontières et de l'obligation de préserver l'intégrité territoriale des États parties ». La CADHP a adopté ces dernières années

11. Accessibles sur le site http://www.achpr.org/fr/search/?t=834.

deux importantes résolutions se référant à la Déclaration des Nations unies sur les droits des peuples autochtones : l'une à propos de l'affaire de la communauté Endorois ; l'autre portant sur la protection des droits des populations autochtones dans le contexte de la Convention sur le patrimoine mondial et l'inscription du lac Bogoria sur la liste du Patrimoine mondial.

En comparaison avec le travail interprétatif pionnier de la Cour américaine des droits de l'homme chargée de l'application d'un instrument protecteur des droits fondamentaux à perspective individuelle, le système africain dispose d'une Convention de droits fondamentaux qui consacre à la fois les droits de la personne et ceux des peuples, cependant non spécifiquement autochtones. De la sorte, et puisant dans le modèle des droits fondamentaux construit par le système interaméricain des droits de l'homme, dans l'importante décision relative aux Endorois (Kenya) rendue en 2009, la Commission réalise une « autochtonisation »[12] des droits fondamentaux protégés par la Charte africaine des droits de l'homme et des peuples. En l'espèce, elle reconnaît les droits de propriété territoriale de la communauté des Endorois ainsi que leur droit d'accéder sans restriction au lac Bogoria, aux sites religieux et culturels environnants et de pratiquer la chasse. L'analyse de l'interprétation des droits applicables aux Endorois est particulièrement importante dès lors que, en l'absence de droits reconnus spécifiquement aux peuples autochtones par la Charte et la Constitution du Kenya, la Commission africaine a créé un *corpus iuris* qui interprète plusieurs articles de la Charte en faveur des peuples autochtones à la lumière de la jurisprudence de la Cour interaméricaine des droits de l'homme (CourIDH), qu'elle cite abondamment dans la décision[13], et de certaines dispositions de la DDPA. Deux ans plus tard, au cours de sa 50e session ordinaire tenue en Gambie fin 2011, la Commission estimait,

> qu'il existe en Afrique plusieurs sites inscrits au patrimoine mondial sans l'accord libre, préalable et éclairé des peuples autochtones sur le territoire desquels ils sont implantés et dont les cadres de gestion ne sont pas conformes aux principes de la Déclaration des Nations unies sur les peuples autochtones. (CADHP, 2011)

---

12. Ghislain Otis qualifie d'« autochtonisation des droits de la personne », l'interprétation des droits fondamentaux réalisée par la Cour interaméricaine des droits de l'homme en tant que ceux-ci protègent l'intérêt et la spécificité des droits autochtones : « C'est ainsi que les organes de contrôle du système interaméricain ont puisé dans la protection générale du droit de "propriété" que l'on retrouve à l'article 21 de la Convention et à l'article XXIII de la Déclaration, le fondement d'une garantie des droits des peuples autochtones sur leurs terres traditionnelles » (Otis, 2009 : 100). L'expression « autochtonisation du droit, de l'État, des institutions, etc. » prend acte de l'adaptation de ces institutions aux nécessités et spécificités autochtones.

13. Pour Ghislain Otis et Aurélie Laurent, « Il n'est pas surprenant que la Commission de Banjul ait puisé dans le raisonnement de la CourIDH pour protéger la tenure foncière originaire des peuples autochtones africains : il est en effet dans les habitudes de la Commission d'emprunter à la CEDH et à la CourIDH certaines interprétations, qu'elles soient de nature substantielle ou méthodologique. Cette démarche a d'ailleurs pu être critiquée lorsque la Commission s'est contentée de réceptionner purement et simplement les interprétations des juridictions européenne et interaméricaine, voire de s'aligner mécaniquement sur elles, sans tenir compte du contexte spécifique au continent africain » (Otis et Laurent, 2012 : 269).

Elle se référait en particulier à l'inscription de la Réserve nationale du lac Bogoria sur la liste des sites du Patrimoine mondial, sans le consentement des Endorois par le biais de leurs institutions représentatives, et elle estimait que cela contrevenait à la décision de la Commission africaine relative à ce peuple, constituant une violation du droit des Endorois au développement garanti par l'article 22 de la Charte africaine. En application de la DDPA, la Commission exhortait le Comité du patrimoine mondial et l'Unesco à examiner et réviser les procédures et lignes directrices opérationnelles actuelles, en consultation et en coopération avec l'Instance permanente des Nations unies sur les questions autochtones, afin que la mise en œuvre de la Convention mondiale du patrimoine se fasse en conformité avec la DDPA et que les droits des peuples autochtones, ainsi que les droits de l'homme en général, soient respectés, protégés et réalisés dans les sites du Patrimoine mondial. En l'espèce, la Commission recommandait au gouvernement du Kenya, au Comité du patrimoine mondial ainsi qu'à l'Unesco de garantir la participation pleine et entière des Endorois à la prise des décisions relatives au « Système du lac Kenya », un site du Patrimoine mondial, par le biais de leurs propres institutions représentatives.

Depuis janvier 2009, le travail de la Commission est complété par celui de la Cour africaine des droits de l'homme et des peuples qui est dotée d'une compétence consultative et contentieuse pour les États ayant accepté sa juridiction, en vertu de laquelle elle est chargée de juger du respect par un État partie des droits de la Charte africaine des droits de l'homme et des peuples, et de tout autre instrument relatif à la protection des droits de l'homme ratifié par cet État. Cette instance créée en 2004, mais entrée en fonction cinq ans plus tard, est une institution intérimaire qui disparaîtra avec l'entrée en fonction de la Cour africaine de justice et des droits de l'homme. En février 2014, seuls cinq États (la Libye, le Bénin, le Burkina Faso, le Mali, le Congo) avaient ratifié le Protocole relatif à la Charte africaine des droits de l'homme et des peuples portant création d'une Cour africaine des droits de l'homme et des peuples, quinze ratifications étant nécessaires pour l'entrée en vigueur du Protocole.

Le système européen des droits de l'homme

Le système européen des droits de l'homme est le plus ancien système régional de protection des droits de l'homme. Institué sous l'égide du Conseil de l'Europe, il reposait à son origine sur la Convention européenne de sauvegarde des droits de l'homme et des libertés fondamentales, adoptée en 1950 et enrichie par la suite de quatorze protocoles additionnels, ainsi que sur deux institutions : la Commission européenne des droits de l'homme et la Cour européenne des droits de l'homme (CEDH). Depuis l'entrée en vigueur du protocole additionnel n° 11 (1998) qui établit la permanence de la CEDH, la Commission qui siégeait depuis 1954 a cessé de fonctionner. La CEDH, dont le siège est à Strasbourg, assume des fonctions à la fois consultatives, portant sur l'interprétation de la Convention européenne des droits de l'homme, et juridictionnelles. Pour cette dernière fonction, elle est compétente pour l'ensemble des parties ayant ratifié la Convention[14], soit les États et l'Union européenne[15]. Elle peut être directement saisie par tout individu ou organisation membre de ces États ou par un État lui-même. À la différence de la Cour interaméricaine des droits de l'homme, les éventuelles réparations qu'elle demande aux États jugés responsables de violations à la Convention sont d'ordre strictement monétaire et elle n'est pas chargée du suivi de l'exécution de la décision, laquelle revient au Conseil des ministres du Conseil de l'Europe.

Avant d'analyser dans quelle mesure le système européen des droits de l'homme protège les droits des peuples autochtones, il convient de situer la question autochtone en Europe et au sein du Conseil de l'Europe. À la différence des États du continent américain, les États européens reconnaissent difficilement et tardivement la présence minoritaire de peuples autochtones sur leurs territoires. De ce fait, la saisine des intérêts autochtones par le droit national reste relative et très variable selon les États. Les Sámi de Norvège bénéficient, par exemple, d'une protection juridique supérieure à celle des Sámi de Suède ou de Finlande et jouissent, depuis 1990, des droits reconnus au sein de la Convention 169. Le Danemark, concerné par la question autochtone au Groenland, a ratifié cet instrument en 1996. Les Pays-Bas et l'Espagne l'ont également ratifié, respectivement en 1998 et en 2006, sans considérer l'existence de peuples autochtones sur leurs territoires. Ce n'est le cas ni de la Russie, qui dispose d'un système propre de traitement des « peuples en petits nombres » sur son territoire (Davenel, 2013), ni de la France où les droits autochtones sont consacrés selon la dynamique propre au statut territorial de l'outre-mer. Les rapports de mission du rapporteur spécial des Nations unies sur les droits des peuples autochtones concernant des pays européens ainsi que de nombreux rapports du Comité des Nations unies pour l'élimination de la discrimination raciale reprochent aux États européens de ne pas suffisamment reconnaître et appliquer les droits des peuples autochtones, notamment dans la protection de leurs terres, territoires et ressources naturelles (CEDR, 2010, 2011, 2012, 2013a et b et Anaya, 2009b, 2011).

Malgré ces préoccupations, le Conseil de l'Europe ne s'est pas doté d'institutions chargées de promouvoir les droits des peuples autochtones, tels un rapporteur ou une commission spécialisée sur cette question, à l'instar de l'OEA ou de l'UA. Dans ce contexte, la vulnérabilité des droits autochtones, en regard notamment de la question foncière, a bien pu être ponctuellement soulignée par le Comité consultatif de la convention-cadre pour la protection des minorités nationales[16], mais leurs intérêts demeurent largement occultés au sein d'un sys-

14. Le protocole additionnel n° 11 de 1998 a permis d'élargir la compétence de la Cour qui était auparavant limitée aux seuls États ayant accepté sa compétence juridictionnelle, à l'instar de l'Union africaine et de l'OEA concernant les compétences de leurs cours respectives.

15. En vertu du traité de Lisbonne de 2009 et du protocole n° 14 de 2010, l'Union européenne (UE) est partie à la Convention européenne de sauvegarde des droits de l'homme. Dès lors, le respect de la Convention par les actes de l'UE peut être soumis à la juridiction de la CEDH.

16. Résolution ResCMN (2007)1 sur la mise en œuvre de la Convention-cadre pour la protection des minorités nationales par la Finlande (adoptée par le Comité des ministres le 31 janvier 2007, lors de la 985e réunion des délégués des ministres). http://www.refworld.org/pdfid/463f1a012.pdf [consulté le 30 mai 2016].

tème profondément marqué par le droit des minorités[17], comme l'estiment les juristes qui ont fait une analyse détaillée des décisions de la Commission et de la Cour à propos d'affaires concernant des autochtones (Koivurova, 2011 ; Otis et Laurent, 2011). Alors que l'ancienneté du système lui a permis de développer une jurisprudence d'avant-garde dans la protection internationale des droits fondamentaux, y compris des droits des individus appartenant à des minorités (Otis et Laurent, 2011 : 44), l'absence de jurisprudence significative en matière autochtone est regrettable. Il faut cependant reconnaître une légère évolution positive des jugements rendus par la Cour depuis le critiquable arrêt *G. et E. c. Norvège,* de 1983, connu comme le cas Alta.

Dans cette affaire, qui opposait des Sámi, éleveurs de rennes, à la Norvège au sujet de la construction de la centrale hydroélectrique Alta sur une partie des terres traditionnelles de chasse et de pêche sámi, la Commission européenne des droits de l'homme, alors compétente, avait considéré que les occupations traditionnelles foncières ne relevaient pas du droit de propriété protégé par l'article 1 du protocole additionnel n° 1 : les modes de vie traditionnels sámi pouvaient être protégés par l'article 8 de la Convention européenne (droit à la vie privée et familiale), mais la construction de la centrale hydroélectrique était justifiée par le bien-être économique du pays et n'affectait que partiellement leurs intérêts économiques. Au contraire de la jurisprudence de la Cour interaméricaine et du Comité des droits de l'homme des Nations unies, tous deux préoccupés par l'impact culturel des projets de développement en terres autochtones (le Comité se fondant sur l'article 27 du PIDCP pour développer une jurisprudence favorable aux intérêts des peuples autochtones), la Commission européenne des droits de l'homme avait simplement mesuré les atteintes aux intérêts des Sámi en termes économiques. Il faudra plusieurs arrêts pour que cette jurisprudence soit définitivement remise en cause. La même instance a reconnu que les droits de chasse sámi sur les terres d'un propriétaire suédois (arrêt *Halvar From c. Suède,* 1998) ou les revendications de droits de chasse et de pêche exclusifs par des Sámi (arrêt *Könkäma et 38 autres villages sames c. Suède* de 1996), c'est-à-dire des droits d'usage fonciers ancestraux, pouvaient relever de la protection du protocole n° 1 relatif au droit de propriété. Cependant, dans les deux affaires, la Commission a indiqué qu'il revenait aux instances nationales de déterminer l'étendue et la portée de tels droits ancestraux.

La dernière affaire *Handölsdalen Sámi village et autres c. Suède,* rendue en 2010 par la Cour européenne, annonce l'émergence des droits des peuples autochtones dans la jurisprudence de la CEDH. Dans cette affaire, quatre villages sámi s'opposaient à l'interdiction d'utiliser les terres de pâturage d'hiver de leurs rennes, sauf à conclure un contrat avec le propriétaire de ces terres, et ils invoquaient la violation de l'article 6 § 1 de la Convention-cadre sur la protection des minorités nationales (droit à un procès juste et équitable). La décision de la Cour a été favorable aux requérants sámi en admettant une violation de l'article 6 § 1 du fait d'une

17. Le Conseil de l'Europe a adopté deux conventions sur les droits des minorités : en 1992, la Charte européenne des langues régionales ou minoritaires et, en 1995 la convention cadre sur la protection des minorités nationales.

durée excessive de la procédure judiciaire. Mais elle n'a pas pris en compte l'évolution du droit international des peuples autochtones et continue de faire porter aux Sámi la charge de la preuve de leur propriété foncière, les plaçant sur un pied d'inégalité avec les autres propriétaires dotés de titres fonciers remis par l'État. Ce raisonnement, qui va à l'encontre de la jurisprudence dégagée par la Cour interaméricaine des droits de l'homme, à partir du Comité des droits de l'homme, de la Convention 169 de l'OIT et de la DDPA, est reproché à la Cour européenne par la juge Ziemele qui cite les instruments en question. Cette magistrate reconnaît, dans une opinion partiellement dissidente, la violation du droit d'accès au juge également prévu par l'article 6 § 1 de la Convention-cadre sur la protection des minorités nationales.

Les différentes décisions rendues par la CEDH depuis l'arrêt Alta, dans des affaires intéressant ou non la question autochtone, permettent de déceler une avancée jurisprudentielle favorable à une reconnaissance des droits des peuples autochtones. Une jurisprudence dynamique et constructive de la CEDH permettrait d'élever le niveau de protection de ces droits dans la région. Les possibilités de construction d'une telle jurisprudence dépendent de l'interprétation, par les requérants et par les juges, de la Convention européenne des droits de l'homme et de sa capacité à protéger les droits autochtones. Or les conditions semblent aujourd'hui être réunies. D'une part, dans l'arrêt *Tyrer c. Royaume-Uni* de 1978, la Commission européenne des droits de l'homme avait rappelé que la Convention était « un instrument vivant à interpréter à la lumière des conditions de vie actuelle » (§ 31). Cette démarche interprétative, dynamique et évolutive de la Convention va dans le sens d'une prise en compte des avancées du droit international conventionnel et jurisprudentiel des peuples autochtones. Rappelons ici que, en vertu d'un dialogue inter-juridictionnel fécond (Otis et Laurent, 2011), la CEDH se réfère parfois au raisonnement et à l'interprétation des droits de l'homme réalisée par la CourIDH ainsi qu'aux rapports du Comité des droits de l'homme des Nations unies (Otis et Laurent, 2011 : 57, note 37). Cette démarche offre un terrain favorable à la réception de certaines décisions de la Cour interaméricaine des droits de l'homme en matière autochtone, notamment concernant la question foncière.

D'autre part, la CEDH s'est également ouverte à la perspective collective des peuples autochtones en examinant des recours présentés par des villages sámi. Les droits des peuples autochtones et la DDPA commencent à être invoqués plus fréquemment et directement par les requérants ainsi que dans une opinion dissidente[18]. Sensible aux différentes cultures juridiques qui caractérisent les États européens, la Cour a également développé une interprétation autonome des dispositions de la Convention, notamment de la conception de biens. Selon Otis et Laurent, un pas supplémentaire reste à franchir par la Cour en direction d'une plus grande autonomisation de la notion de bien afin qu'elle puisse prendre en

18. Voir, par exemple, le recours présenté dans l'affaire *Habitants des îles Chagos c. Royaume-Uni* (requête n° 35622/04) et l'opinion dissidente de la juge Ziemele dans l'affaire *Handölsdalen Sámi village et autres c. Suède* de 2010.

compte l'occupation traditionnelle des terres selon les normativités autochtones même en l'absence de sa reconnaissance par l'État (2011). Dès lors que la Cour sera saisie d'une revendication de droits fonciers autochtones portant sur une occupation traditionnelle aux termes de l'article 1 du Protocole n° 1,

> la question sera alors de savoir si la Convention impose à l'État l'obligation de reconnaître le titre ancestral sur les terres traditionnelles autochtones lorsque, comme c'est le cas en Europe, le droit interne n'a pas à ce jour confirmé le titre précolonial. Il ne reste à la Cour qu'un petit pas à franchir dans l'autonomisation de la notion de « bien » en faveur des peuples autochtones, à savoir, interpréter l'article 1 du Protocole n° 1 de la Convention européenne comme imposant aux États européens l'obligation de reconnaître l'existence de la tenure originaire. Ce faisant, la Cour concilierait les deux impératifs de l'article 1 du Protocole n° 1 : l'autonomie permettant une protection efficace de toutes les formes de propriété et la préexistence du bien puisque la tenure originaire repose sur l'antériorité et la continuité séculaires du lien de « propriété » entre la terre et les autochtones. (Otis et Laurent, 2011 : 67)

Le système européen des droits de l'homme n'est pas le seul espace de judiciarisation des droits des peuples autochtones au sein d'une instance européenne. Depuis l'adhésion de l'Union européenne à la Convention européenne des droits de l'homme et l'adoption de la Charte européenne des droits fondamentaux, en 2000, élevée au rang de traité à partir du traité de Lisbonne de 2009, les possibilités de judiciarisation des droits des peuples autochtones en Europe se sont élargies. Afin de maintenir la cohérence du système de protection des droits de l'homme en Europe, l'article 52 § 3 de la Charte dispose que :

> dans la mesure où la présente Charte contient des droits correspondant à des droits garantis par la Convention européenne de sauvegarde des droits de l'homme et des libertés fondamentales, leur sens et leur portée sont les mêmes que ceux que leur confère ladite convention. Cette disposition ne fait pas obstacle à ce que le droit de l'Union accorde une protection plus étendue.

La Cour de justice de l'Union européenne, composée de trois juridictions (la Cour de justice, le Tribunal et le Tribunal de la fonction publique), est chargée de veiller à l'application du droit de l'Union et à l'uniformité de son interprétation sur le territoire de celle-ci. Ces juridictions, qui siègent à Luxembourg, peuvent être saisies de différents recours par les États, par leurs tribunaux mais aussi par les individus dans le cadre des recours en annulation d'actes contraires au droit de l'Union. En particulier, en vertu de l'article 263 alinéas 1 et 4 du Traité de fonctionnement de l'UE, une personne physique ou morale peut former un recours contre les actes dont elle est la destinataire. Elle le peut aussi contre les actes de portée générale, législatifs ou réglementaires qui la concernent directement et individuellement, et contre certains actes de portée générale qui ne comportent pas de mesures d'exécution.

Une récente affaire intéressant les droits des peuples autochtones a été soumise par des communautés et associations inuit du Canada et du Groenland et par d'autres parties non inuit au Tribunal puis à la Cour de justice. Elles demandaient l'annulation de deux réglementations de l'UE sur le commerce dérivé des produits du phoque (règlement de base n° 2009/1007/UE et son règlement de mise en œuvre n° 737/2010, du 10 août 2010) au motif qu'elles portaient atteinte à leurs modes de vie et à leur culture protégés par les articles 8 et 10 de la Convention européenne des droits de l'homme et par l'article 1 du Protocole n° 1. Ces règlements interdisent, sur le territoire de l'UE, les « produits provenant d'animaux tués et écorchés dans des conditions de douleur, de détresse, de peur et d'autres formes de souffrance », mais ils préservent certains intérêts inuit : « la mise sur le marché des produits dérivés du phoque provenant de ces formes de chasse traditionnellement pratiquées par les communautés inuites [*sic*] et d'autres communautés indigènes à des fins de subsistance devrait être autorisée » (article 14 du règlement 2009/1007/UE). Les plaignants furent déboutés. Les recours en annulation formulés à l'encontre du règlement de base furent jugés irrecevables au motif que celui-ci, étant un acte législatif, ne pouvait être attaqué que par des personnes physiques ou morales directement et individuellement concernées par l'acte. Les arguments invoqués à l'encontre du règlement de mise en œuvre furent rejetés au motif que les droits de propriété inuit sur les phoques capturés étaient préservés par les exceptions prévues par le règlement et que les requérants non inuit n'avaient pas su démontrer dans quelle mesure leurs droits de propriété étaient affectés par l'interdiction. Un pourvoi à l'encontre de cette décision a été présenté à la Cour, le 12 juillet 2013, par les requérants qui reprochent au tribunal de ne pas avoir appliqué les dispositions de la Convention européenne des droits de l'homme ni tenu compte de l'article 19 de la DDPA en s'abstenant d'examiner si les institutions de l'Union européenne avaient obtenu le consentement préalable, libre et éclairé des parties requérantes avant d'adopter le règlement de base[19].

19. Concernant le règlement 1007/2009 : ordonnance du Tribunal du 6/11/2011, Inuit Tapiriit Kanatami e.a./Parlement et Conseil (T-18/10) et arrêt de la Cour de justice n° 123/2013 du 3/10/2013, affaire C-583/11 P. Concernant le règlement 737/2010, arrêt du tribunal n° 55/2013 du 25/04/2013, affaire T-526/10, Inuit Tapiriit Kanatami e.a./Commission, procédure de pourvoi devant la Cour : affaire C-398/13 P., http://curia.europa.eu/jcms/upload/docs/application/pdf/2013-04/cp130055fr.pdf#_blank.

DEUXIÈME PARTIE

DYNAMIQUES POLITIQUES ET SITUATIONS DES PEUPLES AUTOCHTONES

La deuxième partie de cet ouvrage présente les échelles spatio-temporelles auxquelles sont construits, contestés et (parfois) respectés les droits des peuples autochtones pour comprendre comment ces groupes sociaux se déploient sur tous les continents, et pas seulement sur celui qui, dans l'imaginaire occidental, est identifié aux plus emblématiques d'entre eux, c'est-à-dire les « Indiens d'Amérique ».

Les éléments du droit que nous avons mentionnés en première partie, qu'il s'agisse des règles du droit international des droits de l'homme et des peuples autochtones ou des institutions régionales qui visent à les protéger, éléments que l'on retrouvera en troisième partie en termes plus descriptifs, ne peuvent se comprendre sans explorer la matière, le contexte ou les moments qui les font advenir. La fabrique du droit relève des processus sociaux de mobilisation au regard de ce que l'on peut nommer une « demande de droits », laquelle tend à être globalisée, comme le montre Mireille Delmas-Marty (2004). Elle requiert, pour ce qui concerne l'objet de ce livre, une compréhension des situations dans lesquelles se retrouvent les populations, communautés, groupes qui ont recours au droit international en vue de les modifier aux plans juridiques et politiques.

Les questions autochtones – qui supposent un rapport plutôt spécifique à une collectivité culturelle, à une langue, à un territoire donné, à des institutions propres ou à un appareil d'État qui vient définir un « groupe ethnique » –, évoluent *de facto*, bien qu'en partie seulement, par la construction d'un espace focal au sein des Nations unies. Elles empruntent un langage universel, celui du droit international, et placent les États devant des obligations communes alors qu'ils traitent politiquement ces populations de manières distinctes. Les peuples autochtones sont rarement identifiés comme tels dans les structures étatiques, leurs demandes sont souvent perçues dans l'esprit des sociétés dominantes comme des particularismes discutables et leurs positions de subalternité sont considérées comme un produit de l'histoire.

Pour lever une partie du voile qui opacifie la compréhension de l'objet, nous mettons en évidence la relation permettant d'inscrire l'internationalisation et la transnationalisation des questions autochtones dans une historicité propre au mouvement qui les porte. Cela éclaire sa constitution, sans la séparer de facteurs plus généraux qui expliquent les transformations géopolitiques du globe.

Le quatrième chapitre vise à poser l'existence d'un cadre global, organisé et sujet à transformation, à savoir l'organisation onusienne du monde des droits de l'homme, dans lequel force est de constater que la reconnaissance des peuples autochtones comme une catégorie spécifique de la société civile (un groupe majeur[1]) produit des effets institutionnels qui, en retour, impactent les dispositifs juridiques, politiques et administratifs nationaux. Le chapitre suivant examine les dispositions de l'État face aux questions autochtones et présente les éléments qui éclairent les différentes postures des États – dans leur diversité de forme, de vision politique, de famille juridique – vis-à-vis des droits de l'homme, afin d'évaluer leur capacité de réception des droits des peuples autochtones. Cela permet de comprendre comment ils déploient ou non des outils pour faire face aux besoins spécifiques de ces peuples ou populations. Cette partie présente un tableau permettant de visualiser les étapes de la reconnaissance normative dans les pays à l'étude, où l'on constate que l'échelle du temps incite à réfléchir à la vie sociale et politique des normes et à leur environnement (tableau 10). Le sixième chapitre vient préciser, de manière factuelle, ce qu'il en est dans les dix pays à l'étude à travers les rubriques que nous considérons pertinentes pour poser des éléments de comparaison : les données générales du pays, son organisation politique administrative, les situations juridiques concernant les ensembles se qualifiant comme peuples autochtones, les questions territoriales, et les domaines de politiques publiques que sont l'éducation, la langue et la culture.

1. Depuis 1992, les peuples autochtones sont admis comme l'un des neuf groupes majeurs représentant la société civile, à côté des femmes, de la jeunesse, des paysans, des syndicats, des entreprises, des autorités locales, des ONG et de la communauté scientifique.

CHAPITRE 4

Un cadre global organisé et évolutif

Pour comprendre ce que représentent l'énoncé et le respect des normes de droits humains concernant les peuples autochtones et les évolutions de leur traitement politique dans les différents États qui les incluent sur leur territoire national, il faut remonter aux années 1960. Le mouvement des indépendances qui avait commencé à transformer l'ordre du monde, et les rapports entre l'Europe, l'Afrique et l'Asie, a mis à l'ordre du jour la question de la décolonisation. Le Mouvement des droits civiques aux États-Unis a enclenché de nouvelles réflexions sur les relations interraciales, les modes de domination, la citoyenneté et la démocratie. En 1966 étaient adoptés deux textes d'une très grande importance : le Pacte international relatif aux droits civiques et politiques (PIDCP) et le Pacte international relatif aux droits économiques, sociaux et culturels (Pidesc). L'article 1, commun aux deux documents, servit de matrice à la rédaction de l'article 3 de la Déclaration des Nations unies sur les droits des peuples autochtones. Il rappelle en son premier alinéa que :

> Tous les peuples ont le droit de disposer d'eux-mêmes. En vertu de ce droit, ils déterminent librement leur statut politique et assurent librement leur développement économique, social et culturel.

Ce droit reconnu à tous les peuples, sans définition préalable, fonde les revendications des peuples autochtones à être reconnus comme tels, c'est-à-dire en tant que peuples, et pas seulement en tant que collections de sujets dénués de conscience collective. Avant de parvenir à formuler ce droit et de l'obtenir avec la Déclaration des Nations unies en 2007, des luttes étaient ouvertes sur plusieurs fronts : luttes agraires en Américaine latine, luttes politiques en Scandinavie, luttes raciales en Australie… Elles prirent la forme de luttes pour la reconnaissance au tournant du XXIe siècle (Bellier, 2013b).

Les marches pour l'émancipation des populations noires aux États-Unis stimulèrent l'émergence d'un mouvement indien dans ce même pays et inspirèrent, entre autres, les luttes aborigènes en Australie pour la mise en œuvre des droits de citoyenneté. Ceux-ci avaient bien été définis en 1949 lorsque fut créée une citoyenneté australienne (en lieu du statut de sujets britanniques), mais ils avaient été soumis à diverses restrictions dans le Territoire du Nord, au Queensland, ou en Australie occidentale où vivait une majorité de communautés aborigènes. La question raciale était posée, et l'est toujours même si, à l'issue d'un référendum constitutionnel en 1967, les Aborigènes et les Insulaires du détroit de Torres ont commencé à sortir du statut spécial qui leur avait été assigné, les électeurs australiens approuvant à plus de 90 % la suppression d'une mention relative à la « race aborigène » dans la Constitution (section 51) et une autre interdisant le recensement des Aborigènes (section 127)[1]. Les Aborigènes et les Insulaires du détroit de Torres purent désormais être recensés, fait qui a eu d'innombrables conséquences non seulement quant à l'identification des personnes, mais aussi quant à la connaissance du fait aborigène et à la fourniture de services aux communautés. Cela s'est produit trois cent soixante ans après que les premiers explorateurs hollandais ont fréquenté les côtes de l'Australie, et deux cents ans après que James Cook a proclamé l'appartenance de ce vaste pays à la Grande-Bretagne qui y établit une colonie pénale. Nous comprenons ainsi, avec l'historien Patrick Wolfe, que le colonialisme de peuplement (*settler colonialism*) définit non un événement mais « une structure portant en elle la logique de l'élimination des aborigènes » (2006 : 388). Cette structure reste puissante, comme en témoigne la demande aborigène, toujours en cours, d'une reconnaissance constitutionnelle. Celle-ci est l'objet d'une campagne active (*Recognise*[2]), mais le gouvernement fédéral n'a pas convoqué le référendum qui la rendrait possible alors qu'a expiré le délai prévu pour cela dans la loi fédérale de reconnaissance des peuples aborigènes et insulaires qui, elle, a été adoptée en mars 2013. Cet épisode, dans le contexte de l'Australie, rejoint d'autres expériences de déni de la pleine reconnaissance comme sujets égaux aux « autres citoyens », déni que partagent les ensembles autochtones, aborigènes ou indigènes, selon les terminologies usitées dans les différents pays que nous étudions.

Hautement symbolique de la réalité de la conquête, l'ignorance des populations locales ou leur élimination directe ou indirecte sont des faits constatés dans de nombreux pays, dénoncés depuis longtemps, dont la trace perdure dans les traitements politiques actuels. L'émergence des droits des peuples autochtones à l'international s'appuie ainsi sur une histoire complémentaire qui éclaire la

1. « *The Parliament shall, subject to this Constitution, have power to make laws for the peace, order, and good government of the Commonwealth with respect to : The people of any race, other than the aboriginal race in any State, for whom it is deemed necessary to make special laws* » (section 51). « *In reckoning the numbers of the people of the Commonwealth, or of a State or other part of the Commonwealth, aboriginal natives shall not be counted* » (section 127).

2. http://www.recognise.org.au/ [consulté le 3 juin 2015].

manière dont les populations marginalisées par des processus d'exclusion nationale ont commencé à sortir de ce que Richard Chase Smith dénomme « une chape de manquements et d'invisibilité » (2014 : 70).

Pour la relater près de cinquante ans plus tard, il faut élargir le cadre analytique afin d'inclure tous les acteurs d'une dynamique qui relie des leaders autochtones à d'autres luttes politiques, déplacer la focale pour comprendre ce qu'a produit la saisine de l'Organisation des Nations unies (ONU) et incorporer les témoignages qui construisent l'histoire du mouvement mondial autochtone (*the world indigenous movement*). Cela permet de replacer les luttes autochtones dans le contexte d'une histoire mondiale, en posant les évolutions dans les espaces où elles s'y organisent, en séquençant les temporalités.

Les « questions autochtones » naissent dans tous les pays où vivent les personnes qui se reconnaissent dans le mouvement social qui les porte aujourd'hui, mais elles ont été *de facto* construites à l'échelle mondiale et, plus précisément, aux Nations unies, à partir des années 1970. Elles se développent dans un va-et-vient entre les niveaux internationaux et les niveaux régionaux, nationaux et locaux, dont nous montrerons plus loin les propriétés. Au préalable, il est important de comprendre comment a émergé le sujet et pourquoi. Nous évoquerons donc, dans ce chapitre, l'histoire de la saisine des Nations unies par les organisations autochtones, puis le dispositif institutionnel qui s'est mis en place pour traiter les questions qu'elles portent, et enfin la manière dont l'activisme des représentants fait progressivement bouger les cadres établis.

La saisine des Nations unies et ses effets pratiques

Vers une redéfinition de l'indigène et la construction d'un mouvement global

L'historien sámi norvégien Henry Minde rappelle que la première fois que les questions autochtones furent traitées aux Nations unies[3] dans des chapitres spécifiques – ce qui leur donna une première visibilité – date du rapport que Hernán Santa Cruz écrivit, en 1970, sur la discrimination économique, sociale et culturelle des *minorités* (Minde, 2008 : 53). Juriste de formation, premier ambassadeur du Chili auprès des Nations unies, nommé à la Commission des droits de l'homme en 1947, fondateur de la Commission économique pour l'Amérique latine et les Caraïbes (Cepal), puis déroulant une carrière au sein des Nations unies, Santa Cruz se préoccupait des droits économiques et sociaux et

3. Fondée en 1919 sous l'égide du traité de Versailles, l'Organisation internationale du travail (OIT) s'est penchée sur la question des populations indigènes et tribales dès le début de son existence et elle adopta en 1936 la Convention 50 sur le recrutement des travailleurs indigènes. Unique organisme tripartite fondé sur la représentation des gouvernements, des employeurs et des travailleurs, elle devint en 1946 une institution spécialisée du système des Nations unies qui se mettait alors en place. Elle adopta en 1957 la Convention 107 relative aux populations aborigènes et tribales qu'elle réforma, en 1989, avec l'adoption de la Convention 169 sur les populations indigènes/autochtones et tribales. Autonomes, les organisations spécialisées comme l'OIT sont reliées à l'ONU par des accords spéciaux.

des moyens de lutter contre le racisme et la discrimination mais, initialement, il n'envisageait pas de traiter les populations autochtones de manière spécifique. Il le fit sous l'influence de l'Unité populaire qui venait d'arriver au pouvoir au Chili, le gouvernement de Salvador Allende étant sensible aux revendications en faveur des droits fonciers autochtones (*ibid*: 54) dans le contexte plus vaste des projets de réforme agraire. Il ouvrit alors deux dossiers: le chapitre IX, consacré aux mesures prises en connexion avec la protection des *peuples* autochtones, et le chapitre XIII, consacré aux problèmes des *populations* autochtones (Santa Cruz, 1970).

Il faut se souvenir de ces premiers moments pour comprendre que le processus d'élaboration des droits des peuples autochtones au niveau international étant d'abord resté confiné à une entreprise de lutte contre la discrimination, il n'a pas permis de prendre une juste mesure du sort de ces populations dans les États. La question de leur définition était déjà en discussion. Dans le rapport Santa Cruz, elles sont décrites comme «désavantagées par rapport au reste de la population: dans certains pays, elles sont victimes *de facto* de la discrimination et elles continuent de souffrir de préjugés» (Santa Cruz, 1970 : chap. XIII - § 1094). Le rapporteur concluait sur la nécessité de faire une étude spécifique qui ne serait pas exclusivement centrée sur la discrimination mais envisagerait la question des «droits individuels et égaux». Il entreprit ce travail de concert avec Augusto Willemsen-Díaz, un jeune fonctionnaire guatémaltèque à l'ONU qui l'aida à identifier le problème:

> Dans mon pays, le Guatemala, la présence des peuples autochtones est millénaire. Ils sont déterminés à maintenir et à protéger leur identité différente, leurs cultures, coutumes, traditions et institutions propres, ainsi que leurs terres et territoires, qui furent objets de tentatives d'usurpation et de dépossession. Ils en appellent, en outre, au respect. Puisque je travaillais dans le domaine des droits de l'homme, j'ai pensé qu'il me fallait peut-être travailler à la reconnaissance et au respect des droits des peuples autochtones, mais d'un point de vue plus proche de leurs désirs et de leurs aspirations. Il m'a paru particulièrement important que soit respectée leur vision collective particulière du cosmos et d'eux-mêmes, leur vision du monde différente, notamment le respect de la Terre Mère et de la nature, d'importance vitale pour eux. Confiant que le succès était possible, je me suis dévoué à cette cause, tout en remplissant mes obligations de fonctionnaire du Secrétariat général des Nations unies. (Willemsen-Díaz, 2014: 22)

À partir de cette première étape, un processus d'instruction fut enclenché par les experts de la Sous-Commission pour la protection des minorités, lesquels se montraient, selon Minde, «plus flexibles et plus ouverts à de nouvelles initiatives que les diplomates de la Commission des droits de l'homme» (*op. cit.*: 55). Cette ouverture fut confirmée, la décennie suivante, lorsque se mit en place le processus de rédaction de la DDPA.

Le rôle des rapporteurs spéciaux des Nations unies

Le travail d'instruction du dossier «autochtone» et la réflexion qui aboutirent à la mise en place d'un dispositif institutionnel au sein de l'Organisation des Nations unies se sont poursuivis depuis le dernier quart du XXe siècle jusqu'à aujourd'hui sous l'influence des rapporteurs spéciaux que nomme le Conseil économique et social. Ces personnalités, amenées à connaître plus précisément que quiconque les sujets des études pour lesquelles elles sont mandatées, ont progressivement entraîné une remise en question du cadre juridique qui dominait le traitement politique, celui des «minorités nationales». Ce cadre s'étendait aux populations autochtones jusqu'à un certain point, mais pas dans tous les pays, et il ne permettait pas de résoudre un certain nombre de problèmes, notamment territoriaux.

Il ne s'agit pas d'un artifice sémantique, le terme «minorité» étant d'un usage commun qu'il soit accolé ou non à d'autres attributs (minorité linguistique, religieuse, sexuelle, etc.). Il s'agit d'un changement de paradigme qui vise à modifier le traitement juridique et politique de populations qui se reconnaissent non comme des collections d'individus mais comme formant une nation, une nationalité ou un peuple, et qui ont été marginalisées en raison de leurs origines ethniques. Comme l'indique Willemsen-Díaz, à ce propos

> En vue d'affiner le texte de cette proposition, je fus invité par M. Santa Cruz en ma qualité de fonctionnaire attaché au service de la Sous-Commission dans cette session, et responsable de ce domaine au sein du Secrétariat Général. J'exprimai ma joie que soit accueillie avec succès, et soutenue, l'idée de mener une étude des droits des peuples autochtones, des problèmes de leur application, ainsi que des mesures nécessaires pour les consolider et dépasser les obstacles qui les empêchaient d'être effectifs. Je m'opposai toutefois à l'idée de la relier, comme cela fut suggéré dans les discussions, à une autre étude qui traiterait des minorités. J'indiquai que, s'il y avait, certes, des similitudes entre autochtones et minorités, il y avait également des différences significatives. Parmi les arguments que j'avançai, et puisque la notion purement numérique de «minorité» avait du succès dans le milieu de l'ONU, je citai les cas de la Bolivie et du Guatemala, en indiquant que les peuples autochtones de ces deux pays représentaient l'écrasante majorité. (Willemsen-Díaz, 2014: 26)

Le rapport Santa Cruz fut suivi d'un autre, également rédigé par Willemsen-Díaz, et qui accéda à une plus large notoriété.

> Le 21 mai 1971, l'Ecosoc approuva à l'unanimité la Résolution 589 autorisant la Sous-Commission[4] à réaliser une étude générale et complète sur le problème de la discrimination contre les populations autochtones et à suggérer les mesures nationales et internationales nécessaires pour l'éliminer. Dans sa Résolution 8 (XXIV) du 18 août 1971, la Sous-Commission nomma M. José Ricardo Martínez Cobo

4. Elle sera renommée ultérieurement Sous-Commission de la promotion et de la protection des droits de l'homme, avant de disparaître dans le cadre de la réforme de la Commission des droits de l'homme, qui deviendra le Conseil des droits de l'homme en 2006.

> rapporteur spécial et lui demanda un rapport préliminaire qu'il devrait présenter à la session de 1972. L'étude s'appela *Étude du problème de la discrimination contre les populations autochtones* (Rapport Cobo sur les populations autochtones) [...] José Ricardo Martínez Cobo décida de me laisser la responsabilité de rédiger le rapport. (Willemsen-Díaz, 2014 : 27)

Les chapitres, régulièrement transmis au Groupe de travail sur les populations autochtones, nourrirent la réflexion des experts sur les normes de protection qu'il fallait élaborer pour remédier à la discrimination constatée. Ce rapport, qui fut rendu public dans les années 1980, les cinq volumes le composant étant complétés en 1985, s'appuyait sur une série de questionnaires auxquels avaient répondu 37 États-membres des Nations unies[5], sur des sources scientifiques et universitaires, et sur des études plus circonstanciées pour quelques pays. En rupture avec le précédent rapport de Santa Cruz, le rapport Cobo fait apparaître le concept de populations autochtones à la place de celui de minorités ethniques ; il produit un effort de définition à travers un faisceau de critères qui font émerger l'idée de nations et de peuples, et l'idée d'assimilation disparaît (Fritz, Deroche, Porteilla, 2006 : 67).

La première partie du rapport évoque les mesures adoptées par les Nations unies, les agences spécialisées, l'Organisation des États américains et ce que le rapporteur désigne comme « l'action internationale ». Il nomme par ces termes d'importants moments des débats qui eurent lieu à partir du milieu des années 1970 et qui témoignent d'une double origine de la prise de conscience internationale. D'une part, les peuples autochtones réagissent à des menaces qui dépassent les atteintes aux seuls droits de la personne, ils commencent à s'organiser. D'autre part, des organisations de soutien sont mises sur pied dans les mondes occidentaux et mobilisent des moyens pour en appeler à la conscience de l'humanité. La deuxième partie du rapport comprend une définition de travail, des éléments d'analyse de ces populations et des éléments de politiques relatives au logement, à la santé, aux langues, à l'éducation, à la culture, aux institutions sociales et culturelles, à l'emploi, à la terre, aux droits politiques, aux pratiques religieuses, à la justice. La troisième et dernière partie de ce rapport comprend des conclusions très étayées.

Il est important de rappeler ces moments fondateurs pour comprendre les dynamiques du mouvement international et les éléments sur lesquels s'appuiera l'élaboration de la DDPA. Le rapport Cobo rappelle, par exemple, les conclusions de la première réunion de la Conférence circumpolaire inuit (International Circumpolar Conference - ICC) qui eut lieu à Barrow, Alaska, en juin 1977. ICC

5. Les pays sur lesquels Martínez Cobo rassembla des données relatives aux populations autochtones sont : Argentine, Australie, Bangladesh, Bolivie, Brésil, Birmanie, Canada, Chili, Colombie, Costa Rica, Danemark (et Groenland), Équateur, États-Unis, Finlande, France, Guatemala, Guyana, Honduras, Inde, Indonésie, Japon, Laos, Malaisie (et Malaisie occidentale), Mexique, Nouvelle-Zélande, Nicaragua, Pakistan, Panama, Paraguay, Pérou, Philippines, Salvador, Sri Lanka, Suriname, Suède, Venezuela. Trente-six pays répondirent au questionnaire qu'il envoya : dix-huit latino-américains, deux nord-américains, dix asiatiques, deux océaniens, trois scandinaves, la France pour la Guyane seulement, et aucun pays africain, ce qui aura quelques conséquences plus tard.

est l'une des premières organisations de peuples autochtones à se placer dans une optique transnationale, explicitement définie par l'environnement arctique. Cela permet, rétrospectivement, de constater que ces peuples témoignent d'une capacité à anticiper sur des sujets dont le monde ne s'est saisi que plus d'une dizaine d'années plus tard :

> À l'échelle de cette génération, la possibilité d'endommager gravement le fragile écosystème de l'Arctique est devenue une vraie menace… Alors que la quête des ressources conduit les cultures dominantes vers l'une des aires inexplorées du monde les plus prometteuses, l'échange entre les Inuit de la région polaire arctique n'est pas seulement important, il est devenu essentiel. (Martínez Cobo, 1981-1986 : 3, notre traduction)

Un peu plus tard eut lieu la deuxième réunion de la Barbade[6], en juillet 1977, qui témoigna d'une nouvelle détermination. En résumé, alors que la première réunion de la Barbade, en 1971, était organisée par des anthropologues s'adressant à leurs collègues de l'université, aux Églises missionnaires et aux gouvernements, la Barbade 2, quant à elle, devint un lieu où « les Indiens s'adressent aux Indiens » : ils proclament, dans la déclaration finale, « Nous sommes maîtres de notre destin ».

En août 1977, comme le rappelle Martínez Cobo, eut lieu, à Kiruna, en terre sámi de Suède, la deuxième assemblée générale du Conseil mondial des peuples autochtones (World Council of Indigenous Peoples – WCIP[7]), qui lança un grand débat sur la question de l'identité autochtone. Alors que dans les colonies de peuplement occidental la distinction entre premiers occupants – ce qui désigne les populations amérindiennes ou aborigènes – et colonisateurs était relativement claire (surtout si on considère ces ensembles dans leur globalité), dans les pays scandinaves la limite n'était pas simple à établir. Parallèlement, pour les personnes aborigènes ou amérindiennes, il n'était pas évident de reconnaître comme « soi » (indien, aborigène, indigène) une personne de type européen. La théorie de l'eau salée, ou *blue water theory*, qui établissait les frontières de la colonisation, se trouva

6. Rassemblant une vingtaine d'Indiens des Amériques et une douzaine de non-Indiens, elle fait suite à la première réunion de la Barbade organisée six ans plus tôt par des anthropologues avec le soutien du Conseil mondial des Églises et l'université, pour dénoncer le scientisme, le racisme, les responsabilités des missionnaires et celle des gouvernements. Comme l'indique Martínez Cobo dans son fameux rapport au § 27, « Les organisateurs de la Barbade 2 avaient prévu une réunion d'anthropologues avec un certain nombre d'Indiens. La réponse des Indiens fut si large que c'est devenu une réunion d'Indiens avec la participation d'un certain nombre d'anthropologues » ; au § 28, « Au début de la réunion, les Indiens et les anthropologues ont commencé à faire connaissance. Les Indiens ont ressenti le besoin de bien comprendre leurs différences, puisqu'ils venaient de pays différents avec des systèmes de gouvernement très différents » ; au § 29, « Il fut alors décidé que les Indiens disposeraient de temps pour se réunir à part. Ce sont ces réunions entre Indiens qui fournirent les meilleurs apports de Barbade 2 » (Martínez Cobo, 1981-1986, notre traduction).

7. Le Conseil mondial des peuples autochtones a été établi en 1975, lors d'une réunion qui s'est tenue à Port Alberni, sur la côte ouest du Canada, et rassembla 260 personnes originaires de 19 pays (Minde, 2008 : 60) : Argentine, Australie, Bolivie, Canada, Colombie, Équateur, Finlande, Groenland, Guatemala, Mexique, Nouvelle Zélande, Nicaragua, Norvège, Panama, Paraguay, Pérou, Suède, États-Unis et Venezuela.

alors bousculée[8]. Mais dès les années 1960, l'examen du fait colonial commençait à donner lieu à la notion de « colonialisme interne » (González Casanova, 1964). La troisième assemblée du WCIP qui eut lieu à Canberra, à l'invitation de la Conférence nationale aborigène en 1980, porta sur le thème de « La liberté autochtone maintenant » : l'idée d'une convention internationale sur les droits des peuples autochtones y fut discutée par une centaine de délégués provenant de 24 pays du Pacifique, d'Amérique du Sud, d'Amérique centrale et des Caraïbes, d'Amérique du Nord, de Scandinavie[9].

En septembre 1977 se tint la première conférence sur la discrimination à l'encontre des populations autochtones[10], organisée à Genève par le Sous-Comité des ONG sur le racisme et la discrimination raciale, l'apartheid et la décolonisation, en présence de représentants de 60 nations et peuples de 16 pays d'Amérique (d'autres ayant été bloqués par leurs gouvernements) et avec la participation de près de 50 ONG internationales. Un extrait du rapport Cobo rappelle l'esprit qui régnait dans cette conférence et témoigne d'une approche des questions autochtones qui reste d'actualité au début du XXIe siècle.

> La représentativité des peuples autochtones a montré à la communauté internationale comment opéraient la discrimination, le génocide, l'ethnocide. Si les situations varient d'un pays à l'autre, les racines sont communes : elles incluent la colonisation brutale pour ouvrir la voie au pillage de leurs terres et de leurs ressources par des intérêts commerciaux qui cherchent le maximum de profits ; le massacre de millions de personnes autochtones pendant des siècles et l'accaparement continu de leurs terres qui les prive de la possibilité de développer leurs propres ressources et moyens de subsistance ; le refus de l'autodétermination des nations et des peuples autochtones qui détruit les systèmes de valeurs et le tissu social et culturel. Des éléments de preuve indiquaient que cette oppression continuait et aboutissait à la destruction des nations autochtones. (Martínez Cobo, 1981-1986 : 36, § 91 – notre traduction)

Les participants de cette conférence fondatrice élaborèrent un plan d'action et inaugurèrent un style toujours en vigueur dans les réunions autochtones onusiennes, à savoir celui de formuler des « recommandations ». Ces dernières émanaient, dans ce cas précis, de commissions mises en place durant trois jours, et elles étaient organisées en fonction du fait qu'elles étaient de portée « générale », « juridique », « économique », « socioculturelle » ou « de conclusion ». Les délégués examinèrent aussi un projet de Déclaration de principes pour la défense des peuples et nations autochtones de l'hémisphère occidental, préparé entièrement par des représentants autochtones (Martínez Cobo, 1981-1986 : 37-53). Ce

---

8. Pour Henry Minde, selon la loi en vigueur aux États-Unis, les premières nations n'ont aucun droit à la décolonisation, car elles ne sont pas séparées de la population des colons par de l'eau salée (*op. cit.* : 63, note 29).

9. Les regroupements régionaux sont alors dénommés : Pacifique Sud, Amérique du Sud, Amérique centrale et Caraïbes, Amérique du Nord, Atlantique Nord et Europe (Rapport Cobo, § 129 : 55).

10. Voir *Un été indien à Genève*, documentaire de Pierrette Birraux-Ziegler (Docip) et Volkmar Ziegler, 1986, 52 min.

document, qui servira de base à la DDPA, témoigne de la volonté des autochtones d'être pleinement associés à la définition des normes les concernant.

En 1980, comme le rappelle encore le rapport Cobo, eut lieu le premier congrès du Mouvement indien d'Amérique du Sud, à Ollantaytambo au Pérou, regroupant des autochtones des Amériques et quelques autres venus d'ailleurs, pour réfléchir sur trois thématiques clés dont la première signale une approche unique à la région : il s'agit de la Commission sur l'idéologie indianiste qui réfute l'indigénisme d'État[11]. Deux autres commissions abordent les perspectives économiques et politiques ainsi que la culture (Martínez Cobo, 1981-1986 : 54). On voit que les mêmes thématiques reviennent à l'occasion de différents événements, à propos de la place socio-économique des autochtones, décrite par des témoignages et des analyses relatives à l'exploitation au travail, à la perte des terres et des bases de subsistance, à la pauvreté qui en résulte et à propos de la différence culturelle, qui est vécue comme une cause de leur exclusion et marginalisation.

Preuve de l'importance de la science dans la construction des « questions autochtones », le rapport Cobo résume aussi les sujets abordés par le Congrès des américanistes[12] en mentionnant de manière détaillée les 24 résolutions de celui qui eut lieu à Paris en 1976. Ce congrès dénonçait la persécution politique des leaders des mouvements émergents (par exemple, ceux de l'American Indian Movement aux États-Unis ou de Túpac katari en Bolivie). Il appelait les Nations unies à mettre en œuvre les instruments internationaux de protection des droits humains, l'Unesco à faire une enquête sur le génocide et l'ethnocide, et les missions religieuses à renoncer à leurs pratiques paternalistes et « annexionnistes » vis-à-vis de la vie des communautés autochtones. Il se faisait l'écho des demandes de participation des autochtones (Martínez Cobo, 1981-1986 : 67-72).

Enfin, le rapport Cobo évoque le 4e tribunal Russel[13], qui s'est tenu à Rotterdam en 1980, pour examiner les allégations de violation des « droits des Indiens d'Amérique », concernant 14 cas dont 4 aux États-Unis, 3 au Brésil, 2 au Canada, 2 au Pérou et en Colombie, 1 au Guatemala et 1 au Panama. Il avait reçu des témoignages d'autochtones venus d'autres continents sur des pratiques d'ethnocide et de génocide (Martínez Cobo, 1981-1986 : 74-75), mais le temps lui manqua pour aller au bout de l'examen.

11. Le terme « indianisme » renvoie à la politisation des Indiens qui prennent position sur les questions qui les concernent. Apparu dans les années 1980, il établit une opposition avec l'« indigénisme » d'État qui renvoie à une politique gouvernementale ou à une inclination des personnes en vue de traiter des questions autochtones de différentes manières, dont l'assimilationnisme, et sans intégrer les personnes concernées dans la conception des politiques ou l'évaluation des résultats.

12. Le Congrès des américanistes rassemble depuis 1876 les scientifiques du monde entier et de toutes disciplines, spécialistes de la zone « Amérique ».

13. Également appelé Tribunal international des crimes de guerre et tribunal Russell-Sartre, il s'agit d'un tribunal d'opinion fondé en novembre 1966 par Bertrand Russell et Jean-Paul Sartre pour dénoncer la politique des États-Unis dans le contexte de la guerre du Viêt Nam. Il poursuit ses activités, et a traité par exemple du Burundi, à Paris, en septembre 2015. Dans les à-côtés de la COP 21, qui s'est tenue à Paris en décembre 2015, s'est formé un tribunal populaire sur le modèle du tribunal Russel pour traiter de la justice climatique, en donnant la parole aux victimes des multinationales extractives ou agro-industrielles.

Le rapport évoque aussi le travail des organisations de soutien aux droits des peuples autochtones qui se sont mises en place à la fin des années 60 tels: Iwgia, the International Work Group for Indigenous Affairs, créé en 1968 lors d'un Congrès des américanistes et basé à Copenhague, qui commence à développer une série de publications ciblées ainsi qu'un centre de documentation et d'information dédié à l'Amazonie; Survival International (SI) qui, émanant du Primitive Peoples Fund établi à Londres en 1969, prendra son nom en 1971 et commencera à développer des lettres d'information et des projets avec des peuples d'Amérique du Sud, mais aussi au Botswana, en Indonésie et en Australie; Docip, Centre de documentation, de recherche et d'information des peuples autochtones/indigènes, créé à Genève en 1978 dans la foulée de la première conférence des ONG.

C'est ainsi que, en rassemblant toutes les données disponibles à l'époque et en leur donnant un relief particulier, le rapporteur spécial fait état, au sein des Nations unies, d'une réflexion ciblée sur les populations autochtones et de dynamiques qui interrogent autant le rôle des États que la mission des Églises et le scientisme de l'université. Ces dynamiques témoignent des premières articulations entre organisations autochtones et anthropologues engagés (ou impliqués) qui parviendront à faire bouger le « paradigme de traitement » des questions autochtones (González González, 2014).

À partir de ce travail pionnier d'identification des problèmes auxquels sont confrontées les populations autochtones sur une base mondiale, on doit remarquer l'importance des espaces institutionnels que les représentants des peuples autochtones parviendront à occuper progressivement. Les rapporteurs spéciaux, une institution en soi, ont joué un rôle déterminant pour l'analyse des questions autochtones et la clarification de problématiques qui sont à la fois singulières, en tant qu'elles concernent des populations ciblées, et générales puisqu'elles relèvent de politiques sociales, économiques et juridiques susceptibles de concerner d'autres populations (par exemple, « vulnérables » ou « pauvres ») ou de s'appliquer sur des territoires plus vastes que ceux reconnus à des entités autochtones (c'est le cas, par exemple, pour les politiques françaises qui sont territorialisées et non ethnicisées).

Deux rapporteurs spéciaux ont marqué de leur expertise le champ des questions autochtones: Miguel Alfonso Martínez, d'origine cubaine, membre puis dernier président du Groupe de travail sur les populations autochtones (GTPA) qui fut l'auteur de *Étude des traités, accords et autres arrangements constructifs entre les États et les populations autochtones* (1999); Erica-Irene Daes, une diplomate grecque qui participa comme membre expert au GTPA puis en assuma la présidence durant près de quinze ans, auteure d'une première étude sur *Indigenous Peoples and their Relationship to Land* (2001) et d'un *Rapport final sur l'étude relative à la souveraineté permanente des peuples autochtones sur les ressources naturelles* (2004).

Le besoin de suivre régulièrement dans le domaine des droits humains les situations des peuples autochtones a donné lieu, en 2001, à la création du mandat de rapporteur spécial sur les droits des peuples autochtones, dans le cadre du système des procédures spéciales de la Commission des droits de l'homme. Le premier titulaire fut un éminent professeur de socio-anthropologie d'origine mexicaine, Rodolfo Stavenhagen, dont le mandat fut renouvelé en 2004 par la Commission des droits de l'homme et en 2007 par le Conseil des droits de l'homme. Le second titulaire, nommé en 2010, fut James Anaya, un professeur de droit international d'origine purepucha, spécialiste des droits des peuples autochtones et notamment du droit à l'autodétermination. Une femme, d'origine igorot des Philippines et ancienne présidente de l'Instance permanente durant trois mandats, lui succède depuis 2015. Connaissant remarquablement la machine onusienne et ayant précédemment dirigé Tebtebba (Indigenous Peoples' International Centre for Policy Research and Education), elle se préoccupe en particulier des questions de développement, des conditions permettant aux autochtones d'être pris en considération dans les Objectifs de développement durable que la communauté internationale a définis en 2015, et du respect des droits des peuples autochtones par les entreprises multinationales.

Si chacun des rapporteurs spéciaux a une personnalité propre et agit en toute indépendance, le mandat, comme le signale le site des Nations unies est de:

- Présenter des rapports annuels sur des sujets ou situations particuliers ayant une importance spéciale pour la promotion et la protection des droits des peuples autochtones.
- Entreprendre des visites dans les pays.
- Répondre à l'information reçue portant sur des allégations concernant la situation des droits des peuples autochtones dans des pays en particulier.
- Entreprendre des activités dans des pays pour réaliser un suivi des recommandations incluses dans ses rapports par pays.

Le rapporteur spécial est assisté dans ses missions par le bureau du Haut-Commissariat aux droits de l'homme et répond, autant qu'il peut, aux sollicitations des organisations autochtones, mais il ne peut faire de visites officielles que sur l'invitation expresse du gouvernement du pays. À travers ce simple exemple, on note que le traitement onusien des questions autochtones est déterminé par des considérations humanitaires mais obéit aussi à des impératifs diplomatiques.

L'émergence de la société civile – une alliance humanitaire

Pour l'anthropologue Françoise Morin, observatrice de longue date des négociations que les représentants autochtones mènent aux Nations unies, le fait est que « depuis la fin de la Seconde Guerre mondiale, [les Nations unies] n'avaient accordé aucune attention particulière à leurs problèmes » (Morin, 2006 : 44). Pour elle, il s'est produit quelque chose vers la fin des années 1960, qui aura une importance capitale pour la manière dont l'ONU s'intéressera au problème par la suite, et qui ne tient pas au seul effet du rapport Santa Cruz.

> Ce furent d'abord des rapports alarmants sur les conflits inter-ethniques et les massacres d'Indiens dans plusieurs pays latino-américains, massacres accompagnés d'une colonisation sauvage de leurs terres. Le Conseil mondial des Églises réagit en organisant un symposium, en 1971 à Barbados, réunissant dix-neuf anthropologues, témoins de cette situation [...]. Il y eut ensuite l'émergence, dans la société

> civile internationale, de nouvelles ONG humanitaires qui se donnèrent pour but de défendre la cause autochtone et d'exercer des pressions sur les gouvernements de leurs pays, afin qu'ils défendent les droits autochtones. C'est ainsi que furent créés *International Work Group for Indigenous Affairs* (Iwgia) en 1968 à Copenhague, *Survival International* en 1969 à Londres, *Cultural Survival* en 1971 à Cambridge (Massachusetts) pour ne citer que les plus anciennes. Iwgia réussit, par exemple, à convaincre les cinq pays nordiques d'unir leurs efforts dans les années 1970 pour que des actions soient entreprises en faveur des peuples autochtones à l'ONU [...]. Je citerai enfin la volonté exprimée au cours des années 1970, par certaines organisations autochtones, de gérer leurs problèmes au niveau international, faute d'avoir pu trouver des d'interlocuteurs valables au niveau national où le plus souvent elles ne parvenaient à se faire entendre que par des fonctionnaires subalternes. En 1974, l'American Indian Movement organisa une première « Conférence internationale des traités indiens », regroupant des représentants autochtones des deux Amériques. Ils mirent sur pied un Conseil international des traités indiens avec pour objectifs de faire honorer par les États les traités existants et de se faire entendre à l'ONU, en obtenant une accréditation comme ONG auprès du Conseil économique et social (Ecosoc). La Fraternité nationale des Indiens du Canada venait, en effet, cette même année, de se faire accréditer à l'Ecosoc. (Morin, 2006 : 44)

Cette analyse de la scène autochtone internationale met en évidence trois facteurs qui précisent le contexte au moment où l'ONU se saisit du problème et éclairent la naissance du mouvement autochtone mondial. En premier lieu, des témoignages supplémentaires de violations des droits de l'homme dans les Amériques soulèvent l'opprobre international. Puis de nouvelles ONG humanitaires émergent dans les pays occidentaux et s'intéressent à cette cause. Enfin, des organisations autochtones, naissantes dans les mondes anglophones dans la foulée des mouvements pour les droits civiques et contre le racisme, se regroupent pour voir leurs affaires traitées par les Nations unies, faute d'être entendues localement. La North American Brotherhood au Canada, fondée en 1969 et devenue plus tard l'Assemblée des premières nations, portera avec l'American Indian Movement (AIM[14]), fondé en 1968 aux États-Unis, les revendications autochtones jusqu'à Genève, organisant la toute première réunion des ONG au Palais Wilson, sur « la discrimination contre les populations autochtones des Amériques », en 1977.

Les organisations autochtones, telles que International Indian Treaty Council (IITC), branche internationale de l'AIM établie en 1974, encore intimidées par le déplacement vers l'international et la confrontation avec des logiques qui les dépaysent, s'appuient alors sur ce que l'on a coutume d'appeler aujourd'hui des « organisations de soutien » parmi lesquelles figurent le Conseil mondial des Églises, la Société contre l'esclavage ou les Quakers du Canada et, depuis les années 1970, Iwgia, Cultural Survival ou Survival International. Ces dernières,

---

14. Un exemple de l'opposition entre l'AIM et le gouvernement fédéral étasunien se lit à travers le cas du militant AIM Leonard Peltier, d'origine anishinaabe et lakota, condamné en 1976 à deux peines à perpétuité, étant accusé de la mort de deux agents fédéraux sans que ses avocats aient eu accès à l'intégralité des pièces de son dossier et sans que sa culpabilité ait été prouvée.

avec le soutien impliqué d'anthropologues, se sont dédiées au soutien des causes autochtones à qui elles donnèrent une visibilité internationale. Nées dans les mondes anglo-saxons, elles diffusent leurs actions en Europe et dans le monde, en ouvrant des bureaux ou des groupes locaux dans différents pays ou en suscitant la création d'organisations-sœurs comme le Groupe international de travail pour les peuples autochtones (Gitpa) en France. En portant des projets avec des organisations autochtones, elles ont contribué à faire d'elles des « acteurs politiques », ce qui eut pour conséquence de modifier en une vingtaine d'années la capacité des autochtones à propulser leurs préoccupations à une plus large échelle. De leur côté, les grandes organisations de droits de l'homme comme Amnesty International ou Human Rights Watch ne se saisirent que plusieurs années plus tard du dossier autochtone auquel elles ne prêtaient pas d'intérêt particulier jusque dans les années 2000 : elles le portent aujourd'hui tant dans leurs sections locales qu'au Conseil des droits de l'homme où elles disposent d'un statut d'observateur.

Ce survol historique permet de comprendre l'alliance que l'on observe, encore aujourd'hui, entre les trois types d'acteurs qui portent les avancées internationales des droits des peuples autochtones et comment, par ce biais, les autochtones s'associent à la gouvernance des affaires qui les concernent : les leaders autochtones, les fonctionnaires onusiens des droits de l'homme et les ONG spécialisées. Cette configuration explique comment les problématiques que vivent les personnes autochtones dans leurs territoires remontent au niveau international et comment se diffusent les idées du droit dans les mondes autochtones.

En une quarantaine d'années, les représentants autochtones se sont professionnalisés, les fonctionnaires onusiens se sont acclimatés aux questions autochtones tandis que les militants des ONG (ou organisations de la société civile, OSC) continuent de jouer un rôle de médiation, de soutien financier et de préparation des autochtones à l'action publique. Notons que, au fil des ans, ce rôle a changé de nature : initialement porte-parole de causes emblématiques dans la défense des droits humains, parlant donc au nom de victimes qui ne pouvaient accéder ni aux tribunaux nationaux ni à la communication internationale, les ONG spécialisées s'effacent maintenant devant les acteurs autochtones qui parlent directement des questions qui les concernent, qui dirigent des publications, ou qui les commentent. C'est ainsi que sans renoncer à ces causes, les ONG de soutien se concentrent sur d'autres segments d'activité : par exemple le *lobbying* auprès des instances nationales, régionales et internationales, la formation des capacités et le soutien à la création d'ONG autochtones[15].

Cette configuration de mobilisation de la société civile aux Nations unies, aux côtés des demandeurs de droits, a permis de mettre en évidence les problèmes vécus par les populations autochtones, localement et à l'échelle du globe, et de

15. Parallèlement à ces ONG ont émergé, durant les années 1990, une multitude d'autres organisations qui agissent dans les domaines du développement, de la santé, de l'éducation, ou du commerce équitable peu présents dans les débats onusiens ou pour la fabrique des normes, contrairement à celles qui agissent dans le domaine de l'environnement, comme Rain Forest Foundation, créée en 1989, après qu'un leader kayapo du Brésil, Raoni, a approché un réalisateur de films, Jean-Pierre Dutilleux, et le célèbre chanteur Sting.

poursuivre le travail d'instruction qui a produit les normes de droit susceptibles de les protéger. De ce processus résulte la compréhension – qui est loin d'être partagée par tous les secteurs des sociétés dominantes – que les personnes autochtones sont bien des êtres humains, que les ensembles auxquels elles se rattachent ont une réalité organique qui peut prendre le nom de « peuple », de « nation » ou de « communauté », d'où il dérive qu'elles ne sont pas seulement des victimes historiques ou potentielles mais des collectifs capables de forger une conscience collective et de s'engager dans l'action publique et politique. Le tournant des années 1970 nous interpelle parce qu'il se traduit par l'accès des représentants autochtones à la sphère réservée des États, les Nations unies étant de par la Charte de l'organisation constituée par des États-membres.

Pour les personnes et les collectifs autochtones, jusqu'alors considérés comme des « sauvages », des « primitifs », des « barbares », en tout état de cause « non civilisés » entre autres catégories négatives d'usage commun, l'ouverture de l'ONU marqua le début d'un changement de statut qui va bien au-delà des symboles qui l'accompagnent (Bellier et González González, 2015). Cela contraste radicalement avec ce qui s'était produit cinquante ans auparavant. En effet, en 1923, la Société des Nations, constituée d'une cinquantaine de pays indépendants à l'époque, n'avait pas souhaité recevoir ni entendre Deskaheh, le chef cayuga de la Confédération iroquoise des six nations (*Haudenesaunee*) qui menait une première initiative de diplomatie indigène. À peu près au même moment, à Londres, le roi George avait également refusé de recevoir la pétition portée par le leader spirituel maori T.W. Ratana, portant sur la violation du traité de Waitangi en Nouvelle-Zélande. De même, l'assemblée de la Société des Nations, à Genève, avait refusé de le recevoir en 1925. À l'aune de ces événements que l'Instance permanente sur les questions autochtones remémore sur son site Internet, on mesure l'importance du chemin parcouru aux termes qu'employa, en 2002, le secrétaire général de l'ONU, Kofi Annan, lors de l'ouverture de la deuxième session de l'Instance permanente sur les questions autochtones : « Les Nations unies sont votre maison. Nous commençons un nouveau chapitre de l'histoire des peuples autochtones aux Nations unies[16]. »

Pour Joelle Rostkowski, une ethno-historienne qui consacra plusieurs articles à la requête de ce représentant des premières nations dont l'un est intitulé « Le Peau-Rouge demande justice » (2006), le mouvement des années 1970, dans lequel les organisations nord-américaines ont joué un rôle moteur, s'inscrit dans le droit-fil de cette démarche. Non seulement l'esprit et la mémoire de ces pionniers sont évoqués à l'Instance permanente (dont le siège se situe à New York), en terre haudenosaunee, mais le mouvement s'est élargi par l'incorporation de représentants de nations, communautés, peuples autochtones d'autres régions du monde. Il s'est amplifié en jouant sur les deux registres inaugurés par le « chef indien » : la respectabilité et la visibilité médiatique (Rostkowski, 2006 : 149).

---

16. « *You have a home at the United Nations... We begin a new chapter in the history of indigenous peoples at the United Nations* », cité par Hadi Khosravi Lile (2006).

Un positionnement dans le champ de la souveraineté

Si les organisations nord-amérindiennes occupent une place spécifique dans l'imaginaire occidental de l'« Indien », devenu en quelque sorte l'idéal type de l'« autochtone », leur rôle ne se limite pas à l'apparence spectaculaire de leurs chefs. Outre les thèmes qu'elles ont placés à l'agenda politique et leurs contributions à la fabrique des normes internationales qu'elles avancent diplomatiquement grâce aux juristes amérindiens ou inuit sortis de l'université, elles ont aussi discuté de ce qui constituait l'« indigénéité » au moment de former des organisations internationales et, en particulier le Conseil mondial des peuples autochtones. Elles ont mis en avant l'importance du respect des traités signés avec les puissances coloniales, et la valeur de ces documents qui témoignent de l'existence de relations de « nation à nation », non de subordination. Comme en témoignent continûment les discours des leaders autochtones aux Nations unies, le traité est signé entre deux puissances qui décident de réguler leurs relations, non entre un vainqueur et un vaincu. Cette situation ne concerne pas simplement l'Amérique du Nord, c'est-à-dire surtout les États-Unis et le Canada pour les traités nommés ou numérotés dont se prévalent les nations autochtones : des accords internationaux ont également été passés en Nouvelle-Zélande, au Chili, en Argentine, au Suriname et ailleurs.

De formes très différentes, parfois conservés comme des parchemins mais aussi présentés sur des supports « décoratifs » tels le *wampum* – ce qui conduisit en 1999 le rapporteur spécial Miguel Alfonso Martínez à utiliser la glose assez longue de « traités, accords et autres arrangements constructifs » pour rappeler l'existence, la diversité et la validité internationale de tels documents –, les traités sont l'enjeu d'un nouvel examen dans le cadre de l'évolution des normes environnant les droits des peuples autochtones. Cependant, au-delà de la forme explicite de souveraineté que représente le traité historiquement signé entre deux entités politiques, quelle que soit leur puissance relative, la réflexion sur les questions autochtones a étendu la notion de souveraineté à d'autres terrains.

Ainsi par exemple de la notion de « souveraineté permanente sur les ressources naturelles », à propos de laquelle Erica-Irene Daes a réalisé une étude spécifique dans laquelle elle rappelle que « les peuples et les nations doivent avoir le pouvoir d'administrer et de gérer leurs ressources naturelles, et de bénéficier ainsi du développement et de la conservation de ces ressources ». Nous rappelons ci-après les éléments de son raisonnement :

> S'il est intéressant d'appliquer aux peuples autochtones le principe de la souveraineté sur les ressources naturelles, c'est parce que leur situation présente de grandes similitudes avec celle des peuples auxquels il a été initialement appliqué. Ce principe a été inscrit dans le droit moderne à la suite de la lutte menée par les peuples colonisés pour parvenir à l'autodétermination sur les plans politique et économique après la Seconde Guerre mondiale. Ce principe est le suivant : les peuples et les nations doivent avoir le pouvoir d'administrer et de gérer leurs ressources naturelles, et de bénéficier ainsi du développement et de la conservation de ces ressources. Depuis le début des années 50, ce principe est préconisé comme

> moyen de garantir aux peuples libérés de la domination coloniale les bienfaits économiques tirés des ressources naturelles de leurs territoires, et de donner aux nouveaux États indépendants une base juridique pour lutter contre les atteintes à leur souveraineté économique qui découlent de contrats et autres arrangements abusifs et inéquitables imposés par d'autres États et des sociétés étrangères, ainsi que pour obtenir réparation. Ce principe a été et reste un préalable indispensable à la réalisation par un peuple de son droit à l'autodétermination et de son droit au développement.
>
> [...] Par suite, il est apparu clairement que les peuples autochtones ne pourraient jamais accéder à l'autodétermination politique et économique s'ils n'étaient pas juridiquement habilités à administrer leurs terres et territoires. Ces échanges ont également permis de prendre mieux conscience qu'un juste équilibre pouvait être atteint entre les intérêts des États et ceux des peuples autochtones dans l'action visant à promouvoir et à protéger leurs droits à l'autodétermination, à la maîtrise de leurs terres, territoires et ressources et au développement économique. (Daes, 2004 : 5-6)

Cette approche de la souveraineté sur les ressources et le territoire qui les héberge est susceptible de conduire à de sérieuses transformations dans la conduite politique et juridique des affaires de l'État, s'il est question de s'y engager de bonne foi comme le recommandent les relations de coopération et d'amitié entre les États. Il n'est donc pas anodin qu'une sorte d'abcès de fixation se soit développé autour de la définition de l'« indigène ». En effet, en discréditant les sujets concernés, en les dépossédant de la qualité d'indigènes idéal-typiques (si ce n'est proprement imaginaires), il devient possible de contester les bienfaits du droit dans une lutte politique qui est aussi idéologique.

La redéfinition de l'« indigène »

La question de l'indigénéité, c'est-à-dire la caractérisation du « fait indigène » ou de « l'être indigène », n'a pas cessé de faire débat au plan lexical (Bellier, 2009a), que ce soit dans le champ des sciences sociales qui interrogent la pertinence de la catégorie (*Journal of Social Anthropology*, 2004) ou dans les champs médiatiques, politiques ou juridiques où les termes « indigène », ou « autochtone », ou « aborigène » renvoient à différentes conceptions et à de nombreux préjugés. Sans doute faut-il admettre que, au-delà de l'étymologie qui rattache le terme [indigène] à « celui qui est du lieu », le terme [autochtone] à « celui qui vient de la terre même » et le terme [aborigène] à « celui qui vient des origines », il n'existe en droit international aucune définition de ce que l'on veut nommer ici, comme individu ou comme groupe, pas plus qu'il n'existe de définition unique et universelle de « peuple » (Bellier, 2009b). Selon les régions du monde, les langues et les époques, les usages varient, la recherche d'une identification correcte étant soumise à de multiples considérations, l'idée d'antériorité étant parfois postulée par le recours à des termes tels que « premières nations » ou « peuples premiers ». Cette notion est également soumise à questionnement puisque l'antériorité (plutôt que la primauté) exige un référent temporel, une localisation, un «autre» à laquelle elle s'oppose.

La question de la définition est importante en droit puisqu'elle vise à déterminer ceux qui se distinguent des «minorités» au sens de la Déclaration des droits des personnes appartenant à des minorités et qui, de ce fait, peuvent bénéficier des programmes, des institutions et des droits reconnus par le droit international public aux peuples autochtones. Sachant que les États ont un intérêt légitime à connaître l'étendue de leurs obligations et donc l'étendue des bénéficiaires – ce qui éclaire les demandes étatiques pour que la DDPA inclue une définition des peuples autochtones –, le fait qu'aucune définition n'y figure semble revêtir un sens spécial: les peuples autochtones ont droit à se définir eux-mêmes. Mise en rapport avec le droit à l'autodétermination, l'autodéfinition des peuples autochtones suscite dès lors des inquiétudes tout autant qu'elle est vectrice d'émancipation.

Le fait est que les idées ont progressé entre les années 1960 et aujourd'hui. À l'époque, la question de l'indigène comme sujet colonial ne se posait que dans certaines situations quasiment emblématiques qui se sont transformées par la déclaration d'indépendance du pays: le terme désigne ainsi les sujets des anciennes colonies françaises d'Afrique du Nord (Algérie notamment). Mais comme on le voit avec le mouvement international des peuples autochtones, les indépendances génèrent leur lot de laissés-pour-compte, qui revendiquent aussi le droit à l'autodétermination mais pas nécessairement l'indépendance. Dès lors, la conception de l'indigénéité, si elle n'est conçue que par le fait colonial européen, pose des problèmes d'interprétation dans d'autres situations de domination sociale et politique, relative ou absolue. Les configurations classificatoires étant quasiment infinies à l'échelle du monde et donnant lieu à des phénomènes critiquables d'essentialisation des identités, il ne s'agit pas de déterminer la «valeur» des identités ainsi construites, mais de réfléchir à la relation qui s'établit entre elles, dans une perspective d'égalité et indépendamment de la notion de race. C'est dans cet esprit que peut se lire le préambule de la DDPA, alinéas 2 et 4:

> *Affirmant* que les peuples autochtones sont égaux à tous les autres peuples, tout en reconnaissant le droit de tous les peuples d'être différents, de s'estimer différents et d'être respectés en tant que tels,
>
> *Affirmant en outre* que toutes les doctrines, politiques et pratiques qui invoquent ou prônent la supériorité de peuples ou d'individus en se fondant sur des différences d'ordre national, racial, religieux, ethnique ou culturel sont racistes, scientifiquement fausses, juridiquement sans valeur, moralement condamnables et socialement injustes,

La question de l'indigénéité invite à se pencher sur la relation entre les descendants de groupes présents lors de la conquête du territoire et les descendants d'une colonisation de peuplement, présente depuis plusieurs générations. Elle invite à prendre en considération la relation entre les premiers (dits «originaires») et les descendants de groupes dominants ayant migré depuis longtemps et qui ont noué des alliances matrimoniales, et à comprendre aussi les relations entre tous ces groupes dans une perspective de mobilité, volontaire ou forcée, ou de sédentarité. Toutes ces situations se présentent partout mais elles sont difficiles à reconnaître dans les régions du monde où le colonialisme n'est pas nécessairement le fait d'un autre, de couleur de peau distincte, comme c'est le cas en Scandinavie, en Afrique, ou en Asie. D'une part, le colon n'est pas nécessairement ni toujours « venu de l'autre côté de la mer », d'autre part les indigènes autochtones n'ont pas nécessairement ni toujours été là : ils peuvent avoir migré, avoir été déportés, se partager sur plusieurs territoires, être nomades, se partager entre la ville, les champs ou la forêt, etc. Comme le signale Minde (2008), « pendant 2 000 ans les Sámi se sont mêlés à et ont été marginalisés par les peuples norvégiens et finlandais ». Cette situation se retrouve dans la relation entre les peuples pygmées et bantu en Afrique, ou entre les Adivasi et les familles princières en Odisha (Inde). Elle se pose aussi dans les Amériques vis-à-vis de groupes que l'on croyait disparus, dont certains individus émergent dans l'espace international en portant des demandes spécifiques pour revendiquer par cette voie leur qualité de « peuples autochtones »[17].

Le débat sur la qualification d'autochtonie ne cesse de traverser l'université et les sphères politiques partout dans le monde, en raison de nombreux arguments opposés à la fixation de frontières ethniques (Barth, 1969), mais tel est particulièrement le cas dans les pays et chez les spécialistes de l'Afrique et de l'Asie. En Europe, les Sámi ont réussi à redéfinir leur place dans la société et à être reconnus par l'État, à travers la mise en place d'institutions propres telles que le Conseil sámi ou le Parlement sámi[18]. Vis-à-vis du mouvement autochtone international dans lequel leurs organisations sont très actives, ils assument leur condition d'« Indien blanc » (*white Indian*). Vis-à-vis des Norvégiens, des Suédois, des Finlandais ou des Russes, ils se définissent comme Sámi et affirment leurs différentes identités qu'ils démontrent par les vêtements, la joaillerie, les coiffes, la langue et toutes sortes de marqueurs culturels. En Afrique, les peuples autochtones bénéficient d'un moindre soutien de la part des gouvernements des pays qui les englobent, et leurs situations sont fort complexes, raison pour laquelle les experts du Groupe de travail sur les populations et communautés autochtones de la Commission africaine des droits de l'homme et des peuples se sont efforcés d'apporter des précisions[19]. Conscients des contextes politiques ainsi que des usages politiques du vocable « autochtone » dans certains pays, ils tendent à qualifier de peuples et communautés autochtones les groupes minoritaires dont les modes de subsistance et les écosystèmes sont fortement menacés (chasseurs-cueilleurs, pasteurs nomades, par exemple). Mais tel n'est pas le cas en Asie, vaste

17. Tel est le cas du peuple métis du Canada ou celui des Taïno de Puerto Rico.

18. L'article 110a de la Constitution du royaume indique : « *It is the responsibility of the authorities of the State to create conditions enabling the Sámi people to preserve and develop its language, culture and way of life.* »

19. La CADHP réalise des visites de terrain et produit des rapports que l'on peut consulter sur le site http://www.achpr.org/fr/search/?t=834&q=groupe+de+travail+sur+les+peuples+et+communaut%C3%A9s+autochtones [consulté le 10 février 2017].

continent qui ne dispose pas de système régional des droits de l'homme et dont les « petits peuples » sont considérés dans leurs États respectifs au mieux comme des minorités ethniques.

La situation des Sámi n'est qu'en partie comparable à celles d'autres groupes ethniques d'Afrique ou en Asie, vastes continents dont l'historicité coloniale, la diversité culturelle et linguistique et le développement sont sans commune mesure avec ceux de l'Europe; mais ils partagent avec les autochtones du monde une histoire de marginalisation, qui se fonde dans leur cas sur la différence culturelle et l'expression d'un mode de vie non partagé par les Finnois, les Norvégiens, les Russes ou les Suédois. Leur manière de se nommer, Sám ou Sáme, témoigne du changement qui s'est opéré à partir du rejet du vocable « lapon », basé sur la racine [lapp-] signifiant « porteur de haillons » en suédois, donc stigmatisant. Le souci de la part de collectifs autochtones de se réapproprier leur identité se retrouve ailleurs dans le monde. Cela est très visible en Amérique du Sud, et notamment en Amazonie : les Jivaro se disent Achuar, les Aguarunas Awajun, les Campas Ashaninka, les Orejones Maí Huna, etc. Ces processus de réappropriation témoignent de deux phénomènes convergents : d'une part le terme « Indien » qui s'applique à tous ne signifie rien et masque *de facto* des identités propres et différenciées (Macedo, 2013) ; d'autre part, les dénominations imposées par les colonisateurs sont, au mieux, « incomprises et mal entendues » et, au pire, péjoratives et discriminantes.

C'est en considérant les différentes situations, mais aussi la condition commune d'une marginalisation doublée de discrimination qu'au lieu de donner une définition impossible à faire valoir dans tous les pays du monde, pour toutes les époques et dans les six langues de travail de l'ONU, un faisceau de critères a été proposé dans le rapport Cobo. Ces éléments sont en partie repris par la Convention 169 et mobilisés par les tribunaux internationaux des droits de l'homme, comme nous le verrons plus précisément aux chapitres 7, 8 et 9. Le résumé du rapport Cobo précise ainsi que les *populations autochtones*, sont :

> des peuples et des nations qui présentent une continuité historique avec les sociétés précédant la conquête et la colonisation de leurs territoires, qui se considèrent comme distincts des autres secteurs de la société dominant ces territoires totalement ou partiellement [...] [et] sont déterminés à préserver, développer et transmettre aux générations futures leurs territoires ancestraux et leur identité ethnique, sur la base de leur existence continue en tant que peuple, en accord avec leurs propres systèmes culturels, leurs systèmes juridiques et leurs institutions sociales.

Chacun des termes de cette définition prête à interprétation, mais l'approche multicritère offre l'intérêt de dés-essentialiser les sujets concernés. Le processus établit une identité générique de *peuples autochtones* que nous considérons dès lors principalement comme une catégorie politique et relationnelle. Il est intéressant de noter que le professeur Martínez Cobo établit dans cette définition de travail une liaison entre [populations autochtones] et [peuples et nations]. L'inflexion est significative puisque le terme « population » n'a aucune connotation normative en droit international, contrairement à celui de « peuple ». Les représentants autochtones, ayant parfaitement saisi l'importance de la distinction, manifestèrent en 1993, lors de la Conférence de Vienne sur les droits de l'homme, leur adhésion au [S] qui, en anglais (langue de travail onusien), établit la distinction entre *people* « population » et *peoples* « peuple » (Barsh, 1995). Ce faisant ils posaient les revendications de droits collectifs. Le [S] s'est étendu par la suite au collectif que forment les peuples autochtones dans leur diversité, raison pour laquelle il est bien plus courant de lire « les peuples autochtones ont le droit de… » que « le peuple autochtone décide ».

L'Organisation internationale du travail a également produit des éléments de définition : d'abord dans la Convention 107, adoptée en 1957, période antérieure à celle qui verra la reconnaissance des droits des peuples autochtones et marquée par un vocabulaire aujourd'hui dénoncé (passéiste et assimilationniste), puis dans la Convention 169 qui est le premier outil juridique reconnaissant une série de droits aux peuples autochtones et tribaux. Pour la Convention 107, ces populations

> sont considérées comme aborigènes du fait qu'elles descendent des populations qui habitaient le pays, ou une région géographique à laquelle appartient le pays, à l'époque de la conquête ou de la colonisation et qui, quel que soit leur statut juridique, mènent une vie plus conforme aux institutions sociales, économiques et culturelles de cette époque qu'aux institutions propres à la nation à laquelle elles appartiennent.

La Convention 169 ne définit pas les peuples mais détermine ses bénéficiaires de la façon suivante :

> 1. La présente convention s'applique :
>
> a) aux peuples tribaux dans les pays indépendants qui se distinguent des autres secteurs de la communauté nationale par leurs conditions sociales, culturelles et économiques et qui sont régis totalement ou partiellement par des coutumes ou des traditions qui leur sont propres ou par une législation spéciale ;
>
> b) aux peuples dans les pays indépendants qui sont considérés comme indigènes du fait qu'ils descendent des populations qui habitaient le pays, ou une région géographique à laquelle appartient le pays, à l'époque de la conquête ou de la colonisation ou de l'établissement des frontières actuelles de l'État, et qui, quel que soit leur statut juridique, conservent leurs institutions sociales, économiques, culturelles et politiques propres ou certaines d'entre elles.
>
> 2. Le sentiment d'appartenance indigène ou tribale doit être considéré comme un critère fondamental pour déterminer les groupes auxquels s'appliquent les dispositions de la présente convention.

À trente ans d'écart, l'évolution sémantique semble subtile mais elle a vocation à signaler, dans la Convention 169, que ces groupes ont conservé leurs institutions plutôt qu'ils ne vivent dans un passé immuable. Sans entrer dans l'exégèse de ces définitions dont nous aurons l'occasion de discuter les effets dans d'autres parties de cet ouvrage, le fait est que la définition de l'« indigène » ou de l'« autochtone » est devenue un objet politique au fil des politiques étatiques mises en œuvre, dont la nature varie selon les époques et les pays, comme en témoignent les situations présentées au chapitre 5. Dans le cadre du mouvement des peuples autochtones et des négociations que des représentants venus de toutes les régions du monde ont portées sur la scène internationale, l'enjeu n'était pas de poser une définition précise mais de démontrer que les populations autochtones constituent des peuples et que, en tant que tels, elles devaient devenir des sujets du droit international.

En résumé, à partir du moment où les Nations unies se sont saisies du problème et où s'est mis en place un groupe de travail (*cf. infra*), l'examen des différentes situations de marginalité, de violations de droit, de discrimination que les représentants autochtones exposaient a conduit à repenser la définition de l'indigénéité ou de l'autochtonie comme un rapport social, l'expression « peuples autochtones » définissant une catégorie politique et relationnelle, variant selon les contextes sociologiques. Elle n'est ni une essence ni une identité, ni définie par la race ou par un rapport ancestral ou primordial au territoire. Toutefois, au moment de former des organisations représentatives – selon des modèles étrangers aux structures sociopolitiques « propres » ou « traditionnelles », tels les modèles de l'ONG, de l'« association » aux termes de la loi de 1901 en France ou de la *corporation* dans les mondes anglo-saxons – et au moment de former des organisations internationales qui dépassent nécessairement les limites des connaissances interpersonnelles de chacun, des questions sont posées : tel pays, tel groupe, telle personne se qualifient-ils ? Ont-ils place dans le WCIP ? C'est sans doute à partir de ce moment que la question d'une définition externe, imposée par autrui sur les indigènes du lieu, a rencontré les perspectives d'une autodéfinition, par laquelle tel groupe, ou nation, ou communauté se reconnaît comme autochtone ou *indigenous/indígenas*. Cela sera inscrit à l'article 9 de la Déclaration :

> Les autochtones, peuples et individus, ont le droit d'appartenir à une communauté ou à une nation autochtone, conformément aux traditions et coutumes de la communauté ou de la nation considérée. Aucune discrimination quelle qu'elle soit ne saurait résulter de l'exercice de ce droit.

Depuis l'adoption de la DDPA dont l'article 3 reconnaît le droit à l'autodétermination, l'expression « peuples autochtones » (au pluriel toujours dans ce document) désigne une catégorie juridique autour de laquelle se joue une partie des négociations globales actuelles qui concernent lesdits peuples.

Processus de subjectivation et reconnaissance

Les représentants des collectifs se reconnaissant comme peuples autochtones participent aux discussions internationales et se sont entraînés à maîtriser les outils, le langage juridique et les techniques de communication. Cela s'est produit au travers de la construction d'un mouvement international et grâce à la mise en place de relais organisés par les Nations unies, notamment le Haut-Commissariat aux droits de l'homme, qui offre, par exemple, une formation aux autochtones anglophones, hispanophones et francophones, en collaboration avec des universités qui hébergent le programme.

En s'appuyant sur le principe de l'autodéfinition pour appartenir à une communauté, un peuple ou à une nation autochtone – selon les manières dont les collectifs projettent leur identité collective –, les représentants requalifient les noms et les structures organisationnelles qui leur sont propres. C'est toute une entreprise de réappropriation du soi, ce soi précédemment dominé par la colonisation, qui devient alors possible. L'héritage de la colonisation préoccupait l'Assemblée générale, comme en témoigne l'alinéa 6 du Préambule de la DDPA.

> *Préoccupée* par le fait que les peuples autochtones ont subi des injustices historiques à cause, entre autres, de la colonisation et de la dépossession de leurs terres, territoires et ressources, ce qui les a empêchés d'exercer, notamment, leur droit au développement conformément à leurs propres besoins et intérêts,

Il nous semble important de souligner ici deux des préoccupations de l'Assemblée générale : d'une part, la référence à la dépossession territoriale, « qui les a empêchés d'exercer leur droit au développement » ; d'autre part, la notion de « besoins et intérêts propres ». Dans ce contexte, la réappropriation de la définition de soi ne fait pas seulement partie des enjeux de la reconnaissance avec la reconquête de la dignité et de l'estime de soi, elle vise à sortir des préjugés dans lesquels de nombreux peuples ont été enfermés, dépersonnalisés par des identités définies par le conquérant. Comme nous l'avons signalé plus haut, depuis une trentaine d'années on assiste à la récupération de noms propres individuels et collectifs, ainsi que des manières de nommer le territoire et la biodiversité. Ce processus témoigne d'une volonté d'affirmation culturelle qui est aussi politique et de la sortie d'une époque où seule la subalternité de ces personnes et de ces groupes semblait faire sens pour la société dominante. Les idées ont progressé sur ce point entre les années 1970 et aujourd'hui.

À partir de ce que Bertrand Badie a dénommé, en 2002, « la diplomatie des droits de l'homme » à propos de la judiciarisation de la scène internationale qu'il observait dans les années 1990 et où il constatait le déplacement du sujet – du « peuple souverain » à l'humanité –, on peut dire que la transformation du « sujet indigène » et la requalification par la catégorie juridique de « peuples autochtones » apparaissent comme un coin placé dans une histoire trop linéaire et marquée par les théories de l'évolutionnisme. Le message que les représentants autochtones martèlent sur la scène internationale est ainsi double. En premier lieu, la lutte contre la discrimination et le racisme a pour finalité de réinscrire pleinement ces sujets dans l'humanité, non au plan théorique mais par un examen circonstancié des conditions et des origines de leur marginalisation afin d'y remédier. Cela prend sa source dans l'expérience vécue des porteurs de voix, et dans le rapport Cobo, sur « la discrimination à l'encontre des populations autochtones ». Cet enjeu est proprement subjectivé, comme en témoigne le chef Wilton Littlechild : « Maintenant je ne suis pas un objet, je ne suis pas un sujet, je suis un être humain ! » (2013 : 373). En second lieu, la lutte juridique pour la qualification de « peuple » vise à placer ces entités, autrement appréhendées comme des « ethnies » ou des « communautés », en situation d'égalité avec les « peuples souverains », alors qu'ils n'ont pas d'États pour les représenter.

Ce positionnement du sujet comme être humain, bénéficiaire à ce titre des droits individuels de la personne, et comme *sujet collectif* doté de la personnalité juridique, bénéficiaire de droits collectifs, a représenté l'enjeu des négociations que les peuples autochtones ont conduites aux Nations unies pour la rédaction puis l'adoption de la DDPA. Cela demeure l'enjeu des négociations qu'ils conduisent au niveau global, pour harmoniser leur référencement dans divers documents normatifs, et aux niveaux nationaux pour une reconnaissance juridique. Mais ils disposent désormais de deux documents juridiques qui leur servent d'outil : la Déclaration des Nations unies sur les droits des peuples autochtones, à laquelle on s'intéresse en particulier dans cet ouvrage, et le Document final de la réunion de haut niveau de l'Assemblée générale, dite Conférence mondiale sur les peuples autochtones, qui est conçu comme un document d'action que les chefs d'État et de gouvernement, ministres et représentants des États membres ont adopté le 22 septembre 2014. Ce dernier document précise aux points 3 et 4 :

> 3. Nous réaffirmons notre appui à la Déclaration des Nations unies sur les droits des peuples autochtones, adoptée par l'Assemblée générale le 13 septembre 2007 et les engagements que nous avons pris à cet égard, de nous concerter et de coopérer de bonne foi avec les peuples autochtones intéressés par l'intermédiaire de leurs propres institutions représentatives afin d'obtenir leur consentement préalable, donné librement et en connaissance de cause avant d'adopter et d'appliquer des mesures législatives ou administratives susceptibles de les concerner, conformément aux principes applicables énoncés dans ladite Déclaration.
>
> 4. Nous réaffirmons notre engagement solennel à respecter, promouvoir et favoriser les droits des peuples autochtones sans jamais les amoindrir, et à faire respecter les principes énoncés dans la Déclaration.

Si l'on peut apprécier ici, et dans les 40 paragraphes opérationnels qui constituent ce document d'action, la réaffirmation par les États de l'appui au dispositif de la Déclaration, ainsi que l'engagement à ne jamais amoindrir les droits des peuples autochtones, rien n'est encore acquis. Les articulations entre les luttes juridiques et les luttes politiques et sociales des autochtones doivent être analysées comme des dynamiques, les unes ne pouvant aboutir sans les autres. Ces dynamiques nous permettent de comprendre l'évolution du droit des droits de l'homme et celle des structures politiques étatiques, que nous analysons plus précisément dans les chapitres suivants.

Quelques grandes tendances marquent la dynamique des peuples autochtones en regard de leur reconnaissance internationale et de leur institutionnalisation onusienne. Entraînant les organisations sud-américaines, à peine naissantes vers la fin des années 1970 lorsque les États dictatoriaux commencèrent à changer de régime, les organisations nord-amérindiennes ont ouvert la voie du dialogue international et l'ont marquée de leurs manières de faire. Elles ont introduit par exemple les cérémonies d'ouverture et de clôture des sessions de travail et établi le *caucus*[20] comme moyen de former une décision collective (Bellier, 2007 ; 2012 ; 2013a). Elles ont enraciné le mouvement autochtone international dans une confiance en la performativité du droit international, ce qui n'est pas une évidence tant parce que la perception du droit et de ce qui l'environne varie selon les cultures que parce que le droit a été le lieu de l'exclusion, voire l'expression même de la marginalisation des pauvres, des sans-terre, des « sans-droits », et que le droit peut servir des intérêts totalement opposés à ceux des peuples autochtones. Le potentiel du droit international interroge la fonction du droit en regard des droits nationaux. Dans la construction de cette confiance envers le droit qui domine parmi les délégués autochtones aux Nations unies, il convient de souligner la médiation du Haut-Commissariat des Nations unies qui a mis en place un programme de formation aux droits de l'homme pour des boursiers autochtones ainsi que les décisions exemplaires de la Cour interaméricaine des droits de l'homme qui établissent des bases d'intelligibilité des situations litigieuses et ont la capacité de condamner l'État. Il faut aussi souligner l'action de certaines ONG, domiciliées dans les pays du Nord, en vue de structurer un mouvement autochtone qui, au fil des ans, s'est élargi pour inclure toutes les régions du monde. Elles ont contribué à diffuser un usage du droit utile aux luttes des autochtones sur le terrain ou d'ordre plus symbolique.

L'INSTITUTIONNALISATION DES QUESTIONS AUTOCHTONES

Les premières délégations autochtones débutèrent leur travail de témoignage puis de plaidoyer aux Nations unies, la première réunion d'importance à cet égard étant organisée par le Comité spécial des ONG de droits humains, au Palais des Nations à Genève, là où se réunit la Sous-Commission des Nations unies sur le racisme, la discrimination raciale, l'apartheid et la décolonisation. Elle porta précisément sur la discrimination à l'encontre des populations autochtones (1977). Elle fut suivie de plusieurs événements qui marquent l'histoire du mouvement autochtone, tels que la participation de plusieurs *leaders* autochtones, soutenus par Iwgia, à la Conférence des Nations unies sur le racisme (1978) et à une session du tribunal Russel qui se tint à Rotterdam (1980), préalablement à la Conférence des Nations unies sur les peuples autochtones et la terre (1981). De ces différentes rencontres émana la demande d'un lieu de débat sur les questions autochtones au sein du système des droits de l'homme des Nations unies, pour y établir un point focal.

---

20. Ce terme désigne une « assemblée générale », par un anglicisme que tous les autochtones utilisent quelles que soient leurs origines régionales ou linguistiques. L'ONU emploie parfois le terme de « conclave » (vocable hérité de l'espagnol) pour évoquer ces assemblées en français. Ces espaces délibératifs, présidés par des volontaires désignés à parité homme/femme de deux langues distinctes – pour être plus inclusif –, permettent aux participants d'échanger des expériences, de discuter des positions à défendre lors de négociations, de former une voix commune et de désigner les porte-parole chargés de délivrer les déclarations. En 2016, il existait neuf *caucus*, un pour chacune des sept régions socioculturelles autochtones, complétés des *caucus* « femmes » et « jeunes ». Le *caucus* global, réunion de tous les *caucus* régionaux et thématiques, est très important pour ce qui a trait aux relations avec l'Assemblée générale des Nations unies.

Jusqu'à la mise en place du Groupe de travail sur les populations autochtones (GTPA), en 1982, aucun organe ne pouvait se saisir directement de ces questions. Or, le fait de disposer d'un lieu de rencontres et d'échanges, où circule la parole entre témoignage et expertise, dans une perspective politique, transformationnelle, produit des effets. Jens Dahl (2009 : 34-46) rappelle comment, sous l'influence d'un petit groupe de militants et d'avocats américains, la conférence de 1977 a conduit à la rédaction d'une liste de principes. Un avant-projet de déclaration, dénommé « Pacte international sur les droits des peuples autochtones », fut ensuite élaboré par le Conseil mondial des peuples autochtones (WCIP) et discuté à son assemblée générale à Canberra en 1981 : amendé, il donnera lieu à une Déclaration de principes en dix-sept points. Née sous la plume de militants et de juristes nord-américains portés par un mouvement naissant qui regroupait à cette époque des organisations américaines (nord et sud), des Aborigènes d'Australie, des Sámi (Scandinavie) et des Inuit (Arctique), cette déclaration sera présentée au GTPA en 1985. C'est le tout premier brouillon de ce qui deviendra la DDPA.

Le Groupe de travail sur les populations autochtones (GTPA)

La montée en visibilité des problématiques autochtones s'est appuyée sur un double processus: une dynamique de participation et d'alliance avec la société civile d'une part et avec les secteurs onusiens d'autre part, donnant lieu à un processus d'institutionnalisation unique. Celui-ci a débuté avec la création du Groupe de travail sur les populations autochtones (GTPA, 1982-2006), qui servit de tribune aux autochtones du monde où, en exprimant des doléances relatives aux violations des droits de l'homme, ils expérimentèrent les formes du dialogue onusien et contribuèrent à l'élaboration du projet de Déclaration. Sous la bannière de la Sous-Commission de la lutte contre les mesures discriminatoires et de la protection des minorités, renommée en 1999 Sous-Commission pour la promotion et la protection des droits de l'homme, le GTPA se composait de cinq experts membres de la Sous-Commission, indépendants dans leurs fonctions mais nommés par les groupes de pays déjà établis au sein des Nations unies (Afrique, Asie, Amérique latine, Europe orientale, Europe occidentale et autres États). Se réunissant une fois par an, à Genève, les experts délibéraient devant les représentants des États et, après avoir écouté les représentants autochtones qui participaient à titre d'observateurs, ils transmettaient leurs rapports à la Sous-Commission. Leur mandat était double.

Le premier consistait en l'examen des faits nouveaux qui, aux niveaux national, régional et mondial, étaient liés aux droits de l'homme et aux libertés fondamentales des peuples autochtones. Ce travail d'instruction, lié à cet organe en particulier, visait à réfléchir aux moyens de faire progresser les droits de l'homme concernant spécifiquement ces populations. De ce mandat apparut l'importance d'entendre directement les autochtones évoquer les violations dont leurs communautés ou leurs personnes ont été ou sont encore l'objet dans les domaines du foncier, de la culture, du développement, de l'éducation ou de la santé. Les membres experts firent état de la nécessité d'entendre les « victimes » et l'une des présidentes du GTPA, Erica-Irene Daes, s'impliqua fortement pour faire évoluer les règles onusiennes de participation afin de faciliter l'entrée des autochtones qui ne bénéficiaient pas des services d'une ONG préalablement accréditée par le Comité des ONG. Cette accréditation, très difficile à obtenir à l'époque, requérait la preuve d'activités internationales que toutes les organisations autochtones ne pouvaient fournir, alors même que leur situation dans leur pays méritait d'être dévoilée : elle supposait aussi que le pays ne bloque pas la demande. C'est ainsi que se mit en place un régime spécial d'accréditation qui ouvrit largement la porte des Nations unies. Comme l'écrit cette diplomate :

> Pour la première fois ces peuples avaient accès à leur propre forum onusien, qui devint un forum mondial pour les mouvements autochtones. C'était un lieu de rencontre pour tous et de coordination des efforts, à l'échelle du monde, des cinq membres du GTPA, des représentants des peuples autochtones, des observateurs des gouvernements, des représentants des Organisations non gouvernementales (ONG), des universitaires et des représentants de l'Office du Haut-Commissaire aux droits de l'homme et de son secrétariat. (Daes, 2013 : 51-52)

Le second mandat du GTPA était de formuler de nouvelles normes internationales concernant les droits de ces peuples ; d'où surgit le projet de déclaration qui fut adopté par la Sous-Commission en 1995. Véritable tribune des doléances, mais non mandaté pour recevoir et enquêter sur des plaintes, le GTPA devint le lieu par excellence que les autochtones prirent l'habitude de fréquenter : ils s'y sentaient écoutés, et parfois entendus. Il constitua un laboratoire d'expérimentation unique dans le sens où il permit aux autochtones de se familiariser avec la prise de parole internationale et de réaliser que, d'une partie du globe à l'autre, les mêmes causes engendraient les mêmes problèmes. L'ONU a souligné cet effet productif dans l'une des fiches d'information en ligne[21] qu'elle fournit sur la question : « Ainsi réunis à l'échelle internationale, les peuples autochtones ont reconnu leur destin partagé et leur cause commune. »

Le GTPA constitua la matrice des développements autochtones que l'on observe au sein des Nations unies, tant pour ce qui concerne le recueil des données nécessaires à l'instruction d'un problème que pour la définition des activités de sensibilisation visant à inciter les États à mettre en œuvre des réformes significatives. Il est sans doute important de savoir que Erica-Irene Daes, en sa qualité de présidente-rapporteure, avait été invitée à représenter le GTPA à l'Assemblée générale du Conseil mondial des peuples autochtones (WCIP) qui se tenait à Panama en septembre 1984. Elle y rencontra des centaines de délégués qui exigeaient que les Nations unies reconnaissent formellement et protègent leurs droits fondamentaux. Dans le livre consacré à la genèse de la DDPA, elle relate la contribution du GTPA : « Après de longues et pénibles consultations, auxquelles j'ai participé activement, les dix-sept principes suivants furent adoptés, parmi

21. Voir la fiche d'information n° 1, 01-35430 (F) « Tour d'horizon sur les peuples autochtones et le système des Nations unies », http://www.ohchr.org/Documents/Publications/GuideIPleaflet1fr.pdf, page 5.

d'autres, pour constituer la base d'une déclaration» (*op. cit*: 52). De cette déclaration de principes, adoptée alors par le GTPA, dériva la réflexion qui conduisit à la rédaction du projet de déclaration.

Après que celui-ci eut été adopté et transmis à la Sous-Commission en 1994, le GTPA se dédia pleinement à son mandat d'examen des violations des droits humains et de réflexion normative, en produisant une série d'études et de rapports sur des thèmes centraux pour les peuples autochtones mais jusqu'alors considérés par la communauté internationale comme ne la concernant pas. Exemples: l'étude que réalisa Erica-Irene Daes sur la notion de «souveraineté permanente des peuples autochtones sur les territoires et ressources naturelles» (rapport final remis en 2004); l'étude de Miguel Alfonso Martínez, expert pour l'Amérique latine, d'origine cubaine, qui lui succéda comme président-rapporteur du GTPA, sur «les traités, accords et autres arrangements constructifs» (1999-étude, 2004-rapport final); l'étude de Yozo Yokota, expert pour l'Asie, sur «la possible élaboration de lignes directrices relatives aux sociétés transnationales dont les activités affectent les peuples autochtones», présentée en 2003, qui marque le début des réflexions sur l'impact des sociétés transnationales, en particulier agro-industrielles, forestières et minières, et enfin celle de E.H. Guissé, expert pour l'Afrique, sur «la mondialisation et les droits sociaux, économiques et culturels des populations autochtones», présentée la même année.

Le Groupe de travail sur le projet de déclaration (GTPD)

Le GTPA fut doublé, de 1995 à 2006, d'un autre groupe de travail destiné à négocier le langage de la DDPA et dénommé Groupe de travail sur le projet de déclaration (GTPD). Placé sous la houlette de la Commission des droits de l'homme, un organe subsidiaire dans le système onusien, le GTPD suivit un format quelque peu différent du précédent en étant considéré comme un «Groupe de travail intersessions, à composition non limitée»: il avait l'unique mandat de négocier le projet de la DDPA. Composé de représentants des États membres, il se réunit une fois par an, en présence des ONG et des organisations autochtones dotées d'un statut consultatif auprès du Conseil économique et social. D'autres organisations autochtones, non dotées du statut consultatif – très difficile à obtenir – pouvaient participer aux négociations sous réserve d'un enregistrement préalable. Mais alors que près d'un millier de délégués autochtones participaient aux travaux du GTPA, leur nombre se réduisit aux environs de trois cents pour les négociations, des compétences en droit étant fortement requises pour l'exercice.

Outre l'exemple unique de la participation très active, et compétente, des bénéficiaires d'un instrument à la négociation de celui-ci (Crawhall, 2013), le GTPD eut aussi un effet structurant dans le mouvement autochtone international. Il permit de positionner l'ensemble autochtone par rapport à l'ensemble des États, à travers la figure du *caucus* global autochtone, qui, déjà mis en place pour le GTPA, était très important dans le cadre du GTPD pour fabriquer le consensus nécessaire à la préparation d'un texte dont l'adoption se déciderait par vote à l'Assemblée générale. C'est par ce mécanisme que put se former une voix collective autochtone qui n'avait rien d'évident si l'on songe à l'extrême diversité culturelle, linguistique, éducative ou cognitive des délégués autochtones.

> Malgré la variété des déclarations de délégués s'exprimant avec plus ou moins de facilité dans les langues officielles, une voix collective se dégage, telle une musique dominée par la rhétorique des droits de l'homme et ponctuée d'analyses très techniques. Cela distingue le site dédié aux questions autochtones de tous les sites institutionnels que nous avons pu observer. (Bellier, 2012 : 75)

> Les représentants ont organisé cet espace de parole en se posant en acteur doué d'autonomie réflexive pour construire les moyens de la reconnaissance comme « peuple » en droit international. (*Op. cit.* : 78)

Étant donné l'existence des histoires coloniales, l'actualité des cultures politiques héritées de cette expérience ainsi que le rôle déterminant du langage juridique dans la négociation de la DDPA, le groupe autochtone dut s'organiser en groupes régionaux pour travailler sans interprétation dans les langues dominant leurs régions respectives, ce qui aboutit à la structuration des blocs régionaux que nous détaillons un peu plus loin.

L'adoption internationale

Accompagnant l'entrée progressive mais certaine des autochtones aux Nations unies, un dispositif plus que symbolique d'« adoption internationale » (Bellier, 2012) se mit aussi en place. Dans le courant des années 1990, l'Assemblée générale décréta un Jour des peuples autochtones, qui sera célébré chaque année le 9 août. Puis elle adopta une Année des populations autochtones, en 1993, et enfin deux décennies consacrées, la première au Partenariat avec les peuples autochtones (de 1995 à 2005), et la seconde au Partenariat dans l'action et la dignité (de 2005 à 2015). Ces proclamations traduisent un nouvel esprit. La familiarité des délégués autochtones entre eux comme avec les fonctionnaires internationaux et les représentants des États, ainsi que le style des relations de travail tranchent avec ce que l'on observe dans d'autres organisations internationales et viennent casser le face-à-face plus ou moins hostile des premiers temps. Conséquence de ce rapprochement, quelques décennies après le début du processus on observe une circulation de certaines figures de *leadership* autochtones vers les institutions de pouvoir, plus accentuée dans certaines régions du monde que d'autres, par exemple Amériques du Nord et du Sud, Océanie, Scandinavie, mais aussi perceptible en Asie et en Afrique.

Trois autres institutions prirent corps au début des années 2000. L'Instance permanente des Nations unies sur les questions autochtones (Ipqa) et le rapporteur spécial des Nations unies sur les droits et libertés fondamentales des peuples autochtones[22] (RSPA) furent mis en place en 2001. Le Mécanisme d'experts sur

22. Renommé, en 2010, rapporteur spécial des Nations unies sur les droits des peuples autochtones.

les droits des peuples autochtones (Medpa) viendra, à partir de 2008, positionner les problématiques de violation des droits des peuples autochtones dans le mandat du Conseil des droits de l'homme (CDH), en regard du dispositif nouveau de l'Examen périodique universel (EPU).

La nécessité se faisait sentir car, après l'adoption de la DDPA, le GTPA comme le GTPD furent dissous, considérés comme ayant achevé leurs mandats respectifs, et il ne restait aucun espace institutionnel pour poursuivre l'examen des situations de droits humains des autochtones (individus et collectifs). Or, dans le contexte issu de la réforme de tout le secteur des droits de l'homme, qui vit disparaître la Commission des droits de l'homme, les États sont invités régulièrement à établir des rapports sur leur respect des droits humains et les suites données aux précédentes recommandations qui leur ont été faites en la matière. Étant donné la marginalisation des collectifs autochtones dans la machine politique et administrative des États, il y avait là un risque majeur de ne plus avoir aucun moyen d'évoquer ces problématiques. Sachant que les représentants autochtones ne sont pas entendus directement au CDH, leur souhait était que, si leurs problématiques ne figuraient pas explicitement dans les rapports que les États produisent pour le dispositif de l'EPU, les experts du CDH en soient cependant informés afin de pouvoir interroger les représentants gouvernementaux sur les points les plus préoccupants de manière à dégager des solutions de remédiation. Il semblait nécessaire d'élever la conscience des États quant à l'existence du droit international des droits des peuples autochtones, ainsi que la connaissance des experts (nommés par les États) qui siègent au CDH. C'est à cela que contribuent les travaux du Medpa, les organisations autochtones se préoccupant, elles, de critiquer le plus diplomatiquement possible les rapports officiels par le biais de contre-rapports, et de questionner l'État par l'intermédiaire des grandes organisations de droits humains qui, étant acceptées au CDH, peuvent s'y exprimer.

Si les premières institutions (GTPA, GTPD) marquèrent l'adoption des peuples autochtones par la communauté internationale, les suivantes (Ipqa, RSPA, Medpa) représentent une étape significative de la pérennisation de leur présence aux Nations unies. Chacune de ces institutions a été l'objet d'une appropriation symbolique par les autochtones, mais les trois dernières représentent un véritable gain en termes de visibilité dans la hiérarchie des institutions onusiennes. Ces organes, intégralement reconnus dans leurs compétences respectives, sont en effet placés près du Conseil économique et social et près du Conseil des droits de l'homme, bien plus haut dans la structure onusienne que ne l'étaient les groupes de travail issus respectivement d'une Sous-Commission et d'une Commission.

Cet ancrage institutionnel se traduit par un autre changement, plus important encore, signalé par le fait que ce sont des représentants autochtones qui siègent à la tribune à titre d'experts et pas des non-autochtones qui parlent à propos des questions autochtones, comme c'était le cas pour le GTPA ou le GTPD. Aujourd'hui donc, les experts traitant des questions autochtones à l'Ipqa et au Medpa ne sont pas seulement des représentants des États, éventuellement sensibilisés aux droits de l'homme, mais des autochtones eux-mêmes. Par ce mécanisme de représentation instituée, est entériné le fait que les autochtones disposent d'une voie d'expression au sein de la communauté internationale, une prouesse si l'on considère tous les enjeux de différenciation sociale et linguistique qu'il a fallu surmonter depuis les années 1970 pour que le mouvement international des peuples autochtones façonne une voix collective à partir de la multiplicité culturelle d'une part, et de la subalternité des positions d'autre part. L'accomplissement de ce type d'expertise a des effets en retour, en requalifiant les titulaires du poste et en les dotant d'une «valeur» qui leur permet de circuler dans les sphères politico-juridiques, internationales et nationales, et de participer possiblement à la prise de décisions concernant les questions autochtones.

L'Instance permanente sur les questions autochtones (Ipqa)

L'Instance permanente sur les questions autochtones (Ipqa), est aussi dénommée familièrement «Forum permanent» par une expression dérivée des usages anglais et espagnol (*UN Permanent Forum/Foro permanente*). Certaines organisations souhaiteraient la renommer Instance permanente pour les peuples autochtones. Organe paritaire, elle se compose de seize membres experts: huit d'entre eux sont proposés par les gouvernements puis élus par le Conseil économique et social; huit autres sont nommés par le président de l'Ecosoc après la tenue de consultations formelles avec le bureau de l'Instance et les coordonnateurs des groupes régionaux autochtones (*caucus*) qui doivent avoir préalablement consulté les organisations autochtones[23].

Côté gouvernemental, les propositions émanent des cinq régions reconnues dans le secteur des droits de l'homme des Nations unies, à savoir «Afrique», «Amérique latine et Caraïbes», «Asie-Pacifique», «États occidentaux et autres», «États d'Europe de l'Est», avec une répartition variable selon les années. L'élection dépend du soutien des blocs qui proposent le nom – et de l'absence d'opposition déclarée – plus que de la connaissance des «questions autochtones», mais une sorte de proximité doit exister entre le profil et la fonction. À titre d'exemple, les propositions transmises à l'Ecosoc pour le mandat 2017-2019 témoignent de l'existence d'une compétition comme, par exemple, entre un candidat provenant de l'Estonie et une autre provenant de la Fédération de Russie, ou entre un candidat scandinave et un autre des États-Unis[24]: les talents diplomatiques sont mis de l'avant, ce qui n'empêche pas les organisations autochtones d'être critiques en aparté. On peut aussi noter une autre configuration, comme celle existant en mars 2016, lorsque la liste des propositions témoignait d'une sorte d'indifférence d'une région complète du monde: l'Asie-Pacifique ne proposait personne pour deux postes disponibles. Au final, une personne originaire d'Iran succéda à une autre de même origine, pour représenter cette région comme lors

23. Sur le processus de nomination des membres experts, leur renouvellement et leurs biographies, consulter le site de l'Ipqa, https://www.un.org/development/desa/indigenouspeoples/about-us/members.html [consulté le 24 mars 2016].

24. Notes de terrain, I. Bellier, mai 2016.

du précédent mandat: membres des services diplomatiques de ce pays, ces personnes témoignent de l'intérêt pour les droits de l'homme. Mais l'Iran n'est pas le plus concerné par des revendications autochtones, contrairement aux pays d'Asie du Sud-Est, et du Sud. On observe aussi que des candidats sont proposés par leurs gouvernements une fois connus pour leurs engagements auprès d'organisations autochtones. Tel est le cas pour l'Amérique latine, ce qui témoigne des changements politiques dans cette région et de la force d'attraction d'un organe comme l'Instance permanente, qui s'érige au-dessus de l'antagonisme primaire opposant les États aux peuples autochtones, comme cela se voyait nettement dans le groupe de travail sur le projet de déclaration (Bellier, 2006a).

Du côté des organisations autochtones, les propositions procèdent des sept groupes régionaux, avec une clé de répartition prévoyant un représentant par région – «Afrique»; «Arctique»; «Asie»; «Amérique du Nord»; «Amérique du Sud et des Caraïbes»; «Europe de l'Est, Fédération de Russie, Asie centrale et Transcaucasie»; «Pacifique». Le huitième poste est occupé par une double représentation des régions de l'Afrique, de l'Amérique du Sud ou de l'Asie, selon une rotation triennale: cela, en raison du nombre de leurs populations autochtones. En 2016, aux élections liées au mandat 2017-2019, à l'exception de l'Arctique qui ne proposait qu'une seule candidate, en l'occurrence sámi, toutes les régions proposèrent de cinq à huit noms de candidats provenant de différents peuples autochtones, de différents pays et parfois de différentes langues dominantes. Cela ne doit pas être considéré comme un problème, puisque les experts ne sont pas au service de leur peuple ou d'une langue et que des services d'interprétation sont fournis par les Nations unies pour la plupart des réunions. Les membres siègent en raison de leurs qualités personnelles, non comme représentants de groupes de pays ni *a fortiori* de leur pays, et ils peuvent exercer deux mandats. Les membres de la mandature 2014-2016[25] témoignaient d'une parité remarquable, avec huit femmes et sept hommes: à partir de janvier 2017, ce seront neuf hommes et six femmes; un poste du côté étatique n'est pas rempli, la parité est assurée du côté autochtone.

L'Ipqa se réunit une fois par an en session plénière durant dix jours, à New York, en présence des représentants des gouvernements dont le nombre s'accroît chaque année – une preuve de l'intérêt de cet organe – et en présence de plusieurs centaines de délégués autochtones de toutes les régions du monde. La participation est possible sur la base d'une accréditation préalable pour toutes les personnes (autochtones, universitaires, ONG) ne disposant pas d'une accréditation générale au titre d'une ONG, d'un État ou d'autres organes préalablement agréés. Si la liste des États, agences et organisations participantes, autochtones ou pas, n'est malheureusement plus disponible depuis quelques années, l'observation des sessions annuelles depuis quinze ans nous permet de préciser que le millier de participants se compose à la fois des anciens qui accompagnent le processus depuis le début, mais aussi de jeunes qui, depuis 2005 environ, sont de plus en plus présents,

25. Pour cette mandature et celle qui commence en janvier 2017, l'Instance se compose de 15 membres seulement: 8 «autochtones» et 7 «gouvernementaux».

et d'un nombre très significatif de femmes fort déterminées, qui occupent des positions de leaders. Selon les années et la région du monde qui fait l'objet d'un examen plus soutenu, on note une plus grande participation des organisations et délégués de la région en question, y compris du côté des États.

L'Instance détermine son ordre du jour. Elle prévoit d'examiner une année sur deux la mise en œuvre de la DDPA en général, et travaille l'autre année sur un thème principal. Elle engage tour à tour un débat plus approfondi sur l'une des sept régions socioculturelles autochtones ; elle met l'accent sur des préoccupations globales tels, par exemple, l'Agenda post-2015 ou des thèmes aussi sensibles que le suicide et les pratique d'automutilation de la jeunesse ; elle présente des études en rapport avec le thème retenu. En 2016, le thème principal était « Peuples autochtones : les conflits, la paix et la résolution » ; 2017 sera une année de commémoration des dix ans de la DDPA. Sur les différents points, l'Instance permanente invite les représentants des États et ceux des agences onusiennes à présenter leurs rapports, tous étant explicitement conviés par la DDPA à mettre en œuvre ses dispositifs. Elle donne la parole aux représentants autochtones pour qu'ils transmettent leurs opinions, formulent leurs critiques, énoncent des recommandations. Tous les documents soumis par le secrétariat de l'Instance, qui est géré par la Division des Affaires économiques et sociales des Nations unies, sont mis en ligne dans les six langues officielles de travail ; ceux soumis par les organisations intergouvernementales, le système onusien ou par les gouvernements sont mis en ligne majoritairement en anglais, et parfois dans la langue du pays si elle fait partie des six langues de travail. En revanche, les déclarations faites par les organisations autochtones sur les thèmes à l'agenda ne sont disponibles que dans leurs langues et sur le site du Centre de documentation et d'information des peuples autochtones (Docip), une organisation qui assure le secrétariat technique pour les individus et organisations autochtones depuis 1978.

Les observateurs ont la faculté de prendre la parole, en plénière, après que les points à l'ordre du jour ont été introduits par les rapporteurs membres experts de l'Instance, et après inscription préalable sur une liste ouverte la veille ou le jour même. Les membres experts interviennent quand ils le souhaitent lorsque la parole leur est donnée par la présidence de séance. Une fois appelés en bonne et due forme, les individus autochtones jouissent d'un temps de parole de 2 à 3 minutes, tandis que les porte-parole d'organisations qui se regroupent pour faire des déclarations communes bénéficient d'un temps supérieur, allant jusqu'à 5 minutes. Les délégations des États sont en principe tenues de respecter la limitation de temps fixée par la présidence, mais elles jouissent *de facto* d'une tolérance supérieure. La gestion du temps, imposée par le nombre des participants et la densité des points abordés, est l'une des contraintes majeures de l'exercice et une grande source de frustration pour les individus qui ont accompli un long et fort coûteux voyage : ils doivent exposer en quelques secondes les grandes lignes des situations sur lesquelles ils veulent attirer l'attention de l'Instance. De surcroît, l'exposé ne donne pas lieu à un débat direct, à leur grand dam. Cependant le fait de se prononcer devant l'Instance est un symbole fort de l'agir politique autochtone, mobilisable devant les autorités nationales et communautaires, d'autant plus qu'une trace est conservée dans les archives de l'Instance et qu'une mention, même elliptique, peut se retrouver dans le rapport final qui est appelé à circuler largement.

Depuis la création de l'Instance permanente sur les questions autochtones en 2001[26], et par comparaison avec les groupes de travail, on observe une montée en généralité des questions autochtones (dans une approche dite de *mainstreaming*[27]). On peut y voir un effet de l'adoption des populations autochtones par la Communauté internationale, mentionnée précédemment, ou la traduction programmatique des mots d'accueil que prononça Kofi Annan, le secrétaire général des Nations unies, en 2002 lors de la première session. En déclarant ce jour « historique », il dit à tous les représentants autochtones rassemblés pour cette occasion : « *You have a home at the United Nations.* » Il indiqua aussi pour l'ensemble de l'assistance, que

> ces peuples ont des espoirs, des droits et des aspirations qui doivent être étudiés par l'Organisation, de même qu'ils ont des savoirs et des compétences qui pourraient aider la communauté internationale dans ses objectifs tant désirés de paix et de développement[28].

L'Instance a trois types d'objectifs : 1) Fournir des conseils spécialisés et des recommandations sur les questions autochtones au Conseil économique et social ainsi qu'aux programmes, fonds et institutions des Nations unies ; 2) Sensibiliser et encourager l'intégration et la coordination des activités relatives aux questions autochtones au sein du système des Nations unies ; 3) Élaborer et diffuser des informations sur les questions autochtones. Si elle reçut pour mandat de discuter des questions liées au développement économique et social, à la culture, à l'environnement, à l'éducation, à la santé et aux droits humains, on s'aperçoit qu'elle débat de toutes sortes de questions comme l'indiquent les thèmes retenus pour ses sessions annuelles : en 2003, « Jeunesse et enfance autochtones » ; en 2004, « Femmes autochtones » ; en 2005, « Les objectifs de développement du Millénaire et en particulier l'objectif 1 d'éradiquer la pauvreté et la faim extrême, l'objectif 2 de l'éducation primaire universelle » ; en 2006, « La redéfinition des objectifs de développement du Millénaire » ; en 2007, « Terres, territoires et ressources naturelles » ; en 2008, « Changement climatique, biodiversité et modes de vie : le rôle de gardien et les défis pour les peuples autochtones » ; en 2010, « Le développement avec culture et identité et les articles 3 et 32 de la DDPA » ; en 2012, « La doctrine de la découverte, son impact durable sur les peuples autochtones et le droit de redresser les héritages des conquêtes passées (articles 28 et 37 de la DDPA) » ; en 2014, « Les principes de bonne gouvernance en rapport avec

26. Le 28 juillet 2000, l'Ecosoc adopte une résolution établissant l'Instance permanente sur les questions autochtones (UNPFII). En juillet 2000, le Conseil approuve officiellement la résolution.

27. Le concept de *mainstreaming* a été forgé dans le contexte européen de la conception de politiques d'égalité des chances destinées aux femmes dans les années 1990. Aux Nations unies, il s'apparente à un processus d'intégration, vocable qui sert à le traduire en français, des questions autochtones dans toutes les politiques publiques et programmes onusiens (Bellier, 2013a : 193).

28. Propos rapportés sur le site : https://www.un.org/development/desa/indigenouspeoples/unpfii-sessions-2/unpfii-first-session.html.

la DDPA : articles 3 à 6 et 46 » ; en 2016, « Conflit, paix et résolution ». En 2009, 2011, 2013 et 2015, les sessions de l'Instance ont été dévolues à la revue de la mise en œuvre ou des obstacles à la mise en œuvre de la DDPA.

C'est ainsi que les problématiques autochtones sortent du secteur des droits de l'homme qui, jusqu'à la création de l'Instance permanente, les couvrait au plan institutionnel et juridique. Elles rejoignent les débats planétaires, comme ceux sur le développement, sur la place des femmes ou sur le changement climatique. Discutées dans un lieu où siègent, à titre d'observateurs pouvant prendre la parole sur inscription préalable, de nombreuses entités distinctes, elles sont progressivement intégrées dans les agences de la famille de l'ONU et dans l'agenda international.

La mutation ne fut pas simple, et elle n'est pas achevée. En se déplaçant au sein de l'ONU, de Genève à New York, d'une ville marquée par sa tradition d'accueil des réfugiés à une ville emblématique du capitalisme mondialisé, la mouvance autochtone a eu du mal à trouver ses appuis et à adapter ses contributions à la réflexion des experts. Mais l'Instance a acquis une ligne de conduite et une renommée. Parmi ses mandats figure la formulation de recommandations, entre autres adressées aux agences des Nations unies et transmises au Conseil économique et social qui doit en principe les transmettre aux gouvernements, car elle ne peut les adresser directement à aucun des États concernés. Quinze ans après sa fondation, on note que des centaines de recommandations ont été émises, dont le suivi requiert un important travail de synthèse, en particulier pour celles ayant une portée à moyen ou long terme, ou un impact systémique. L'examen de leur mise en œuvre, quant à lui, fait partie des objectifs des périodes consacrés à la revue de la DDPA.

Le Mécanisme d'experts sur les droits des peuples autochtones (Medpa)

À la suite de la dissolution du Groupe de travail sur les populations autochtones en 2006, il manquait dans l'édifice onusien une manière d'articuler les questions autochtones au système des droits de l'homme résultant de la réforme du secteur et de la disparition de la Commission des droits de l'homme. Après de sérieuses inquiétudes, énoncées par les organisations autochtones qui avaient perdu leur principale tribune mais guère par les représentants des gouvernements qui craignaient le coût d'un nouveau mécanisme, le Medpa fut créé comme organe subsidiaire par le Conseil des droits de l'homme (CDH), en 2007[29]. Composé de cinq membres, le Medpa a été établi pour doter le CDH d'une compétence thématique en matière de droits des peuples autochtones « selon la manière et dans la forme voulues par le Conseil ». Cette compétence, essentiellement axée sur le conseil, se fonde sur des études et des travaux de recherche réalisés par les membres experts du Medpa. Ceux-ci déterminent les études à réaliser en cherchant à obtenir l'aval des participants aux sessions annuelles, puis ils présentent leurs rapports en plénière pour discussion et amendement avant de transmettre une version finale au CDH pour examen et approbation.

29. Voir la résolution en ligne : http://ap.ohchr.org/Documents/F/HRC/resolutions/A_HRC_RES_6_36.pdf.

Les cinq membres experts sont choisis selon une procédure assez complexe, permettant d'assurer chaque année le renouvellement partiel des membres, lesquels siègent pour un mandat de trois ans renouvelable une fois. Les candidatures peuvent être proposées par les gouvernements, par les groupes régionaux du système des droits de l'homme, par les organisations internationales, par les ONG, par les autres organes de droits de l'homme et par des individus directement. Le CDH qui définit les procédures de sélection et de nomination précise que les candidatures de personnes autochtones doivent bien être prises en compte. Après l'établissement d'une liste courte, les candidats sont interviewés, puis le président du CDH soumet aux États membres et aux observateurs la liste des candidats retenus. En 2016, cinq experts, tous proposés par des organisations autochtones, siègent au Medpa, venant l'un de RDC, l'autre de Santa Lucia, le troisième du Canada, le quatrième des Philippines et le cinquième de la Fédération de Russie. Cette configuration représentative des régions du monde ne comprend aucune femme, contrairement aux précédents mandats qui en comptaient au moins une, le tout premier Medpa ayant commencé l'aventure avec deux femmes, dont une proposée par un État africain.

Le Mécanisme d'experts ne peut adopter de résolutions ni de décisions, mais il fixe ses méthodes de travail. Il se réunit annuellement pour cinq jours ouvrables, en séances publiques et privées. Il invite le rapporteur spécial sur les droits des peuples autochtones (RSPA) ainsi qu'un membre de l'Instance permanente sur les questions autochtones à participer à ses réunions annuelles. Ses sessions sont ouvertes à la participation, en qualité d'observateurs : des États ; des mécanismes, organismes et institutions spécialisés, des fonds et des programmes des Nations unies ; des organisations intergouvernementales ; des organisations et mécanismes régionaux de droits de l'homme ; des institutions nationales des droits de l'homme ; des universitaires et experts en questions autochtones ; des organisations non gouvernementales dotées du statut consultatif auprès du Conseil économique et social ; et enfin des organisations des peuples autochtones et des autres organisations non gouvernementales par le biais d'une procédure d'accréditation renouvelée chaque année. Les sessions réunissent un peu plus de mille personnes chaque année. Les études en cours et finales sont disponibles en ligne, mais les rapports de session ne sont pas disponibles et la plupart des déclarations des participants autochtones ne sont archivées que sur le site de Docip. Depuis 2008, date de sa première réunion, le Medpa a réalisé des études sur : « Le droit de participer à la prise de décisions » ; « Les langues et les cultures » ; « L'accès à la justice » ; « La réduction des risques et des désastres » ; « Le patrimoine culturel » ; « Le droit à la santé ».

La présence du rapporteur spécial (RSPA) aux réunions du Medpa, et l'habitude désormais établie qu'il ou elle reçoive les autochtones pour entendre et discuter plus précisément de leurs situations permettent de guider les organisations autochtones dans leur utilisation des (et recours aux) organes de traités (chargés du suivi des différentes conventions), et de profiler une invitation à réaliser une visite sur place, laquelle, cependant, ne peut émaner que des gouvernements.

Les agences onusiennes

Alors que, à l'exception de la Banque mondiale et de l'Unesco, elles ne se sentaient guère concernées en 2002, on observe qu'en 2015 près d'une vingtaine d'agences, de programmes et d'organismes intergouvernementaux ont déposé un rapport portant sur des questions autochtones, tous disponibles en ligne et brièvement présentés en session lors d'une séance spéciale consacrée au dialogue avec les agences. Certaines agences organisent des réunions parallèles pour informer plus complètement les délégués autochtones des avancées dans leurs secteurs, plusieurs d'entre elles ont mis sur pied des mécanismes pour les associer à leurs travaux. Celles qui sont le plus concernées par le croisement des questions autochtones et de leur mandat propre, tels l'OIT, l'Unesco, le Pnud, la FAO, le Fida, ont mis sur pied un Groupe de soutien inter-agences (IASG, selon son sigle en anglais) destiné à coordonner leurs efforts sur le terrain. IASG vise à mettre en œuvre les recommandations de l'Instance et à assurer des mécanismes de sensibilisation et de coordination aux échelons national et régional.

Sous l'impulsion de l'Instance permanente, les agences onusiennes se sont saisies de nombreuses recommandations dont on observe qu'elles se font plus précises au fil des ans, les participants autochtones améliorant leur connaissance des mécanismes internationaux. En retour, elles font état de certaines évolutions. Ainsi, par exemple, l'Organisation mondiale de la propriété intellectuelle a-t-elle présenté, en 2006, ses « projets d'instruments pour la protection contre l'usurpation et l'abus des savoirs et des expressions culturelles traditionnels », puis annoncé la création d'un fonds spécial pour les « communautés autochtones » et locales, signalé l'amorce d'un processus de consultations et d'études sur les relations entre le droit coutumier et la propriété intellectuelle, et exposé son programme de renforcement des « capacités autochtones ». Depuis lors, elle organise des sessions dites de « groupes d'experts » permettant aux représentants autochtones de présenter leurs observations et expériences au début des sessions du Comité intergouvernemental de la propriété intellectuelle relative aux ressources génétiques, aux savoirs traditionnels et au folklore qui se réunit à Genève depuis 2001. De même, Unifem, le fonds de développement des Nations unies pour les femmes, devenu Onu-femmes, s'efforce depuis que l'Instance a tenu une session sur le sujet (en 2004) d'intégrer les « femmes autochtones » dans ses programmes de lutte contre la discrimination, ce qui la conduit, avec d'autres agences, à examiner les moyens de travailler à la définition d'indicateurs pertinents. L'Unicef, qui inscrit son action dans le cadre de la Convention relative aux droits de l'enfant, se centre sur la participation des enfants autochtones à la prise de décisions comme « élément indispensable de l'exercice de leurs droits ». Elle entend développer des programmes de lutte contre la malnutrition, d'accès à l'eau potable, de promotion d'une égalité d'accès à l'éducation ou encore une approche interculturelle des services de santé pour réduire la mortalité maternelle et, dans cette perspective, elle souhaite définir des activités plus précisément ciblées sur les autochtones. Le même exercice est réalisé par Onusida, le programme commun des Nations unies sur le VIH/Sida, à partir d'un effort pour connaître les spécificités des peuples autochtones, en mettant en évidence les aspects communs de l'expérience vécue partout dans le monde pour « expliquer la façon dont l'épidémie de VIH touche leur existence et leurs communautés » et mettre en lumière des solutions possibles. Se heurtant à l'absence de données de surveillance fiables, Onusida souhaite par exemple améliorer les conditions d'identification du problème, tout en prenant en compte la difficulté de traiter la déclaration de séropositivité.

On ne peut détailler les options de chacune des agences ni préciser les éléments communiqués par toutes celles qui ont produit des rapports lors des différentes sessions de l'Instance permanente depuis 2001, c'est-à-dire aussi OIT, Fida, ONU-Habitat, OMS, Pnud, Fnuap, HCDH, Unesco, Banque mondiale, BID, Cepal, etc.[30]. Leurs rapports témoignent de la reconnaissance par chacune d'elles de critères d'autochtonie qui semblent se fixer pour la communauté internationale. La plupart des agences mettent l'accent sur le lien entre la situation présente des autochtones (qui justifie une intervention de leur part) et la privation des droits dont ils ont été ou sont encore l'objet (ce qui est l'axe de la catégorie politique de peuple autochtone). Si chacune de ces agences développe une vue sectorielle de la question, qui les conduit à valoriser la participation des autochtones dans la conduite de leurs programmes, la résolution globale du problème semble emprunter deux voies. La première a été l'adoption de la DDPA comme instrument symbolique et politique visant à inspirer des changements constitutionnels ou législatifs sérieux, effort complété en septembre 2014 avec l'adoption par la « Réunion plénière de haut niveau connue comme la Conférence mondiale des peuples autochtones » d'une autre déclaration de même « valeur » qui fournit une sorte de feuille de route pour mettre en œuvre la DDPA. La seconde correspond à l'insertion des autochtones dans de nouveaux mécanismes de gouvernance. Ceux-ci se distribuent sur un axe ouvert, allant de l'autodétermination par la concession d'une autonomie locale ou la reconnaissance de gouvernements autochtones, jusqu'à l'association à tous les processus les concernant, en commençant par la mise en œuvre du droit non conventionnel très réclamé, le droit au consentement, libre, préalable et éclairé (CPLE), qui suscite à lui seul de nombreux débats.

D'autres organisations intergouvernementales comme le Commonwealth, la Cepal, l'Union européenne ou le groupe de Rio prennent également position pour coordonner leurs efforts afin d'intégrer, plus ou moins bien, les peuples autochtones dans leurs différents agendas, en se déclarant d'une manière générale disposées à améliorer la situation des autochtones aux plans de leur insertion économique, de la santé, ou de la lutte contre la discrimination « notamment celle des femmes et des enfants autochtones »[31]. De la même façon, alors qu'ils sont

30. OIT – Organisation internationale du travail ; Fida – Fonds international de développement agricole ; ONU-Habitat – Programme des Nations unies œuvrant pour un meilleur avenir urbain ; OMS – Organisation mondiale de la santé ; Pnud – Programme des Nations unies pour le développement ; Fnuap – Fonds des Nations unies pour la population ; HCDH – Haut-Commissariat des Nations unies aux droits de l'homme ; Unesco : organisation des Nations unies pour l'éducation, la science et la culture ; BID – Banque interaméricaine de développement ; Cepal – Commission économique pour l'Amérique latine et les Caraïbes.

31. Cette glose se répète à l'envi, complétée depuis 2012 par la référence aux personnes handicapées.

longtemps restés silencieux ou indifférents, les États commencent à rapporter les efforts entrepris au niveau national pour tenir certains des engagements qu'ils ont pris au niveau international : dans les programmes d'action de la décennie pour les populations autochtones centrée sur « le partenariat dans l'action et la dignité » ; au regard des Objectifs du millénaire pour le développement qui furent décidés en 2000 et aujourd'hui dans le cadre des Objectifs du développement durable, définis en 2015.

La dynamique impulsée par l'Instance a le double effet de contribuer à donner une visibilité aux questions autochtones dans une multitude de domaines, et d'impulser une réflexion fondée sur les droits de l'homme (*a human right based approach*) dans la conduite des agences en question. Les efforts conjugués pour croiser « les questions autochtones » avec les politiques de développement qui jusqu'à présent ne les prenaient guère en considération – qu'il s'agisse des programmes financés par l'APD (aide publique au développement) ou des projets financés par la Banque mondiale ou le Fonds monétaire international (FMI) – stimulent l'élaboration de stratégies nouvelles, dans lesquelles peu de pays sont effectivement engagés. Les changements dans les pays en voie de développement sont en grande partie impulsés par la Banque mondiale (voir à cet égard Germond-Duret, 2011) dont la politique (PO/PB 4.10) a pour objectif de « contribuer à la mission de réduction de la pauvreté et de promotion d'un développement durable [...] en garantissant un processus de développement qui respecte pleinement la dignité, les droits de la personne, les systèmes économiques et les cultures des populations autochtones ». Nous ne citons cet extrait que pour souligner les subtils glissements sémantiques qui remplacent, dans cette citation, le mot « peuples » par celui de « populations » et, dans le manuel des procédures opérationnelles de la Banque, le terme « consentement » par le vocable « consultation ». Ce dernier changement en apparence anodin élimine sans le dire le caractère bloquant dans l'expression « droit au consentement préalable, libre et éclairé (CPLE) ». On note aussi que, dans ce même manuel, l'expression « préalable, libre et éclairé » a été remplacée par « la communication des informations requises ». Apparemment limités, ces glissements permettent à la Banque d'évacuer le débat sur la souveraineté (les organisations autochtones faisant du CPLE un élément du droit à l'autodétermination). En même temps, elle définit les populations cibles qu'elle a dénommées des « groupes socioculturels vulnérables distincts » pour présenter diverses caractéristiques qu'elle énumère : identification comme autochtone, habitat et territoire, institutions distinctes, langue différente. Cette qualification est dorénavant reprise dans différents pays qui ont recours aux financements de la Banque mondiale.

L'exemple montre que, à partir de l'institutionnalisation des questions autochtones, le partenariat entre les organisations internationales, les États et les autochtones conduit à de nouvelles formulations, révélatrices d'approches suggestives, porteuses de nouvelles valeurs, le temps d'un projet. C'est ainsi que prit naissance la notion de « développement avec identité » que les représentants autochtones ont avancée lors d'une réunion avec la Banque mondiale consacrée au croisement de leurs perspectives avec les stratégies de lutte contre la pauvreté. Ce paradigme du développement avec identité fut repris par la Banque interaméricaine de développement, une filiale de la Banque mondiale, ce qui s'est traduit au Chili par un programme de micro-crédit dénommé « Origines » (*Origenes),* destiné à l'équipement des communautés locales, mapuche et autres. Plus ou moins en même temps, une autre notion a été mise au goût du jour, le « vivre bien » (traduction de l'expression andine *sumac kawsay*) que les autochtones entendent défendre à l'encontre du modèle occidental de développement fondé sur une logique du « vivre mieux » qu'ils estiment génératrice d'inégalités. Un peu plus tard apparut la notion de « développement autodéterminé » (Tauli-Corpuz, Enkiwe-Abayo, de Chávez, 2010), qui insiste sur le droit des peuples à définir librement leur développement comme l'indique l'attribut « autodéterminé ». Au-delà des mises en scène rhétoriques du droit que l'on peut percevoir à travers ces exemples, du point de vue des organisations autochtones la problématique centrale est de réussir le passage de la logique discursive qui nourrit la machine internationale et dans laquelle ils s'efforcent d'instiller leurs visions du monde, à une logique d'action qui permette de changer les situations vécues dans les différents pays.

La construction d'un mouvement à partir des Nations unies

Nous conclurons ce point consacré à l'institutionnalisation des questions autochtones en signalant trois conséquences de la participation des délégations autochtones aux forums onusiens concourant à la formation du mouvement international. Les Nations unies, qu'il s'agisse de Genève, de New York ou d'autres villes investies à l'occasion d'un sommet planétaire, sont devenues un lieu de rendez-vous pour les représentants autochtones et constituent autant d'occasions de rencontres, d'échanges, de contacts aux effets structurants.

Les premiers leaders amérindiens qui ont saisi les Nations unies de leurs problématiques sont désormais épaulés par des représentants venus de toute la planète. Quelques dizaines dans les années 1970, ils sont désormais des milliers et l'on observe une forte implication des femmes et des jeunes autochtones depuis quelques années. Le Conseil mondial des peuples autochtones (*World Council of Indigenous Peoples*) basé au Canada, qui disposait du statut d'observateur aux Nations unies et prétendait représenter environ 60 millions d'autochtones, s'est dissous en 1996 pour des raisons internes et a cédé la place à une série d'organisations transnationales, nationales et locales, qui s'articulent dans les formes plus souples des assemblées régionales et thématiques (*caucus*). C'est dans ces formes molles, pilotées par des volontaires, renouvelées chaque année et parfois à chaque réunion internationale au vu des présences et des compétences affichées, que se retrouvent annuellement les autochtones dans tous les rendez-vous à l'agenda de la communauté internationale : rendez-vous annuels des organes onusiens précités, mais aussi ceux inhérents aux processus et aux contrôles des conventions internationales – qu'il s'agisse de la Convention 169 de l'Organisation internationale du travail, de la Convention internationale des droits de l'enfant, de la Convention sur la biodiversité, de la Convention pour l'élimination des discriminations raciales ou de la Convention-cadre sur le changement climatique, pour ne citer que les plus importantes à l'agenda des peuples autochtones. Dans ces configurations, et sous des noms distincts, tel par exemple celui de Forum international des peuples autochtones sur le changement climatique qui fonctionne au sein de la Conférence des parties à la Convention en objet, le groupe majeur (qui est l'instance de participation des autochtones) se plie à l'enjeu de la représentation de tous les intérêts autochtones et s'appuie pour son fonctionnement sur les structurations régionales (Bellier, à paraître).

Des positions de pouvoir sont assumées, enjeu parfois de disputes entre les représentants des régions du monde autochtone, disputes toujours et nécessairement résolues au vu de la raison majeure de présenter aux interlocuteurs nationaux et internationaux des positions collectives : la voix autochtone est une voix collective (Bellier, 2012). On observe donc la construction d'un espace politique au croisement des perspectives internationales et globales (les Nations unies), des perspectives nationales et politiques (les États), des perspectives culturelles et identitaires (les peuples autochtones). Le mouvement international des peuples autochtones ne suit ni la forme d'un parti, ni celle d'une ONG, mais rassemble les autochtones qui le rejoignent et se positionnent en faveur du dialogue avec les représentants des États, avec les fonctionnaires internationaux et experts associés et engagés dans la promotion des droits humains. Si le dialogue international connaît des limites, les autochtones « de base » s'interrogeant souvent sur les effets de ces marathons discursifs que sont les grandes conférences internationales, on constate qu'au fil des ans les représentants autochtones sont passés d'une position très marginale dans le système international à une position mieux reconnue qui a quelques effets sur les jeux politiques nationaux.

Sans idéaliser la participation des délégations autochtones aux affaires qui les concernent, les Nations unies ont indéniablement servi de caisse de résonance à des problématiques qui se sont avérées dépasser largement le cadre de la communauté locale ou nationale, et elles ont facilité la construction de l'interlocuteur autochtone. La Déclaration sur les droits des peuples autochtones est le premier instrument onusien négocié directement par les bénéficiaires de l'instrument : c'est un révélateur d'une transformation majeure dans la représentation même de ce que peuple autochtone veut dire, qui eut et aura des effets au-delà du seul espace onusien.

Comment s'est opéré le passage de « victime » des violations de leurs droits humains à « acteur politique » engagé dans l'approfondissement et l'extension du domaine des droits ? Dans le cadre de cet ouvrage consacré aux droits plutôt qu'aux dynamiques des acteurs, nous évoquerons trois motifs. Le premier est que, en fréquentant l'ONU, les autochtones acquièrent de nouvelles manières de faire qui transforment leurs prises de parole ou leurs modalités organisationnelles. Ils reconnaissent, par exemple, l'importance de la présidence de séance et acceptent que celle-ci fasse respecter une stricte discipline accompagnée de rappels à l'ordre pour modérer leur expression. Ils transmettent aux nouveaux venus les clés du code de conduite onusien : il convient de savoir qu'un État peut à tout moment solliciter la suspension d'une organisation qui enfreindrait les règles en l'attaquant frontalement ou en accréditant des représentants qui ne se comporteraient pas convenablement. Ce « code des bonnes manières onusiennes » contribue à la construction du personnage du représentant qui a appris ce que participer aux travaux de l'ONU veut dire, ce qui se traduit par un apprentissage du langage des droits, du langage diplomatique, du langage onusien, mais aussi par un contrôle du discours, des formes d'adresse, des manières de travailler, et par l'emploi des formules consacrées… Ces modalités que les délégations des États se transmettent au sein de leurs appareils administratifs, les représentants autochtones les apprennent en pratiquant l'ONU, ou par l'intermédiaire des formations réalisées par le Haut-Commissariat aux droits de l'homme (programme des boursiers) ou encore par le Docip. La plupart d'entre eux suivent les conseils des anciens et littéralement leurs traces, comme le rappelle cette expression qui fleurit lors des Sommets de la terre : « Nous, peuples autochtones, marchons vers l'avenir sur les traces de nos ancêtres ». La normalisation des discours – les anciens rappelant combien les paroles étaient virulentes au début – représente sans doute le prix à payer pour faire partie du dialogue international. C'est à ce prix que les représentants autochtones peuvent porter des propositions et inscrire des problématiques à l'agenda international : par exemple pour être considérés comme une partie de la solution aux problèmes du développement durable ou du réchauffement climatique.

Le second motif est que les voix autochtones n'atteignent une efficacité institutionnelle que par le biais des rapports des présidents de groupe. Il leur faut diversifier leurs stratégies pour ne pas disparaître dans le format conventionnel des rapports qui suivent des logiques propres et souvent politiques, ni se noyer dans le flot des paroles internationales. Certes, dans l'esprit de partenariat qui les unit aux « officiels » (esprit de l'adoption internationale et des deux décennies), les autochtones « en salle » ont obtenu un droit de regard sur la rédaction du rapport final de session qui est présenté par le rapporteur (élu en début de session de chaque organe) et adopté devant les observateurs – de la même manière pour le GTPA, le GTPD ou l'Instance permanente. Mais leur participation est limitée aux instances qui les consultent, ou qui les invitent à participer : ils ne pèsent rien dans les débats généraux de l'Assemblée générale ou de l'Ecosoc, qui ont pourtant vocation à se saisir de leurs questions, et ils sont exclus d'un lieu tel que le Conseil de sécurité. La hiérarchie des organes permet de diluer le traitement des problématiques et de contrôler les profils ainsi que la teneur des prises de parole. Rappelons que le GTPA était situé bien bas dans la hiérarchie onusienne, en tant qu'émanation de la Sous-Commission pour la protection et la promotion des droits de l'homme, placée sous la CDH, elle-même sous tutelle de l'Ecosoc. Un millier de représentants pouvaient s'y exprimer, parfois de manière virulente, lors des cinq jours de réunion annuelle. Mais seulement une poignée d'entre eux étaient autorisés à participer aux travaux de la CDH, pour quelques minutes seulement, durant les trois semaines de la session annuelle. Selon une autre réglementation, l'Instance est placée directement sous l'Ecosoc ; des milliers de délégués participent activement à ses travaux, mais seule la présidence (que l'usage choisit autochtone) peut prendre la parole devant l'organe supérieur qui n'accepte que les représentants des États. De même, si près de 300 délégués autochtones participaient chaque année aux travaux du GTPD, seul le président que l'usage choisissait parmi les diplomates était habilité à présenter son rapport devant la Commission des droits de l'homme. Dans ce contexte biaisé, les délégués autochtones ont appris à développer des stratégies d'alliance avec les organisations qui peuvent porter leurs voix, telles les organisations internationales des droits de l'homme. Ils ont aussi appris à mener des plaidoyers, et à faire du *lobbying* auprès des États dits « amis » pour que ceux-ci prennent leur défense à l'Assemblée générale ou bloquent les résolutions qui pourraient les pénaliser (Bellier, 2006a). Dans le cadre des grandes réunions des conventions internationales impliquant la société civile, les autochtones constituent bien l'un des neuf groupes majeurs (*Major Groups*) associés au dialogue, désireux d'être entendus. Mais ils ne participent pas directement aux négociations ; aussi doivent-ils passer par le plaidoyer pour obtenir le soutien des États à leur cause. Le *lobbying* est devenu une activité en soi, qu'il s'agit d'organiser collectivement et sur laquelle il convient de faire rapport en *caucus*. Ces diverses formes de participation permettent de considérer que les autochtones disposent d'un pouvoir symbolique ou moral car ils n'ont aucune prise directe sur les développements onusiens qu'ils s'efforcent d'adapter à leurs situations et à leur agentivité[32].

Enfin, le troisième motif de l'engagement dans le domaine des droits humains, et effet de la participation instituée des autochtones au dialogue avec les représentants des gouvernements, est à mettre en rapport avec l'apparition d'une nouvelle régionalisation des mondes autochtones qui se développe en regard des blocs historiques regroupant les États selon des logiques héritées de processus externes aux problématiques autochtones. En témoignent les noms des regroupements étatiques, à la fois continentaux (Afrique, Amérique latine et Caraïbes, Asie) – les pays se reconnaissant aussi dans les concepts de « pays en voie de développement » et de « Sud » – et idéologiques. Les noms des deux autres groupements – « Europe occidentale et reste du monde » (incluant les pays occidentaux et développés) et « Europe orientale et ancienne Union soviétique » – sont à l'évidence un résidu de la guerre froide. Dans la configuration de la négociation de la DDPA, et indépendamment des transformations géopolitiques liées à la chute du mur de Berlin dont les effets sur les partis politiques se sont fait sentir dans tous les pays du globe, les organisations autochtones se sont organisées en parallèle sur des bases distinctes. Elles ont formé les *caucus* régionaux pour exprimer le fait que « les frontières étatiques divisent les peuples » et pour s'approprier le dispositif des normes universelles de droit en considération des réalités géographiques, politiques, économiques et linguistiques. De manière pratique, le but est aussi de partager les responsabilités de plaidoyer auprès des États concernés. Les sept régions socioculturelles (Afrique ; Amérique du Nord ; Amérique du Sud et Caraïbes ;

32. En avril 2016, une nouvelle étude était menée sur la participation des peuples autochtones à toutes les discussions onusiennes qui pourraient les concerner, commanditée par l'Assemblée générale des Nations unies, pilotée par quatre cofacilitateurs, étatiques et autochtones à parité. Présentée à la 15e session de l'Instance permanente, dans le cadre du dialogue sur la réforme des mandats des institutions dédiées aux autochtones, elle est commentée par une diversité de parties prenantes – États, agences onusiennes, organisations autochtones. Les résultats doivent être annoncés lors de la 71e réunion de l'Agnu.

Arctique ; Asie ; Océanie ; Europe centrale et orientale-Transcaucasie-Asie centrale-Fédération de Russie) servent dorénavant de cadre pour la consultation du mouvement international, pour la désignation des représentants à tel ou tel événement (sélection des experts nominés à l'Instance, identification de porte-parole) et pour la participation aux événements planétaires (distribution des prises de parole et des responsabilités officielles, réponse aux médias, etc.).

Le mouvement global autochtone a gagné en crédibilité et en efficacité en s'appuyant sur ces sous-organisations (*caucus*) qui se développent de manière autonome et cependant commune. L'observation de la participation du groupe majeur « peuples autochtones » durant la Conférence sur le développement durable dite Rio +20, et aux Conférences sur le changement climatique (Copenhague 2009, Paris 2015), ainsi que l'analyse de leur activisme dans l'organisation de la « Réunion plénière de haut niveau de l'Assemblée générale des Nations unies, dite aussi Conférence mondiale des peuples autochtones » qui s'est tenue à New York en septembre 2014, permettent de constater l'importance de ces niveaux régionaux qui sont officialisés *de facto* et l'emprise d'organisations-parapluie (regroupant des organisations nationales autochtones sur plusieurs pays) sur la vie des *caucus*. Nous observons aussi le fait que les *caucus* régionaux sont désormais complétés par des *caucus* sectoriels centrés, eux, sur des catégories sociales associées à la vulnérabilité : les « femmes », les « jeunes » et « les personnes handicapées ».

Les structurations régionales et thématiques semblent nécessaires pour passer des alliances en vue d'un gain politique dans un domaine sectoriel, mais aussi pour mener une action de plaidoyer, tenter de faire pression sur les États ou bénéficier des financements pour la coopération, le développement ou la promotion des droits humains qui s'appuient sur l'existence de cadres conventionnels (notamment Cedaw pour les femmes, Cide pour les enfants). Dans ce contexte, les autochtones organisent leur travail sur un plan singulier, pour porter au plus haut les thèmes pour lesquels ils sont mandatés par leurs communautés, mais ils le réalisent aussi et de manière plus affirmée sur le plan collectif qui leur permet de gagner en crédibilité, en puissance morale et en cohérence interne. C'est ainsi que le *caucus* global est capable de porter la voix de l'ensemble des peuples autochtones dans l'enceinte de l'Assemblée générale et qu'il est associé aux jeux onusiens.

On comprendra que la différence entre le début et la fin du XXe siècle pour ce qui concerne le traitement des questions autochtones – ce que Jean-Claude Fritz, Gérard Fritz, Frédéric Deroche et Raphael Porteilla (2006) ont dénommé la « nouvelle question indigène » – tient à l'établissement d'un nouvel ordre mondial dont les reconfigurations impactent par étapes, mais systématiquement, les peuples autochtones. Cela dépasse les simples considérations géographiques. Sans développer les articulations entre les différentes dimensions de la globalisation (la fin du partage du monde entre blocs occidental et soviétique, le renouveau libéral du capitalisme, la nouvelle conquête industrielle des territoires, le déploiement des nouvelles technologies de communication, l'émergence des politiques sécuritaires, etc.) et les mobilisations sociales, force est de constater que la construction d'un cadre de droits favorable aux peuples autochtones depuis les années 1980 est concomitante de transformations de l'État qui touchent toutes les régions du monde et tous les secteurs de l'action publique. Ce cadre se heurte au développement d'autres domaines du droit autrement puissants, tels le droit du commerce ou le droit de la propriété intellectuelle.

L'ancrage institutionnel que nous avons décrit pour qualifier l'émergence des autochtones comme acteurs politiques aux Nations unies témoigne du changement d'échelle dans l'action politique et du changement de nature des organisations intergouvernementales. L'approche anthropologique des institutions onusiennes, que l'un des auteurs conduit depuis 2002, a permis d'observer les mécanismes d'ajustement institutionnel qui ont construit, au sein de la constellation des Nations unies (Bellier, 2006b), un espace dédié aux questions autochtones. Les travaux à l'intérieur de cet espace stimulent une transversalisation des questions autochtones, au sens où celles-ci ne relèvent plus seulement du secteur des droits de l'homme mais sont dorénavant intégrées aux réflexions en cours dans toute une série de champs allant du développement durable à la lutte contre les effets du changement climatique ou à la biodiversité. La métaphore de la constellation permet d'évoquer le nombre des organes, groupes de travail, secrétariats qui composent l'ONU, mais aussi de réfléchir à l'ordre qui règne entre les différents pôles, entre les agences, les programmes, les fonds, etc., qui composent « la famille des Nations unies », selon les termes onusiens. Elle permet de qualifier le cycle des transformations observées comme ayant un effet boule de neige – les questions autochtones ne se limitant plus au seul domaine des droits humains –, ou un effet d'engrenage, l'enjeu étant d'amener les organes nationaux et internationaux de gouvernance à traiter les questions autochtones par le droit, plutôt que par le mépris.

CHAPITRE 5

Les États face aux questions autochtones

Le droit international des droits de l'homme a vocation à couvrir l'ensemble de l'humanité, étant adopté par les États qui, dès lors qu'ils ont ratifié tel ou tel instrument que nous avons évoqué précédemment, sont tenus de le mettre en œuvre, de rapporter leurs activités en ce sens devant les organes de traités des Nations unies, qui peuvent les inviter à mieux faire lorsqu'ils ont connaissance de non-respect des clauses ou de lacunes interprétatives. Mais chaque État suit une logique qui lui est propre et obéit à ce que l'on peut globalement définir comme une culture politico-légale spécifique. Il n'est jamais tenu de suivre aveuglément une norme internationale, aussi impérative soit-elle. Tout est matière à interprétation, laquelle se réalise dans le cadre de l'action publique, gouvernementale, avant de mobiliser les tribunaux. Dès lors comment comprendre la réception du droit dans les États ?

Les systèmes régionaux de droit que nous avons présentés au troisième chapitre ont pour objet de contribuer à régler les litiges dont sont saisies les Cours par les organisations représentatives des peuples autochtones, et leurs décisions sont suivies au sein des tribunaux nationaux. Mais le droit, une fois posé, ne résout pas l'intégralité des situations litigieuses. Il a valeur de référence et les évolutions que l'on peut présenter dans le champ des droits des peuples autochtones, pour avoir un certain effet performatif (Bellier, 2014), ne sont d'aucun effet sans la volonté politique des gouvernements en place.

Dans le cadre de ce travail, nous ne prétendons pas nous livrer à une évaluation des performances des États quant au respect du droit des droits de l'homme, tâche infiniment complexe que le CDH assure par le mécanisme dit de l'Examen périodique universel devant lequel chacun des États-membres des Nations unies est invité à faire rapport. Cela mobilise les énergies des organisations autochtones qui, par l'intermédiaire des grandes organisations de droits humains habilitées à s'exprimer devant le CDH, produisent ce que l'on dénomme un contre-rapport, destiné à contrebalancer le rapport officiel et à alerter les instances internationales de problèmes graves, non résolus par l'État, voire occultés.

Pour la recherche comparative que nous avons menée sur dix pays durant cinq ans, nous nous sommes penchés sur les cultures politiques des États, afin de comprendre les différents positionnements vis-à-vis du même objet : les droits des peuples autochtones. Une série de faits se sont alors imposés à nous que nous présentons dans ce chapitre, pays par pays. Au-delà de l'imaginaire politique qui peut animer le gouvernement en place – et l'on constate que les familles politiques de droite sont moins ouvertes au règlement des questions autochtones que celles de gauche –, un certain nombre de facteurs sont apparus déterminants : l'importance de la géolocalisation et des évolutions régionales (continentales ou sous-continentales) par rapport à l'ouverture économique des États et en regard des dynamiques transnationales et transfrontalières autochtones ; les particularités de l'organisation administrative et politique des États qui, dans notre échantillon, varient de la République unitaire et centralisée jusqu'à l'État plurinational, en passant par différentes formes de fédéralisme ; la variabilité des systèmes juridiques et le cadre temporel de leurs évolutions ; la manière dont les questions foncières, présentes dans tous les cas, se déclinent différemment selon les régimes de droit applicables (*common law* ou romano-germanique) ; et enfin l'état des problématiques sociales et sociétales que l'on a rassemblées sous quelques rubriques principales que sont la culture, l'éducation, l'usage d'une langue autochtone et la santé.

Dans cette étude comparative consacrée à la reconnaissance normative des droits des peuples autochtones, la question du politique s'est imposée comme l'une des principales clés de lecture de l'évolution des corpus juridiques et réglementaires concernant le traitement de ces peuples dans chacun des pays ou territoires appréhendés, confortant ainsi l'idée d'une interaction permanente entre le politique et le juridique au sein des sociétés contemporaines (Carbonnier, 1978).

L'introduction fournit des informations générales sur l'organisation des États et sur la situation des peuples autochtones dans chacun des pays considérés par notre étude. Ce premier apport permet de mesurer la diversité des situations locales. Pour affiner le cadre comparatif, nous avons rassemblé des données complémentaires sur les États, en particulier : a) les éléments déterminant la reconnaissance (ou non) d'un certain pluralisme ou d'une diversité culturelle ; b) le paradigme politique des mesures adoptées à l'égard des peuples autochtones ; et c) l'agencement institutionnel pour mettre en œuvre des politiques indigénistes ciblées. En somme, il s'agissait de collecter de plus amples informations sur les modes de gouvernance de l'autochtonie assumés par les États considérés dans notre étude.

Ces éléments se sont avérés utiles pour contextualiser et expliciter les différentes formes de juridicisation des droits des peuples autochtones, celle-ci étant entendue comme la formulation juridique de ces droits. Leur prise en compte dans la lecture analytique de situations normatives particulières proposée dans la troisième partie de cet ouvrage nous permet d'éclairer la manière dont les États appréhendent la question autochtone.

La forme de l'État

Préciser la forme de l'État, en distinguant notamment le caractère unitaire ou fédéral, est un élément congruent pour analyser la réception des droits des peuples autochtones dans une perspective comparative. Cette forme détermine bien souvent l'ordre juridique et les attributs de souveraineté, comme l'établit Pierre Pactet que nous citons en note (1995 : 49 et 54)[1].

Le champ de notre étude couvre les cas de cinq États unitaires (la Bolivie, le Botswana, le Chili, la Namibie et la France – pour la collectivité territoriale ultramarine de la Guyane française et le territoire d'outre-mer de Nouvelle-Calédonie), et de quatre États fédéraux: l'Argentine, qui compte vingt-trois provinces et la ville de Buenos Aires; l'Australie, composée de six États – Australie-Méridionale, Australie-Occidentale, Victoria, Queensland, Nouvelle-Galles du Sud, Tasmanie –, trois territoires – Territoire du Nord, Territoire de la Capitale australienne, Territoire de l'île Norfolk –, le gouvernement fédéral de l'État relevant du Commonwealth; l'Inde, constituée par vingt-huit États fédérés et sept territoires régionaux; le Mexique, formé par trente et un États et le district fédéral.

La considération du caractère unitaire ou fédéral de l'État comme facteur de réception des droits des peuples autochtones s'avère pertinente pour engager une comparaison analytique[2]. Dans le cas des États fédéraux, il est par exemple important de savoir si la question autochtone constitue une compétence exclusive de l'État fédéral ou partagée avec les États fédérés et, dans ce dernier cas, d'analyser si la mise en concurrence des compétences de l'État et des entités fédérées a des effets sur les aménagements locaux de la question autochtone, de manière positive ou négative. Ainsi, en Argentine où les questions autochtones sont partagées entre l'État fédéral et les provinces, la consécration de droits autochtones par la Constitution nationale en 1994 et par les Constitutions provinciales suscite des conflits de compétences qui doivent être réglés par les tribunaux fédéraux.

Parfois, les Constitutions des États fédérés anticipent la consécration des droits autochtones au niveau national. Tel était le cas de l'Argentine, avant la réforme constitutionnelle de 1994, quand plusieurs Constitutions provinciales incorporaient les droits des peuples autochtones alors que la Constitution fédérale se référait au « traitement pacifique avec les Indiens et à leur conversion au catholicisme » (article 67, alinéa 15 de la Constitution de 1853). En Australie, seules les Constitutions des États de Nouvelle-Galles du Sud, de Victoria et de Queensland reconnaissent, bien que partiellement, des droits aux peuples autochtones tandis que la Constitution de l'État fédéral les ignore.

---

1. « L'État unitaire est celui qui, sur son territoire et pour la population qui y vit, ne comporte qu'une seule organisation politique et juridique, un seul appareil d'État-doté, et jouit seul de la plénitude de sa souveraineté-indépendance » (Pactet, 1995 : 49). « Le fédéralisme est particulièrement complexe puisqu'il associe et superpose des collectivités étatiques distinctes, à l'étage inférieur des États membres ou fédérés, à l'étage supérieur l'État fédéral. Il doit réaliser un équilibre harmonieux entre le principe d'harmonie et le principe d'association auxquels il fait également appel » (*idem* : 54).

2. Pour une réflexion sur le fédéralisme et la différence autochtone, lire Leclair, 2016a.

Mais le caractère unitaire de l'État ne doit pas être présumé comme constituant nécessairement un frein à la reconnaissance d'aménagement spécifique voire d'une certaine autonomie autochtone, comme le démontrent deux cas que nous avons étudiés: la Bolivie, à partir de 2009, s'est érigée en État unitaire de droit plurinational et communautaire pour mettre en place des territoires autochtones autonomes; la France a enclenché, en 1998, un processus de décolonisation en Nouvelle-Calédonie.

La forme de l'État s'inscrit dans une perspective historique et évolue au gré des conjonctures politiques, des évènements sociaux, des changements sociétaux. Ses transformations se réalisent généralement dans une certaine continuité, ce qui nourrit l'idée souvent préconçue d'un socle étatique inamovible, en particulier en France. Pourtant, force est de constater que l'État ne cesse de muer, tant dans sa forme que dans son organisation.

C'est ainsi que la DDPA peut être envisagée comme un élément potentiel de transformation des États car, selon le premier rapporteur spécial des Nations unies sur les droits et libertés fondamentales des peuples autochtones,

> [elle] met au défi l'État-nation moderne de repenser les questions fondamentales de philosophie politique comme la re-conceptualisation de l'identité nationale et de la culture nationale, la citoyenneté multiculturelle, l'éthique de l'environnement, les décisions collectives, les droits des communautés et des personnes, la démocratie participative et le développement basé sur les droits de l'homme. (Stavenhagen, 2013: 368)

Ce document n'envisage-t-il pas la possible coexistence de plusieurs peuples au sein d'un seul et même État, d'une part en affirmant un principe d'égalité entre les peuples autochtones et tous les autres peuples (alinéa 2 du préambule), d'autre part en garantissant l'intégrité territoriale et l'unité politique des États souverains et indépendants (article 46)? Cette proposition, peu souvent relevée dans les ouvrages consacrés à l'analyse des droits des peuples autochtones, entre précisément en résonance avec le projet constitutionnel d'un État plurinational qui fait l'objet d'une expérimentation concrète, en Équateur depuis 2008 et en Bolivie depuis 2009. Elle constitue l'une des principales revendications de nombreuses organisations autochtones d'Amérique latine. Ainsi la DDPA invite-t-elle à reconsidérer la forme de l'État-nation, soit un État = une nation = un peuple, sans proposer l'équation alternative un peuple = une nation = un État[3].

Ce sont ces transformations, en cours ou à venir, que notre étude propose de saisir, en rapprochant les effets normatifs de la DDPA des contextes nationaux, déterminés par une série de paradigmes politiques qui témoignent des différentes approches de la question autochtone par les États.

---

3. À propos des travers du nationalisme méthodologique, voir Leclair, 2012a, 2016b.

Le paradigme politique

Nombreux sont les travaux portant sur l'État comme moyen de domination et d'homogénéisation des populations. À l'instar du phénomène de cosmopolitisme, celui de l'autochtonie, grandissant depuis plusieurs décennies, soulève l'épineuse question de la reconnaissance et de la gouvernance de la diversité culturelle au sein des sociétés et des États (Bellier, 2013c). Par sa (ré)émergence dans le débat politique contemporain, elle bouleverse le paradigme de l'État moderne car elle impose une réflexion à la fois historique, rappelant l'existence d'entités humaines organisées *avant* la constitution de l'État, et sociologique, évoquant une composition des États-nations plus complexe qu'elle n'y paraît. Si, partout dans le monde, le multiculturalisme s'avère être « une situation de fait » (Clavero, 2003 : 1), sa reconnaissance varie grandement d'un pays à l'autre, ne serait-ce que parmi ceux retenus dans cette étude.

L'Amérique latine se distingue, depuis le début des années 1990, en proposant ce qui peut être considéré comme un modèle régional de multiculturalisme libéral, exclusivement focalisé sur la question autochtone et afro-descendante (Gros et Dumoulin-Kervran, 2011). Cette spécificité latino-américaine, qui n'implique cependant pas tous les pays de la région, a pour conséquence une prégnance de la politique de reconnaissance de droits collectifs accordés aux populations autochtones, considérées alors comme *peuples*, *nations* ou *nationalités*. Comme cela l'a été souligné précédemment, quatorze États de la région ont ratifié la Convention 169 de l'OIT et bon nombre d'entre eux, dont l'Argentine, la Bolivie et le Mexique, ont réformé leur Constitution pour reconnaître la diversité culturelle, ce qui a donné naissance à un constitutionnalisme « multiculturel » (Van Cott, 2000) ou « à horizon pluriculturel » (Yrigoyen, 2010). Là où le principe du *pluri-multi* est adopté, ont aussi été définies des politiques néo-indigénistes : un nouveau cadre juridique se constitue progressivement, incluant des droits spécifiques pour les populations autochtones et s'appliquant selon différents modes participatifs dans un mouvement (néolibéral) de décentralisation politico-administrative (Gros, 1999).

Depuis 2008, le caractère libéral du multiculturalisme se voit répudié en Équateur et en Bolivie par l'instauration d'un État plurinational censé impliquer une rupture paradigmatique dans le traitement politique et normatif des populations autochtones. En théorie, ce dernier doit délester les peuples autochtones de leur statut de minorités culturelles pour les considérer comme des sujets juridiques et politiques à part entière, au même titre que les citoyens non autochtones (Lacroix, 2011 ; 2013). Dans ce qui relève encore du projet politique, la place accordée aux peuples autochtones qui font bien l'objet d'une reconnaissance se trouve au cœur de la construction de l'État. Dans ce contexte, l'application de la DDPA (comme son irrespect) constitue un enjeu de poids dans la vie politique nationale.

Ailleurs, les questions de multiculturalisme et d'autochtonie ne semblent pas reliées aussi directement par le politique. Parmi les quatre pays latino-américains considérés par cette étude comparative, notons que le Chili dispose d'une Constitution sans horizon pluraliste malgré l'existence, depuis quelques années, de propositions de réforme allant en ce sens. La loi n° 19.253, adoptée après la dictature (1993), et les politiques publiques qui en découlent se fondent sur une reconnaissance (informelle) de peuples autochtones lesquels, étant définis comme les « ethnies descendant des regroupements humains précolombiens », sont destinataires de mesures spécifiques dans les domaines du foncier, de la santé et de l'éducation.

De la même manière mais dans une moindre mesure, la question de l'autochtonie permet d'amorcer une réflexion sur la diversité culturelle en France (en particulier en Guyane et en Nouvelle-Calédonie) et aussi dans certains pays africains où il n'est nullement question de multiculturalisme, ce dernier étant perçu comme un risque politique, une menace d'ethnicisation et d'éclatement du corps social. Malgré le caractère monolithique de ces pays, il existe plusieurs aménagements du modèle universaliste d'État-nation.

En Guyane, l'État français reconnaît de manière détournée et implicite des droits aux Amérindiens et aux Bushinenge, mais ne considère pas qu'il met en œuvre une politique en lien avec le multiculturalisme. Depuis 1987, il accorde la possibilité d'attribuer à ces deux groupes de personnes des zones de droits d'usage placées sous l'autorité de chefs coutumiers et des zones d'habitation qui sont, elles, placées sous la gestion d'associations. Il a aussi autorisé, en 1989, la création d'une commune, Awala-Yalimapo, fusion de deux villages kali'na, ce qui constitue une première (unique à ce jour) expérience amérindienne de gestion municipale autonome. Cet aménagement du foncier est possible en vertu d'un décret, signé en 1987 par Jacques Chirac (alors Premier ministre), destiné aux « communautés d'habitants qui tirent traditionnellement leurs moyens de subsistance de la forêt ». On observe que les peuples amérindiens et bushinenge, qui se heurtent de manière distincte à la domination politique des Guyanais créoles, n'ont pas un usage identique de ce dispositif puisque, comme le notent les auteurs de l'Atlas cartographique des zones de droits d'usage collectif en Guyane française

> [...] il est significatif que sur les 27 zones (ZDUC, concessions et cessions collectives) créées grâce au décret de 1987, seules trois ont été demandées par des communautés marrones (*sic*) plus une au bénéfice conjoint d'Amérindiens et de Marrons. (Davy, Filoche, *et al.*, 2014 : 13)

Dans le cas de la Nouvelle-Calédonie, la France s'est engagée plus encore vers le multiculturalisme, mais sans en accepter non plus les termes, en reconnaissant officiellement l'existence du peuple kanak dans l'Accord de Nouméa en 1998. Celui-ci, étant incorporé à la Constitution (article 73), montre qu'il est juridiquement (et politiquement) possible de déroger au principe constitutionnel d'unicité du peuple français. Disposition unique en son genre, ce que l'on ne peut que considérer comme l'« *exception kanak* » (au vu des différentes décisions du Conseil constitutionnel) s'explique par le caractère transitoire d'une histoire locale mouvementée, engagée dorénavant dans un processus de décolonisation par le transfert des compétences nationales au territoire de Nouvelle-Calédonie, processus qui devrait se conclure par l'organisation d'un référendum d'autodétermination en 2018.

En Afrique australe, l'expérience multiculturaliste de l'Afrique du Sud n'a guère convaincu ses voisins. Tant l'autochtonie que le multiculturalisme constituent des questions épineuses, voire taboues, modelées par la crainte de conflits « interethniques ». C'est ainsi que le Botswana s'efforce d'appliquer une politique de non-reconnaissance de ses minorités, considérant que tous les habitants du pays sont autochtones. Si son voisin, la Namibie, semble plus à même de reconnaître une certaine diversité culturelle et linguistique de la population dans sa législation, celui-ci se montre également réticent face à l'idée d'autochtonie, ce qui a pour conséquence de considérer les peuples concernés par le biais d'autres formules que celles de « peuples autochtones » ; par exemple, celle de « groupes vulnérables ».

Malgré un unitarisme solide, quelques représentants san peuvent être élus au Botswana, dans le cadre de la structure de l'autorité traditionnelle dénommée « maison des chefs » (*Ntlo ya Dikgosi*) et les structures d'autorité traditionnelle san sont officialisées en Namibie. Dans ce pays, l'État propose des programmes de soutien à l'éducation et à la représentation politique pour les populations ciblées comme « vulnérables », en particulier les San. Tel n'est pas le cas au Botswana, où ce sont surtout des organisations non gouvernementales, locales et régionales, qui agissent pour une plus grande participation politique des San et pour la mise en place par l'État de politiques ou de programmes spécifiques, dans les domaines de la santé et de l'éducation.

D'autres pays expérimentent, depuis longtemps, le multiculturalisme sans pour autant reconnaître l'autochtonie. Contrairement à l'Amérique latine, l'adoption du modèle multiculturaliste y repose sur des matrices d'un tout autre ordre. C'est le cas en Inde où la question religieuse prédomine dans le champ politique, et en Australie où la migration transnationale et le cosmopolitisme constituent les ressorts du multiculturalisme officiel.

L'Inde est considérée comme l'un des pays précurseurs du multiculturalisme (Le Coadic, 2005). La Constitution de 1950 y est perçue comme un véritable « document multiculturel » concrétisant en grande partie le projet nehruvien d'unité dans la diversité des appartenances religieuses (Delage, 2006). Il s'agit d'un multiculturalisme « limité » et « encadré », dans lequel la diversité culturelle reste subordonnée au principe d'unité nationale (Jaffrelot, 1996). Toujours est-il que la Constitution indienne reconnaît le pluralisme linguistique (au niveau des États fédérés) et consacre plusieurs articles aux questions des Adivasi, tribus répertoriées par l'État et déclarées comme telles par le président de l'Inde[4].

L'Australie, elle, s'est inspirée du modèle multiculturel canadien depuis les années 1970 et, en 1989, l'État est devenu officiellement multiculturaliste (Le Coadic, 2005) dans le but affirmé de renforcer l'unité nationale. Le socle multiculturaliste australien repose sur trois piliers : l'identité culturelle, la justice sociale et l'efficience économique (Moran, 2011). Dans ce cadre, la politique à l'égard des autochtones (les termes *indigenous peoples*/peuples autochtones désignant ensemble les Aborigènes et les Insulaires du détroit de Torres) se caractérise par une tension structurelle entre une aspiration à l'égalité et le maintien de la différence culturelle. La question autochtone est surtout pensée comme un problème

4. Dans la troisième partie de ce livre, nous revenons sur les dispositions de la Constitution concernant les Adivasi.

social, ce qui se traduit par des politiques publiques ciblées dans les domaines de la santé et de l'éducation. Celle de *Closing the gap*[5] vise à aligner les autochtones sur les standards statistiques, pour les amener au niveau du reste de la population. Ces objectifs ne satisfont nullement la plupart des organisations aborigènes pour qui l'inclusion dans les discussions sur le multiculturalisme,

> [...] réduit leur statut à celui d'une « minorité comme les autres », qui ne tient compte ni de leur spécificité historique – celle du premier peuple australien –, ni de leurs souffrances liées à la colonisation ni du pardon qui leur est dû. Les membres proéminents de la communauté aborigène et leurs groupes de soutien favorisent ainsi l'existence d'une identité *distincte* des autres mouvements culturels, qui leur acquiert une attention politique spécifique et totale. (Bartkowiak-Théron, 2012 : 61)

À la lecture de ces manières différentes de gérer politiquement la diversité culturelle et plus particulièrement l'autochtonie, trois grands cas de figure se dessinent : les pays où l'autochtonie se trouve au cœur des politiques multiculturalistes (Argentine, Bolivie, Chili, Mexique) ; ceux où l'autochtonie se trouve diluée dans le paradigme multiculturaliste (Inde, Australie) ; ceux qui malgré le caractère unitaire de leur État reconnaissent, formellement ou non, une forme de diversité culturelle, voire d'autochtonie (France, Namibie, Botswana).

Ces différents positionnements des États se traduisent aussi bien dans leur manière d'appréhender la question autochtone dans le système normatif[6] que dans leur mise en place d'institutions chargées d'appliquer des politiques ou des actions à l'égard des peuples autochtones, que ces derniers soient officiellement reconnus ou pas.

Les familles juridiques

Les États contemporains sont pour partie héritiers des empires coloniaux qui se sont étendus à la surface du globe jusqu'à l'époque de la décolonisation. Ces empires ont transmis aux configurations politiques qui leur ont succédé de nombreux héritages, d'ordre linguistique, religieux mais aussi juridique.

En Amérique latine, tout comme au sein des colonies françaises et allemandes, prédomine une tradition juridique fortement légicentriste dont l'essence

---

5. « *Closing the gap* est le nom d'un programme stratégique ayant pour objectif de réduire les situations désavantageuses des autochtones pour ce qui concerne l'espérance de vie, la mortalité infantile, l'éducation initiale, la réussite scolaire, les perspectives d'emploi. Mis en œuvre par le gouvernement australien depuis mars 2008, en réponse à l'appel du rapport sur la Justice sociale de 2005, il vise à atteindre l'égalité en matière de santé autochtone au cours des vingt-cinq années suivantes. Pour assurer le suivi du changement attendu, le Conseil des gouvernements australiens a élaboré des objectifs quantifiables de la santé et du bien-être de la population autochtone en se focalisant sur la santé, le logement, la première enfance, l'éducation, la participation économique et l'accès aux services dans les lieux éloignés » (trad. litt.), http://www.healthinfonet.ecu.edu.au/closing-the-gap/key-facts/what-is-closing-the-gap [consulté le 24 février 2015].

6. Voir la partie III de cet ouvrage.

romano-germanique, plus justement qualifiée par Pierre Legendre de romano-chrétienne[7], se caractérise par la primauté de la loi. Cette famille juridique prévaut dans les deux tiers des États de la planète. En revanche, au sein des anciennes colonies britanniques prime la tradition juridique de *common law*, qui accorde une faible place à la codification et un fort pouvoir laissé aux juges. Il convient cependant de relativiser l'impact actuel des éléments prédominants de ces familles juridiques. En raison de la diversité culturelle des anciennes ou des actuelles colonies et de l'action d'un droit de la mondialisation et mondialisé[8], ces influences coloniales sont et continuent d'être concurrencées par les cultures juridiques locales, donnant forme à des systèmes juridiques hybrides mêlant à des degrés divers l'influence des traditions romano-germaniques et de *common law*, mais aussi des droits religieux (par exemple islam, droit hindou) ou des normativités autochtones.

En Amérique latine, l'hybridisme se manifeste par la cohabitation d'institutions d'essence romano-germanique, en particulier les codes, les constitutions et les tribunaux constitutionnels, avec des institutions et recours judiciaires propres à la tradition juridique de *common law*, tel l'*amparo*[9], et avec des institutions de droit autochtone, comme en témoigne, en Bolivie, l'officialisation d'une forme de justice communautaire autochtone. En Namibie et au Botswana, considérés comme systèmes mixtes, coexistent des éléments de droit écrit, de *common law* et des éléments propres aux normativités autochtones, qualifiées génériquement par le droit national de « droit coutumier ». En Nouvelle-Calédonie, colonie française de tradition romano-germanique, sont incorporées des institutions dites de droit coutumier autochtone, telles que le Sénat coutumier. En Australie sont ressenties certaines influences du droit écrit avec la demande (ancienne et toujours à l'ordre du jour) des Aborigènes et des Insulaires du détroit de Torres d'une reconnaissance constitutionnelle de droits. En Inde, la Constitution est l'une des principales sources du droit indien, mais celui-ci s'inspire du système de jurisprudence (*common law*) britannique. Par ailleurs, plusieurs autres ordonnancements juridiques cohabitent en Inde. Dans les matières relevant du droit civil privé, le droit indien est concurrencé par le droit hindou et le droit musulman.

Malgré cet hybridisme, les traditions juridiques du temps colonial constituent des indicateurs très pertinents à l'heure d'analyser les modalités de réception

---

7. Sur l'héritage du droit canonique et du droit romain de la tradition juridique civiliste, voir Legendre 2004 et 2010.

8. François Ost distingue le *droit de la mondialisation*, qui relève de la perspective classique de « l'international », dès lors qu'il procède de la mise en place de structures de gouvernance au départ des États (perspective onusienne), du *droit mondialisé* qui « relève, quant à lui, d'une perspective beaucoup plus radicale de pénétration transnationale, résultat de la convergence plus ou moins spontanée de droits, notamment (mais pas exclusivement) nationaux, cherchant à s'aligner sur des standards et des modèles dominants ou séduisants » (Ost, 2010 : 5).

9. L'*amparo*, surtout présent dans le système de droit hispanophone, est un mécanisme juridique qui permet aux citoyens d'exercer un recours en contrôle de constitutionnalité afin de faire cesser toute violation d'un droit fondamental protégé par la Constitution et qui résulte d'un acte de l'administration ou du législatif.

juridique, constitutionnelle ou jurisprudentielle des droits des peuples autochtones. Elles influencent notamment le rapport des États au droit international.

États monistes/États dualistes

Le caractère moniste ou dualiste de l'État est un autre élément à prendre en compte pour comprendre le processus de réception du droit international et, en l'espèce, des droits de l'homme et des droits des peuples autochtones. Cette distinction est déterminée par la famille juridique d'appartenance. L'Argentine, la Bolivie, le Chili, le Mexique et la France, de tradition juridique romano-germanique, sont monistes, tandis que l'Inde, le Botswana, la Namibie et l'Australie, sous l'influence du *common law*, sont dualistes. Cela signifie que, dans le premier cas, l'État est contraint par les normes internationales dès leur ratification, au contraire des seconds pour lesquels l'incorporation des normes internationales doit nécessairement passer par leur transposition au sein d'une norme nationale. Le Botswana, par exemple, est particulièrement réticent à toute pression exercée par le droit international sur son ordre juridique interne. En conséquence, dans le cas des États dualistes, le droit international des peuples autochtones ou des droits de l'homme a plus de mal à pénétrer l'ordre juridique national. Toutefois, comme le montre l'exemple de la France, la pénétration du droit international des peuples autochtones en pays moniste reste soumise à l'appréhension politique de la valeur de celui-ci, eu égard à des déterminants autres que purement juridiques.

Le rapport au droit international des droits de l'homme

Un phénomène de reconnaissance juridique des droits des peuples autochtones a été observé aux niveaux international et national au cours des trois dernières décennies, que nous examinons dans la troisième partie de cet ouvrage. Il se manifeste dans les pays analysés comme une intensification de la juridicisation des droits des peuples autochtones soutenue par un contexte de judiciarisation nationale et internationale des droits humains. Ces derniers se présentent comme un support à la reconnaissance et à la mise en œuvre des droits des peuples autochtones d'un point de vue pratique et interprétatif. Plus grande est la réception étatique du droit international des droits de l'homme, plus important est le contrôle exercé par les organes des Nations unies et les systèmes régionaux des droits de l'homme. C'est ce mécanisme qui permet aujourd'hui l'examen du respect des droits des peuples autochtones sur la base de la Déclaration des Nations unies sur les droits des peuples autochtones. Le rapport des États aux droits de l'homme, et en particulier au droit international des droits de l'homme, représente un critère à prendre en compte dans l'analyse comparative de la réception des droits de la DDPA.

Pour plus de clarté, il convient de distinguer les droits fondamentaux inscrits dans la Constitution des droits qui viennent incorporer l'ordre juridique étatique à divers niveaux hiérarchiques, du fait de la ratification de Conventions de droits de l'homme. On observe, en effet, au sein de l'échantillon des pays à l'étude que le poids de la protection des droits de l'homme varie considérablement, étant fonction de la richesse du catalogue de droits reconnus, de leur valeur juridique (supra-constitutionnelle, constitutionnelle, légale, réglementaire, etc.) comme de la nature et de la quantité de recours judiciaires permettant d'exiger leur respect.

En Australie, par exemple, la Constitution ne prévoit pas la garantie des droits de l'homme ni ceux des peuples autochtones au motif que leur reconnaissance par des lois suffirait à leur protection. En 1978, le 44e amendement a par ailleurs retiré le droit de propriété de la liste des droits fondamentaux et l'article 300-A a introduit un droit d'État à la réquisition des terres (*eminent domain*). La valeur strictement législative, par opposition à constitutionnelle, des droits fondamentaux rend leur protection extrêmement vulnérable, étant sujette aux aléas de la politique australienne, comme l'atteste la suspension par l'État australien, à trois reprises, du *Racial Discrimination Act* (RDA) de 1975, loi qui transposait en droit interne la Convention internationale pour l'élimination des discriminations raciales. Les suspensions de la norme, en 1993, 1997 et 2007, sont intervenues systématiquement pour prendre des mesures affectant les droits et les intérêts autochtones (concernant respectivement le titre foncier autochtone[10], *native title,* le pont de l'île Hindmarsh – *Hindmarsh Island Bridge*, la Réponse d'urgence dans le Territoire du Nord – *Northern Territory Emergency Response*). L'absence de protection constitutionnelle des droits fondamentaux est dénoncée de façon récurrente par les mécanismes de contrôle de l'ONU concernant l'application des traités de droits de l'homme. Seules les Constitutions de Nouvelle-Galles du Sud, de Queensland et de Victoria reconnaissent de manière limitée des droits aux autochtones. Un référendum pour la reconnaissance constitutionnelle de droits aux peuples autochtones, annoncé par le gouvernement Gillard (parti travailliste) pour 2013, a été plusieurs fois repoussé tandis que la campagne *Recognise* poursuit sa collecte de signatures pour peser sur l'organisation de celui-ci[11].

De son côté, la Constitution du Botswana de 1966 ne reconnaît que la première génération de droits de l'homme, relative aux droits civils et politiques. Selon un autre modèle, la Constitution chilienne de 1980, adoptée en pleine dictature militaire et en faveur d'un modèle économique néolibéral, met aussi l'accent sur la première génération de droits de l'homme (droits individuels), reconnaît quelques droits de seconde génération (droits civils et politiques, économiques et sociaux) et un seul droit dit de troisième génération : le droit à vivre dans un environnement libre de contamination.

La réforme de la Constitution argentine de 1994 a permis de consacrer de nouveaux droits de l'homme à caractère collectif, de reconnaître des droits aux peuples autochtones et de créer le recours d'*amparo* collectif. À la différence de la

10. Souvent le terme « indigène » est employé pour traduire le vocable *native* ; le terme « autochtone » traduit, lui, le vocable *indigenous* qui est usité en Australie pour traiter ensemble des Aborigènes et des Insulaires du détroit de Torres. Pour suivre les usages de John Altman (2014) dans un précédent ouvrage traitant des questions foncières, nous reprenons l'expression « titre de propriété autochtone » pour évoquer le *native title*.

11. http://www.recognise.org.au/ [consulté le 10 février 2015].

Constitution du Botswana, la Constitution namibienne de 1990 reconnaît une ample gamme de droits fondamentaux auxquels elle consacre un chapitre complet (droits et libertés fondamentales, protection de la vie, protection de la liberté, respect de la dignité humaine, interdiction de l'esclavage et du travail forcé, non-discrimination, droit à un procès juste, droit de la famille, de l'enfant, etc.).

Au Mexique, la Constitution de 1917, réformée à plusieurs reprises, dispose de vingt-neuf articles incorporant les droits civils y compris l'article 2 qui traite des droits des peuples autochtones. À la suite de l'arrêt *Radilla Pacheco*, rendu le 23 novembre 2009 par la Cour interaméricaine des droits de l'homme, le Mexique a été tenu de renforcer ses mécanismes de protection des droits de l'homme. Le titre I de la Constitution ne fait ainsi plus référence à l'ancienne notion de « garanties individuelles », qui est remplacée par l'expression « droits de l'homme et leur garantie ». Dans une même perspective d'engagement pour les droits de l'homme, la réforme de l'article 1 prévoit expressément l'obligation de l'État mexicain de respecter les traités internationaux dans tous ses agissements, tandis que l'article 103 de la Constitution étend le champ d'application du recours d'*amparo* au contrôle de conventionnalité. Ainsi, tout individu peut solliciter en justice la protection d'un droit de l'homme violé par des actes ou omissions d'une autorité, que ce droit soit reconnu dans la Constitution ou dans un traité international ratifié par le Mexique. Par ailleurs, les traités internationaux ratifiés par le Mexique, dont les traités de droits de l'homme, sont élevés au rang constitutionnel.

La Constitution indienne de 1949, réputée pour être la plus longue constitution étatique avec 450 articles, consacre une ample gamme de droits fondamentaux (articles 12 à 35), y compris le droit des minorités à leur propre éducation et culture (article 30). Elle édicte des devoirs aux citoyens de l'Inde, envers l'État indien, envers leurs concitoyens au-delà des différences culturelles, religieuses, linguistiques et régionales, et envers la nature (article 51). Elle prévoit au sein des 5ᵉ et 6ᵉ annexes (*schedules*) les statuts des zones tribales et répertoriées.

Enfin, l'ample Constitution bolivienne de 2009 (410 articles) reconnaît un large catalogue de droits fondamentaux appartenant aux trois générations de droits de l'homme (dont les droits civils et politiques, les droits économiques et sociaux, les droits environnementaux) et consacre les droits des nations et peuples indigènes, paysans, originaires, dans un chapitre spécifique, ainsi que les droits de la nature. Cet État, en pleine reconstruction, est qualifié par la nouvelle loi fondamentale d'« État unitaire social de droit plurinational communautaire, libre, indépendant, souverain, démocratique, interculturel, décentralisé et protecteur des autonomies, fondé sur la pluralité, le pluralisme politique, économique, juridique, culturel et linguistique ». Les principes philosophiques des cosmovisions des différents peuples autochtones sont proclamés, dès l'article 8, comme des principes éthico-moraux de la société plurielle que l'État se doit de protéger : *ama qhilla, ama llulla, ama suwa* (« ne soit ni paresseux, ni menteur, ni voleur »), *suma qamaña* (« bien vivre »), *ñandereko* (« vie harmonieuse »), *teko kavi* (« vivre bien »), *ivi maraei* (« terre sans mal ») et *qhapaj ñan* (« chemin ou vie noble »).

Cet aperçu de l'incorporation des droits fondamentaux au sein des Constitutions des États de l'étude, appartenant à des traditions et des cultures juridiques distinctes, nous fait percevoir une ample diversité quant à leur rapport aux droits de l'homme, quant à leur conception de ces derniers, leur cohésion, leur teneur, et aussi quant à l'étendue des droits fondamentaux consacrés au niveau national. Ce panorama, qui doit être complété par le catalogue des conventions internationales de protection des droits de l'homme ratifiées par ces États, permet de nuancer les différences, selon la valeur hiérarchique reconnue à ces conventions par les États eux-mêmes.

L'impact de la ratification des conventions internationales de protection des droits de l'homme sur les ordres juridiques nationaux se mesure en fonction de leur place au sein de la hiérarchie nationale des normes. Certains États comme l'Argentine, la Bolivie, le Chili, et le Mexique accordent une valeur constitutionnelle aux traités de droits de l'homme. D'autres États, comme la France, leur reconnaissent seulement une valeur infra-constitutionnelle et supra-législative. D'autres États leur reconnaissent une valeur législative, mais seulement après transposition en droit interne au moyen d'une loi (Australie, Botswana, Inde, Namibie).

Tableau 10. Date de ratification par les États des instruments internationaux des droits de l'homme et valeur hiérarchique selon les systèmes juridiques

	Pacte des Nations unies droits civils et politiques : 1966	Pacte des Nations unies des droits économiques, sociaux et culturels : 1966	Convention pour l'élimination de la discrimination raciale : 1966	Convention contre la discrimination à l'égard des femmes : 1979	Convention pour les droits de l'enfant : 1989	Convention pour la biodiversité biologique : 1993	Convention contre le génocide : 1948	Convention contre la torture et autres peines ou traitements inhumains ou dégradants : 1984	Constitution Incluant références à « peuples autochtones »
Argentine	1986	1986	1968	1985	1990	1994	1956	1986	1994
Australie	1980	1975	1975	1983	1990	1993	1949	1989	
Bolivie	1982	1982	1970	1990	1990	1994	2005	1999	2009*
Botswana	2000		1974	1996	1995	1995	1950	2000	
Chili	1972	1972	1972	1989	1990	1994	1953	1988	
France	1980	1980	1971	1983	1990	1994	1950	1986	1998 Accord de Nouméa
Inde	1979	1979	1968	1993	1992	1994	1950	1997	1950
Mexique	1981	1981	1975	1981	1990	1993	1992	1986	2001
Namibie	1994	1994	1982	1992	1990	1997	1994	1994	

* Bolivie : l'article 256 de la Constitution dispose que les «droits reconnus dans la Constitution seront interprétés en accord avec les traités internationaux de droits de l'homme quand ceux-ci prévoient des normes plus favorables».

Légende : Valeur hiérarchique des traités de droits de l'homme :

constitutionnelle   infra-constitutionnelle (supra-législative et législative).

LES INSTITUTIONS EN CHARGE DES QUESTIONS AUTOCHTONES

À l'exception du Botswana, tous les pays appréhendés dans le cadre de notre étude comptent avec des institutions chargées des questions autochtones et ce, quels que soient la forme de l'État et/ou le paradigme politique adopté (voir tableau 14). Sur les trente-quatre institutions recensées, une grande majorité relève directement des États et de leurs bureaucraties. Nous avons également considéré certaines institutions investies par les autochtones, récemment créées par les États et/ou intégrées dans leur organisation politique et administrative. Les exemples sont nombreux en Bolivie, mais on a aussi les cas d'une municipalité en Guyane, du Sénat et des Conseils coutumiers en Nouvelle-Calédonie, ou encore du Congrès national des peuples premiers d'Australie.

La fonction première de ces institutions qui fonctionnent à divers niveaux de la structure nationale consiste à élaborer, appliquer ou mettre en place des politiques ou des programmes d'État destinés aux peuples autochtones. La création d'institutions néo-indigénistes[12] connaît un essor à partir des années 1980, qui ne cesse, depuis, d'augmenter. Cette évolution paraît corrélative à celle de la normalisation des droits des peuples autochtones. Le double mouvement, institutionnel et normatif, semble dériver du processus d'internationalisation des droits autochtones principalement marqué par la Convention 169 de l'OIT (1989) et la Déclaration des Nations unies sur les droits des peuples autochtones (2007). Cette corrélation apparaît dans les données recueillies pour cet ouvrage, sans doute incomplètes pour les périodes allant des années 1940 à 1970, mais qui témoignent d'une évolution forte dans les années 1990.

Tableau 11. Évolution du nombre de normes et d'institutions indigénistes et néo-indigénistes par décennie (Corpus Sogip, 1940-2014)

Nombre/décennies	1940s	1950s	1960s	1970s	1980s	1990s	2000s	2010-2014	Total
Normes	3	3	2	7	12	24	28	14	93
Institutions	2	4	0	0	6	8	10	4	34

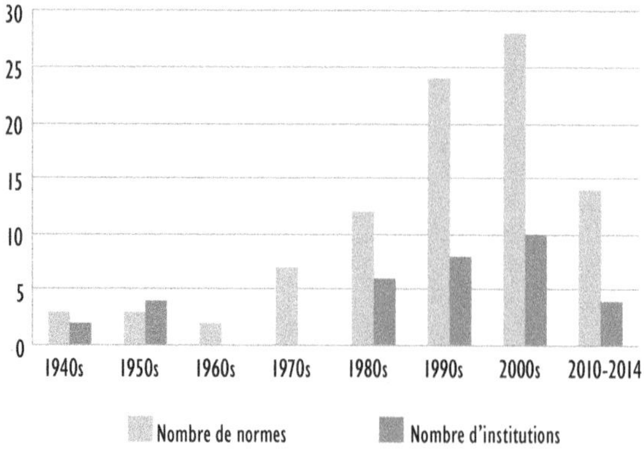

Les champs d'intervention des institutions néo-indigénistes sont relativement communs à tous les pays de l'étude. Ils concernent principalement des questions

12. Nous considérons comme indigénistes les institutions mises en place par les États, notamment au Mexique et en Bolivie, jusqu'à leur réforme dans le cadre du multiculturalisme. Leur transformation incite à considérer comme néo-indigénistes les institutions actuelles que nous traitons ici.

d'ordre politique et de développement social et économique. Les actions variées relèvent de trois modalités principales.

La mise en œuvre de dispositifs favorisant une représentation politique des peuples autochtones et leur participation à la prise de décisions

En Inde, les conseils autonomes de régions et de districts prévus par l'annexe 6 (*6th schedule*) de la Constitution ont le pouvoir de légiférer directement, mais non sans l'aval du gouverneur, sur une série de questions internes[13]. En Nouvelle-Calédonie, le Sénat coutumier créé par l'Accord de Nouméa (1998) pour remplacer le Conseil consultatif coutumier proposé par les Accords de Matignon (1988) doit être sollicité par le Congrès pour toutes les « lois de pays » qui concernent l'identité kanak. Ce Sénat est doté d'une fonction délibérative concernant les lois touchant aux signes identitaires, au statut civil coutumier et au régime des terres. En Australie, le Congrès national des peuples premiers d'Australie (National Congress of Australia's First Peoples), fondé en 2010 sous l'égide de la Commission australienne des droits de l'homme et financièrement indépendant depuis 2013, espère devenir une institution incontournable dans la gestion politique des affaires autochtones. il s'inscrit dans la suite d'une longue série de commissions spéciales[14], mais beaucoup de chemin reste à parcourir car sa place dans le champ des institutions australiennes comme sa mission et ses objectifs ne sont pas clairement définis.

En termes de représentation politique, les autochtones occupent également des charges dans des institutions ouvertes à l'ensemble des citoyens d'un pays. Les élus kanak sont ainsi majoritaires dans deux des trois provinces (Nord et Île) et dans vingt des trente-trois communes que compte la Nouvelle-Calédonie. Dans la plupart des pays andins et au Mexique, la situation est semblable. La présence d'élus autochtones dans les institutions démocratiques des États s'avère courante dans les municipalités et les parlements régionaux et nationaux depuis plusieurs années, voire des décennies. Ce type de représentation politique n'implique pas pour autant un pouvoir de délibération directe sur les questions autochtones et ne permet pas, à quelques exceptions près, l'instauration d'une gouvernance locale propre. Toutefois, cette présence autochtone dans les institutions d'État semble nécessaire et propice à l'insertion des questions autochtones et de citoyenneté dans la vie politique des États.

13. Transfert et usage des terres, forêts, eau, administration des villages, santé, succession des chefs, coutumes, établissement des écoles primaires, collecte de taxes, accord sur prospection ou extraction de minerais, pourvoi de cour d'appel sur les questions tribales, etc.

14. *National Aboriginal Consultative Committee (1973-1976), National Aboriginal Conference* (1978-1986), *Aboriginal and Torres Strait Islander Commission* (1989-2005), qui ont mené plusieurs campagnes pour la signature, en Australie, d'un traité entre autochtones et non-autochtones.

Coordination et consultation régulières sur des mesures ou des politiques concernant les peuples autochtones

En Bolivie, l'État plurinational dirigé par le gouvernement d'Evo Morales a mis en place plusieurs dispositifs, théoriquement et initialement destinés à assurer un dialogue régulier avec les représentants des peuples autochtones. Autoproclamé « gouvernement des mouvements sociaux », l'exécutif a créé un vice-ministère spécialement chargé de coordonner son action et celle du pouvoir législatif avec les mouvements sociaux et la société civile. Dans le même état d'esprit, l'Unité des droits des peuples autochtones, qui dépend du ministère de la Présidence, a pour mission de coordonner la politique officielle et constitutionnelle de « transversalisation » des droits des peuples autochtones au sein des institutions de l'État plurinational. Sous une forme plus conventionnelle, au Mexique, les commissions du Congrès de l'Union assurent un suivi des politiques indigénistes et étudient les propositions de loi et les décrets sur les questions autochtones.

En Nouvelle-Calédonie, l'objectif de coordination s'exerce au niveau politique entre le Sénat coutumier et le Congrès de la Nouvelle-Calédonie, et cela fonctionne pour d'autres types d'actions. C'est ainsi que la Direction des affaires culturelles et coutumières du gouvernement de la Nouvelle-Calédonie (DACC) est en charge des relations administratives entre le Sénat coutumier et les Conseils coutumiers dans la mise en œuvre des compétences de la Nouvelle-Calédonie en matière culturelle et coutumière. Elle assure aussi la coordination avec le Service des musées et du patrimoine et le Service des archives. La DACC exerce des compétences autrefois gérées par le Service des affaires indigènes placé sous la direction du représentant local de l'État (gouverneur, puis haut-commissaire).

Ailleurs, la coordination et la collaboration se réalisent sous d'autres formes. Dans les États d'Inde centrale, le Conseil consultatif tribal (*Tribal Advisory Council*) assiste le gouverneur de l'État concerné sur la politique tribale. En Guyane, le Conseil consultatif des peuples amérindiens et bushinenge, sous la tutelle de la préfecture qui en nomme les membres, a la possibilité de s'exprimer sur tout projet ou toute proposition de délibération du Conseil général ou du Conseil régional de la Guyane sur l'environnement, le cadre de vie et les activités culturelles des populations amérindiennes et bushinenge. Ses fonctions dans le cadre de la collectivité territoriale unique qui a été créée en 2016 restent à définir.

Insertion d'une gouvernance autochtone dans l'organisation de l'État

Les pays latino-américains à horizon constitutionnel pluraliste (*cf. supra*) reconnaissent nombre d'institutions et de procédures propres aux peuples autochtones, sans pour autant les intégrer véritablement dans l'organisation générale de l'État. C'est-à-dire que, jusqu'à présent, ces institutions et procédures n'ont de légitimité politique et de validité administrative que dans le cadre, à peine reconnu, d'une gouvernance propre et locale. La perspective d'un État plurinational en

Bolivie et en Équateur entrouvre la possibilité d'officialiser et d'intégrer pleinement ces éléments de gouvernance à l'organisation étatique.

De par son histoire coloniale prolongée, l'État français a incorporé des institutions dites « coutumières » dans le fonctionnement moderne de ses territoires périphériques et leur a attribué des fonctions et des compétences précises. C'est ainsi qu'en Guyane les autorités villageoises, les chefs coutumiers (anciennement dénommés « capitaines »), sont reconnues par l'administration et indemnisées (faiblement) par le Conseil général. Pour autant, leurs compétences ne sont pas officiellement définies ni reconnues. Traditionnellement, elles règlent les affaires villageoises (différends fonciers, organisation de l'espace, etc.), mais leurs prérogatives se voient sérieusement concurrencées par celles des élus municipaux et leur légitimité, notamment lorsqu'elle est lié à la transmission par filiation, est contestée par une partie des nouvelles générations.

En Nouvelle-Calédonie, les huit aires coutumières définies sur des critères linguistiques et culturels dans le cadre des Accords de Matignon (1988) comptent, pour chacune d'entre elles, avec un Conseil d'aire qui réunit les grands chefs de district[15]. Celui-ci peut être consulté par toute autorité administrative ou juridictionnelle sur l'interprétation des règles coutumières, notamment en cas de litige. Depuis 1946, sont officialisés les Conseils de clan qui regroupent les représentants des groupes familiaux. Depuis 1981, les Conseils de chefs de clan remplacent les Conseils des anciens, ou « petites chefferies », qui regroupent les chefs de clan au niveau des tribus (unité spatialisée). Les Conseils de district (ou « grandes chefferies ») réunissent les chefs de tribu. Leurs autorités respectives sont en charge de l'organisation sociale dans les maisons, dans les tribus et dans les districts, en particulier des affaires civiles liées au statut civil coutumier (affaires foncières, matrimoniales, successorales, adoptions, etc.).

Le second domaine principal d'intervention des institutions néo-indigénistes concerne le développement économique et social des peuples autochtones. Ici, l'objectif quasi-obsessionnel consiste à améliorer les conditions de vie de ces derniers selon des critères définis par les États et les organismes internationaux. De ce fait, les types d'action s'avèrent bien moins variés. Certaines institutions ont pour mandat unique de mettre en application une loi dite « intégrale » qui appréhende, dans un seul et même texte, l'ensemble des questions autochtones considérées par un pays. C'est le cas de l'Institut national des affaires autochtones (Instituto Nacional de Asuntos Indígenas - Inai) et des conseils de participation autochtones (Consejos de participación indígena - CPI) en Argentine, et celui de la Corporation du développement autochtone (Corporación de Desarollo Indígena - Conadi) au Chili. En Australie, ce rôle revenait jusqu'à peu à l'ancien Département des familles, du logement et des services communaux australien (Former Australian

15. Le territoire est découpé en huit aires coutumières, créées par les Accords de Matignon en 1988 et dont le fonctionnement institutionnel est fixé par la loi organique n° 99-209 du 19 mars 1999 relative à la Nouvelle-Calédonie. Pour un aperçu plus large de l'organisation coutumière kanak et des définitions des termes usités, voir le site du Centre national de la fonction publique territoriale, http://www.wikiterritorial.cnfpt.fr/xwiki/bin/view/Nouvelle-Cal%C3%A9donie/L'organisation+coutumi%C3%A8res+de+Nouvelle-Cal%C3%A9donie.

Department of Families, Housing, Community Services and Indigenous Affairs - FaHCSIA)[16], qui était chargé d'appliquer non pas une loi intégrale mais une quinzaine de normes.

Un autre type d'action de développement assumé par les institutions néo-indigénistes d'État consiste à élaborer des projets de loi sur les questions autochtones. Cela peut se réaliser en considérant, de manière très variable selon les cas de figure, les demandes et les orientations proposées par des représentants ou des élus autochtones, comme cela est possible en Bolivie, au sein de l'Assemblée législative plurinationale[17]. Selon une autre approche, proposée au Chili sous l'égide de la présidente Michelle Bachelet et suite à la réalisation controversée d'un processus de consultation, un projet de loi de l'exécutif de janvier 2016 envisage de créer un ministère des Peuples autochtones, un Conseil national et des Conseils des peuples autochtones en vue de traiter de manière transversale les questions autochtones et de proposer des politiques publiques en rapport avec leurs situations et besoins. L'une des principales tâches du ministère sera d'élaborer et de mettre en place la politique nationale autochtone après consultation du Conseil des peuples autochtones, en accord avec la Convention 169.

Au Mexique, la Commission du développement autochtone (Comisión de Desarollo Indígena - CDI) assume une fonction plus large. Héritière depuis 2003 de l'Institut national indigéniste (INI), véritable institution nationale et régionale en charge des questions autochtones depuis les années 1940 et symbole de l'indigénisme d'État en Amérique latine, la CDI a pour mission « d'orienter, de coordonner, promouvoir, soutenir, développer, surveiller et évaluer les programmes, projets, stratégies et actions publiques pour le développement intégral et soutenable des peuples et communautés autochtones en conformité avec l'article 2 de la Constitution » (art. 2, loi de la CDI). Cette institution présente la particularité de s'organiser en un Conseil consultatif permanent composé de cent quarante membres autochtones et de cinquante-huit autres membres provenant d'universités, d'ONG et d'institutions gouvernementales.

Enfin, certaines institutions en charge du développement des peuples autochtones ont pour rôle principalement de coordonner et organiser des programmes étatiques, établis ou non en collaboration avec les peuples autochtones. En Australie, c'est le Conseil des gouvernements australiens (*Council of Australian Governments*) qui est chargé de coordonner l'ensemble de la campagne de réformes et de politiques publiques dans le cadre de l'orientation générale *Closing the gap*. En Inde, le ministère

16. En septembre 2013, le FaHCSIA disparut à l'issue d'une profonde réorganisation institutionnelle. L'application des politiques développées à l'égard des peuples autochtones relève désormais du Bureau du Premier ministre et du Cabinet (*Department of the Prime Minister and Cabinet*).

17. L'Assemblée législative plurinationale en Bolivie dispose de plusieurs comités et commissions censés considérer les propositions de lois ou d'amendements soumis par les organisations autochtones. C'est le cas de la Commission des nations et peuples indigène originaire paysans, de la culture et de l'interculturalité, du Comité des juridictions indigène originaire paysannes (Commission de justice plurielle, du ministère public et de la défense légale de l'État) ; du Comité de l'économie communautaire et sociale et des coopératives (Commission de l'économie plurielle, de la production et de l'industrie) et du Comité des autonomies indigène originaire paysannes (Commission de l'organisation territoriale de l'État et des autonomies). À propos des intitulés, cf. note 9, p. 62.

des Affaires tribales coordonne, à l'échelle nationale et locale, les programmes d'aide économique, le système d'aide sociale, la distribution des bourses aux étudiants tribaux, les programmes d'information et de conseil sur les législations relatives aux tribus, etc. En parallèle, le ministère assure la promotion de l'artisanat tribal et organise chaque année la participation des tribus à la fête nationale (*Republic day celebrations*).

En Namibie, le Bureau du vice-Premier ministre a lancé en 2006 le San Development Programme, dont l'objectif principal consistait à favoriser les conditions d'intégration des populations san à l'économie nationale. En 2011, ce programme a changé de statut pour devenir une politique menée directement par une Division spéciale créée au sein du Bureau du vice-Premier ministre. En 2016, un San nommé vice-ministre est en charge de ce bureau et représente la Namibie à l'Instance permanente sur les questions autochtones. En quelques années, les objectifs sont devenus plus ambitieux et le gouvernement a reconnu la nécessité d'incorporer un San dans l'équipe dirigeante. Il s'agit désormais d'apporter une assistance aux communautés san en donnant la priorité à l'éducation et à la participation aux institutions de l'État namibien. Cela s'accompagne d'un abandon des politiques de maintien et de protection de la culture traditionnelle san. Par ailleurs, l'Institution nationale du développement de l'éducation (*National Institute of Educational Development*) a pour mission de promouvoir et développer l'usage des langues khoi et san dans des programmes éducatifs ciblés.

Si les institutions néo-indigénistes interviennent principalement dans les domaines du politique et du développement, leurs actions s'étendent parfois à des questions juridico-judiciaires, foncières, culturelles. Nous indiquons à cet égard quelques exemples qui mériteraient d'être plus développés.

Justice et droits de l'homme – Au Mexique et en Australie, les commissions chargées de la défense des droits de l'homme ont mis en place des dispositifs particuliers pour traiter des questions autochtones. La première prévoit un service d'inspection (*visitaduría*) spécifique. La seconde réserve à un représentant autochtone le poste de commissaire à la justice sociale aborigène en son sein. En Inde, une Commission pour les tribus répertoriées (*National Commission for Scheduled Tribes*) existe depuis les années 1950. Elle est investie des pouvoirs d'une cour civile pour enquêter et promulguer des recommandations.

Terres et territoires – En Bolivie, l'une des fonctions de l'Institut national de la réforme agraire (*Instituto Nacional de Reforma Agraria*) consiste à octroyer des territoires aux peuples autochtones qui en font la demande. Leur statut s'avère unique dans notre étude car ces territoires sont considérés par l'État plurinational à la fois comme des aires d'habitat historique, des espaces fonciers et des entités territoriales de l'État. En Australie, le Tribunal national du titre de propriété autochtone (*National Native Title Tribunal*) gère le registre des titres et des plaintes, il assure une médiation juridique et organise la négociation d'accords entre les parties. En Nouvelle-Calédonie, l'Agence de développement rural et d'aménagement du foncier (Adraf) a été chargée de mener la réforme foncière en faveur des Kanak initiée en 1978.

Langues et patrimoine – En Nouvelle-Calédonie, l'Agence de développement de la culture kanak (ADCK) travaille à la valorisation du patrimoine archéologique et linguistique kanak, en encourageant les formes contemporaines d'expression de la culture kanak, en organisant la promotion de celle-ci dans toute la zone Pacifique et en conduisant des programmes de recherche. L'Académie des langues kanak est chargée, quant à elle, de fixer les règles d'usage et de concourir à la promotion et au développement de l'ensemble des langues et dialectes kanak.

Au Mexique, l'Institut national des langues autochtones (*Instituto nacional de lenguas indígenas* – Inali) cherche à promouvoir et à conserver l'usage des soixante-huit langues autochtones officiellement recensées. L'un de ses principaux objectifs consiste à ralentir ou à éviter la disparition ou l'extinction de ces langues. En Bolivie, la loi d'éducation (2010) prévoit la création d'un Institut des langues autochtones et de Conseils éducatifs des peuples originaires. Le premier est chargé de créer des antennes locales financées par les entités territoriales locales pour la normalisation, la recherche et le développement des langues autochtones. Les seconds participeront à la formulation et à la gestion des politiques éducatives et veilleront à leur application locale.

Les modalités d'application des politiques menées à l'égard des peuples autochtones varient selon les pays considérés dans notre étude. Certaines institutions néo-indigénistes engagent leurs actions dans un seul domaine d'intervention. C'est le cas par exemple de l'Argentine, du Chili et de la Namibie pour le développement économique et social des peuples autochtones. Dans tous les autres pays du corpus Sogip, les institutions agissent simultanément dans trois ou quatre domaines. Le développement est le plus commun à tous. Tous les pays mettent en place des politiques ou des programmes allant en ce sens, à l'exception de la France, qui propose une politique égalitariste, et du Botswana qui, ne reconnaissant pas l'autochtonie, ne privilégie aucun domaine d'intervention à l'égard des peuples autochtones.

Dans leurs formes, les institutions néo-indigénistes relèvent de plusieurs types d'organisation. On recense ainsi par ordre d'importance numérique : des conseils (25 %), des commissions (16 %), des instituts nationaux et des institutions ministérielles (9 %), des congrès et des agences (6 %), ainsi qu'une académie, une corporation, un département, une direction, une division, un sénat et un tribunal (3 %). Aucune corrélation pertinente n'a pu être établie entre le type, le champ d'intervention ou encore la période de création de ces institutions indigénistes.

Toutefois, il pourrait exister une relation de cause à effet entre le type d'institution adopté et la participation ou la présence de représentants autochtones dans ces institutions. Ainsi peut-on remarquer que, dans le fonctionnement d'une académie ou d'un institut, une présence active de personnel autochtone est souvent requise, ce qui ne semble pas être le cas pour une agence. De même, l'instauration d'une commission garantirait une présence autochtone, mais son rôle reste limité à celui de consultation ou de présentation de recommandations. La plupart des conseils et des congrès semblent garantir une autonomie (somme toute limitée) de fonctionnement et une représentation autochtone. Enfin, toutes les institutions dépendant plus directement d'entités ministérielles ne laissent que peu de place aux représentants autochtones, leurs fonctionnements et leurs actions étant placés sous l'entière responsabilité de fonctionnaires relevant de divers modes de sélection, non « identitaires ». D'un point de vue général, un tiers des institutions néo-indigénistes considérées par l'étude n'octroient aucun espace à une représentation autochtone.

À l'inverse, un deuxième tiers garantit une présence exclusive ou majoritaire, ou un certain nombre de postes. Le dernier tiers se compose d'institutions mixtes dans lesquelles les autochtones sont faiblement représentés et peu influents.

Quel que soit le niveau de présence et de participation autochtones à ces institutions indigénistes, la très grande majorité d'entre elles font l'objet d'une évaluation plutôt négative. Les critiques portent sur leur pouvoir d'action limité, leur fonctionnement peu enclin à la concertation et au dialogue, le caractère paternaliste de leurs interventions, leur inefficience et leur niveau de corruption. En d'autres termes, elles laissent souvent sceptiques et perplexes les collectifs autochtones qui, au final, attendent peu de leurs actions sans pour autant rejeter l'idée de leur existence.

Tous ces éléments ne doivent être considérés que comme des pistes d'analyse devant être nécessairement complétées par une étude spécifique. Mais ils montrent l'importance des institutions néo-indigénistes dans la compréhension des problématiques autochtones contemporaines. Ajoutons que leurs évolutions se comprennent en regard des mobilisations que les organisations représentatives des collectivités autochtones mènent tant au niveau local qu'aux niveaux nationaux et internationaux. Depuis l'adoption de la DDPA, les organes onusiens ont mis l'accent sur l'importance de la participation des autochtones à la prise de décisions et on observe une demande croissante d'inclusion de personnel autochtone dans les institutions néo-indigénistes. Cette demande n'étant que très partiellement satisfaite suscite, de la part du mouvement international autochtone, une critique accrue des décisions qu'elles prennent sans y associer « pleinement et effectivement » lesdits peuples autochtones. La description de ces processus en corrélation avec la réforme des institutions existantes ou la mise en place de nouvelles institutions néo-indigénistes mériterait une étude, soigneusement contextualisée et sur une longue période, pour chacun des pays que nous considérons dans le cadre de cet ouvrage.

Après avoir présenté le cadre général des « questions autochtones » dans chacun des pays à l'étude Sogip, puis les dynamiques politiques qui ont produit différentes formes d'institutionnalisation, nous nous intéresserons aux cadres dans lesquels évolue le droit dans ces pays. En considérant que la DDPA est un projet ambitieux (*aspirational*), il nous a en effet paru essentiel de comprendre comment les États sont héritiers de traditions juridiques distinctes qui viennent, en quelque sorte, déterminer la manière dont ils se saisissent aujourd'hui des questions autochtones, et dont les représentants des peuples autochtones se saisissent du droit pour voir leurs droits reconnus et respectés[18]. Cela nous permet de voir aussi comment se produit une certaine hybridation du droit afin d'accommoder la diversité culturelle des États contemporains. C'est dans cette perspective que l'on peut éclairer la manière dont les normes internationales peuvent pénétrer les droits nationaux et dont se construit de manière dynamique le droit des droits de l'homme, et dans ce contexte le droit des peuples autochtones que nous examinerons à la suite[19].

18. À propos de l'effet structurant du recours au droit sur le débat politique, voir Leclair, 2012b.

19. La langue anglaise a la propriété de distinguer le droit, *law*, des droits, *rights*, ce qui facilite la compréhension de cet objet, apparemment redondant en français, le « droit des droits de l'homme », *human rights law*.

CHAPITRE 6

Situations des peuples autochtones dans les États étudiés

Nous ne prétendons pas, dans la synthèse par pays, épuiser la matière de la comparaison mais, pour chacun des pays concernés, il nous est apparu important de rendre plus explicite, et factuel, ce qui relève de l'expression « questions autochtones », pour situer en particulier la problématique des « peuples » et des « droits » au regard des États qui les incluent, en sélectionnant les données qui nous semblaient les plus pertinentes à l'éclairage de situations toujours complexes. Nous ne suivons pas l'ordre alphabétique des continents ou des pays, mais nous proposons au lecteur de s'engager dans ce chemin fait de proximité, géographique ou situationnelle, dont la pertinence nous est apparue dans l'esprit comparatiste qui porta le projet Sogip : à titre d'exemple, nous situons la France, un pays qui n'est pas un continent, juste après la présentation de l'Amérique latine et avant celle de l'Océanie. Ce qui motive un tel placement est double, avec : d'un côté, l'existence de deux structures administratives distinctes à des milliers de kilomètres de la métropole – le département d'outre-mer localisé en Amérique du Sud, la Guyane française, et le territoire ultra-marin de Nouvelle-Calédonie en Océanie –, partageant une même langue officielle et l'expérience de la République coloniale ; de l'autre, les dynamiques relationnelles des organisations autochtones. Celles-ci peuvent se rattacher aux organisations régionales susceptibles de porter leurs revendications émancipatrices, et conduire à se rattacher sur la scène onusienne à un *caucus* régional. Dans le cas cité, les organisations amérindiennes de Guyane se rattachent au *caucus* latino-américain et à la Coica[1] qui se déploie sur

1. Coica : *Confederación de las organizaciones indígenas de la cuenca amazónica* – Confédération des organisations autochtones du bassin amazonien.

les neuf pays du bassin amazonien. Les organisations et partis kanak se rattachent au groupe mélanésien du Fer de lance[2], formé initialement en faveur de l'indépendance de la Nouvelle-Calédonie – et au *caucus* Pacifique. Ces propriétés de socialisation onusienne nous ont invités à explorer les éléments de ressemblance des situations, mais aussi de différenciation des cultures juridiques et politiques, éléments que l'on a organisés autour de quatre rubriques clés, pour tous les pays étudiés : Organisation politique et administrative ; Situations juridiques ; Questions territoriales ; Éducation, langues et cultures. Les données de ces rubriques ont été réunies par les chercheurs de l'équipe Sogip, leurs noms sont signalés en note au début de chacune des notices pays.

AMÉRIQUE DU SUD : ARGENTINE, BOLIVIE, CHILI, MEXIQUE, ARGENTINE[3]

ARGENTINE

Grand État du cône sud-américain, de 2 780 400 km² sur le continent américain et de 964 847 km² sur l'Antarctique, l'Argentine partage ses frontières à l'ouest avec le Chili, au nord avec la Bolivie, le Paraguay et le Brésil, et elle revendique la souveraineté des îles Malouines, à l'encontre du Royaume-Uni. Très ouvert au plan économique, le pays est membre du Mercosur, de l'Aladi, de Unasur, et d'une série d'accords commerciaux économiques sectoriels ou bilatéraux à l'intérieur des accords-cadres avec ces grands ensembles. Elle a passé d'autres accords commerciaux avec l'Inde, Israël, la Communauté andine des nations (CAN) ou la Colombie. Le pays héberge de nombreuses agences de l'ONU[4]. À l'exception de la Convention sur l'élimination de toutes les formes de discrimination raciale, signée en 1968 (époque de la Révolution nationale), l'Argentine a ratifié la plupart des instruments de droits de l'homme après la dictature, la transition démocratique commençant en 1983.

Indépendante de l'Espagne depuis 1810, l'Argentine n'a contrôlé la totalité de son territoire qu'à partir du début du XXe siècle, suite à la conquête militaire des territoires indiens non soumis du Chaco et de la Patagonie. Après une histoire nationale

2. Groupe Fer de lance : alliance de pays mélanésiens regroupant les îles Salomon, la Papouasie-Nouvelle-Guinée, le Vanuatu, Fidji, l'Indonésie (membre associé) et le Front de libération nationale kanak et socialiste (FLNKS). Officiellement créé en mars 1988 à Port-Vila, le groupe est proche du Mouvement des non-alignés et son objet initial était de regrouper les forces afin de peser dans la balance régionale et internationale en faveur de l'indépendance de la Nouvelle-Calédonie. L'organisation a évolué depuis les années 1990 vers un accord de coopération économique, renforcé par une volonté de solidarité inter-mélanésienne.

3. Données rassemblées par Leslie Cloud.

4. UNHCR – Haut Commissariat des Nations unies pour les réfugiés ; OPS/OMS – Organisation panaméricaine de la santé/Organisation mondiale de la santé ; Fnuap – Fonds des Nations unies pour la population ; Cinu – Centre d'information des Nations unies ; Unicef – Fonds des Nations unies pour l'enfance ; Cepal – Commission économique pour l'Amérique latine et les Caraïbes ; FAO – Organisation des Nations unies pour l'alimentation et l'agriculture ; OIT – Organisation internationale du travail ; Pnud – Programme des Nations unies pour le développement ; Onusida – Programme commun des Nations unies sur le VIH-Sida.

déroulant le récit d'un homme argentin, issu de l'immigration européenne, descendant du bateau pour conquérir les Indiens et mettre en valeur la *pampa*, et après des décennies de populisme et de dictature l'Argentine reconnut, en 1994, l'existence des peuples autochtones au niveau fédéral et dans de nombreuses provinces.

En 2010, pour une population globale de 40 117 096 personnes, étaient comptées 955 032 personnes qui se reconnaissent autochtones, soit 2,4 % de la population totale. Elles appartiennent à 35 peuples distincts: Atacama, Ava Guarani, Aymara, Chané, Charrúa, Chorote, Chulupi, Coméchingon, Diaguita Calchaqui, Guarani, Huarpe, Kolla, Lule, Mapuche, Mbya Guarani, Mocovi, Ocloya, Omaguaca, Pampa, Pilagá, Qom, Quechua, Querandi, Rankulche, Sanavirón, Selk'Nam Ona, Tapiete, Tehuelche, Tilián, Toba, Tonocote, Tupi Guarani, Vilela, Wichi, Yamana. Parmi eux, les Mapuche (21,5 % de la population autochtone), Qom (13,3 %) et Guarani (11,1 %) comptent un plus grand nombre de membres et représentent ensemble 45,9 % de la population autochtone du pays. Les Diaguita, Kolla, Quechua et Wichi regroupent quant à eux 25 % de cette population. Plusieurs peuples autochtones sont transfrontaliers, ainsi des Atacama, Aymara, Mbya Guarani, Guarani, Mapuche, Diaguita, Ava Guarani, Quechua, Toba, Tapiete et Wichi.

Organisation politique et administrative

République fédérale à régime présidentialiste, l'Argentine est dotée, depuis 1853, d'une Constitution inspirée par la Constitution étasunienne de 1787 et réformée en 1949, 1957 et 1994. La dernière réforme, sous la présidence de Carlos Menem, mit en place l'institution du Défenseur du peuple, élimina l'anachronique clause relative au « traitement pacifique avec les Indiens et leur conversion au catholicisme» (article 64, alinéa 15 de la Constitution de 1853) pour la remplacer par l'actuel article 75, alinéa 17, qui reconnaît un ensemble de droits aux peuples autochtones d'Argentine et crée le recours de protection collective (*amparo colectivo*) ce qui facilite leur protection.

L'Argentine comprend vingt-trois provinces et la ville de Buenos Aires, chacune autonome et dotée de sa propre Constitution et de son gouvernement; les pouvoirs exécutif, législatif et judiciaire sont organisés sur le modèle de l'État fédéral. Le président de la République, chef de l'exécutif, est élu au suffrage universel direct pour quatre ans (avec possibilité d'un second mandat). Le législatif est réparti entre deux chambres. Le pouvoir judiciaire repose sur une Cour suprême, dotée d'un rôle politique fort, de chambres d'appel fédéral et de tribunaux fédéraux. Les gouverneurs et chefs de gouvernement sont élus au suffrage universel direct, tout comme les législateurs des deux chambres. S'agissant d'une compétence partagée entre l'État fédéral et les provinces, dix des vingt-trois provinces (Buenos Aires, Chaco, Chubut, Formosa, Jujuy, La Pampa, Neuquén, Tucuman, Río Negro, Salta) ont reconnu constitutionnellement des droits aux peuples autochtones, sur le modèle de la Constitution nationale avec des variations imposées par divers facteurs locaux.

Situations juridiques

L'Argentine a défini une politique relative aux peuples autochtones, en 1985, à partir de la loi 23.302 dont le principe général, résumé ci-après, révèle à la fois les terminologies usitées pour parler de ces peuples (aborigènes, communautés indigènes) et les domaines de régulation (politiques publiques dans les domaines de l'éducation et de la santé, programmes de développement agro-forestier, minier, industriel, artisanal) considérés comme nécessaires à leur participation au processus socio-économique et culturel de la nation[5].

Dans le cadre de cette loi fut mis en place en 1989, au sein du ministère du Développement social, un organe dit décentralisé, l'Institut national des questions autochtones (Instituto nacional de asuntos indigenas – Inai), dont l'objectif principal est d'assurer la pleine citoyenneté aux membres des peuples autochtones.

D'une manière générale, suite aux réformes constitutionnelles et à l'entrée en vigueur de la Convention 169 de l'OIT, ratifiée en 2000, de nombreuses dispositions de la loi 23.302 ainsi que des lois provinciales sont devenues obsolètes ou violent les normes supérieures. Mais elles continuent d'être appliquées par manque de lois adaptées et de décrets d'application des réformes. Pour preuve, la loi 26.160, adoptée en 2006, chargeait l'Inai de procéder avec les provinces concernées à la réalisation d'un cadastre des terres autochtones dans un délai de quatre ans, mais le délai fut successivement prolongé jusqu'en 2013 puis 2017, faute de réalisation concrète jusqu'à ce jour (mars 2016).

Face à un dispositif de citoyenneté indifférenciée dont la faiblesse a été historiquement prouvée – les indigènes/autochtones d'Argentine ayant été l'objet d'une guerre de conquête et d'un fort racisme –, les demandes de reconnaissance de la personnalité juridique de droit public en tant que peuple autochtone s'affirment aujourd'hui. La loi 23.302 prévoyait la reconnaissance des communautés autochtones et de leur personnalité juridique, sous réserve de leur inscription au Renaci (Registre national des communautés autochtones). En application de cette loi, interprétée à la lumière des dispositions constitutionnelles et de la Convention 169 de l'OIT, en application aussi du critère de l'auto-identification et de la reconnaissance de leur préexistence, les peuples autochtones de certaines provinces ont pu adopter des statuts juridiques « autonomes », régulés par leurs propres normes et mis en œuvre par leurs autorités propres. Toutefois, certaines provinces (notamment Neuquén) ont établi des critères plus contraignants qui nient toute valeur à l'inscription des communautés autochtones de la province au sein du Renaci. Par ce fait, elles ignorent leur personnalité juridique.

En 2005 fut mis en place le Conseil de la participation autochtone, composé de représentants autochtones (élus par peuples et provinces) et chargé d'accompagner

5. « *Declara de interés nacional la atención y apoyo a los aborígenes y a las comunidades indígenas existentes en el país, y su defensa y desarrollo para su plena participación en el proceso socio-económico y cultural de la Nación, respetando sus propios valores y modalidades. A ese fin, se implementan planes que permitan su acceso a la propiedad de la tierra y el fomento de su producción agropecuaria, forestal, minera, industrial o artesanal en cualquiera de sus especializaciones, la preservación de sus pautas culturales en los planes de enseñanza y la protección de la salud de sus integrantes.* »

l'Inai, dans l'adoption et la mise en œuvre des politiques publiques concernant les droits des peuples autochtones.

Questions territoriales

La propriété des ressources naturelles du sous-sol appartient aux provinces, qui en déterminent les modalités d'administration, d'accès, d'exploration et d'exploitation. Mais aucun mécanisme de consultation des communautés autochtones n'est prévu par les organismes chargés d'octroyer les concessions. En 2006, la loi nationale 26.160 d'« urgence sur la possession et la propriété des terres et territoires autochtones » a été adoptée, afin d'obtenir des provinces la régularisation de la propriété foncière et territoriale des peuples autochtones et d'éviter l'expulsion des collectivités concernées. Sa mise en œuvre par les provinces fait cependant encore défaut, par manque de respect général du droit des peuples autochtones mais aussi en raison de la richesse en ressources naturelles des sols et sous-sols des territoires sollicités. La loi nationale 26.331, dite de protection des forêts natives, adoptée en 2007 pour lutter contre la monoculture du soja, n'a guère réussi dans ses objectifs de protection des petits paysans, si bien que plus de 50 % du territoire national cultivé est aujourd'hui consacré à la culture intensive du soja génétiquement modifié. Les territoires occupés par les Kolla, à Jujuy, sont contaminés par l'exploitation minière, les territoires des Mapuche de Patagonie le sont par l'exploitation minière, pétrolière et gazière, et les territoires autochtones de la province de Salta sont victimes de la déforestation. Les recours émis par les populations autochtones en protection de leurs territoires ne parviennent pas à freiner ces processus, même en présence d'une jurisprudence favorable.

C'est ainsi que les communautés autochtones ont tendance à porter plainte devant la Commission interaméricaine des droits de l'homme (CIDH) à l'encontre de l'État argentin.

Éducation, langues et cultures

Plusieurs langues autochtones sont parlées en Argentine, à des degrés de compétence divers, notamment l'ava guarani, les chorote, chulupi, kolla, mapuche, tehuelche, mbya guarani, mocovi, pilaga, ranquel, tapiete, qom, wichi. Mais plus de 90 % de la population autochtone ne reçoit pas d'éducation dans sa langue maternelle. Selon les groupes concernés, de 5 à 10 % ne disposent pas d'école, de 40 à 70 % ne fréquentent pas l'école régulièrement, moins de 50 % des élèves autochtones qui commencent une éducation primaire la finissent.

Face à cette situation, le droit à l'Éducation interculturelle bilingue (EIB) a été reconnu par la Constitution nationale en 1994 et il est formulé expressément par les constitutions des provinces de Chubut, Chaco et Salta. En 2004 fut lancé un programme EIB en tant que module intégré au sein du système éducatif général. Depuis, afin de pallier les lacunes de l'EIB, les peuples autochtones de différentes provinces ont mis en place des écoles d'éducation autonome qui enseignent leurs langues, histoires, arts et cultures, mais dépendant de financements aléatoires elles ne garantissent pas une éducation réfléchie sur le long terme.

BOLIVIE[6]

Au cœur de l'Amérique du Sud, entre le Brésil, le Pérou, le Chili, l'Argentine et le Paraguay, la Bolivie compte deux grandes régions géo-climatiques : la région andine (cordillère des Andes, Altiplano, vallées) et les basses terres (forêts tropicales, Amazonie, forêts sèches, savanes et Chaco), qui couvrent respectivement un tiers et deux tiers du territoire national. La Bolivie continue de réclamer un droit d'accès souverain à la mer, perdu lors de la guerre du Pacifique (1879-1883), une revendication incorporée à la Constitution politique de 2009.

Membre fondateur de la Communauté andine des nations (1969), la Bolivie participe à l'Association latino-américaine d'intégration (1980) et, depuis 1996, au Marché commun du Sud (Mercosur). Depuis 2000, elle prend part à l'Initiative pour l'Intégration sud-américaine (Iirsa), pour développer les réseaux de transports et de communication dans la région. La construction de corridors dits bi-océaniques, destinés à relier l'océan Atlantique et l'océan Pacifique, est à l'origine d'un conflit entre les peuples autochtones et l'État bolivien dans le Territoire indigène et Parc national Isiboro Sécure (Tipnis) qui doit être traversé par une voie reliant les municipalités de Villa Tunari à San Ignacio de Moxos. Depuis 2006 et l'accès de Evo Morales à la magistrature suprême, la Bolivie a intégré l'Alternative bolivarienne pour les Amériques (Alba), refuse d'établir des traités de libre commerce avec les États-Unis ou l'Europe, s'oppose à l'Accord de libre commerce des Amériques (Alca) et privilégie les traités de commerce entre les peuples. En 2008, elle a participé à la fondation de l'Union des nations sud-américaines (Unasur), une association politique dotée d'un Parlement dont le siège est installé à Cochabamba.

Le dernier recensement officiel, effectué en 2012, indique que 48 % de la population estimée à un peu plus de dix millions de personnes déclarent appartenir à une nation ou à un peuple autochtone[7]. Trente-six peuples autochtones sont reconnus par la Constitution de 2009, notamment par le critère linguistique qui distingue les peuples araona, aymara, baure, bésiro, canichana, cavineño, cayubaba, chácobo, chimán, ese ejja, guaraní, guarasu'we, guarayu, itonama, leco, machajuyai-kallawaya, machineri, maropa, mojeño-trinitario, mojeño-ignaciano, moré, mosetén, movima, pacawara, puquina, quechua, sirionó, tacana, tapiete, toromona, uru-chipaya, weenhayek, yaminawa, yuki, yuracaré, zamuco. Deux organisations autochtones à dimension nationale se distinguent dans un

6. Données rassemblées par Laurent Lacroix.

7. Cela suscita une controverse puisque le recensement national précédent (2001) laissait entendre que la Bolivie était un pays à majorité autochtone en indiquant que 66 % de la population bolivienne âgée de plus de 15 ans s'auto-identifiait comme telle. Cette donnée fut l'un des éléments importants considérés pour la constitutionnalisation d'un État plurinational en 2009.

tissu associatif dense, ancien et inspiré par une longue histoire de syndicalisation paysanne. Le Conseil national des Ayllus et Markas du Qullasuyu (Conamaq) représente seize *nationalités* autochtones des Andes, la Confédération des peuples indigènes de Bolivie (Cidob) représente trente-quatre *peuples* des Basses Terres[8].

La Bolivie demeure l'un des pays les plus pauvres d'Amérique latine si l'on considère les indicateurs socio-économiques internationaux : la pauvreté affecte environ 60 % de la population, principalement les aires rurales, et près de 80 % des personnes autochtones.

Organisation politique et administrative

Depuis l'arrivée au pouvoir de Evo Morales porté par le Movimiento al Socialismo (MAS), la Bolivie constitue un « État unitaire de droit plurinational et communautaire », qui donne une place remarquable aux organisations des peuples autochtones dans la vie politique. Un article sur huit du texte constitutionnel traite directement de la question autochtone.

Le président, élu tous les cinq ans, est chef de l'État et du gouvernement. Le Parlement est formé du Sénat (vingt-sept membres) et de la Chambre des députés (cent trente membres). Depuis la loi des groupes citoyens et des peuples indigènes de 2004, les groupes de citoyens et les peuples autochtones (et pas seulement les partis politiques) peuvent présenter des candidats aux élections municipales, départementales et nationales.

L'organisation politico-administrative repose sur les départements dirigés par un gouverneur, les municipalités dirigées par des maires et des conseillers, ainsi que les régions et les territoires autochtones administrés par des autorités propres. Chacune de ces quatre collectivités territoriales peut devenir « autonome » après élaboration et approbation par référendum local d'un statut de fonctionnement interne validé par le Tribunal constitutionnel plurinational. Un régime spécial d'autonomie *indigène originaire paysanne* aux niveaux municipal, régional et territorial peut être accordé aux « nations et peuples » autochtones qui en font la demande auprès de l'État.

Le régime juridique, qui tend vers le pluralisme, se compose de quatre types de juridictions : la juridiction ordinaire, exercée par le Tribunal suprême de justice, les tribunaux départementaux de justice et de sentence, et les juges ; la juridiction agro-environnementale, exercée par le Tribunal agro-environnemental et les juges compétents ; les juridictions spéciales régulées par la loi ; et la juridiction *indigène originaire paysanne* exercée par les autorités autochtones compétentes, selon les normes et les procédures de chaque peuple autochtone. Ces quatre juridictions jouissent du même statut. Aucune hiérarchie n'est établie entre elles. La justice constitutionnelle est placée sous l'autorité du Tribunal constitutionnel plurinational.

8. Pour les notions de « nationalités » et de « peuples », voir la définition constitutionnelle, *infra in* « Situations juridiques ».

Situations juridiques

L'article 2 de la Constitution, adoptée en 2009, reconnaît l'existence précoloniale, la maîtrise ancestrale des territoires et garantit le droit à l'autodétermination – dans le cadre de l'unité de l'État – des peuples dénommés « nations et peuples indigène originaire paysans »[9], que la Loi cadre des autonomies et de la décentralisation a défini, en 2010, de la façon suivante :

> Ce sont des peuples et nations qui existent avant l'invasion ou la colonisation, qui constituent une unité sociopolitique, historiquement développée, dotée d'organisation, de culture, d'institutions, de droit, de ritualité, de religion, de langue et d'autres caractéristiques communes et intégrées. Elles se trouvent établies dans un territoire ancestral donné, par la voie de leurs institutions propres, dans les Hautes Terres – ce sont les *suyus* constitués par les *markas, ayllus* et d'autres formes d'organisations, et, dans les Basses Terres, selon les caractéristiques propres à chaque peuple autochtone. (Trad. litt.)

La Bolivie reconnaît à ces peuples, existant préalablement à la formation de l'État, le droit à l'autonomie, à l'autogouvernement, à la culture, à la reconnaissance de leurs institutions et à la consolidation de leurs entités territoriales, en conformité avec la Constitution et avec la loi. En résumé, est considérée comme relevant de ce régime, « toute collectivité humaine qui partage une identité culturelle, une langue, une tradition historique, des institutions, une territorialité et une cosmovision dont l'existence est antérieure à l'invasion coloniale espagnole » (article 30).

La Constitution de 2009 incorpore l'ensemble des droits reconnus aux peuples autochtones dans la Convention 169 de l'OIT (1989) et dans la DDPA (2007). Son application impliquant la rénovation complète du cadre législatif et des innovations juridiques, la question autochtone est devenue transversale aux niveaux politiques et législatifs. Depuis 2009, elle est prise en compte dans de nombreuses lois. On citera en particulier les cinq lois dites « structurelles » de l'État plurinational que sont la loi de l'organe électoral plurinational (loi 18 du 6 juin 2010), la loi de l'organe judiciaire (loi 25 du 24 juin 2010), la loi du régime électoral (loi 26 du 30 juin 2010), la loi du tribunal constitutionnel (loi 27 du 6 juillet 2010) et la loi-cadre des autonomies et de décentralisation (loi 31 du 19 juillet 2010). À celles-ci s'ajoutent la loi de l'éducation (loi 70 du 29 décembre 2010), la loi des droits de la terre-mère (loi 71 du 21 décembre 2010) et la loi de délimitation juridictionnelle (loi 73 du 29 décembre 2010).

---

9. Nous conservons l'intitulé de ces groupements, incluant l'apparente faute d'accord en genre qui semble distinguer « indigène originaire » (singulier) de « paysans » (pluriel) selon la Constitution politique de l'État et la Loi cadre des autonomies et de la décentralisation (2010, article 6, III).

Questions territoriales

La Constitution bolivienne (2009) reconnaît les « territoires ancestraux » des peuples autochtones et les inscrit dans l'organisation politico-administrative du pays qu'il s'agit de rénover. Ils constituent des juridictions à part entière ; les collectivités qui les détiennent assument des compétences similaires à celles des municipalités et jouissent d'un régime spécifique d'« autonomie indigène originaire paysanne », lequel peut s'appliquer aussi aux niveaux municipal et régional. Ce régime et ses modalités d'attribution sont définis par la loi-cadre des autonomies et de décentralisation (2010).

Les conflits entre les différentes collectivités territoriales n'en existent pas moins, tant pour des questions de démarcation, inachevée, que de reconnaissance des compétences d'autonomie qui tardent à se mettre en place concrètement, ou encore en raison des enjeux de projets d'aménagement, de construction routière ou de plan d'exploitation des ressources énergétiques (minerais, gaz, pétrole).

Éducation, langues et cultures

La Constitution actuelle admet comme langues officielles le castillan (espagnol) et les langues des trente-six peuples et nations reconnus par l'État. L'éducation est unitaire, publique, universelle, démocratique, participative, communautaire, décolonisatrice et de qualité (articles 17 et 78), obligatoire jusqu'au baccalauréat (article 81).

Selon le vocabulaire usité dans cette région du monde, l'éducation intraculturelle, interculturelle et plurilingue qui tend à se développer en Amérique andine constitue l'un des dix-huit droits collectifs reconnus aux peuples autochtones en Bolivie (article 30). À l'avenir, les candidat(e)s à des postes de la fonction publique devront parler au moins deux langues officielles du pays (article 234). La loi prévoit la création d'un Institut des langues autochtones (art. 88) et de Conseils éducatifs des peuples originaires (article 92). En avril 2009, trois universités autochtones ont été inaugurées qui délivrent des diplômes de technicien professionnel (3,5 années d'études), de maîtrise (5 ans) et de magistère (7 ans). Elles ont pour finalité de « transformer le caractère colonial de l'État et de l'Éducation supérieure par la formation de ressources humaines » locales et d'« articuler l'éducation supérieure avec les nécessités régionales de développement et la participation des communautés organisées dans la région » (décret suprême 29 664, 2/08/2008).

Chili[10]

Situé dans le cône sud, cet État de 755 858,7 km² allongé sur la côte Pacifique partage au nord une frontière avec la Bolivie et le Pérou (pays qui a déposé, en 2006,

10. Données rassemblées par Leslie Cloud.

devant la Cour internationale de justice une demande en justice portant sur les limites maritimes), et à l'est la frontière de la cordillère des Andes avec l'Argentine.

Indépendant de l'Espagne depuis 1810, le Chili n'a contrôlé l'ensemble de son territoire qu'à la fin du XXe siècle, après annexion des territoires autochtones du nord en 1883 (suite à sa victoire dans la guerre du Pacifique), après la conquête militaire des territoires mapuche du sud et après l'annexion de Rapa nui (actuellement province du Chili et territoire spécial depuis 2007) suite à la signature de l'Accord de volontés de 1888.

Pays à l'économie très libéralisée depuis la dictature d'Augusto Pinochet, le Chili se définit comme un État tricontinental pour avoir pied à la fois sur le continent américain, sur le Pacifique et sur l'Antarctique. Il est membre de l'Apec (Coopération de l'Asie-Pacifique), partie au P4-AAE (accord stratégique trans-Pacifique d'association économique). Il est membre associé du Mercosur, membre de l'Aladi (Association latino-américaine d'intégration), de l'Olade (Organisation latino-américaine de l'énergie), de l'OEI (Association des États ibéro-américains), de la CIN (Communauté ibéro-américaine de nations), de l'Unasur (Union des nations sud-américaines), de la BID (Banque interaméricaine de développement), de la CAF (Corporation andine de développement), de la CAN (communauté andine des nations). Il a souscrit des accords commerciaux économiques avec l'Argentine, la Bolivie, Cuba, l'Équateur, le Mercosur, le Venezuela, un accord de libre-échange avec la Colombie, un autre avec le Pérou, et des traités de libre-échange auprès de l'Amérique centrale, le Mexique et le Pérou. Il a également souscrit de tels traités avec le Canada, les États-Unis, la Chine, le Japon, la Corée, l'Efta (Suisse, Norvège, Liechtenstein, Islande), un accord à portée partielle (AAP) avec l'Inde ainsi qu'un accord d'association (AAE) avec l'Union européenne. Considéré comme le « Jaguar de l'Amérique latine » pour sa stabilité économique, il a été le second État latino-américain à intégrer l'OCDE le 12 janvier 2010.

Sur 16 341 000 millions d'habitants (recensement 2012), 1 714 677 personnes se reconnaissent comme autochtones, soit 11 % de la population totale. Elles sont localisées régionalement, dans les campagnes et dans les grandes villes : 114 523 Aymara (Arica-Parinacota), 45 314 Diaguita (Coquimbo), 13 667 Queshua (Atacama), 13 678 Kolla (Antofagasta), 6 101 Likan Antai, 1 508 722 Mapuche (Bío-bío, Araucanía, Los Ríos, Los Lagos, région métropolitaine), 1 784 Kawashkar, 1 235 Yamana (Magallanes) et 8 406 Rapa Nui (Rapa Nui – île de Pâques). Plusieurs de ces peuples sont transfrontaliers : Mapuche (Chili-Gulumapu et Argentine Puel-Mapu) ; Diaguita (Chili-Argentine) ; Kolla (Chili-Argentine) ; Aymara (Chili, Bolivie, Argentine, Pérou) qui a établi une alliance stratégique politique aymara (Chili-Pérou-Bolivie) ; Maori Rapa Nui qui entretient des échanges socio-politiques et culturels avec le peuple maori du triangle polynésien.

Organisation politique et administrative

Sans compter les essais du début du XXe siècle, trois Constitutions ont régi le Chili depuis son indépendance : en 1833, 1925 et 1980. Cette dernière, adoptée sous le régime dictatorial de Pinochet, a subi d'importantes réformes, notamment la suppression des sièges de sénateurs à vie pour les ex-présidents de la République, mais aussi la réforme qui modifie les critères de recevabilité des recours de protection du droit à un environnement libre de contamination (2005) et celle permettant la création des territoires spéciaux de Rapa Nui et de l'île Juan Fernandez en 2007 (en attente de leur définition par une loi organique constitutionnelle).

Élu pour quatre ans à la tête de l'exécutif, le président de la République est le chef de l'État et du gouvernement. Le pouvoir législatif est exercé par le Congrès national constitué en parlement composé de la Chambre des députés et du Sénat. Historiquement faible, le pouvoir judiciaire, à caractère hybride (avec des institutions de la *common law* et de tradition romano-germanique) est organisé sur le modèle d'une Cour suprême de justice, à la tête de cours d'appel réparties sur l'ensemble du territoire, dont dépendent les tribunaux de première instance en matière civile, pénale, familiale, des mineurs et du travail. Le Tribunal constitutionnel, créé en 1980 et réformé en 2005, est chargé du contrôle de constitutionnalité des décrets à force de loi, des lois, des projets de lois et des traités avant qu'ils ne soient soumis à l'approbation du Congrès. Une nouvelle juridiction a été créée en 2012, celle des tribunaux environnementaux, au nombre de trois (à Antofagasta, Santiago et Valdivia), qui sont chargés de statuer sur des affaires mettant en cause le droit de l'environnement. Le ministère public, une institution indépendante des trois pouvoirs, est chargé d'instruire les délits et de déférer les accusés devant les tribunaux ; il est composé d'une instance nationale et de 18 instances régionales.

État unitaire, le Chili est organisé en quinze régions (les deux dernières ayant été créées en 2007) et cinquante-quatre provinces. Chaque région est administrée par un gouvernement régional composé de l'intendant nommé par le président de la République, assisté d'un conseil régional et de secrétariats régionaux ministériels. Les provinces sont dirigées par un gouverneur (nommé par le/la président(e) de la République), en accord avec les instructions de l'intendant régional. Il n'existe pas de mécanisme spécifique permettant la participation des peuples et personnes autochtones au sein des structures étatiques.

Situations juridiques

Le Chili constitue l'un des derniers États latino-américains à population autochtone à ne pas reconnaître constitutionnellement de droits à ces peuples. La loi 19.253 (dite aussi *ley indígena*, « loi indigène ») qui se réfère au concept d'ethnies, autorise leurs recensement et localisation, et la catégorie « peuples autochtones/*pueblos indígena* » est aujourd'hui en usage. Depuis la ratification en 2008 de la Convention 169 de l'OIT de nombreuses normes chiliennes auraient dû être modifiées ou abrogées en raison de leur contradiction avec cet instrument : notamment le Code des eaux (1981), le Code des mines (1983), la loi générale de pêche et agriculture (1991), la loi sur les concessions en énergie géothermiques (2000) et d'autres lois sectorielles, ainsi que la *ley indigena* adoptée en 1993.

Cette dernière prévoit la reconnaissance des « communautés », selon un schéma administratif comprenant l'élection de trois autorités – président, secrétaire, trésorier – (un modèle étranger à l'organisation sociopolitique et culturelle autochtone), ainsi qu'un régime de protection des terres et des mécanismes spécifiques d'accès à la terre et à l'eau. En 2008 fut adoptée la loi 20.249 (dite aussi « Initiative de l'identité territoriale lafkenche »), qui crée l'espace côtier des peuples autochtones (« originaires » dans le texte) et permet à des associations ou communautés autochtones de solliciter la concession d'aires côtières sur lesquelles elles peuvent attester d'usages coutumiers.

En 2009, le Chili a adopté sa première législation (décret 124) visant à réglementer le processus de consultation, en vue d'obtenir le consentement préalable, libre et informé. Tant les modalités de son adoption (par défaut de consultation des peuples autochtones concernés) que le contenu étaient contraires au droit international des peuples autochtones et à la Convention 169 de l'OIT. Ce décret a fini par être abrogé et remplacé en 2013 par le décret n° 66 du ministère de Développement social, qui régule la procédure de consultation autochtone en vertu de l'article 6 de la Convention 169 mais ne satisfait pas aux standards établis en la matière.

Questions territoriales

Au moment de l'accès du Chili à l'indépendance, les territoires situés entre le fleuve Bío-Bío et le fleuve Maule demeuraient indépendants en vertu des traités de paix et de commerce réalisés entre les représentants des nations mapuche et la couronne d'Espagne. Si bien que la convention constituante de 1828 s'interrogea sur la légalité de l'incorporation de ces territoires mapuche au sein du territoire chilien, un député suggérant même de distinguer le territoire de la nation chilienne qui excluait les territoires mapuche de celui d'une République plurinationale chilienne qui, lui, l'incorporerait. Mais une première loi (2 juillet 1852) créa la province d'Arauco au sein des territoires mapuche et une seconde (4 décembre 1866) délimita et réduisit les territoires mapuche en réserves dont la propriété, soumise à un régime de protection exorbitant du droit commun, fut fixée par un titre de propriété, dit *Titulo de Merced*. En vertu de ce processus, le territoire mapuche du Chili fut diminué de 90 à 95 % et les terres situées hors des réserves, déclarées appartenir à l'État. Par la suite, des lois spéciales ont divisé les titres de Merced, tout en soumettant à une protection particulière les titres de propriété issus de cette opération. Le processus de division fut suspendu le temps d'un processus de réforme agraire, initié sous le gouvernement de Jorge Alessandri (1958-1964) et poursuivi sous les gouvernements d'Eduardo Frei (1964-1970) et de Salvador Allende (1970-1973), mais il reprit sous la dictature militaire de Pinochet avec les décrets-lois 2568 et 2750 de 1979. Ce processus historique nourrit les actuelles revendications territoriales mapuche.

Concernant Te Pito O Te Henua (Rapa Nui), c'est en 1933 que l'ensemble des terres de l'île furent déclarées appartenir au domaine public en violation, selon le peuple maori rapa nui, du traité international dénommé Accord de volontés réalisé en 1888 entre ce peuple et l'État chilien. La version maori rapa nui du texte ne prévoit pas la cession de la propriété des terres à l'État chilien, ni celle de sa souveraineté. Aujourd'hui, si la communauté rapa nui reste divisée quant aux tenants de l'autonomie revendiquée au sein d'un futur statut spécial du territoire, l'ensemble des Rapa Nui revendiquent la restitution de leurs terres ancestrales ainsi que la récupération de leur patrimoine culturel. À cet égard, depuis les mobilisations rapa nui d'avril 2015, le parc national Rapa Nui qui couvre plus de 40 % des terres de l'île est aujourd'hui géré selon un mode de co-administration entre la communauté rapa nui et la Conaf (*Corporación Nacional agro-forestal*).

La *ley indígena*, en vigueur bien que nombre de ses dispositions soient contraires à la Convention 169 de l'OIT, ne reconnaît ni les territoires autochtones ni les droits aux ressources naturelles. Elle crée au sein de la Conadi (Corporation nationale de développement indigène), un fonds des terres et eaux autochtones compétent sur l'ensemble du territoire chilien et prévoit trois mécanismes d'accès à la terre et aux ressources naturelles afin de poser un plafond aux revendications territoriales autochtones : des subventions étatiques pour l'acquisition de terres ; l'achat de terrains « en conflit » ; et le transfert de terrains appartenant au domaine public. Ce mécanisme permit de répondre à un certain nombre de réclamations de terres et de régulariser la propriété de quelques terrains. Mais il s'est montré incapable de contenir l'ensemble des revendications foncières (principalement mapuche) qui muta vers des opérations de récupération territoriale. Afin de contrôler une situation qui lui échappait, l'État chilien déclara alors « criminelles » les revendications territoriales mapuche, emprisonna les dirigeants mapuche et appliqua à leur encontre la loi antiterroriste et la loi de sécurité intérieure de l'État[11].

Par ailleurs, les lois sectorielles du programme économique néolibéral mis en place sous la dictature de Pinochet (Code des eaux de 1981, Code des mines de 1983, loi générale de pêche et agriculture de 1991, loi sur les concessions en énergie géothermiques en 2000) n'ont pas été modifiées. Elles permettent l'appropriation et l'exploitation par des entreprises, souvent multinationales, des ressources naturelles des territoires autochtones ou bien sont la cause de leur contamination. À cet égard, le manquement au respect de la Convention 169 de l'OIT a été sanctionné à plusieurs reprises par des cours d'appel chiliennes, sans qu'une jurisprudence favorable aux peuples autochtones puisse s'installer au sein de la Cour suprême.

11. Depuis la transition à la démocratie, les mobilisations mapuche ont été réprimées par le ministère de l'Intérieur et le pouvoir judiciaire qui ont appliqué la loi de sécurité intérieure de l'État à partir de la présidence de Patricio Aylwin (1990-1994), puis la loi antiterroriste à partir de celle du président Ricardo Lagos (2000-2006). Depuis quelques années, le ministère de l'Intérieur les inculpe de crimes fortement sanctionnés par le droit pénal afin de ne plus focaliser l'attention sur l'application de la loi antiterroriste.

Éducation, langues et cultures

Si la langue officielle du Chili est le castillan (espagnol), plusieurs langues autochtones sont toujours parlées (mapuzugun, aymara, quechua, vânaga rapa nui, kawashkar, yagan). Dans une commune uniquement, Galvarino, et du fait d'une forte mobilisation, le maire mapuche a approuvé par un décret datant de 2013 la co-officialisation de la langue mapuche. Dans le reste du pays, le castillan gagne du terrain et les langues des Lican Antay, des Kawashcar et des Yagan se trouvent en situation de grande vulnérabilité, ainsi que le quechua contrairement à la situation qu'il connaît en Bolivie. Une étude sociolinguistique, réalisée en 2008 pour le compte de la Conadi, révèle que 67 % de la population mapuche de plus de 10 ans est monolingue en castillan, 28,5 % seulement présentant une haute compétence linguistique en mapuche. La même situation est constatée à Te Pito O Te Henua, où les enfants risquent de perdre leur langue ancestrale bien qu'elle soit toujours parlée par la majorité des adultes. Selon l'enquête Casen réalisée en 2009 sur le total de la population autochtone du Chili, 12 % comprennent et parlent leur langue autochtone (14,2 % en 2006) ; 10,6 % la comprennent seulement (14,1 % en 2006) et 77,3 % ne la comprennent pas ni ne la parlent (71,7 % en 2006).

Malgré des statistiques qui manifestent le risque futur d'extinction de plusieurs langues au Chili, il n'existe aucune législation nationale sur les droits linguistiques des peuples autochtones. La loi 19.253 prévoit bien un article 28 relatif à la reconnaissance et au respect des cultures et langues autochtones, mais la disposition est à caractère essentiellement programmatique. Pour la première fois, la loi organique constitutionnelle de l'éducation (Loce), réformée en 2009 sans consultation des peuples autochtones, a prévu le devoir de conserver les langues autochtones (article 29). Depuis 2008 fonctionnent deux académies de langues autochtones (aymara et vâgana rapa nui), le projet de création d'une académie de langue mapuche étant suspendu en raison de l'opposition de nombreuses organisations mapuche.

Le taux d'analphabétisme autochtone baisse, tout en restant deux fois supérieur à celui des non-autochtones, et il est principalement observé dans les zones rurales à tous les échelons de l'enseignement, primaire, secondaire et supérieur. Pour des raisons variées, les enfants autochtones ont un moindre accès à l'école que les non autochtones. Un système de bourse a été mis en place, sous condition de ressources, de résultats et d'ascendance autochtone (prouvée par la remise d'un certificat délivré par la Conadi en application des critères de la *ley indígena*). De nombreuses résidences scolaires et universitaires ont été installées pour les étudiants autochtones.

Si l'article 32 de la *ley indígena* prévoit la mise en place d'un système d'éducation interculturelle au sein des territoires à haute densité de population autochtone, cette politique éducative a été réellement mise en marche à compter de 2009 avec l'approbation de la Loce. Plusieurs critiques ont été portées sur le fonctionnement de cette éducation interculturelle bilingue au Chili : un public essentiellement autochtone ; le manque de moyens et de professionnels ; une cible exclusivement rurale, son statut de module d'enseignement, le caractère non obligatoire de l'enseignement des langues autochtones, son absence de considération de l'enseignement supérieur. Actuellement, deux universités forment des professeurs autochtones et non autochtones à l'éducation interculturelle bilingue : l'université Prat dans le nord et l'université catholique de Temuco dans le sud. Cependant, les professionnels trouvent difficilement un travail correspondant à leur spécialité. Suite à la mobilisation d'organisations autochtones, a été récemment créé le titre d'éducateur traditionnel, qui permet à des personnes autochtones considérées au sein de leurs communautés comme détentrices d'un savoir autochtone d'enseigner dans le module d'éducation interculturelle. Une courte formation pédagogique et une certification par leurs pairs sont réalisées par des organisations autochtones sur délégation du ministère de l'Éducation. Les établissements enseignant le module d'éducation interculturelle peuvent librement décider d'engager un éducateur traditionnel ou bien un professeur de formation universitaire.

À signaler aussi que, parallèlement à ces programmes d'éducation interculturelle bilingue, le Chili connaît plusieurs expériences de centres de santé qui associent, au sein d'un même espace, médecine occidentale et médecine mapuche (chaque spécialiste exerçant ses propres pratiques). Accessibles aux patients autochtones et non autochtones, ils rencontrent un vif succès auprès des deux populations.

Mexique[12]

Au sud du sous-continent nord-américain, le Mexique est frontalier des États-Unis, du Guatemala et du Belize. À travers ses frontières passent d'importants flux migratoires auxquels participent les populations autochtones du Mexique et de l'ensemble du continent. Cela peut s'expliquer par l'existence de liens anciens. Quatre familles linguistiques autochtones partagent le territoire mexicain avec celui d'un autre pays. Au sud, le territoire Tojolabal/Chuj, de la famille maya, se situe au Mexique et au Guatemala, et la famille yuto-aztèque s'étend jusqu'au Salvador. Au nord, les Yaqui, Pima, Cucapá et Pápago occupent des territoires au Mexique et aux États-Unis.

Le Mexique fait partie de l'Organisation des Nations unies et des institutions issues de Bretton Woods (la Banque mondiale, le Fonds monétaire international – FMI) et la Banque internationale pour la reconstruction et le développement (Bird). Il fait aussi partie de la Banque interaméricaine de développement, de l'Organisation mondiale du commerce (OMC) et de l'Organisation pour la coopération et le développement économique (OCDE). Il est membre de l'Organisation des États américains (OEA) et fait partie de la zone de libre-échange économique avec les États-Unis d'Amérique et le Canada (Alena). Il appartient également à l'organisation intergouvernementale de coopération entre l'Asie et le Pacifique (Apec).

12. Données rassemblées par Verónica González González.

D'après l'Inegi (Institut national de statistique et géographie), le Mexique compte une population totale de 112 336 538 d'habitants (recensement 2010). De ce total, il est difficile de déduire les chiffres exacts de personnes et peuples autochtones. Les estimations quant au nombre des peuples et individus autochtones ne font pas consensus au sein des institutions gouvernementales. La Conapo (Commission nationale de population), l'Institut national des langues autochtones (Inali), la Commission pour le développement des peuples autochtones (CDI) et l'Institut national de statistique géographique et informatique ont tous produit des statistiques qui, basées sur une compréhension différente de ce que sont une personne et un peuple autochtones, donnent des chiffres différents. Trois critères principaux sont utilisés dans les différents calculs officiels du nombre d'individus autochtones sur un territoire donné : le fait de parler une langue autochtone, la condition d'habiter dans un foyer où le chef, le conjoint ou une autre personne « ascendante » parle une langue autochtone, et l'auto-identification. L'usage différent de ces critères par les institutions mentionnées produit des résultats variant entre eux. D'après le recensement de 2010, l'Inegi estime à 15,7 millions le nombre de personnes autochtones (soit 13,9 %). Pour calculer le nombre de peuples autochtones habitant le Mexique, l'exercice est généralement basé sur des critères linguistiques. Les calculs varient de 62 à 364 langues. Pour l'Inali, il existe 68 « regroupements linguistiques » qui, d'après cette institution, correspondraient à des « peuples autochtones » et 364 variantes linguistiques ou « langues ». De son côté, le recensement de l'Inegi comptabilisait 85 langues en 2000.

Quoi qu'il en soit, le Mexique est parmi les huit pays au monde qui hébergent le plus de peuples autochtones, et le premier en Amérique latine. D'après le catalogue publié par l'Institut national des langues autochtones, en 2008, ces peuples sont : Acateco, Amuzgo, Awakateco, Ayapaneco, Chatino, Chichimeco Jonaz, Chinanteco, Chocholteco, Ch'ol, Chontal de Oaxaca, Chontal de Tabasco, Chuj, Cora, Cucapá, Cuicateco, Guarijío, Huasteco, Huave, Huichol, Ixcateco, Ixil, Jakalteko, Kaqchiquel, Kickapoo, Kiliwa, Kumiai, Ku'ahl, K'iche', Lacandón, Mam, Matlatzinca, Maya, Mayo, Mazahua, Mazateco, Mixe, Mixteco, Nahuatl, Oluteco, Otomí, Paipai, Pame, Pápago, Pima, Popoloca, Popoluca de la Sierra, Qato'k, Q'anjob'al, Q'eqchi', Sayulteco, Seri, Tarahumara, Tarasco, Teko, Tepehua, Tepehuano del Norte, Tepehuano del Sur, Texistepequeño, Tlahuica, Tlapaneco, Tojolobal, Totonaco, Triqui, Tseltal, Tsotsil, Yaqui, Zapoteco, Zoque.

D'après l'Indice de développement humain, élaboré par le Programme des Nations unies pour le développement (Pnud), le Mexique a un niveau de développement humain élevé. Néanmoins, d'après le coefficient de Gini, instrument statistique qui mesure les inégalités de distribution des revenus, le pays est considéré comme l'un des plus inégaux au monde. D'après les critères proposés par la CDI, 33,9 % des municipalités autochtones (dont plus de 40 % de la population est autochtone) seraient « très défavorisées » et 46,5 % seraient « défavorisées ». La majorité (56,8 %) de la population autochtone active occupée travaille dans le secteur primaire ; 30,7 % ne perçoivent pas de revenus pour leur travail et 22,2 % vivent des minima salariaux. Selon le Pnud, être autochtone au Mexique multiplie par 3,3 la probabilité de vivre dans la pauvreté. Cela se répercute sur l'espérance de vie des personnes autochtones : de six ans inférieure à celle du reste de la population mexicaine. D'après les chiffres présentés dans le Rapport sur le développement humain des peuples autochtones au Mexique (2010), 70,9 % de la population autochtone vit en « pauvreté multidimensionnelle », avec un accès limité à des services tels que l'eau, l'électricité et le gaz, et sans accès aux institutions fédérales de santé. D'après le rapport de la Conapo, *Proyecciones de indígenas de México y de las entidades federativas 2000-2010*, le taux de mortalité infantile est presque le double de celui des non-autochtones. L'écart entre les situations des peuples autochtones et non autochtones touche aussi le domaine de l'éducation (*cf. infra*).

Organisation politique et administrative

Les États-Unis mexicains, le nom officiel du pays, sont une république fédérale présidentielle, constituée de 32 entités fédérées, divisées en 2454 *municipios* (l'équivalent d'une commune française). Les peuples autochtones occupent un cinquième du territoire du pays, habitent dans tous les États fédérés (y compris ceux où ils ont migré), mais ils ne disposent pas de districts ou de territoires propres. Alors que, depuis 2001, la Constitution reconnaît le droit des peuples autochtones à l'autodétermination et à l'autonomie (article 2), aucune législation ne garantit l'exercice de ces droits.

Au niveau fédéral, le pouvoir exécutif est aux mains du président, le pouvoir législatif dans celles du Congrès de l'Union (composé des deux chambres, des députés et des sénateurs). Le pouvoir judiciaire relève de la Magistrature, formée par la Cour suprême de justice de la Nation, le tribunal électoral, les *tribunales de circuito* (collégiaux et unitaires), des tribunaux de district et du Conseil de la magistrature fédérale. Les trois pouvoirs sont représentés au niveau des États et des *municipios*. Au niveau des États fédérés, le pouvoir exécutif est représenté par les gouverneurs, le pouvoir législatif l'est par les congrès (unicaméraux) et le pouvoir judiciaire, par les tribunaux. Chaque État dispose d'un Code civil et d'un Code pénal propres, ainsi que d'un corps judiciaire. Au niveau municipal, le gouvernement est représenté par les mairies, dirigées par un président municipal (pouvoir exécutif au niveau municipal), assisté par un groupe de conseillers municipaux (*regidores*, représentants du pouvoir législatif) et de syndics (représentants du pouvoir judiciaire).

La législation relative aux droits autochtones relève du pouvoir législatif fédéral et des Congrès des États fédérés qui en détiennent la compétence. Néanmoins, les obligations signalées par l'article 2 de la Constitution – le principal article qui aborde les droits autochtones – relèvent des trois niveaux de la fédération (article 2, alinéa b).

Situations juridiques

En 1992, le Mexique a reconnu pour la première fois dans la Constitution fédérale « la composition pluriculturelle [de la Nation] basée originellement sur ses peuples autochtones » (article 4). En 2001, étaient réformés les articles 1, 2, 4, 18 et 115 de cette Constitution (réforme familièrement dénommée *ley indígena).* L'article 1 interdit « les formes de discrimination émanant de situations dues à l'origine ethnique ou nationale de l'individu ». L'article 2 reconnaît le droit des peuples autochtones à l'autodétermination et à l'autonomie et leur droit à « avoir accès, de façon préférentielle et en conformité aux formes et modalités relatives aux droits de propriété et de détention des terres, à l'utilisation et à la jouissance des ressources naturelles existantes dans les lieux où de telles communautés se sont établies », à l'exception des « zones classées stratégiques selon les termes établis par cette Constitution ». L'article 2 s'appuie sur les critères établis dans la Convention 169 de l'OIT pour l'identification des peuples autochtones, notamment sur le critère de l'auto-identification.

> Les communautés appartenant à un peuple autochtone sont celles qui sont implantées sur un territoire, qui se reconnaissent comme étant une unité sociale, économique et culturelle, soumise aux mêmes autorités reconnues comme telles sur la base de leurs us et coutumes[13].

L'article 115 autorise la coordination et l'association des communautés autochtones à l'intérieur du *municipio.*

La réforme de la Constitution implique la reconnaissance des peuples autochtones comme des « entités d'intérêt public », mais pas en tant que sujets de droits collectifs. Elle ajoute dans quatre articles transitoires que, pour l'établissement des « districts électoraux uninominaux, on devra prendre en considération, quand ce sera possible, l'emplacement des peuples et communautés autochtones, afin de promouvoir leur participation politique ». Elle demande au pouvoir exécutif fédéral de traduire les éléments de cette réforme « dans les langues des peuples autochtones du pays [...] et d'assurer la diffusion dans leurs communautés ». Elle attribue aux États fédérés la réglementation des droits autochtones reconnus dans la Constitution fédérale. C'est ainsi que 28 de ces entités fédérées (sur 32) prévoient quelques dispositions à leur égard. Quatre d'entre elles (Baja California Sur, Sinaloa, Tamaulipas et Zacatecas) n'ont adopté aucune loi, à notre connaissance, qui porte sur les droits, la culture ou la justice autochtones. Aucun État n'a réussi à traduire dans son corpus réglementaire l'intégralité des droits reconnus dans la Constitution et dans les normes internationales souscrites par l'État fédéral.

Depuis 2011, suite à une réforme de la Constitution, les traités internationaux signés par le Mexique ont caractère constitutionnel. Cela concerne les traités qui font partie du cadre normatif autochtone au niveau international, dont le Mexique est signataire, notamment la Convention 169 de l'OIT. Mais il a aussi

---

13. Traduction française de la Constitution, publiée par la Cour suprême de justice de la nation, sur http://www.wipo.int/edocs/lexdocs/laws/fr/mx/mx047fr.pdf [consulté le 16 mars 2015].

signé la Convention sur la diversité biologique et les instruments de l'Unesco sur la diversité culturelle, et ratifié tous les instruments des droits de l'homme élaborés par l'ONU, y compris ceux qui, sans faire explicitement référence aux peuples autochtones, comportent des normes dont ces derniers peuvent tirer profit, tels que le Pacte international sur les droits économiques, sociaux et culturels et le Pacte international sur les droits civils et politiques, la Convention internationale sur l'élimination de toutes formes de discrimination raciale, la Convention sur les droits de l'enfant, la Déclaration et la plateforme d'action de Pékin, relative aux droits des femmes. Le Mexique reconnaît la juridiction de la Cour interaméricaine des droits de l'homme, une instance qui a produit une jurisprudence importante dans ce domaine même si, au moment où nous écrivons, la Cour n'a pas prononcé de décision concernant les droits collectifs de ces peuples au Mexique. Tous les textes signés n'ont pas été transposés intégralement dans le droit national. L'un des obstacles à la mise en œuvre des instruments juridiques internationaux est précisément le manque de lois dans plusieurs domaines auxquels ces textes font référence.

Questions territoriales

Les droits des peuples autochtones à la terre, aux territoires et aux ressources naturelles sont évoqués dans plusieurs instruments juridiques : dans la Constitution nationale (articles 2 et 27), la loi agraire (1992, article 106), la loi forestière (1992) et la loi générale d'équilibre écologique et de protection de l'environnement (1988). Bien que ces lois reconnaissent des droits spécifiques pour les peuples autochtones, elles présentent aussi des limites importantes. Elles ne respectent pas toutes les normes internationales existant dans ce domaine. Il en résulte que certains aspects des droits reconnus dans ces instruments devraient être actualisés ou développés dans des lois spécifiques pour annuler les lacunes législatives qui empêchent la mise en œuvre des droits reconnus. La Constitution reconnaît le droit des peuples autochtones d'« avoir accès, de façon préférentielle et en conformité aux formes et modalités relatives aux droits de propriété et de détention des terres, à l'utilisation et à la jouissance des ressources naturelles existantes dans les lieux où de telles communautés se sont établies », à l'exception des « zones classées stratégiques selon les termes établis par cette Constitution ».

La réforme, en 1992, de l'article 27 de la Constitution – qui a levé le caractère d'inaliénabilité des *ejidos* (reconnus depuis 1917) – établit au 7e alinéa des dispositions en faveur des peuples autochtones et des populations habitant un *ejido* ou une terre communale, entités administratives qui concernent un nombre important de peuples autochtones. Le 1er paragraphe de cet alinéa reconnaît la personnalité juridique des *nucleos de poblacion ejidales y comunales*[14]. Les droits de propriété qui émanent des biens que détiennent ces noyaux de population

14. Voir en troisième partie et lire les précisions de Danièle Dehouve (2003) sur ces types de propriété collective.

communale et *ejidal* sont reconnus, ce qui inclut l'utilisation de l'espace et la réalisation d'activités productives. Le deuxième paragraphe de cet alinéa établit la protection intégrale des terres des « groupes autochtones ».

L'article 106 de la loi agraire (réformée en 1992) prescrit que « les terres des groupes autochtones devront être protégées par les autorités », la loi générale d'équilibre écologique et de protection de l'environnement (LGEEPE), réformée en 1996, et la loi forestière (1997) – qui prennent toutes deux comme base les dispositions de la Convention 169 de l'OIT et celles de la Convention sur la diversité biologique – cherchent à « protéger [...] les zones d'importance pour [...] les peuples autochtones » (article 45 de LGEEPE). Ces deux lois réaffirment un droit prioritaire des peuples autochtones pour l'usage des territoires et leur participation dans la déclaration, l'« établissement, l'administration et la gestion des zones protégées » (article 47 de LGEEPE), ainsi que pour la formulation, l'exécution et la veille des programmes de restauration écologique en cas de désertification ou dégradation, et des programmes de sauvegarde et de conservation de la biodiversité (article 78 de la même loi). Les deux lois considèrent la nécessité de prendre en compte les savoirs autochtones dans le cadre de la promotion du développement durable ainsi que la possibilité d'intégrer les organisations propres de ces peuples, des *ejidos* et des biens communaux. Elles requièrent le « consentement libre, préalable et éclairé des *ejidos*, des communautés et des peuples autochtones », pour toute législation et politique environnementale concernant la conservation et l'amélioration des services environnementaux, ainsi que pour les activités que des tiers voudraient tirer des ressources biologiques locales.

À ce jour, de nombreux conflits concernent des territoires autochtones et les ressources naturelles qui s'y trouvent : à propos de projets de développement, de concessions minières, de construction de barrages, d'aéroports et d'autoroutes, de projets éoliens ou encore pour le confinement de déchets toxiques. Les peuples autochtones ont essayé d'utiliser le droit à la consultation qui leur est reconnu dans la Convention 169 de l'OIT, mais l'impact de cette réglementation reste en deçà de ce que leurs organisations souhaiteraient. En particulier, la loi sur les hydrocarbures (adoptée en 2014) permet l'expropriation des terres pour mener des projets en rapport avec cette activité, et les discussions qui ont lieu depuis quelques années pour élaborer une loi nationale réglementant la consultation n'ont toujours pas abouti.

À côté de ces problèmes, les projets politiques autonomes des peuples autochtones continuent d'exister au Mexique. Plusieurs collectivités se sont déclarées autonomes sur la base des Accords de San Andrés, signés par le gouvernement mexicain et l'Armée zapatiste de libération nationale en 1996, qui reconnaissent le droit des peuples autochtones à l'autonomie. Bien que ces accords n'aient pas été respectés par le gouvernement, plusieurs peuples et communautés autochtones sont en train de mettre en place des projets politiques de ce type. Le Chiapas, le Guerrero, le Oaxaca, le Durango, l'État de Mexico et le Michoacán sont quelques-uns des États où des autonomies se sont déclarées. Au Michoacán, la municipalité de Cherán a été au centre d'une décision historique de la Cour suprême de justice de la Nation, en mai 2014, l'institution nationale reconnaissant le gouvernement autochtone (élu par les us et coutumes) comme ayant les mêmes droits qu'une mairie. Cette opinion est susceptible d'ouvrir de nouvelles possibilités pour une reconnaissance juridique des autonomies autochtones.

Éducation, langues et cultures

La Constitution (article 2), la loi générale des droits linguistiques des peuples autochtones et la loi générale d'éducation reconnaissent le droit de ces peuples à l'éducation obligatoire bilingue et interculturelle, en encourageant l'interculturalité, le multilinguisme ainsi que le respect de la diversité et des droits linguistiques (article 11 de la loi générale des droits linguistiques des peuples autochtones).

Les 68 langues autochtones les plus parlées au Mexique et leurs 364 variantes peuvent être classées dans onze grandes familles linguistiques. Élément central de la diversité culturelle mexicaine, elles ont constitué pendant longtemps le principal critère d'identification des personnes appartenant à un peuple autochtone. Elles sont reconnues, avec l'espagnol, comme langues nationales en raison de « leur origine historique » (loi générale de droits linguistiques des peuples autochtones de 2003, art. 4) et ont la même validité. En 2004 a été créé l'Institut national des langues autochtones (Inali) chargé de « promouvoir le renforcement, la préservation et le développement des langues autochtones parlées dans le territoire national ».

Les principaux organismes publics qui travaillent dans le domaine des langues autochtones, à savoir la Direction générale d'éducation autochtone et la Coordination générale d'éducation interculturelle et bilingue, sont chargés de l'éducation obligatoire autochtone, l'Institut national pour l'éducation des adultes gérant aussi des programmes d'éducation autochtone, monolingue et bilingue. Après l'éducation obligatoire qui correspond au niveau élémentaire et secondaire (collège), le manque d'offre en éducation bilingue et interculturelle constitue le principal obstacle auquel font face les peuples autochtones. Peu de lycées et d'universités offrent ce type de formation, neuf seulement se retrouvant dans le Réseau des universités interculturelles de la Coordination générale d'éducation interculturelle et bilingue. Quelques universités ou instituts offrent des programmes de niveau supérieur. Ainsi, la personne qui veut continuer ses études doit-elle sortir de sa communauté ou étudier dans un programme non interculturel ou bilingue.

Une limite importante du système concerne la formation des instructeurs, puisqu'au Mexique il n'existe pas de formation pour les enseignants autochtones, et les personnes qui souhaitent le devenir doivent surmonter d'importants obstacles linguistiques et pédagogiques. La participation des communautés autochtones au processus éducatif est problématique. Selon la législation nationale, l'éducation bilingue interculturelle envisage d'incorporer dans les programmes scolaires des contenus spécifiques aux groupes autochtones. Néanmoins, cette condition n'a pas pu être garantie et il n'y a pas de participation effective des peuples autochtones à ce processus.

Enfin, d'après l'Unesco, les femmes autochtones du Mexique ont quinze fois plus de probabilités de ne pas savoir lire et écrire que les femmes qui parlent exclusivement l'espagnol. Les taux d'abandon et de retard scolaire reflètent les difficultés d'accès des peuples autochtones au système scolaire. D'après l'Institut national d'évaluation de l'éducation et l'Institut de la jeunesse de la ville de Mexico, le nombre d'enfants autochtones en retard scolaire dans la tranche des 6 à 14 ans atteindrait 1,3 million. Ces statistiques, qui ne se fondent pas toujours sur des critères correspondant aux besoins et aspirations des sociétés autochtones, témoignent des profondes différences qui existent entre elles et le reste des Mexicains et de la marginalisation des peuples autochtones. Garantir aux peuples autochtones l'accès aux services de l'État d'une façon respectueuse de leurs aspirations, et non assimilationniste, demeure un défi.

FRANCE (OUTRE-MER)

La France, seul pays européen considéré dans notre étude, se distingue par la possession de territoires d'outre-mer, distants de la métropole et régis par des règles spécifiques. République une et indivisible, la France incorpore ces territoires de différentes manières. Au regard de notre réflexion sur les droits des peuples autochtones, nous nous intéressons plus précisément à la situation des anciens indigènes[15] colonisés qui sont restés sous souveraineté française à l'issue de la vague des indépendances des années 1960 et jusqu'à aujourd'hui. Selon Stéphanie Guyon et Benoît Trépied (2013), la République compte en son sein cinq groupes relevant de cette catégorie : les Amérindiens de Guyane, les Mahorais de Mayotte, les Kanak de Nouvelle-Calédonie, les insulaires océaniens de Wallis-et-Futuna et ceux de la Polynésie française. Dans le cadre de notre étude, nous avons travaillé sur les cas de la Guyane française et de la Nouvelle-Calédonie, l'un département et région d'outre-mer à l'époque de l'enquête, l'autre devenu un territoire *sui generis* régi par une disposition spécifique dans la Constitution (article 75). Cette évolution fut acquise à l'issue du mouvement de revendication indépendantiste kanak qui aboutit à deux grands accords : celui de Matignon en 1988 et celui de Nouméa en 1998, qui enclenchèrent une réflexion puis des activités concrètes pour une décolonisation progressive devant se conclure par un processus de consultation référendaire sur l'autodétermination de ce territoire, entre 2014 et 2022.

En 2007, la France approuva la Déclaration des Nations unies sur les droits des peuples autochtones, tout en exprimant l'idée que ses dispositions ne la concernaient que sous certaines conditions, notamment celles de ne pas reconnaître en son sein l'existence juridique de peuples autochtones, ni la valeur des droits collectifs. Son représentant déclara devant l'Assemblée générale :

---

15. Nous employons ici le terme « indigènes » pour nous référer au statut spécial de ces populations à cette époque, dit statut de l'indigénat. L'existence de ce statut motiva les délégués francophones aux Nations unies à revendiquer l'expression « peuples autochtones » pour qualifier le sujet du dispositif de la Déclaration des Nations unies (sur les droits des peuples autochtones) et se distinguer d'un plus vaste ensemble des « indigènes » francophones. Le cadre des décolonisations aboutit en effet à l'indépendance des anciennes colonies indigènes vis-à-vis de la métropole France, et à l'avènement de nouveaux États qui laissèrent de côté certaines populations lesquelles, aujourd'hui, se reconnaissent ou sont reconnues dans cette expression « peuples autochtones » et revendiquent les droits qui y sont attachés.

Au niveau national, la France, directement concernée par les populations autochtones de ses collectivités territoriales d'outre-mer, conduit des programmes de soutien à leur développement économique et social dans un cadre adapté aux spécificités de ces populations, ainsi qu'à leur expression culturelle. [...]. Pour la France, en vertu du principe d'indivisibilité de la République et conformément au principe fondamental d'égalité et de son corollaire, le principe de non-discrimination, des droits collectifs ne peuvent prévaloir sur les droits individuels. Un traitement particulier peut cependant être accordé à des populations autochtones sur une base territoriale[16].

La France, membre du Conseil de sécurité des Nations unies, puissance militaire et pays qui s'enorgueillit d'être la mère-patrie des droits de l'homme, est signataire de la plupart des instruments internationaux des droits de l'homme, à l'exception notoire de la Convention 169 de l'OIT. Membre fondateur de l'Union européenne, elle a rejoint en 2007 l'Otan qu'elle avait quittée en 1966, elle héberge le siège de l'OCDE dont elle est membre, et elle fait partie d'un grand très nombre d'organisations et d'accords régionaux, en Amérique latine, en Afrique, en Asie et en Océanie. La France fait partie du Secrétariat de la Communauté du Pacifique (CPS), une institution internationale regroupant les États et territoires de la région Pacifique, notamment la Nouvelle-Calédonie, et dont le siège est basé à Nouméa. Au sein du Forum des îles du Pacifique, institution politique qui regroupe les seize pays indépendants de la zone Pacifique (dont l'Australie et la Nouvelle-Zélande), la Nouvelle-Calédonie a d'abord été invitée en tant qu'observateur à partir de 1999, puis comme membre associé depuis 2005. Ce territoire se retrouve également associé aux travaux du groupe Fer de lance mélanésien, groupe politique qui rassemble les pays « frères » de la Mélanésie. Au sein de cet organe de pression, historiquement solidaire de la lutte indépendantiste kanak, la question du remplacement du FLNKS par la Nouvelle-Calédonie, en tant que collectivité, est en débat.

Par ses départements d'Amérique, la France est membre ou associée à un certain nombre d'organismes interrégionaux tels que l'Organisation des États de la Caraïbe orientale (OECS), mais elle n'est pas membre de l'Organisation des États Américains (OEA), principal organisme de coopération régionale qui comprend trente-cinq pays d'Amérique du Nord et du Sud. Toutefois elle y a, depuis 1972, le statut d'observateur permanent, tout comme l'Union européenne depuis novembre 1989. Soucieuse de jouer un rôle plus actif dans la zone Amérique latine-Caraïbe, elle a désigné un ambassadeur résident en novembre 1989 et ouvert en 1990 une Mission permanente auprès de l'OEA. La France, également membre de la Banque interaméricaine de développement (BID), apporte son soutien au système interaméricain des droits de l'homme.

16. Assemblée générale des Nations unies, DDPA, intervention prononcée par le représentant de la France, jeudi 13 septembre 2007, http://www.gitpa.org/Processus%20GITPA%20200/GITPA%20200-2TEXTREF.htm [consulté le 25 février 2015].

Guyane française[17]

La Guyane est une région et un département d'outre-mer (DOM) français d'Amérique du Sud qui fait partie des neuf régions ultrapériphériques (RUP) de l'Union européenne (UE). Depuis le 1er janvier 2016, la région et le département ont fusionné pour constituer la collectivité territoriale de Guyane (CTG). Ce territoire d'une superficie de 83 846 km² se caractérise par son environnement amazonien, 96 % du territoire étant couvert d'une forêt équatoriale parmi les plus riches et les moins écologiquement fragmentées du monde. Ce DOM appartient à un ensemble géographique plus vaste, dit plateau des Guyanes, qui comprend, à l'ouest une partie du Venezuela, délimitée par le fleuve Orénoque, le Guyana (ancienne Guyane britannique ou anglaise), le Suriname (ancienne Guyane néerlandaise ou hollandaise) et, à l'est, le nord du Brésil, délimité par l'Amazone.

En raison des liens économiques et politiques relativement exclusifs avec la métropole et les autres départements français d'Amérique (Guadeloupe et Martinique), la Guyane est faiblement intégrée à l'ensemble amazonien, du point de vue institutionnel. Cela est perceptible dans la structuration des transports puisque l'aéroport de Guyane assure principalement des liaisons à destination de Paris et des Antilles (quotidiennes), tandis qu'il ne propose qu'une liaison par semaine pour le Brésil (Belém), le Suriname et Haïti (avec escale aux Antilles). Cependant, du point de vue des échanges culturels, de l'économie informelle, des flux migratoires, la Guyane est fortement intégrée dans le continent sud-américain et se distingue en cela clairement des deux autres départements français d'Amérique.

Avant la période coloniale, la Guyane était peuplée par différents groupes amérindiens dont la population est estimée à 30 000 personnes au moment de la conquête. Les bouleversements induits par la colonisation ont entraîné un fort déclin démographique de ces populations, non leur extinction. Outre les Amérindiens, la population guyanaise contemporaine compte des populations issues de la traite : les Créoles, descendants des esclaves africains, et les Noirs-Marrons descendants des esclaves qui, au XVIIe siècle, ont fui les plantations de Guyane hollandaise et se sont réfugiés en forêt. Différents groupes marrons se sont formés selon la période et l'aire de marronnage (Ndju'ka, Aluku, Paramaka, etc.). Chacun d'eux parle sa propre langue. Certains de ces groupes se sont installés en Guyane française au cours du XVIIIe et du XIXe siècles. Au 1er janvier 2011, la population de la Guyane était de 237 550 habitants.

La France ne réalisant pas de statistiques ethniques, il n'existe pas de recensement étatique des populations amérindiennes et noires-marronnes de Guyane, respectivement estimées à 10 000 et 60 000 personnes. La population guyanaise est en forte croissance, puisqu'elle était passée de 115 000 en 1990 à près de 220 000 en 2008, conséquence de la conjugaison d'un fort taux de croissance naturelle et d'une immigration importante (souvent clandestine) venant des pays proches (Brésil, Guyana, Haïti ou Suriname). La Guyane est le département français où le taux de natalité est le plus élevé (31‰), l'indice guyanais de fécondité étant de 3,98 enfants par femme

17. Données rassemblées par Stéphanie Guyon.

en 2006. La population guyanaise est jeune (l'âge médian est de 28,6 ans) et, en 1999, 43,3 % de la population avait moins de 20 ans.

L'économie de la Guyane est fortement dépendante de l'Hexagone et de l'industrie spatiale qui représente la moitié du PIB de la collectivité. L'office statistique Insee Guyane produit des données régulières sur la situation économique et sociale, mais elles n'incluent pas de variables ethniques, ce qui ne permet pas de connaître la situation des Amérindiens et des Noirs-Marrons (Bushinenge) au regard de l'économie guyanaise. Celle-ci se caractérise par le poids prépondérant de la sphère publique dans l'économie globale : 49 % de la masse salariale globale (21 % en France métropolitaine). Depuis le déclin de l'industrie forestière et de la pêche crevettière au début des années 1980, la part de la sphère productive (industrie, énergie, services aux entreprises, transport de marchandises) est faible dans l'activité économique globale et celle-ci est principalement concentrée dans les activités spatiales. Cependant la forêt reste un lieu qui attire toute sorte d'aventuriers, aujourd'hui à la recherche des pépites d'or que recèlent la terre et les cours d'eau, qu'ils polluent gravement.

Organisation politique et administrative

Région monodépartementale, la Guyane était dotée jusqu'en 2015 d'un conseil régional et d'un conseil général dorénavant fusionnés en une collectivité unique. Au niveau communal, il existe vingt-deux communes dirigées par des maires. Certaines de ces communes, comme Maripasoula et Camopi, ont des superficies supérieures aux départements métropolitains. Par ailleurs, la Guyane est représentée au niveau national par deux députés et deux sénateurs.

Régie par l'article 73 de la Constitution, la Guyane ne dispose pas de spécialité législative, son autonomie politique est limitée et les adaptations des dispositifs institutionnels et administratifs à la réalité sociale locale sont réalisées dans les marges du droit. Il existe très peu de dispositifs institutionnels et politiques spécifiques aux Amérindiens. La revendication d'autonomie formulée par le mouvement amérindien à partir du début des années 1980 a été partiellement satisfaite par la création d'une nouvelle commune sur le littoral. Séparés de la commune de Mana, à majorité créole, les deux villages kali'na d'Awala et de Yalimapo ont formé une nouvelle collectivité territoriale dont les résidents sont quasiment tous kali'na. Cette avancée politique, qui s'est opérée sans innovation juridique, ne semble pas pouvoir être étendue à d'autres localités amérindiennes en raison de l'opposition de la classe politique guyanaise à la création de nouvelles communes considérées comme « ethniques ». Mais la création de cette collectivité a permis une première expérience de gestion municipale autonome, qui semble être une source d'inspiration pour le sud en pays wayana[18]. À signaler que pour la première fois, lors des élections municipales de 2014, une femme amérindienne a été élue maire à Iracoubo, une commune du littoral dont la population est mixte même si les Kali'na y sont légèrement majoritaires. Largement élue contre

18. Donnée de terrain recueillie par Irène Bellier, septembre 2015.

le maire sortant dont elle était la première adjointe, elle a recueilli des suffrages dans l'ensemble des communautés résidant dans la commune.

Les chefs coutumiers des villages amérindiens de Guyane sont reconnus par l'État et faiblement indemnisés par le conseil général. Toutefois, dans les faits, les prérogatives de ces chefs ne sont pas vraiment reconnues par l'État et les/la collectivité(s) de Guyane. Leur autorité est concurrencée par celle des élus des communes sur le territoire desquelles se situent les villages amérindiens. Par ailleurs, un Conseil consultatif des populations amérindiennes et bushinenge (CCPAB) a été créé en 2008, dont la fonction apparaît limitée : ses membres sont nommés par le préfet et non désignés par les communautés autochtones elles-mêmes ; il ne peut émettre que des avis consultatifs sur les décisions des collectivités de Guyane ; il ne dispose pas d'autonomie budgétaire.

Questions territoriales

Le régime juridique du domaine foncier est singulier en Guyane au regard de la France métropolitaine ou des autres départements d'outre-mer car la majorité des terres de Guyane est propriété domaniale de l'État. Cette singularité tient à l'histoire de la colonisation : entamée sous la Restauration par les ordonnances royales de 1825, la mainmise de l'État sur les biens domaniaux de Guyane fut confirmée par le décret du 15 novembre 1898. Selon la doctrine de la *terra nullius*, le régime foncier de l'État est alors constitué de toutes les terres « vacantes et sans maître », les bois et les forêts, soit la quasi-totalité des terres de Guyane (Martres et Larrieu, 1993). Avec la fin des régimes fonciers particuliers, du domaine pénitentiaire et du domaine de l'Inini (département qui regroupait tout l'intérieur du pays, dont les zones de forêt très faiblement peuplées), respectivement gérés par l'administration pénitentiaire et par la préfecture, la propriété domaniale de l'État relève d'un régime unique. L'État a néanmoins été obligé de céder une partie des terres domaniales aux collectivités territoriales de Guyane, ainsi qu'à des particuliers pour permettre le peuplement ou le développement d'activités économiques.

Depuis 1948, l'État reconnaît aux populations amérindiennes et noirs-marrons un droit de jouissance sur son domaine. À la fin des années 1980, et par l'entremise du décret du 14 avril 1987, il satisfit de manière limitée les revendications foncières du mouvement amérindien qui se constituait alors. Ce décret accorde aux « communautés d'habitants tirant traditionnellement leurs moyens de subsistance de la forêt » la possibilité de se voir attribuer des « zones de droit d'usage » et de se faire concéder ou céder collectivement des terres domaniales. À proximité relative des villages concernés, les zones de droit d'usage se situent en forêt, habituellement implantées autour d'un cours d'eau, ce qui facilite l'accès à la zone et les usages traditionnels ; les Amérindiens peuvent ainsi pratiquer l'agriculture d'abattis[19], chasser et pêcher. Cela constitue une avancée juridique car, avant cette disposition, les

19. Ce terme désigne en Guyane (et en Amazonie) les espaces défrichés en forêt, aussi dits « jardins » ou « essarts », dans lesquels est pratiquée une agriculture de subsistance (essartage ou horticulture sur brûlis).

concessions ne concernaient en Guyane que les personnes physiques à titre personnel : elles ne profitaient pas aux communautés amérindiennes organisées selon le principe d'appropriation collective de la terre. De fait, les concessions de droit commun concernaient surtout des particuliers issus d'autres groupes guyanais, en particulier créoles. Dans le cadre du décret de 1987, l'État concède ou cède les zones d'habitation amérindienne à une association au sens de la loi de 1901, tandis que les zones de droit d'usage sont confiées à l'autorité du chef coutumier.

Les procédures d'attribution des zones de droit d'usage comme les concessions et les cessions accordaient une place prépondérante au représentant de l'État, ici le préfet, afin d'éviter les pressions et les obstacles locaux. En fait, la préfecture ne prend pas de décision d'octroyer les concessions ou cessions sans le consentement des communes, et il suffit du veto du maire à la commission d'attribution foncière pour bloquer le processus. C'est ainsi que seize ans après la parution du décret de 1987, seuls trois villages amérindiens de Guyane ont bénéficié d'une cession, les élus locaux s'y étant opposés partout ailleurs. En revanche l'attribution de zones de droit d'usage s'est effectuée plus aisément : une majorité de villages amérindiens sur le littoral et à l'intérieur du département ont désormais une zone dite « de subsistance ». Mais aucun dispositif ne protège ces zones d'usages concurrents extérieurs à ces communautés. Dans le sud de la Guyane en particulier, les zones de droit d'usage des Wayana, des Teko et des Wayampi sont ainsi fortement détériorées par l'orpaillage illégal. Les chantiers d'orpaillage engendrent la déforestation des sites, une importante pollution par le mercure et une insécurité croissante dans les espaces de vie des Amérindiens. Une récente étude de l'Observatoire hommes-milieux (CNRS/IRD) dresse un bilan mitigé de cette expérience (Davy, Filoche *et al.*, 2014).

Éducation, langues et cultures

La Guyane présente une grande diversité linguistique. Outre les langues amérindiennes, elle compte les langues créoles à base lexicale anglaise que parlent les différentes populations noires-marronnes (Aluku, Ndjuka, Paramaka, Saramaka) et le créole guyanais à base lexicale française. Les populations issues des migrations contemporaines telles que les Hmong, les Brésiliens ou les Haïtiens ont également leur propre langue.

Chacun des six groupes amérindiens a sa propre langue, qui appartient à l'une des trois familles linguistiques (caribe, arawak et tupi-guarani). Les langues autochtones ne sont pas toutes dans la même situation : le lokono apparaît sévèrement menacé et ne compte plus qu'une dizaine de locuteurs, le teko est aussi dans une situation critique étant donné la faiblesse de la population teko. Le kali'na, le wayana, le wayampi et le palik'wene semblent plus robustes. La France, qui n'a toujours pas ratifié la Charte européenne des langues régionales (adoptée en 1992 et ratifiée depuis par vingt-cinq États), n'a pas élaboré de politique globale de préservation des langues, lesquelles sont l'objet d'études à la libre initiative des chercheurs et grâce à quelques soutiens de l'IRD (Institut de recherche pour le développement) ou de la Drac (Direction régionale des affaires culturelles).

En l'absence de statistiques ethniques, il est difficile de connaître la situation des autochtones du point de vue de l'accès à la santé, à l'emploi, à l'éducation. Au regard du faible nombre d'Amérindiens qui obtiennent le baccalauréat et peuvent poursuivre des études supérieures, un écart significatif paraît se maintenir en termes d'accès, de suivi et de réussite entre élèves autochtones et non autochtones en Guyane. Il n'existe pas de dispositif d'éducation spécifique autochtone et l'État français ne reconnaît pas aux Amérindiens de Guyane le droit de suivre un enseignement dans leur(s) langue(s) et selon leurs propres systèmes de savoir. Le seul dispositif visant à adapter l'Éducation nationale aux conditions d'enseignement en milieu autochtone a été initié en 1998 par le rectorat de Guyane, afin de recruter et de former des médiateurs culturels et bilingues.

Dans un contexte où la grande majorité des enseignants ne sont pas issus des communautés autochtones dans lesquelles ils enseignent, n'ont pas de langue d'interlocution avec de jeunes autochtones non francophones et ne sont que peu ou pas préparés à cette rencontre, les médiateurs-bilingues permettent d'assurer une présence de la langue maternelle à l'école, en priorité dans les petites classes. Cette présence vise à rassurer les enfants, à accompagner le développement du langage dans la langue maternelle de l'enfant et à assurer une médiation entre enseignants, élèves et parents. Mais le dispositif est précaire et il a été interrompu à plusieurs reprises : les médiateurs-bilingues ne disposent pas d'un véritable statut au sein de l'Éducation nationale et il ne concerne qu'une partie des villages amérindiens, de nombreux villages situés dans les communes du littoral n'étant pas inclus.

Les Amérindiens disposèrent plusieurs années durant d'un magazine autochtone, *Oku mag*, mais ils n'ont pas développé de radios autochtones comme c'est le cas au Suriname. Depuis les années 1980, de nombreuses associations locales s'emploient à valoriser les savoir-faire et traditions amérindiennes : groupes folkloriques, artisanat, festival de musique, manifestations sportives traditionnelles.

Nouvelle-calédonie[20]

Aux antipodes de l'Hexagone, la Nouvelle-Calédonie, partie intégrante de la République française ayant le statut de « pays et territoire d'outre-mer » de l'Union européenne, est l'une des trois collectivités françaises du Pacifique, avec la Polynésie française et Wallis-et-Futuna. Des relations familiales, économiques, religieuses et scolaires lient ce territoire aux deux autres collectivités françaises de la région, ainsi qu'au Vanuatu, pays voisin de l'archipel calédonien et ancienne colonie franco-britannique jusqu'en 1980.

Située à 2 000 km des côtes nord-est de l'Australie, la Nouvelle-Calédonie compte 268 767 personnes selon les résultats préliminaires du recensement effectué en 2014, soit une augmentation de 23 187 personnes par rapport à 2009. Les deux tiers de la population vivent dans les quatre communes du Grand Nouméa, l'unique agglomération urbaine du territoire, au sud-ouest de la Grande-Terre

20. Données rassemblées par Benoît Trépied.

(île principale). Ce déséquilibre démographique se retrouve à l'échelle des trois provinces existantes : la province Sud, qui englobe notamment l'agglomération de Nouméa, regroupe les trois quarts de la population, alors que les provinces Nord et îles Loyauté représentent respectivement 18 % et 7 % de la population totale[21].

Les premiers habitants de la Nouvelle-Calédonie ont d'abord été nommés *Kanak* (mot polynésien signifiant « homme ») par les traducteurs tahitiens de James Cook lorsqu'il découvrit l'archipel (1774), puis « Canaque » par les Français. Ce terme, devenu péjoratif, fut remplacé officiellement par les termes « indigène », puis « autochtone » ou « Mélanésien » à partir des années 1950. En 1946, les Kanak, anciens sujets indigènes de l'Empire français, ont obtenu la citoyenneté française. En tant que citoyens français, ils purent participer aux scrutins politiques à partir des années 1950 (élections municipales, territoriales puis provinciales, législatives, présidentielles, européennes). Les premiers intellectuels autochtones des années 1960-1970 ont renversé le stigmate du mot « Canaque » pour en faire un symbole de fierté identitaire et politique, sous la graphie anglaise initiale *Kanak* (invariable en genre et en nombre). L'Accord de Nouméa de 1998 a reconnu officiellement cette terminologie.

Confrontés à une importante colonisation de peuplement française à partir du milieu du XIXe siècle, les Kanak représentaient encore la moitié de la population totale dans les années 1950. Au tournant des années 1970, l'afflux de nouvelles populations a placé les autochtones en position de minorité démographique (40 % de la population). Selon le recensement de 2009, 44 % des habitants de l'archipel s'identifient comme Kanak (métissés ou non), 34 % comme Européens (métissés ou non) et 10 % comme Wallisiens et Futuniens (métissés ou non). Le reste de la population se répartit entre les « communautés » tahitienne, indonésienne, vietnamienne, ni-vanuatu, autres asiatiques et autres. Les populations rurales des provinces Nord et îles Loyauté sont très majoritairement kanak (environ 80 % au Nord et près de 100 % aux îles Loyauté). Environ la moitié de la population kanak est aujourd'hui installée dans la zone urbaine du Grand Nouméa, en province Sud.

La plupart des administrations de la Nouvelle-Calédonie ne produisent pas de statistiques ethniques, de sorte qu'il est très difficile de disposer d'indicateurs socio-économiques fiables sur la place des Kanak dans la société calédonienne. Dans l'unique prison du pays, les Kanak représentent environ 80 % des détenus, les Océaniens dans leur ensemble (Kanak, Wallisiens et Futuniens, Polynésiens, Ni-Vanuatu) constituant 90 % des détenus. Les écarts de richesse sont nettement plus accentués qu'en France : dans l'agglomération de Nouméa, les 10 % de ménages les plus pauvres gagnent en moyenne treize fois moins que les 10 % des ménages les plus riches, alors que ce ratio est de 1 à 5 en France métropolitaine (Decombels et Lagadec, 2009). Selon une étude récente menée à l'échelle de la province Nord, à situation égale (même âge, même sexe, même qualification), les Kanak gagnent en moyenne 32 % de moins que les non-Kanak (Cottereau-Reiss, 2010).

---

21. Selon les résultats préliminaires du recensement 2014, la province Sud rassemblerait 74,4% des habitants, la province Nord, 18.8% et les îles Loyauté, 6,8%.

Organisation politique et administrative

En décembre 1986, le Front de libération nationale kanak et socialiste (FLNKS) fit réinscrire la Nouvelle-Calédonie sur la liste des pays à décoloniser dressée par les Nations unies. En 1998, la Nouvelle-Calédonie changea de régime. Ancien territoire d'outre-mer, elle devint une collectivité territoriale *sui generis* engagée dans un processus de décolonisation, en vertu de l'Accord de Nouméa. Elle se compose de trois provinces et trente-trois communes de plein exercice.

L'Accord de Nouméa qui fixe le cadre politique actuel de la Nouvelle-Calédonie est intégré à la Constitution française (articles 76 et 77). Il organise le transfert progressif et irréversible des compétences exercées par l'État central aux institutions de la Nouvelle-Calédonie, notamment le Congrès (assemblée délibérante de la Nouvelle-Calédonie) et le Gouvernement (organe exécutif collégial formé à la proportionnelle des principaux groupes politiques du Congrès). Entre 2018 et 2022, un ou plusieurs référendums locaux devront être organisés pour décider du transfert ou non des dernières compétences régaliennes (défense, ordre public, justice, monnaie, affaires extérieures). Une réponse positive équivaudrait à l'accession de l'archipel à la pleine souveraineté. L'État, représenté par un haut-commissaire, est compétent dans les matières énumérées par l'Accord de Nouméa et la loi organique, notamment les relations extérieures, le contrôle de l'immigration et des étrangers, la monnaie, le Trésor, le change, la défense, la justice, la fonction publique de l'État, le maintien de l'ordre et la sécurité civile, l'enseignement du second degré, l'enseignement supérieur et la recherche. Une partie de ces compétences est aujourd'hui partagée avec les autorités de la Nouvelle-Calédonie[22].

Le Congrès de la Nouvelle-Calédonie vote les « lois du pays ». Il est formé par la réunion d'une partie des membres des trois assemblées de provinces (respectivement 32 membres, 15 membres et 7 membres), soit 54 membres, élus au suffrage universel direct tous les cinq ans par l'ensemble des « citoyens calédoniens ». Cette catégorie, créée par l'Accord de Nouméa, regroupe l'ensemble des citoyens français installés en Nouvelle-Calédonie avant le 8 novembre 1998 et justifiant de dix années de résidence, ainsi que leurs descendants[23]. Le gouvernement de la Nouvelle-Calédonie, doté du pouvoir exécutif, est élu par le Congrès pour une durée de cinq ans. Il est chargé de mettre en œuvre les lois du pays.

Dotées de larges compétences et de pouvoirs financiers importants, les provinces ont été créées en 1988 afin d'assurer, par la décentralisation et le découpage

22. L'article 27 de la loi organique stipule que : « le Congrès peut, à partir du début de son mandat commençant en 2009, adopter une résolution tendant à ce que lui soient transférées, par une loi organique ultérieure, les compétences suivantes : – règles relatives à l'administration des provinces, des communes et de leurs établissements publics, contrôle de légalité des provinces, des communes et de leurs établissements publics, régime comptable et financier des collectivités publiques et de leurs établissements publics ; – enseignement supérieur ; – communication audiovisuelle ».

23. Les citoyens calédoniens (qui sont simultanément citoyens français) sont les seuls autorisés à voter aux élections provinciales qui déterminent la composition des trois assemblées de provinces (Nord, Sud et îles Loyauté) et du Congrès, et au(x) référendum(s) de fin du processus de l'accord de Nouméa. Les autres citoyens français – qui résident en Nouvelle-Calédonie mais ne sont pas citoyens calédoniens – ne votent, eux, qu'aux élections municipales, législatives, présidentielles et européennes.

électoral, un partage du pouvoir entre indépendantistes (majoritaires dans les provinces Nord et îles) et anti-indépendantistes (majoritaires en province Sud). Jusqu'en 2011, les présidences du Congrès et du Gouvernement ont été assurées par des Européens anti-indépendantistes, tandis que la vice-présidence du Gouvernement revenait traditionnellement à un Kanak indépendantiste. Ce *statut quo* a été bouleversé en 2011 lorsque la présidence du Congrès est revenue à un Kanak indépendantiste, Roch Wamytan, à la suite de forts clivages politiques dans le champ anti-indépendantiste et de la formation d'une nouvelle alliance entre plusieurs partis anti-indépendantistes et indépendantistes. Cependant, les élections de 2014 ont vu le retour de l'ancien modèle de répartition des postes dans les présidences du Congrès et du Gouvernement.

Pour avancer dans le règlement de la situation politique, héritée de la colonisation, les leaders politiques kanak ont exigé une reconnaissance des « autorités coutumières ». Les Accords de Matignon de 1988 ont ainsi créé un Conseil consultatif coutumier et huit « aires coutumières » (cinq sur la Grande-Terre et trois dans les îles Loyauté), délimitées en fonction de critères liés aux langues et/ou à l'organisation sociale traditionnelle, et chacune dotée d'un Conseil coutumier d'aire. En 1998, l'Accord de Nouméa a réaffirmé l'importance des aires coutumières et transformé le Conseil consultatif en Sénat coutumier, dont l'avis doit être sollicité par le Congrès pour toutes les « lois du pays » qui concernent la coutume et l'identité kanak[24] dans cinq domaines précisés par la loi organique. Dans chaque aire coutumière, les membres du Conseil coutumier représentent l'ensemble des « chefferies » de la zone. La désignation des membres des Conseils coutumiers et du Sénat coutumier, non spécifiée par l'Accord de Nouméa, s'effectue « selon les usages reconnus par la coutume », dans les termes de la loi organique. Le consensus et le respect de la hiérarchie traditionnelle sont mis en avant par ces institutions en matière de prise de décisions. Les membres du Sénat coutumier souhaitent élargir leurs pouvoirs et compétences, ce qui ne semble pas constituer une priorité pour la plupart du personnel politique élu, qu'il s'agisse des élus indépendantistes kanak ou loyalistes européens.

À l'échelle nationale (française), la Nouvelle-Calédonie dispose de deux députés à l'Assemblée nationale et de deux sénateurs au Sénat.

Situations juridiques

Pendant la période coloniale officielle (1853-1946), il n'existait pas d'état civil indigène : l'administration n'identifiait que des « tribus ». Ce terme administratif colonial désignait un groupe de population, personne morale et propriétaire

24. L'article 42 de la loi organique précise : « Tout projet ou proposition de loi du pays relatif aux signes identitaires tels que définis à l'article 5, au statut civil coutumier, au régime des terres coutumières et, notamment, à la définition des baux destinés à régir les relations entre les propriétaires coutumiers et exploitants sur ces terres et au régime des palabres coutumiers, aux limites des aires coutumières ainsi qu'aux modalités d'élection au Sénat coutumier et aux Conseils coutumiers est transmis au Sénat coutumier par le président du Congrès. »

foncier d'une « réserve indigène », représenté officiellement par un « chef » (nommé et rémunéré par l'administration). Cette notion française de « chef » était loin de correspondre aux subtilités des rapports de pouvoir et des réseaux d'influences et de contre-influences caractéristiques du monde kanak. Certains de ces chefs administratifs bénéficiaient de réelles positions de pouvoir reconnues à l'intérieur du monde kanak, tandis que d'autres ne durent leur ascension politique locale qu'au processus de reconnaissance administrative. Lorsque l'exercice des droits afférents à la citoyenneté conduisit à l'entrée des Kanak dans les institutions (mairie, assemblée territoriale, provinces, etc.), le pouvoir politique réel de ces « chefs » déclina de façon tendancielle face aux nouveaux élus kanak.

Héritage de la période coloniale, la Constitution française reconnaît en son article 75 l'existence d'un droit civil particulier pour certains citoyens français non soumis au Code civil (Kanak, Mahorais de Mayotte, Wallisiens et Futuniens). L'Accord de Nouméa stipule que les règles relatives au statut civil particulier, requalifié en tant que « statut coutumier », devaient être « fixées », ce qui a été interprété comme relevant de l'écrit. À cette fin, le Sénat coutumier a notamment entrepris l'écriture, en collaboration avec les autorités coutumières et les forces vives du monde kanak, d'un « socle commun des valeurs kanak » et des « principes fondamentaux de la civilisation kanak », élaborant ainsi une Charte du peuple kanak[25] finalisée en 2014.

Questions territoriales

À l'issue des grandes spoliations foncières organisées au XIXe siècle pour permettre l'installation des colons européens, les terres attribuées aux indigènes ne représentaient plus qu'environ 8 % de la superficie totale de la Grande-Terre. Elles se trouvaient majoritairement dans les zones les plus reculées et les moins fertiles, les meilleures terres agricoles ayant toutes été accaparées par la colonisation. Ce déséquilibre foncier n'a pratiquement pas évolué jusqu'aux années 1970, mis à part quelques modestes « agrandissements de réserve » dans les années 1950 et 1960. Ces terres attribuées aux Kanak étaient nommées « réserves indigènes ». Elles sont, jusqu'à aujourd'hui, juridiquement inaliénables, insaisissables, incommutables et incessibles. À l'inverse de la Grande-Terre, les îles Loyauté, qui n'ont pas connu de colonisation de peuplement, constituent des réserves indigènes intégrales. L'administration délimita les frontières des réserves, mais elle n'intervint jamais dans la gestion interne de ces espaces. À l'intérieur des réserves, il n'existe ni cadastre officiel, ni zonage administratif (type PUD – plan d'urbanisme directeur). Les Kanak connaissent des formes particulières de propriété foncière et des normes et usages variés en la matière, mais l'ensemble de ces règles ne sont pas écrites et restent en deçà de l'échelle administrative officielle.

Dans les années 1970, les militants indépendantistes kanak ont exigé une restitution des terres spoliées pendant la période coloniale et organisé de nombreuses

25. http://fr.slideshare.net/kanakyonline/charte-officielle-du-peuple-kanak.

occupations foncières sur les terrains revendiqués, ce qui a occasionné plusieurs affrontements entre Kanak et colons. À partir de 1978 et jusqu'à nos jours, l'État a mis sur pied une vaste réforme foncière, gérée par plusieurs institutions successives, dont la dernière en date est menée par l'Adraf (Agence de développement rural et d'aménagement foncier). Le principe de la réforme foncière consiste pour l'Adraf à racheter les terrains des colons, puis à les redistribuer aux clans ou tribus kanak concernés. Il s'agit d'un processus administratif et non judiciaire (sans recours, donc, aux tribunaux), qui repose sur des enquêtes précises menées par le personnel de l'Adraf. Les attributions foncières sont soumises au consensus local. Ces terres sont attribuées pour l'essentiel à des groupements de droit particulier local (GDPL) qui représentent les clans ou les tribus. Depuis l'Accord de Nouméa, les terres attribuées aux GDPL et aux clans et les terres de réserves sont désignées par une seule expression: «terres coutumières». L'ensemble des terres coutumières représente aujourd'hui environ 18 % de la superficie totale de la Grande-Terre.

D'un côté, la Nouvelle-Calédonie est identifiée comme un hotspot de la biodiversité mondiale, son lagon étant classé au patrimoine mondial de l'Unesco depuis 2008. Cette dynamique de patrimonialisation de la nature calédonienne soulève d'importants enjeux sociaux. De l'autre, la Nouvelle-Calédonie, qui détient environ 25 % des ressources mondiales connues en nickel, a longtemps tenu les Kanak à l'écart des bénéfices de l'industrie extractive, tandis que les tribus riveraines des sites miniers étaient confrontées à la pollution minière. Jusqu'à récemment, la Société Le Nickel (SLN, filiale du groupe Eramet contrôlé par l'État français) régnait en maître sur l'industrie du nickel calédonien. À Yaté, à la pointe sud de la Grande-Terre, une usine de transformation du nickel (Goro Nickel) a été construite par l'industriel brésilien Vale Inco, en partenariat avec la province Sud à partir de 2001. Les populations locales kanak de Yaté n'ont pas été associées au projet et elles ont subi d'importants dommages environnementaux, ce qui entraîna une forte mobilisation locale contre Goro Nickel, de nombreux recours en justice et plusieurs affrontements. À cette occasion, plusieurs associations et responsables coutumiers de Yaté en ont appelé au respect des droits des peuples autochtones, internationalement reconnus, pour contraindre l'industriel et la province Sud à négocier. Au Nord, les Kanak au pouvoir dans la province ont mené le projet de construire l'usine du Koniambo, qui est toujours sous leur contrôle et représente un élément essentiel de la stratégie de rééquilibrage économique entre les provinces Nord, Sud et îliennes (Gorohouna, 2014).

Éducation, langues et cultures

La Nouvelle-Calédonie compte vingt-huit langues kanak, toutes rattachées à la famille des langues austronésiennes, ainsi qu'un créole (le tayo) pratiqué dans une tribu kanak proche de Nouméa. De nos jours, tous les locuteurs des langues kanak sont également francophones, le français étant la seule langue véhiculaire du pays. Longtemps interdites dans l'espace public au profit du français, alors seule langue officielle, les langues kanak ont acquis un statut officiel grâce à l'Accord de Nouméa de 1998 (point 1.3.3). Une filière de « langues et culture kanak » a été instaurée à l'Université de la Nouvelle-Calédonie au tournant des années 2000. Celle-ci forme des étudiants (kanak pour la plupart) destinés à occuper des postes d'enseignants en langues kanak ou de spécialistes au sein de l'Académie des langues kanak, institution créée en 2007 dans le sillage de l'Accord de Nouméa. En 2006, le Congrès de la Nouvelle-Calédonie a fixé l'enseignement (optionnel et non obligatoire) en langues kanak à 5 heures hebdomadaires en premier cycle. Certains collèges et lycées offrent des enseignements en langue kanak, en fonction des spécificités locales, sans généralisation de l'offre à l'échelle de l'archipel. Une épreuve facultative en langues kanak est prévue au baccalauréat. En dépit de ces efforts en matière scolaire, les langues kanak sont très peu présentes dans l'espace médiatique et public du pays.

Jusqu'au lendemain de la Seconde Guerre mondiale, le système scolaire réservé aux indigènes était rigoureusement séparé de l'école des colons, sans aucune possibilité d'accès aux études secondaires pour les Kanak. Le premier bachelier kanak n'a été recensé qu'en 1962, le premier diplômé kanak de l'enseignement supérieur, à la fin des années 1960. La révolte kanak des années 1980 s'est également déployée sur le terrain scolaire (contre « l'école coloniale française »), ce qui a conduit à la création des « Écoles populaires kanak » (EPK). Après le retour de la paix dans les années 1990, ces écoles militantes ont fermé leurs portes les unes après les autres, l'école républicaine redevenant la norme incontournable de la « réussite » scolaire. Si le niveau global de formation est en constante augmentation depuis trente ans, les inégalités scolaires entre communautés perdurent : selon le recensement de 2009, 54 % des Européens sont titulaires du baccalauréat, contre 12 % des Kanak. Un jeune Européen sur deux est diplômé de l'enseignement supérieur, contre un sur vingt dans les communautés kanak et wallisienne.

Longtemps méprisée, la culture kanak a, depuis les années 1970, connu une forte revalorisation qui a accompagné la lutte politique indépendantiste. Depuis les Accords de Matignon de 1988, l'Agence de développement de la culture kanak (ADCK) joue un rôle central dans cette entreprise qu'elle conduit à l'échelle du pays, sous la responsabilité du gouvernement de la Nouvelle-Calédonie. Si l'expression artistique kanak (musique, danse, sculpture, peinture, théâtre, littérature) est désormais reconnue et encouragée par de nombreux appuis institutionnels (ADCK, Centre culturel Jean-Marie Tjibaou, centres culturels provinciaux, société de protection des droits d'auteur, scènes musicales, programmations, tournées, etc.), la reconnaissance concrète des formes pratiques de l'identité et de la culture kanak dans la vie sociale quotidienne (travail, école, logement, transports, vie urbaine) demeure inaboutie. La norme sociale dominante, en particulier dans le Grand-Nouméa où vivent les trois quarts de la population calédonienne, reste la culture française.

AUSTRALIE[26]

L'Australie, île-continent du Pacifique Sud d'une superficie totale de 7 682 300 km², est relativement peu peuplée, avec une densité moyenne de 2,5 habitants au km². Étant donné l'immensité du pays, ces chiffres recouvrent mal la très grande diversité de situations entre des régions urbaines très densément peuplées (côte Est et Sud-Est) et de vastes régions continentales qui seraient désertiques sans la présence autochtone. En Australie, depuis plus de 40 000 ans, les Aborigènes et Insulaires du détroit de Torres, répartis en plus de cinq cents groupes parfois appelés « nations », ont développé et continuent de vivre des cultures riches et diversifiées.

Depuis la fin de la Seconde Guerre mondiale et le déclin de l'empire colonial britannique, l'Australie a cherché à accroître son inscription régionale dans la zone Asie-Pacifique au travers de la coopération internationale, de ses programmes d'aides et de ses opérations de défense et de maintien de la paix. Elle est membre de l'Apec, organisation économique réunissant les pays riverains du Pacifique, partenaire de l'Asean, une organisation de coopération politique et économique régionale avec qui elle a signé, en 2007, un projet de partenariat approfondi, et membre du Traité d'amitié et de coopération dans l'Asie du Sud-Est depuis 2005. Elle participe au Sommet de l'Asie de l'Est depuis sa création en 2005. L'Australie est également membre du Forum des îles du Pacifique créé en 1971 à Wellington dont elle est, avec la Nouvelle-Zélande, le principal financeur. Ces deux pays promeuvent un accord de libre-échange dans le Pacifique Sud, en cours de discussion (Pacer Plus). Au cours des années 1990 et plus particulièrement depuis les attentats du 11 septembre 2001, l'Australie a redéfini son rôle dans la région Pacifique dans le cadre de ses relations bilatérales avec les États-Unis. Elle n'est plus seulement un pays donneur d'aide, mais également une puissance militaire dans ce qu'elle considère comme « l'arc d'instabilité mélanésien » (interventions à Bougainville en 1998, dans les îles Salomon en 2003 et au Timor-Leste en 2006). Elle maintient d'étroites relations politiques et économiques avec son ancienne colonie de Papouasie-Nouvelle-Guinée.

De leur côté, les Aborigènes et Insulaires du détroit de Torres entretiennent de longue date des relations culturelles, politiques et d'échange à l'international, avec notamment la Papouasie et l'Indonésie (Sulawesi). Au début du XXᵉ siècle, l'internationalisme noir et les théories de libération de Marcus Garvey parvinrent en Australie où elles furent adoptées par des militants autochtones (Maynard, 2007). Cette ouverture contribuera à encourager la participation de leaders et organisations aborigènes et insulaires au mouvement autochtone international à partir des années 1970.

Les droits civils et politiques n'ont été progressivement octroyés aux Aborigènes et Insulaires du détroit de Torres par les différents États et territoires qu'à partir des années 1960. Jusqu'au référendum constitutionnel de 1967, ils n'étaient pas intégrés au recensement national ; les États et territoires avaient tous mis en

26. Données rassemblées par Martin Préaud.

place des lois de ségrégation à leur encontre, qui furent progressivement abandonnées sur le continent. Selon le recensement de 2010, les Aborigènes et Insulaires du détroit de Torres représentent 517 000 personnes, soit 2,5 % de la population totale de l'Australie (environ 22 millions) : 90 % sont Aborigènes, 6 % Insulaires et 4 % d'ascendance mixte entre les deux peuples. Cette population jeune (l'âge médian étant de 21 ans, contre 37 pour les autres habitants) croît à un rythme plus important (2,5 enfants par femme, contre 1,9), avec un accroissement de 13 % entre les recensements de 2001 et 2006. La répartition de la population autochtone reflète celle de l'ensemble de la population, majoritairement urbaine, avec 75 % des autochtones vivant en zone urbaine et périurbaine. Cependant, la part de la population autochtone habitant les zones rurales et reculées est plus importante que celle des autres Australiens, et leur distribution plus diffuse.

Plusieurs indicateurs socio-économiques montrent la disparité des situations entre les autochtones et le reste de la population, mais les chiffres et les pourcentages reflètent mal la diversité des situations autochtones. Selon le recensement australien de 2006, 50 % des Aborigènes et Insulaires du détroit de Torres se situent dans la moyenne nationale. Cependant, l'indice de développement humain (IDH[27]) témoigne d'un immense écart entre l'ensemble de l'Australie (0,970 = 2/186) et les Aborigènes et Insulaires du détroit de Torres (estimé = 103/186). L'espérance de vie de ces populations est en moyenne de 10 ans inférieure à celle du reste de la population australienne (ABS, 2009), ou de 17 ans selon le rapporteur spécial des Nations unies sur les droits des peuples autochtones. Les rapports de santé, le recensement, différentes études indiquent la persistance d'un écart significatif en termes de santé entre autochtones et non-autochtones. Ce décalage peut se lire au niveau de la plus forte prévalence de maladies chroniques comme le diabète, les cancers et les maladies cardio-vasculaires, des maladies sexuellement transmissibles, une mortalité infantile trois fois supérieure à celle du reste de la population (HREOC, 2008[28]). Enfin, les écarts se retrouvent dans l'éducation, l'accès à l'emploi ou la justice : 21 % des élèves aborigènes ou insulaires atteignent la fin du secondaire (53,8 % pour les non-autochtones) ; 16 % des autochtones se retrouvent sans emploi (5 % pour les non-autochtones) ; ils représentent 24 % de la population carcérale en 2008 (HREOC, 2008), 44 % des jeunes autochtones se retrouvant sous supervision judiciaire (contre 3 % pour les non-autochtones).

27. L'IDH est un indice composite, compris entre 0 (exécrable) et 1 (excellent), calculé par la moyenne de trois indices quantifiant respectivement : la santé/longévité mesurées par l'espérance de vie à la naissance ; le savoir ou niveau d'éducation, mesuré par le taux d'alphabétisation des adultes et le taux brut de scolarisation ; le niveau de vie mesuré par le produit intérieur brut par habitant.

28. Rapport sur la justice sociale de la Commission des droits de l'homme et de l'égalité des chances de l'Australie, HREO, https://www.humanrights.gov.au/our-work/aboriginal-and-torres-strait-islander-social-justice/publications/social-justice-report.

Organisation politique et administrative

Monarchie parlementaire avec une division fédérale des pouvoirs selon la Constitution de 1901, l'Australie est divisée en six États et trois territoires : Australie-Occidentale, Australie-Méridionale, Nouvelle-Galles du Sud, Queensland, Tasmanie, Victoria ; Territoire de la Capitale australienne, Territoire du Nord et Territoire de Norfolk Island. Chaque État possède son propre Parlement composé de deux chambres, à l'exception du Queensland et du Territoire de la Capitale australienne. La reine d'Angleterre, représentée par le gouverneur général, est officiellement le chef de l'État, mais c'est le Premier ministre (chef de la majorité parlementaire) qui détient le pouvoir exécutif dont il est responsable devant le Parlement (Sénat et Chambre des représentants).

Le Parlement fédéral, élu pour trois ans, fixe les orientations générales et a compétence en matière de diplomatie, de fiscalité et de défense notamment. Les Parlements des États et territoires détiennent des compétences très étendues en matière de droit commun : éducation, transports, environnement, énergie, santé, police, agriculture, droit pénal. Jusqu'en 1967, seuls les États avaient compétence sur les populations aborigènes et insulaires. Peu de lois fédérales, à l'exception du *Native Title Act* de 1993, traitent directement des questions autochtones qui font plus souvent l'objet de politiques publiques : la campagne *Closing the gap* en est la manifestation contemporaine. Elle vise à amener les autochtones au même niveau que le reste de la population australienne sur quelques indicateurs clés, en particulier dans les domaines de la santé et de l'éducation, par une mobilisation transversale des acteurs publics.

La politique à l'égard des autochtones en Australie se caractérise par une tension structurelle entre aspiration à l'égalité et maintien de la différence culturelle (voir par exemple Kowal, 2015, Stokes, 2002). Les politiques publiques relatives aux populations autochtones furent officiellement établies dans une optique de « protection » (1850-1950), puis dans une perspective d'« assimilation » (1950-1972). Dans les différents États et territoires, les autochtones furent d'abord regroupés au sein de diverses institutions coloniales – prisons, missions, réserves, hôpitaux, orphelinats, stations d'élevage de bétail. Au tournant du XIXe siècle, des lois – inspirées de l'eugénisme et du darwinisme social – établirent des distinctions en fonction des quotas de sang, vouant les autochtones « purs » à une disparition à court terme et les métis à une absorption biologique et culturelle dans le reste de la population australienne. C'est en vertu de ces lois que, entre le début du XXe siècle et 1972, des milliers d'enfants furent enlevés à leurs parents autochtones pour être éduqués dans des institutions blanches dans le déni de leurs origines : ce sont les « Générations volées » auxquelles le Premier ministre, Kevin Rudd, a présenté des excuses officielles en 2008.

Depuis 1967, le gouvernement fédéral est autorisé à légiférer sur les questions autochtones, compétence nouvelle dont se saisit, en 1972, le gouvernement travailliste de Gough Whitlam qui initia une politique d'autodétermination en faveur des Aborigènes. Cette politique a créé une administration autochtone au niveau fédéral, qui a soutenu l'émergence d'organisations autochtones dans tout le pays et l'incorporation des communautés dans certains États, avec le statut de gouvernement local. L'émergence et l'expansion progressive d'une bureaucratie autochtone et d'autorités administratives dédiées sont venues concurrencer, là où elles étaient vivaces, les autorités traditionnelles et les mouvements militants. Les systèmes d'autorité localisée des autochtones posent d'énormes difficultés à une structure politique et administrative à la fois centralisée dans son fonctionnement et fragmentée de par sa structure fédérale. Les organisations autochtones constituent, dans ce contexte, autant d'espaces interculturels de négociation entre ces autorités et avec l'État. Toutefois, le contrôle administratif et financier accru de ces organisations par les administrations publiques limite leur capacité à négocier à parité.

Situations juridiques

La date de 1788 marque l'acquisition unilatérale de la souveraineté par la Couronne britannique, y compris territoriale. La Couronne transféra progressivement cette souveraineté aux colonies à leur indépendance et à la fédération d'Australie, lors de sa constitution en 1901.

Cette acquisition fut légitimée par les Cours australiennes *a posteriori,* en vertu de la doctrine internationale de *terra nullius* et de la doctrine des terres désertes et non cultivées selon la *common law*. L'acquisition de la propriété foncière par la Couronne, annulant *de facto* celle des autochtones, rendit illégales leur présence sur le territoire et l'assertion de la validité de leurs lois, pays et sociétés. Cela permit l'appropriation du territoire, le déplacement et le cantonnement des populations autochtones, leur mise sous tutelle et la répression sanglante de leurs résistances. À noter qu'à l'occasion de la très célèbre décision Mabo n° 2 rendue en 1992, la Haute Cour d'Australie a désavoué les règles de *common law* qui niaient tout droit foncier aux peuples autochtones. Comme devait l'affirmer le juge Brennan : « *the common law should neither be nor be seen to be frozen in an age of racial discrimination* – la *common law* ne devrait pas être, ni être perçue comme étant figée dans ce qu'elle était à une époque où prévalait la discrimination raciale ».

En l'absence de charte des droits fondamentaux au sein de la Constitution australienne, les mécanismes de mise en œuvre des droits autochtones restent fragiles. La reconnaissance constitutionnelle des autochtones dans trois États – Nouvelle-Galles du Sud, Queensland et Victoria – reste limitée en termes de droits. Le gouvernement national élu en 2010 a annoncé pour 2013 (débat qui se prolonge depuis) la tenue d'un référendum pour la reconnaissance constitutionnelle des autochtones et de leurs droits. Les recommandations du comité d'experts sur la reconnaissance constitutionnelle des autochtones constituent la base d'une réforme constitutionnelle soutenue par les deux partis majoritaires à l'occasion de la campagne *Recognise*[29]. Pour autant, la date du référendum constitutionnel, annoncé dès 2013, n'a toujours pas été fixée.

29. Voir le site : http://www.recognise.org.au/ [consulté le 1er avril 2016].

Chaque État possède son propre système juridique allant du niveau local (*magistrate court)* à une Cour suprême. Le partage des compétences entre le niveau fédéral et le niveau des États est sujet à de constants débats, notamment en matière de redistribution fiscale. La Haute Cour, juridiction suprême du système australien (dualiste et de *common law*), est notamment chargée d'arbitrer les différends opposant les États ou territoires à l'État fédéral. Le troisième niveau de gouvernement est local : villes, agglomérations, cantons, en fonction des États ou des régions.

L'adoption d'une politique d'autodétermination mit fin à plus d'un siècle de régimes juridiques et administratifs ségrégatifs, contrôlant les vies autochtones jusque dans leurs moindres aspects. À partir des années 1970, sous l'impulsion de mouvements militants dirigés par des Aborigènes et du gouvernement Whitlam, se mit en place le cadre juridique et administratif devant mener à une autodétermination ou autogestion autochtones et au respect de leurs droits : le *Racial Discrimination Act 1975 (Cwth*[30]*)* transpose en droit interne la Convention internationale sur l'élimination de la discrimination raciale (1965) ; l'*Aboriginal Communities and Associations Act 1976 (Cwth)* permet la formation de communautés autogérées, dirigées par des conseils élus, ainsi que d'organisations de services autochtones (services juridiques, de soin, organisations culturelles, politiques). Ces organisations sont aujourd'hui plus de 3 000 et constituent la plus importante forme de représentation et de participation politique des autochtones. Des droits fonciers et territoriaux furent progressivement obtenus : la première loi sur les droits fonciers autochtones fut l'*Aboriginal Land Rights Act 1976 (NT)*. En 1992, le jugement Mabo 2, qui reconnaît l'existence et la persistance de la loi coutumière, déboucha sur la première loi fédérale reconnaissant des droits et intérêts autochtones dans l'ensemble de l'Australie, le *Native Title Act 1993 (Cwth)*.

La politique d'autodétermination fut vivement critiquée sous le gouvernement conservateur de John Howard (1996-2007), donnant lieu à plusieurs lois condamnées par les organismes des droits de l'homme et suscitant de vifs débats en Australie. Les plus disputés furent les amendements au *Native Title Act* de 1998 qui durcirent les conditions de reconnaissance du titre foncier autochtone et alourdirent le fardeau de la preuve pour les plaignants autochtones, et la Réponse d'urgence dans le Territoire du Nord (2007)[31] qui autorisa le gouvernement fédéral à reprendre le contrôle direct de soixante-seize communautés autochtones. Il existe quelques progrès. Lors de son premier Examen périodique universel (EPU) devant le Conseil des droits de l'homme, en janvier 2011, l'Australie a été louée pour ses gestes symboliques forts de ces dernières années en direction des peuples autochtones (excuses présentées aux Générations volées, soutien apporté à la Déclaration sur les droits des peuples autochtones,

30. Les actes législatifs se distinguent en Australie selon qu'ils sont fédéraux (*Cwth*) et concernent l'ensemble du pays, ou adoptés par les État fédérés et ne touchant que le territoire de ceux-ci : ex *NT* pour *Northern Territory* (Territoire du Nord).

31. Le *Northern Territory National Emergency Response* 2007 a suspendu le *Racial Discrimination Act* 1975 jusqu'en 2010. Il a été prolongé, en 2011, par la politique dite *Stronger Futures for the Northern Territory* : « De meilleurs avenirs pour le Territoire du Nord ».

établissement du Congrès national des peuples premiers d'Australie). Certains États ont cependant émis des recommandations sévères pour le renforcement concret des droits de l'homme en général et des droits des peuples autochtones en particulier, et notamment une révision générale des lois touchant les autochtones à la lumière de la Déclaration.

L'établissement d'un cadre juridique moins défavorable aux autochtones à la fin du XXe siècle s'est accompagné de l'émergence d'organisations représentatives nationales qui se caractérisent par une courte durée de vie: *National Aboriginal Consultative Committee* (1973-1976), *National Aboriginal Conference* (1978-1986), *Aboriginal and Torres Strait Islander Commission* (1989-2005). En 2010, à la fois dans la continuité et en rupture avec ces précédentes organisations, le Congrès national des peuples premiers d'Australie a été établi sous les auspices de la Commission australienne des droits de l'homme avec, pour les deux premières années, un financement du gouvernement australien dont il est maintenant indépendant. Ces organisations ont mené plusieurs campagnes pour la signature d'un traité en Australie entre autochtones et non-autochtones, jusqu'ici sans succès.

Suite à la Commission royale d'enquête sur les morts aborigènes en garde à vue (1991), le poste de commissaire autochtone à la justice sociale a été créé au sein de la Commission des droits de l'homme. Son titulaire publie chaque année un double rapport sur le *Native Title* et sur les questions de justice sociale, qui est enregistré au Parlement.

Questions territoriales

En 2010, près de 20 % du territoire australien sont identifiés comme « terres autochtones » sous une variété de titres, régimes et statuts qui reconnaissent divers droits et intérêts aux propriétaires, traditionnels ou non (Altman, 2014). La majorité de ces terres se trouvent dans les régions du Nord et du Centre, où la proportion autochtone de la population est la plus grande et l'urbanisation limitée. Après deux siècles de colonisation légitimée par la doctrine juridique de *terra nullius*, laquelle supposait l'absence de sociétés civilisées sur les territoires concernés, la part des terres autochtones aujourd'hui témoigne de l'avancée du processus de réconciliation.

Si les peuples autochtones d'Australie ont toujours combattu la dépossession coloniale de leur souveraineté et de leurs territoires, ce n'est qu'au cours du XXe siècle qu'ils réussirent de haute lutte à faire reconnaître leurs droits fonciers par les tribunaux australiens. Les pétitions peintes sur écorce, déposées au Parlement en 1963 par les clans yolngu contre l'implantation d'une mine de bauxite sur leur territoire, constituèrent le premier grand moment public de la lutte pour les droits fonciers (*land rights*) et la reconnaissance d'un titre autochtone. Le juge Blackburn, qui reconnut l'existence de normes autochtones (*aboriginal law*), estima cependant qu'elles ne donnaient pas lieu à des droits de propriété. Ce jugement (*Millirrpum v Nabalco*) suscita l'enquête de la Commission Woodward, qui déboucha sur l'adoption en 1976 de l'*Aboriginal Land Rights Act (NT)*, première loi permettant à des collectifs autochtones de récupérer leurs terres traditionnelles.

En 1992, la Haute Cour délivra le jugement Mabo 2 qui, au terme de dix ans de procédure, reconnaît l'existence d'un titre de propriété autochtone (*native title)* dans la *common law* australienne. Bien que relatif à un litige ayant pris naissance sur l'île de Mériam dans le détroit de Torres, pays d'Edward Koiki Mabo, le jugement avait des implications pour l'ensemble du continent. Le *Native Title Act 1993 (Cwth)* étend à tout le territoire australien la possibilité pour des groupes autochtones de se voir reconnaître leur titre foncier (*native*), s'ils peuvent démontrer l'occupation du territoire, l'existence de normes et coutumes portant sur la propriété foncière, et leur maintien. Le jugement Mabo eut un effet retentissant en Australie, créant une vague de protestation parmi les lobbys miniers, les éleveurs, et même les particuliers, craignant de voir remettre en cause l'accès aux ressources du territoire ou leurs titres existants. Les amendements au *Native Title Act*, votés en 1998 par le gouvernement Howard, limitèrent les possibilités de coexistence de ce titre avec d'autres titres fonciers, complexifièrent les procédures d'enregistrement des plaintes et alourdirent le processus pour les plaignants autochtones.

En l'état actuel, le *Native Title Act* présente de nombreuses limites: exclusion d'un grand nombre de groupes des procédures, politique d'achats compensatoires limitée, divisions internes créées par les procédures, durée des procédures, fardeau de la preuve pour les groupes autochtones sans ressources adéquates, etc. (Wyatt, 2014). Les condamnations et recommandations régulières des instances internationales témoignent des limites du dispositif (Comité pour l'élimination de toutes les formes de discrimination raciale, Conseil des droits de l'homme, Conseil des droits économiques sociaux et culturels, rapporteur spécial sur les droits des peuples autochtones). La procédure du *Native Title* révèle les aspects de ce que Deborah Bird Rose a qualifié de colonialisme profond: «la conquête inscrite dans les institutions censées renverser les injustices coloniales» (Rose, 1996 : 8). En ce qui concerne les droits aux ressources souterraines, la jurisprudence du *Native Title Act* a tendu à remplacer la doctrine de *terra nullius* par celle de l'extinction. Par exemple, quand une réserve naturelle est créée et confiée à une personne juridique, cela a pour effet d'abolir («éteindre») le *Native Title* et l'ensemble des droits y afférant, notamment miniers, quant au mode de développement du territoire[32]. Cette attitude est contraire au droit international qui admet la souveraineté permanente des peuples autochtones sur leurs terres et ressources (Daes, 2004).

Dans la mesure où l'exploitation des ressources naturelles, en particulier minières, est le moteur de la croissance économique australienne, le respect des droits des peuples autochtones s'y trouve souvent subordonné. Plusieurs conflits sont en cours concernant, par exemple, l'installation d'un site de stockage de déchets nucléaires dans le désert central, l'implantation d'une usine de traitement du gaz naturel sur la côte du Kimberley ou encore la protection des écosystèmes riverains dans la péninsule du cap York. Partout, le potentiel économique

---

32. L'arrêt Miriuwung-Gajerrong (2003) a été intégré dans la jurisprudence comme nouveau critère d'abolition du *Native Title*. D'une manière générale, le droit des requérants au *Native Title* sur les ressources souterraines est extrêmement limité car les droits reconnus sont, en général, de surface et liés aux activités dites traditionnelles (dont l'exploitation minière ne fait pas partie).

du secteur minier est en tension avec les préoccupations environnementales, les droits des autochtones et leur situation de grande pauvreté (Altman, 2001 ; 2014).

Malgré ses limites le *Native Title Act*, en instituant un droit de négociation pour les détenteurs du titre, même potentiels, a ouvert de nouvelles possibilités telles que les Accords d'usage des terres autochtones (*Indigenous Land Use Agreements*) négociés avec les États ou avec des compagnies privées (Altman, 2014). Ces accords sont recensés, ainsi que de nombreux autres, sur le site du Projet Accords, traités et règlements négociés (*Agreements, Treaties and in TTR Negotiated Settlements Project*)[33].

Par ailleurs, les aires autochtones protégées (*Indigenous Protected Areas*) – parcs nationaux gérés par les propriétaires traditionnels – font partie d'un ensemble d'initiatives du ministère de l'Environnement, dénommé *Indigenous Australians Caring for Country*. Avec un accès accru à leurs territoires, sous une variété de régimes, les autochtones d'Australie se sont engagés dans la gestion de leurs ressources naturelles et culturelles, activités réunies sous l'expression *Caring for Country* (par exemple dans le *Top End*, à l'extrême nord du pays) ou *Looking after Country*. Des équipes locales à la conférence nationale, un réseau autochtone de « gestionnaires fonciers » (*land managers*) se développe depuis quelques années, offrant de nouvelles possibilités de développement économique durable.

Éducation, langues et cultures

Les linguistes australiens estiment à près de 250 le nombre de langues parlées en Australie au début de la colonisation, et plus de 500 dialectes. L'Australie a été décrite comme le pays qui connut, au cours du dernier siècle, la perte de langues la plus massive et la plus rapide de tous les pays. Sur les 145 langues autochtones encore parlées, plus de 110 sont dans un état critique ou sévèrement menacées et seules 18 paraissent robustes (National Indigenous Language Survey Report, 2005[34]). Les langues autochtones les plus parlées sont récentes, nées du contact colonial et devenues langues maternelles et de communication : le kriol (20 000 locuteurs dans le nord et le centre de l'Australie) et le broken dans les îles du détroit de Torres.

Le gouvernement fédéral a annoncé, en 2009, une « approche nationale pour les langues autochtones » qui n'apporte aucun financement supplémentaire au programme de sauvegarde existant, *Maintenance of Indigenous Languages and Records*. Dans les faits, les États et territoires – qui contrôlent l'éducation – sont responsables des politiques d'enseignement des langues, mal appliquées, à l'exception de la Nouvelle-Galles du Sud. Bien souvent, l'éducation et l'enregistrement des langues autochtones est pris en charge par des centres de langues régionaux ou locaux, voire par les communautés elles-mêmes. Les services de traduction et d'interprétariat en langues autochtones restent embryonnaires par rapport aux ressources offertes aux

33. http://www.atns.net.au/default.asp.

34. http://arts.gov.au/sites/default/files/pdfs/nils-report-2005.pdf [consulté le 1er avril 2016].

autres Australiens non anglophones (*Social Justice Report* 2009 : chap. 3[35]). Chacun des États et territoires australiens a adopté une politique en matière d'éducation autochtone, mais un écart significatif se maintient en termes d'accès, de suivi et de réussite entre élèves autochtones et non autochtones. La réussite scolaire des autochtones et leur accès à l'emploi sont parmi les principaux objectifs de la politique *Closing the gap* adoptée par l'ensemble des gouvernements australiens.

Les droits à l'éducation incluent pour les autochtones le droit de suivre un enseignement dans leur(s) langue(s) et selon leurs propres systèmes de savoir. L'éducation bilingue, ou *two-way*, fut instituée en 1974 dans certaines écoles de communautés du Territoire du Nord et d'Australie Occidentale. Depuis, de nombreux débats ont agité les cercles académiques et politiques quant à leur pertinence. L'inclusion des langues et cultures locales dans les programmes scolaires dépend de l'attitude de l'État et de la marge de manœuvre laissée aux écoles locales. Dans le Territoire du Nord, malgré de nombreuses études qui en démontrent les bienfaits, les programmes d'éducation bilingue sont régulièrement critiqués et ils ont été réduits de manière drastique dans le cadre de l'Intervention d'urgence (2007). Après avoir arrêté de financer les programmes bilingues dans le Territoire du Nord en 1996, le Parlement territorial les a renouvelés en 1998, avant de mettre en place en 2008 « la politique des quatre premières heures d'anglais » (*First Four Hours' policy*) qui imposait chaque jour que les quatre premières heures de cours soient données en anglais. Cette politique finit par être abandonnée en 2012.

Les cultures aborigènes et insulaires se pensent à travers le concept de « rêve », *dreaming*, que les Aborigènes considèrent comme « la loi ». Celle-ci définit, en termes aborigènes, un cadre commun dont les expressions locales et le renouvellement dynamique attestent de sociétés valorisant l'échange et la différenciation (Glowczewski, 2004). Adossés à ce concept qui habite puissamment l'ethos aborigène, les arts autochtones ont acquis depuis les années 1970 une visibilité accrue et une renommée internationale. Les créateurs aborigènes et insulaires du détroit de Torres ont investi tous les champs de la création : peinture, sculpture, musique, danse, cinéma, théâtre, littérature, etc. Les festivals culturels tels que Garma, Laura ou *The Dreaming*[36] démontrent la vitalité des cultures autochtones contemporaines puisant aux sources ancestrales. Il en existe de nombreux autres, à portée plus locale ou régionale. Chaque année, les *Deadlys* récompensent les meilleurs musiciens, artistes et sportifs, tandis que le *Telstra National Aboriginal and Torres Strait Islanders Art Award* couronne les meilleurs peintres et sculpteurs. Les gouvernements australiens ont activement promu les cultures autochtones en tant que patrimoine national à partir des années 1970 dans une optique de réconciliation. Cette reconnaissance culturelle et artistique ne s'accompagne pourtant pas d'une reconnaissance formelle des peuples et sociétés qui leur donnent naissance.

---

35. http://humanrights.gov.au/our-work/aboriginal-and-torres-strait-islander-social-justice/publications/social-justice-report-0.

36. www.garma.telstra.com ; www.lauradancefestival.com ; www.thedreamingfestival.com.

ASIE

INDE[37]

Grande démocratie de l'Asie du Sud, l'Inde s'étend sur un territoire de 3,3 millions de km^2, et comptait, en 2014, 1 milliard 236 millions d'habitants. Elle est connue pour son histoire millénaire, son immense diversité et son système des castes, ou groupes de statuts socio-professionnels héréditaires, généralement associé aux valeurs de l'hindouisme (pureté, rites effectués par des brahmanes). Les « tribus répertoriées » (*Scheduled Tribes – ST*), ainsi dénommées par la Constitution qui en fournit une définition purement administrative et qui sont déclarées comme telles par le président de l'Inde (articles 342 et 366-25), sont souvent appelées *ādivāsī* (signifiant en sanskrit « habitants originels »). Les groupes concernés par cette catégorie ont été définis par contraste avec le système des castes. Par-delà leur grande diversité, ils disposent d'une organisation par clans (plus que par sous-castes), d'un habitat de hautes-terres (par rapport aux plaines), de langues minoritaires, ainsi que de conceptions et pratiques religieuses éloignées de l'hindouisme. La liste constitutionnelle des tribus répertoriées (705, selon le Recensement 2011) a intégré les classifications coloniales de tribus habitant des « aires réservées » (celle de 1935 notamment). Cela explique pourquoi certains groupes sont classés comme tribaux dans un État de l'Union et pas dans un autre. Par ailleurs, cette liste évolue, car des groupes peuvent demander à intégrer cette catégorie, ou en être retirés, demandes qui remontent vers le président de l'Union par l'intermédiaire des départements des classes défavorisées des États. À cette catégorie de population qui correspond à la définition onusienne des peuples autochtones ou *indigenous peoples*, correspond 8,6 % de la population indienne (soit 104 millions de personnes).

Les indicateurs nationaux ne permettent pas d'identifier la situation précise de cette population adivasi dont l'organisation, relativement faible au niveau central, n'a pas poussé le gouvernement central à améliorer les connaissances disponibles. Les indicateurs témoignent d'un pays en développement, aujourd'hui économie émergente avec : un PIB par habitant de 1 499 $ en 2013 ; un Indice de développement humain de 0,586, qui le place au 135e rang (sur 187 pays) ; un niveau de pauvreté encore élevé. L'espérance de vie en 2014 était de 67,8 ans. Si la question sanitaire est peu politisée, la croissance économique actuelle n'entraîne pas nécessairement une amélioration sanitaire. Le taux d'alphabétisation en 2011 était de 74 %, cachant des écarts très importants entre les États et en ce qui concerne les Adivasi (officiellement 63 %, avec 70 % de sortie du système éducatif pour les garçons). Le taux d'urbanisation était de 28 % en 2001, mais les chiffres cachent une fréquence de villages très étendus et des espaces intermédiaires en rapide transformation.

Puissance majeure de l'Asie du Sud, l'Inde est membre de l'Association sud-asiatique pour la coopération régionale (Saarc, fondée en 1985), qui comprend aussi l'Afghanistan, le Pakistan, le Népal, le Bhoutan, le Bangladesh, le Sri Lanka et les Maldives. Les mêmes pays ont conclu un Accord régional de commerce

37. Données rassemblées par Raphaël Rousseleau.

préférentiel (Sapta, 1995), puis de libre-échange (Safta, 2006). Depuis les réformes de libéralisation des années 1990, l'Inde s'est rapprochée de l'Organisation de coopération régionale en Asie du Sud-Est (Asean, 1967) et a signé un accord de libre-échange en 2008. L'Inde a ratifié la Convention 107 sur les Populations indigènes et tribales de l'Organisation internationale du travail (OIT), mais non la Convention 169 sur les Peuples indigènes et tribaux. Elle est signataire de la DDPA (2007). Elle a passé son Examen périodique universel (EPU) devant le Conseil des droits de l'homme à Genève, en 2008 et en 2012.

Organisation politique et administrative

L'Union indienne est une fédération constituée de vingt-neuf États et sept territoires (dont les îles Andamans et Nicobar). Au niveau de l'Union, la démocratie indienne s'appuie sur un président (élu par les membres des assemblées législatives des États et les membres du Parlement), un Premier ministre (chef de file des membres du Parlement, il forme le gouvernement) et un Parlement, divisé en Chambre haute (*Rajya Sabha*, qui représente les États au niveau de l'Union) et basse (*Lok Sabha*, chambre des députés). Au niveau des États, l'agent central est le gouverneur (nommé par le président et le Premier ministre), les membres de l'Assemblée législative d'État sont élus tous les cinq ans, et le gouvernement est conduit par le *Chief Minister* (*leader* du parti vainqueur des élections législatives d'État), assisté de ministres d'État (*State Ministers*). Entre les deux niveaux du gouvernement central (l'Union) et des États, les compétences sont distinguées: police, santé, agriculture, notamment, reviennent aux États, le centre gérant les compétences partagées (affaires sociales, industrie...). Un ministère des Affaires tribales a été mis en place à New Delhi en 1999, et des structures semblables se retrouvent dans l'administration des États.

La partie X de la Constitution, consacrée aux «aires répertoriées» (*scheduled areas*: article 243) à population tribale, les soumet à deux groupes de dispositions constitutionnelles selon les États concernés. Un premier groupe de dispositions s'applique aux États suivants: Andhra Pradesh, Jharkhand, Gujarat, Himachal Pradesh, Maharashtra, Madhya Pradesh, Chhattisgarh, Odisha et Rajasthan (article 244.1, et Annexe 5/*5th Schedule*). Dans ces États, le gouverneur doit veiller à: aider les Adivasi à jouir de leurs droits (notamment veiller au non-transfert de leurs terres et au contrôle des pratiques d'usure); développer les «aires répertoriées» (économie, éducation, bien-être social). Il est épaulé par un Conseil tribal consultatif (*Tribal Advisory Council*), qui comprend vingt membres dont les 3/4 représentent des tribus répertoriées à l'assemblée législative de l'État. Un ministère des Affaires sociales (*Welfare*) tribales est créé dans les États à forte proportion adivasi (Odisha, Madhya Pradesh, Chhattisgarh et Jharkhand: article 164.1). Un Département des classes défavorisées (*Backward Classes*) gère les programmes d'aide, à travers un Sous-Département/Institut (nom variable) des classes et tribus répertoriées. Celui-ci redistribue les fonds aux Agences de développement et doit veiller à l'éducation primaire en langue adivasi, sur proposition de chaque État.

Il est chargé d'étudier et de statuer sur les demandes d'intégration à la liste des tribus répertoriées. Dans la région du nord-est, qui regroupe les États d'Arunachal Pradesh, Assam, Manipur, Meghalaya, Mizoram, Nagaland, Sikkim et Tripura, un autre groupe de dispositions constitutionnelles concerne Assam, Meghalaya, Tripura et Mizoram (articles 244.2, 275.1A et Annexe 6/*6th Schedule*) et d'autres dispositions spéciales sont consacrées à Arunachal Pradesh, Nagaland, Assam, Manipur, Mizoram, Sikkim (article 371).

Des Conseils de districts et Conseils régionaux autonomes ont été créés dans les aires répertoriées (en Andhra Pradesh, Chhattishgarh, Gujarat, Himachal Pradesh, Jharkhand, Maharashtra, Madhya Pradesh, Odisha, Rajasthan). Ils ont le pouvoir de légiférer directement (sous réserve de l'aval du gouverneur) sur le transfert et l'usage des terres, les forêts et la régulation de l'essartage, l'eau, l'administration des villages, la santé, la succession des chefs, les mariages, divorces, successions et coutumes sociales. Ces conseils ont un pouvoir de cour d'appel sur la population tribale de leur juridiction, celui d'établir des écoles primaires (en langue maternelle ou non), de disposer de fonds et de collecter des taxes, d'accorder (et négocier) la prospection et l'extraction de minerais sur leur territoire.

La libéralisation, depuis la Nouvelle Politique économique de 1991, a ouvert le pays aux capitaux étrangers ainsi qu'aux plans de la Banque mondiale dont l'Inde est le premier bénéficiaire. Les lois de décentralisation qui l'ont accompagnée renforcent les pouvoirs des collectivités locales (commune rurale – *gram panchayat*; cantons – *blocks*; districts), mais leur autonomie reste faible.

Le ministère central des Affaires tribales (MTA) est chargé de coordonner les programmes de développement (dont la responsabilité primaire repose toujours sur les ministères des Affaires sociales, de l'Éducation, etc.). Il concentre ses activités sur l'aide sociale, les bourses aux étudiants, l'information et le conseil quant à l'application des législations concernant les tribaux : *Forest Act*, 2006 ; *Protection of Civil Rights Act*, 1955 ; *Scheduled casts & scheduled tribes (Prevention of Atrocities) Act*, 1989. Il s'occupe aussi de la National Commission for Scheduled Tribes (NCST), de la promotion d'un artisanat tribal (Trifed) et des invités tribaux pour la fête nationale (*Republic day celebrations*). Ces mesures n'ont pas suffi à pallier les inégalités (spoliations foncières, difficultés d'accès à l'éducation) ni à réduire les violences que subissent les populations tribales, notamment sur les lieux d'affrontements entre forces spéciales et maoïstes, ou indépendantistes, etc. Quant aux structures, la NCST n'a pas de véritable autonomie financière, ni administrative, et les activités du MTA ont été critiquées par le Comité parlementaire pour la justice sociale et par plusieurs organisations tribales/autochtones (Karlsson, 2004).

Situations juridiques

L'Inde connaît un pluralisme juridique dû à son histoire. La Constitution écrite est l'une des principales sources du droit, mais celui-ci s'inspire aussi du système de jurisprudence (*common law*) britannique. Le système judiciaire est pyramidal, avec la Cour suprême à son sommet, et vingt et une Hautes Cours dont les compétences s'étendent au territoire d'un État. Les juges sont nommés par le président de la République, les tribunaux subordonnés sont subdivisés en trois instances et il existe de nombreux tribunaux à compétence spécialisée (questions agraires, forêt, mines, etc.). Le droit indien régit tous les domaines, à l'exception du droit civil privé, divisé en droit hindou et droit musulman. Pour certaines communautés, s'y ajoute une justice coutumière, exercée par des conseils (*panchayat*) de caste, ou de village (notamment chez les Adivasi).

La Constitution prévoit des mesures générales de discrimination positive en faveur des Adivasi : réservation de postes dans les institutions éducatives (article 15.4-5) et l'administration (article 1516.4 ; quota fédéral de 7,5 % de *scheduled tribes)* ; réservation de sièges (article 15. 330-335) dans les chambres gouvernementales *Lok Sabha* (chambre des députés de l'Union) et assemblées législatives des États (*State Legislative Assemblies*) ; mesures concernant les terres et l'éducation ; programmes sociaux (*welfare* – articles 46, 275) ; création d'une Commission nationale pour les tribus répertoriées (NCST – article 338-338A), investie des pouvoirs d'une cour civile pour enquêter et promulguer des recommandations.

Questions territoriales

Les tribus répertoriées adivasi demandent à sortir d'un cadre d'aide sociale attentiste, pour obtenir un droit à l'autodétermination active et un contrôle sur l'utilisation de leurs terres et ressources (consentement préalable, libre et informé en cas de déplacement, compensation en terres et non en monnaie). Une mesure allant en ce sens, pour les zones régies par l'Annexe 5, est la *Panchayat (Extension to Scheduled Areas) Act*, dite *Pesa Act*. Adoptée le 24 décembre 1996, cette loi oblige les États à prendre en compte les droits coutumiers, les pratiques socio-religieuses et les usages traditionnels dans l'administration des communes concernées. Elle élargit les compétences des communes rurales, en rendant nécessaire la consultation des conseils élus (*panchayat*) et des assemblées de village (*gram sabha*) pour tout programme de développement, l'acquisition de terre par des non-tribaux, des affaires de justice locale, la gestion du territoire et des ressources (petits minerais et eau). La mise en application d'une telle autonomie rencontre beaucoup de résistance dans les États. Certains débats portent sur les droits coutumiers et la pertinence de conserver/restaurer des structures de pouvoir traditionnels (chefs de village/district) au sein de la « plus grande démocratie du monde ».

L'histoire du système foncier indien est d'une grande complexité, à l'échelle du pays. Des tenures individuelles cohabitaient avec des tenures villageoises réparties par le chef (séculier/religieux), notamment chez les Adivasi. Parmi eux, la distinction la plus courante oppose le lignage fondateur-défricheur qui représente les « gens de la terre » (*Bhumiya*, *Bhuinhar*) aux occupants ultérieurs du village, qui dépendent des premiers pour l'usage des terres. Étendu à l'échelle régionale, ce statut était reconnu rituellement dans certains royaumes indiens. Il constitue la base indigène de la distinction actuelle entre tribaux « autochtones » et populations secondaires (Xaxa, 2013). Aujourd'hui, en zone non forestière, la plupart des villages disposent d'un cadastre foncier et les agriculteurs possèdent des titres de propriété (*patta*) privés. Cela vaut dans les régions de plaine, mais de nombreux tribaux vivent sur des hautes-terres forestières, où la terre appartient au ministère de l'Environnement et des Forêts (MoEF).

La Constitution interdit le transfert de terres appartenant à des tribaux (*ST*) vers des non-tribaux (article 244.1). En pratique, il existe des moyens de contournement de la loi (achat au nom d'une personne tribale isolée et manipulée) encore plus efficaces dans les zones où les Adivasi restent peu éduqués et sous l'emprise d'usuriers. Mais les transferts individuels de terre agricole représentent peu de choses à côté de l'aliénation des terres tribales par les États mêmes. En effet, le 44e amendement (1978) de la Constitution a retiré le droit de propriété de la liste des droits fondamentaux, et l'article 300-A introduit un droit d'État à la réquisition des terres (*eminent domain*). C'est ainsi que les Adivasi (8 % de la population) représentent 40 à 50 % des personnes déplacées par des barrages depuis l'indépendance. L'exemple le plus célèbre est celui de Sardar Sarovar sur le fleuve Narmada, où deux tiers des déplacés (240 000) appartiennent aux tribus répertoriées. Il est probable que des projets du même ordre seront encore mis en œuvre dans les années qui viennent.

En 2003, 23 % du territoire national relevait du MoEF. L'administration des forêts a d'abord hérité de la gestion coloniale, jugeant les habitants-usagers des forêts comme des intrus illégaux. La cueillette et l'essartage qu'ils pratiquaient étaient perçus comme économiquement irrationnels et portant atteinte à l'intégrité des ressources en bois et au couvert végétal. La collecte de produits forestiers mineurs a cependant été reconnue, puis les droits et savoir-faire des populations rurales à travers un programme de Gestion conjointe des forêts (*Joint Forest Management*, 1990). Adoptée en 2006, la loi de Reconnaissance des droits des tribaux et autres habitants – usagers des forêts (*Scheduled Tribes & Other Traditional Forest Dwellers – Recognition of Forest Rights – Act*) – reconnaît des droits fonciers familiaux (héritables mais non transférables) et collectifs dans des aires forestières pour les tribaux (*ST*) et d'autres groupes vivant expressément de la forêt. La responsabilité de mise en vigueur de la loi dépend néanmoins des États, puis les demandes doivent être formulées par l'assemblée villageoise (*Gram Sabha*) et déposées auprès du Bureau forestier (*Forest Office*), si bien que la loi reste peu ou mal appliquée. De fait, la forêt dense disparaît en Inde, essentiellement au profit de projets industriels, notamment miniers. De nombreuses ressources minières se situent précisément dans les aires montagneuses réservées, habitées par les tribaux. Si les législations industrielles (*Extractive Industries Review*, 2004[38]) ont intégré la nécessité du « consentement préalable et informé » (*Free Prior Informed Consent*) lorsque des consultations publiques sont organisées, elles restent largement sous l'influence des organisateurs.

38. http://www.ifc.org/wps/wcm/connect/Industry_EXT_Content/IFC_External_Corporate_Site/Industries/Oil,+Gas+and+Mining/Development_Impact/Development_Impact_Extractive_Industries_Review/.

En 1997, un jugement de la Cour suprême en faveur d'une ONG qui poursuivait l'État d'Andhra Pradesh (dit *Samata Judgment*) a réaffirmé le droit fondamental, constitutionnel, à l'inaliénabilité des terres tribales et insisté sur le fait que seules des compagnies dirigées par des tribaux, ou du secteur public, pouvaient acquérir de telles terres pour les exploiter. Ce jugement fait désormais jurisprudence, mais les compagnies privées internationales ont trouvé le moyen de contourner les garanties constitutionnelles, en signant des accords de coopération industrielle (*joint venture*) avec des entreprises d'État (*Public Sector Undertakings*).

Si, en 2008, le gouvernement indien a publié les orientations de sa politique minière nationale, insistant sur la primauté de l'exploitation minière pour le développement économique du pays, l'unique garde-fou imposé aux entreprises est d'intégrer leur projet dans le cadre du développement durable (*sustainable development framework),* et de garantir la Responsabilité sociale des entreprises (RSE). Or le contrôle de cette régulation revient à des vérificateurs privés, corruptibles... Loin de la publicité du développement, la plupart des districts produisant des minéraux sont parmi les plus pauvres de l'Inde. Récemment, la *Right to Fair Compensation and Transparency in Land Acquisition, Rehabilitation and Resettlement* (LARR) *Act*, adoptée en septembre 2013 et mise en œuvre le 1er janvier 2014, a imposé la consultation des assemblées locales (*panchayat, gram sabha*) et l'octroi d'une compensation juste des « populations affectées » par des projets, notamment industriels et miniers. Cette loi remplace effectivement une loi de 1894 et apporte quelques garanties aux populations rurales. Elle est cependant critiquée pour ses ambiguïtés et ses exceptions toujours possibles. Il reste à voir son application sous un nouveau gouvernement, dont la priorité avouée est l'industrialisation rapide.

Éducation, langues et cultures

L'Inde connaît deux familles linguistiques majoritaires et plusieurs familles linguistiques minoritaires. Les familles majoritaires incluent, au nord, les langues indo-aryennes (branche des langues indo-européennes) – hindi, 41 % de la population ; bengali, 8,1 % ; etc. – et, au sud, les langues dravidiennes – télougou, 7,2 % ; tamoul, 5,9 %, etc. Les familles minoritaires regroupent, dans les régions himalayennes, les langues tibéto-birmanes – manipuri, 1,4 million de locuteurs, soit 0,14 % ; bodo, 0,13 %, etc. –, les langues austro-asiatiques (dites aussi munda au sens large) disséminées dans l'est et le centre du pays – santali, 6,4 millions de locuteurs, soit 0,63 % ; oraon, etc. –, et, enfin, les langues d'Andaman – jarawa ; onge, etc.

L'Union indienne connaît deux langues officielles, le hindi et l'anglais (langue officielle associée), et reconnaît vingt et une langues constitutionnelles qui sont : l'assamais, le bengali, le dogri, le gujarati, le hindi, le kashmiri, le maithili, le marathi, le nepali, l'oriya, l'ourdou, le panjabi, le sanskri et le sindhi qui relèvent d'une même famille (indo-européenne), le kanada, le konkani, le malayalam, le tamoul et le télougou qui relèvent d'une autre (dravidienne), et encore de deux autres familles distinctes, le manipuri et le santali.

En 2002, le principe d'universalité de l'éducation qui figurait dans la Constitution est devenu un droit fondamental à l'éducation (jusqu'à 14 ans). Si, depuis 1976, les États (ministères de l'Éducation) partagent la compétence de l'éducation avec l'Union (*National Council on Educational Research and Training*), les fonds affectés à l'éducation demeurent insuffisants (moins de 5 % du PIB), et l'éducation primaire est très dépendante de l'origine sociale. Seuls les enfants de milieux défavorisés fréquentent les écoles publiques (marquées par un fort taux d'absentéisme des enseignants), tandis que les familles favorisées privilégient les écoles privées où l'enseignement est donné en anglais. Si le sud du pays a fait de grands progrès, si le nord-est a eu l'opportunité d'écoles chrétiennes en anglais, le retard persiste dans les États du centre, de l'est, et du Rajasthan, tous à forte population adivasi.

La Constitution garantit aux tribaux comme à toute minorité le droit de conserver leur langage et leur culture (ainsi que leur système d'écriture), et celui d'établir des institutions éducatives de leur choix (articles 29.2, 30). Elle prévoit également que chaque État doit permettre l'instruction des enfants en langue maternelle au niveau du primaire (articles 347, 350a). Le ministère des Affaires tribales développe aussi quelques mesures en matière d'éducation à un niveau supérieur. En 2007, le Parlement de l'Union a voté la création d'une université tribale nationale Indira Gandhi (IGNTU), à Amarkantak (Madhya Pradesh), qui possède notamment une faculté d'études tribales : elle s'inspire de l'expérience de Tejgadh au Gujarat (voir *infra*).

Dans les faits, l'application de ces lois fédérales reste entre les mains des États (établissement d'un département spécialisé, publication de manuels, organisation de stages de formation). Créés eux-mêmes sur une base linguistique, les États promeuvent d'abord la langue dominante régionale, et tendent à laisser aux communautés tribales le soin de transmettre ou non leur langue et leur culture. Ainsi, hormis les autochtones des îles Andaman et Nicobar dont la culture est en voie d'extinction, les groupes les moins favorisés sont les Adivasi régis par la 5e annexe (*5th Sched.*), davantage soumis aux politiques régionalistes. C'est pourquoi, malgré les garanties constitutionnelles, Virginius Xaxa (2008) parle de politique assimilationniste de fait en Inde centrale, par rapport à une intégration sociopolitique qui fonctionnerait dans les Territoires du Nord-Est (*6th Sched.*) grâce à une plus grande autonomie laissée aux populations.

Sur la lancée du post-colonialisme dont les intellectuels indiens ont lancé le mouvement dans les années 1980, le domaine le plus investi par des militants adivasi est la littérature, dans les langues tribales majoritaires que sont : dans l'est, le santali et, dans l'ouest, le bhil et les langues apparentées. Il existe un département de mundari à l'université de Ranchi (Jharkhand), un Forum littéraire tribal panindien (*All India Tribal Literary Forum*) et une Académie adivasi au Gujarat (*Adivasi Academy* de Tejgadh) qui soutient la publication d'ouvrages et journaux en langues tribales.

La liberté religieuse est garantie par la Constitution. Présente dans les recensements coloniaux, la catégorie « religion/origine tribale » a disparu des classifications peu après l'indépendance (Xaxa, 2005). De ce fait, la plupart des tribaux s'inscrivent comme hindous, hormis dans les zones plus politisées comme le Jharkhand qui compte la plus forte population de « religion autre » que les religions officielles (hindouisme, christianisme, islam, jaïnisme, bouddhisme et sikhisme). Dans certaines régions, des extrémistes hindous font physiquement pression sur les Adivasi (qu'ils préfèrent appeler *vanavasi* : « habitants des forêts ») pour qu'ils adoptent un hindouisme « purifié » selon leurs normes, voire s'enrôlent dans leurs mouvements antichrétiens ou antimusulmans. Ces extrémistes ne tolèrent pas que des Adivasi, Indiens par définition, puissent réclamer une identité nationale autre qu'hindoue. Le 1er janvier 2011, lors d'une conférence adivasi à Burnpur, Bengale, sept cent cinquante délégués d'organisations militantes ont demandé la restauration d'une catégorie distincte pour leur religion. Le nom en reste cependant discuté (*Adi dharma/ Sarna dharma*), du fait de la diversité des groupes concernés.

AFRIQUE AUSTRALE

Botswana[39]

À la pointe sud de l'Afrique, le Botswana est enclavé et bordé par l'Afrique du Sud, la Namibie et le Zimbabwe. Si 70 % du pays, dont la superficie est égale à celle de la France, sont constitués d'un désert, deux sites attirent des milliers de touristes chaque année : la réserve de faune sauvage du Kalahari central et le delta de l'Okavango.

Le pays doit être appréhendé en considération de deux grandes histoires, d'une part celle du continent africain et de sa colonisation qui détermine une approche particulière de l'ethnicité et de l'autochtonie, d'autre part celle de l'Afrique australe marquée par l'expérience du régime de l'apartheid – en Afrique du Sud, du Sud-Ouest (Namibie) et du Sud-Est (ex-Rhodésie) – qui éclaire la vision que portent les gouvernants sur le concept d'indigénéité. Entre 1970 et 1990 – soit les premiers vingt ans de son existence comme État indépendant –, le Botswana, encerclé par des régimes ségrégationnistes, joua un rôle important pour coordonner les réponses anti-apartheid des États de la ligne de front (*Frontline States*).

Le Bostwana est aujourd'hui membre de la Communauté de développement de l'Afrique australe (SADC) qui résulte de cette organisation. Il est aussi membre du Marché commun de l'Afrique australe et orientale (Comesa), qui promeut une intégration économique régionale et internationale, et il fait partie d'une Union douanière (Sacu) avec la Namibie, l'Afrique du Sud, le Lesotho et le Swaziland, ses voisins les plus proches, pour simplifier les circulations mercantiles et touristiques. L'indépendance relative du Bostwana vis-à-vis du colonisateur, son leadership anti-apartheid et son économie florissante confèrent à ce pays une image positive et un certain prestige. Ne pliant pas facilement devant la pression internationale, il croit fermement en l'intégrité de son approche des questions raciales et ethniques qu'il a forgée dans son opposition à l'apartheid.

La population, légèrement au-dessus de deux millions de personnes, et qui parle en majorité le setswana (79 %), est composée de huit tribus ou ethnies. La plus

39. Données rassemblées par Jennifer Hays.

grande, soit 20 % de la population nationale, rassemble les Batswana ; les sept autres regroupent les Bamangwato, Bakwena, Bangwaketsi, Bakgatla, Barolong, Bamalete et les Batlokwa. Les Kalanga, environ 11 % de la population, forment une minorité linguistique très bien intégrée aux niveaux de l'éducation et de l'emploi. La catégorie de population connue sous les noms de San ou *Bushmen* en anglais, et en setswana sous les noms de *Mosarwa/Basarwa* (singulier/pluriel), représente une petite minorité de 46 000 à 60 000 personnes (2,5 à 3 % de la population environ, en l'absence de chiffres précis), vivant toujours de la chasse et de la cueillette. Les San/Basarwa, au statut socio-économique le plus bas du pays, constituent le groupe ethnique le plus stigmatisé. S'ajoutent à cette liste quelques groupes parlant d'autres langues bantu tels que les Baherero, Wayei, Hambukushu et Bakgalagadi qui vivent dans les régions rurales, souvent à proximité des communautés san/basarwa.

Organisation politique et administrative

Le Botswana est une république démocratique représentative, à système multipartite, gouvernée depuis l'indépendance, en 1967, par le Parti démocratique du Botswana (BDP). Son président, désigné par le parti victorieux aux élections législatives, à la fois chef de l'État et chef du gouvernement, constitue, avec l'Assemblée nationale, le Parlement qui détient le pouvoir législatif. Le système politique fonctionne sur la base d'une dualité, d'un côté selon les règles de la démocratie occidentale et, de l'autre, en référence aux mécanismes de la chefferie traditionnelle. À l'intérieur de ce double système, la gouvernance traditionnelle san n'est l'objet d'aucune reconnaissance : les San sont considérés comme n'ayant pas d'organisation politique.

À côté de l'Assemblée nationale, depuis l'Indépendance siège un Conseil des chefs – *Ntlo ya Dikgosi* – composé de trente-cinq membres, y compris les huit chefs héréditaires représentant les huit tribus/ethnies dominantes (dénommés chefs principaux, *paramount chiefs*), vingt-deux chefs élus indirectement et cinq chefs nommés par le président. Aucun San ne siège actuellement dans ce Conseil. Le Conseil des chefs préside au bon fonctionnement de l'assemblée *kgotla* qui, parallèlement au système de justice formel, organise le système juridique traditionnel fondé sur la structure villageoise. Les réunions *kgotla* résolvent les cas en matière civile ou de petite criminalité. Chacun peut s'exprimer et la décision est prise sur la base d'un consensus entre les parties en présence. L'assemblée *kgotla* est considérée par le gouvernement du Botswana comme une instance de consultation et de prise de décisions locales, argument qu'il opposa aux critiques du rapporteur spécial sur les droits des peuples autochtones qui observait que les San n'étaient pas consultés. De fait, l'assemblée *kgotla* fait partie de la culture et des hiérarchies traditionnelles batswana[40], mais elle est étrangère aux communautés basarwa/san qui avouent se

40. Dans la langue setswana, l'addition d'un préfixe à la racine – *tswana* induit des sens spécifiques : ainsi de *Botswana* qui signifie « le lieu des Tswana », et des termes *motswana* (singulier) et *batswana* (pluriel) désignant l'identité des personnes en tant que « personne qui vit au Botswana ».

sentir intimidées par ce type de réunions. Le Botswana admet la peine capitale et est régulièrement invité par des organisations de la société civile et par la communauté internationale à l'abolir. Les punitions corporelles, y compris dans les écoles, sont légales et la flagellation peut être recommandée par la *kgotla*.

Le Bostwana suit un régime dualiste, ce qui signifie qu'il doit transposer en droit interne les normes internationales. Il utilisa cet argument pour contrer une décision de la Commission africaine des droits de l'homme et des peuples, bien qu'il soit signataire de la Charte africaine des droits de l'homme et des peuples. Cette position est en accord avec son principe de résistance aux pressions internationales tendant à modifier les lois intérieures.

Situations juridiques

Officiellement, le Botswana ne reconnaît aucune minorité ethnique et considère que tous les résidents du Botswana sont indigènes. Sa Constitution ne reconnaît pas les peuples autochtones. Non signataire de la Convention 169, ce pays a signé la Déclaration des Nations unies sur les droits des peuples autochtones, après avoir tenté de la bloquer, en réservant son acception du terme *indigenous* pour l'étendre à l'ensemble des citoyens du pays, ce qui la rend, de fait, inopérante pour appréhender les situations des San.

Cette position se comprend au regard de la situation ouverte par le système de l'apartheid en Afrique du Sud qui, en établissant une corrélation forcée entre identité ethnique, langue et territoire (*homeland*), a créé la base de l'actuelle interprétation assimilant « droits autochtones » et « développement séparé » (ségrégation). Le débat sur l'indigénéité en Afrique australe a profondément marqué le débat sur le concept d'autochtonie en anthropologie et dans les disciplines voisines ; reposant sur une série d'arguments portant les uns sur la définition de l'indigène en regard du colonisateur européen, les autres sur la relation posée par la migration de populations agraires et la domination de leurs systèmes politiques (*cf.* Crawhall, 2011). Aujourd'hui, les problèmes ressentis par les peuples nomades ou chasseurs-cueilleurs ne sont pas seulement déterminés par leur rapport avec les systèmes dominants d'exploitation agricole, même s'ils sont souvent employés dans les fermes des autres, où leur force de travail est l'objet d'une véritable exploitation. Ils tiennent à l'arrivée de nouvelles formes d'exploitation : activité minière ou extractive au sens large, développement de l'agriculture industrielle ; avancée du tourisme de masse ; mise en place d'aires protégées. C'est dans ce contexte que la Commission africaine des droits de l'homme et des peuples s'est attachée à clarifier le sens et la portée de la définition internationale de la catégorie « peuples autochtones » (CADHP-Iwgia, 2005).

Le Botswana est membre de l'Union africaine et signataire de la Charte africaine des droits de l'homme et des peuples qui stipule que « [T]ous les peuples ont droit à l'existence. Ils possèdent le droit indiscutable et inaliénable à l'autodétermination. Ils doivent déterminer librement leur statut politique et poursuivre leur développement économique et social selon des politiques librement choisies ». Il est aussi signataire de la Convention sur les droits de l'enfant, qu'il est en train de transposer en droit interne et qui fit l'objet d'une recommandation quant à son applicabilité aux enfants autochtones. Sur la base de cette Convention, le pays doit s'assurer que les enfants san ont effectivement accès à une éducation dans leur propre langue, respectueuse de leurs valeurs et de leurs cultures.

Questions territoriales

Les principales ressources économiques du Botswana sont les mines de diamant, l'élevage de bétail et le tourisme, dont les activités affectent toutes les droits territoriaux des San/Basarwa du Botswana. Peu d'entre eux ont accès à des terres ou à des ressources traditionnelles. La majorité a été déplacée par les éleveurs, qu'ils soient blancs (principalement afrikaaners, descendants des colonisateurs hollandais) ou noirs (principalement batswana, mais aussi herero). Les familles san sont souvent employées dans les fermes où elles résident en petites unités et travaillent pour de très bas salaires.

Une autre source de problèmes s'est ajoutée à ces grandes préoccupations foncières, dans l'espace dénommé Réserve de faune sauvage du Kalahari central (*Central Kalahari Game Reserve, CKGR*). Ses résidents ont attaqué deux fois le gouvernement en justice, en considérant que la volonté de reloger les San en dehors de leurs terres traditionnelles masquait l'intention d'ouvrir de nouvelles concessions minières. Le gouvernement se défendit d'une telle intention et accusa même les San de menacer la vie sauvage et de diminuer ainsi l'attraction de la réserve pour le tourisme (Hitchcock, 2014).

En 1979, le Botswana fit des efforts pour s'assurer que les personnes dépendant de la vie sauvage pour leur subsistance disposent de droits de chasse conformes à la législation sur la protection de la faune nationale. Mais, au début du millénaire, les permis spéciaux de chasse (*special game licenses*) furent abolis par le gouvernement. Selon les nouvelles règles, les individus doivent déposer une demande officielle auprès du Département de la vie sauvage et des parcs nationaux, du ministère de l'Environnement, de la Faune, de la Flore et du Tourisme, ou être tirés au sort. L'unique autre moyen de chasser pour nourrir sa famille est d'appartenir à une « aire de gestion de la vie sauvage » administrée par un fonds communautaire (*trust*). Le gouvernement du Botswana dut s'expliquer devant le Conseil des droits de l'homme, lors de l'Examen périodique universel de 2008 sur la non-reconnaissance de droits territoriaux aux San et les problèmes posés dans la Réserve de faune sauvage du Kalahari central. En 2013, le Bureau du président de la République du Botswana annonça l'interdiction de toutes les formes de chasse et la non-délivrance de permis aux citoyens ou aux étrangers, à l'exception des personnes devant chasser pour assurer leur subsistance. Fin 2014, aucun permis n'avait été accordé. Cela a de sérieuses conséquences sur les populations qui dépendent des espèces sauvages pour leurs besoins en protéines. Par ailleurs, les autorisations qui avaient été accordées à des San en fiducie (*trust*) ne permettront plus de louer l'accès à la faune aux compagnies de safari.

En dépit d'explications par lesquelles le pays assure faciliter l'accès de tous les habitants à la terre, le relogement des San hors de la Réserve CKGR est un acte majeur de violation des droits territoriaux san (Saugestad, 2011 ; Hitchcock *et al.*, 2011 ; Hitchcock, 2014), qui s'est déroulé sur une trentaine d'années. Une décision de première instance trancha en faveur des San reconnus propriétaires légitimes de la terre : le gouvernement ne pouvait pas les expulser de force ni les empêcher de revenir. Le jugement indiquait également que le gouvernement n'était pas tenu de fournir des services dans la Réserve, y compris l'accès à l'eau. Il en résulta une situation fort complexe, dans laquelle le gouvernement empêcha, de fait, les résidents de CKGR d'accéder à l'eau : les ONG internationales s'emparèrent de cette situation : une autre décision de première instance, qui niait les droits des San à l'eau, fut finalement cassée par la Cour d'appel, en 2011[41].

Éducation, langues et cultures

Le double sens du terme Batswana permet d'associer la citoyenneté à une seule identité ethnique, indépendamment du fait qu'il existe plusieurs minorités dans le pays. Avec l'anglais pour langue officielle et le setswana comme langue nationale, l'usage de toute autre langue est formellement interdit par la loi, dans les domaines de l'éducation ou à des fins administratives.

Le Botswana a une approche générale des minorités, de type assimilationniste, héritée de la position forgée durant la lutte contre l'apartheid et des premières décennies de l'indépendance. La reconnaissance des différences linguistiques et culturelles est toujours mise en parallèle avec les divisions de l'apartheid et le manque d'accès aux institutions majoritaires. Les efforts pour introduire les langues minoritaires à l'école ou ailleurs ont été systématiquement contrés par l'argument officiel du « Nous sommes tous batswana ». Toute politique de reconnaissance aux minorités de droits ou de besoins spécifiques est considérée comme injuste ou discriminante sur une base ethnique. Toutefois, le gouvernement reconnaît des besoins spéciaux, par exemple pour le fait de vivre dans une région éloignée de tout service. Le programme de développement des aires éloignées, sous la tutelle du ministère du gouvernement local, fournit ainsi une aide alimentaire aux enfants des communautés appauvries et éloignées. Aucune statistique ne permet de connaître précisément le nombre de résidents san concernés par ce type de programme spatialisé mais, selon les estimations, ils constitueraient entre 80 % (au niveau national) et 100 % (au niveau local) des populations en question. Le gouvernement alloue des moyens aux régions concernées pour faciliter la fréquentation des écoles gouvernementales, y compris pour résider dans des pensionnats.

La langue dominante est le setswana, reconnue comme langue nationale et langue d'enseignement des premiers cycles, l'anglais n'étant à ces niveaux usité que dans certaines écoles. L'anglais est en revanche langue officielle et langue

41. Affaire *Mosetlhanyane and others v. Attorney General of Botswana*, Civil Appeal No. CACLB-074-10, décision de la Cour d'appel de Lobatse, du 27 janvier 2011.

d'enseignement au niveau supérieur. À l'école, toute autre langue que le setswana ou l'anglais semble interdite. Cependant, près de 20 % de la population parlent une autre langue que le setswana ou l'anglais. Certaines appartiennent à la même famille linguistique (bantu) que le setswana tels l'ikalanga (11 %), le seyeyi, le sekgalagadi, le thimbukushu et l'otjiherero. Environ 3 % de la population parlent une langue khoisan à la maison (non bantu). Les San parlent une variété de langues, parmi lesquelles le ju|'hoansi, le nharo, le khwedam, le !xoo, le |gui, le ||ghana, le tshua, le tsila, le khute et le ‡hoa. Les grandes différences structurelles et phonétiques entre les langues bantu et khoe-san ne sont pas à l'avantage des jeunes San lorsqu'ils commencent l'école. Les langues san, connues pour leur système de clics, sont d'une immense complexité phonétique, et seules quelques-unes ont développé une notation graphique (faite de lettres ou de symboles selon les langues). Aucune n'est langue d'enseignement.

Si le Botswana possède un taux d'alphabétisation des adultes de 81 %, très élevé pour l'Afrique en général, et si le taux de fréquentation scolaire est aussi élevé (90 % au niveau primaire, 50 % au niveau collège, 20 % au niveau lycée, 11,4 % au niveau supérieur), une enquête réalisée par l'ONG Thuto Isago Trust en 2009 a montré que, parmi les travailleurs agricoles, qui sont en majorité san aujourd'hui, 55 à 60 % des enfants de 6 à 15 ans n'allaient pas à l'école, pour différentes raisons. Parmi celles-ci, on observera que, si le Bostwana encourage fortement la participation aux institutions nationales, le droit des San/Basarwa à maintenir leur culture est considéré comme contraire à la politique d'intégration nationale. Le fait est que l'école ne fonctionne pas comme un lieu d'intégration et que le modèle d'éducation dominant n'est guère attractif pour les enfants et leurs parents san. Les raisons de la faible participation des San au système scolaire gouvernemental tiennent à l'absence d'éducation en langue maternelle, à la pratique des punitions corporelles, au manque d'argent pour les frais d'inscription et l'achat de vêtements appropriés et de matériel scolaire, au manque de respect de la culture san et à la difficulté de vivre en internat. La plupart des enfants san doivent quitter leur résidence pour aller à l'école, se retrouvant dès l'âge de 6 ou 7 ans séparés de leur foyer et regroupés en dortoirs. Pour éviter qu'ils s'enfuient, l'habitude a été prise de les envoyer très loin de chez eux, sans possibilité de rentrer à pied. Quittant des univers très peu peuplés et plutôt protecteurs, les enfants se retrouvent alors plongés dans un milieu mélangé, sans interconnaissance. Toutes les personnes qui s'occupent d'eux – gérants de l'internat, enseignants, personnel de service – proviennent des groupes ethniques dominants et ne parlent pas san. Des cas d'abus sexuels ont été rapportés en plusieurs occasions. Il n'y a pas d'éducateur en langue autre que setswana et anglais, et seul un programme de formation des enseignants d'école maternelle inclut des éléments de langue et de culture san (Kiema, 2016).

Les San vivent aujourd'hui dans des campements, la chasse est illicite sans permis et les ressources locales de collecte sont vite épuisées. La production d'artisanat et la représentation de leur culture devant les touristes de passage génèrent quelques revenus et on note l'émergence de l'art san sur la scène mondiale. Mais cette nouvelle économie est loin de répondre aux besoins des populations san et n'est pas sans poser d'autres problèmes. La culture des San a changé depuis qu'ils ont perdu la possibilité de vivre de chasse, pêche, cueillette au profit de l'économie d'élevage. Vivant pour certains des faibles salaires que le travail à la ferme leur procure, parfois rémunérés seulement en produits alimentaires et en alcool, ils présentent un état de santé plutôt précaire.

Enfin, le Bostwana, l'un des pays les moins corrompus de l'Afrique et parmi les plus stables économiquement, a un taux de prévalence du HIV/Sida parmi les plus élevés au monde. Après une campagne très agressive pour réduire la transmission du virus de la mère à l'enfant et distribuer à tous des antirétroviraux gratuitement, l'espérance de vie est passée de 40 à 50 ans entre 2001 et 2011. En l'absence de ventilation des données statistiques par groupe ethnique, les taux de prévalence du Sida ne sont pas connus pour les San. S'il a été dit que certaines communautés, notamment les plus éloignées, souffriraient d'un moindre taux d'infection, ce qui serait, entre autres, attribué au pouvoir de négociation des femmes san (Lee et Susser, 2006), plusieurs communautés ont un taux aussi élevé – si ce n'est plus – que la population générale. Il leur est en revanche plus difficile d'accéder à un traitement en raison de leur relatif isolement. D'autres menaces sanitaires existent, en raison des résistances au traitement de la tuberculose et du paludisme, maladies qui affectent un grand nombre de San et de populations rurales pauvres qui vivent éloignées de tout centre de soins.

Namibie[42]

La Namibie se situe sur la côte atlantique de l'Afrique australe, au nord de l'Afrique du Sud, au sud de l'Angola et de la Zambie, à l'ouest du Botswana. La majeure partie du pays est recouverte par les déserts du Namib et du Kalahari. Avec une population d'environ 2,1 millions de personnes, sa densité démographique est l'une des plus faibles au monde (2,6 habitants/km^2). La langue officielle est l'anglais, mais celle-ci n'est la langue maternelle que de 7 % de la population.

Indépendante depuis 1990, la Namibie fut autrefois connue sous le nom d'Afrique du Sud-Ouest, colonie allemande de 1884 à 1918, puis administrée par l'Afrique du Sud. Ce mandat fut révoqué en 1966 par les Nations unies, mais l'Afrique du Sud continua d'administrer cette colonie sans aucun respect pour l'injonction internationale. En 1966, le Swapo (Organisation des peuples de l'Afrique du Sud-Ouest) engagea une guérilla qui déboucha sur la guerre d'indépendance. Durant celle-ci, quelques groupes san, notamment !Xun et Khwe, furent recrutés comme pisteurs par l'armée sud-africaine en lutte contre le Swapo. Après la défaite sud-africaine et l'indépendance de la Namibie, le gouvernement d'Afrique du Sud offrit un refuge à ces anciens soldats et à leurs familles, si bien qu'environ 1 100 !Xun et 3 500 Khwe, originaires de Namibie, vivent dorénavant à Platfontein en Afrique du Sud.

La Namibie resta liée à l'Afrique du Sud, sa monnaie (le dollar namibien) étant indexée sur le rand sud-africain. Avec une petite armée, fragile économiquement,

42. Données rassemblées par Jennifer Hays.

dépendante des activités minières tandis que 50 % de sa population vit de l'économie agricole, la Namibie a un besoin vital de bonnes relations avec ses voisins. Elle est membre de la Communauté de développement de l'Afrique australe (SADC), membre du Marché commun de l'Afrique australe et orientale (Comesa) qui promeut une intégration économique régionale et internationale, et membre de l'Union douanière (Sacu) qui la relie à ses voisins les plus proches que sont le Botswana, l'Afrique du Sud, le Lesotho et le Swaziland.

Par comparaison avec la plupart des États africains, la Namibie est relativement prospère, démocratique et susceptible de répondre aux besoins de sa population. Mais avec un système de répartition des revenus parmi les plus inégaux au monde (5 % de la population possédant 50 % des richesses, selon le rapport du Pnud 2008[43]), elle abrite de nombreuses communautés pauvres et marginalisées, parmi lesquelles les plus désavantagées sont les San, selon tous les indicateurs disponibles.

Le pays présente une grande hétérogénéité linguistique et ethnique, avec onze groupes distincts, parmi lesquels les plus nombreux (50 % de la population totale) sont les Ovambo (dominants actuellement au plan politique, par association avec le Swapo), qui comptent eux-mêmes une pluralité de groupes ethnolinguistiques plus petits. Les autres groupes de langue bantu sont les Kavango (9 %), les Herero (7 %, y compris les Himba) et quelques pourcents de Capriviens, Hambukushu et Batswana. Environ 6 % de la population sont d'origine européenne (Allemands, Anglais et Afrikaaners).

Les San, connus sous le nom de *Bushmen* et considérés comme descendant des chasseurs-cueilleurs qui habitaient la région il y a 30 000 ans, comptent de 27 000 à 44 000 personnes. Le Groupe de travail sur les minorités autochtones d'Afrique australe (Wimsa, 2004) estime qu'ils représentent 2 % de la population, soit 38 000 personnes (Winsa). La catégorie « San », l'un des onze groupes ethniques cités plus haut, rassemble plusieurs groupes linguistiques : Ju|'hoansi et ‡X'ao||'aesi (qui sont très proches et parfois confondus) ; !Xun (liés aux deux précédents) ; Hai||om ; Khwe ; Naro et !Xoon.

Les populations damara (7 %) et nama (5 %) descendent des pasteurs semi-nomades arrivés dans la région il y a 2 000 ans environ. Parfois dénommés Khoe ou Khoi, ces groupes sont considérés *indigenous*/autochtones. La mobilisation que l'on observe en Afrique du Sud autour de la catégorisation des groupes apparentés khoe et khoi n'a pas d'équivalent en Namibie. Les Damara et les Nama sont économiquement et politiquement plus forts que les San et l'objet d'une moindre discrimination. Leur langue, le khoekhoegowab, est usitée comme langue d'enseignement.

Les Himba, pasteurs nomades du nord-est de la Namibie (Kunene), également classés parmi les groupes marginalisés, sont au nombre de 25 000. S'il est d'usage de considérer qu'ils font face aux mêmes défis que les San, ils ont réussi à engager avec le gouvernement des négociations plus efficaces pour voir leurs

43. Voir le rapport du Sacmeq, The Southern and Eastern Africa Consortium for Monitoring Educational Quality, http://www.sacmeq.org/sacmeq-members/namibia/country-profile [consulté le 2 avril 2016].

intérêts et leurs droits respectés. Leurs structures de chefferie traditionnelles ont été reconnues par le gouvernement, et ils contrôlent leurs territoires et ressources naturelles. Liés politiquement à la tribu plus forte des Herero dont ils parlent la langue, ils ont de ce fait accès à l'information dans l'une des langues reconnues du pays et à l'éducation dans leur langue maternelle.

Environ la moitié de la population vivrait en dessous du seuil de pauvreté selon l'indice de développement humain mais, selon les statistiques du Pnud (2008) ventilées par groupe ethnique, il s'agirait seulement de 28 % de la population, 14 % de celle-ci étant classés « extrêmement pauvres ». Selon les critères employés, les San seraient pauvres à hauteur de 60 % et « extrêmement pauvres » à hauteur de 29 %.

Organisation politique et administrative

La Namibie est une République présidentielle régie par les principes d'une démocratie représentative. Le président est chef de l'État et du gouvernement. Le pouvoir exécutif est aux mains du gouvernement, le pouvoir législatif partagé entre le gouvernement et les deux assemblées, le pouvoir judiciaire est indépendant des deux autres pouvoirs. L'Assemblée nationale est le premier corps législatif, le Conseil national le second, avec un rôle essentiellement consultatif. L'Assemblée nationale se compose de 78 membres mandatés pour cinq ans : 72 élus à la représentation proportionnelle disposent d'un droit de vote ; 6 sont nommés par le président et n'ont pas le droit de vote. De 2000 à 2010, un San fut membre de l'Assemblée nationale. Chacune des 14 régions est pilotée par un conseil régional, composé de membres élus dans 107 circonscriptions électorales, lequel envoie 2 représentants au Conseil national, pour six ans. Un conseiller régional san représentait la circonscription de Tsumkwe dans la région Otjozondjupa, élu en 2004 et réélu en 2010. Après sa mort en 2012, une femme san fut élue en 2013 pour occuper cette position.

Avec un système multipartite, la Namibie est gouvernée par le parti issu du mouvement de libération nationale, le Swapo, qui emporta les élections de 2014 avec 87 % des votes pour le président Hage Geingob (ancien Premier ministre) et 80 % aux élections législatives ; le reste s'éparpillant entre huit partis. Les San ne sont pas réputés être proches du Swapo, en partie en raison de leur enrôlement par l'armée sud-africaine lors de la guerre d'indépendance.

Situations juridiques

L'acte législatif des autorités traditionnelles (2000) reconnaît l'existence d'autorités traditionnelles et organise leur désignation (élection, nomination et mode de reconnaissance). Il appartient à ces autorités de décider en matière civile, selon la loi coutumière et pour autant que leurs décisions ne sont pas en contradiction avec la Constitution. Cinq communautés san disposent d'une autorité traditionnelle reconnue ; la sixième (Khwe) est présidée par l'autorité traditionnelle d'une communauté voisine et lutte depuis plusieurs années pour faire reconnaître sa propre autorité traditionnelle.

La Namibie, premier pays au monde à avoir constitutionnalisé la protection de l'environnement, est réputée pour ses réserves naturelles (*Communal Wildlife Conservancies*), dont la gestion est assurée par les communautés locales. La première fut établie en 1998, Nyae Nyae Conservancy, sous le contrôle d'un groupe san, les Ju|'hoansi de Nyae Nyae. La combinaison de la reconnaissance des autorités traditionnelles et du dispositif de protection de l'environnement permit de protéger relativement l'autonomie san, notamment dans le district de Tsumkwe où ils peuvent choisir de rester dans un mode de vie plus traditionnel s'ils le désirent. Cependant la majorité des San vit en dehors de ces dispositifs d'aires protégées et dépend d'un travail sous-payé dans les fermes agricoles.

La Namibie est un pays moniste, si bien que les traités internationaux deviennent partie intégrante de la loi (au moins au plan théorique) dès qu'ils sont signés. Cela signifie que la Déclaration des Nations unies sur les droits des peuples autochtones a été automatiquement internalisée. C'est ainsi que la Namibie, qui s'est d'abord opposée à cette Déclaration, est aujourd'hui en train de définir comment la mettre en œuvre maintenant qu'elle l'a signée. Dans le même esprit, elle réfléchit à la possibilité de ratifier la Convention 169 de l'OIT, qui est contraignante par nature, et le bureau de l'*ombudsman* est en train de rédiger un livre blanc sur les droits des peuples autochtones en Namibie[44].

Depuis 2005, le Bureau du Premier ministre héberge un programme pour le développement des peuples san qui est devenu, en 2012, la *Division for San Development*. L'objectif principal de cet organe, selon son site web[45], est d'« intégrer les communautés marginalisées dans le courant dominant de notre économie et d'améliorer leurs moyens de subsistance ». Si l'opinion publique accepte le focus sur les plus marginalisés, l'approche assimilationniste est souvent critiquée par les ONG qui travaillent avec les San et par les San eux-mêmes.

Questions territoriales

La chefferie traditionnelle est étroitement liée à la terre et aux ressources. L'administration de ces affaires implique une diversité de structures gouvernementales et plusieurs ministères. Le décret de réforme communale des terres (2002) reconnaît des droits sur la terre communale, met en place des conseils d'administration des terres communales, reconnaît les pouvoirs des chefs et autorités traditionnelles, etc. Lorsqu'un seul groupe vit sur un territoire donné, son autorité traditionnelle est habilitée à prendre les décisions, y compris pour ce qui concerne l'achat de terres. Le décret précité limite la surface qu'un chef peut être amené à vendre. Le ministère des Terres et des Réinstallations a sous sa tutelle les conseils

44. Depuis février 2015, le projet de *white paper* est en cours de révision dans le gouvernement.

45. http://www.sandevelopment.gov.na/

d'administration des terres communales qui sont, eux, chargés d'approuver les projets de réserve de la vie sauvage et les activités communautaires forestières. Les réserves naturelles nationales relèvent de la compétence du ministère du Tourisme et de l'Environnement ; leur gestion est assurée par un petit groupe de personnes (*Conservancy Management*) distinctes des autorités traditionnelles ou des conseils d'administration des terres communales. Le système des forêts communales, placé sous l'autorité du ministère de l'Agriculture, de l'Eau et de la Forêt (en coopération avec la Fondation Namibie Nature) autorise le contrôle par les communautés des terres de pâturage et des plantes.

Selon les observations de l'ONG Cultural Survival, 80 % des San ne disposent pas de titres sur la terre. Ils ont vu la plupart de leurs terres converties en parcs nationaux, avec un accès refusé ou limité pour eux. L'exemple le plus marquant est celui des Hai//om, forcés de quitter leur région d'origine pour laisser la place au Parc national Etosha en 1954. Ils luttent aujourd'hui pour revenir en ces lieux, et un projet de documentation de leur histoire et volonté de retour est en cours de réalisation avec l'aide du Centre de documentation légal. Un autre exemple est celui du Parc national Bwabwata, terre ancestrale des Kwe San, une réserve écologique de première importance en Namibie (à l'ouest du Caprivi). Leurs droits de chasser et de développer des activités touristiques dans la zone ont été bousculés par des processus gouvernementaux tendant à nier de tels droits jusqu'en 2010, quand ils obtinrent une concession leur permettant d'ouvrir une résidence touristique dans le parc. Les Ju|'hoansi Nyae Nyae ont aussi été chassés du Parc national Khaudom, leur ancienne résidence, au nord de la réserve naturelle Nyae Nyae, mais aucune démarche juridique n'a été entamée pour la récupérer. Même là où elles ont des droits fonciers (par exemple, Nyae Nyae), les communautés san sont fortement menacées par leurs voisins, qui entendent utiliser leur territoire pour l'élevage ou pour l'agriculture. Les clôtures illégales représentent notamment un grand problème. On observe qu'il est très difficile, pour les communautés san, de porter des accusations même quand elles sont menacées par des pratiques illégales.

Une grande étude sur les moyens de subsistance des San, à l'échelle de toute la Namibie, a conclu en 2014 que, malgré les efforts du gouvernement pour faire face au manque de terres des San, « le besoin de terres reste un problème critique ». Ce rapport note que « le gouvernement n'a pas réussi à protéger les groupes san ayant des droits fonciers de l'empiétement par d'autres groupes » (Dieckmann *et al.*, 2014 : 441).

Éducation, langues et cultures

Par rapport à l'ensemble des pays d'Afrique australe où vivent les San, la Namibie a l'approche la plus progressive en termes d'éducation. Les droits culturels et linguistiques sont reconnus, ainsi que l'importance de la langue comme moyen de transmission culturelle et la valeur d'une éducation initiale en langue maternelle. Le principe de l'égalité des langues, quel que soit le nombre de leurs locuteurs, est posé. Toutefois le principal effort, qu'il soit gouvernemental ou non gouvernemental, vise à intégrer tout le monde dans le système éducatif formel, et à assimiler les différences.

Alors que les efforts sont réels pour intégrer les enfants san dans le système formel, la plupart d'entre eux abandonnent l'école, pour les mêmes raisons que celles évoquées pour le Botswana : difficulté à comprendre la langue d'instruction, stigmatisation et moqueries des autres élèves, déphasage culturel entre la maison et l'école (Hays *et al.*, 2010).

La Namibie connaît trois grandes familles linguistiques. Les langues dominantes sont européennes et coloniales : anglais, allemand et afrikaans (lié au hollandais). Ce sont les seules langues maternelles proposées tout au long du parcours éducatif. Les langues les plus parlées sont bantu, langues maternelles de la majorité de la population, et huit d'entre elles sont disponibles comme langue d'instruction au début de la scolarité (les trois premières années). La troisième famille correspond au groupe des langues khoisan, parlées par les descendants des chasseurs-cueilleurs et éleveurs nomades, considérés généralement comme « autochtones ». Seule l'une d'entre elles, le ju/'hoansi, est disponible comme langue d'éducation initiale, et cela se limite à une communauté.

L'éducation est obligatoire de 6 à 16 ans ; 86,5 % des enfants de l'âge concerné fréquentent l'école primaire et 49 % l'école secondaire[46]. Les enfants san ne parviennent pas à suivre le cursus jusqu'à son terme, le taux de fréquentation passant de 67 % au premier niveau de l'école primaire à 1 % au dernier niveau du secondaire. Le taux de scolarisation est calculé selon la langue maternelle, identifiée par les locuteurs, laquelle inclut la catégorie « San ». Selon la ventilation des statistiques disponibles en 2008, le taux de scolarisation s'élève à 67 % pour le premier cycle (niveaux 1 à 3), 22 % pour les premières classes du second cycle (niveaux 4 à 7), 6 % pour les niveaux 8 et 9, et 1 % pour les niveaux 11 et 12. On note un très fort taux d'abandon de l'institution scolaire de la part des jeunes San, largement au-dessus de la moyenne nationale, et concernant plus particulièrement les jeunes filles (Davids, 2011).

La langue officielle du pays est l'anglais, langue d'éducation obligatoire, depuis le premier cycle où il fait l'objet d'un apprentissage aux niveaux 1 à 3, jusqu'aux derniers cycles, où il devient l'unique langue d'enseignement à partir du niveau 4. Mais l'article 3 de la Constitution reconnaît le droit d'utiliser une autre langue que l'anglais comme langue d'instruction, et l'article 19 garantit les droits culturels. C'est ainsi que la politique linguistique nationale admet l'usage de la langue maternelle comme langue d'instruction durant les trois premières années de la scolarité, chaque communauté linguistique ayant la possibilité de choisir la langue d'instruction de ses enfants. Il est également précisé que le langage initial doit être enseigné tout au long des années d'éducation formelle.

Dans un contexte de reconnaissance de l'égalité des langues nationales, dix langues africaines sont usitées comme moyen d'instruction scolaire : le ju|'hoansi

46. Selon les données du Sacmeq (Southern and Eastern Africa Consortium for Monitoring Educational Quality), http://www.sacmeq.org/sacmeq-members/namibia/country-profile [consulté le 26 octobre 2014].

(la seule langue san admise), le khoekhoegowab (parlé par les Nama et les Damara, et par l'un des groupes san, les Hai||'om), l'otjiherero (une langue bantu parlée par les Himba et les Herero), et sept autres langues bantu (oshikwanyama, oshindonga, rumanyo, rukwangali, setswana, silozi et thimbukushu). Les locuteurs de ces langues ont, en principe, un accès garanti à une éducation en langue maternelle. Deux autres langues san, le !xun et le khwedam, ont développé du matériel pédagogique, une orthographe et des dictionnaires. Mais la mise en œuvre d'une politique linguistique et éducative cohérente dans ces langues est très limitée et fortement dépendante des moyens donnés par des bailleurs de fonds (Davids, 2011). L'enseignement de toutes les langues san est entravé par l'absence de professeurs qualifiés, même si le programme de formation des maîtres est bien ouvert aux ressortissants de ces peuples.

Le ministère de l'Éducation reconnaît que les San constituent l'un des trois groupes les plus marginalisés avec les Himba et les enfants de travailleurs agricoles (qui, pour la plupart, sont aussi san). Les groupes d'enfants orphelins et handicapés ont été ajoutés récemment à cet ensemble. Dans un document consacré à la politique linguistique en direction des enfants marginalisés à l'école, le ministère de l'Éducation considère qu'il est nécessaire d'employer une série de moyens non conventionnels pour réussir l'éducation des enfants marginalisés. Il y a donc place pour des approches alternatives, mais celles-ci se heurtent à la tendance de tous les gouvernements à vouloir standardiser l'école ainsi qu'aux consignes des bailleurs de fonds qui ne soutiennent que les projets bien intégrés dans le système gouvernemental. La flexibilité de la politique éducationnelle namibienne a permis le développement d'une expérience alternative, dites des Écoles de village, dans l'aire protégée Nyae Nyae du district de Tsumkwe, où des maîtres san enseignent à des élèves san en langue ju|'hoansi jusqu'au niveau 3. Cette expérience unique dans tout le pays a été normalisée en 2004. Toutefois, les enfants san continuent d'avoir des difficultés dans la poursuite de leurs études, et les enseignants san n'obtiennent guère de succès au certificat d'aptitude à l'enseignement qu'il leur est dorénavant demandé d'avoir (Dieckmann *et al.*, 2014).

Les San sont des chasseurs-cueilleurs de longue date et leur connaissance du *bush* est essentielle à leur survie, transmise de génération en génération depuis des millénaires. Aujourd'hui, il leur est nécessaire de disposer d'une éducation moderne pour pouvoir participer à la vie économique, sociale ou politique du pays. Mais les compétences traditionnelles continuent d'exister et elles ne sont guère incorporées dans le système d'éducation. La plupart des San employés dans l'économie moderne sont au bas de la hiérarchie, configurant une main-d'œuvre manuelle, à l'usage du secteur agricole. Là où ils disposent d'aires protégées, leurs connaissances traditionnelles leur fournissent de bonnes alternatives d'emploi et de subsistance. L'accès aux produits du *bush*, lorsqu'il est possible, est apprécié des San qui y trouvent une source première, parfois unique, d'alimentation. Une autre source de revenu est constituée par des emplois dans les aires de conservation de la faune et de la flore, des activités de pistage pour les chasseurs de grand gibier, des plantations d'espèces destinées à l'industrie pharmaceutique. Ces nouvelles sources de revenus sont menacées par les groupes de personnes qui envahissent les territoires des San, et par les avancées de l'agriculture.

Les droits culturels des San sont l'objet d'une sorte de protection aujourd'hui, par l'intermédiaire d'un document (*Media and Research Contract for the San of Southern Africa*) que le Groupe de travail sur les minorités autochtones d'Afrique australe a rédigé, en 2001, afin de protéger leur patrimoine culturel (Winsa, 2001).

Jusqu'à présent considérée comme l'une des populations namibiennes jouissant d'un très bon état (physique) de santé, celle des Himba est sérieusement menacée par la construction d'un immense barrage sur les chutes de l'Epupa : elle déplacera des centaines de Himba et bouleversera leur mode de vie. L'espérance moyenne de vie en Namibie est de 52 ans (World Health Organization). Comme ailleurs en Afrique, le taux de prévalence du HIV-Sida est élevé (13 % des adultes) ; on déplore les pathologies associées à une forme de tuberculose multi-résistante au traitement, et la malaria est endémique au Nord. Ces trois maladies sont présentes chez les San ainsi que l'alcoolisme, lié à l'expérience du changement social et de la promiscuité ; il crée toute une série de nouveaux problèmes, qui ne sont l'objet d'aucune politique particulière. D'une manière générale, l'information sur ces différentes maladies et la manière de les traiter sont inadéquates dans le cas des populations san. La foi dans les pratiques thérapeutiques traditionnelles reste vive, et la thérapie associée à la transe du guérisseur est usitée conjointement aux ressources médicales modernes, lorsqu'elles sont disponibles.

TROISIÈME PARTIE

LES DROITS DES PEUPLES AUTOCHTONES DANS LES DISPOSITIFS ÉTATIQUES

Nous revenons ici sur les éléments permettant d'appréhender, dans les États de l'étude Sogip, les possibilités de mise en œuvre des droits définis par les normes internationales relatives aux peuples autochtones dans les différentes cultures et situations stato-nationales. Suivant le fil de notre réflexion sur le dispositif de la Déclaration des Nations unies sur les droits des peuples autochtones, en distinguant mais aussi en articulant les champs du politique, du juridique et du culturel, nous présentons à la suite les trois domaines de droits qui semblent d'une importance particulière pour le devenir des sociétés autochtones. Ils concernent leur développement dans l'espace du politique (chapitre 7), les enjeux posés par les questions territoriales et foncières (chapitre 8) et les dispositifs de protection des identités autochtones en matière de culture, d'éducation, de santé et de protection des langues (chapitre 9).

Sans prétendre à l'exhaustivité, nous observons plusieurs recoupements que nous nous efforçons de clarifier. D'une part, les articulations entre les domaines mentionnés éclairent les demandes du mouvement autochtone international pour une approche intégrée des droits, afin notamment de prendre en considération la relation culturelle et spirituelle à la terre et pas simplement ses dimensions physiques, matérielles ou économiques. Cela a un effet sur les mécanismes de transmission transgénérationels, sur l'organisation de l'école, sur la définition des contenus scolaires ou sur la santé. D'autre part, lorsque l'on essaie de caractériser les processus qui président au traitement politique des questions autochtones, on trouve des recoupements entre des champs que le langage des normes rapproche mais qui relèvent d'analyses différentes. Ainsi, par exemple, l'expression « développement social, économique et culturel » semble établir une relation solide entre « développement » et « culture », et l'on peut estimer que chacun des attributs du développement a partie liée avec les autres. Cependant, le traitement politique des questions de développement évolue, le plus souvent, vers des directions opposées à la « préservation de la culture » des peuples autochtones.

Face à de nombreuses contradictions des politiques publiques, nous nous efforçons dans les chapitres suivants de poser l'esprit des droits et des lois existantes, de présenter l'état des situations relevées dans les pays étudiés et de fournir des éléments de comparaison susceptibles de faire progresser non seulement la compréhension des problématiques autochtones dans chacun des pays, mais aussi les interprétations nécessaires à un traitement plus équilibré des collectifs et des personnes autochtones.

Au préalable, nous explicitons la manière dont nous avons constitué et organisé le corpus des normes applicables aux peuples autochtones, ce qui a donné lieu à un exercice synthétique et visuel sous la forme de tableaux destinés à guider le lecteur dans le maquis des données comparées.

La constitution et l'organisation d'un corpus normatif

Pour chacun des pays concernés par cette étude, nous avons rassemblé ce qui nous paraissait constituer les principales normes qui s'adressent spécifiquement aux peuples autochtones, qui prévoient leur autonomie ou qui sont susceptibles de permettre de voir leurs problématiques adressées par l'État dans le cadre général du droit. Le fil conducteur de cette analyse est tissé par les articles de la DDPA qui ont fait l'objet d'une réorganisation partielle pour préciser les domaines du politique, du foncier, et du culturel. Chacun de ces domaines est matière à une présentation détaillée (aux chapitres 7, 8 et 9) qui nous conduit à commenter autant le dispositif international que la réception de celui-ci dans les pays, en fonction des cultures politiques, des structures juridiques et de l'histoire.

Plusieurs tableaux accompagnent la lecture du cadre comparatif. Ceux-ci présentent la manière dont chacun des cadres normatifs des pays de notre étude considèrent et traitent les dispositions de la DDPA. Ils montrent la correspondance (existante ou nulle) entre un article de ce document et un ou plusieurs dispositifs de nature législative ou autre. La réalisation de ces tableaux a facilité la mise en évidence de similitudes ou de particularités, entre les pays, comme elle a permis de catégoriser les normes ou les dispositifs étatiques à l'égard des droits des peuples autochtones. Leur élaboration a soulevé la question cruciale des fondements de notre cadre comparatif. La réflexion collective, organisée autour des travaux de Patrick Hassenteufel (2000, 2005) et nourrie par la fine connaissance des situations locales mobilisée pour l'occasion par les membres de l'équipe Sogip, nous a, semble-t-il, permis d'éviter un certain nombre d'écueils méthodologiques liés à la comparaison internationale tels que la comparaison « factice », « réductrice », « à distance » ou « biaisée ».

Malgré une démarche précautionneuse et rigoureuse, nous ne prétendons pas à une impossible exhaustivité dans la collecte de ces données, pas plus qu'à une représentativité de notre échantillon qui serait somme toute illusoire. De même, nous ne traitons pas de manière égale tous les articles de la DDPA (ni même leurs alinéas) pour des raisons à la fois techniques (par ex. l'accès à l'information recherchée) et méthodologiques liées, entre autres, à la composition multidisciplinaire de notre équipe (compétence juridique parfois limitée, interprétation individuelle du sens d'une norme, de son usage et de ses effets) et à une subjectivité multiple qui s'est imposée au moment de procéder à des choix pratiques de présentation des données collectées. L'organisation en trois blocs des droits établis dans la DDPA, les mots-clés utilisés comme repères sémantiques dans les tableaux pour évoquer ses articles, la mise en correspondance de ceux-ci avec les normes étatiques recensées sont le résultat de décisions partiales même si concertées. Un autre défi a consisté à se défaire de sa propre culture juridique, personnelle ou vécue sur nos terrains respectifs, pour différencier sans les hiérarchiser dans notre analyse générale les types de normes et de dispositifs proposés par les États. Bref, de l'arbitraire s'est irrémédiablement imposé à nous dans l'élaboration de ces tableaux. Conscients de ce phénomène et de notre impuissance à l'éradiquer totalement, nous avons élaboré un certain nombre de garde-fous en proposant une analyse de la forme et du contenu des éléments de notre corpus, basée sur une réflexion collective. Si ces tableaux ont constitué la première étape de notre travail, ils ont sans cesse évolué pour devenir, dans le cadre de cet ouvrage, des supports éminemment visuels pour le lecteur, permettant d'agrémenter par la même occasion notre analyse comparative qui se veut, fondamentalement, plus précise et développée.

Lecture des tableaux

Le travail de recension a porté sur les principales normes et actions étatiques concernant les quarante premiers articles de la DDPA qui évoquent séparément ou simultanément les droits des peuples autochtones et/ou les actions étatiques recommandées (voir dans la première partie les tableaux 1 à 5). Le corpus se compose d'un ensemble diversifié de normes juridiques et de dispositifs étatiques (accords politiques, politiques publiques, agencements institutionnels) adoptés sur plus d'un demi-siècle (1948-2014). La collecte des données a permis de mettre au jour une série d'actions de reconnaissance normative des droits des peuples autochtones inscrits dans la DDPA, que nous avons différenciées et libellées dans les tableaux 12 à 25 de la manière suivante, en essayant de respecter au mieux la diversité des normes établies :

- les dispositions spécifiques ou implicites des Constitutions des États (Constitution) ;
- les lois « nationales » ou « fédérales » promulguées (loi), et les codes ;
- les accords politiques liés au droit à l'autodétermination (A) ;
- les politiques publiques et les programmes spécifiques dont l'impact est significatif pour les peuples autochtones (PP) ;
- la ratification de la Convention 169 de l'OIT (C. 169) dont de nombreuses dispositions font écho aux articles de la DDPA.

Nous n'avons pas intégré dans nos tableaux les décisions judiciaires. La difficulté d'accéder à l'ensemble de la jurisprudence pouvant concerner notre étude et l'importance de celle-ci variant considérablement d'un système juridique à un autre et selon les pays de notre échantillon nous ont amenés à faire ce choix. Au-delà d'une hétérogénéité difficile à soumettre au cadre comparatif, nous avons également considéré que la jurisprudence reflétait une dynamique particulière dans le processus de reconnaissance des droits des peuples autochtones, différente des mesures et des dispositifs mis en œuvre par les organes exécutifs, législatifs voire administratifs des États. Si nous n'intégrons pas la question jurisprudentielle dans nos tableaux, pour autant nous ne l'ignorons nullement dans notre analyse qui relève ici et là les effets et les impacts d'un certain nombre de cas (Mabo en Australie, Samata en Inde, Antofagosta au Chili, Réserve de faune du Kalahari central – *Central Kalahari Game Reserve*, au Bostwana). De même, nous soulignons la prédominance de la jurisprudence pour les questions de terre, territoires et ressources ainsi que le nombre significatif de décisions jurisprudentielles en Amérique latine, en particulier celles émanant de la Cour interaméricaine des droits de l'homme, car elles constituent un corpus de référence tant pour les tribunaux nationaux latino-américains que pour la Cour africaine des droits de l'homme et des peuples.

À l'exception de la Convention 169 de l'OIT qui traite spécifiquement des droits des peuples autochtones, nos tableaux ne mentionnent pas les conventions internationales des droits de l'homme susceptibles, selon les cas, de protéger et de respecter les droits des peuples autochtones (voir tableaux 8 et 10). Ces conventions n'étant pas spécifiques aux peuples autochtones et ne répondant pas directement à l'objectif des tableaux, pour des raisons pragmatiques de lisibilité nous avons opté pour ne pas les intégrer dans le visuel proposé. Toutefois, il ne s'agit pas d'ignorer, ni même de faire abstraction de cette relation entre ces conventions internationales de type universaliste et les droits des peuples autochtones, comme en témoignent les deux premières parties de cet ouvrage. Rappelons que ce sont les défaillances des États, réticents à appliquer les instruments de droits humains de sorte qu'ils protègent les spécificités autochtones, qui ont motivé l'adoption de la DDPA. Cela nous invite aujourd'hui à identifier précisément les dispositifs étatiques mis en place en vue de cette protection. Dans nos tableaux, l'indication de non-spécificité (« ns ») a été privilégiée pour caractériser les dispositions constitutionnelles, les politiques publiques et les programmes destinés à tous les habitants mais qui peuvent aussi contribuer à la protection et au respect des droits des peuples autochtones. Corollairement, nous n'indiquons pas toutes les normes non spécifiques susceptibles de s'appliquer aux situations des peuples autochtones, mais celles qui sont pertinentes au regard de la DDPA.

Ultime indication de lecture qu'il nous semble important de préciser, la valeur constitutionnelle octroyée à l'Accord de Nouméa après consultation de plusieurs spécialistes de la question qui ont estimé que, dans le cadre de notre étude et de l'élaboration de ces tableaux, cet accord pouvait s'apparenter à un cadre constitutionnel.

CHAPITRE 7

Espace du politique : autodétermination, institutions, participation, accès à la justice

Nous nous intéressons ici aux composantes de la gouvernance autochtone, comme domaine émergent du droit et du politique, et à la gouvernementalité des questions autochtones au sein desquelles il devient possible d'identifier les marges d'évolution permettant aux peuples, communautés, nations autochtones de redéfinir au XXIe siècle leur place au sein des États qui les englobent.

Comme le rappelle Martin Préaud sur le site du programme de recherche Sogip[1] (2010), le terme de gouvernance, devenu omniprésent dans les discours politiques aussi bien que dans les sciences sociales, n'a pas de définition stable et reconnue par tous. Terme grec repris par le latin, il a essaimé dans toutes les langues européennes. Étymologiquement et historiquement, le vocable « gouvernance » a servi, depuis Platon, à désigner l'art et la manière de gouverner un collectif humain. Tombée en désuétude au profit de « gouvernement », la « gouvernance » a resurgi dans les années 1990, ce terme étant mis en avant par des économistes et politologues anglo-saxons, avocats du *new public management*, ainsi qu'au sein de certaines institutions internationales, la Banque mondiale en particulier. Dans ce cadre, la « gouvernance » reçoit une définition normative non dénuée de connotations morales, la « bonne gouvernance » sous-tendant des réformes dites d'ajustement structurel. La résurgence du terme « gouvernance » s'inscrit plus largement dans les processus de globalisation contemporains.

La notion y prend de nouvelles significations en tant que cadre analytique et descriptif dans une situation où le pouvoir n'est plus seulement exercé depuis

1. http://www.Sogip.ehess.fr/spip.php?article146.

les institutions centrales de l'État, mais distribué au sein de réseaux de parties prenantes (*stakeholders*) : entreprises privées, institutions internationales et organisations de la société civile en particulier. En ce sens, la gouvernance se distingue nettement du gouvernement et renvoie à la pluralité des acteurs et des échelles, impliqués par un régime de pouvoir distribué par les processus de globalisation[2]. La gouvernance peut ainsi être conçue, de manière large, comme « les processus, structures et institutions (formelles et informelles) à travers lesquelles un groupe, une communauté ou une société prend des décisions, distribue et exerce le pouvoir et l'autorité, détermine ses objectifs stratégiques, organise le comportement individuel et collectif, développe des règles et attribue les responsabilités » (Dodson et Smith, 2003 : 1).

La DDPA énonce un ensemble de règles destinées à assurer une gouvernance autochtone que l'on peut caractériser en trois catégories. La première concerne une gouvernance garantie par le respect du droit à l'autodétermination des peuples autochtones, qui renvoie notamment aux institutions propres des sociétés et communautés autochtones – processus de représentation et de prise de décisions, distribution de l'autorité, organisation territoriale, etc. La deuxième concerne la gouvernance des organisations et des corporations autochtones, et renvoie à ces entreprises (ou organisations) qui gèrent et fournissent des services à des communautés autochtones ainsi qu'aux processus et mécanismes qui les établissent, tels qu'ils sont déterminés par la loi et l'administration d'un État. La troisième a trait à la gouvernance des gouvernements, relative aux mécanismes par lesquels ils prennent des décisions et gèrent leurs affaires. Dans cette étude, cela concerne la manière dont ils entrent en relation avec les peuples autochtones, notamment pour la fourniture de services publics (éducation, santé, logement, emploi).

Ce chapitre aborde donc la question de savoir comment la DDPA envisage la gouvernance autochtone dans les trois aspects décrits plus hauts pour, à partir de là, envisager la réception du droit à l'autodétermination dans les ordres étatiques. Plusieurs de ses dispositions se rapportent, en effet, à la mise en œuvre de l'autonomie des peuples autochtones à travers, par exemple, l'expression du droit à l'autogouvernement, du droit à leurs propres institutions, à leurs systèmes juridiques et économiques, et du droit au respect des traités, accords et autres arrangements constructifs ratifiés par les peuples autochtones et les États.

Autodétermination, autonomie, droit au respect des traités

Sous la forme d'un paragraphe du préambule et de deux articles, la DDPA établit fermement le droit des peuples autochtones à disposer d'eux-mêmes : la plupart de ses dispositions dérivent de ce droit ; l'interprétation de celui-ci est conditionnée au respect de l'article 46.

2. Voir aussi le site de l'Institut de la recherche sur la gouvernance, http://www.institut-gouvernance.org/index_fr.html.

Préambule
Consciente qu'aucune disposition de la présente Déclaration ne pourra être invoquée pour dénier à un peuple quel qu'il soit son droit à l'autodétermination, exercé conformément au droit international,

Article 3
Les peuples autochtones ont le droit à l'autodétermination. En vertu de ce droit, ils déterminent librement leur statut politique et assurent librement leur développement économique, social et culturel.

Article 4
Les peuples autochtones, dans l'exercice de leur droit à l'autodétermination, ont le droit d'être autonomes et de s'administrer eux-mêmes pour tout ce qui touche à leurs affaires intérieures et locales, ainsi que de disposer des moyens de financer leurs activités autonomes.

Article 46
1. Aucune disposition de la présente Déclaration ne peut être interprétée comme impliquant pour un État, un peuple, un groupement ou un individu un droit quelconque de se livrer à une activité ou d'accomplir un acte contraire à la Charte des Nations unies, ni considérée comme autorisant ou encourageant aucun acte ayant pour effet de détruire ou d'amoindrir, totalement ou partiellement, l'intégrité territoriale ou l'unité politique d'un État souverain et indépendant.
2. Dans l'exercice des droits énoncés dans la présente Déclaration, les droits de l'homme et les libertés fondamentales de tous sont respectés. L'exercice des droits énoncés dans la présente Déclaration est soumis uniquement aux restrictions prévues par la loi et conformes aux obligations internationales relatives aux droits de l'homme. Toute restriction de cette nature sera non discriminatoire et strictement nécessaire à seule fin d'assurer la reconnaissance et le respect des droits et libertés d'autrui et de satisfaire aux justes exigences qui s'imposent dans une société démocratique.
3. Les dispositions énoncées dans la présente Déclaration seront interprétées conformément aux principes de justice, de démocratie, de respect des droits de l'homme, d'égalité, de non-discrimination, de bonne gouvernance et de bonne foi.

Tableau 12. Droits à l'autodétermination, à l'autonomie, au respect des traités

DDPA	Droit énoncé	Arg.	Bol.	Chi.	Mex.	Fr. - Guy.	Fr. - N.-C.	Aus.	Ind.	Bot.	Nam.
3 & 4	Autodétermination						A – ns		(1)		ns
4	Autonomie								(2)		ns
37	Respect des traités et accords										

Constitution Loi(s) code(s) Constitution et loi(s) A: Accord ns: Non spécifique

(1) Seulement pour les tribus répertoriées (*scheduled tribes*) de la 6e annexe de la Constitution. (2) Disposition pour les tribus répertoriées de la 6e annexe et loi Panchayat (*Pesa Act*) pour les tribus répertoriées de la 5e annexe.

Le droit à l'autodétermination

Pilier de la Déclaration, le droit à l'autodétermination des peuples autochtones est expressément formulé aux articles 3 et 4. Sa consécration a généré de nombreux débats entre représentants étatiques et autochtones. L'enjeu était majeur. Il s'agissait pour les autochtones de faire reconnaître, au sein d'un instrument de droit international, que les peuples autochtones étaient égaux aux autres peuples[3] et qu'en conséquence ils jouissaient du droit à l'autodétermination reconnu à *tous* les peuples à l'issue de la Seconde Guerre mondiale, par le droit international en vertu de l'article 1er de la Charte des Nations unies (1945), puis par la Résolution 1514 (1960) de l'Assemblée générale dite Déclaration sur l'octroi de l'indépendance aux pays et aux peuples coloniaux et, enfin, par les deux pactes des Nations unies (1966) relatifs l'un aux droits civils et politiques l'autre aux droits économiques, sociaux et culturels. Ce principe est aujourd'hui opposable à l'ensemble de la communauté des États, sa qualité de norme *erga omnes*[4] («qui vaut pour tous») et de droit international coutumier (Cristescu, 1981) ayant été ratifiée par la Cour internationale de justice (CIJ) et par d'autres tribunaux internationaux et régionaux. Si son caractère de *jus cogens* («norme impérative») ne fait pas l'unanimité parmi les États, elle est cependant admise par une partie de la doctrine[5] et a été ainsi qualifiée par la CIJ dans l'affaire du Sahara occidental[6]. En vertu de ce principe, en considérant que les premiers peuples colonisés et originaires des territoires occupés étaient les peuples aujourd'hui appelés «autochtones», il semblait juridiquement soutenable de reconnaître à ceux de ces peuples ayant survécu à ces histoires coloniales le droit de tous les peuples à disposer d'eux-mêmes. Cependant la permanence d'une idéologie colonialiste juridique largement répandue et propre au modernisme et à la logique étatique empêcha l'application directe et immédiate de ce principe aux peuples autochtones pour deux motifs principaux. D'une part, la Résolution 1514 s'appliquait aux cas de subjugation, de domination et d'exploitation étrangère, mais elle excluait l'application de ce droit aux situations qui remettraient en cause le principe de l'intégrité territoriale et celui de

3. Cette reconnaissance avait été rejetée en 1989, lors de la rédaction de la Convention 169 qui précise que «l'emploi du terme peuples dans la présente convention ne peut en aucune manière être interprété comme ayant des implications de quelque nature que ce soit quant aux droits qui peuvent s'attacher à ce terme en vertu du droit international» (article 1 alinéa 3).

4. Dans son arrêt sur le Timor oriental, la Cour internationale de justice «considère qu'il n'y a rien à redire à l'affirmation du Portugal selon laquelle le droit des peuples à disposer d'eux-mêmes, tel qu'il s'est développé à partir de la Charte et de la pratique de l'organisation des Nations unies, est un droit opposable *erga omnes*», décision de la CIJ du 30 juin 1995, p. 102.

5. Théodore Christakis souligne que le principe de l'autodétermination externe n'est pas seulement une règle de *jus cogens*: il a contribué à la naissance de la notion de norme impérative et à son inclusion dans la Convention de Vienne adoptée le 23 mai 1969 (Christakis, 1999 : 28).

6. Selon Antonio Cassese, cité par Véronique Michèle Metangmo, l'arrêt de la CIJ sur le Sahara occidental, même s'il réduit le droit des peuples à disposer d'eux-mêmes au principe de décolonisation, lui accorde cependant le statut de *jus cogens*. Pour lui, «la Déclaration des Nations unies constitue une contribution importante à la consolidation de l'autodétermination comme norme impérative» (Metangmo, 2004 : 24).

l'intangibilité des frontières. Il faut ici admettre que la sécession est seulement une forme parmi d'autres formes possibles d'exercice du droit à l'autodétermination. D'autre part, et c'était encore le cas à l'époque de la rédaction des deux pactes, il était considéré que les groupes autochtones ne constituaient pas des peuples, en tant que sujet de droit international.

Cette théorie, propre à une stratégie d'internalisation des entités autochtones, permit aux États de nier toute valeur juridique de droit international aux traités et accords réalisés entre les peuples autochtones et les puissances coloniales sur leurs territoires. Ces deux réserves justifièrent l'aménagement de la distinction entre une « autodétermination externe » (qui peut se traduire par l'établissement d'un État souverain et indépendant, ou par la libre association dans un État indépendant) et une « autodétermination interne », dans le cadre des frontières étatiques. Selon cette approche, l'autodétermination interne serait seule applicable aux situations des peuples autochtones et consisterait en la détermination libre, par chaque peuple, de son statut et de son régime politique. Elle correspond à une forme d'autonomie – ce que consacrent les articles 4 et 46.1 précités. La distinction permet de mesurer l'importance de poser le droit à l'autodétermination pleine et entière des peuples autochtones au sein d'un instrument juridique de droit international à vocation universelle comme la DDPA. Ce sont les discussions tenues à l'ONU sur le statut des peuples autochtones depuis l'étude pionnière sur la discrimination à l'encontre des populations autochtones (Martínez Cobo, 1981-1986) et au sein de l'OIT depuis les années 1980, lors de l'élaboration de la Convention 169, qui ont facilité la consécration de ce droit en 2007.

Lesdits peuples autochtones réclamèrent la reconnaissance de ce principe fondamental dès le début de la discussion de la DDPA. Ils revendiquaient spécialement le droit de toutes les nations et de tous les peuples à l'autodétermination, sans ingérence extérieure et sans qualification particulière, afin de ne pas en réduire la portée. Dans cette perspective, bien que les revendications des peuples autochtones à décider librement de leur statut politique et à poursuivre librement leur développement économique, social et culturel ne puissent être réduites à la constitution d'un État indépendant, au nom du respect des principes de justice et de non-discrimination fixés par la DDPA (article 46, alinéa 3), cette formule – exceptionnelle parmi les revendications autochtones, faut-il souligner – demeure autorisée par le droit international dans un cas précis. Bartolomé Clavero, ancien membre de l'Instance permanente sur les questions autochtones, le souligne :

> [...] l'ordre international permet l'indépendance des peuples ou secteurs de peuples compris au sein des frontières des États quand ces derniers commettent des violations massives et systématiques des droits de l'homme et ne démontrent aucune disposition à la reconnaissance, réparation et rectification. (Clavero, 2006 : 191)

Une lecture intégrée de l'article 3 et de l'article 46.3 de la DDPA ne permet pas de considérer que le droit à l'autodétermination reconnu aux peuples autochtones se distingue, dans sa portée, du droit reconnu à tous les peuples par le droit international. Il bénéficie des mêmes restrictions qui sont reprises par l'article 46.1, soit le respect de l'intégrité territoriale et de l'unité politique d'un

État souverain. Celles-ci ne cèdent que dans les cas exceptionnels fixés par le droit international. Toutefois, en raison du libellé de l'article 4, ce droit peut être limité à sa dimension interne dans la mesure où il ne porte que sur « ce qui touche à leurs affaires intérieures et locales ».

Parmi les États de l'étude, seule la France dans le cas spécifique de la Nouvelle-Calédonie reconnaît un droit à l'autodétermination selon la formule retenue par l'article 3 de la Déclaration. Ce droit, énoncé au sein de l'Accord de Nouméa de 1998, s'applique à l'ensemble de la population de l'île indépendamment de son origine, mais sous condition de résidence. Les Constitutions de Bolivie et du Mexique se réfèrent également au droit à l'autodétermination des peuples autochtones, mais elles le circonscrivent à son expression interne.

La collectivité territoriale de Nouvelle-Calédonie

Sur le chemin de la décolonisation, la situation de la Nouvelle-Calédonie permet d'observer une tension intéressante au plan politique, mais aussi juridique, entre la reconnaissance constitutionnelle d'un peuple autochtone, ici le peuple kanak, et l'autodétermination d'un territoire. Le droit à l'autodétermination reconnu aux résidents de la Nouvelle-Calédonie, en tant que territoire d'outre-mer français (TOM), trouve son origine dans le processus historique et politique de décolonisation de l'île, accéléré depuis la fin des années 1980 et dont l'issue déterminée par un référendum de clôture de l'Accord de Nouméa, à réaliser entre 2018 et 2022, fixera le statut de l'île.

Revenons aux sources politiques récentes de ce processus, en suivant l'argumentaire de Benoît Trépied (2012). L'Accord de Nouméa (1998) qui succéda aux accords de Matignon (1988), établit un statut transitoire du TOM (2014-2018) en prévoyant trois mécanismes de décolonisation progressive : le transfert progressif et irréversible des compétences de l'État à la Nouvelle-Calédonie ; la création d'une « citoyenneté de la Nouvelle-Calédonie », susceptible de se transformer en nationalité à l'issue du processus ; la reconnaissance du peuple kanak, de son « identité » et de sa « souveraineté » comme « préalable » à la construction du destin commun proclamé dans le préambule de l'Accord. À cet égard, la reconnaissance de droits autochtones au sein de l'Accord de Nouméa eut pour effet de « replacer le fait kanak au cœur du processus de décolonisation », comme le souligne ce préambule :

> Le moment est venu de reconnaître les ombres de la période coloniale, même si elle ne fut pas dépourvue de lumière. Le choc de la colonisation a constitué un traumatisme durable pour la population d'origine. [...] La colonisation a porté atteinte à la dignité du peuple kanak qu'elle a privé de son identité. Des hommes et des femmes ont perdu dans cette confrontation leur vie ou leurs raisons de vivre. De grandes souffrances en ont résulté. Il convient de faire mémoire de ces moments difficiles, de reconnaître les fautes, de restituer au peuple kanak son identité confisquée, ce qui équivaut pour lui à une reconnaissance de sa souveraineté, préalable à la fondation d'une nouvelle souveraineté, partagée dans un destin commun. (Préambule, point 3)

L'Accord de Nouméa prévoit le droit à l'autodétermination plein et entier des résidents de l'île, mais il ne prévoit pas un droit à l'indépendance exclusif des Kanak : ce droit est partagé avec les résidents non kanak de l'île. Le processus de décolonisation progressive du territoire permet cependant la reconnaissance de plusieurs droits relevant du droit à l'autodétermination interne des Kanak, et dont les tenants pourraient être révisés à la suite du référendum. Ceux-ci incorporent au sein du droit francais (d'essence moniste) d'importantes contributions à valeur pluraliste, dérogeant ainsi de manière exceptionnelle et transitoire (Trépied, 2012) au schéma de l'État-nation unitaire. Dès lors que l'Accord de Nouméa, qui symbolisait à l'origine la lutte du peuple kanak pour la décolonisation et non pour l'autochtonie (Trépied et Guyon, 2013), a été rattaché au titre XIII de la Constitution (articles 76 et 77), certains droits reconnus aux Kanak sont bien dotés d'une valeur constitutionnelle, laquelle a été confirmée par la Cour de cassation dans sa décision du 2 juin 2000 (arrêt Mlle Fraisse). La proclamation de l'existence d'un peuple kanak d'origine, distinct du peuple français, permit de déroger au principe selon lequel il ne peut y avoir d'autre peuple en France que le peuple français[7].

L'Accord de Nouméa reconnaît aussi et promeut le développement d'institutions autochtones qualifiées de coutumières : « aires coutumières » et « Sénat coutumier » (émanations régionales et territoriales des « chefferies » administratives identifiées par l'État colonial au XIXe siècle) ; « droit coutumier » (une requalification du droit civil particulier régi par l'article 75). Cela a pour effet de revaloriser le patrimoine culturel kanak (langues kanak, toponymie, rapatriement des objets muséographiques kanak), le développement de la culture kanak (Centre culturel Tjibaou) et le choix de symboles identitaires (drapeau, nom, hymne, devise, graphisme des billets de banque) devant exprimer, selon les termes du Préambule, « la place essentielle de l'identité kanak du pays dans la communauté de destin acceptée » (Trépied, 2012). Il importe ici de préciser que, dépendant des résultats du référendum à venir, le statut des Kanak demeure transitoire. Comme l'indique Trépied,

> Les cartes seront rebattues et personne ne sait ce qu'il adviendra de cette architecture institutionnelle. Il n'est pas exclu, cependant, que cette solution transitoire se pérennise : en cas de refus de l'indépendance, la trajectoire de la Nouvelle-Calédonie à l'intérieur de la République continuera peut-être à déroger aux règles élémentaires de l'État-nation unitaire, voire constituera le laboratoire expérimental d'une remise en cause plus globale de ces règles à l'échelle nationale. Tandis que l'échéance d'autodétermination approche à grands pas, les effets de la reconnaissance officielle du peuple kanak en Nouvelle-Calédonie illustrent dès maintenant, de façon paroxysmique, les tensions et reconfigurations de la question indigène dans l'espace ultramarin français. (2012)

7. Principe rappelé au sein de la décision du Conseil constitutionnel 99-412 DC, du 15 juin 1999, relative à la négation d'un « peuple corse ».

Le droit à l'autodétermination interne, ou droit à l'autonomie

Le droit à l'autonomie est défini par la DDPA comme le droit des peuples autochtones « d'être autonomes et de s'administrer eux-mêmes pour tout ce qui touche à leurs affaires intérieures et locales, ainsi que de disposer des moyens de financer leurs activités autonomes ». Ce droit correspond au droit à l'autodétermination dans son versant interne. Au sein des marges étatiques et sous réserve des conditions formulées par la constitution, il permet aux collectivités autochtones de se doter de leur propre gouvernement afin qu'il puisse gérer une certaine quantité d'affaires internes à leur organisation politique ou à leur territoire, et de fonctionner en vertu de leurs propres institutions, politiques, juridiques, économiques, sociales, culturelles.

Le juriste spécialiste du droit des peuples autochtones Marco Aparicio Wilhelmi précise :

> Dans sa dimension interne, en tant que droit à l'autonomie, ce droit a été repris en bonne partie par les constitutions latino-américaines qui ont opté pour une reconnaissance de la pluralité culturelle à partir des années 1990, dans le cadre des dispositifs normatifs de la Convention 169 de l'OIT, approuvée en 1989, laquelle reconnaît explicitement des droits connexes à la fois territoriaux et d'autogouvernement. (2013 : 231)

Mais, selon ce même auteur, le droit à l'autonomie est souvent contraint par les structures étatiques existantes :

> Que ce soit sous la forme de la reconnaissance du droit à l'autonomie ou du droit des peuples à l'autodétermination, le chemin parcouru [avec l'adoption de la DDPA] nous permet de témoigner que, d'une façon ou d'une autre, les systèmes juridiques ont su comment étrangler le processus de reconstruction et de développement de l'autogouvernement autochtone, en insérant l'autonomie autochtone au sein d'une structure territoriale, administrative, financière mono-culturelle, étrangère, et limitative de l'autodétermination. Prenons l'exemple du Mexique où les Accords de San Andrés signés entre le gouvernement mexicain et l'armée zapatiste de libération nationale (EZLN) se sont finalement concrétisés par une proposition de réforme constitutionnelle, adoptée d'un commun accord entre les différents partis politiques représentés au Parlement mexicain et participant à la Commission de concorde et de pacification (Cocopa) créée en 1995. Les différences entre le texte initialement proposé et celui qui sera finalement approuvé mettent en évidence la capacité institutionnelle d'enrayer juridiquement le pari de l'autonomie autochtone[8]. (*Idem*, 232)

8. Le contraste est évident à la lecture de l'article 115 de la réforme. Face au respect de « l'exercice de l'autodétermination des peuples autochtones dans chacun des domaines et des niveaux dans lesquels ils font valoir leur autonomie, ceci pouvant concerner un ou plusieurs villages autochtones, conformément aux circonstances particulières et spécifiques de chaque entité fédératrice » (point IX), l'article 115 établit que « les communautés autochtones pourront, à l'échelle municipale, s'associer et coordonner leurs actions dans les limites prévues par la loi » (dernier paragraphe de la troisième section). Ici, la limitation est triple : seule la communauté est juridiquement considérée, écartant toute prise en

Le droit à l'autonomie des peuples autochtones est reconnu dans les Constitutions de plusieurs pays de notre étude. En Bolivie, les droits à l'autodétermination et à l'autonomie des peuples autochtones sont érigés en principes constitutionnels. Le lien qui les unit est établi en ces termes par l'article 290 :

> L'autonomie autochtone est l'expression du droit à l'autogouvernement comme exercice de l'autodétermination des nations et peuples indigène originaire paysans dont la population partage un territoire, une culture, une histoire, des langues et une organisation ou des institutions juridiques, politiques, sociales et économiques propres.

Cette même Constitution reconnaît les « territoires ancestraux », les institutions et les systèmes de gouvernement des peuples autochtones qui se voient pleinement intégrés dans la nouvelle organisation politico-administrative de l'État basée sur quatre niveaux d'entités territoriales décentralisées et autonomes (département, région, municipalités, territoires autochtones). Une loi-cadre des autonomies et de décentralisation (2010) instaure plusieurs régimes de gouvernance dont un d'*autonomie autochtone* pouvant s'appliquer dans les territoires autochtones, mais aussi dans les municipalités et les régions qui le souhaitent, et cela à l'issue d'une procédure spécifique et complexe (Lacroix, 2012a). Ce régime spécifique représente une innovation juridique.

Mexique : divers processus d'autonomie

Après la réforme de 2011, la Constitution mexicaine « reconnaît et assure », dans son article 2, « le droit des peuples et des communautés autochtones relatives à l'autodétermination ». D'après cet article, ce droit « sera exercé sous la forme d'un encadrement constitutionnel autonome entraînant également la préservation de l'unité nationale ».

L'alinéa A de cet article reconnaît et assure le droit des peuples et des communautés autochtones relatives à l'autodétermination, et donc à l'autonomie, dans un cadre précis que nous rappelons ici, même si cela peut sembler très formel :

> I. Prendre des décisions à propos de leurs formes internes d'organisation sociale, économique, politique et culturelle.
>
> II. Mettre en application les systèmes normatifs reconnus au sein de telles communautés afin de réglementer et de résoudre leurs controverses internes. Cette application devra se faire sur la base du respect des principes généraux établis dans la Constitution, des garanties individuelles et des droits de l'homme et, de façon essentielle, de la dignité et de l'intégrité des femmes. La législation dérivée devra établir les modalités, ainsi que les procédures selon lesquelles de telles dispositions seront validées par les juges et les tribunaux concernés.

---

compte de la subjectivité juridique des peuples (limitation subjective) ; l'autonomie, comme coordination d'autonomies villageoises, ne pourra jamais dépasser le domaine municipal (limitation territoriale) ; l'élargissement contrôlé du champ d'autonomie reste subordonné à la régulation légale (limitation de l'efficience juridique).

III. Élire les autorités ainsi que les représentants chargés d'exercer des telles modalités de gouvernement interne sur la base des normes, des procédures et des pratiques traditionnelles. La participation des femmes devra être garantie en termes d'égalité avec les hommes, dans un cadre respectueux du pacte fédéral et de la souveraineté des États de la fédération.

IV. Favoriser la préservation et l'enrichissement des langues, des connaissances ainsi que de tout autre élément qui constitue leur culture et leur identité.

V. Veiller à la préservation et à l'amélioration de l'habitat ainsi qu'à l'intégralité des terres selon les termes établis constitutionnellement.

VI. Avoir accès, de façon préférentielle et en conformité avec les formes et les modalités relatives aux droits de propriété et à la détention des terres, à l'utilisation et à la jouissance des ressources naturelles dans les lieux où de telles communautés se sont établies. Seront exclues de cette permission les zones classées stratégiques selon les termes établis par cette Constitution. Sont assimilables à ces restrictions les droits acquis par un tiers ainsi que par tout autre intégrant de la communauté en question. Les communautés, quant à elles, pourront établir des associations pour accomplir de tels objectifs selon les termes de la loi.

VII. Élire les représentants aux conseils municipaux lorsque la municipalité en question est composée de populations autochtones. Les constitutions et les lois des entités fédérées devront reconnaître et garantir l'efficacité des tels droits au sein des municipalités. Une telle protection, exercée conformément aux traditions et aux normes internes, visera le renforcement des moyens tant de la participation que de la représentation politique.

VIII. Jouir pleinement de la juridiction de l'État. Un tel droit sera garanti lorsqu'un membre de la population autochtone prend part à un procès, et ce, à titre individuel ou collectif. Dans le cadre des préceptes qui émanent de cette constitution, les coutumes et autres spécificités culturelles des sujets concernés seront prises en compte lors de la résolution de telles controverses. Les autochtones détiennent le droit de se faire assister, à tout moment, par des interprètes et par des défenseurs devant connaître suffisamment leurs langues et leurs cultures respectives.

La Constitution établit que la réglementation de ces autonomies, ainsi que la reconnaissance des peuples et des communautés autochtones, relève de la responsabilité des entités fédérées. À ce jour, aucune entité fédérée du Mexique n'a élaboré de lois ou règlements pour configurer ces autonomies, ce qui constitue un obstacle pour la mise en place effective du droit à l'autodétermination. Plusieurs entités fédérées ont élaboré des lois sur des domaines qui entrent dans la portée du droit à l'autodétermination (tels que les systèmes normatifs), mais aucune de ces lois ne réglemente l'autonomie au sens strict.

Néanmoins, depuis quelques décennies, des communautés autochtones mexicaines ont déclaré mener des projets autonomiques hors de la sphère gouvernementale. C'est le cas, entre autres, des communautés zapatistes dans l'État du Chiapas, qui déclarent mettre en place les Accords de San Andrés passés avec le gouvernement fédéral en 1996. C'est ce que Francisco López Bárcenas, l'un des spécialistes les plus reconnus dans le domaine des droits des peuples autochtones au Mexique, appelle des « processus d'autonomie » (2017). La consolidation de ce type de projets pourra bénéficier des avancées de la jurisprudence en cours. Des instances telles que le Tribunal fédéral électoral et la Cour suprême de justice de la nation ont récemment prononcé des décisions qui mettent la pression sur les entités fédérées pour produire un cadre d'exercice de l'autonomie dans les États, comme en témoigne le cas de la commune (*municipio*) de Cherán dans le Michoacán.

Le cas australien

En Australie, aujourd'hui, aucun dispositif normatif ne se réfère expressément au droit à l'autodétermination ou à l'autonomie des populations aborigènes. Ces concepts étaient pourtant au centre des politiques publiques mises en place il y a un peu plus de quatre décennies à l'égard des peuples autochtones. À partir des années 1970, sous la double impulsion de mouvements militants aborigènes et du gouvernement Whitlam, fut mise en place une politique dite d'autodétermination qui s'est présentée sous la forme d'un cadre juridique et administratif devant mener à une autodétermination ou autogestion autochtone. L'adoption de la politique d'autodétermination mettait fin à plus d'un siècle de régimes juridiques et administratifs distincts contrôlant les vies autochtones jusque dans leurs moindres aspects. De fait, elle s'apparentait plus à un programme d'émancipation des cadres juridiques protectionnistes, puis assimilationnistes, des politiques antérieures qu'à une reconnaissance du droit des peuples autochtones d'Australie à s'administrer eux-mêmes. Dans la foulée, l'Australie adopta trois dispositions fondamentales : le *Racial Discrimination Act* de 1975 qui transposait en droit interne la Convention internationale sur l'élimination de la discrimination raciale ; l'*Aboriginal Communities and Associations Act* de 1976 (*Cwth*), qui permettait la formation de communautés autogérées, dirigées par des conseils élus ; une série d'organisations de services destinés aux autochtones (aide juridique, soin, activités culturelles). Globalement, l'expérience d'autodétermination n'a pas abouti, en Australie, à l'émancipation attendue par les organisations autochtones et elle a même été totalement remise en question dans le Territoire du Nord par la déclaration fédérale d'une Réponse nationale d'urgence qui, à partir de 2007, a suspendu la loi de lutte contre la discrimination raciale. Elle a contribué à une profonde transformation des modes d'organisation des communautés autochtones, amenées progressivement à gérer elles-mêmes les services qui leur étaient destinés, et à être pénalisées par leur défaut d'exécution (*cf. infra*).

Situations indiennes

En Inde, on observe deux situations juridiques distinctes quant à la reconnaissance du droit à l'autonomie. Les Adivasi relevant de la 5e annexe constitutionnelle (*5th Schedule*) peuvent s'organiser en Conseils consultatifs de tribus dont la création et le fonctionnement interne relèvent directement de l'autorité des gouverneurs des États fédérés lesquels, par ailleurs, détiennent un pouvoir de régulation sur la gestion des terres tribales. Dans les États de la 6e annexe constitutionnelle (6th *Schedule*, relative aux États du Nord-Est : Assam, Meghalaya, Tripura et Mizoram), il existe la possibilité pour les Adivasi de constituer des Conseils autonomes de districts ou de région. Ces entités sont établies par les gouverneurs de ces États. L'autorité représentative du gouvernement de l'Union indienne détient le pouvoir de créer, fusionner, élargir ou diminuer la superficie d'un district autonome (lequel peut comprendre une ou plusieurs tribus répertoriées). Les Conseils sont administrés par trente représentants tribaux, dont quatre sont directement nommés par le gouverneur et vingt-six sont élus. Ils peuvent légiférer sur l'organisation politique et sociale interne du district ou de la région, instaurer leurs propres Cours de justice pour administrer la justice d'État, bénéficier de fonds de fonctionnement, gérer l'éducation primaire, fiscaliser et collecter des impôts fonciers, négocier les termes des permis ou des baux liés aux activités extractives autorisées par l'État sur leur circonscription, réguler le système de prêt à intérêt pour les non-tribaux. Malgré ces compétences, l'autonomie de ces Conseils reste limitée car toutes les décisions doivent être approuvées par le gouverneur.

Le cas namibien

En Namibie, le *Traditional Authorities Act*, adopté en 2000, constitue un exemple de mise en œuvre des dispositions de l'article 20 de la DDPA relatives à la conservation ou au développement des systèmes et institutions propres pour que les communautés disposent de leurs moyens de subsistance ou, à défaut, reçoivent une indemnisation. Non spécifiques aux collectivités san, les dispositifs de cette loi leur sont cependant applicables. La loi fournit (article 1) une série de définitions des termes « chef », « Conseil des chefs », « aire communale », « fonds fiduciaire », « Conseil des chefs traditionnels », « loi coutumière », « communauté traditionnelle », y compris les critères d'appartenance (*membership*), « autorité traditionnelle », etc. Elle prévoit (article 2.2) que l'autorité traditionnelle (AT) a juridiction sur les membres de la communauté traditionnelle et considère (article 3.1) que la première fonction de l'AT est de promouvoir la paix et le bien-être entre les membres de la communauté, de superviser et d'assurer le respect des normes coutumières, de valoriser, promouvoir, protéger et préserver la culture, la langue, la tradition et les valeurs traditionnelles de la communauté. La loi définit les qualifications nécessaires pour la désignation de l'AT, que valident d'abord le ministre compétent puis le président, et elle s'efforce de garantir que l'exercice des fonctions est compatible avec la Constitution et l'intérêt général. L'article 14.b précise que le droit coutumier d'une AT s'applique aux membres de la communauté traditionnelle et à ceux qui n'en sont pas membres mais qui, par leur conduite, consentent à se soumettre à ce droit. Pour ce qui concerne les relations entre les AT et les organes gouvernementaux, l'article 16 dispose que, dans l'exercice de ses pouvoirs et de ses fonctions relatives au droit coutumier, l'AT doit soutenir les politiques gouvernementales, les conseils régionaux et les conseils des autorités locales et s'abstenir de tout acte visant à dévaluer l'autorité de ces institutions. L'article 18 prévoit que l'AT peut, avec l'accord des membres de la communauté traditionnelle, acquérir, acheter, louer, vendre, disposer des propriétés meubles et immeubles en fiducie. En conséquence, elle peut établir un Fonds communautaire (*Community Trust Fund*). Comme nous le verrons plus loin, le bénéfice de ces dispositions ne s'étend guère ou mal aux communautés san, qui ne connaissent pas les systèmes de royautés ou de chefferies reconnues dans cette loi.

Le droit des peuples autochtones aux traités, accords et autres arrangements constructifs

Le contenu et la portée du droit des peuples autochtones aux traités, accords et autres arrangements constructifs prévu par l'article 37 de la DDPA méritent d'être précisés ici, car ce droit s'applique aux situations d'autodétermination externe comme interne.

> Préambule
>
> Consciente également de la nécessité urgente de respecter et de promouvoir les droits des peuples autochtones affirmés dans les traités, accords et autres arrangements constructifs conclus avec les États,
>
> Estimant que les droits affirmés dans les traités, accords et autres arrangements constructifs entre les États et les peuples autochtones sont, dans certaines situations, des sujets de préoccupation, d'intérêt et de responsabilité à l'échelle internationale et présentent un caractère international,
>
> Estimant également que les traités, accords et autres arrangements constructifs, ainsi que les relations qu'ils représentent, sont la base d'un partenariat renforcé entre les peuples autochtones et les États,
>
> Article 37
>
> 1. Les peuples autochtones ont droit à ce que les traités, accords et autres arrangements constructifs conclus avec des États ou leurs successeurs soient reconnus et effectivement appliqués, et à ce que les États honorent et respectent lesdits traités, accords et autres arrangements constructifs.
>
> 2. Aucune disposition de la présente Déclaration ne peut être interprétée de manière à diminuer ou à nier les droits des peuples autochtones énoncés dans des traités, accords et autres arrangements constructifs.

Ce droit figure parmi les articles de la DDPA qui, à l'exception d'un pays, ne sont pas repris au sein des ordres juridiques nationaux à l'étude. C'est l'une « des mines de la Déclaration », pour reprendre l'expression précitée d'un représentant du gouvernement français. Seule la Bolivie prévoit, à cet égard, une disposition de la Constitution (article 255.4) et la loi 3760 (2007) qui élève au rang de loi les quarante-six articles de la DDPA. Ce droit représente un enjeu très fort pour les peuples autochtones qui entendent faire reconnaître les formes de souveraineté dont jouissaient les entités dont ils se sentent légataires et dont les autorités ont signé avec les puissances occupantes des traités, des accords ou d'autres formes que l'on nomme, depuis l'étude réalisée par le rapporteur des Nations unies Miguel Alfonso Martínez (1999), des « arrangements constructifs ». Ils entendent s'en servir pour redéfinir les relations avec les États qui les englobent aujourd'hui.

Le terme de « traité », tout comme celui d'« autodétermination » auquel il se trouve étroitement lié, inquiète le monopole étatique de la souveraineté pour ses conséquences en termes de compétences territoriales et juridictionnelles. Selon la Convention de Vienne (1969), qui codifie le droit des traités, les seuls sujets de droit international capables de souscrire des traités seraient les États et les organisations internationales. En effet, la politique internationale, interétatique en l'espèce, développée depuis le traité de Versailles (1815) jusqu'à la consécration du système des Nations unies, en passant par la Société des Nations (1919), s'est plutôt appliquée à consolider un droit international de monopole interétatique, à l'exclusion des nations autochtones considérées comme dénuées de civilisation[9], privées par conséquent de personnalité juridique. Selon Oriol Casanovas,

> Il s'agit d'une triste et douloureuse ironie de l'histoire [de constater] que le sort des peuples autochtones qui attira l'attention de Francisco de Vitoria et servit de base aux développements du droit international moderne, sera très tôt fixé par l'évolution interétatique du droit international. Les peuples autochtones disparurent de la scène internationale… (Cité par Oliva Martínez, 2012 : 384)

Cependant, comme l'atteste l'histoire de la conquête des territoires autochtones par les empires coloniaux et les politiques mises en œuvre aujourd'hui, par exemple au Canada[10] concernant les droits ancestraux autochtones issus des traités, ou encore par la Nouvelle-Zélande qui refonda sa politique envers les Maori sur la revitalisation du traité de Waitangui, la conclusion d'un traité fait bien partie de la pratique diplomatique historique des nations autochtones dans leurs relations aux puissances coloniales. Le refus postérieur des États au cours du XIXe siècle de reconnaître la capacité juridique des peuples et nations autochtones à conclure des traités et accords à portée internationale, parce qu'ils menaceraient leurs objectifs de consolidation territoriale, les a conduits à « internaliser » leurs relations avec les nations autochtones[11].

9. Depuis la paix de Westphalie (1646) a émergé un droit européen des nations, entendu comme le droit des nations chrétiennes, qui évolua vers un droit des nations civilisées en 1815. La notion de « nation civilisée », considérée comme obsolète en droit international, demeure inscrite au sein de l'article 38 du statut de la Cour internationale de justice, qui se réfère aux « principes généraux de droit reconnus par les nations civilisées ».

10. Sur la politique actuelle du Canada concernant les traités signés avec des nations autochtones, consulter le site du gouvernement du Canada, section « affaires autochtones et développement du Nord-Canada », http://www.aadnc-aandc.gc.ca/fra/1100100032291/1100100032292. Sur les traités et ententes, voir la page « Patrimoine documentaire des autochtones » du site Bibliothèque et archives Canada, https ://www.collectionscanada.gc.ca/aboriginal-heritage/index-f.html.

11. Isabelle Schulte-Tenckhoff définit le processus d'internalisation comme « le transfert graduel des relations avec les peuples autochtones du domaine du droit international vers celui du droit interne. De cette manière, à l'obligation d'arriver à des accords négociés avec les peuples autochtones se substitue l'appropriation d'un pouvoir législatif étatique sur ces mêmes peuples et leurs membres » (Schulte-Tenckhoff, 1997 : 169). Ce processus correspond, aux États-Unis au cours du XIXe siècle, à la théorie dévelop-

Aux origines de la DDPA, les autochtones souhaitaient précisément revenir sur la violation des traités souscrits par le passé en exigeant leur respect et leur application conformément au droit international, et que soit reconnue leur capacité historique (et à venir) à souscrire des traités de portée internationale. C'est ainsi que l'entendait, explicitement, la déclaration de principes approuvée par les autochtones présents à la réunion du Groupe de travail sur les populations autochtones (GTPA) de juillet 1985. Sa présidente rappelle ainsi que :

> Les traités et accords passés librement avec eux seront reconnus et appliqués de la même manière, selon les mêmes principes et les mêmes droits internationaux que ceux passés avec d'autres États. Les querelles ou conflits concernant les juridictions, territoires et institutions autochtones relèvent du droit international et doivent être résolus par accord mutuel ou par traité en vigueur. (Daes, 2013 : 55)

Dans sa version finale, la DDPA ne retiendra pas la formulation proposée par la déclaration de principes. Son préambule reconnaît cependant que certains traités conclus avec des peuples autochtones présentent un caractère international et l'article 37 dispose du droit des peuples autochtones à ce que l'ensemble des traités, accords et autres arrangements constructifs conclus et à venir avec des États ou leurs successeurs soient reconnus et effectivement appliqués, et à ce que les États honorent et respectent ces instruments.

De nombreux auteurs des siècles passés (Vitoria au XVe siècle, Suárez au XVIe siècle, Grotius au XVIIIe siècle) et contemporains (Alexandrowicz, 1967 ; Morin, 1997 ; Schultze-Tenckhoff, 1997), ainsi que des études réalisées au sein des Nations unies[12], admettent qu'en vertu du droit des gens (antécesseur du droit international, *cf.* Truyol y Serra, 1995), le statut de souveraineté de nations autochtones avait été reconnu par des puissances coloniales. La réalisation de traités constituait une stratégie diplomatique de l'époque pour négocier avec les nations autochtones non soumises.

Les traités en Argentine et au Chili

L'histoire des peuples autochtones du Chili et d'Argentine témoigne d'une large expérience de traités souscrits, entre le XVIIe et le XIXe siècle, avec des représentants de la Couronne d'Espagne· Dans son étude, Martínez se réfère expressément aux traités conclus avec des Mapuche :

> Seulement dans un nombre de cas limités (quand ne fut pas trouvé le moyen de vaincre une invincible résistance à la soumission, comme ce fut le cas des

pée par le juge Marshall (décisions de 1823 et 1830) qui considère les nations autochtones comme des « nations internes dépendantes » (*domestic dependant nations*), placées sous la tutelle des États-Unis. Il correspond, pour le Chili, à l'abrogation par simple loi des dispositions des *Parlamentos* : les lois de 1852 et de 1866 créèrent la province d'Arauco et entérinèrent la « réduction » des territoires mapuche.

12. Voir notamment les rapports de Martínez (1999) et Stavenhagen (2004), et celui du Mécanisme d'experts sur les droits des peuples autochtones relatif au séminaire des Nations unies sur les traités, accords et autres arrangements constructifs (CDH-Medpa, 2010a).

> *Parlamentos*[13] de l'Araucanie chilienne), apparaissent les vestiges de certaines obligations juridiques acceptées (bien que rarement appliquées) avec les « Indiens » au moyen de négociations et d'instruments juridiquement contraignants. (Martínez, 1999)

Quelques années plus tard, reprenant les conclusions de cette étude, le rapporteur spécial sur les droits des peuples autochtones, Rodolfo Stavenhagen, confirmait :

> De nombreuses tentatives des Espagnols pour soumettre les Mapuche échouèrent et par la réalisation des accords (*Parlamentos*) la Couronne reconnut l'indépendance de ces peuples, en respectant leur souveraineté territoriale au sud du fleuve Bío-Bío qui résulta être une véritable – mais poreuse – frontière entre deux sociétés, deux cultures. Au cours de la première moitié du XIXe siècle, la République chilienne maintint la même relation avec la nation mapuche, cependant, peu à peu, les incursions chiliennes dans la région fragilisèrent la souveraineté autochtone et générèrent divers conflits. (Stavenhagen, 2004 : 8)

Au temps des jeunes républiques chilienne et argentine, la pratique des traités fut motivée par des objectifs de conquête des territoires du Chaco et de Patagonie, dont les autochtones avaient conservé la souveraineté sous le règne espagnol. Tout au long du XIXe siècle, en continuité avec le temps colonial au cours duquel avaient été souscrits divers *Parlamentos* entre les Mapuche et la Couronne d'Espagne[14], de nouveaux traités furent conclus pour assurer la paix « aux frontières » que les nouveaux gouvernements souhaitaient repousser puis éliminer afin de subordonner les territoires autochtones non soumis aux lois et gouvernements de l'État[15]. Au Chili, la lecture des débats de la convention constituante de 1833, et des essais constitutionnels la précédant, révèle qu'à cette époque une partie des constituants était convaincue du statut de souveraineté des Mapuche, ratifié par ces traités (Cloud, 2015).

À propos du pays voisin, les recherches menées par Abelardo Levaggi sur les relations diplomatiques entre la Couronne d'Espagne puis la République argentine et les nations autochtones (Levaggi, 2000, 2002) concluent que l'article 67 alinéa 15 de la Constitution de 1853 qui demandait au Congrès d'assurer le traitement pacifique des Indiens traduisait le maintien de relations de coordination entre les nations autochtones non soumises et les autorités argentines. Selon cet auteur, ces relations étaient régies par le droit des gens (Levaggi, 1990, 2000). Mais, dès la fin du XIXe siècle, cet article fut interprété d'une tout autre manière. Aujourd'hui, les traités historiques font toujours partie de la mémoire juridique mapuche et fondent diverses revendications territoriales et juridiques. À près de

---

13. Le terme *Parlamentos* désigne les traités conclus avec des Mapuche sous la Colonie espagnole, puis sous la République chilienne.

14. Sur la nature, les contenus et les contextes de la réalisation des *Parlamentos*, voir Zavala (1998, 1999, 2011), Contreras Painemal (2011), Levaggi (1990, 2000, 2002) et Briones et Carrasco (2000).

15. Contreras Painemal recense 14 *Parlamentos* réalisés au Chili avec des autorités mapuche au cours du XIXe siècle et 40 accords ou *Parlamentos* en Argentine, dont 28 d'importance majeure (2011 : 130-150 et 205).

4 000 km des côtes chiliennes, la controverse sur l'annexion de l'île de Pâques – Rapa Nui – dépend également de la validité et du contenu d'un traité dénommé Accord de volontés, souscrit en 1888 entre le royaume de Te Pito o Te Henua, en la personne du roi Atamu Tekena, et les représentants de l'État chilien[16].

De nouveaux traités ? De nouvelles interprétations ?

Au-delà de ces exemples, la DDPA ne se réfère pas seulement au respect des traités, accords et autres arrangements constructifs conclus au cours des siècles passés, mais envisage aussi la possibilité de nouveaux traités et accords entre les gouvernements actuels et les peuples autochtones. Le respect du droit au consentement préalable, libre et éclairé des peuples parties à ces accords constitue une condition de leur validité[17].

Au Mexique, les accords de San Andrés, négociés entre l'État mexicain et l'EZLN (Armée zapatiste de libération nationale) en 1996, s'inscrivent dans l'esprit de cette disposition. Cependant, l'accord a été modifié à plusieurs reprises par le Congrès mexicain sans que les peuples autochtones, parties à l'accord, aient consenti à cette révision. Ces derniers continuent de revendiquer le respect du contenu original. Quelques peuples ont récemment repris des traités signés avec la Couronne espagnole pour négocier la défense de leurs territoires au niveau stato-national ou dans les mécanismes internationaux de plainte. Ainsi du peuple wixarika (anciennement dénommé huichol), qui a mobilisé ces traités auprès de l'OIT.

Lors du séminaire sur les traités, accords et autres arrangements constructifs entre les États et les peuples autochtones, organisé par les Nations unies à Genève en 2003, un représentant autochtone pour l'Australie, Les Malezer (Foundation for Aboriginal and Islander Research Action), évoqua le manque de volonté de l'État australien de souscrire ce type d'instruments avec les collectivités autochtones. Selon ses propos, rappelés dans le rapport produit l'année suivante devant le GTPA :

> Au cours des trente dernières années, les demandes des populations autochtones visant à conclure des traités avaient été rejetées, souvent sans même avoir été examinées, par le gouvernement australien qui se justifiait en expliquant que les peuples autochtones n'avaient pas qualité pour négocier un accord d'égal à égal avec le gouvernement. Les efforts entrepris à plusieurs reprises par le gouvernement, dans des moments de « bonne foi », pour conclure des accords constructifs,

16. L'État chilien considère l'Accord de volontés de 1888 comme la source de sa souveraineté sur l'île. Cependant, les Maori-Rapa Nui contestent la version rédigée en espagnol de l'Accord, au motif qu'elle diffère de sa version en maori rapa nui, laquelle conférait seulement à l'État chilien un droit d'usage du territoire de Rapa Nui en échange d'un engagement du Chili à assurer la protection de l'île. Concernant les deux versions de l'Accord et la *Comisión Verdad Histórica y Nuevo Trato*, voir Tuki Hey *et al.*, 2002.

17. « Les experts [au séminaire sur les traités, accords et autres arrangements constructifs entre les États et les peuples autochtones de 2006] ont insisté sur l'utilité des mentions du principe du consentement libre, préalable et éclairé (CLPE) dans la Déclaration des Nations unies, principe essentiel régissant la conclusion de traités internationaux. L'accent a été mis en particulier sur les articles 19 et 32. Plusieurs experts ont souligné que le CLPE était un élément fondamental de la conclusion de traités et constituait une condition du traitement des violations et abrogations de droits conventionnels et de la mise en place de processus participatifs permettant d'y remédier effectivement » (CDH-Medpa, 2010a : § 17).

> n'avaient pas abouti, principalement par manque de volonté ou à cause de revirements politiques. L'expérience australienne montrait à quel point la volonté politique est le fondement même de tout effort, que ce soit au niveau international ou au niveau national, pour parvenir à des traités équitables et des arrangements constructifs. (Littlechild, 2004 : 13, § 47)

Le tour d'horizon que nous avons réalisé permet de constater qu'à l'heure actuelle aucun des États de l'étude n'a prévu dans son ordre juridique de mesures législatives incluant le respect ou la négociation des traités, accords et autres arrangements constructifs réalisés auprès des peuples autochtones. Face à ce vide juridique, les experts recommandaient aux États, en 2003, de préciser les définitions de certains termes tels que « traités », « accords » et « arrangements constructifs ». Quelques années plus tard, ils les invitaient à s'aligner sur les définitions énoncées dans l'étude originale des Nations unies (CDH-Medpa, 2010a : § 28).

En ce qui concerne les traités et accords déjà souscrits, la principale difficulté à laquelle se heurtent les peuples autochtones parties à ces instruments est leur non-application et le manque de moyens coercitifs pour exiger le respect de leurs dispositions. L'absence de respect de ces instruments par l'État qui craint qu'ils ne remettent en cause son intégrité territoriale[18] ou sa compétence juridictionnelle est due à l'internalisation de ces instruments dans le cas des traités internationaux souscrits par le passé, à la négation de la validité juridique des accords ou encore à des interprétations divergentes entre les représentants autochtones et les États quant au sens des dispositions dont la portée a été figée par leur version écrite unilingue, les traités comportant rarement une version en langue autochtone (cas des *Parlamentos* mapuche et de l'Accord de volontés des Rapa Nui, en 1888). Comme l'observe Isabelle Schulte-Tenckoff :

> L'enjeu fondamental ne réside pas dans l'existence d'interprétations divergentes au sujet des obligations souscrites et des droits obtenus, mais plutôt dans l'incapacité dans laquelle se trouve la partie autochtone de faire admettre que son interprétation est, du moins en principe, aussi lourde de conséquences que celle de la partie étatique. Tout se passe comme si le paradigme de l'internalisation était doté d'une valeur analytique, interprétative ou explicative absolue, réduisant tout autre argument à néant. (Schulte-Tenchkoff, 1997 : 171)

Dans le cadre des séminaires qui se sont déroulés sous les auspices de l'ONU en 2003 et 2006, et pour sortir des problèmes identifiés (aux niveaux local et international), les participants autochtones ont proposé la création de plusieurs mécanismes destinés à arbitrer la mise en œuvre de ces instruments. Le fait est que, contrairement aux États et aux organisations internationales, les peuples autochtones ne sont pas autorisés à présenter un recours en justice devant la Cour internationale de justice pour lui soumettre un litige relatif au respect d'un traité. L'espace juridictionnel est ouvert au sein des Cours régionales de droits de

18. Pourtant, la DDPA prévoit qu'aucune disposition, y compris l'article 46, ne peut avoir pour effet de « diminuer ou [de] nier les droits des peuples autochtones énoncés dans des traités, accords et autres arrangements constructifs ».

l'homme, mais aucun recours n'a été présenté en ce sens. Ils ont ainsi recommandé que le Conseil économique et social sollicite la Cour internationale de justice pour un avis consultatif sur ce point des traités et accords entre États et peuples autochtones. Ils ont également pensé à la création d'un « mécanisme international (l'Instance permanente sur les questions autochtones avait par exemple été citée) [...] afin de résoudre les conflits et violations qui n'avaient pas pu être résolus par les processus bilatéraux conjointement mis en place par les parties au traité » (CDH-Medpa, 2010a : § 15).

L'insertion au sein de la DDPA du droit des peuples autochtones au respect des traités aura probablement pour effet de relancer, y compris dans les pays de l'étude, les débats relatifs aux processus d'internalisation dont souffrent les peuples autochtones et qui étaient jusqu'alors maintenus dans l'invisibilisation étatique. De fait, lors de l'une des réunions préparatoires à la Conférence mondiale des peuples autochtones qui, se tenant quelques mois plus tard à New York (septembre 2014), devait adopter un document concernant la mise en œuvre du dispositif des droits autochtones, le représentant du Brésil sollicita une réponse internationale sur la question de savoir si l'accent devait être placé sur l'internalisation des normes internationales (ce qui sous-entendait « l'adoption de nouvelles lois ») ou sur la mise en œuvre des lois existantes[19]. Comme on le note, beaucoup de points restent à l'agenda en vue d'assurer le respect et l'exigibilité des instruments juridiques. Le relais des organisations internationales semble incontournable, et l'avis du rapporteur spécial sur les droits des peuples autochtones est souvent sollicité sur ces questions épineuses.

Institutions et normativités autochtones

La reformulation du cadre juridique des peuples autochtones pose la question de la reconnaissance de leurs formes propres de gouvernement. Cela interroge, comme nous l'avons vu précédemment, leur relation politique à l'État et la manière dont celui-ci peut tenir compte de leur altérité. D'un côté, l'État a mis en place des institutions chargées de gouverner la différence autochtone héritée des politiques de conquête et d'assimilation, de l'autre, il est tenu aujourd'hui par la DDPA de définir de nouveaux mécanismes pour tenir compte de la reconnaissance des peuples autochtones comme sujets de droits, individuels et collectifs.

Axée sur le droit à l'autodétermination, la DDPA attribue un rôle fondamental aux institutions autochtones et à leurs représentants, dont la reconnaissance et la revitalisation pourraient bien compter dans le cadre des politiques publiques qui les concernent. Elle se réfère au droit des peuples autochtones de maintenir et renforcer leurs institutions politiques, juridiques, économiques, sociales et culturelles. Ce découpage ne répond pas nécessairement à des domaines différenciés au sein des cultures autochtones.

19. Notes de terrain de I. Bellier, 16 juin 2014.

Article 5
Les peuples autochtones ont le droit de maintenir et de renforcer leurs institutions politiques, juridiques, économiques, sociales et culturelles distinctes, tout en conservant le droit, si tel est leur choix, de participer pleinement à la vie politique, économique, sociale et culturelle de l'État.

Article 20
Les peuples autochtones ont le droit de conserver et de développer leurs systèmes ou institutions politiques, économiques et sociaux, de disposer en toute sécurité de leurs propres moyens de subsistance et de développement et de se livrer librement à toutes leurs activités économiques, traditionnelles et autres.

2. Les peuples autochtones privés de leurs moyens de subsistance et de développement ont droit à une indemnisation juste et équitable.

Article 33
1. Les peuples autochtones ont le droit de décider de leur propre identité ou appartenance conformément à leurs coutumes et traditions, sans préjudice du droit des autochtones d'obtenir, à titre individuel, la citoyenneté de l'État dans lequel ils vivent.

2. Les peuples autochtones ont le droit de déterminer les structures de leurs institutions et d'en choisir les membres selon leurs propres procédures.

Article 34
Les peuples autochtones ont le droit de promouvoir, de développer et de conserver leurs structures institutionnelles et leurs coutumes, spiritualité, traditions, procédures ou pratiques particulières et, lorsqu'ils existent, leurs systèmes ou coutumes juridiques, en conformité avec les normes internationales relatives aux droits de l'homme.

Article 35
Les peuples autochtones ont le droit de déterminer les responsabilités des individus envers leur communauté.

Tableau 13. Institutions et juridicités autochtones

DDPA	Droit évoqué	Arg.	Bol.	Chi.	Mex.	Fr.-Guy.	Fr.-N.-C.	Aus.	Ind.	Bot.	Nam.
5	Maintien et renforcement des institutions propres	C. 169	C. 169	C. 169	C. 169		A		(1)		
20.1	Conserver leurs propres systèmes ou institutions	C. 169	C. 169	C. 169	C. 169		A			PP- ns	
20.2	Indemnisation/ privation moyens de subsistance	C. 169	C. 169	C. 169	C. 169					PP- ns	
33.2	Organisation institutionnelle propre						A				

DDPA	Droit évoqué	Arg.	Bol.	Chi.	Mex.	Fr.-Guy.	Fr.-N.-C.	Aus.	Ind.	Bot.	Nam.
34	Protection & conservation institutions & juridicités	C. 169	C. 169	C. 169	C. 169		A				
35	Responsabilité des individus vis-à-vis communauté	C. 169	C. 169	C. 169	C. 169		A				

Constitution Loi(s) code(s) Constitution et loi(s) A : Accord C. 169 : Convention 169 de l'OIT
PP : Programme ou politique publique ns : Norme non spécifique aux PA

(1) Disposition constitutionnelle pour les tribus répertoriées de la 6e annexe, et loi Panchayat (*Pesa Act*) pour les tribus répertoriées dans la 5e annexe.

À la lecture des articles de la DDPA et compte tenu des enjeux que représente la reconnaissance d'institutions autochtones dans le fonctionnement de l'État, nous nous sommes demandé ce qu'elle désigne par ces termes.

À propos d'institutions autochtones

La notion d'institution est un terme polyvalent dont le sens varie selon la référence disciplinaire, si bien que la notion d'« institution autochtone » mérite d'être précisée. Pour Marcel Mauss (1968 : 25), l'institution se réfère « aux règles publiques de pensée et d'actions ». Mais le même terme fusionne deux conceptions différentes, comme le rappelle l'anthropologue Marc Abélès (1995 : 73) : « d'une part le processus qui conduit à produire ces règles ; de l'autre l'organisation qui en découle et qui intègre ses membres dans un système de contraintes ». Dans sa théorie des institutions comme éléments de l'organisation sociale, le juriste Maurice Hauriou (1925) distingue, lui, les institutions *vivantes*, dotées d'une autonomie interne et auxquelles correspondent par exemple les institutions politiques, des institutions *inertes*, institutions-choses dépourvues d'autonomie. La DDPA se réfère précisément aux institutions vivantes au sein desquelles s'inscrivent les institutions-organisations. Même circonscrite de cette façon, la notion d'institution autochtone demeure ambiguë car, dans son usage habituel au niveau des États, elle recouvre toutes les tentatives coloniales de substituer aux institutions originales des populations autochtones des institutions nouvelles, à la mesure des dispositifs de contrôle mis en place par l'État.

La notion regroupe aujourd'hui, et pour les sujets qui nous concernent ici, trois types d'institutions : les institutions propres autochtones qui sont éminemment différentes les unes des autres ; les institutions créées par l'État afin d'organiser les collectivités autochtones (*comunidad, resguardo,* etc.) – hybrides, ces institutions fondues dans le moule étatique peuvent être réinvesties par certains éléments culturels autochtones ; et les institutions étatiques que nous avons qualifiées plus haut de néo-indigénistes, chargées de gérer la question autochtone

(Conadi, CDI, Bureau des affaires indiennes, etc.). Ce type d'institution sera ici identifié en tant qu'institution étatique et non en tant qu'institution autochtone.

En tant que pièce maîtresse de l'exercice du droit à l'autodétermination des peuples autochtones, la notion d'« institution propre » désigne les institutions générées par les ordonnancements autochtones : soit des institutions courantes, élaborées selon leurs propres dynamiques et visant à organiser différents champs du social, de la culture, du politique ou encore de l'organisation économique. Elles existent, que l'État les reconnaisse ou non. Si, exceptionnellement, l'État les reconnaît sans intervenir dans leur nature, il leur refuse tout pouvoir coutumier. Par extension et du fait des enjeux de la reconnaissance étatique, le terme d'institutions propres autochtones peut aussi désigner celles qui sont aujourd'hui qualifiées par le droit étatique d'« ancestrale », de « traditionnelle » ou de « coutumière », qui correspondent en réalité à des institutions hybrides. Elles sont le fruit d'une adaptation des populations autochtones aux réglementations étatiques, en vue de les rendre légitimes dans l'ordre juridique. Ainsi, par exemple, de l'institution des petits et grands chefs en Nouvelle-Calédonie, ou celle du chef coutumier en Guyane française. Selon les degrés d'autonomie reconnus, elles peuvent assumer des fonctions de gouvernement autochtone, de justice autochtone, d'élaboration d'un droit propre, etc. Ces institutions sont à distinguer des institutions étatiques mises en place pour gérer la relation administrative avec les collectivités autochtones.

La plupart du temps, les trois variantes institutionnelles coexistent et se chevauchent dans leurs champs de compétence matérielle, personnelle et territoriale. Bien souvent les fonctions des institutions créées ou adaptées par l'État font de l'ombre aux institutions propres autochtones et annoncent la diminution voire l'extinction de leurs prérogatives, comme l'a relevé le rapport préliminaire de l'étude du Mécanisme d'experts sur les droits des peuples autochtones, relatif aux peuples autochtones et à leur droit à participer à la prise de décisions.

Un problème important rencontré par les institutions décisionnelles traditionnelles consiste parfois en la disparition du Conseil des anciens du fait de l'influence des structures contemporaines. Dans ces circonstances, la seule autorité reconnue pour administrer les affaires importantes qui concernent la communauté sont les chefs de village (institués par les États). Cela n'impose pas seulement une charge considérable aux chefs de la communauté mais a en plus pour conséquence d'éroder les principes démocratiques de prises de décisions des communautés autochtones. Dans beaucoup de pays, les chefs de village, soumis à la pression de leur charge de porte-parole des gouvernements, ont vu, avec ce système, remises en cause leur objectivité et leur capacité à appuyer l'intérêt de la communauté. (CDH-Medpa, 2010b)

Si la plupart des lois des États de l'étude reconnaissent de différentes manières certaines institutions ou manifestations des juridicités autochtones, elles les soumettent le plus souvent à des mécanismes d'homologation étatique. L'application d'un filtre strict peut signifier la réforme des institutions autochtones afin de les rendre légitimes au sein de l'ordre juridique étatique, ou sanctionner toute incompatibilité avec le droit national et les droits de l'homme, selon un schéma de monisme juridique et politique. C'est ainsi qu'a émergé la formule de la

« communauté » comme mode de reconnaissance des structures locales autochtones, par exemple au Chili qui ne reconnaît pas des peuples mais des ethnies. Cette formule représente néanmoins le moyen de les organiser selon une forme standardisée ne faisant pas appel à des figures de pouvoir autochtones et même les concurrençant : le président, le secrétaire général et le trésorier deviennent les interlocuteurs de l'État en lieu et place des *longko*, chefs mapuche en charge du territoire (*lof*).

La portée de la reconnaissance des institutions propres varie selon les États de l'étude. Pour ce qui concerne les institutions de la justice, quatre cas de figure ont été identifiés par Boaventura de Sousa Santos pour représenter les relations entre justice étatique et justice autochtone, que l'on peut appliquer aux relations entre institutions étatiques et institutions autochtones propres : la négation, la coexistence à distance, la réconciliation et la convivialité. Dans le scénario de la négation, l'État ignore l'existence des institutions autochtones, voire les réprime ; dans ce modèle, les collectivités autochtones peuvent opter pour mettre en œuvre *de fait* leurs institutions et ignorer l'existence des institutions étatiques. Dans le scénario de la coexistence à distance, il peut exister une reconnaissance réciproque entre les institutions sans qu'elles soient nécessairement en contact. Dans le schéma de la réconciliation, les institutions étatiques reconnaissent les institutions subalternes en posant un certain nombre de réserves. Finalement le modèle de la convivialité est présenté comme un idéal : l'aspiration à ce que les institutions étatiques et autochtones se reconnaissent mutuellement « en respectant l'autonomie de chacune et leurs domaines respectifs de juridictions réservées. C'est une forme de relation très complexe, notamment parce qu'elle ne peut pas se concrétiser via un décret ; elle suppose une culture juridique du vivre ensemble, partagée par les opérateurs des deux justices en présence » (Sousa Santos, 2012 : 34).

Nous proposons d'analyser les modalités de reconnaissance des institutions propres autochtones dans la perspective de ces schèmes. Au sein de l'échantillon de l'étude, la plupart des États ont pris des initiatives politico-administratives à l'égard de leur population autochtone et reconnaissent, à des degrés fort variés, l'existence d'institutions propres, dans les différents champs de l'économie, du social ou du politique. L'Argentine est le seul État à ne reconnaître aucune compétence aux institutions propres autochtones, tous champs confondus. Le Botswana, lui, ne reconnaît pas la spécificité des peuples san ni celles de leurs institutions, même dans le système d'administration de la justice mis en place pour les huit tribus dominantes (*kgotla system*).

Concernant la gouvernance des sociétés autochtones

Dans tous les pays à l'étude nous avons identifié des organes chargés des questions autochtones à différents niveaux de l'État que nous évoquons rapidement ci-après, en suivant l'ordre des pays que nous avons posé précédemment. Le tableau 14 reprend les organes les plus cités, ou charnières, nommant l'institution dans la langue du pays pour éviter toute confusion.

Tableau 14. Principaux organes en charge des questions autochtones par pays

Pays	Échelle territoriale	Nom de l'institution ou de l'organe	Date de création	Principal domaine d'intervention (valeur indicative)
Argentine	État fédéral	Instituto Nacional de Asuntos Indigenas	1985	Développement économique et social
	Provinces	Consejo de participación indígena	2005	Développement économique et social
Bolivie	État plurinational	Instituto Nacional de Reforma Agraria	1996-2006	Foncier
	État plurinational	Unidad de Derechos de los Pueblos Indígenas	2006	Politique
	État plurinational	Viceministerio de Coordinación con los Movimientos Sociales y Sociedad Civil	2006	Politique
	État plurinational	Comités de comisiones	2009	Développement économique et social
	État plurinational	Comisión de Naciones y Pueblos Indígena Originario Campesinos de Cultura y Interculturalidad	2009	Développement économique et social
Chili	État national	Corporación Nacional de Desarrollo Indígena	1993	Développement économique et social
	État national	Consejo de Ministros para Asuntos indígenas	2010	Développement économique et social
Mexique	État fédéral	Comisión de Derechos Humanos	1990	Justice
	État fédéral	Congreso federal	1991	Développement économique et social
	État fédéral	Comisión Nacional para el Desarrollo de los Pueblos Indígenas	2003	Culture
	État fédéral	Instituto Nacional de Lenguas Indígenas	2003	Culture
Guyane	État	Ministère de l'Outre-Mer, préfecture	1946	Politique
	CTG	Conseil consultatif des populations amérindiennes et bushinengé	2010	Politique
Nouvelle-Calédonie	Ttribus/districts	Conseils des chefs de clan & Conseils de district	1946, 2005	Politique
	Aires coutumières	Conseils coutumiers	1988, 1999	Politique
	« Pays »	Agence de développement rural et d'aménagement du foncier	1988	Foncier
	« Pays »	Agence de développement de la culture kanak	1988	Culture
	Régional/local	Provinces/mairies	1988-1954	Politique
	« Pays »	Sénat coutumier	1998	Politique
Nouvelle-Calédonie	« Pays »	Direction des affaires culturelles et coutumières de Nouvelle-Calédonie	2005	Politique
	« Pays »	Académie des langues kanak	2007	Culture
Australie	État fédéral	Australian Human Rights Commission	1986	Justice
	État fédéral	Council of Australian Governments	1992	Développement économique et social
	État fédéral	National Native Title Tribunal	1993	Foncier
	État fédéral	Department of Families, Housing, Community Services and Indigenous Affairs	2005	Développement économique et social
	État fédéral	National Congress of Australia's First Peoples	2010	Politique

Pays	Échelle territoriale	Nom de l'institution ou de l'organe	Date de création	Principal domaine d'intervention (valeur indicative)
Inde	Union centrale	National Commission for Scheduled Tribes	1950	Développement économique et social
	États du Centre	Ministry of Tribal Welfare	1950	Justice
	États du Centre	Tribal Advisory Council	1950	Politique
	États du Nord-Est	Autonomous District Councils	1950	Politique
		Autonomous Regional Councils		
	Union centrale	Ministry of Tribal Affairs	1999	Développement économique et social
Botswana	État national	Remote Area Development Programme	1974, 1978	Développement économique et social
Namibie	État national	San Development Division	2011	Développement économique et social

En Argentine, au niveau fédéral, l'Institut national des affaires autochtones (Inai, selon son sigle en espagnol), créé par la loi 23.302 en 1985, a pour mission de mettre en œuvre la loi et de définir la politique générale en matière de droits des peuples autochtones (développement, terres, production forestière, minière, industrielle ou artisanale, santé, éducation). Dans certaines provinces, des entités similaires ont été établies. Aux niveaux fédéral et provincial, des Conseils de participation autochtone (CPI), mis en place à partir de 2005, se chargent d'accompagner l'Inai dans l'adoption et la mise en œuvre des politiques publiques concernant les droits des peuples autochtones. Comptant des représentants élus par les peuples autochtones, les CPI sont considérés positivement par ces derniers, qui déplorent cependant le manque chronique de ressources propres.

La Bolivie, qui considère les peuples et nations autochtones comme parties constitutives de l'État, dispose au niveau le plus haut d'une série d'organes chargés de gérer leurs demandes et projets. Le vice-ministère de la Coordination avec les mouvements sociaux et la société civile, créé en 2006 et composé de membres du gouvernement, jusqu'à présent non autochtones, est, comme son nom l'indique, chargé de coordonner les relations entre le gouvernement et la société civile. Selon les organisations représentatives autochtones, la relation devient plus tendue à mesure que le processus de changement de l'État se confronte à d'inévitables contradictions notamment dans l'approche du développement, aboutissant à des divisions entre les syndicats paysans, proches du gouvernement, et les organisations autochtones qui s'opposent aux projets proposés : en témoigne, par exemple, le conflit sur le projet de route dans le Territoire indigène et Parc national Isiboro Sécure (Tipnis). Auprès du ministère de la Présidence, l'Unité des droits des peuples autochtones, créée en 2006 et composée de fonctionnaires, est chargée de coordonner la transversalisation des droits des peuples autochtones à la place du ministère des Affaires indigènes et originaires qui avait été établi en 2003. Mais cette unité ne semble pas vraiment active. La participation institutionnelle des peuples autochtones paraît mieux organisée au niveau du Parlement. La Commission des nations et peuples indigènes originaires paysans, de la culture et de l'interculturalité, mise en place en 2009 et composée de députés autochtones, représente un espace législatif dont on observe (à défaut de disposer de rapports d'activité précis) qu'il est principalement sollicité par les peuples autochtones. Elle se compose de trois comités : Comité des cultures, de l'interculturalité et du patrimoine culturel ; Comité des nations et des peuples indigènes, originaires, paysans ; Comité de la feuille de coca. Rattachés à l'Assemblée législative, ces Comités, composés de fonctionnaires autochtones et non autochtones, élaborent les avant-projets de loi dans leur domaine de compétence (par exemple, économie, autonomie, juridiction...).

Au Chili, la Conadi (Corporation de développement autochtone, selon son sigle en espagnol), créée par la loi 19.253 de 1993, est rattachée au ministère de la Planification et de la Coopération. Elle coordonne les politiques publiques en direction des peuples autochtones, gère les bourses scolaires qui leur sont destinées, promeut des projets de développement économique et culturel à travers notamment l'administration d'un Fonds des terres et des eaux autochtones et d'un Fonds de développement. Elle est composée de fonctionnaires autochtones et non autochtones, et son président est nommé par la présidence de la République. Des conseillers autochtones, élus par leurs pairs, assurent la représentation des peuples dénommés « ethnies » dans ce pays. La Conadi a été critiquée pour des questions de représentation et a subi des accusations de corruption, notamment liées à la gestion du Fonds des terres et des eaux et à la réalisation du programme *Origenes*, financé par la Banque interaméricaine de développement, spécifiquement à destination des autochtones. Mais elle est devenue l'institution de référence pour tous les projets concernant des personnes et des communautés autochtones. Des discussions ont aujourd'hui cours quant à la suppression de cette instance pour la remplacer par une Agence des affaires autochtones dont la création serait soumise à un processus de consultation nationale en application de la Convention 169. Le Chili dispose également d'un Conseil des ministres pour les affaires autochtones, créé en 2010 par le décret 101, et rattaché au même ministère que la Conadi. Cet organe, inconnu du grand public, a pour mission de conseiller la présidence de la République pour l'élaboration et la coordination des politiques publiques concernant les peuples autochtones, d'émettre des propositions de loi, de coordonner l'activité des secteurs impliqués par la mise en œuvre d'une politique indigéniste. Il sert aussi d'instance d'évaluation des politiques et des programmes en question, et de coordination interministérielle. Depuis 2016, au cours du second mandat de la présidente Michelle Bachelet, a été créé un ministère des Peuples autochtones qui devrait rebrasser l'organisation de la politique nationale relative aux peuples originaires.

Au Mexique, depuis la réforme de 1991, le Congrès de l'Union (rassemblement des députés et des sénateurs) a pour mission d'analyser et faire rapport sur les initiatives en matière réglementaire (décret) et législative (loi) relatives à des thématiques intéressant les peuples autochtones et traitées par les Commissions ordinaires. Plusieurs députés autochtones, membres de ce Congrès et rattachés à différents partis politiques, font rapport de ces activités auprès de l'Instance permanente. Mais il n'y a pas de mécanisme permettant d'articuler les diverses commissions aux différentes structures des peuples autochtones. Il était attendu de la création des districts autochtones dans le système électoral qu'une représentation autochtone soit garantie au niveau du Parlement. Mais les dernières élections n'ont pas donné les résultats escomptés. En 2003, après l'élaboration de la loi autochtone (2001), la Commission nationale pour le développement des peuples autochtones (CDI) a remplacé l'Institut national indigéniste (INI), qui suivait ces questions depuis les années 1940. Organe décentralisé de l'administration publique fédérale, fonctionnant avec des délégations dans les vingt-trois États fédérés et le District fédéral, la CDI a pour mission d'« orienter, coordonner, promouvoir, soutenir, fomenter, surveiller et évaluer les programmes, projets, stratégies et actions publiques pour le développement intégral et soutenable des peuples et communautés autochtones en conformité avec l'article 2 de la Constitution » (article 2, loi de la CDI). Selon l'article 5 de cette même loi, un Conseil consultatif en son sein a pour fonction d'être un organe « de consultation et de lien avec les peuples autochtones et la société ». Composé de 198 conseillers, dont 140 autochtones et 7 représentants d'autres institutions (article 12, loi du conseil consultatif de la CDI), cet organe assermenté et pluriel a pour mandat d'« analyser, de donner son avis et de faire des propositions au conseil d'administration et au directeur général de la Commission sur les politiques, programmes et actions publiques pour le développement des peuples autochtones ». La pratique d'instituer un organe consultatif a été reproduite par d'autres instances au niveau des gouvernements des États (notamment Quintana Roo, Sinaloa, Chiapas, Guerrero, Hidalgo...). Dans quelques États fédérés, l'appareil de gouvernement local dispose aussi de Conseils de participation citoyenne dans lesquels peuvent siéger des représentants des peuples autochtones. Au niveau fédéral, un Institut des langues autochtones (Inali) a été mis en place en 2003, comme agence publique décentralisée mais rattachée au ministère de l'Éducation publique. Sans représentant autochtone statutaire, l'Inali a pour mission de coordonner les politiques publiques sur cette thématique. Depuis 1990, et dans le cadre de la Commission nationale des droits de l'homme (CNDH), une institution disposant d'une autonomie de budget et de gestion, l'organe dit *Visitaduria* (dispositif de visite), porte une attention spécifique aux droits des peuples autochtones. La CNDH dispose aussi d'un Conseil consultatif, sans participation autochtone obligatoire. Plusieurs États fédérés comptent également des Commissions de droit de l'homme, certaines comportant une Unité d'attention aux peuples autochtones.

Dans le département français d'outre-mer de la Guyane, un Conseil consultatif des populations amérindiennes et bushinenge (CCPAB), composé de seize représentants désignés par les associations amérindiennes et bushinenge considérées comme représentatives par la préfecture qui les nomme et de quatre personnalités qualifiées désignées par un arrêté du ministre chargé de l'Outre-Mer, assume une fonction exclusivement consultative. Sans autonomie budgétaire, le CCPAB a la possibilité de s'exprimer sur tous projet ou proposition de délibération du Conseil général[20] ayant un impact sur l'environnement, le cadre de vie, ou les activités culturelles des populations concernées.

Dans la collectivité française de la Nouvelle-Calédonie, une Direction des affaires culturelles et coutumières (DACC) a été rattachée en 2005 au gouvernement de Nouvelle-Calédonie pour coordonner et mettre en œuvre les compétences du territoire dans ces domaines. Chargé(e) des relations administratives entre le Sénat coutumier et les Conseils coutumiers, le membre du gouvernement chargé des affaires culturelles et coutumières a toujours été un(e) Kanak depuis la création du gouvernement calédonien (1998). Sont rattachés à la DACC le Service de l'état civil coutumier et des affaires coutumières, le Service des musées et du patrimoine, et le Service des archives. La DACC exerce des compétences autrefois gérées par le Service des affaires indigènes, placé sous la direction du représentant local de l'État (gouverneur, puis haut-commissaire). Créé par l'Accord de Nouméa au niveau dit du « pays » depuis 1998, le Sénat coutumier doit être consulté pour toute « loi de pays » concernant l'identité kanak. Il est doté d'une fonction délibérative concernant les lois du pays touchant aux signes identitaires, au statut civil coutumier et au régime des terres. Composé de seize membres, tous kanak, il regroupe deux représentants des huit aires coutumières désignés dans chaque aire « selon les usages propres à la coutume » (loi organique de 1999). Le Sénat coutumier a remplacé le Conseil consultatif coutumier qui avait été créé par les Accords de Matignon en 1988.

À cette date, la Nouvelle-Calédonie a été divisée en huit « aires coutumières », selon des critères linguistiques et culturels, dont les limites suivent les limites communales (sauf exception). Chacune des aires coutumières compte un Conseil d'aire qui représente les différentes « chefferies administratives » (créations du XIXe siècle) de l'aire concernée. La composition est fixée « selon les usages propres à la coutume » (loi organique de 1999). Rattachés au Sénat coutumier, ces Conseils peuvent être consultés par le Sénat, le haut-commissaire, le gouvernement, le président d'une assemblée de province, un maire ou toute autorité administrative ou juridictionnelle sur l'interprétation des règles coutumières. En cas de litige sur l'interprétation d'un procès-verbal de palabre, les parties saisissent le Conseil coutumier, qui dispose d'un délai de trois mois pour rendre sa décision. Cette structure est une évolution de l'organisation mise en place en 1946 qui prévoyait des Conseils des anciens (devenus Conseils des chefs de clan – « petites chefferies ») et des Conseils de district (ou « grandes chefferies » regroupant les chefs de tribu), composés « selon les usages de la coutume ». Depuis 2005, à l'intérieur de chaque « tribu » doivent donc être identifiés des « chefs de clan » (soit les chefs des familles résidant dans la tribu). Depuis la fin du XIXe siècle, les « petits chefs » des tribus et les « grands chefs » des districts « indigènes » sont nommés par l'administration.

20. Depuis le 1er janvier 2016, le Conseil général et le Conseil régional sont devenus une entité unique : la Collectivité territoriale de Guyane. Constituée par la loi organique du 27 juillet 2011, elle reprend l'intégralité des compétences des anciennes collectivités et dispose d'un statut adapté aux spécificités de la Guyane. À l'heure où nous écrivons, nous ne connaissons pas sa position au regard des populations autochtones et bushinenge.

À la suite des accords de Matignon, fut mise en place une Agence de développement rural et d'aménagement du foncier (Adraf) responsable de la réforme foncière en faveur des Kanak, laquelle avait débuté en 1978. Animée par des fonctionnaires locaux (kanak et non kanak), dirigé tantôt par un Kanak, tantôt par un Européen, cette agence est généralement saluée pour son action. Mais elle n'échappe pas à de fortes tensions liées à des réattributions foncières faisant l'objet de revendications contradictoires entre différents clans kanak. Dans le cadre du transfert des dernières compétences nationales, il est prévu que l'Adraf soit rattachée au gouvernement de la Nouvelle-Calédonie, tout comme l'Agence de développement de la culture kanak (ADCK), mise en place à la même époque. Cette agence a pour mission de « valoriser le patrimoine archéologique et linguistique kanak ; d'encourager les formes contemporaines d'expression de la culture kanak, en particulier dans les domaines artisanal, audiovisuel et artistique ; de promouvoir les échanges culturels, notamment dans le Pacifique Sud ; de définir et conduire des programmes de recherche ». Composée de fonctionnaires locaux (kanak et non kanak) et métropolitains, l'ADCK est depuis sa création dirigée par un Kanak. Cette institution, qui joue un rôle éminent, fait suite à l'Office culturel mélanésien qui avait été créé en 1982.

Créée en 2007, toujours au niveau du « pays » et donc rattachée au gouvernement de la Nouvelle-Calédonie, l'Académie des langues kanak (ALK) est chargée de « fixer les règles d'usage et de concourir à la promotion et au développement de l'ensemble des langues et dialectes kanak ». Elle regroupe un académicien par aire coutumière (huit académiciens au total), des chargés de mission, tous kanak (sauf exception). Les travaux de cette Académie donnent matière à débat, comme ceux de toute académie ayant pour objet de fixer les bornes des usages linguistiques. À ces institutions propres au monde kanak, évoluant dans le cadre défini par les Accords de Matignon puis de Nouméa, s'ajoutent les institutions représentatives de la République française (non spécifiquement autochtones) au sein desquelles la répartition démographique et les découpages électoraux permettent aux Kanak d'exercer un pouvoir politique important dans les régions où ils sont majoritaires. Les Kanak représentent 94 % de la population de la province des îles Loyauté, 70 % de la province Nord et 26 % de la province Sud[21].

En Australie, l'année 1972 a marqué une rupture importante avec les époques antérieures, en voyant la création d'un ministère des Affaires aborigènes au niveau fédéral, conséquence du référendum constitutionnel de 1967 qui a inclus les

21. Données extraites du rapport de l'Insee: http://www.insee.fr/fr/themes/document.asp?ref_id=ip1572 [consulté le 10 juin 2016]. « Aux îles Loyauté, la quasi-totalité (94 %) des habitants appartient à la communauté kanak. Les Européens, deuxième communauté de la province, représentent seulement 2 % de la population totale. En province Nord, la communauté kanak regroupe 70 % de la population, celle des Européens 12 % et 6 % des habitants déclarent appartenir à plusieurs communautés. Cependant, de grandes différences existent entre les deux versants : dans les communes de la côte Est, les Kanak représentent 86 % de la population contre 53 % sur la côte Ouest. En province Sud, les Européens sont les plus nombreux (33 %), suivis des Kanak (26 %) et des Wallisiens et Futuniens (11 %). C'est aussi la province où la diversité des communautés est la plus importante, particulièrement dans le Grand Nouméa, qui regroupe les deux tiers de la population calédonienne totale, mais où résident 84 % des communautés autres que Kanak. »

autochtones dans le recensement national et autorisé le gouvernement fédéral à légiférer sur les questions qui les concernent. C'est dans le cadre de la politique dite d'autodétermination adoptée par le gouvernement de Gough Whitlam, cette même année, que se structurent les modalités de reconnaissance des autochtones et de leurs institutions dans le système australien et que commence à se poser la question – toujours en suspens et sujette aux aléas politiques – de l'intégration des normes coutumières dans le système juridique australien. Cette reconnaissance passe par la constitution, au niveau local, de communautés administratives et d'organisations de services et, au niveau national, par l'institution d'organisations représentatives. La Commission australienne des droits de l'homme comporte aujourd'hui en son sein un commissaire aborigène à la justice sociale (Préaud et Gooda, 2013: 307-318) qui assume les fonctions consultatives que l'État lui reconnaît pour élaborer les politiques publiques concernant les Aborigènes et les Insulaires du détroit de Torres. Créée en 1986 et rattachée au ministère de la Justice, ses domaines de compétence incluaient l'éducation aux droits de l'homme, la gestion des plaintes, les fonctions de lobbying sur les questions de droits humains. En 1992 était créé le poste de commissaire à la justice sociale, à la suite du rapport de la Commission royale d'enquête sur les morts aborigènes en garde à vue[22]. Cet organe statutaire, dont les membres aborigènes et non aborigènes sont de plus en plus actifs dans les travaux de l'Instance permanente, n'a cependant aucun pouvoir légal. Une autre institution joue un rôle très important, le *National Native Title Tribunal,* qui résulte de la loi passée en 1993 suite à l'extension au niveau national de la possibilité pour des groupes autochtones de se voir reconnaître un « titre de propriété autochtone » (*native title*), s'ils peuvent démontrer l'occupation du territoire, l'existence de normes et de coutumes portant sur la propriété foncière et leur maintien. Rattaché au ministère de la Justice, ce tribunal a pour fonction d'enregistrer et gérer les revendications territoriales émises au titre de la loi (*Native Title Act,* 1993), d'assurer une médiation juridique, de notifier les plaintes et les accords, de tenir le registre des plaintes et des accords, d'arbitrer les décisions concernant les futures lois sur les zones couvertes par la loi, de faciliter les négociations entre les parties. Ce tribunal connaît les aborigènes en tant que plaignants, organisés par les organes représentatifs que sont les Conseils indigènes (*Native Councils*). Son fonctionnement inclut plusieurs personnes aborigènes (Wyatt, 2014).

L'Australie dispose également, au niveau fédéral, d'une administration des familles, du logement, des services communautaires et des affaires autochtones (*Department of Families, Housing, Community Services and Indigenous Affairs,* Fahcsia) chargée des politiques publiques vis-à-vis des communautés aborigènes et insulaires, dans lequel travaillent des fonctionnaires et autres agents aborigènes. Cette organisation, créée en 2005, fait suite à l'abolition de la Commission des Aborigènes et Insulaires du détroit de Torres (Atsic) qui entraîna une dispersion des responsabilités en matière autochtone au sein de différents ministères, selon une politique dite de *mainstreaming.* Au niveau des États fédérés subsistent des

22. http://www.naa.gov.au/collection/fact-sheets/fs112.aspx.

ministères des Affaires autochtones. Au niveau fédéral, le Conseil des gouvernements d'Australie (*Council of Australian Governments*), établi en 1992 et rattaché au Premier ministre, est un forum d'échanges structurés entre le gouvernement fédéral et les territoires et gouvernements locaux, notamment chargé aujourd'hui de coordonner la campagne de réformes et de politiques publiques connue sous le nom de *Closing the gap*.

Face à cette restructuration de la gouvernance des questions aborigènes a émergé en 2005 une structure politique, le Congrès national des premiers peuples d'Australie (National Congress of Australia's First Peoples) sous les auspices de la Commission des droits de l'homme et aujourd'hui indépendant, le gouvernement ayant supprimé ses subventions en 2013, un an plus tôt que prévu. Cet organe, qui était censé remplacer Atsic, n'a pas encore de place définie au sein des institutions australiennes. Entièrement contrôlé par des autochtones, il se positionne comme un groupe de pression exerçant une vigilance critique vis-à-vis des politiques d'État, et s'efforce de faire émerger une voix autochtone, capable de représenter les intérêts des très nombreuses et distinctes sociétés aborigènes et insulaires.

En Inde, au niveau de l'Union, un ministère des Affaires tribales a été créé en 1999, après avoir été une division du ministère de l'Intérieur (1950-1985), rattachée au ministère du Bien-Être (1985-1998) puis au ministère de la Justice sociale et de l'*Empowerment* (1998-1999). Il s'occupe de coordonner les programmes de développement, l'aide sociale, les bourses destinées aux étudiants autochtones et l'information sur les lois relatives aux tribus répertoriées. À part quelques figures identifiées comme d'origine tribale, notamment au niveau des ministres, les tribaux sont relativement absents de cet organe qui est critiqué pour sa gestion peu transparente. Organe de coordination au niveau central, il peine à coordonner des activités dont la responsabilité primaire est aux mains des ministères sectoriels, notamment les ministères de l'Aide sociale ou de l'Éducation et les ministères des États fédérés, lesquels disposent également de leur propre ministère ou sous-ministère dédié au Bien-Être tribal (*Tribal welfare*). Sous contrôle du gouverneur, nommé par l'Union, ces ministères, dans lesquels les tribaux brillent par leur absence au niveau de la direction ou de la gestion, sont critiqués pour leur approche paternaliste et souffrent des pressions exercées par les majorités politiques régionales. La Commission nationale des tribus répertoriées (*National Commission for Scheduled Tribes*), mise en place en 1950 (article 338 de la Constitution), est investie des pouvoirs d'un tribunal civil pour enquêter et promulguer des recommandations. Critiqué pour avoir limité ses propres pouvoirs, cet organe théoriquement indépendant n'a pas d'autonomie administrative ou financière. Parallèlement, des Conseils consultatifs tribaux (*Tribal Advisory Council*), également mis en place en 1950 (article 244-1 de la 5e annexe), assistent les gouverneurs des États en matière de politique tribale. Dans les États d'Inde centrale à forte proportion de tribus répertoriées, chacun de ces Conseils se compose de vingt membres, dont les trois quarts sont des représentants des tribus répertoriées à l'assemblée législative de l'État concerné. Dans les États du Nord-Est, à majorité tribale et relevant de la 6e annexe de la Constitution, des Conseils de district autonome et des Conseils de région autonome, prévus par la Constitution (articles de 244.2 et 275.1), opèrent sous le contrôle du gouverneur de l'État (représentant de l'Union). Ils ont le pouvoir de légiférer sur le transfert et l'usage des terres, les forêts, l'eau, l'administration des villages, la santé, la succession des chefs, la coutume. Ils servent de Cour d'appel pour tout ce qui concerne les tribaux, veillent à l'établissement des écoles primaires, collectent les taxes et enfin doivent donner leur accord pour la prospection et l'extraction des ressources minérales. Ces Conseils sont contrôlés par les personnes tribales majoritaires dans les districts et régions concernées. Ils sont l'objet de toute sorte de critiques émanant des minorités locales, tribales ou non.

Au Botswana, le ministère du Développement local a mis en place, en 1974, un Programme de développement des zones éloignées (*Remote Area Development Programme* – RADP) dont l'objectif général est de promouvoir le développement économique de ces régions pour qu'elles bénéficient de la croissance économique du pays. Parmi ses activités, on note que l'éducation représente l'une des priorités pour lesquelles le gouvernement déploie différents moyens tels que la construction de résidences pour les jeunes venus de loin, la fourniture d'uniformes scolaires et de repas pour les élèves. Ce programme se préoccupe aussi de l'accès à l'eau, de soins de santé, et de développement. Le Fonds de promotion économique, en particulier, encourage les petites entreprises de développement durable parmi les résidents des zones éloignées. Ce programme, initialement centré sur les San-Basarwa parce que la plupart des résidents desdites zones éloignées (*Remote Area Dwellers*) sont Basarwa, n'est cependant pas mis en œuvre par eux, aucun emploi n'étant réservé à une personne autochtone. Depuis 1978, il est explicitement « non ethnique » et le gouvernement est attentif à ne pas employer l'expression peuples autochtones/*indigenous peoples*. En conséquence, les obstacles culturels et linguistiques auxquels se confrontent les San ne sont pas pris en considération dans ce programme, ce qui limite sérieusement son efficacité.

La Namibie a décidé, en 2006, de mettre en place une structure propre aux questions san, au niveau du cabinet du Premier ministre, qui évolua en 2011 pour devenir une Unité du développement san (*San Development Division),* dotée depuis lors d'un budget, d'un personnel plus important et d'un plus grand nombre d'objectifs. Elle fournit une aide au développement des communautés san, dans le but d'améliorer leur accès aux moyens de subsistance et de mieux participer aux structures politiques nationales. Cette unité fonctionnelle est particulièrement attentive aux questions éducatives (mise en place d'écoles en milieu san, nomination de professeurs, etc.). Toutefois, les San sont perçus seulement comme bénéficiaires de programmes d'aide et non dans leur capacité à décider ou à administrer les projets qui sont mis en place. Rappelons que si les programmes en question sont exclusivement destinés aux populations san, le discours officiel est attentif à ne jamais référer au concept d'« indigénéité », notamment dérivé des développements internationaux sur les droits des peuples autochtones[23]. L'un des

23. Le concept de *indigeneity* (autochtonie) a suscité plusieurs discussions, reprises notamment dans la revue *Anthropologie sociale/Social Anthropology* de l'Association européenne d'anthropologie sociale : *cf.* Bellier, 2006b ; Guenther *et al.*, 2006 ; Saugestad, 2011 ; Gausset, Kenrick et Gibb, 2011.

motifs de cette précaution sémantique et politique est que l'immense majorité de la population étant considérée comme « indigène », c'est-à-dire originaire du pays, d'autres personnes ou groupes pourraient réclamer les mêmes services. Dans ce contexte, le programme cible les San en tant que « les plus désavantagés ». L'objectif général est d'accroître leur participation dans les institutions générales, non d'encourager le maintien de la culture traditionnelle.

Les différentes institutions que nous avons évoquées correspondent à une volonté de l'État de circonscrire et d'identifier un interlocuteur collectif autochtone. Elles relèvent de ce que nous avons dénommé le néo-indigénisme. L'organisation des autochtones selon les critères établis par ces institutions conditionne la reconnaissance de leur personnalité juridique, leur capacité d'action collective en justice, la titularisation de terres, le bénéfice des dispositions des politiques publiques et lois concernant les autochtones, etc. Dès lors que ces institutions ne correspondent pas aux structures propres autochtones, leur forte assise et légitimité étatique vient concurrencer celle des institutions propres autochtones, à leur détriment.

La reconnaissance des institutions et normativités autochtones

Autorité traditionnelle, chef, grand chef, petit chef, chef coutumier, conseil coutumier, conseil des anciens, communauté traditionnelle sont des termes génériques retrouvés au sein des différentes lois et constitutions pour se référer aux institutions autochtones dont l'existence et le fonctionnement sont reconnus et autorisés par l'État, mais qui seraient régies en tout ou partie par le droit coutumier autochtone, ce droit étant lui-même plus ou moins reconnu.

Ces expressions relatives à une nature traditionnelle ou coutumière, exprimées dans le langage dominant, dissimulent la grande diversité des institutions propres autochtones, lesquelles sont rarement désignées par leur nom d'origine ou leur appellation traditionnelle. Ces expressions désignent le plus souvent des institutions adaptées par la technique juridique aux critères de légitimité étatiques, récemment ou par le passé, mais aussi de nouvelles institutions créées pour faire face aux exigences posées par la relation des autochtones à l'État. Tel est le cas, par exemple, du Sénat coutumier en Nouvelle-Calédonie, ou de la figure de l'autorité traditionnelle (AT) reconnue par la Namibie pour les San. Leur point commun est d'être régies par des procédures, des règles, des manières propres qui définissent un droit coutumier, lequel intervient avec une portée diverse dans les processus de nomination et de fonctionnement bureaucratique en milieu autochtone. Les différents contextes historiques et politiques de reconnaissance étatique des institutions propres permettent d'identifier celles-ci plus précisément pour comprendre la portée des adaptations, souvent majeures, opérées par les sociétés autochtones. Cette approche, qui demande à être approfondie dans le cadre d'une anthropologie des institutions, permet aussi de saisir les limites et les faiblesses des processus de reconnaissance étatique au regard des standards posés par la Déclaration.

La Constitution de l'Inde (6e annexe), les lois de Bolivie, du Mexique, de Namibie et de Nouvelle-Calédonie reconnaissent le droit des peuples autochtones de déterminer leurs institutions et de choisir leurs membres, selon des procédures qui peuvent combiner des modalités propres et des cadres fixés par l'État (par exemple en Inde).

La Bolivie inscrit ce droit dans plusieurs dispositions de la Constitution politique de l'État (CPE: articles 26.II.4, 30.5, 30.14, 30.18, 146, 147, 206, 209, 210, 211, 278, 284, 290), et deux lois relatives au régime électoral et à l'organe électoral plurinational. Les formes d'organisation et d'autorité des peuples autochtones varient selon les régions (andine, amazonienne) et les cultures. Dans la zone andine, les autorités reconnues compétentes pour régir le gouvernement local peuvent recevoir différentes dénominations dans l'une des langues autochtones véhiculaires (en aymara ou en quechua). Claude Le Gouill (communication personnelle) indique que l'autorité communale est nommée *jilaqata* (en aymara)/ *jilanku* (en quechua); l'autorité de l'*ayllu*[24] est désignée *segundo mayor*, et l'autorité de la *marka* dite *mallku* (en aymara)/ *kuraka* (en quechua). Autrefois dénommée cacique, l'autorité du *suyu* est nommée *kurak mallku*, termes usités également pour désigner l'autorité d'une organisation (la Fédération des Ayllus, originaires et indigènes du Nord Potosí, Le Gouill, 2011). Au niveau de l'État tout entier (soit le Kollasuyu), le *Consejo Nacional des Ayllus y Markas del Qullasuyu* (Conamaq) se réfère à son autorité comme *apu mallku*. Les épouses du *malku* et du *jilakata* sont dénommées en aymara *mama t'alla*. Toutes ces autorités cohabitent avec des termes hérités de la colonisation ou de l'histoire nationale, tel *alcalde comunal* (maire de la commune). Dans les Basses Terres (Amazonie, Chiquitania, Chaco), la grande majorité des noms d'autorités renvoient à l'histoire coloniale ou à un passé plus récent significatif d'une assimilation culturelle et politique plus profonde: *cacique*, *capitán* (*mburuvicha*), *corregidor*, *presidente*, *secretario*. Le dénominateur commun est que les autorités originaires forment un gouvernement local, soit une entité collective de prise de décisions. Leurs fonctions combinent les aspects politiques et administratifs, ceux liés à l'administration de la justice, et les dimensions symboliques et rituelles qui tiennent ensemble les membres de la communauté. Dans certaines communautés andines (*ayllus)* où s'est imposée l'hacienda comme mode de domination et d'exploitation, et postérieurement le syndicat comme mode d'organisation, ont été observés des processus de reconstitution des structures «traditionnelles» (Le Gouill, 2013). On note des changements au niveau des noms des communautés ou des autorités, mais la logique communale a motivé certaines constances des fonctions des autorités ainsi que la persistance des dénominations (y compris syndicales). Sont considérées comme autorités originaires celles qui exercent des fonctions au sein

24. Les *ayllus* sont des communautés ou groupes de communautés; ils sont aussi et plus globalement des modes d'organisation sociale (clan, lignage, unité territoriale) et productive des peuples andins. Les *ayllus* composent des *markas*: structure organisationnelle collective plus englobante. Par exemple, le projet de statut autonome de Jésus de Machaca établit les *ayllus* comme des «espaces territoriaux bien définis composés par plusieurs communautés originaires et qui ont leurs propres autorités en accord avec leurs propres normes et procédures. Les autorités suprêmes sont les *Jilir Mallku Awki et Jilir Mallku Tayka*» (article 12 III; Wilhelmi, 2013: 236).

de l'organisation sociale originaire : fonctions politiques, administratives, d'ordre symbolique et rituel et fonctions d'administration de la justice. Dans ce domaine, la Bolivie a initié une autre réforme importante relative à la mise en place d'une justice autochtone.

Pour reprendre les archétypes proposés par Boaventura de Sousa Santos, le modèle de la convivialité est repris dans ce pays où la justice autochtone, appelée « juridiction indigène originaire paysanne » (JIOC selon le sigle en espagnol), composante de la fonction judiciaire, est placée par la Constitution au même niveau hiérarchique que les autres justices étatiques, c'est-à-dire la « justice ordinaire, la justice agro-environnementale et toutes les justices constitutionnellement reconnues » (article 179 de la Constitution). Déjà reconnues par la Constitution de 1995, les justices autochtones étaient subordonnées à la justice étatique, et leurs compétences juridictionnelles limitées. Selon le texte constitutionnel de 2009, les décisions de la JIOC, applicables aux membres des « nations et peuples autochtone originaire paysans » (article 9, loi de délimitation juridictionnelle) ne peuvent être révisées par les autres juridictions. Le principe d'autonomie gouverne les prérogatives juridictionnelles de la JIOC, comme en dispose l'article 190 selon lequel les fonctions juridictionnelles des nations et peuples autochtone originaire paysans s'exercent à travers leurs propres autorités en appliquant leurs principes, valeurs culturelles, normes et procédures. La loi de délimitation juridictionnelle de 2010 chargée de réglementer les relations de coordination entre la justice ordinaire et la justice autochtone a rappelé le principe d'égalité statuaire entre les deux institutions, « en accord avec leur libre-détermination » (des autochtones) ; son article 10 restreint, cependant, la marge d'autonomie de la JIOC en réservant de nombreuses matières à la justice ordinaire[25] et l'article 11 limite sa compétence territoriale aux territoires autochtones ruraux, au point de porter atteinte au principe constitutionnel de l'égalité statutaire entre la justice ordinaire et la JIOC. Dans les faits,

25. L'article 10 de la loi n° 073 du 29 décembre 2010 de délimitation juridictionnelle dispose : « I. *La jurisdicción indígena originaria campesina conoce los asuntos o conflictos que histórica y tradicionalmente conocieron bajo sus normas, procedimientos propios vigentes y saberes, de acuerdo a su libre determinación. II. El ámbito de vigencia material de la jurisdicción indígena originaria campesina no alcanza a las siguientes materias : a) En materia penal, los delitos contra el derecho internacional, los delitos por crímenes de lesa humanidad, los delitos contra la seguridad interna y externa del Estado, los delitos de terrorismo, los delitos tributarios y aduaneros, los delitos por corrupción o cualquier otro delito cuya víctima sea el Estado, trata y tráfico de personas, tráfico de armas y delitos de narcotráfico. Los delitos cometidos en contra de la integridad corporal de niños, niñas y adolescentes, los delitos de violación, asesinato u homicidio ; b) En materia civil, cualquier proceso en el cual sea parte o tercero interesado el Estado, a través de su administración central, descentralizada, desconcentrada, autonómica y lo relacionado al derecho propietario ; c) Derecho Laboral, Derecho de la Seguridad Social, Derecho Tributario, Derecho Administrativo, Derecho Minero, Derecho de Hidrocarburos, Derecho Forestal, Derecho Informático, Derecho Internacional público y privado, y Derecho Agrario, excepto la distribución interna de tierras en las comunidades que tengan posesión legal o derecho propietario colectivo sobre las mismas ; d) Otras que estén reservadas por la Constitución Política del Estado y la Ley a las jurisdicciones ordinaria, agroambiental y otras reconocidas legalmente. III. Los asuntos de conocimiento de la jurisdicción indígena originaria campesina, no podrán ser de conocimiento de la jurisdicción ordinaria, la agroambiental y las demás jurisdicciones legalmente reconocidas.* »

l'interprétation de la loi varie selon les localités au point que, au sein des communautés péri-urbaines, la compétence de la justice ordinaire semble s'être étendue au détriment de la justice autochtone, tandis que dans la région de Patacamaya les organisations originaires ont choisi de résoudre chaque affaire selon leur ordonnancement autochtone (Bazurco Osorio et Exeni Rodríguez, 2012 : 122). Une étude de 2012 sur la JIOC, relative à trois cents résolutions, constate qu'en règle générale il n'existe pas d'institution autochtone spécialisée dans l'administration de la justice, celle-ci étant généralement exercée par les principales autorités impliquées dans les formes de gouvernement autochtone (Sousa Santos et Exeni Rodríguez, 2012)[26].

Au Mexique, l'article 2.I. de la Constitution reconnaît le droit des peuples autochtones de décider de leurs propres formes d'organisation sociale, économique, politique et culturelle, ainsi que le droit de choisir les autorités ou représentants autochtones pour l'exercice de leurs propres formes de gouvernement interne, en soumettant celui-ci à une autre recommandation, le respect de la parité (article 2.4). Les collectivités autochtones sont cependant organisées au sein des *ejidos* ou *municipio* ; un *municipio* comptant plus de 40 % de personnes se reconnaissant comme autochtones est considéré comme autochtone. La Constitution reconnaît la possibilité que des communautés autochtones se coordonnent et s'associent au sein du *municipio* (article 115), ce qui laisse une porte ouverte pour l'expression des institutions propres. Les représentants autochtones au sein du *municipio* sont élus selon les critères établis par la loi. Dans l'État de Michoacan, Cherán offre un précédent important pour le peuple purépecha, la première municipalité à élire ses autorités conformément à un ordonnancement propre. Le gouvernement autochtone est élu par les us et coutumes, comme le reconnaît la décision du tribunal électoral du pouvoir judiciaire de la fédération du 2 novembre 2011[27]. En 2014, suite à une nouvelle action présentée devant la Cour suprême de la Nation à l'encontre des pouvoirs législatifs et exécutifs pour violation de leur droit à la consultation au cours de la dernière réforme électorale, les demandeurs, en tant que « municipalité autochtone », ont obtenu la reconnaissance de leur droit à la consultation pour toute question législative et constitutionnelle[28]. Sur la base des Accords de San Andrés, le Mexique admet aussi le droit à l'autonomie, laquelle s'appuie sur la mise en place des institutions propres de gouvernement.

---

26. L'étude a identifié d'autres autorités remplissant un rôle spécifique dans la JIOC, comme les autorités de « campagne » chargées de résoudre des problèmes récurrents tels que le « passage de bétail » sur les terres des autres et les « dommages aux cultures », ou les juges des eaux au sein des communautés qui utilisent des systèmes d'irrigation. Elle mentionne également les autorités spirituelles qui interviennent dans certaines localités pour la résolution de litiges liés à des cas de sorcellerie, mais aussi en raison de leurs capacités divinatoires. En zone andine, la lecture des feuilles de coca intervient dans certaines procédures et prises de décision (Sousa Santos et Exeni Rodríguez, 2012 : 69).

27. Voir http://portal.te.gob.mx/colecciones/sentencias/html/SUP/2011/JDC/SUP-JDC-09167-2011.htm [consulté le 10 février 2015].

28. Controverse constitutionnelle 32/2012, *Municipio de Cherán v. Estado de Michoacán*, décision de la Cour suprême du 29 mai 2014, http://dof.gob.mx/nota_detalle.php?codigo=5361089&fecha=23/09/2014 [consulté le 10 février 2015].

Le Mexique est, avec la Bolivie, l'État où la justice autochtone connaît des développements en droit et dans les faits. La réforme constitutionnelle de 2001 reconnaît les juridictions autochtones sous réserve qu'elles respectent les droits de l'homme et les droits des femmes. Elle requiert des États fédérés qu'ils légifèrent pour mettre en œuvre ce droit, le soumettant à toute sorte de négociations tenant compte des intérêts régionaux et des partis politiques (Sierra, 2005a : 290). Car, au contraire de la Bolivie, le droit mexicain situe la justice autochtone dans une position subordonnée à la justice étatique, de laquelle elle se distingue.

La reconnaissance des juridictions autochtones date de la première réforme constitutionnelle à horizon pluraliste adoptée au Mexique en 1992, à la suite de la ratification de la Convention 169. La réforme de 2001 situe donc la justice autochtone parmi un ensemble de droits inscrits dans la perspective de l'État multiculturel. Elle ne précise ni sa composition, ni ses modalités de fonctionnement, ni ses compétences, lesquelles sont à fixer par les États fédérés ; il en résulte une grande diversité, peu d'États ayant incorporé cette reconnaissance au sein de leur propre Constitution. Des règlements précisent le fonctionnement des justices autochtones dans le respect des conditions posées par la réforme de 2001 ; cependant, les modèles qui laissent la plus grande marge d'autonomie ne sont pas forcément ceux qui ont été adoptés après 2001. Bien que l'ensemble des justices autochtones réglementées par ces régimes législatifs accusent un caractère hybride, leurs résultats varient selon les États, selon la marge d'autonomie qui leur est laissée et selon la capacité des collectivités autochtones à s'adapter à ces instances. Dans de nombreux États, la justice autochtone a été cantonnée par la loi aux délits mineurs commis au sein de l'espace communautaire : cela concerne, par exemple, les Nahuas de la Sierra Norte de Puebla, les Totonacas du nord de Veracruz, ou encore les Mixes de Oaxaca (Sierra, 2005b : 18). Le cas du tribunal autochtone de Cuetzalan (Puebla), dont les modalités et les formes d'organisation ont été réappropriées par les collectivités autochtones, est cité en exemple :

> le tribunal de Cuetzalan cristallise les contradictions inscrites dans les politiques de reconnaissance multiculturelle dans leur version limitée et rend compte de la portée réduite d'une justice autochtone qui ne peut pas se considérer comme autonome mais qui parvient à potentialiser des alternatives locales d'organisation qui renforcent les identités et le droit propre. (Sierra, 2005b : 16)

Maria Teresa Sierra dresse un bilan mitigé de la réglementation étatique des justices autochtones, estimant que « ces instances hybrides ont introduit des règles formelles absentes des justices indigènes propres qui couvrent des cas d'impunité et rendent au final plus difficile l'accès à la justice : des coûts financiers, les effets du racisme des juges, la longueur et la complexité des démarches, etc. » (2005b : 16). Dans un autre texte, elle précise que ces réformes ont suscité la revitalisation de discours identitaires et accentué, dans certaines régions du pays, des disputes sur les ressources et sur l'opportunité d'instituer une justice autochtone. Mais ces réformes se sont vu reprocher de ne pas satisfaire les demandes de juridiction autochtone, étant dépassées par ce qu'on appelle les « autonomies de fait » (Sierra, 2004 : 5).

Face aux modèles de justice hybride subordonnée, se sont maintenues ou ont émergé des justices autochtones de fait, établies en marge du droit étatique, dans les cas où les États fédérés ne reconnaissent pas formellement les justices autochtones et bien souvent en réponse à un sentiment d'impunité concernant les auteurs des violences externes et internes infligées à la population autochtone. Ces circonstances spécifiques entrent dans le cadre du modèle de la négation dégagé par Sousa Santos. De nombreux chercheurs ont étudié le développement de justices autochtones mises en place de fait, notamment au Chiapas par les *juntas de buen gobierno zapatistas*[29] ou par les polices communautaires du Guerrero, créées en 1995 et qui regroupent un effectif d'environ 50 000 membres (Martínez Espinoza, 2006 ; Sierra, 2004 et 2013).

Bien que l'existence de cette police ne soit pas prévue par le droit du Guerrero, le gouvernement de l'État observe une position ambiguë vis-à-vis de cette nouvelle institution autochtone que la forte diminution du taux de violence au sein de l'État a amenée à tolérer. Les délits mineurs sont jugés au sein des espaces communautaires, les délits plus graves sont portés devant les assemblées régionales de la Coordination des autorités communautaires, la CRAC (Coordinadora de autoridades comunitarias). Cette justice s'est réappropriée certaines institutions communautaires (traditionnelles) : le Conseil des anciens est, par exemple, chargé de conseiller les détenus. Cependant, le manque de réglementation a conduit le gouvernement à mettre des bâtons dans les roues de l'institution. Il lui reproche de ne pas respecter les droits de l'homme et pointe des cas d'abus de pouvoir et de manquement au principe du procès juste et équitable. Conscients de ces faiblesses, les membres de la police du Guerrero se sont rapprochés d'importantes ONG de droits de l'homme de la région afin d'adapter leur fonctionnement, le but avoué des dirigeants de l'institution étant de « ne pas rechercher la reconnaissance de l'État mais le respect du projet ». Depuis la création de ces polices communautaires, les collectivités autochtones du Guerrero se montrent satisfaites des résultats. L'expérience force à constater l'efficacité d'un système non réglementé par le droit étatique et elle met en doute la pertinence et les succès d'une éventuelle réglementation par l'État.

En résumé, dans le cas du Mexique, bien que les institutions de justice soient tenues d'appliquer la disposition la plus favorable en matière de droits de l'homme, et par conséquent devraient appliquer les dispositions de la DDPA, elles ne respectent pas totalement la justice autochtone. Elles ne prévoient pas de cadre pour la mise en place d'une justice propre ni ne permettent, dans une majorité de cas, le fonctionnement d'une justice de fait, c'est-à-dire non réglementée par l'État. La justice autochtone est, au final, conçue comme une justice subordonnée, additive ou auxiliaire de la justice étatique.

En Inde, la Constitution prévoit la possibilité d'instaurer des Conseils régionaux autonomes pour les tribus répertoriées dans la 6e annexe : ils constituent une entité administrative inférieure à l'État. Dans les États à majorité autochtone, ils sont censés assurer une représentation politique pour chaque tribu. Leurs

29. Voir : http://www.redalyc.org/articulo.oa?id=38050115 [consulté le 10 août 2014].

membres ont compétence sur l'attribution, l'occupation, l'usage ou la réserve de terres autres que les forêts protégées, sur les coutumes sociales, la transmission des propriétés ainsi que sur l'administration de la justice et la collecte des impôts. Dans ces États, des luttes politiques se nouent sur des enjeux distincts : demandes indépendantistes au Nord-Est ; conflits autour de l'extraction des ressources naturelles, en Inde centrale et orientale.

En Nouvelle-Calédonie, les institutions reconnues par l'État comme kanak sont essentiellement le grand chef, associé au district (ou grande chefferie) et au Conseil de district, le petit chef associé à la tribu (ou petite chefferie, qui désigne aussi un lieu) et au Conseil des anciens, et depuis 2008 le Sénat coutumier et les conseils coutumiers consultatifs. Selon les données fournies par James Anaya, le rapporteur spécial des Nations unies sur les droits des peuples autochtones, à l'issue de sa visite officielle en Nouvelle-Calédonie, les Kanak qui sont au nombre d'environ 140 000 personnes se trouvent aujourd'hui réunis en 4 000 ou 5 000 clans familiaux, huit aires coutumières, 341 tribus dirigées par un chef de tribu, regroupées en 57 chefferies ou districts coutumiers. Ces chefferies/districts forment les subdivisions administratives des aires coutumières (Anaya, 2011 : § 20). À l'exception du Sénat et des Conseils coutumiers, la plupart des institutions mentionnées correspondent à un héritage de la politique indigéniste coloniale et de son organisation administrative du territoire. Jusqu'en 2011, le clan, en tant qu'organisation traditionnelle kanak[30], n'était pas considéré par le droit français comme sujet de droits. Il fallut attendre 2011 pour que lui soit reconnue la personnalité morale de droit public lui permettant d'acquérir des biens, de gérer des ressources ou d'ester en justice (Lafargue, 2012 : 14). Avant cette date, seule la tribu juridiquement délimitée par l'administration jouissait d'une existence légale.

La connaissance de l'histoire de la Nouvelle-Calédonie permet de comprendre le sens de ces évolutions récentes dans le contexte des Accords de Nouméa. Si des arrêtés de 1867 et 1868[31] reconnaissaient respectivement l'existence juridique des tribus, entendues comme « grandes chefferies », ainsi que leur droit d'ester en justice, en 1887 un autre décret confiait au chef de la colonie le soin de nommer

30. Pour le magistrat, le clan, « ensemble de familles partageant un mythe et une terre, constitue l'unité de base. Chaque clan a une fonction déterminée qui se manifeste essentiellement lors des cérémonies coutumières. Il existe des clans de magiciens, de pêcheurs, de guerriers, des clans qui détiennent des savoirs médicinaux, des clans de la terre, etc. ». Selon la Charte du peuple kanak, adoptée par le Sénat coutumier le 12 avril 2014 : « Le clan regroupe toutes les lignées qui se revendiquent d'un ancêtre-esprit commun. Le discours sur le mythe clanique situe le moment dans l'espace où est apparu l'Ancêtre. [...] La chefferie est dans un espace donné, le regroupement – sous l'autorité d'un poteau central appelé "l'aîné" ou "grand frère" – de lignées composantes du même ancêtre ou de clans aux fonctions complémentaires. Elle est la forme achevée de l'organisation socioculturelle et politique Kanak. La chefferie détient, dans l'histoire de la tradition Kanak, les éléments constitutifs de la souveraineté autochtone que sont : un territoire, un peuple et une autorité exerçant son pouvoir sur tous les attributs liés à ladite souveraineté. [...] Chaque individu se détermine par rapport à son clan paternel et à son clan maternel » (Sénat coutumier, 2014 : 13). *Nota bene* : la majuscule à kanak respecte ici la graphie du Sénat.

31. Arrêté du 24 décembre 1867 : article 1 « [...] la tribu indigène a été et continue d'être constituée en Nouvelle-Calédonie ; elle y forme la ségrégation légale ayant des attributs de propriété et organisée selon la seule forme qui fut et qui soit propre encore à l'état de la population indigène », et arrêté du 22 janvier 1868.

et de délimiter lesdites tribus. L'arrêté pris en 1898 par le chef de colonie eut pour effet de remettre fondamentalement en cause la nature et la portée de celles-ci. Il établit que ce qui correspondait à la tribu serait désormais nommé district et que le terme de tribu serait utilisé pour désigner ce qui équivalait en réalité à l'époque à des sous-tribus ou villages. Cette nouvelle morphologie introduisit les « grands chefs » chargés de l'administration du district composé alors des « nouvelles tribus », elles-mêmes placées sous la responsabilité des « petits chefs ». Auparavant, le grand frère ou fils aîné désignait celui qui était au-dessus de tout, à la tête d'une tribu ; cependant c'étaient les clans qui géraient la tribu. À l'époque coloniale, les chefs nommés en dernière instance par le gouverneur[32] cumulaient plusieurs fonctions, étant chargés de tâches coutumières mais aussi de fonctions administratives dont ils devaient rendre compte à l'administration coloniale, notamment les mesures prises pour maintenir l'ordre public au sein de leurs districts ou tribus. Les différentes interventions de l'administration coloniale sur les ciments de l'organisation traditionnelle kanak la fragilisèrent fortement en limitant ses capacités de reproduction[33]. Depuis une loi de 1976 et les législations suivantes, l'administration française n'intervient plus dans les processus de nomination des chefs.

Avec les Accords de Matignon puis de Nouméa, de nouvelles institutions ont été créées pour gérer les questions coutumières kanak. Le Conseil consultatif coutumier, reconnu dans l'Accord de Matignon et devenu Sénat coutumier avec l'Accord de Nouméa, est composé de 16 membres issus des huit aires coutumières[34] (deux représentants par aire). Les aires coutumières comprennent chacune un Conseil coutumier à la fonction consultative qui doit être saisi de tout litige relatif à un acte coutumier. Les membres du Sénat sont désignés par les Conseils coutumiers selon les usages reconnus par la coutume. Ils émettent des avis consultatifs sur les projets et propositions de loi du pays relatifs aux signes identitaires de la Nouvelle-Calédonie, au statut civil coutumier, au régime des terres coutumières, au régime des palabres coutumiers et aux limites des aires coutumières, ainsi qu'aux modalités d'élection au Sénat coutumier et aux Conseils coutumiers. Le Sénat coutumier est consulté obligatoirement sur les projets ou propositions de délibération sur l'identité kanak et, facultativement, pour tout autre projet de loi ou proposition de délibération. La durée du mandat du Sénat est de cinq ans, son président étant renouvelé tous les ans.

---

32. Les chefs kanak étaient nommés en première instance selon le processus coutumier, le gouverneur intervenant en dernier stade au niveau de la nomination officielle (Agniel, 1995 : 77).

33. « [...] il s'ensuivit une détérioration de la structure coutumière par des manœuvres répétées de l'administration coloniale qui ne s'embarrassait guère quant aux moyens de création de chefferies dont l'autorité n'avait aucun fondement traditionnel, chefs coutumiers déposés car ne se montrant pas suffisamment coopérants, cantonnement des tribus hors de leur aire géographique et hors du cadre de leur habitat mythique. L'organisation sociale kanak vacilla et faillit s'effondrer. Mais la pratique du chef administratif ne pouvait durer qu'un temps » (Agniel, 1995 : 76).

34. Si chaque clan kanak fait remonter son histoire à un mythe fondateur, les aires coutumières ont été créées par la loi 84-821 du 6 septembre 1984 portant statut du Territoire de la Nouvelle-Calédonie et dépendances, texte qui a précédé les Accords de Matignon.

Représentant d'un discours coutumier face à l'État, institution nouvelle dans la cartographie kanak et française, le Sénat coutumier voit souvent sa légitimité controversée. Comme le signale Rowena Dickins Morrison,

> Le Sénat coutumier se plaint depuis sa création d'une marginalisation systémique de la part des autres institutions politiques du pays. Alors que ses membres et ses partisans présentent le Sénat comme le représentant légitime, non seulement du monde coutumier kanak mais aussi du peuple kanak dans son ensemble, d'autres parties mettent en cause sa légitimité politique. L'exclusion apparente des femmes comme membres du Sénat, ainsi que la possibilité de passer à l'élection comme mode de désignation des «sénateurs», ont été des points de friction importants[35].

Dans le cadre de la préparation au référendum sur l'autodétermination de la Nouvelle-Calédonie, prévu en 2018, le Sénat coutumier s'est attelé à un vaste chantier de réflexion qualifié par François Féral de «travail d'introspection politique et juridique particulièrement novateur sur l'adoption en France d'une charte de droits autochtones» (sd : 3). Après de larges consultations, le document doublement intitulé *Charte du peuple kanak – Socle des valeurs et principes fondamentaux de la civilisation kanak* a été adopté par «les autorités coutumières, grands chefs, chefs, présidents de conseil de districts et présidents de conseil des chefs de clan seuls représentants traditionnels et légitimes du peuple kanak de Nouvelle-Calédonie/Agissant au nom de la population autochtone, des chefferies et des clans kanak» (Sénat coutumier, 2014 : 8) :

> Résolus, à sauvegarder et promouvoir les valeurs et les principes fondamentaux de la civilisation kanak et à les porter haut et fort dans la construction, en Nouvelle-Calédonie, d'une société enfin libérée de toute forme d'emprise coloniale ;
>
> Avons en commun décidé d'adopter la présente Charte afin de doter le peuple kanak d'un cadre juridique supérieur embrassant une réalité historique, de fait, et garantissant son unité et l'expression de sa souveraineté inhérente.

Après ce travail, on peut s'attendre à certaines évolutions juridiques et politiques. Certaines formes de juridicités kanak ont été reconnues par le droit étatique, à travers le statut de droit coutumier. L'article 75 de la Constitution dispose que «les citoyens de la République qui n'ont pas le statut civil de droit commun, seul visé à l'article 34, conservent leur statut personnel tant qu'ils n'y ont pas renoncé». Il s'applique à toutes les relations de nature civile entre personnes relevant du statut coutumier kanak. Ce dernier recouvre le droit de la famille, le droit des personnes, le droit des contrats, le droit des terres. Il est possible à un Kanak de droit commun de passer sous régime de droit civil coutumier dès lors qu'il peut prouver vivre de façon durable en conformité avec les règles coutumières kanak. Le droit coutumier kanak est enrichi des actes qui correspondent à la retranscription d'accords entre clans relatifs à une union coutumière, à la répartition de terres, au règlement de différends, ou encore qui

35. Communication de Rowena Dickins Morrison au séminaire Sogip «Face à la bureaucratie et à l'État (Australie, Venezuela, Nouvelle-Calédonie)», https://Sogip.files.wordpress.com/2013/11/seminaire-Sogip-2013-14_programme.pdf.

autorisent un accord en vue d'un projet de développement sur des terres coutumières. Des officiers publics coutumiers, fonction instituée en 2007, rédigent les actes et les enregistrent au sein du registre d'état civil coutumier. Ce droit de tradition orale est en train de s'enrichir des sources écrites constituées par la jurisprudence dans ce domaine, ainsi que des propositions de lois soumises par le Sénat coutumier au Congrès.

La mise en place de tribunaux composés d'assesseurs coutumiers pour statuer sur les litiges entre Kanak de statut civil coutumier qui n'auraient pas été résolus à l'amiable par les autorités coutumières date de l'ordonnance du 15 octobre 1982. Ils ne commencèrent à fonctionner qu'en 1990. Ces tribunaux, composés d'un juge civil et d'assesseurs coutumiers (majoritaires en première instance), ne sont pas compétents pour statuer sur des questions de droit pénal, lesquelles relèvent uniquement de la compétence des tribunaux de droit commun. Dans ce domaine, la coutume kanak peut être prise en compte dans la détermination de la peine, mais il ne s'agit pas d'une obligation pour le juge. L'exclusion du droit coutumier kanak en matière pénale est ressentie comme un vide juridique par les Kanak de droit civil coutumier, qui estiment que le système pénal français ne suffit pas à la répression des délinquants kanak. En matière civile, la voix des assesseurs est délibérative, ce qui signifie qu'elle vaut autant que celle du juge professionnel. Toujours en matière civile, les assesseurs sont aussi présents au niveau de la cour d'appel, où ils ont le même pouvoir de décision que les juges professionnels (Lafargue, 2012 : 27).

Il est intéressant de comparer les modalités de reconnaissance des institutions et juridictés kanak avec celles opérant en Guyane française. L'éclosion d'institutions kanak et le renforcement du droit coutumier kanak sur le territoire de la Nouvelle-Calédonie contraste avec la faible reconnaissance de structures similaires en Guyane française, où l'État ne reconnaît comme pouvoir coutumier local que la figure du « chef coutumier ». À la différence des Kanak, les Amérindiens de Guyane constituent une minorité démographique et les vieilles colonies françaises se sont construites sur le principe de l'assimilation politique et civile à la métropole. Le statut de département français, puis de collectivité territoriale unique, fixé par l'article 73 de la Constitution, implique que la Guyane ne dispose pas de législation propre. Son autonomie politique est limitée, les adaptations institutionnelles et administratives aux réalités sociales locales sont réalisées dans les marges du droit. Très peu de dispositifs institutionnels et politiques sont reconnus comme spécifiques aux Amérindiens. Mais ceux-ci ont obtenu de l'État français une mesure symbolique : le décret de 1987, qui accorde aux « communautés d'habitants tirant traditionnellement leurs moyens de subsistance de la forêt » la possibilité de se voir attribuer des « zones de droit d'usage » et de se faire concéder ou céder collectivement des terres domaniales. Ce dispositif s'étend aux collectivités noires-marrons, bushinenge.

À titre d'exemple, en vue de préserver les intérêts de ses villages, la société kali'na s'est adaptée aux exigences administratives françaises tout en tentant de réinvestir ses institutions coutumières. Ce dilemme est résumé par Geoffroy Filoche, qui souligne que, même si les communautés de base ne sont pas complètement reconnues, il existe une certaine tolérance en ce qui concerne l'utilisation de leur droit coutumier. Toutefois un souci de sécurité – et de réalisme – juridique peut pousser ces communautés à investir des formes d'organisation relevant du droit commun. (Filoche, 2011 : 345)

Un bref retour sur l'organisation de la société kali'na et la figure du *iopoto* permet de saisir le parcours de leur reconnaissance au sein de l'État. Peter Rivière (1984) a montré que les formes politiques kali'na classiques s'inscrivent globalement dans le modèle des sociétés caribes de la région des Guyanes. Gérard Collomb écrit que :

[...] la famille étendue représente l'unité sociale pertinente formant un groupement résidentiel dans lequel se rassemblent autour du fondateur, les filles et leurs maris et enfants [...] car la règle de résidence est ici, en principe, uxorilocale. Chacune des familles nucléaires ainsi rassemblées constitue une unité sociale et économique, très indépendante et autonome, susceptible de quitter le groupe pour fonder un nouveau village ou pour en rejoindre un autre. [...] Au sein de chaque unité résidentielle, la « chefferie sans pouvoir » sur laquelle s'interrogeait P. Clastres, est illustrée par la figure du *iopoto* : fondateur du groupement, c'est un personnage généralement âgé et respecté qui est lié par des liens de parenté directe ou d'alliance avec la plupart des habitants du village ou par une relation de type clientéliste avec d'autres familles nucléaires qui ne lui sont pas directement apparentées mais qui se sont jointes au groupement. (1999 : 549-550)

Pour cet auteur, dont nous citons de larges extraits, « le politique ne se déploie donc guère dans la société kali'na à travers un système d'obtention et de reproduction d'un pouvoir institutionnalisé » (*op. cit.* : 551). La figure du *iopoto* fut saisie par les autorités coloniales au cours des XVIIIe et XIXe siècles à travers celle du « capitaine » qui servait de médiateur entre l'administration coloniale et la société kali'na. La fonction de capitaine connut un tournant dans la seconde moitié du XIXe siècle ; de médiateur, le capitaine passera à représenter, au sein des villages, « un relais du pouvoir colonial, dépendant de la préfecture puis du Conseil général ». Un autre tournant est marqué, à partir de 1988, à travers le retour dans le discours amérindien de la référence au chef coutumier, qui agit comme une récupération, un réinvestissement politique de l'institution ancestrale du *iopoto*. La catégorie de chef coutumier « ne réfère plus la fonction du *iopoto* à un individu mais à une institution à laquelle on entend rendre sa place ; elle annonce le passage d'une catégorie forgée par l'administration coloniale à une catégorie revendiquée comme indigène » (*ibidem* : 553).

Le chef coutumier est aujourd'hui la seule « institution amérindienne » reconnue par l'État français en Guyane. Choisi selon les juridicités autochtones pour une durée indéterminée dont le terme est fixé par sa démission ou sa destitution, il est nommé par un arrêté du Conseil général qui lui verse une petite indemnité. Durablement investie par des hommes qui, depuis 1946, se transmettaient la fonction par voie lignagère, celle-ci est exercée par des femmes depuis quelques années. En droit, «les prérogatives de ces chefs ne sont pas véritablement reconnues par l'État et les collectivités de Guyane et se limitent au domaine d'attribution du Conseil général; cependant, dans les faits, leurs actions dépassent ce champ de compétence, touchant même la justice civile et pénale» (Belkacemi, 1999, cité par Filoche, 2011: 346). Leur autorité est aujourd'hui concurrencée par celle des élus des communes sur le territoire desquels se situent les villages indiens.

La non-reconnaissance partielle ou totale d'institutions autochtones n'est pas propre à la France. Au Chili, la loi 19.253 se réfère uniquement aux autorités traditionnelles des Mapuche-Huilliche (article 61)[36], sans mentionner celles des Mapuche des autres espaces géographiques (Mapuche-Lafkenche des espaces côtiers, Mapuche-Pehuenche de la Cordillère et Mapuche-Nagche des vallées), ni des autres peuples autochtones. Or des institutions traditionnelles mapuche existent et continuent de jouer un rôle sur l'ensemble de ces espaces avec des variantes culturelles: il s'agit principalement du *longko, njempin, machi*[37], autorités traditionnelles mapuche reconnues en tant que telles en raison de leur *kupam* («lignage»). Leurs charges, transmises de génération en génération, sont exercées au sein du *lof* (entité territoriale) et des différentes structures dont il est l'unité de base, *rehue* (plusieurs *lof*), *ayarehue* (neuf *rehue*). Hormis la référence de cette loi aux autorités mapuche-huilliche, le droit chilien ne leur reconnaît aucune compétence.

En Argentine, les institutions propres ne sont pas reconnues et doivent s'adapter aux contours de la communauté définie par l'État, et ce, malgré la reconnaissance constitutionnelle de la préexistence des peuples autochtones à l'État. En pratique, l'organisation des autochtones selon les critères établis par les institutions étatiques ou provinciales conditionne la reconnaissance de leur personnalité juridique, leur capacité d'action collective en justice, la titularisation de terres, le bénéfice des dispositions des politiques publiques et des législations concernant les autochtones. Les nouvelles institutions s'offrent souvent comme la seule alternative juridique possible. Cependant, dès lors que ces structures ne correspondent pas aux modèles autochtones, leur assise et leur légitimité étatique viennent concurrencer celle des institutions propres qui tentent de se maintenir.

Le statut de la «communauté autochtone» au Chili et en Argentine est intéressant à relever. Cette institution a été introduite dans ces deux pays dans le cadre des premières lois néo-indigénistes, adoptées respectivement en 1993 et en 1985 à l'issue des dictatures militaires. La loi chilienne 19.253 sur la protection, la promotion et le développement des autochtones a instauré cette forme

36. *Artículo 61. «Se reconoce en esta etnia el sistema tradicional de cacicados y su ámbito territorial. Las autoridades del Estado establecerán relaciones adecuadas con los caciques y sus representantes para todos aquellos asuntos que se establecen en el Párrafo 2° del Título III y en el Párrafo 1° del Título V.»*

37. Ces autorités sont dites «traditionnelles» en raison de leur mode de désignation. Selon la cosmovision mapuche, elles ne sont pas élues mais héritent leur charge de l'un de leurs ancêtres. Le *longko* désigne «le chef», l'autorité chargée du contrôle sociopolitique du *lof*, «le territoire». Le ou la *machi*, la fonction pouvant être exercée par un homme ou une femme, est chargé(e) de maintenir l'équilibre spirituel et physique de la nature. Le *njempin* est responsable de la conduite de cérémonies.

d'organisation des collectivités, tout en créant la Corporation nationale de développement indigène (Conadi) qui les enregistre. La loi argentine 23.302 sur la politique indigène et le soutien aux communautés aborigènes définit un modèle unique de communauté pour l'ensemble des peuples autochtones. Dans le droit chilien, la communauté est définie comme :

> tout regroupement de personnes appartenant à une même ethnie indigène et qui se trouve dans une ou plus de ces situations : elles proviennent d'un même tronc familial, reconnaissent une chefferie traditionnelle, possèdent ou ont possédé des terres indigènes en commun, et proviennent d'un même peuplement ancien.

Le droit argentin regroupe sous la formule de la communauté « les ensembles de familles qui se reconnaissent comme tels pour provenir de populations qui habitaient le territoire national à l'époque de la conquête ou de la colonisation » (article 2 de la loi 23.302).

La reconnaissance, au Chili, est conditionnée à l'adhésion à un schéma organisationnel imposé, plus proche du modèle associatif que de celui des structures autochtones propres, avec la nomination d'un président de communauté, d'un secrétaire et d'un trésorier : schéma que l'on retrouve dans d'autres pays d'Amérique latine. Un quorum minimal de seulement 10 membres majeurs est exigé pour la constitution de ces communautés. Cette composition (quantité variable et possiblement réduite), qui contraste avec celle des *lof* en terres mapuche ou des clans chez les Rapa Nui, a favorisé la division des structures traditionnelles. Elle explique aussi l'impossibilité mathématique pour l'ensemble des communautés de compter avec la présence d'autorités traditionnelles, ce qui a fragilisé des structures traditionnelles désormais mises en concurrence dans la gestion de leurs espaces et leurs relations avec l'État. En effet, chez les Mapuche, l'espace d'un *lof* se retrouve subdivisé administrativement en plusieurs communautés. À l'île de Pâques (Rapa Nui), où existe un Conseil des anciens légitimé par le droit autochtone et pourtant considéré par l'État comme non représentatif (la personnalité juridique de leurs clans n'étant pas reconnue), les Rapa Nui se sont vu contraints d'entrer dans le moule de la communauté autochtone. Certaines communautés ont été formées avec les membres d'une seule famille, et dans un cas les familles de plusieurs clans se sont réunies, en 2012, pour former la Communauté de la nation Maori-Rapa Nui. La communauté autochtone est strictement régie par le droit chilien ; aucune prérogative de droit coutumier ne lui est reconnue.

En Argentine, chaque future communauté doit satisfaire aux exigences d'un statut juridique étatique pour obtenir son enregistrement aux niveaux national et provincial. En contradiction avec la disposition constitutionnelle de 1994 (article 75, alinéa 17) qui reconnaît la personnalité juridique des communautés autochtones, l'établissement d'un statut juridique conforme à un modèle imposé a souvent été considéré comme une condition limitative. Dans la province de Neuquén, par exemple, où aucune communauté mapuche n'a été enregistrée au cours des vingt dernières années, une dizaine de communautés mapuche se sont vu refuser le bénéfice de leur personnalité juridique, au motif qu'elles n'étaient pas inscrites au registre provincial des communautés autochtones, lequel rejetait systématiquement tout statut juridique non conforme au modèle administratif étatique. Or, afin de préserver leur organisation en *lof*, les Mapuche avaient élaboré des statuts qui légitimaient leurs autorités propres et se fondaient sur leur conception du droit. Ainsi, alors que certaines communautés avaient pu obtenir leur reconnaissance auprès du registre national de l'Inai, leur personnalité juridique continuait d'être niée par la Province. Ce refus avait pour conséquence de les priver de la titularisation de leurs territoires ainsi que des bénéfices attendus des politiques publiques ou des législations argentines en matière autochtone. Face à cette situation litigieuse, une décision de la Cour suprême de justice de la nation du 10 décembre 2013 rappela le respect du principe de l'auto-identification des communautés autochtones et déclara illégaux les actes contraires de la Province. Elle devrait permettre à ces communautés, et à celles d'autres provinces placées dans la même situation, d'obtenir leur personnalité juridique auprès de l'Inai sans que cela soit contesté par la Province.

En Australie, la reconnaissance des institutions propres et d'un ordre juridique autochtones a été conditionnée par deux facteurs historiques et culturels déterminants. D'une part, la colonisation du continent a été justifiée en droit sur la base de l'inexistence de telles institutions : jusqu'en 1992 et la décision Mabo 2, la doctrine juridique de *terra nullius* prévenait la reconnaissance d'un régime juridique antérieur à la colonisation britannique. À la suite de la décision Mabo 2 et du vote du *Native Title Act 1993 (Cth)*, l'institution de la nouvelle doctrine de l'extinction légitime des droits autochtones par des actes valides du Parlement a ouvert une possibilité de reconnaissance d'ordres juridiques autochtones antérieurs à la colonisation britannique, dans le seul domaine des relations foncières. Par conséquent, il n'existe pas de reconnaissance légale ou constitutionnelle d'institutions autochtones propres en Australie (Préaud et Dousset, 2014). D'autre part, les sociétés précoloniales, si elles étaient effectivement dotées d'institutions et de normes, n'instituaient pas de chefs ou de représentants uniques de l'autorité, celle-ci étant nécessairement partagée entre différents groupes sociaux et profondément ancrée dans l'ordre rituel. La reconnaissance de « rois » aborigènes par les colons britanniques au cours du XIXe siècle relève plus de l'humiliation que d'une institution effective de chefs ; aujourd'hui, la constitution d'interlocuteurs uniques dotés d'une autorité effective dans le domaine autochtone demeure une question non résolue de la gouvernance des affaires aborigènes en Australie.

De tels interlocuteurs ont émergé depuis les années 1960 et la création de mouvements pour la réalisation des droits des peuples autochtones. L'année 1972 a marqué une rupture importante avec l'érection de la tente-ambassade aborigène face au Parlement à Canberra – événement qui donna à voir la prise en main des organisations militant en faveur des droits des autochtones par les autochtones eux-mêmes. Le mouvement s'est structuré autour de deux revendications clés – droits à la terre et justice sociale –, qui ont donné lieu à la constitution réglementaire de différents types d'interlocuteurs : propriétaires traditionnels, communautés, organisations représentatives, institutions statutaires. L'institution par l'État de représentants du monde autochtone est source de tensions et de conflits de légitimité au sein des sociétés et des groupes autochtones.

La catégorie de « propriétaires traditionnels » (*traditional owners*) a émergé dans le cadre de l'*Aboriginal Land Rights Act* (Alra) 1976 dans le seul Territoire du Nord, puis s'est étendue avec le *Native Title Act 1993* à tous les États et Territoires de la fédération d'Australie. Les « propriétaires traditionnels » sont identifiés dans le cadre des procédures juridiques comme les personnes appartenant au groupe des requérants (voir chapitre suivant). La nécessité de former de tels groupes et de formaliser leur existence au sein de « corporations » (*native title holding bodies*) a impulsé une dynamique de recomposition de collectifs qui se pensent comme propriétaires traditionnels indépendamment des procédures juridiques, voire comme des peuples ou des nations. L'expression de « propriétaires traditionnels » souligne que la restitution de droits et d'intérêts fonciers est conditionnée à la démonstration d'un lien culturel ininterrompu entre le groupe de requérants – et plus largement leur société – et le territoire revendiqué, et ce depuis l'acquisition unilatérale d'un titre radical sur l'ensemble du territoire australien par la Couronne britannique (en 1788 ou 1829 pour le cas particulier de l'Australie occidentale), une condition qui explique la très forte implication des anthropologues dans les procédures. Or cette condition, rendue particulièrement prégnante dans le cadre du *Native Title*, que ce soit par la jurisprudence ou au travers des amendements de 1998, exclut de fait un certain nombre de groupes du processus de revendication foncière : ceux qui ne peuvent prouver de lien ininterrompu du fait des vicissitudes de la colonisation d'une part, et, d'autre part, ceux qui ne peuvent faire remonter leurs attaches territoriales à la date d'acquisition de la souveraineté par la Couronne.

Les contraintes juridiques obligent les requérants à démontrer que la colonisation n'a eu que peu ou pas d'effets sur leur société et son organisation, condition inique qui produit des résultats injustes en plus de n'advenir qu'au terme de très longues procédures. Les éléments culturalistes inscrits dans la loi et par la jurisprudence obligent les collectifs autochtones à se constituer en groupes qui répondent non pas à leurs propres critères d'organisation sociale et territoriale mais à ceux du législateur et des juges qui s'appuient sur des modèles anthropologiques dont l'obsolescence et l'inexactitude ont été démontrées. Enfin, les sociétés autochtones dont les requérants au titre du *Native Title Act* doivent démontrer l'existence et la continuité historique, n'obtiennent pas d'autre reconnaissance institutionnelle que celle de « corporations », y compris lorsque l'existence d'un « titre indigène exclusif » est démontrée. Pour autant, la catégorie de « propriétaire traditionnel » est réappropriée localement au-delà des strictes contraintes légales pour englober toutes les personnes qui, du point de vue aborigène, ont un lien avec un « pays » (*country*) particulier et détiennent le droit de parler en son nom.

Dans une logique similaire de réappropriation, les Conseils fonciers institués par la loi Alra 1976 ont servi de modèle à la constitution de Conseils fonciers aborigènes dans d'autres juridictions, organisations militantes qui ont joué un rôle considérable dans le Mouvement de retour à la terre (*outstation movement*) et de décentralisation des communautés autochtones en dehors des centres urbains. Elles continuent de jouer un rôle de soutien décisif pour les programmes autochtones de gestion des ressources naturelles et culturelles (*Caring for country*). Elles ont été incorporées au système du *Native Title* en 1993 en tant qu'organisations représentatives des groupes locaux pour la négociation et la gestion de leurs droits et intérêts fonciers. Cette institutionnalisation, particulièrement depuis les amendements de 1998, donne lieu à des tensions de légitimité croissantes entre les *Land Councils* et les communautés locales ou groupes de requérants qui ne s'accordent pas toujours sur les objectifs de négociation vis-à-vis des projets industriels ou sur les stratégies de développement local, dans le prolongement des tensions créées entre communautés traditionnelles et historiques par l'opération même du *Native Title Act*.

Les « communautés », plutôt que de représenter l'organisation sociale autochtone, correspondent à des groupes de résidence et ont souvent reflété, au moment de leur création, les déplacements et regroupements de populations résultant de l'installation coloniale. Leur pérennité n'est pas assurée, comme en témoigne en 2014 l'annonce faite par le Premier ministre de l'Australie occidentale de « fermer plus d'une centaine de communautés aborigènes dans son État »[38]. Dotées de pouvoirs allant jusqu'à ceux d'un gouvernement local, selon les États et les Territoires, ce sont d'abord des unités de gestion administrative : « l'approche fondée sur les conseils communautaires est largement une construction européenne adaptée aux objectifs de l'administration postcoloniale qui requiert, dans le même temps, l'apparence de l'autodétermination et les moyens d'un contrôle administratif » (Sullivan, 1996 : 118). Les autorités autochtones élues au niveau local dans les conseils communautaires se retrouvent très souvent en porte-à-faux avec les figures dont l'autorité est ancrée dans le domaine rituel : *old people* (« anciens ») et *cultural bosses* (« responsables du travail culturel »). Dans un système politique autochtone dont le principe fondamental est que personne ne peut parler pour le pays d'un autre, le principe de représentation soulève nécessairement des difficultés. L'organisation sociale horizontale et égalitaire, ainsi qu'une tendance centrifuge – la différence étant une condition de l'échange entre des groupes sociaux – limitent, dans le temps et/ou dans l'espace, l'émergence de figures représentatives ou de leaders, particulièrement lorsqu'ils sont désignés par les pouvoirs publics australiens eux-mêmes.

Particularité que, dans le cadre de cette étude, nous n'avons observée qu'en Australie : les autochtones assurent la fourniture des services au niveau local (santé, éducation, aide juridique, développement social et culturel, etc.). Les organisations de services sont généralement issues de l'engagement des membres au sein de la communauté pour améliorer les conditions de vie. Comme les communautés, elles sont structurées sur le modèle anglo-saxon de la « corporation » alliant un bureau exécutif élu à un coordinateur ou président. Financées par une multitude d'agences publiques et de mécènes ou partenaires privés, souvent de manière précaire, elles sont dans l'incapacité de déployer des actions sur le long terme. En

38. Comme le précisent Martin Préaud et Barbara Glowczewski (2015) : « Par fermeture, il faut comprendre : l'arrêt des services publics essentiels (eau, électricité) auxquels tous les citoyens australiens ont normalement droit, quelle que soit leur situation. Cette annonce soudaine, prise sans consultation auprès des populations concernées, intervient après plus de dix ans de négociations entre le gouvernement fédéral australien et ceux des États et Territoires quant au financement des communautés autochtones dites "reculées". Elle intervient également dans un contexte d'exploration minière sans précédent des régions reculées du continent. »

fonction de leur objet et des politiques publiques en vigueur, ces organisations ont une place plus ou moins définie dans la mise en œuvre des politiques publiques. Certaines deviennent statutaires, composantes à part entière de ce qu'il est désormais convenu d'appeler, en Australie, le « secteur autochtone » (Rowse, 1992) de l'administration (regroupant conjointement aux organisations communautaires, les administrations et agences publiques responsables des affaires autochtones) que d'aucuns perçoivent comme une potentielle « troisième branche » de gouvernement au côté de l'État fédéral et des États et Territoires (Sanders, 2002).

Ces organisations et communautés étant généralement issues du terrain, elles bénéficient d'une légitimité forte auprès des populations, l'engagement désintéressé au sein d'organisations communautaires constituant désormais une autre source d'autorité à côté de la voie classique du rituel. Toutefois, dans une « économie de la rareté » telle que la décrit Diane Austin-Broos (2003), et au sein d'espaces sociaux où la parenté gouverne encore largement les relations économiques, elles courent constamment le risque d'être confisquées par un groupe de parenté spécifique. Les institutions effectives au sein des sociétés autochtones – parenté et rituel en tête – étant invisibles aux yeux des pouvoirs publics australiens, l'articulation entre les structures bureaucratiques et les structures sociales demeure largement problématique et source de conflits, aussi bien au niveau local qu'au niveau des relations politiques entre les Aborigènes et l'État, toujours méfiant quant à l'autonomie laissée aux autochtones. En témoignent notamment la variation, parfois importante, des flux de financements publics et le contrôle administratif accru sur ces organisations.

Dans ce cadre, la constitution d'institutions représentatives des peuples autochtones au niveau fédéral a toujours soulevé de nombreuses difficultés. La force du mouvement en faveur des droits des peuples autochtones, qui prit son essor à partir des années 1970, dépend de sa capacité à fédérer dans un front pan-aborigène, par-delà les différences historiques, culturelles et les conditions de vie, les différents militants et leurs mobilisations. Cet élan, dans un moment politique opportun, a amené le gouvernement à instituer des organisations aborigènes au niveau fédéral pour conseiller le gouvernement sur les affaires aborigènes. La Commission des Aborigènes et des Insulaires du détroit de Torres (Atsic, 1990-2005), composée de commissaires élus à l'échelon régional, fut sans doute la plus puissante d'entre elles, gérant notamment les programmes d'emploi et de logement à destination des autochtones avant d'être finalement abolie, victime de la campagne électorale des législatives nationales de 2005. Pour ces organisations, la difficulté a toujours été de parvenir à articuler les différences en leur sein, issues de la multiplicité des situations autochtones, et de conjuguer la technicité requise par le dialogue au niveau gouvernemental avec la proximité et la connaissance du terrain. Aujourd'hui, le National Congress of Australia's First Peoples, établi sous l'égide de la Commission australienne des droits de l'homme, tente une telle synthèse sur un nouveau mode – ses membres étant à la fois des individus et des organisations – mais, contrairement à ses prédécesseurs, elle n'a pas de place dans le système institutionnel australien et se voit marginalisée au profit soit de conseillers aborigènes choisis par l'exécutif, soit d'une base militante qui se radicalise.

En Afrique australe, l'adoption d'un modèle unique de communautés et d'autorités traditionnelles correspondant, de fait, aux communautés locales dominantes est une problématique à laquelle les San ont dû s'adapter. En Namibie, le *Traditional Authorities Act*, adopté en 2000 et complété par un décret d'application en 2002, met en place un modèle type de communauté[39] applicable aux collectivités locales et autochtones, selon lequel « toutes les communautés traditionnelles sont automatiquement organisées autour du pouvoir central d'un leader, un chef, lié à une assemblée de leaders institutionnalisés, structurée comme un conseil » (Jansen, 2013 : 297). Le rôle de cette autorité est central dès lors que le « chef » est chargé de l'identification, de la codification, de l'administration et de la mise en œuvre du droit traditionnel : préserver et protéger la culture et les traditions, promouvoir la discrimination positive, assister la police et les autres organes de l'État, participer à la conservation et l'usage durable des ressources naturelles, régler des disputes sur des questions coutumières. L'autorité traditionnelle est aussi chargée de l'établissement de fonds communautaires. L'exigence de l'organisation des collectivités autochtones autour d'un chef pose problème chez les San dont la vie sociale se caractérise par l'absence d'institutions centrales fortes ; dans ces circonstances, l'élection d'un chef san suppose l'apprentissage et la mise en œuvre de techniques juridiques jusqu'alors inconnues. Or l'organisation des collectivités autochtones selon les modalités prévues par le droit namibien semble incontournable, dès lors qu'elle conditionne la protection ou l'octroi du foncier[40] et représente le seul cadre légitimé et légal d'exercice du droit coutumier. Il est prévu que les autorités traditionnelles soient choisies par les collectivités autochtones selon leur droit coutumier ; cependant, en dernière instance, c'est le Premier ministre qui valide cette nomination, les autorités traditionnelles étant officieusement supposées faire le lien avec le gouvernement donc soutenir les politiques gouvernementales. Quand le Premier ministre a un avis négatif, il doit en référer au président, qui lui-même s'adresse au Conseil des chefs traditionnels pour recommandation. Ce dernier dispose d'un délai de douze mois pour rendre son avis. L'intervention du Premier ministre dans le mode de désignation des autorités porte atteinte au droit des peuples autochtones de désigner leurs propres institutions. Il existe des cas où des communautés autochtones se sont vu refuser l'accès ou la protection du foncier parce que leur « autorité traditionnelle » n'avait pas été validée par le Premier ministre[41] : les cas de rejet ont été signalés, à l'en-

39. Le décret sur les autorités traditionnelles, de 2002, définit la communauté traditionnelle comme « un groupe social homogène et endogame, constitué de personnes et comprenant des familles issues de clans exogames, qui partagent une ancestralité commune, une langue, un héritage culturel, des coutumes et traditions, qui reconnaissent une commune autorité traditionnelle et habitent une même région communale, et peuvent inclure les membres de cette communauté traditionnelle résidant hors de cette aire commune ».

40. Lesle Jansen décrit les grandes difficultés rencontrées par des communautés san pour accéder au foncier en raison des retards pris dans le traitement de la reconnaissance de leurs autorités traditionnelles (Jansen, 2013).

41. C'est la situation des Kwe du Caprivi occidental, une communauté de plus de 4 000 San qui luttent pour leur reconnaissance depuis l'indépendance du pays ; en l'absence d'autorité traditionnelle officiel-

contre de personnes non favorables à la politique gouvernementale. Bien que cette forme d'organisation soit étrangère aux San, il a été observé que l'identification d'« autorités traditionnelles » san « a permis une reconnaissance sans précédent des droits culturels et politiques des San » (Pakleppa, 2004 : 90).

Au Botswana, la reconnaissance de l'institution *kgotla* en tant que système de droit propre basé sur la structure villageoise, pose également un problème de représentation pour les San, dans la mesure où il ne concerne que les tribus dominantes. Cette institution statue sur la base du consensus entre les parties impliquées, dans des affaires civiles et des cas de criminalité à petite échelle. Selon le *Customary Law Act*, le « droit coutumier tribal » (notre traduction des termes employés) est valide sous réserve de sa compatibilité avec « les dispositions des lois écrites, la moralité, l'humanité ou la justice naturelle ». Il est applicable par le système de justice de droit commun du Bostwana dans des affaires impliquant les membres de tribus, mais aussi par les Cours coutumières développées en liaison avec la *kgotla*. Elle est considérée par le gouvernement comme une forme de consultation et de participation à la prise de décisions locales. Mais le rapporteur spécial sur les droits des peuples autochtones, James Anaya, a fait remarquer au cours de la visite qu'il réalisa dans ce pays, en 2010, que les San n'étaient pas représentés par ce système de justice qui correspond à la culture juridique des Batswana mais non à celle des San, d'ailleurs souvent intimidés durant le déroulement des réunions de la *kgotla*. Pour comprendre la situation dans laquelle se retrouvent les San, la réponse du gouvernement au rapport remis par James Anaya, en 2010, suite à sa visite, est instructive. Elle indique que « tous les Batswana sont autochtones pour le pays. La politique, la législation et les programmes sont orientés vers la construction d'une société *genuinely inclusive* et non discriminatoire de l'identité ethnique ou tribale ». Citant précisément l'institution *kgotla*, il rejetait l'argument selon lequel les communautés les plus marginalisées ne seraient pas correctement consultées. Par ailleurs, le droit bostwanais prévoit la participation de chefs de tribu au sein du gouvernement, à travers la *House of chiefs* ou *Ntlo ya Dikgosi*. Mais cette institution, composée de huit chefs de tribu, représente uniquement les huit tribus dominantes tswena, à l'exclusion de tout autre groupe ethnique, tels les San.

La participation à la prise de décisions

L'approche institutionnaliste permet d'identifier les structures de gouvernance propres aux autochtones, ou qui leur sont applicables, et d'enclencher ainsi une autre et importante réflexion sur la question de la participation à la prise de décisions au regard de la mise en œuvre des politiques publiques, des mesures législatives et administratives les concernant. La DDPA aborde cette problématique, que nous synthétisons par l'expression « participation politique – consultation – consentement », dans plusieurs articles qui sont l'objet d'études plus approfondies

lement reconnue, les Kwe ne peuvent pas exercer *de jure* l'autorité nécessaire pour empêcher l'invasion de leurs terres par les Hambukushu et leurs voisins. Cette communauté a nommé une autorité traditionnelle, qui attend, depuis plusieurs années, d'être confirmée par le Premier ministre (Jansen, 2013).

de la part des experts de l'Instance permanente, laquelle a consacré spécialement la session 2014 à l'examen des « Principes de bonne gouvernance conformes à la Déclaration des Nations unies sur les droits des peuples autochtones (articles 3 à 6, et 46)[42] ». Des chercheurs en sciences sociales spécialisés sur les questions de la citoyenneté s'intéressent également aux institutions et aux modalités de participation des autochtones dans la sphère politique (Gagné, 2009 ; Poirier, 2009 ; Papillon, 2012).

Nous avons identifié, sur cette problématique, 18 articles dont certains convergent vers le but de recueillir le consentement desdits peuples. Plusieurs situations sont possibles, parmi lesquelles il faut distinguer le cas d'une institution étatique qui consultera l'instance décisionnelle autochtone dès lors qu'elle aura été reconnue, ou qui ménagera un espace de participation de représentants autochtones en son sein. Ceux-ci peuvent être nommés ou élus, cooptés, mandatés ou indépendants. Alors que les lois nationales se réfèrent aux institutions créées par l'État, la question à l'ordre du jour est l'organisation des relations de dialogue, de consultation, d'échange entre des institutions asymétriques. Nous devons donc bien distinguer les institutions autochtones créées par le droit étatique des institutions générées au sein des ordonnancements autochtones auxquelles se réfère spécifiquement la DDPA, ces dernières bénéficiant très exceptionnellement d'une reconnaissance étatique.

La mise en œuvre des processus de consultation ou de recherche du consentement des peuples autochtones, dans le cadre de politiques étatiques les concernant, a joué un rôle crucial dans la légitimation des institutions propres autochtones. Des États qui ne les reconnaissaient pas se sont vu obligés par les standards internationaux en matière de consultation et consentement des peuples autochtones, par exemple la Convention 169 de l'OIT, de légitimer de telles structures ainsi que leurs autorités représentatives. À noter que de nombreuses législations subordonnent les mécanismes autochtones de représentation et de participation au respect des droits de l'homme.

Les situations varient considérablement dans les pays à l'étude dont l'échantillon couvre tout le spectre du possible : de la refondation de l'État par l'incorporation constitutionnelle de l'altérité *indígena*, comme le propose la Bolivie, à l'indistinction du sujet autochtone individuel ou collectif dans la République française, en passant par de timides ouvertures visant à associer les Aborigènes et les Insulaires du détroit de Torres dans des espaces circonscrits de consultation en Australie.

La DDPA consacre à ces questions quatre articles qui viennent souligner les droits de participation, de consultation, de coopération, d'association, et que l'on peut lire à partir d'une grille historique. Le libellé de ces articles a été fort discuté, ce qui témoigne des difficultés à penser le développement politique des collectifs autochtones, non hors de l'État mais dans un État réformé pour leur faire place comme sujets de droits.

Article 5

42. http://undesadspd.org/IndigenousPeoples/UNPFIISessions/Thirteenth.aspx.

Les peuples autochtones ont le droit de maintenir et de renforcer leurs institutions politiques, juridiques, économiques, sociales et culturelles distinctes, tout en conservant le droit, si tel est leur choix, de participer pleinement à la vie politique, économique, sociale et culturelle de l'État.

Article 18
Les peuples autochtones ont le droit de participer à la prise de décisions sur des questions qui peuvent concerner leurs droits, par l'intermédiaire de représentants qu'ils ont eux-mêmes choisis conformément à leurs propres procédures, ainsi que le droit de conserver et de développer leurs propres institutions décisionnelles.

Article 19
Les États se concertent et coopèrent de bonne foi avec les peuples autochtones intéressés – par l'intermédiaire de leurs propres institutions représentatives – avant d'adopter et d'appliquer des mesures législatives ou administratives susceptibles de concerner les peuples autochtones, afin d'obtenir leur consentement préalable, donné librement et en connaissance de cause.

Article 23
Les peuples autochtones ont le droit de définir et d'élaborer des priorités et des stratégies en vue d'exercer leur droit au développement. En particulier, ils ont le droit d'être activement associés à l'élaboration et à la définition des programmes de santé, de logement et d'autres programmes économiques et sociaux les concernant, et, autant que possible, de les administrer par l'intermédiaire de leurs propres institutions.

Tableau 15. La participation à la prise de décisions

DDPA	Droits invoqués	Arg.	Bol.	Chi.	Mex.	Fr.-Guy.	Fr.-N.-C.	Aus.	Ind.	Bot.	Nam.
5	Participation à vie nationale	ns		ns		ns	A	ns	(1)	ns	ns
18 & 19	Reconnaissance d'autorités et d'institutions propres représentatives	C. 169	C. 169	C. 169	C. 169		A	(2)	(3)		
19	Consultation & consentement sur mesures législatives ou administratives	C. 169	C. 169	C. 169	C. 169 (4)		A		(3)		ns
23	Développement propre	C. 169	C. 169	C. 169	C. 169		A				ns

Constitution — Loi(s) code(s) — Constitution et loi(s) — C. 169 : Convention 169 de l'OIT
A : Accord politique — ns : Norme non spécifique aux PA

(1) Disposition constitutionnelle pour les tribus répertoriées de la 6e annexe ; et loi Panchayat (*Pesa Act*) pour les tribus répertoriées de la 5e annexe. (2) Autorité du détroit de Torres. (3) Loi Panchayat (*Pesa Act*) pour les tribus répertoriées de la 5e annexe. (4) État de San Luis Potosí, seulement.

Avant que les droits de participation soient consacrés par le droit international des peuples autochtones, comme le rappelle le rapporteur spécial James Anaya (2012b : § 23), la jurisprudence des organes de traités de l'ONU les déduisait de plusieurs instruments contraignants de protection de droits de l'homme tels que les deux Pactes internationaux (1966) relatifs respectivement aux droits civils et politiques et aux droits économiques, sociaux et culturels, la Convention des Nations unies sur les droits de l'enfant (1989) et les deux Conventions des Nations unies pour la prévention de la discrimination raciale en général (1965) et envers les femmes (1979).

Le droit à la participation des peuples autochtones dérive du droit à l'autodétermination, également prévu par de nombreux instruments de droit international contraignants, dont les deux Pactes précités, et il est confirmé par la DDPA (articles 3 et 4). Proclamé comme l'un des cinq objectifs du programme des Nations unies sur le millénaire[43], le droit à la participation des peuples autochtones est aussi présent dans la Convention 169 de l'OIT qui demande aux États de systématiser la participation des peuples autochtones aux politiques qui les concernent et de développer une action coordonnée et systématique en vue de protéger leurs droits et de garantir le respect de leur intégrité (article 2). Deux articles définissent le cadre juridique général de la consultation et de la participation (articles 6 et 7). Sous des énoncés divers, près de la moitié des dispositions de la DDPA affirment le droit des peuples à participer à la prise de décisions dans les affaires extérieures ou intérieures : le droit des peuples autochtones à l'autodétermination ; le droit d'être autonomes et de s'administrer eux-mêmes ; le droit de participer ; le « droit d'être activement associés » ; le devoir des États d'« obtenir leur consentement, donné librement et en connaissance de cause » ; le devoir de rechercher des accords librement consentis avec les peuples autochtones ; le devoir de « se concerter et coopérer » avec ces peuples ; le devoir de prendre des mesures en concertation avec eux ; le devoir de « respecter dûment leurs coutumes ». Toutes ces dispositions montrent que le droit de participation des peuples autochtones est un principe fondamental et un droit consacré par le droit international des droits de l'homme.

Afin de saisir la portée de ce droit, il est habituel de distinguer le droit à la prise de décisions dans les affaires extérieures et dans les affaires intérieures ; le premier champ comprend la participation des peuples autochtones aux affaires publiques de l'État et à la prise de décisions concernant des affaires qui les concernent ; le second domaine inclut les droits des peuples autochtones d'administrer eux-mêmes leurs affaires intérieures et locales, en vertu de leurs propres institutions de décision en application de leurs ordonnancements juridiques. Ce second volet a déjà été amorcé dans nos développements antérieurs relatifs aux institutions autochtones.

---

43. Assemblée générale des Nations unies, *Projet de programme d'action pour la deuxième Décennie internationale des populations autochtones, 18 août 2005*, A/60/270, § 9, al. ii., http://www.un.org/fr/documents/view_doc.asp?symbol=A/60/270 [consulté le 10 septembre 2014].

La participation à l'État et aux affaires publiques

Le droit des peuples autochtones de participer aux affaires publiques et politiques est un droit à la fois individuel et collectif, qui concerne les institutions politiques officielles ainsi que les activités sociales à caractère public. Tel que défini par l'article 25 du Pacte international des droits civils et politiques, il comprend : le droit de prendre part à la direction des affaires publiques, soit directement, soit par l'intermédiaire de représentants librement choisis ; le droit de voter et d'être élu, au cours d'élections périodiques et honnêtes ; le droit d'accéder, dans des conditions d'égalité, aux fonctions publiques de son pays. C'est ainsi que l'a entendu la Convention 169 en obligeant « les gouvernements à mettre en place les moyens par lesquels lesdits peuples peuvent, à égalité au moins avec les autres secteurs de la population, participer librement et à tous les niveaux à la prise de décisions dans les institutions électives et les organismes administratifs et autres qui sont responsables des politiques et des programmes qui les concernent » (article 6b). Encore plus largement, la DDPA consacre le droit des peuples autochtones « de participer pleinement à la vie politique, économique, sociale et culturelle de l'État » (article 5).

En droit comparé, on observe que des mécanismes spécifiques ont été prévus afin, par exemple, de favoriser la participation des peuples autochtones aux assemblées parlementaires, surtout dans les circonscriptions territoriales où les populations en question se retrouvent minoritaires. Dans différents rapports, les rapporteurs spéciaux sur les droits des peuples autochtones, Rodolfo Stavenhagen puis James Anaya, ont insisté sur la nécessité de renforcer horizontalement et verticalement la participation aux affaires publiques, au sein des trois pouvoirs et au niveau des administrations locales, des États et des gouvernements fédéraux (CDH-Medpa, 2010c : § 26). L'application de quotas réservés aux représentants autochtones dans les institutions locales, les institutions étatiques et les institutions fédérales est recommandée, et présentée comme un exemple de bonne pratique. Nous pouvons ici citer l'exemple d'Aotearoa-Nouvelle-Zélande qui a établi, depuis 1867, un système de sièges réservés et de représentation proportionnelle au Parlement[44] pour les Maori.

Parmi les États de l'étude, ce type de dispositif a pour l'instant été mis en place seulement en Bolivie et en Inde. La Constitution bolivienne de 2009 comprend des articles spécifiques sur la représentation et la participation politique des peuples autochtones au Tribunal constitutionnel plurinational, au Conseil électoral plurinational et aux conseils départementaux et municipaux. Elle prévoit la mise en place d'un système de quotas pour la trentaine de peuples autochtones reconnus comme étant « démographiquement minoritaires » : des sièges sont réservés au sein de l'assemblée plurinationale et des assemblées départementales, ainsi que des postes de hauts fonctionnaires dans les principales institutions de l'État plurinational (Lacroix, 2013). C'est ainsi que, aux élections parlementaires de 2009, 41 représentants autochtones ont été élus pour un mandat de cinq ans,

44. Sur la représentation politique des Maori, voir Stavenhagen, 2006 : § 17-21.

pour 166 sièges (Union interparlementaire, 2014). En Inde, les 47 représentants autochtones élus à la chambre des peuples correspondent aux 47 sièges réservés aux tribus répertoriées (Union interparlementaire, 2014). Un système de sièges réservés au sein des *Panchayat*, proportionnel à la population des communautés au niveau local et dans les zones répertoriées, est également prévu par la loi Pesa de 1996 *(Provisions of the Panchayats – extension to the scheduled areas)* pour les tribus répertoriées.

En revanche, au Chili, en France ou encore au Mexique, où il n'existe pas de dispositif de quotas, leur représentation dans les chambres législatives est infime : le Chili n'a aucun représentant autochtone au Parlement ; la France a connu un député (de 1969 à 1986) et un sénateur kanak (de 1983 à 1992) de deux partis opposés ; seize autochtones sont élus au niveau fédéral au Mexique, quatorze au Parlement, dont deux femmes, et deux au Sénat (Union interparlementaire, 2014 : 15). En Nouvelle-Calédonie, la situation se présente aujourd'hui différemment du fait de l'existence d'institutions propres au gouvernement de ce territoire insulaire : un Congrès, un gouvernement, un Sénat coutumier, un Conseil économique et social et des Conseils coutumiers. Le Congrès institué par l'Accord de Nouméa est composé de cinquante-quatre représentants des trois Assemblées provinciales, dont 48 % environ sont kanak. En l'absence de dispositif de quotas, cette représentation s'explique par les découpages électoraux et la décentralisation des compétences qui permettent l'exercice du pouvoir des Kanak dans deux provinces sur trois, dans plusieurs mairies, et au sein du gouvernement obligatoirement collégial qui est élu et contrôlé par le Congrès. Ce dernier partage l'initiative des lois avec le gouvernement, et il est compétent pour voter les délibérations et les « lois du pays » relatives aux affaires communes de la Nouvelle-Calédonie. Aucune loi de pays intéressant l'identité kanak ne peut être adoptée sans l'avis consultatif (non contraignant) du Sénat coutumier, qui est composé de seize sénateurs à raison de deux par aire coutumière. Ce dernier peut proposer de nouvelles lois intéressant l'identité kanak.

Afin de faciliter la participation, des mécanismes peuvent être prévus pour favoriser la création de partis politiques autochtones. Aucun État de notre champ d'étude n'a prévu un tel dispositif, cependant des partis politiques autochtones ont pu émerger dans certains cas. Citons l'expérience des partis politiques kanak, dont le FLNKS (Front de libération nationale kanak et socialiste), fondé en 1984, qui a représenté Kanaky (le nom choisi pour identifier le pays kanak de Nouvelle-Calédonie) aux Accords de Nouméa en 1998. Au Chili, la légalisation d'un tel parti s'est avérée impossible. L'initiative Wall Mapuwen n'est pas parvenue à se structurer comme parti politique mapuche en raison des contraintes posées par la loi organique constitutionnelle. Le service électoral, chargé de légaliser les formations politiques, exigeait la réunion de 5 000 signatures dûment enregistrées devant notaire dans trois régions continues ainsi que l'élimination des termes en langue mapuzugun, tels que *Wallmapu* qui fait référence au territoire ancestral mapuche, et les mentions « peuple autochtone » et « droit à l'autonomie » (Aylwin *et al.*, 2013 : 62-68). C'est ainsi que les Mapuche ne comptent aucun représentant au Parlement, que les maires et conseillers municipaux mapuche élus sont largement minoritaires, devant soit présenter des candidatures indépendantes soit s'allier avec les partis majoritaires qui ne prennent guère en compte leurs perspectives politiques.

En Bolivie, sans se constituer en parti politique, les organisations des peuples autochtones dotées d'une personnalité juridique peuvent se présenter aux élections locales ou nationales. Elles constituent une force politique : la Conamaq, la Cidob et la CSTUCB, qui représentent ensemble presque tous les peuples de Bolivie, ont largement participé à l'Assemblée constituante, ayant signé entre elles un « pacte d'unité » pour élaborer des propositions communes de construction d'un État plurinational. Différent de ces formations, le MAS (Movimiento al socialismo), qui a conduit le président Evo Morales à la présidence de la Bolivie pour trois mandats successifs, n'est pas un « parti autochtone » et représente plutôt les mouvements paysans.

La participation politique ne se limitant pas à l'espace électoral, ce droit peut s'exercer aussi à travers une nomination dans les secrétariats, commissions ou départements chargés des affaires autochtones et l'État peut veiller à ce que les décisions politiques prises aux niveaux national et international tiennent compte des droits fondamentaux des peuples autochtones, ce que souligne le rapport d'étape du Mécanisme d'experts de l'ONU sur les peuples autochtones concernant le droit de participer à la prise de décisions (CDH-Medpa, 2010b : § 78). La Commission bolivienne des peuples autochtones, par exemple, est chargée de rédiger des propositions de lois et de représenter les intérêts des peuples autochtones dans les processus parlementaires (Union interparlementaire, 2014).

Des arrangements locaux peuvent aussi permettre aux communautés de choisir une autorité selon leurs juridicités pour les représenter légalement (CDH-Medpa, 2010b : § 79). Bien qu'elle ait été d'abord mise en place par l'État australien, cette voie est suivie par le Congrès national des peuples premiers d'Australie (National Congress of Australia's First Peoples – NCAFP), fondé en 2010 sous l'égide de la Commission des droits de l'homme australienne (ARC). Le NCAFP a été conçu comme une « instance de réconciliation » entre l'État et les peuples aborigènes et insulaires du détroit de Torres en vue de représenter les intérêts des autochtones. Il est composé d'un bureau national, de trois chambres représentatives de l'ensemble des membres (individus et organisations) ayant adhéré au Congrès, ainsi que d'un comité d'éthique (*Ethics Council*). Le bureau national, dirigé par deux présidents élus par les membres et six directeurs élus par les trois chambres, représente les membres du Congrès et établit les priorités et l'agenda de l'institution. Les trois chambres réunissent ensemble 120 délégués, à raison de 40 délégués par chambre. Les délégués des deux premières chambres sont élus par les organisations membres du Congrès, tandis que ceux de la troisième chambre représentent les membres individuels. Cette organisation permet d'incorporer le vaste secteur des organisations autochtones, extrêmement développé en Australie (Préaud et Dousset, 2014). Le NCAFP compte près de 5 000 membres individuels et 150 organisations autochtones représentant environ 50 000 membres de peuples autochtones d'Australie.

Une autre possibilité, envisagée par exemple au Nicaragua ou en Inde, est l'instauration de dispositifs régionaux autonomes de gouvernements autochtones (CDH-Medpa 2010b : § 80). À une plus grande échelle spatiale se situent le Groenland et le Nunavut, qui donnent l'exemple de gouvernements officiels au sein desquels les représentants inuit sont majoritaires (CDH-Medpa, 2010b: § 81).

La participation à la prise de décisions qui les concernent

Les droits de participation des peuples autochtones à la prise de décisions pour les affaires qui les concernent sont consacrés par la Convention 169 et par la DDPA. La Convention 169 de l'OIT leur dédie les articles 6, 7 et 15. L'article 6 prévoit l'obligation étatique de consulter les institutions représentatives des peuples autochtones concernant toute mesure administrative ou législative susceptible de les affecter. L'article 7 pose le principe de la participation pour «l'élaboration, la mise en œuvre et l'évaluation des plans et programmes de développement national et régional susceptibles de les toucher directement» et pour l'établissement «des plans de développement économique des régions qu'ils habitent». Il établit des mécanismes de coopération entre l'État et les peuples autochtones pour évaluer «l'incidence sociale, spirituelle, culturelle et sur l'environnement que les activités de développement prévues pourraient avoir sur eux» et pour prendre des mesures destinées à «protéger et préserver l'environnement dans les territoires qu'ils habitent». L'article 15 prévoit spécifiquement un droit de participation des peuples autochtones «à l'utilisation, à la gestion et à la conservation des ressources naturelles de leurs terres». Les droits de participation constituent une toile de fond de la DDPA qui construit un modèle de partenariat entre l'État et les peuples autochtones articulé autour de quatre principes fondamentaux énoncés dans le préambule et dans dix-sept articles[45]: la consultation, la concertation, la coopération et le consentement.

L'obligation étatique de consultation et d'obtention du consentement des peuples autochtones

L'obligation étatique de consulter et d'obtenir le consentement des peuples autochtones sur les mesures les affectant a été érigée en principe de droit général par la CourIDH dans *l'affaire Sarayaku* (2012, § 164). Il s'applique à tous les domaines touchant les peuples autochtones mais a été dernièrement le plus souvent invoqué dans le cadre des projets d'investissement, d'exploitation ou d'extraction des ressources naturelles[46]. Il s'agit d'un principe déterminant de la relation entre les États et les peuples autochtones dont la reconnaissance, dérivée du droit à l'autodétermination, annonce un tournant historique si l'on suit le raisonnement du rapporteur spécial sur les droits des peuples autochtones.

45. Consultation – article 30; consultation et coopération – articles 15, 17, 36, 38; consultation et coopération en vue du consentement – article 32; concertation – articles 10, 11, 28 et 29. Sept articles (8, 13, 16, 21, 24, 26, 42) ne précisent aucun principe de partenariat dans la préconisation des actions étatiques à engager pour reconnaître et appliquer un droit particulier.

46. James Anaya, rapporteur spécial de 2008 à 2014, indiquait que la majorité des plaintes lui parvenant portaient sur l'absence de consultation des peuples autochtones, en particulier à propos des projets de développement ou d'extraction industrielle des ressources naturelles dans leurs territoires.

> L'élaboration de ces principes dans les instruments et les décisions judiciaires internationales répond à une histoire de négation aux peuples autochtones du droit de participer à la prise de décisions qui les affectent profondément, très souvent au détriment de leurs droits fondamentaux et parfois de leur propre survie en tant que peuple. Les principes de consultation et de consentement tentent de répondre à ce défi historique afin d'éviter, conformément au droit à l'autodétermination, que soient imposées dans le futur de nouvelles conditions de vie aux peuples autochtones. Cependant, les principes de consultation et de consentement n'impliquent pas que les peuples autochtones imposent leur volonté au reste de la société surtout quand sont en jeu des intérêts légitimes et importants de cette dernière ; en s'opposant à l'imposition d'une partie sur l'autre, les principes de consultation et de consentement cherchent à promouvoir l'entente mutuelle et le consensus à l'occasion de la prise de décisions. (Anaya, 2008 : 7, trad. litt.)

La mise en œuvre de cette obligation exige l'adoption d'une réglementation de la consultation et du consentement préalable, libre et éclairé (CPLE), afin d'assurer la sécurité juridique des droits des peuples autochtones à participer à la prise de décisions dans les affaires qui les concernent. Dans cette perspective, les différents organes de droits de l'homme des Nations unies, les rapports de visite des rapporteurs spéciaux sur les droits des peuples autochtones et la jurisprudence de la Cour interaméricaine des droits de l'homme ont édifié un *corpus juris* autour du principe de la consultation et du CPLE des peuples autochtones considéré comme un standard en la matière (Doyle et Cariño, 2014).

Sur le fond, le mécanisme de consultation et de consentement a pour objectif « d'identifier et d'évaluer les impacts sur les droits des peuples autochtones que peuvent avoir les décisions administratives ou législatives étatiques afin de protéger et faciliter la jouissance de ces droits aux termes des accords pris avec consensus » (Anaya, 2013). Comme le souligne le rapporteur spécial sur les droits des peuples autochtones : « l'essence de la consultation préalable en tant que norme de droit public a pour point de départ, cadre et finalité, les droits humains des peuples autochtones et leur sauvegarde face aux décisions étatiques » (*ibid.*).

Si le principe de la consultation et du consentement insiste sur la recherche du consentement autour de la mesure envisagée, celui-ci est obligatoirement requis dans quatre circonstances précises. Cette obligation est justifiée par les impacts majeurs qu'auraient les mesures en question sur les droits des peuples autochtones : réinstallations de communautés autochtones ; altérations de leur patrimoine culturel ; atteintes significatives aux systèmes de vie et aux coutumes des groupes autochtones (Anaya, 2013 : §§ 67-71). La consultation est obligatoire : dans le cas du déplacement de populations[47] ; pour le stockage de maté-

47. La DDPA et la Convention 169 posent ici des normes distinctes. La DDPA exige le consentement des populations intéressées dans toutes les circonstances de déplacement et prévoit une indemnisation juste et équitable fixée par accord préalable (art. 10). La Convention 169 est plus souple, en envisageant la possibilité de déplacement de populations même sans leur accord, au terme de procédures légales au sein desquelles les peuples autochtones sont effectivement représentés (art. 16.2).

riels toxiques sur des terres et territoires autochtones (article 29.2 de la DDPA) ; pour la réalisation d'activités militaires en territoires autochtones, à moins que les peuples autochtones l'aient sollicitée ou que le justifie une menace importante (article 30 de la DDPA) ; dans le cas de la prévision de projets de développement ou d'investissement à grande échelle susceptibles d'avoir un impact majeur sur le territoire autochtone. Dans ce dernier cas, la Convention 169 recommande une étude d'impact environnemental (article 7.3) qui devrait suivre les « directives volontaires sur la réalisation des évaluations des répercussions culturelles, environnementales et sociales des projets de développement dans des espaces sacrés, des terres ou des eaux occupées ou utilisées traditionnellement par les communautés autochtones et locales, ou bien qui peuvent affecter ces espaces »[48]. Dans cette situation, les populations affectées doivent être associées au partage des bénéfices du projet envisagé, selon l'article 15.2 de la Convention 169 et la jurisprudence de la Cour interaméricaine des droits de l'homme.

Pour être légale, la procédure de consultation doit répondre à des critères de forme précis. D'une part, la consultation ne peut être assimilée à un plébiscite sur une mesure, ni considérée comme réalisée par une simple diffusion du projet auprès des populations autochtones. Elle doit consister en un dialogue de bonne foi entre l'État et les organisations représentatives des peuples autochtones, exercé préalablement à la prise de décisions et de façon libre, sans pression ni manipulation de l'une des parties, afin de parvenir à des décisions consensuelles et éclairées. Les jurisprudences des organes de traités de l'ONU, du rapporteur spécial sur les droits et libertés fondamentales des peuples autochtones et du système interaméricain des droits de l'homme ont précisé les critères requis pour la légalité du processus de consultation et l'obtention du consentement (préalable, libre en connaissance de cause ou informé). Ils concernent notamment la notion de bonne foi, le caractère préalable et libre de la consultation, la représentativité des organisations autochtones, ainsi que l'exigence de justice et d'équité du consentement.

La bonne foi doit couvrir l'ensemble du processus et l'imprégner d'un climat général de confiance, dès lors qu'elle a pour objet de « garantir l'effectivité de la participation des peuples autochtones sur un pied d'égalité » (Anaya, 2012a : § 66). Elle concerne le caractère préalable de la consultation, ainsi que le caractère approprié et consenti des procédures. Elle doit conduire à « un dialogue et une négociation opportune afin de parvenir à des accords juridiquement fondés ». « Le principe de bonne foi qui doit régir la conduite de l'État [...] impose aux organes de l'État d'identifier quand une mesure [...] peut affecter les peuples autochtones et ainsi leur fournir l'information nécessaire et l'assistance technique d'une façon proactive » (*Ibid*).

La portée de l'atteinte aux droits des peuples autochtones qu'entraînerait la mesure doit être précisée afin d'éviter de laisser aux seuls gouvernements ou à des critères normatifs nationaux l'appréciation de celle-ci. L'atteinte est, en effet, la plupart du temps minorisée en vue de favoriser l'approbation de telle ou telle

48. Décision VII/16 adoptée par la 7e conférence des parties à la Convention sur la diversité biologique (Unep/CBD/COP/DEC/VII/16, 13 avril 2004) et décision de la CIDH 2007, *Saramaka c. Suriname*.

mesure. Selon les standards établis, deux critères doivent être ici appliqués. En cas de doute sur la nature ou la portée de l'atteinte et en s'inspirant de l'article 15 de la Convention 169[49], il est recommandé aux organes de l'État de consulter au préalable, c'est-à-dire via une pré-consultation, les entités autochtones concernées afin d'évaluer si la mesure envisagée risque de menacer leurs intérêts et/ou leurs droits. Le rapporteur spécial a ensuite précisé comment distinguer une atteinte spécifique, subie par les peuples autochtones, d'une atteinte générale vécue par le reste de la population non autochtone : « une atteinte différenciée se présente quand la décision est liée aux intérêts et conditions spécifiques des peuples autochtones en question, même si la décision a des effets plus larges » (Anaya, 2009c : § 43).

Dans l'hypothèse d'une atteinte aux droits des peuples autochtones, le processus de consultation doit se réaliser de manière préalable et selon une procédure appropriée. Le caractère préalable est fondamental. Il a été interprété comme permettant la participation des peuples autochtones le plus tôt possible dans la prise de décisions, soit lors des premières discussions de la mesure à adopter. La notion de procédure de consultation appropriée a été précisée par la jurisprudence des organes de traités de l'ONU et par la CIDH. Les délais prévus pour la consultation doivent être suffisants et adaptés à la nature et à la teneur de la mesure envisagée, ainsi qu'à des circonstances tenant aux collectivités autochtones consultées. Ainsi l'OIT prévoit-elle que,

> doivent être prévus des délais nécessaires pour que les peuples autochtones du pays puissent mener leurs processus de prise de décisions et participer effectivement aux décisions prises d'une manière adaptées aux modèles culturels et sociaux. (OIT, 2010 : § 79)

Il n'existe pas de procédure de consultation standard. Sa teneur dépend des circonstances nationales et des peuples autochtones, ainsi que de la nature et de la finalité des mesures consultées. La CourIDH a cependant précisé dans *l'affaire Saramaka* (2007, § 133) que la procédure de consultation devait prendre en compte les ordonnancements autochtones en particulier pour la prise de décisions.

La Convention 169 tout comme la DDPA insistent sur la nécessaire représentativité des entités consultées, mais le critère de la représentativité doit être apprécié de manière flexible :

> étant donné la diversité des peuples autochtones, la Convention n'impose aucun modèle d'institution représentative, l'important étant qu'elles soient le fruit d'un processus propre, interne aux peuples autochtones. (OIT, 2010 : § 75)

Résumant les différentes jurisprudences exprimées sur la question, le rapporteur spécial synthétisait quatre principes gouvernant la représentativité des institutions autochtones : elle dépend contextuellement de la portée des mesures consultées ; elle doit respecter des critères systématiques et préétablis ; elle doit

49. Article 15.2 : « [...] Les gouvernements doivent établir ou maintenir des procédures pour consulter les peuples intéressés dans le but de déterminer si et dans quelle mesure les intérêts de ces peuples sont menacés avant d'entreprendre ou d'autoriser tout programme de prospection ou d'exploitation des ressources dont sont dotées leurs terres [...] ».

incorporer différentes formes d'organisations autochtones, conformément aux processus internes de ces peuples; en application des principes de proportionnalité et de non-discrimination, elle doit répondre à une pluralité de perspectives identitaires, géographiques et de genre (Anaya, 2009c: § 52).

Le rapporteur spécial sur les droits des peuples autochtones explique aussi qu'un consentement donné dans des conditions justes et équitables signifie que « l'affectation ou la restriction de la jouissance d'un droit à la propriété, à l'identité culturelle, ou d'un tout autre droit (des populations autochtones) satisfait au critère de proportionnalité ». Ne remplit pas ces critères, un « consentement formel donné dans des termes injustes qui mettraient en danger la jouissance des droits fondamentaux ou la survie culturelle ou physique du groupe autochtone affecté » (Anaya, 2013: 6).

Dans l'hypothèse où l'État a accompli son obligation de consultation conformément aux standards évoqués et que les peuples autochtones refusent de consentir à la mesure proposée, il doit cependant veiller à ce que la mesure consultée respecte les droits des peuples autochtones. Si l'un de leurs droits est affecté, l'État est tenu de respecter les règles du droit international en soumettant les restrictions des droits de l'homme au respect des principes de proportionnalité, de nécessité et d'intérêt valide de l'État. Dans cette hypothèse, il est également tenu d'indemniser équitablement les populations autochtones affectées, en réparation du dommage souffert (articles 11.2, 28.1, 29.2 et 32.3 de la DDPA). Cette forme d'indemnisation est à distinguer de la participation des populations autochtones au partage des bénéfices pour une activité réalisée sur leur territoire.

Parmi les États de l'étude, seuls deux ont adopté une législation qui régule exclusivement l'obligation étatique de consultation et de consentement préalable, libre et éclairé (CPLE): la Bolivie et le Chili. Parmi les autres États ayant ratifié la Convention 169 de l'OIT, le Mexique n'a pas encore adopté de loi générale ou fédérale sur le CPLE, bien qu'ait été mis en place, en 2010-2011, un processus de consultation autochtone pour l'adoption d'une telle loi[50]. Au niveau des États fédérés, seul San Luis Potosí, par le décret 208 du 8 juillet 2010, a adopté une loi visant à réglementer cette obligation étatique. L'Argentine n'a, pour l'instant, réalisé aucune démarche significative en ce sens ni réformé différentes lois pouvant concerner directement les peuples autochtones pour les mettre en conformité avec la Convention 169 et la DDPA: il s'agit notamment du Code des mines, de la loi des hydrocarbures et de la loi générale de l'environnement.

Le processus suivi au Chili pour l'adoption d'une loi sur le consentement plein et éclairé des peuples autochtones illustre les enjeux de la régulation de ce principe juridique. Dans ce pays, depuis l'entrée en vigueur de la Convention 169, l'agenda du Congrès relatif à la création de nouvelles institutions autochtones a été bouleversé, et suspendu à plusieurs reprises par la priorité accordée à l'adoption

50. Pour plus d'informations sur le déroulement et les mécanismes de consultation mis en œuvre, voir: Comisión Nacional para el Desarrollo de los Pueblos Indígenas, *Informe final de la Consulta sobre el Anteproyecto de Ley General de Consulta a Pueblos y Comunidades Indígenas*, México: CDI: Cámara de Diputados, LXI Legislatura, 2011.

d'une réglementation sur la consultation et le consentement. L'urgence était en effet réelle, car le tribunal constitutionnel avait établi, en 2000 puis en 2008, que l'article 6 de la Convention était directement applicable. S'il ne nécessitait pas de normes secondaires pour être mis en œuvre, cela signifiait que toute mesure législative ou administrative concernant les peuples autochtones, prise sans avoir recherché leur accord ou sans avoir recueilli leur consentement dûment exprimé, risquait d'être entachée d'illégalité pour vice de forme. Les craintes du gouvernement qu'un tel scénario ne paralyse la politique étatique en territoires autochtones ou à leur égard se sont traduites par l'adoption expresse du décret 124 par le ministère de la Planification, onze jours avant l'entrée en vigueur de la Convention 169. Ce décret réglemente l'article 34 de la loi 19.253 « afin de réguler la consultation et la participation des peuples autochtones ». Cependant, à peine adopté, il était rejeté par les organisations autochtones qui lui reprochaient leur non-consultation au cours de son processus d'adoption et de ne pas respecter les standards internationaux de la consultation. Malgré un large consensus sur l'incompatibilité du décret avec la Convention 169, le gouvernement annonça, en mars 2011, la mise en œuvre d'une « grande consultation sur les institutions autochtones ». Dès son lancement, diverses organisations autochtones contestèrent la validité du processus, établi sur la base du décret controversé 124 ; elles réussirent à convaincre le Congrès de solliciter la dérogation de ce décret et, après plusieurs mois, elles obtinrent du gouvernement la suspension de la « grande consultation ».

Au cours des années suivantes seront adoptées deux autres normes relatives à la consultation et au consentement autochtones. La première, le décret suprême 66 du ministère du Développement social, entré en vigueur en novembre 2013, abroge le décret 124 précité. De nouveau, les organisations autochtones réclamèrent une révision de cette norme, adoptée selon un processus de consultation qu'elles estimaient non représentatif. Elles lui reprochaient d'exclure implicitement de son champ d'application la DDPA en ne se référant qu'à la Convention 169 et aux traités internationaux conformes à la Constitution. Elles critiquaient les critères de représentativité retenus par le décret 66, calqués sur la « loi indigène » de 1993, laquelle ne respecte pas pleinement le critère de l'auto-identification ni ne reconnaît les institutions autochtones propres. Ensuite, la notion d'atteinte que retient le décret limite le champ d'application de l'obligation de consultation aux situations qui affecteraient spécifiquement les populations autochtones, ce qui exclurait les situations affectant à la fois les populations autochtones et d'autres populations. Par ailleurs, le décret mentionne « [...] l'exercice de leurs traditions et coutumes ancestrales, pratiques religieuses, culturelles ou spirituelles, ou la relation avec leurs terres autochtones » (article 7), sans considérer explicitement les droits économiques et au développement. En relation avec l'obtention du consentement, ce décret prévoit que, à l'issue du processus de consultation et en l'absence de consentement des populations autochtones consultées, « l'organisme public évaluera la décision d'adopter les mesures ou non, en considération de leur importance pour l'intérêt national ou le bien commun ». Cette formulation ne garantit pas que la décision sera prise dans le respect du principe de proportionnalité et de nécessité, ni que les notions d'intérêt national et de bien commun respecteront les droits des peuples autochtones. Enfin, ce décret ne régit pas les situations de projets de développement et d'infrastructure en habitat autochtone, pour lesquels il renvoie au décret suprême 40 du ministère de l'Environnement, lequel réglemente le Système d'évaluation de l'impact environnemental.

Cet autre instrument, adopté en février 2013, établit un mécanisme de consultation des peuples autochtones pour les études d'évaluation de l'impact environnemental des projets d'investissement ou de développement affectant leurs droits. Le décret fragilise les droits de participation des peuples autochtones. D'une part, il exclut de son champ d'application les circonstances où seule une déclaration d'étude d'impact environnemental est requise. Or, statistiquement, la plupart des recours de protection présentés pour violation de l'article 6 de la Convention 169 ont concerné des projets devant être soumis à une étude d'impact environnemental mais qui furent qualifiés par l'administration comme requérant une simple déclaration d'impact[51]. D'autre part, le décret se réfère explicitement à des atteintes présentant un « impact majeur » pour les peuples autochtones, en excluant de fait d'autres types d'atteintes. Différentes incompatibilités du décret 66 avec le droit international ont été soulignées par le rapporteur spécial alors que ces normes étaient à l'état de projet (Anaya, 2012a). Depuis leur adoption, des mécanismes de consultation ont été réalisés au niveau national pour la mise en place d'un ministère, d'un conseil et des conseils des peuples autochtones, et pour la création d'un ministère de la Culture. De nombreuses organisations autochtones continuent de dénoncer l'irrégularité des procédures et réclament la révision des décrets 40 et 66. Les difficultés rencontrées au Chili pour l'adoption – avec la participation des peuples autochtones – de normes relatives au consentement préalable libre et éclairé conformes aux standards internationaux se retrouvent aussi en Bolivie et au Mexique.

En Bolivie, le droit à la consultation préalable, libre et éclairée est inscrit dans plusieurs articles de la Constitution en tant que principe de démocratie directe et participative. Il est énoncé en faveur de l'ensemble des citoyens et, dans certains articles, en faveur des « nations et peuples indigène originaire paysans ». L'article 30.II.15 prévoit une consultation dite « appropriée », concernant toute mesure législative ou administrative susceptible de les affecter. Le caractère obligatoire de la consultation préalable, de bonne foi et concertée y est rappelé ainsi qu'il l'est dans l'article 403.I, en relation avec les ressources naturelles non renouvelables

51. Selon le décret n° 40 de réglementation du système d'évaluation de l'impact environnemental, une étude d'impact est requise : quand le projet soumis à évaluation présente des risques pour la santé de la population et a des effets adverses significatifs sur les ressources naturelles renouvelables ; quand il concerne la réinstallation de communautés humaines ou la modification significative de leurs systèmes de vie et coutumes ; ou encore s'il est situé à proximité d'aires protégées, de lieux à valeur touristique ou paysagère, etc. Dans ces circonstances, aux fins d'évaluation, le titulaire du projet devra décrire les circonstances qui donnent lieu à présenter une étude d'impact environnemental et les mesures prévues pour éliminer ou minimiser les effets négatifs recensés. Dans le cas contraire, en l'absence d'effets négatifs recensés par la loi, le titulaire du projet soumis au mécanisme d'évaluation se contentera de présenter une déclaration d'impact environnemental, consistant en une déclaration de bonne foi attestant être en conformité avec la législation environnementale en vigueur, accompagnée de l'ensemble des antécédents permettant à l'administration de procéder à l'évaluation.

des territoires. L'énoncé de l'article 30.II.15 est repris à l'article 304.21 comme droit des autonomies indigènes originaires paysannes (*autonomias indigena originaria campesinas*). Ce droit est aussi inscrit dans la loi des hydrocarbures (2005), qui prend en compte certaines dispositions de la Convention 169 et réaffirme le caractère obligatoire de la consultation préalablement aux appels d'offres, à l'autorisation, à la convocation ou à l'approbation des mesures ou des projets d'hydrocarbures, et préalablement à l'approbation des études d'évaluation de l'impact environnemental. Elle affirme également l'obligation de respecter ses résultats. Cependant le nouveau Code minier (2014) limite très fortement le droit à la consultation et au consentement. Le droit à la consultation des peuples autochtones est également prévu, mais avec un effet non contraignant, dans la loi du régime électoral. À la différence du Chili, ce n'est pas une loi générale qui a été adoptée en Bolivie, mais une loi spécifique qui fut motivée par un conflit territorial local d'envergure nationale, celui du Territoire indigène et parc national Isiboro Sécure (Lacroix, 2015).

D'autres États de l'étude n'ayant pas adhéré à la Convention 169 de l'OIT (Namibie, Inde, France) ont instauré des mécanismes de consultation et de consentement, parfois antérieurs à la DDPA, qui ne respectent cependant pas les normes énoncées par cet instrument ni ses standards d'interprétation : procédures de consultations ponctuelles, parfois non obligatoires et ne couvrant pas la durée du processus d'adoption de la mesure consultée ; institutions consultées non choisies selon les juridicités autochtones ni les plus représentatives ; absence de recherche de consentement, etc. Nous examinerons plus avant les mécanismes de consultation/concertation dans les paragraphes relatifs aux autonomies et institutions autochtones, ainsi que dans le chapitre relatif aux terres, territoires et ressources naturelles.

L'accès à la justice

Les concepts de réparation et de justice traversent l'ensemble de la DDPA. Pour l'ancien rapporteur des Nations unies sur les droits des peuples autochtones, celle-ci est conçue comme un instrument réparateur : « le but de la Déclaration est de remédier au déni historique du droit à l'autodétermination, et aux droits de l'homme qui lui sont liés, afin que les autochtones puissent surmonter les désavantages du système et atteindre une position d'égalité face aux secteurs autrefois dominants » (Anaya, 2013 : 193). L'accès à la justice est prévu par l'article 40 de la DDPA qui dispose que :

> Les peuples autochtones ont le droit d'avoir accès à des procédures justes et équitables pour le règlement des conflits et des différends avec les États ou d'autres parties et à une décision rapide en la matière ainsi qu'aux voies de recours efficaces pour toute violation de leurs droits individuels et collectifs. Toute décision en la matière prendra dûment en considération les coutumes, traditions, règles et systèmes juridiques des peuples autochtones concernés et les normes internationales relatives aux droits de l'homme.

Le droit d'accéder à la justice est un droit de l'homme, prévu par de nombreuses conventions internationales et régionales des droits de l'homme et non spécifique aux peuples autochtones. Cependant, dans la pratique, les peuples autochtones souffrent d'un accès insuffisant à la justice pour une série de raisons que le Mécanisme d'experts sur les droits des peuples autochtones a identifiée dans une étude et qu'il a discutée à l'occasion de la session consacrée au suivi de celle-ci (CDH-Medpa, 2013 et 2014). Les experts relèvent des motifs économiques, liés au non-accès à l'aide juridictionnelle gratuite, ou à la distance entre les tribunaux et les localités de résidence ; des motifs éducatifs, tels que la méconnaissance des droits et des circuits de la justice, et une mauvaise maîtrise de la langue officielle ; des motifs culturels, imputables à une compréhension différente des droits et des délits motivés par leur propre culture et une juridicité distincte ; des motifs liés à l'organisation de l'appareil judiciaire, comme, par exemple, la lenteur à statuer, l'insuffisance ou le caractère inadapté des recours disponibles pour défendre les droits individuels et collectifs autochtones. Enfin, des pratiques discriminatoires font également obstacle à l'accès à la justice.

Dans l'un de ses rapports, le Mécanisme d'experts met l'accent sur la vulnérabilité des femmes, des enfants et des personnes handicapées autochtones et leur difficulté d'accéder à la justice. Il pointe la surreprésentation des autochtones, y compris mineurs, dans les systèmes de justice pénale :

> En Australie, par exemple, les jeunes autochtones âgés de 10 à 17 ans risquent 15 fois plus que les mineurs non autochtones de faire l'objet de mesures de contrôle en milieu ouvert et presque 25 fois plus d'être placés en détention. En Nouvelle-Zélande, les jeunes Maoris semblent être deux fois plus nombreux à comparaître en justice que l'ensemble des jeunes. Un autre domaine dans lequel les obstacles peinent à disparaître est celui de l'accès à la justice des enfants autochtones qui ont été victimes de violences familiales et de sévices sexuels. (CDH-Medpa, 2014 : 48)

Interprété dans l'optique de la DDPA et du droit à l'autodétermination, le droit des peuples autochtones d'accéder à la justice signifie la reconnaissance des modes autochtones de résolution des conflits, mais aussi le dépassement de « l'ensemble des facteurs historiques et contemporains connexes qui affectent négativement les peuples autochtones dans les systèmes étatiques » (CDH-Medpa, 2013 : 25). Dans cette seconde perspective, l'accès à la justice implique une participation aux justices transitionnelles de « vérité et de réparation » pour faire le jour sur les violations historiques commises à l'encontre des peuples autochtones. En Amérique latine, seul le Chili a mis en place, à partir de 2003, une telle instance, nommée Comisión Verdad Historica y Nuevo Trato con los Pueblos Indígenas, qui déposa son rapport en 2008[52]. Si les autres États latino-américains ont eu

52. Commission Vérité historique et nouveau traitement des peuples autochtones, 2008, *Informe de la Comisión Verdad y Nuevo Trato con los Pueblos Indígenas*, Santiago de Chile, Comisionado presidencial para Asuntos Indígenas, http://www.corteidh.or.cr/tablas/27374.pdf [consulté le 10 mars 2015].

aussi recours à des Commissions de vérité, celles-ci n'ont pas considéré le sort spécifique des peuples autochtones[53].

Le droit d'accéder à la justice engage l'État à garantir aux peuples autochtones une justice rapide, efficace et équitable, respectueuse des cultures et du droit international des droits de l'homme. L'application de la Déclaration doit être considérée comme un cadre pour la réconciliation et un moyen de rendre effectif l'accès à la justice. Ce n'est que sous ces conditions que, d'un point de vue formel, le droit à la justice est considéré comme respecté. Ce droit répond de la sorte à la satisfaction d'un ensemble de critères.

Élimination des obstacles économiques, assistance juridictionnelle, proximité des tribunaux

Des tribunaux distants des lieux de résidence obligent les usagers à entreprendre de longs déplacements, en délaissant leurs activités de subsistance et leurs familles, ou en les emmenant pour ne pas les abandonner : ce type de voyage entraîne des coûts élevés. Dans ces circonstances, les contraintes temporelles et financières peuvent être dissuasives et signifier *de facto* une absence d'accès à la justice. Il est donc important que les États prennent en compte les aspects liés à de grandes distances entre les tribunaux et les habitats autochtones et mettent en place des mécanismes de justice de proximité économiquement accessibles. En outre, les frais judiciaires peuvent dissuader le justiciable autochtone de recourir à la justice étatique. Dans cette perspective, la reconnaissance des systèmes de justice autochtones – comme le préconise la DDPA – permettrait de limiter ce type de contraintes. Les instances de droits de l'homme de l'ONU et de l'OEA se sont prononcées sur l'importance de l'assistance juridictionnelle gratuite pour les personnes dépourvues de ressources économiques (CDH-Medpa, 2013 ; CIDH 2007a) et elles ont insisté sur l'obligation étatique de fournir de tels services en cas de manque de ressources dans les cas de violences à l'encontre des femmes (CIDH, 2007b : § 182), en raison de la complexité de certaines affaires (notamment les cas d'accusation de terrorisme) et selon l'importance des droits affectés (CourIDH, 2002 : § 341). De son côté, la Cour européenne des droits de l'homme a considéré que l'aide juridictionnelle était un devoir de l'État quand cette assistance se révèle indispensable à un accès effectif au juge (CEDH, 1979 : § 26).

Le respect des langues et des cultures autochtones

Le déroulement des différentes phases d'un procès dans une langue officielle non maîtrisée par une partie autochtone constitue un obstacle majeur à l'accès à

53. Bartolomé Clavero, non daté, *Justicia transicional, comisiones de verdad y pueblos indigenas en America Latina*, https://www.ictj.org/sites/default/files/NY-JusticiaTransicional.pdf [consulté le 10 mars 2015].

la justice et viole les conditions d'un procès juste et équitable. Nombre de pactes et de conventions de droits de l'homme reconnaissent le droit de se défendre dans sa propre langue comme un critère de procès juste et équitable. En application de ces dispositions, tous les États que considère notre étude et qui sont engagés par ces instruments sont tenus de fournir un interprète aux peuples autochtones. Ces obligations ont par ailleurs été retranscrites dans les différents codes de procédure pénale de l'ensemble des pays de l'étude et des Constitutions de Bolivie (article 120), du Botswana (article 10.2f), du Mexique (article 2) et de la Namibie (articles 11 et 24).

Tableau 16. Garanties procédurales liées à la langue et à la culture

	Droit à être assisté en justice par expert anthropologique	Droit à bénéficier en justice d'un interprète dans sa langue
Argentine	C. 169	C. 169 + ns
Bolivie	C. 169	C. 169 + ns
Chili	C. 169	C. 169
Mexique	C. 169	
Guyane française		ns
Nouvelle-Calédonie		ns
Australie		
Inde		ns
Botswana		ns
Namibie		ns

Constitution   Loi(s) code(s)   Constitution et loi(s)   C. 169: Convention 169 de l'OIT
ns: Norme non spécifique aux PA

Malgré cet ensemble de normes, dans les faits, les autochtones se plaignent de ne pouvoir bénéficier d'un interprète faute de moyens déployés par l'État, et ils considèrent comme discriminatoire le motif invoqué par certains juges qu'« une personne autochtone n'aurait pas besoin d'un interprète dès lors qu'elle est capable de s'exprimer dans la langue officielle ». En l'absence de médiateurs interculturels ou d'expertises anthropologiques permettant de prouver l'existence et la teneur des normativités autochtones, ces dernières ne sont pas prises en compte systématiquement dans les cas pourtant prévus par la législation étatique. Afin de pallier ces obstacles qui limitent l'accès des populations autochtones à la justice, et au-delà des prescriptions du Code pénal applicables aux étrangers et aux autochtones, certains États ont mis en place, à des degrés divers, des dispositifs de traduction et d'expertise anthropologique spécifiques afin de diminuer les obstacles linguistiques et culturels à l'accès des peuples autochtones à la justice.

La reconnaissance des coutumes en matière pénale

La Convention 169 de l'OIT, qui engage l'Argentine, la Bolivie, le Chili et le Mexique, indique à l'article 9 que :

> 1. Dans la mesure où cela est compatible avec le système juridique national et avec les droits de l'homme reconnus au niveau international, les méthodes auxquelles les peuples intéressés ont recours à titre coutumier pour réprimer les délits commis par leurs membres doivent être respectées.
>
> 2. Les autorités et les tribunaux appelés à statuer en matière pénale doivent tenir compte des coutumes de ces peuples dans ce domaine.

Elle précise à l'article 10 que,

> 1. Lorsque des sanctions pénales prévues par la législation générale sont infligées à des membres des peuples intéressés, il doit être tenu compte de leurs caractéristiques économiques, sociales et culturelles.
>
> 2. La préférence doit être donnée à des formes de sanction autres que l'emprisonnement.

Au Chili, pour ce qui concerne les affaires civiles entre parties autochtones, l'article 54 de la *ley indigena* (19.253) prévoit que, lorsqu'elles sont prouvées dans des procès entre autochtones, les normativités autochtones (dites « coutumes », *costumbres*) auront valeur de droit sous réserve de leur compatibilité avec la Constitution. Elles pourront être prouvées par tout moyen, notamment par des expertises anthropologiques. Cet article rappelle le droit des parties autochtones à s'exprimer dans leur propre langue au cours du procès et de bénéficier d'un interprète. En matière pénale, la perspective est différente car les normativités autochtones ne sont pas reconnues : elles sont seulement considérées comme une cause d'atténuation ou d'exonération de la responsabilité pénale. Face à l'augmentation des affaires de tout ordre mettant en cause des personnes autochtones, la défense de celles-ci a été considérablement améliorée par la prise en compte de leurs conditions linguistiques et culturelles, depuis la mise en place locale puis nationale d'un modèle de défense pénale spécialisée. Ce modèle est caractérisé par l'émergence de défenseurs spécialisés en droit autochtone, par la création puis la promotion de la figure des « facilitateurs interculturels » et, enfin, par l'adoption de l'ordonnance 177 relative aux critères généraux pour octroyer aux peuples autochtones une attention spécialisée (Defensoría penal pública, 2008 : 80-90).

Inaugurés en 2001 avec la création du bureau de Defensoría penal mapuche à Temuco en Araucanie, les mécanismes de défense pénale spécialisée ont été progressivement étendus à l'ensemble du pays, notamment à partir de la mise en œuvre de la Convention 169, en 2009, puis de la promotion nationale du modèle de défense pénale autochtone en 2010. Aujourd'hui, l'ensemble du pays compterait cent soixante-quatorze défenseurs spécialisés pour des affaires autochtones[54] ou mettant en cause des justiciables autochtones[55], sept facilitateurs interculturels (qui cumulent les fonctions d'interprète et de médiateur interculturel) et une seule unité de défense spécialisée autochtone. Si l'adaptation du modèle de défense pénale peut être valorisée, le respect des droits autochtones de la Convention 169 requiert d'augmenter dans chaque région le nombre des défenseurs spécialisés et des facilitateurs interculturels.

En Nouvelle-Calédonie, la fonction d'assesseurs coutumiers a été institutionnalisée depuis l'ordonnance du 15 octobre 1982. Ces derniers siègent au sein du tribunal civil de première instance et de la Cour d'appel de Nouméa ainsi que dans deux sections détachées, créées l'une à Koné (Province Nord), l'autre à Lifou (Province des îles Loyauté) pour statuer sur des litiges entre personnes de statut civil coutumier. Au sein de l'instance judiciaire convertie en « tribunal coutumier », les assesseurs, majoritaires en première instance auprès du juge civil, ont une voix délibérative.

En Australie, des aides juridictionnelles respectueuses des conditions linguistiques, culturelles et socio-économiques des peuples autochtones sont assurées par le Service juridique des Aborigènes et des Insulaires du détroit de Torres (Aboriginal and Torres Strait Islander Legal Services – Atsils). Les Services juridiques de prévention des violences familiales (Family Violence Prevention Legal Services – FVPLS) accordent également une aide juridictionnelle aux victimes autochtones, femmes et enfants, essentiellement dans les régions et zones rurales. Ce service manque toutefois de moyens pour prêter assistance dans les zones urbaines où réside la plus grande concentration de population autochtone.

La limitation ou l'élimination des obstacles d'ordre économique, linguistique et culturel ne sont pas suffisantes pour assurer un réel accès à la justice. Celui-ci dépend aussi et surtout de la possibilité de bénéficier « des procédures et des voies de recours permettant d'obtenir la réparation d'une injustice en s'adressant à des institutions judiciaires, formelles ou informelles, conformément aux normes relatives aux droits de l'homme » (CDH-Medpa, 2013 : § 3).

L'existence de voies de recours et d'institutions judiciaires respectant les droits de l'homme

Avant d'analyser les conditions internes de l'accès à la justice, rappelons qu'une fois épuisées les voies de recours internes, les peuples autochtones d'Argentine, de

54. La *defensoria penal pública* considère comme une « affaire autochtone » un procès dans lequel le facteur culturel influe sur les mobiles du délit (revendications foncières, croyances ancestrales, coutumes autochtones, etc.) (2014 : 114).

55. La *defensoria penal pública* considère un justiciable comme autochtone quand il répond à l'un des critères alternatifs suivants : 1. auto-identification comme autochtone ; 2. en possession d'un document qui prouve son appartenance autochtone ; 3. un ou deux patronymes autochtones ; 4. communication fluide en langue autochtone ; 5. si le justiciable déclare appartenir à une communauté ou à une organisation autochtones.

Bolivie, du Chili et du Mexique peuvent faire appel au système juridictionnel américain des droits de l'homme, ceux de Namibie et du Botswana au système africain des droits de l'homme, ceux de France à la Cour européenne des droits de l'homme, au contraire des peuples autochtones d'Inde et d'Australie, ces pays n'appartenant à aucun système régional de droits de l'homme.

Ces dernières décennies, dans l'ensemble des pays de l'étude, l'adoption de mécanismes de rationalisation du droit et du pouvoir a permis d'accroître l'offre juridique en matière de recours en justice et de tribunaux disponibles. De nouvelles institutions judiciaires ont été créées, les unes concernant spécifiquement la question autochtone comme le Native title tribunal en Australie. Cette instance non juridictionnelle créée par le *Native Title Act* de 1993 rassemble les dossiers relatifs à la réclamation d'un droit foncier autochtone et met en place des procédures de négociation entre les groupes autochtones et leurs opposants pour son attribution. En cas d'échec, l'affaire passe en instance juridictionnelle devant la Cour fédérale, puis devant la Haute Cour d'Australie en dernière instance.

D'autres organes juridictionnels, plus récents, traitent de matières qui intéressent spécialement les peuples autochtones, tels les tribunaux environnementaux qui furent créés au Chili en 2012. Au nombre de trois, chacune couvrant plusieurs régions, ces instances sont chargées de résoudre les litiges liés aux violations de la législation environnementale. En Bolivie, deux nouvelles juridictions ont été créées en lien avec la mise en place de la Constitution plurinationale. La première se compose des tribunaux chargés de la justice indigène originaire paysanne, compétents pour régler les conflits ou les délits internes. Cette juridiction est placée au même niveau hiérarchique que la justice ordinaire. La seconde correspond à la mise en place, par la Constitution de 2009, d'un Tribunal constitutionnel plurinational en vue de représenter la diversité culturelle des justiciables conformément à la philosophie du nouvel ordre juridique. Sa composition, censée être plurinationale, exige qu'au moins deux des sept magistrats en fonction soient autochtones. Il est exclusivement compétent pour statuer sur des actions de constitutionnalité portées à l'encontre de normes juridiques contraires à la Constitution et, comme le précise l'article 202 de celle-ci, il est chargé de connaître et de résoudre les conflits de compétences entre le gouvernement plurinational et les entités territoriales autonomes et décentralisées (alinéa 3). La décision du Tribunal constitutionnel est obligatoire (article 202.8) pour ce qui concerne la consultation des autorités autochtones (*indigena originaria campesinas*) sur l'application de leurs normes juridiques à un cas concret. Depuis sa mise en place, ce tribunal a eu l'occasion de se prononcer sur l'obligation de consultation des populations autochtones du Tipnis face au projet de construction d'une route devant le traverser et sur d'autres affaires autochtones, pour lesquelles les principales organisations autochtones du pays lui ont reproché de ne pas statuer selon une approche réellement plurinationale (Clavero, 2012).

L'existence de recours constitutionnels permettant d'attaquer des normes contraires à la Constitution et aux droits autochtones quand ils sont constitutionnalisés, ou encore d'agir contre leur violation, est un critère à prendre en compte pour mesurer les possibilités d'accès des peuples autochtones à la justice. Ces actions sont très prisées par les peuples autochtones et leurs défenseurs. La tendance dans l'ensemble des pays à l'étude a été au perfectionnement des recours disponibles pour veiller au respect de la Constitution et des droits fondamentaux. Tous les pays ont adopté un contrôle de constitutionnalité, qu'il soit *a priori* et concentré, à la charge d'un tribunal constitutionnel (France, Chili, Bolivie), ou qu'il soit diffus et pouvant être exercé devant les juridictions ordinaires à l'occasion d'un recours en justice (Argentine, Bolivie, Australie, Mexique, Inde, Namibie, Botswana). En France, par exemple, un grand pas a été franchi en 2008, avec l'adoption de la question prioritaire de constitutionnalité qui permet désormais à tout justiciable de contester par voie d'exception, au cours d'un procès, l'inconstitutionnalité d'une loi qui porterait atteinte à ses droits fondamentaux. En Amérique latine, l'action d'*amparo* (ou recours), consacrée en Argentine, en Bolivie, au Chili et au Mexique, est une figure particulièrement protectrice qui permet de solliciter du juge, et en urgence, la cessation de la violation d'un droit garanti par la Constitution, du fait d'un acte ou d'une commission administrative. Dans ces circonstances, plus étendu est le catalogue des droits de l'homme intégré à la Constitution plus grande est la portée des recours pour le justiciable, et inversement. En effet, dans le cas des peuples autochtones, le caractère limité du catalogue des droits de l'homme généralement reconnu par la Constitution force les juges et les avocats à de plus amples efforts d'interprétation afin de faire correspondre la violation de droits des peuples autochtones avec une liberté fondamentale consacrée par la Constitution.

Au Chili, le recours d'*amparo* vise à protéger les droits fondamentaux consacrés par l'article 19 de la Constitution. La Charte fondamentale ne reconnaît pas les droits des peuples autochtones, mais un ensemble de droits civils et politiques, économiques et sociaux, deux droits culturels (droit à l'éducation et liberté de conscience, droit de manifester des croyances et d'exercer librement des cultes qui ne s'opposent pas à la morale, aux bonnes coutumes et à l'ordre public), ainsi que le droit de vivre dans un environnement non contaminé. Puisque la Charte ne reconnaît pas les droits des peuples autochtones au territoire, l'avocat chargé de défendre des droits ancestraux devra invoquer ceux qui sont interconnectés avec le droit au territoire, tels que le droit à la vie, à la liberté de culte (si l'espace disputé comporte des sites spirituels), ou à la propriété privée, sous réserve que le juge considère les occupations traditionnelles autochtones comme relevant du droit de propriété consacré par la Constitution (Cloud, 2013). En Argentine, la réforme constitutionnelle de 1994 a institué le recours d'*amparo* collectif, favorable aux peuples autochtones dès lors qu'il permet à une collectivité de présenter un recours en justice en protection d'un droit collectif.

À l'exception du Chili, l'ensemble des États de l'étude ont mis en place un défenseur des droits (France), un défenseur du peuple – *defensor del pueblo* (Argentine, Bolivie, Mexique), ou un *ombudsman* (Australie, Botswana, Inde et Namibie). Ces institutions non juridictionnelles indépendantes veillent au respect des droits des administrés par l'État, peuvent lui opposer des plaintes, et établissent des rapports réguliers sur le respect des droits fondamentaux dans le pays : elles représentent aujourd'hui une voie à la disposition des peuples autochtones pour faire valoir leurs droits. Au Chili, bien qu'une telle institution n'ait toujours pas été adoptée, l'Institut national des droits de l'homme, créé en 2009, émet régulièrement des rapports sur le respect des droits des peuples autochtones et a notamment « observé » les processus de consultation des peuples autochtones en vue de l'adoption de la loi sur le CPLE de 2013. Une fonction de veille du respect des droits des peuples autochtones est également assumée en Australie par le commissaire à la justice sociale aborigène, établi en 1992, qui élabore chaque année deux rapports sur la question autochtone en relation l'un avec le *Native Title*, l'autre avec la justice sociale. Cette fonction est assumée, en Namibie, par la Direction du développement san (San Development division) qui est rattachée au bureau du vice-Premier ministre (*Deputy Prime Minister*).

Ce bref descriptif des conditions de l'accès à la justice des peuples autochtones des États de l'étude appelle deux observations. D'une part, la nécessité de systématiser les aides juridictionnelles, le bénéfice de traducteurs connaisseurs de la culture des parties autochtones pendant toute la durée des procès ainsi que la prise en compte des cultures et juridicités autochtones ; d'autre part, une amélioration quantitative et qualitative des voies de recours permettant la défense des droits des peuples autochtones en tant que partie intégrante des droits de l'homme. Dans ces circonstances, le grand défi auquel les personnels judiciaires sont confrontés aujourd'hui est d'adopter une approche interculturelle/multiculturelle du droit, et des droits de l'homme, pour que l'accès à la justice des peuples autochtones ne se limite pas à des critères d'organisation et de fonctionnement du système judiciaire.

Ayant examiné dans ce chapitre les différentes modalités, institutionnelles mais aussi juridiques et pratiques, par lesquelles les peuples autochtones peuvent agir dans l'espace plus général du politique pour se voir reconnaître leurs institutions et juridicités, exercer sous condition certains aspects du droit à l'autodétermination ou se mobiliser pour garantir qu'ils seront consultés pour toute affaire les concernant, nous allons voir dans le chapitre suivant ce qu'il en est en matière de droits territoriaux, de droits fonciers et d'exploitation des ressources du sol et du sous-sol.

CHAPITRE 8

Le rapport au territoire : « terres, territoires, ressources naturelles »

L'expression « territoire autochtone » est une création du droit international des peuples autochtones, construite sur l'analogie avec le droit étatique, que les peuples autochtones se sont appropriés afin de protéger leur habitat, de maintenir ou de restaurer un contrôle sur leurs espaces de vie. Comme l'indique Morita Carrasco à propos de la lutte de l'association autochtone Lhaka Honhat pour la reconnaissance de droits à la terre, en Argentine, c'est au cours du processus de revendication que le mot « territoire » acquit un certain sens pour les sociétés du Chaco.

> Un premier élément à présenter ici est que la nécessité de transformer des expériences, des sentiments et des histoires en un concept comme celui de territoire est d'abord une affaire politique. Il [ce concept] surgit d'un côté en raison d'une pression externe à laquelle ils [les peuples autochtones] doivent répondre en se défendant. De l'autre, il synthétise symboliquement leur aspiration à redevenir libres. Dans ce sens, le territoire, en tant que concept, est un emblème du projet politique de la société autochtone. Un projet qui n'est pas de s'indépendantiser du pays dans lequel elle se trouve aujourd'hui. (Carrasco, 2009 : 13, notre traduction)

En associant les concepts de terre, de territoire et de ressource naturelle (regroupement syntagmatique désigné dans le reste de l'ouvrage par l'acronyme TTR[1]), la DDPA désigne un espace d'habitat et qualifie, en l'espèce, l'habitat autochtone. L'interprétation qu'en donne la Cour interaméricaine des droits de

1. Sur la construction du syntagme TTR, voir Bellier, 2014, Introduction.

l'homme (CourIDH) vise à considérer le droit au territoire autochtone comme un droit collectif, associé au droit à la vie et à l'intégrité culturelle de ces peuples. Le territoire autochtone se distingue ainsi du concept classique de territoire associé à la figure de l'État et à son droit[2]. Mais le rapport au territoire qui englobe cette notion d'habitat autochtone, aussi large soit-il, ne se limite pas à la propriété des parcelles qui le constituent, fût-elle collective.

La mémoire, la résilience, la présence (et le souvenir) de relations économiques et ritualisées entre les humains et les non-humains, l'affirmation d'une « ontologie de la différence » (Escobar, 2014), l'existence d'institutions et d'autorités susceptibles de réguler ces relations témoignent de deux caractéristiques. La première est que, comme tout autre peuple, les peuples autochtones conservent d'une manière ou d'une autre les traces de l'histoire, dont celle qui a conduit à leur dépossession. Ils peuvent avoir été déplacés de force, ou avoir consenti à des cessions territoriales, mais le souvenir de l'espace physique et cosmologique occupé à une certaine époque reste vif, et nourrit des réclamations que les tribunaux sont bien forcés d'examiner aujourd'hui. À cet égard, il n'est pas anodin que les militants autochtones, sur la scène des Nations unies, aient à cœur de préciser leurs responsabilités actuelles vis-à-vis des générations futures. La seconde est qu'ils doivent maintenir leurs cultures, leurs savoirs et leurs langues vivants s'ils veulent pouvoir continuer d'exister comme peuple autochtone, ce qui implique une série de défis pour comprendre les conditions de possibilité d'une « modernité autochtone », pour citer Christian Gros, c'est-à-dire d'une autochtonie qui incorpore le changement social et résidentiel que tous les peuples connaissent (Gros, 1999).

Avant de présenter les articles de la DDPA qui éclairent ce que les termes « terres, territoires et ressources naturelles » signifient séparément et ensemble, dans la perspective de la reconnaissance des droits des peuples autochtones, nous évoquerons brièvement les réflexions de chercheurs, juristes, politistes et anthropologues qui, depuis les sciences humaines et en contexte francophone, pensent la relation au territoire. Certes ces chercheurs l'ont fait à partir des dispositifs politiques et juridiques qui organisent cette relation au Canada et en Afrique non australe, pays qui ne sont pas au cœur de l'étude Sogip, mais leurs travaux éclairent la compréhension du rapport problématique entre autochtonie, territorialité et gouvernance. Ils pensent moins les questions foncières sous l'angle d'une organicité que les militants ou les organisations autochtones tendent à affirmer – ce que les Cours apprécient lorsqu'elles sont amenées à juger un recours sur le fond – que sous l'angle d'une approche de la gouvernance (Lajoie, 2005 ; Otis, 2005). Celle-ci permet de penser ce que veut dire une relation à la terre ainsi que la pluralité des situations de gouvernementalité, pour reprendre un terme

2. En Amérique du Sud, la construction des États indépendants au début du XIXe siècle s'est forgée sur une territorialité étatique qui « écrasait » la territorialité autochtone, laquelle préexistait à la colonisation européenne ; les territoires pré-étatiques, en constituant des frontières intérieures, mettaient en cause la tangibilité des nouvelles frontières internationales et menaçaient le principe de l'intégrité territoriale.

qui s'est imposé à la suite des travaux de Michel Foucault[3]. L'enjeu est de penser les conditions de possibilité d'une gouvernementalité autochtone, parallèlement aux dispositifs que met en place l'État pour administrer et contrôler ses populations. Nous nous efforçons, dans les parties suivantes, d'établir le lien entre ces analyses scientifiques, les dispositions de la DDPA, les interprétations juridiques auxquelles elles donnent lieu et les attentes des peuples autochtones.

Penser la territorialité et la gouvernance autochtone

Le territoire est souvent considéré comme la dimension spatiale de l'autodétermination autochtone, dans une approche similaire à celle qui associe l'État à un territoire. À cet égard, Ghislain Otis précise : « l'orthodoxie territorialiste veut que le contrôle d'un substrat spatial géométriquement délimité soit la condition nécessaire et suffisante du pouvoir et de la validité de l'ordre juridique » (2006 : 785). Pour Jean Leclair et Ghislain Otis, cette territorialité peut être qualifiée d'ontologique ou d'essentielle car :

> [elle] place le territoire au principe même de la gouvernance, de sorte qu'il ne saurait y avoir d'ordre politique et juridique autochtone en dehors du lien organique de l'autochtone avec le terreau ancestral. Il y a ici une relation de consubstantialité entre autochtonie et territorialité. (Leclair et Otis, 2005 : 14)

L'association de « territoire » à « autochtonie » semble satisfaire deux perspectives. La première relève d'une conception étatique du territoire comme espace de gouvernement et condition *sine qua non* de l'expression d'un ordre juridique. Comme l'indiquent Christiane Guay et Thibault Martin à propos du projet de gouvernement du Nunavik,

> C'est la vision fonctionnelle ou étatique du territoire qui domine dans la plupart des revendications d'autonomie gouvernementale et des projets de gouvernance autochtone. Toutefois, cette réalité témoigne d'un besoin, d'une part, d'exprimer la relation que les Autochtones ont au territoire dans des référentiels compatibles avec le discours dominant de l'État (Ingold, 1998, cité par Poirier, 2000) et, d'autre part, de s'assurer qu'une « remise en cause irréfléchie de l'ancrage spatial du pouvoir ne vienne consacrer la confiscation de leurs terres ancestrales » (Otis, 2006). De la même manière, les Autochtones utilisent *ad nauseam* le concept de « Nation », alors que celui-ci a, pour eux, une signification radicalement différente… (2008 : 643)

La seconde perspective relève d'une conception du territoire comme espace permettant d'assurer l'intégrité culturelle d'un peuple, indispensable à sa pérennité. Cette approche correspond à une vision holiste, défendue par Bernard

3. La gouvernementalité désigne la rationalité propre au gouvernement de la population. Résultant à la fois des institutions et des analyses scientifiques, elle correspond à une forme de pouvoir sur la population que l'on appelle le gouvernement et à la construction d'un État administratif qui gère cette population. Le terme de « dispositif » est employé pour rendre compte des différents éléments constituant la gouvernementalité.

Saladin d'Anglure, « pour qui la pérennité de l'identité voire de l'existence inuit dépend d'une revitalisation du rapport traditionnel au territoire » (*in* Leclair et Otis, 2005 : 14). À partir de leurs travaux sur les territorialités amérindiennes au Canada, Guay et Martin qualifient d'« osmotique » la relation des autochtones au territoire :

> une fois sorti du territoire, l'individu reste imbriqué au territoire et le perpétue. L'autochtone est donc lui-même territoire puisqu'il porte en lui les empreintes « génétiques » de la matrice qui l'a engendré. Dans cette vision holiste, le territoire n'a donc pas de fonction spécifique, mais bien une finalité : la production de l'individu et donc de la société, ce qui contraste avec la conception occidentale du territoire qui, elle, est soit fonctionnelle, soit étatique, c'est-à-dire généralement dépouillée de subjectivité, du moins de toute dimension spirituelle. (2008 : 642)

Cependant, axer la gouvernance autochtone sur le territoire exclusivement comporte des risques, parmi lesquels la méconnaissance desdits territoires ou l'exclusion de la population autochtone urbaine, ou dispersée. Conscient des limites de l'approche et sans contester l'importance du respect du droit au territoire des peuples autochtones, Otis recommande de ne plus tenir la perspective territoriale pour exclusive, le territoire étant une « forme de pensée parmi d'autres dans le grand bazar des idées et des traditions juridiques » :

> Il [...] ne s'agit pas de demander aux peuples non occidentaux de rompre avec leurs territoires, de renoncer à toute attache juridique avec leurs terres traditionnelles et à la maîtrise de leur foyer historique ; il s'agit plutôt de reconnaître qu'un dépassement de la logique territoriale exclusiviste et monopolistique constitue une modalité de coexistence des peuples ; l'État renoncera, du moins en partie, au monopole territorial de son droit et s'ouvrira au pluralisme des cultures juridiques qui existent en son sein alors que les collectivités infra-étatiques porteuses de ces cultures envisageront d'autres possibles que la reconduction mimétique du territorialisme étatique comme seule voie d'accès à leur propre émancipation. (Otis, 2010a : 62)

Il propose de s'orienter vers une approche post-territoriale ou de « territorialité constitutionnelle » pour envisager une gouvernance autochtone déterminée non par le conditionnement d'un droit au territoire, bien souvent insatisfait, mais par une approche personnelle de la gouvernance.

> Dire la post-territorialité, c'est nommer le dépassement d'un projet moniste, mais c'est aussi rendre compte d'un discours incapable d'être « a-territorial » en raison du relief indélébile donné au politique et au juridique par un mouvement territorial occidental multiséculaire devenu global. Il n'est nullement question de claironner la fin des territoires (Badie, 1995) car toute la post-territorialité n'entretient pas l'ambition de congédier tout bonnement l'État et sa géographie du droit ; elle veut plutôt inventer une territorialité capable de coexister avec d'autres modes d'ancrage des ordres juridiques. (Otis, 2010a : 161)

Selon cette approche, le territoire est une modalité juridique et institutionnelle plutôt qu'une condition *sine qua non* de la gouvernance, même s'il en est une très importante modalité pour la majorité des communautés autochtones. Ce point de vue, qui ressort des travaux qu'Otis a conduits, notamment avec Jean Leclair, fait de la communauté le socle et le principe de la gouvernance. Le discours post-territorial ne fait plus du substrat spatial l'horizon indépassable du *dèmos* et du pouvoir autochtone. Une autre construction est privilégiée,

> qui fait des communautés autochtones la source du pouvoir politique, en tant que titulaires d'un droit ancestral à l'autodétermination ou en tant qu'« acteurs constituants », leur droit à l'autonomie politique pouvant s'exercer en l'absence d'un substrat territorial. En cela, et contrairement à la territorialité ontologique [évoquée précédemment], la territorialité constitutionnelle ouvre la porte à un modèle *personnel* de gouvernance politique. Autrement dit, une communauté politique autochtone dépourvue d'assise territoriale pourrait, malgré tout, régir des questions relatives à la culture, à l'éducation, au droit privé, au statut personnel et à la famille, ainsi qu'aux affaires sociales. Ce modèle serait donc profitable aux communautés autochtones non dotées de réserves [selon le modèle canadien] dont les membres sont géographiquement dispersés, aux communautés autochtones dont les membres ne résident pas tous sur le territoire qui leur appartient. (Leclair et Otis, 2005 : 15)

De son côté, après avoir identifié sur des terrains africains différents modes d'appropriation du foncier et de représentation du territoire, Étienne Le Roy réfléchit à un usage partagé et non exclusif des espaces. Il propose une théorie autour de 25 modes d'appropriation (Le Roy, 2010 ; 2011). L'analyse des combinaisons possibles suggère d'envisager les différents rapports juridiques et humains au foncier dans une perspective de gestion patrimoniale, laquelle serait déterminée par les représentations et les usages de l'espace pratiqués par une pluralité d'acteurs (l'État compris) aux responsabilités partagées (Plançon, 2010 : 77-98). Cette vision – et la compréhension des relations existant entre des acteurs qui pourraient, par exemple, partager une « possession exclusive » plutôt que s'opposer sur l'usage des biens visés (voir plus loin) – est susceptible de permettre le règlement des revendications territoriales dans le cas de chevauchement de droits d'usage, impliquant différentes Premières Nations au Canada, telles que celles mises en évidence par Brian Thom (2014 : 89-105) en Colombie britannique.

À partir de ces réflexions, la flexibilité de la DDPA peut être envisagée positivement, car elle permet de s'adapter aux juridicités autochtones et offre une possibilité de combinaisons. C'est l'opinion d'Albane Geslin, qui interprète les références à « la possession, occupation, appartenance et utilisation » des TTR, employées par l'article 26 de la DDPA, comme une rupture vis-à-vis de l'approche « ethnocentriste occidentale » qui habite l'article 14 de la Convention 169, lequel s'appuie sur les termes de possession et de propriété. Il s'agit pour elle d'une tentative de « déracinement des topos occidentaux, cet échange dans un double aller vers l'autre, cette interculturation » (2011 : 681). Dès lors que la DDPA ne formule pas expressément un droit de propriété d'essence civiliste exclusive, en s'inspirant de la théorie des maîtrises foncières d'Étienne Le Roy (2013 : 207-247) il est possible d'envisager une palette de maîtrises, pour une pluralité de sujets titulaires de différents droits sur les diverses composantes d'un espace : une maîtrise minimale (accès) ; une maîtrise prioritaire (accès et prélèvement) ; une maîtrise spécialisée (accès, prélèvement et gestion) ; une maîtrise exclusive (accès, prélèvement, gestion, exclusion) ; et une maîtrise absolue (accès, prélèvement, gestion, exclusion, aliénation).

Ensemble, la Convention 169 et la DDPA permettent de considérer différentes possibilités de traiter les questions territoriales autochtones à partir de : une approche territoriale exclusive, fonctionnelle, de type étatique ; une approche holistique ; une interprétation pluraliste de l'appropriation foncière ; et une perspective d'autodétermination déterritorialisée. Après avoir précisé le sens de ces approches dans les deux documents de référence, ainsi que la constitution du bloc « terres, territoire et ressources naturelles » qui reste une spécificité des questions autochtones, nous analyserons la portée des droits envisagés dans le corpus du droit international, en relation avec les modalités de participation des peuples autochtones au contrôle de leurs territoires et les mécanismes de réparation prévus pour rétablir leurs droits quand ceux-ci sont menacés ou affectés.

Le droit aux terres, territoires et ressources naturelles

Article 25 de la DDPA
Les peuples autochtones ont le droit de conserver et de renforcer leurs liens spirituels particuliers avec les terres, territoires, eaux et zones maritimes côtières et autres ressources qu'ils possèdent ou occupent et utilisent traditionnellement, et d'assumer leurs responsabilités en la matière à l'égard des générations futures.

Article 26
1. Les peuples autochtones ont le droit aux terres, territoires et ressources qu'ils possèdent et occupent traditionnellement ou qu'ils ont utilisés ou acquis.

2. Les peuples autochtones ont le droit de posséder, d'utiliser, de mettre en valeur et de contrôler les terres, territoires et ressources qu'ils possèdent parce qu'ils leur appartiennent ou qu'ils les occupent ou les utilisent traditionnellement, ainsi que ceux qu'ils ont acquis.

3. Les États accordent reconnaissance et protection juridiques à ces terres, territoires et ressources. Cette reconnaissance se fait en respectant dûment les coutumes, traditions et régimes fonciers des peuples autochtones concernés.

Article 27
Les États mettront en place et appliqueront, en concertation avec les peuples autochtones concernés, un processus équitable, indépendant, impartial, ouvert et transparent prenant dûment en compte les lois, traditions, coutumes et régimes fonciers des peuples autochtones, afin de reconnaître les droits des peuples autochtones en ce qui concerne leurs terres, territoires et ressources, y compris ceux qu'ils possèdent, occupent ou utilisent traditionnellement, et de statuer sur ces droits. Les peuples autochtones auront le droit de participer à ce processus.

La DDPA ne précise pas la nature des droits qu'elle inscrit. Le fait est que les États n'auraient pas accepté de disposition qui formule expressément les droits de propriété des peuples autochtones. Comme le rappelle Mattias Åhrén qui participa activement aux négociations de la DDPA où il représentait le Conseil sámi,

> [...] la plupart des représentants des États entrèrent avec prudence dans les négociations sur les dispositions territoriales. Ils n'étaient pas prêts (particulièrement au début des délibérations) à permettre que ces droits soient gravés dans le marbre de la Déclaration. La plupart des États n'étaient simplement pas préparés à payer le prix, politique et financier, de leur reconnaissance complète. Au début des négociations, le message des représentants des gouvernements aux autochtones fut essentiellement : « Nous sommes prêts à reconnaître vos droits sur les territoires et ressources dans une plus grande mesure qu'ils ne le sont actuellement. Mais soyons réalistes et trouvons un compromis basé en partie sur le droit et en partie sur les réalités politiques ». (2013 : 206)

Le texte résulte des négociations tenues entre représentants étatiques et autochtones qui, étant de traditions juridiques distinctes, envisagent très différemment le droit de propriété. Ces articles sont au cœur des travaux de la Cour interaméricaine des droits de l'homme dont la jurisprudence est fréquemment citée par le rapporteur spécial sur les droits des peuples autochtones ou par les juristes qui soutiennent les causes autochtones. La raison réside, si l'on suit l'analyse doctorale de Karine Rinaldi (2012a : 405-432), dans l'interprétation à vocation universelle que réalise la Cour. Sa jurisprudence bénéficie d'une large audience : elle est suivie au sein des tribunaux nationaux d'Amérique du Sud, citée dans les avis et jugements d'autres cours régionales, comme le signalent Clive Baldwyn et Cynthia Morel (2013 : 265-305) à propos du cas *Endorois v. Kenya*[4], ainsi que dans des rapports onusiens.

Si le silence de la DDPA en relation avec le droit de propriété soumet le foncier autochtone à une relative insécurité juridique, la jurisprudence interaméricaine et celle issue des comités de l'ONU tentent d'atténuer celle-ci en précisant l'étendue des droits protégés. En reconnaissant la relation spéciale, et spirituelle, qui lie ces sociétés à leurs terres, le droit international des peuples autochtones a établi quelques caractéristiques propres. La première est l'unité constituée par les terres, territoires et ressources naturelles. Sur ce point, la Commission interaméricaine des droits de l'homme a défini les ressources naturelles comme,

> des substances qui existent naturellement dans la terre [...] Les ressources naturelles incluent l'air, la terre, l'eau, le gaz naturel, le charbon, le pétrole, les hydrocarbures, les minéraux, le bois, l'humus, la faune, la flore, les forêts et la vie sylvestre. Les ressources naturelles renouvelables sont celles qui se reproduisent ou se renouvellent, et comprennent la vie animale, les plantes, les arbres, l'eau et le vent. Les ressources non renouvelables sont irremplaçables une fois extraites de l'eau ou de la terre, et comprennent l'or, l'agent, les combustibles fossiles, les diamants, le gaz naturel, le cuivre et d'autres minerais. (CIDH, 2009 : § 41)

4. *Centre for Minority Rights Development (Kenya) and Minority Rights Group (on behalf of Endorois Welfare Council) v. Kenya.*

La deuxième caractéristique est l'interconnexion de cette unité avec d'autres droits de l'homme, et la troisième, le concept d'occupation et d'usage traditionnels. Avant de développer ces points, examinons le sens de cette « relation spéciale » qui se trouve au fondement du bloc terres, territoires et ressources (TTR).

Une relation spéciale et spirituelle

La Convention 169 se réfère à l'importance spéciale que revêt, pour la culture et les valeurs spirituelles des peuples intéressés, la relation qu'ils entretiennent avec les terres ou les territoires, ou avec les deux selon le cas. Elle évoque le fait qu'ils les occupent ou utilisent d'une « autre manière » (articles 7 et 13), ainsi que les aspects collectifs de cette relation. La DDPA protège le droit des peuples autochtones « de conserver et de renforcer leurs liens spirituels particuliers avec les terres, territoires, eaux et zones maritimes côtières et autres ressources qu'ils possèdent ou occupent et utilisent traditionnellement » (article 25). La CIDH a défini cette relation comme « signifiant un lien consubstantiel entre l'identité des peuples autochtones et leur espace ». Dans plusieurs de ses arrêts visant à protéger les droits à la propriété foncière, elle émet les considérations suivantes :

> La société autochtone est structurée sur la base de sa relation profonde avec la terre (CIDH, 2001 : § 56)
>
> Pour les communautés autochtones, la relation à la terre ne signifie pas simplement une question de possession et de production mais un élément matériel et spirituel dont elles doivent jouir pleinement, y compris pour préserver leur héritage culturel et le transmettre aux générations futures (CIDH, 2001 : § 149)
>
> La garantie du droit de propriété à la propriété communautaire des peuples autochtones doit prendre en compte que la terre est étroitement liée à leurs traditions et expressions orales, à leurs coutumes et langues, leurs arts et cérémonies, leurs connaissances et usages liés à la nature, leurs arts culinaires, au droit coutumier, à leurs habits, philosophie et valeurs (CourIDH, 2005a : § 154)
>
> La relation avec le territoire traditionnel peut s'exprimer de différentes manières, selon le peuple autochtone dont il s'agit et les circonstances concrètes dans lesquelles il se trouve et peut comprendre l'usage ou la présence traditionnelle, que ce soit à travers des liens spirituels ou cérémoniels ; des installations ou des cultures sporadiques ; la chasse, la pêche ou la collecte saisonnière ou nomade ; l'usage des ressources naturelles liées aux coutumes ; et tout autre élément caractéristique de leur culture. (CourIDH, 2006 : § 131)

À partir de la notion de relation spéciale et spirituelle, la Convention 169, la DPPA, ainsi que la Commission (CIDH) et la Cour (CourIDH) interaméricaines des droits de l'homme ont établi que la terre, le territoire et les ressources naturelles des espaces traditionnels autochtones doivent être considérés comme un ensemble interconnecté : les droits ou les négations portant sur l'un affectent nécessairement les autres.

Le bloc terres, territoires et ressources naturelles (TTR)

Selon la Convention 169 de l'OIT (C. 169), le concept de terres doit être entendu comme correspondant au territoire, lequel « [...] recouvre la totalité de l'environnement des régions que les peuples intéressés occupent ou qu'ils utilisent d'une autre manière » (article 13), soit l'ensemble des terres, les espaces utilisés ou occupés par les peuples autochtones et où se réalisent les activités de chasse, de collecte, de pêche, récréatives, cérémonielles, etc. Dans le préambule de la DDPA, l'Assemblée générale des Nations unies (Agnu) se réfère aux injustices historiques subies par les peuples autochtones « à cause, entre autres, de la colonisation et de la dépossession de leurs terres, territoires et ressources... ». Elle s'estime, un peu plus loin, « convaincue que le contrôle, par les peuples autochtones, des événements qui les concernent, eux et leurs terres, territoires et ressources, leur permettra de perpétuer et de renforcer leurs institutions, leur culture et leurs traditions et de promouvoir leur développement *selon leurs aspirations et leurs besoins* » (souligné par nous). La possession et le contrôle de « leurs terres, territoires et ressources naturelles » identifiés comme formant un bloc indivisible sont présentés par l'Agnu comme les conditions d'exercice du droit au développement par les peuples autochtones, dans le cadre de leur droit à l'autodétermination. Encore une fois, les commentaires de la Commission et de la Cour interaméricaines des droits de l'homme permettent d'appréhender ces différentes dimensions du rapport au territoire.

> La Commission valorise positivement l'incorporation d'un concept ample de terre et de territoires autochtones, qui incorpore non seulement les espaces physiquement occupés mais aussi ceux qui sont utilisés pour leurs activités culturelles ou de subsistance, comme les voies d'accès. La Commission considère que cette vision est en accord avec la réalité culturelle des peuples autochtones et leur relation spéciale avec la terre et le territoire ainsi qu'avec les ressources naturelles et l'environnement en général. (CIDH, 2009 : § 160)

> L'occupation d'un territoire de la part d'un peuple ou d'une communauté autochtone ne se limite pas au noyau de ses maisons d'habitation. Au contraire, le territoire incorpore une aire physique formée par un noyau de maisons, de ressources naturelles, de cultures, de plantations et son environnement, liés dans la mesure du possible à la tradition culturelle. (CourIDH, 2005a : allégations)

> Le droit d'utiliser et de disposer des terres que les membres du peuple [...] possèdent traditionnellement implique nécessairement de jouir d'un droit similaire relatif aux ressources naturelles nécessaires pour leur survie. (CourIDH, 2007 : § 141)

> [...] en se référant au terme « territoire », la Cour se réfère à la totalité des terres et ressources naturelles que les Saramaka ont utilisée traditionnellement. (CourIDH, 2007 : note 63)

L'interconnexion entre le droit au territoire (TTR) et d'autres droits fondamentaux

À partir de ces multiples dimensions, on peut comprendre que la violation de la relation spéciale des peuples autochtones à leurs terres atteint plusieurs droits fondamentaux, ce qui établit une interdépendance, comme l'a interprété la Cour interaméricaine des droits de l'homme:

> la relation spéciale entre les peuples autochtones et tribaux et leurs territoires signifie que l'usage et la jouissance de la terre et de ses ressources sont des composantes intégrales de la survie physique et culturelle des communautés autochtones et de l'effective réalisation de leurs droits humains en termes généraux. (CourIDH, 2004 : 114)

La CourIDH a adopté un critère semblable à celui de la CIDH sur le droit de propriété des peuples autochtones, en reconnaissant les formes communales de tenure et la relation singulière qu'ils entretiennent avec leurs terres (CourIDH 2001 ; 2004 : § 116).

> La terre constitue pour les peuples autochtones une condition de la sécurité individuelle et de la cohésion du groupe (CIDH, 2000 : § 16). La récupération, la démarcation et l'inscription des terres signifient des droits essentiels pour la survie culturelle et le maintien de l'intégrité communautaire. (*Ibidem*)

> La relation que la communauté maintient avec ses terres et ressources est protégée par d'autres droits prévus par la Convention américaine, comme le droit à la vie, à l'honneur et à la dignité, la liberté de conscience et de religion, la liberté d'association, la protection de la famille et le droit de circulation et de résidence. (CourIDH, 2001 : § 140f)

Les organes du système interaméricain des droits de l'homme estiment que la violation du droit des peuples autochtones au territoire peut mettre en cause leurs droits à la vie, à la santé, aux droits économiques et sociaux, à l'identité culturelle et à la liberté religieuse, au travail, à l'autodétermination et à leur intégrité psychique et morale (CIDH, 2010 : §§ 153-157). Pour ne citer qu'un exemple, en relation avec le droit à la vie, la CourIDH a estimé que:

> l'État, en ne garantissant pas le droit de la communauté à son territoire ancestral, a manqué à son devoir de garantir la vie de ses membres, en privant la communauté de ses moyens de subsistance traditionnels, en l'obligeant pendant des années à survivre dans des conditions déplorables et en la laissant à la merci des programmes d'assistance de l'État. (2005a : § 157b)

L'occupation ou l'utilisation traditionnelles des terres, territoires et ressources

Nous revenons ici sur la formule consacrée pour désigner les différents modes de relation ou d'appropriation du foncier sur lesquels se fondent les économies de subsistance autochtones. De la reconnaissance de ce lien dit *traditionnel* dépend le respect d'autres droits, ou la réparation pour leurs violations.

Les articles 13, 15 et 16 de la C. 169 reconnaissent le droit aux territoires *traditionnellement occupés ou utilisés*; l'article 15 concerne le droit des peuples autochtones aux ressources naturelles de leurs territoires et l'article suivant interdit le déplacement des peuples autochtones des territoires qu'ils occupent. La référence à l'occupation ou à l'utilisation traditionnelles est aussi présente dans la DDPA (articles 25, 26, 27 et 28) et dans deux Constitutions de la région Amérique du Sud : celles de l'Argentine et du Brésil[5].

La formule renvoie à des usages de terres, territoires et ressources, pratiqués « dans un temps immémorial » mais aussi récent, par les peuples autochtones, *que ceux-ci les possèdent encore ou non*. La précision est importante. Comme le souligne Rinaldi à partir de l'analyse de l'article 13 de la C. 169 (sur les « terres qu'ils utilisent d'une autre manière »), de l'article 26 de la DDPA (« terres acquises ») et de la jurisprudence de la CourIDH, les terres traditionnelles ne correspondent pas nécessairement à des terres ancestrales. Elles peuvent être d'occupation récente, occupées ou acquises en raison de la perte des terres ancestrales, dans un but de survie et de poursuite d'activités traditionnelles et du maintien d'une certaine intégrité culturelle (Rinaldi, 2012a : 82-83).

L'occupation et l'utilisation traditionnelles – qui fondent les droits dont on parle ici – doivent être garanties par les juridictions et les droits nationaux, tout comme sont protégés les droits de propriété privée par les instruments nationaux et internationaux des droits de l'homme. La Cour interaméricaine des droits de l'homme rappelle que :

> Cette notion de domaine et de possession ne correspond pas nécessairement à la conception classique de la propriété mais mérite d'être également protégée par l'article 21 de la Convention américaine. Méconnaître les versions spécifiques du droit à l'usage et à la jouissance des biens donnés par la culture, les usages, les coutumes et les croyances de chaque peuple équivaudrait à soutenir qu'il existe une seule façon d'utiliser et de disposer des biens, ce qui à son tour signifierait rendre illusoire la protection de l'article 21 de la Convention pour des millions de personnes. (CourIDH, 2006 : § 120)

La jurisprudence interaméricaine a interprété l'occupation et l'utilisation traditionnelles des TTR comme une forme de propriété protégée par le droit :

> En accord avec la Commission, le droit de propriété protégé par la Déclaration américaine doit être interprété et appliqué dans le contexte des communautés autochtones dans le respect de principes liés à la protection des formes traditionnelles de propriété, de survie culturelle et des droits aux terres, territoires et aux ressources. Il a été soutenu que ces droits comprennent le droit des peuples

5. En Argentine, l'article 75, alinéa 17 de la Constitution de 1994 reconnaît le droit des peuples autochtones (préexistants à l'État) à la possession et la propriété communautaires des terres traditionnellement occupées. La Constitution du Brésil de 1988 proclame « les droits originaires (*de los povos indigenas*) sur les terres traditionnellement occupées » (article 231). Sur l'interprétation de ce droit, voir Ferreira de Carvalho, 2013.

> autochtones à la reconnaissance légale de leurs diverses et spécifiques formes et modalités de contrôle de la propriété, de l'usage et de la jouissance des territoires et biens ainsi qu'à la reconnaissance de leur droit de propriété et de possession des terres, territoires et ressources historiquement occupés. (CourIDH, 2004 : § 115)
>
> Les modes traditionnels d'usage et d'occupation territoriale des communautés autochtones de la côte Atlantique du Nicaragua qui fondent des systèmes coutumiers de propriété sont des droits de propriété créés par les pratiques et normes coutumières autochtones qui doivent être protégés et correspondent aux droits de propriété protégés par l'article 21 de la Convention. (CourIDH, 2001 : § 140c)

Ainsi, l'interprétation de l'article 21 du Pacte de San José peut-elle protéger les modes autochtones, individuels et collectifs, d'appropriation, du foncier : « La propriété privée de particuliers tout comme la propriété communautaire des membres des communautés autochtones sont garanties par la protection conventionnelle octroyée par l'article 21 de la Convention américaine » (CourIDH, 2005 a § 143).

Quelles caractéristiques doivent présenter l'occupation ou l'utilisation traditionnelles des terres et territoires ? Dès lors qu'elles correspondent aux formes d'appropriation du foncier définies par les pratiques et les juridicités autochtones, leurs critères ne peuvent pas être ceux exigés en droit commun par la prescription acquisitive de propriété, relatifs à « une possession continue, paisible, publique et non équivoque ». La jurisprudence interaméricaine a estimé que « la teneur traditionnelle est liée à une continuité historique, mais non nécessairement à un seul lieu et à une seule conformation sociale à travers les siècles » (CourIDH, 2001 : § 140a). En cela, elle se montre plus progressiste que les tribunaux australiens qui tendent à exiger des parties autochtones réclamant un titre de propriété (dit *Native Title*), la preuve de la continuité dans l'occupation d'un lieu ou l'exercice d'une pratique culturelle (Wyatt, 2014 : 323-335) : cela a tendance à figer dans le marbre ce qui relève de la culture, alors que celle-ci est dynamique.

Pour la CourIDH, ce qui détermine le droit de propriété des terres autochtones n'est pas une possession continue sur une durée déterminée fixée légalement, mais plutôt le maintien d'un lien spirituel et matériel avec le territoire ancestral :

> [...] tant que cette relation existe, le droit à la revendication restera en vigueur ; en son absence, il s'éteindra. Cette relation peut s'exprimer de différentes manières, selon le peuple autochtone concerné et les circonstances concrètes dans lesquelles il se trouve. (CourIDH, 2007 : § 131)

La Cour a estimé que « la possession n'est pas un critère qui conditionne l'existence du droit à la récupération des terres autochtones » (CourIDH, 2006 : § 128). Pour ces motifs, des terres, des territoires et des ressources naturelles toujours utilisés par les peuples autochtones mais qu'ils n'occupent plus parce qu'ils les ont perdus ou qu'ils leur ont été confisqués, tout en maintenant une relation spéciale culturelle (internationalement protégée), pourront être considérés comme relevant de leur occupation traditionnelle. Cette relation spéciale s'établit comme un lien de mémoire collective, basé sur la conscience d'un droit d'accès ou d'appartenance, conforme aux règles culturelles et spirituelles des peuples concernés. En outre, le système interaméricain des droits de l'homme a établi un ensemble de critères lui permettant de vérifier l'occupation et l'utilisation traditionnelles d'un espace. En résumant les décisions de la CIDH, il s'agit de :

> développement de pratiques traditionnelles de subsistance, rituelles ou de soins ; toponymie de la zone dans le langage de la communauté ; études et documentation techniques ainsi que toute preuve attestant que le territoire réclamé soit approprié pour le développement de la communauté autochtone. (2009 : § 79)

Une fois ce point clarifié, notons que les droits des peuples autochtones ne se limitent pas aux terres d'occupation traditionnelle. Afin de leur permettre d'assurer leur développement et leur survie en application du droit à l'autodétermination, l'État doit transférer à titre gratuit des terres aux peuples autochtones : « pour préserver leurs propres formes de vie, assurer leur viabilité économique ainsi que leur propre expansion » (CourIDH, 2005a).

Nature et portée juridique du droit aux « terres, territoires et ressources traditionnellement occupés ou utilisés »

L'analyse combinée des articles 25 et 26 de la Déclaration suggère de distinguer les TTR *acquis ou possédés* – correspondant aux terres qui leur appartiennent ou bien aux terres qu'ils occupent ou utilisent traditionnellement – des biens *qu'ils ont utilisés.*

La notion de « terres et territoires qui leur appartiennent, ou qu'ils occupent, ou qu'ils utilisent traditionnellement »

Une interprétation évolutive et intégrée de la DDPA comme partie du corpus des droits des peuples autochtones permet de considérer que les peuples autochtones ont droit à la propriété de ces terres et de ces territoires (Åhrén, 2013 : 212). Le droit de propriété reconnu expressément par l'article 14 de la Convention 169 est moins étendu que celui prévu par la DDPA, dès lors que seuls sont reconnus « les droits de propriété et de possession sur les terres qu'ils occupent traditionnellement ». À l'époque de la rédaction de cet article, le concept de « terre » ne s'étendait pas au territoire. Cependant, vingt ans après son adoption en 1989, l'article 14 est aujourd'hui interprété à la lumière du *corpus juris* constitué en la matière et s'étend à celui-ci. Le même article ne reconnaissait que des droits d'usufruit pour les terres occupées traditionnellement par des populations autochtones, mais partagées avec des tiers. La jurisprudence interaméricaine des droits de l'homme considère dorénavant que les populations concernées disposent d'un titre de propriété sur ces terres et territoires.

La possession des terres et territoires utilisés par le passé

Selon l'article 26.1 de la DDPA, les peuples autochtones ont des droits sur les biens qu'ils utilisaient mais qu'ils ne possèdent plus ou n'utilisent plus ; leur nature dépend du maintien d'un lien matériel, ou spirituel, entre ce bien et les personnes concernées, ainsi que des circonstances de la dépossession. Une interprétation de l'article 28.1 avec le *corpus juris* implique non seulement la reconnaissance du droit de propriété des peuples autochtones concernant les terres, territoires et ressources « traditionnellement possédés, occupés ou utilisés », mais aussi ceux qui ont été « confisqués, pris, occupés, exploités ou dégradés sans leur consentement préalable, donné librement et en connaissance de cause ». Pour Rinaldi, cette interprétation, ratifiée par la jurisprudence interaméricaine, « semble donner un sens pratique au rejet de la doctrine de la *terra nullius* » (2012a : 89). La CourIDH a aussi analysé que les revendications du droit « de propriété sur les terres dérivent de la nécessité de garantir la sécurité et la permanence du contrôle et de l'usage des ressources naturelles » (2007 : § 122).

Le droit aux ressources naturelles des terres et territoires

La Convention 169 et la DDPA posent le critère de l'utilisation traditionnelle des ressources naturelles comme fondant un droit autochtone aux ressources naturelles. Cependant, aucun de ces instruments n'énonce expressément le droit des peuples autochtones à la propriété des ressources naturelles de leurs territoires. Pourtant, dans son étude sur la souveraineté permanente sur les ressources naturelles présentée en 2004, Erica-Irene Daes, alors ancienne présidente du Groupe de travail sur les populations autochtones et rapporteure spéciale sur la question des territoires, préconisait que « dans la grande majorité des cas les peuples autochtones doivent être considérés comme propriétaires des ressources du sous-sol dont sont dotés leurs terres et territoires » (2004 : § 45).

La Convention prévoit de sauvegarder les droits des peuples autochtones aux ressources naturelles de leurs territoires, sans préciser leur nature, à l'exception de la mention du droit de participer à l'utilisation, à la gestion et à l'administration de ces ressources. Ce texte, adopté, rappelons-le, près de vingt ans avant la DDPA, protège les hypothèses où l'État est propriétaire des ressources naturelles du sol et du sous-sol des territoires autochtones (article 15.2). Dans ces cas, elle prévoit que l'État est tenu de consulter les peuples autochtones pour tout projet de prospection et d'exploitation des ressources naturelles, et que ceux-ci bénéficient des avantages économiques de tels projets et soient indemnisés pour tout préjudice souffert.

En Amérique du Sud a longtemps primé la conception, domaniale, selon laquelle les ressources minérales sont la propriété de l'État. Aujourd'hui y prédomine le droit régalien qui, tout en considérant la mine comme *res nullius* (c'est-à-dire « la chose de personne »), prévoit que l'État détermine les conditions de recherche et d'exploitation des ressources minières. Cette prérogative reconnue à l'État distingue ce système des systèmes d'accession et du droit d'occupation ou de l'inventeur. Dans le premier cas, le propriétaire du sous-sol est également propriétaire du tréfonds par droit d'accession ; les droits du propriétaire peuvent cependant être limités par la

Couronne ou l'État dans l'intérêt général. Dans le système du droit d'inventeur ou d'occupation, la mine est considérée comme *res nullius*, de sorte que les droits miniers sont reconnus au premier occupant du terrain ou au premier demandeur. Ce système prévaut en Australie, ce qui explique la reconnaissance de droits au sous-sol aux « propriétaires traditionnels » au sein des *Native Title*.

Dans la DDPA, la logique du bloc TTR et les exigences de protection du droit à l'autodétermination et au développement conduisent à interpréter l'article 26 comme permettant la reconnaissance, en faveur des peuples autochtones, d'un droit de propriété sur les ressources présentes dans leurs territoires. La CourIDH a précisé que le droit de propriété doit être garanti pour ce qui concerne les ressources naturelles « qu'ils ont utilisées de manière traditionnelle et qui sont nécessaires pour la survie, le développement et la continuité du style de vie du peuple ». Selon la Cour :

> une question qui dérive nécessairement de l'affirmation selon laquelle les membres du peuple saramaka ont le droit d'user et de jouir de leur territoire conformément à leurs traditions et coutumes est la thématique du droit aux ressources naturelles qui se trouvent dans les terres, y compris les ressources naturelles sous la superficie. (CourIDH, 2007 : § 118)

> les membres des peuples autochtones et tribaux ont le droit d'être titulaires des ressources naturelles qu'ils ont traditionnellement utilisées sur leur territoire, pour les mêmes raisons pour lesquelles ils ont le droit d'être titulaires de la terre qu'ils ont utilisée et occupée traditionnellement durant des siècles. (CourIDH, 2007 : § 121)

La Cour interaméricaine estime que le bois que les « Saramaka ont récolté, utilisé, commercialisé et vendu [...] de manière traditionnelle et ils continuent de le faire » était une ressource naturelle appartenant aux Saramaka, au contraire de l'or, ressource non utilisée traditionnellement et qui, en conséquence, n'était pas compris comme un bien relevant de la propriété de la communauté (CourIDH, 2007 : § 122 et § 155). Cette jurisprudence a été contestée car elle prive les populations autochtones des autres ressources naturelles de leurs territoires amplement convoitées par les multinationales. Selon Otis :

> [p]uisque le mode de vie de bon nombre de peuples autochtones est traditionnellement centré sur la chasse, la pêche, la cueillette et l'agriculture de subsistance, on peut penser que dans bien des cas la protection de l'article 21 [de la Convention américaine] ne conférera pas le contrôle des ressources minières, hydrauliques, pétrolières, en gaz et éoliennes tant convoitées dont regorgent souvent les terres autochtones. (Otis, 2010b : 246)

Les éléments et critères définis ci-dessus permettent de déterminer, au cas par cas, la vigueur d'un droit de propriété autochtone. Dans les affaires dont elles ont été saisies, la Commission et la Cour interaméricaines des droits de l'homme ont dans la plupart des cas ordonné à l'État de délimiter et démarquer les terres et territoires d'occupation traditionnelle autochtone. Ce sont des mécanismes juridiques de sécurisation foncière qui composent le droit de propriété foncier :

> la reconnaissance purement abstraite ou juridique de ce droit (de propriété par les États) est vide de sens si les terres n'ont pu être délimitées et remises, par manque

de mesures adéquates de droit interne nécessaires à la garantie de l'usage et de la jouissance effectifs du droit de propriété pour les membres de communautés autochtones. (CourIDH, 2006 : § 143)

Ces mesures, édictées à titre de réparation en faveur des communautés concernées par le cas jugé, ont été étendues dans certaines affaires (CourIDH, 2001 *cas Awas Tingni c. Nicaragua*; 2005a *cas Yakye Axa c. Paraguay*) à l'ensemble des peuples autochtones du pays impliqué, posant ainsi les prémices d'un « droit au droit » de propriété[6].

Dans les hypothèses où le droit des peuples autochtones sur leurs terres, territoires et ressources est avéré, le *corpus juris* a prévu certains mécanismes de protection qui organisent, notamment, une participation des peuples autochtones au contrôle des territoires. Nous analyserons plus loin les modalités de réparation prévues par ce corpus juridique dans les hypothèses où ce droit est menacé ou affecté.

Les droits aux terres dans les pays étudiés

Les luttes des peuples autochtones pour obtenir la sécurisation de leurs droits territoriaux et garantir leur accès aux ressources sont continues et marquent leurs relations avec les gouvernements successifs. S'inscrivant toujours dans la perspective de recouvrer un territoire ancestral usurpé, elles répondent de plus en plus au besoin de protéger les habitats face aux différentes menaces et aux pressions que subissent les autochtones du fait de l'exploitation des ressources naturelles, sans leur consentement, ou de leur destruction par des mégaprojets d'infrastructure (Bellier, 2014). Les enjeux sont opposés, s'agissant pour les populations autochtones de protéger la vie et l'espace qui la rend possible, tandis que des intérêts économiques et de développement industriel tendent à s'imposer comme « inéluctables » bien que n'apportant nul bénéfice aux populations évincées[7]. Cela génère des conflits au cours desquels de nombreuses personnes autochtones sont assassinées ou violentées.

Dans les pays de l'étude on observe une grande diversité des modes de reconnaissance des droits des peuples autochtones à la terre, au territoire et aux ressources naturelles, tant entre les pays qu'au sein d'un même pays. Ce sont des variations selon les peuples, selon la nature des droits (propriété, possession, usage, accès) concernés, selon leur étendue (terres, territoires, ressources naturelles) et selon la portée individuelle ou collective des droits. La variété s'explique par la tradition juridique prédominant dans le pays en question (romano-germanique ou de *common law*), et aussi par l'histoire de la colonisation et de la résistance des

6. Cependant, dans deux affaires (concernant l'une la communauté moiwana, l'autre le peuple saramaka), la Cour n'a pas étendu à l'ensemble du pays concerné les exigences de mécanismes permettant de délimiter, de démarquer et de titulariser les terres autochtones (Rinaldi, 2012a : 111-117).

7. Les autochtones ne s'opposent pas au développement en soi mais souhaitent en profiter et que les projets ne se réalisent pas au détriment des équilibres écologiques ou sociaux. À cet égard, ils ont posé le concept de « développement auto-déterminé » (Tauli-Corpuz, Enkiwe-Abayo et Chávez, 2010 ; Bellier, 2008).

peuples autochtones. Les variations peuvent aussi être expliquées en fonction de la valeur des terres traditionnellement possédées, occupées ou utilisées.

Tableau 17. Les droits aux terres :
spiritualité, possession, mise en valeur, reconnaissance

DDPA	Droits invoqués	Arg.	Bol.	Chi.	Mex.	Fr.-Guy.	Fr.-N.-C.	Aus.	Ind.	Bot.	Nam.
25	Liens spirituels avec les TTR	C. 169	C. 169	C. 169	C. 169		A				
26.1	Droits aux TTR	C. 169	C. 169	C. 169	C. 169 ns		A				
26.2	Droits de posséder, utiliser, mettre en valeur et contrôler TTR	C. 169	C. 169	C. 169	C. 169 ns		A				
26.3	Protection juridique des TTR	C. 169	C. 169	C. 169	C. 169		A				
27	Processus concertés avec PA pour reconnaître les droits aux TTR	C. 169	C. 169	C. 169	C. 169						

Constitution — Loi(s) code(s) — Constitution et loi(s) — C. 169 : Convention 169 de l'OIT
A : Accord politique — ns : norme non spécifique

Bien que la plupart des États de l'étude reconnaissent des droits de propriété sur des terres ancestrales, la reconnaissance de ce type de droits, de préférence à celle de droits plus précaires tels que des droits d'usage, prédomine dans les pays de tradition romano-germanique, en Amérique du Sud, et en France pour la Nouvelle-Calédonie : la Guyane française faisant ici exception. Dans les pays de *common law*, et à l'exception de l'Inde qui reconnaît des droits de propriété aux tribus répertoriées, prédomine la détermination pour les peuples autochtones de titres fonciers aux visages multiples (*Native Title*, par exemple), ou de droits d'usage et de possession qui permettent une appropriation partagée entre l'État, les autochtones et le secteur privé.

Quelle que soit la nature des titres fonciers reconnus, leur caractère communautaire paraît clairement établi : en Argentine où la Constitution reconnaît la « possession et la propriété communautaires de terres » pour les peuples autochtones (article 75. alinéa 17) ; en Nouvelle-Calédonie pour ce qui concerne les « terres coutumières » ; en Guyane française où sont reconnues des « zones de droits d'usage collectifs » (ZDUC) ; en Bolivie qui a mis en place le régime des *territorios indigena originario campesinos* (Tioc) ; en Inde – « aires tribales » ; au Botswana et en Namibie qui admettent des « terres communales ». Au Chili, le caractère communautaire des « terres indigènes » concerne essentiellement les peuples andins du Nord. En Australie, le caractère collectif ou individuel du titre foncier dépend de la teneur des droits coutumiers autochtones préexistant à l'affirmation de la souveraineté de la Couronne britannique.

L'histoire de la lutte menée depuis deux décennies par l'association Lakha Honhat, en Argentine puis devant la Commission interaméricaine des droits de l'homme, permet de comprendre l'importance de la reconnaissance du lien collectif à la terre. En effet, afin de protéger leur habitat et de poursuivre leurs activités traditionnelles, les communautés de cinq peuples autochtones (Lyojwaja, Nivakle, Tapi'y, Qom et Wichi) se sont organisées au sein de l'association susmentionnée pour obtenir l'inscription d'un titre foncier de propriété sans subdivision interne et correspondant au territoire traditionnellement utilisé en commun, dans le respect de leur autonomie (Carrasco, 2014 : 107-124). Cette lutte permet de souligner le fait que la titularité du titre foncier est aussi une affaire de personnalité juridique. Dans la plupart des États de l'étude, la remise d'un titre ou de droits fonciers communautaires est conditionnée à la constitution des demandeurs en communauté légale (Chili), en groupement particulier de développement local (Nouvelle-Calédonie), en *trust* dans certains États et Territoires d'Australie et au Bostwana, ou encore à raison de la nomination d'une « autorité traditionnelle » (Namibie), etc. Ces pratiques, constitutives de la personnalité juridique des autochtones, sans rapport avec leurs formes propres d'organisation sociopolitique, sont sources de division, voire de déni des droits fonciers et elles vont à l'encontre de la Déclaration qui recommande de prendre en compte « les lois, traditions, coutumes et régimes fonciers des peuples autochtones ».

Des droits de propriété sur les terres autochtones

Parmi les États de l'étude, le régime de la propriété privée de type civiliste pour les terres autochtones (c'est-à-dire inspiré du bloc *usus-fructus-abusus*) a été adopté dans tous les États d'Amérique du Sud, en Inde et en Nouvelle-Calédonie. Sa reconnaissance n'est cependant pas synonyme de sécurité juridique absolue. En Inde, le 44e amendement (1978) de la Constitution a retiré le droit de propriété de la liste des droits fondamentaux et l'article 300 a introduit le droit de l'État de réquisitionner des terres (*eminent domain*).

Tableau 18. Attributs des droits de propriété fonciers « autochtones »

	Argentine Loi 23302	Bolivie Constitution de 2009		Chili Loi 19253	Inde Constitution et *Pesa Act* 1996	Nouvelle-Calédonie Loi organique constitutionnelle de 1999
		Propriété individuelle	Propriété collective			
Inaliénable	X (1)		X	X (3)	X (5)	X
Indivise		X (2)	X	X (2) (<3 ha)		
Imprescriptible			X			
Insaisissable	X	X	X	X		X
Incessible	X		X	X (4)		X
Non imposable			X	X		
Incommutable						X

1) Inaliénables pendant vingt ans. 2) Sauf dans les successions. 3) Sauf entre personnes autochtones ou communautés autochtones. 4) Les terres appartenant à des autochtones peuvent être louées à des tiers pour une période inférieure ou égale à cinq ans. 5) Inaliénable, sauf avec le consentement préalable du Gram Sabha, des Panchayat ou des Conseils de district autonomes (*Pesa Act* de 1996).

Les mesures de protection adoptées, qui constituent une limitation aux droits des autochtones de disposer librement de leurs terres (*abusus*) mais visent à préserver un patrimoine foncier autochtone, ne sont cependant pas absolues et plusieurs stratégies juridiques permettent de contourner les interdictions dont elles font l'objet. Parmi ces cinq États, les fondements et la titularité des droits de propriété divergent, selon qu'ils concernent des individus ou des collectivités. Par ailleurs, le Mexique n'a pas précisé la teneur de la protection spéciale à accorder aux terres autochtones. Les autres pays qui ont reconnu la propriété foncière autochtone ont adopté des régimes de protection spécifiques.

La spécificité chilienne : des droits de propriété foncière autochtones individuels

La politique foncière envers les peuples autochtones se caractérise, au Chili, par la remise de titres individuels de propriété foncière aux Mapuche et aux Rapa Nui. Concernant les Mapuche, dès 1927 était adoptée une série de lois[8] visant à diviser les terres communautaires jusqu'alors protégées par les *Titulos de Merced* (titres gracieux). Ces titres, remis à la fin du XIXe siècle aux chefs traditionnels mapuche ou aux chefs de famille, permirent de titulariser 6 % des terres ancestrales mapuche : le reste des terres avait été vendu aux enchères ou intégré au domaine de l'État (Cloud et Le Bonniec, 2012). L'implantation de la propriété individuelle, à compter de 1927, visait à incorporer les terres mapuche au marché foncier et à assurer l'assimilation des personnes au reste de la population. Le processus fut achevé sous la dictature militaire d'Augusto Pinochet (1973-1989) avec l'adoption, en 1979, du décret-loi n° 2568. Aujourd'hui, certaines terres ancestrales[9] sont remises avec un « titre communautaire » aux communautés légales mapuche, principalement afin de servir d'espace cérémoniel.

La question foncière à Rapa Nui a connu une autre dynamique, propre à l'histoire coloniale de l'île et à l'intérêt patrimonial et touristique que représentent les *Moai* (statues) et la biodiversité maritime. Les Rapa Nui ont été dépossédés de leurs terres à la suite de deux déplacements forcés survenus, en 1868, à l'arrivée des missionnaires puis, en 1897, alors que l'île passée sous la protection de l'État chilien en vertu de l'Accord de volontés de 1888 était louée à des compagnies commerciales (Cristino et Fuentes, 2010 ; Teave et Cloud, 2014). Les Rapa Nui furent réinstallés au sein d'une réserve d'1 km^2, étendue par la suite à 2 km^2, correspondant à l'actuel centre urbain de Hanga Roa. Sur cet espace et plus exceptionnellement dans les autres parties de l'île, des titres individuels provisoires d'occupation furent remis à une partie de la population par l'armée, en charge de l'administration. La loi de l'île de Pâques (*ley de Pascua*) accorde, en 1966, la nationalité chilienne aux Rapa Nui, établit l'installation de différents services de l'administration chilienne sur l'île et interdit toute inscription de terres en faveur

8. Loi n° 4169 (1927), loi n° 4802 (1930), loi 4111 (1931), loi du 10 février (1942), loi 8736 du 28 janvier 1947, loi 14511 (1961), loi 17729 (1972) et décret-loi 2568 de 1979.

9. Ces terres relevaient du domaine étatique ou bien ont été rachetées par la Conadi à des particuliers.

d'étrangers. Aujourd'hui les Rapa Nui ne sont propriétaires à titre individuel que de 14 % du foncier de l'île (Tuki Huke et Cloud, 2014).

Le Mexique entre droits individuels et collectifs de propriété

Le Mexique se situe dans une position intermédiaire entre le principe de la propriété autochtone individuelle et celui d'une propriété communautaire protégée par la Constitution (article 27). La reconnaissance de droits fonciers aux peuples autochtones s'est adaptée aux figures foncières existantes dans le droit mexicain : à savoir les *ejidos* et les « biens communaux ». Comme l'indique Danièle Dehouve,

> À la suite de la révolution mexicaine, l'État a pris des mesures visant à restreindre la superficie des grandes propriétés rurales. Il a promu la propriété collective de la terre sous deux formes : les *ejidos* sont plus spécifiquement formés sur des terres expropriées aux grandes haciendas, tandis que les « biens communaux » sont concédés par résolution présidentielle aux collectivités capables de produire des titres de propriété datant de la période de la colonisation espagnole. Les *ejidos* sont accordés à des paysans qui parlent ou non une langue indienne, alors que les biens communaux sont plus souvent attribués aux descendants d'anciens villages d'Indiens tributaires de la Couronne espagnole. Mais comme cette législation, mise en œuvre par l'État fédéral, s'applique « au coup par coup », la situation agraire des Indiens est loin d'être uniforme. On peut trouver dans leurs régions aussi bien la petite propriété privée que des *ejidos* et des « biens communaux ». (2003 : 6-7)

Si le régime de propriété des peuples autochtones se révèle très diversifié, la propriété en *ejidos* prédomine toutefois. Celle-ci représente environ 80 % des formes de propriété et d'organisation sociale des peuples autochtones au Mexique, le reste se présentant sous forme de communautés dites agraires (paysannes). Les *ejidos* se situent principalement dans six États (Chiapas, Veracruz, Yucatán, Oaxaca, Hidalgo et San Luis Potosí). Dans d'autres régions, les autochtones sont propriétaires de parcelles individuelles et privées (López Bárcenas, 2002).

Le lien à la terre (ou l'occupation traditionnelle des terres) comme fondement juridique des droits de propriété autochtone : exemples de l'Argentine et de la Nouvelle-Calédonie

En Argentine, la reconnaissance des droits fonciers des peuples autochtones témoigne d'une perspective historique opposée à celle de son voisin chilien. Dans cet État fédéral, les titres de propriété autochtones représentaient une exception jusqu'en 1994. Dans la plupart des cas, les communautés autochtones résidaient sur des terres inscrites au domaine public ou relevant de la propriété privée individuelle de tiers non autochtones. Cette situation d'extrême insécurité juridique et de précarité plaçait les collectivités autochtones sous la menace permanente d'accusations d'usurpation territoriale et le risque d'être violemment expulsées de leurs foyers. La réforme constitutionnelle de 1994 a consacré la reconnaissance des droits à la possession et à la propriété communautaires des terres traditionnellement occupées et à la remise d'autres terres, aptes et suffisantes au développement (article 75, alinéa 17). La loi n° 26.160, dite « d'urgence en matière de possession et propriété communautaire autochtone », adoptée en 2006 et prorogée jusqu'en 2017, vise à faciliter la mise en œuvre de cette disposition en chargeant les provinces de réaliser des études techniques et juridiques cadastrales sur les terres d'occupation et d'usage traditionnels. Elle interdit les expulsions territoriales tant que les possessions n'ont pas été établies par cet instrument[10].

En Nouvelle-Calédonie, la vaste réforme foncière qui a débuté en 1978 est à l'origine de la reconnaissance de droits de propriété fonciers aux Kanak. Comme l'explique Benoît Trépied (2011) :

> Le principe de la réforme foncière consiste pour l'Adraf à racheter les terrains des colons puis à les redistribuer aux clans ou tribus kanak concernés. Il s'agit d'un processus administratif et non judiciaire (sans recours aux tribunaux), qui repose sur des enquêtes précises menées par le personnel de l'Adraf. Les attributions foncières sont soumises au consensus local. Ces terres sont attribuées pour l'essentiel à des Groupements de droit particulier local (GDPL) qui représentent les clans ou les tribus. Depuis l'Accord de Nouméa, les terres de GDPL et les terres de réserves sont désignées par un seul vocable : « terres coutumières[11] ». L'ensemble des terres coutumières représente aujourd'hui environ 18 % de la superficie totale de la Grande Terre. Le site internet de l'Adraf présente en détail la cartographie des terres coutumières[12].

Avant l'Accord de Nouméa, l'Adraf privilégiait le critère de la valorisation économique de la terre sur le lien culturel invoqué par les Kanak.

Des droits d'usage sur les terres pour les autochtones : Guyane, Chili, Botswana, Namibie

En Guyane française, en Namibie et au Botswana, le régime des droits d'usage est prépondérant, à côté du régime de la propriété. Concédés sur de plus vastes étendues que les droits de propriété, les droits d'usage ont l'avantage de faciliter la pratique d'activités traditionnelles de subsistance et l'inconvénient de leur grande précarité.

Un exemple singulier de droits fonciers d'usage peut être illustré en Guyane française où l'État détient la majorité des terres. Le régime des Zones de droits d'usage collectifs (ZDUC) existe à côté d'autres mécanismes également employés pour encadrer l'accès des autochtones à la terre : les concessions et les cessions collectives de terres domaniales. En 2014 étaient recensées quinze ZDUC, neuf

---

10. À propos de l'application de cette loi, voir infra : réparation.

11. Les terres coutumières correspondent aux « réserves, terres attribuées au groupement de droit particulier local et aux terres qui ont été ou sont attribuées par les collectivités territoriales ou les établissements publics fonciers, pour répondre aux demandes exprimées au titre du lien à la terre » (article 18, loi 1999).

12. http://www.Sogip.ehess.fr/spip.php?rubrique48 [consulté le 27 mai 2015].

concessions collectives et seulement trois cessions collectives de terres, correspondant au total à 8 % de la superficie de la Guyane, au bénéfice principal des communautés amérindiennes. C'est lors d'un discours prononcé à Awala, en décembre 1984, à l'occasion d'un rassemblement historique entre les six nations amérindiennes de Guyane, que Félix Tiouka, président de la toute récente Association des Amérindiens de Guyane française (AAGF), témoigna de la résistance des Amérindiens à l'imposition de la notion de propriété privée foncière qu'ils jugeaient étrangère à leur relation à la terre :

> Nous ne comprenons pas [...] pourquoi la notion de propriété privée de terre qui est la vôtre doit primer sur la notion de propriété collective qui est la nôtre [...]. Nous sommes les représentants de sociétés communautaires dans lesquelles la répartition des ressources s'est toujours faite sur des bases égalitaires et nous voulons conserver ce principe. (Davy et Filoche, 2014 : 20)

Trois ans après était adopté le décret n° 86267 (novembre 1987) qui crée les ZDUC. Celles-ci correspondent à l'espace de forêt au sein duquel les « communautés d'habitants tirent traditionnellement leurs moyens de subsistance » et visent à répondre à l'usage collectif des habitats par les communautés amérindiennes et noirs-marrons. Depuis 2005, ces droits d'usages collectifs bénéficient d'une protection supérieure au sein de l'article L. 272-4 du Code forestier. À l'exception des Amérindiens kali'na des communes de Mana et d'Iracoubo, ainsi que des Palikwene (ou Palikur) de Regina et de Saint-Georges de l'Oyapock, la plupart des villages amérindiens se sont dotés de ZDUC. Parmi les Noir-Marrons, seuls les Aluku de Maripasoula et les Ndjuka de Saint-Laurent du Maroni possèdent des ZDUC. Bien que ces dispositifs aient contribué à préserver l'intégrité culturelle des communautés autochtones en permettant la transmission de savoirs et de savoir-faire, leurs limites sont aujourd'hui soulignées. Au-delà du fait qu'il est nécessaire que les bénéficiaires de ZDUC redéfinissent leur personnalité collective, les chercheurs Damien Davy et Geoffroy Filoche (2014) mettent en avant la grande précarité des droits fonciers ainsi reconnus aux communautés autochtones et la nécessaire redéfinition de la notion de « subsistance » qui conditionne l'accès à ce régime, afin d'adapter celle-ci à leurs besoins de développement actuels (et futurs).

Les communautés autochtones de Guyane française s'étaient opposées à l'imposition de la propriété privée pour réglementer leurs relations à la terre, en nourrissant l'espoir que la reconnaissance des droits d'usage leur permettrait de préserver un mode de vie sur des espaces étendus. Il convient de constater que ces droits ne sont pas suffisants pour garantir aux communautés autochtones l'usage de la terre et des ressources naturelles depuis leur mise en concurrence, chaque jour plus accentuée, avec des droits parfois supérieurs détenus par l'État ou par des tiers non autochtones sur ces mêmes terres : on fait ici référence au droit de l'environnement, au droit de l'urbanisme, au droit minier, et au droit général de la propriété.

Les ZDUC sont en effet soumises à une pluralité de systèmes de gouvernance, pour la plupart indépendants des communautés autochtones et qui déterminent la gestion des habitats. Aujourd'hui se superposent les administrations de la commune, de la préfecture, de la conservation des ressources naturelles et régionales, ainsi que celle du Parc amazonien de Guyane (PAG) dans le cas des trois ZDUC qui se sont retrouvées insérées dans les limites du PAG, alors que celui-ci fut créé en 2007, bien après leur définition. Le PAG préserve les droits de chasse, de pêche et de cueillette, la pratique des abattis et la création de villages, en soumettant les activités des communautés au respect du droit de l'environnement et à la protection de certaines espèces sur le littoral. En revanche les réserves de Trésor et de l'Amana, qui ont été également créées sur les territoires de plusieurs ZDUC, ne permettent pas la pratique de telles activités. C'est ainsi que la collecte des œufs de tortues vertes, très prisés des communautés amérindiennes, est interdite sur la plage de Yalimapo. Par ailleurs, bien que l'Office national des forêts (ONF) ne soit pas compétent dans les ZDUC, ces zones sont tenues de respecter les principes de gestion durable du domaine forestier permanent (DFP). Certains arrêtés de création de ZDUC conditionnent la pratique des abattis et les coupes de bois à l'autorisation de l'ONF. Des communautés ont aussi vu leurs droits limités par la réglementation du Parc national brésilien qui ne permet pas aux populations de Camopi d'ouvrir des abattis sur la rive droite du fleuve Oyapock. En sus de cet empilement de droits et de pratiques administratives, les communautés autochtones sont également confrontées aux pratiques illégales qu'elles dénoncent continûment, mais avec peu de résultats : l'orpaillage illégal a installé un climat de violence et contaminé les habitats, en particulier au sud où sont affectées les ZDUC des Wayana, des Teko et des Wayampi ; des espèces végétales (bois précieux) utilisés pour l'artisanat sont volées ; des terres sont occupées sans accord préalable et des familles étrangères aux communautés produisent désormais du charbon de bois. À ces conflits de droits et de pratiques s'ajoutent des difficultés liées à l'éloignement de certaines ZDUC et à la croissance démographique des populations autochtones. Pour ces différents motifs, les communautés autochtones réclament la création de nouvelles ZDUC et l'extension de la surface de celles déjà existantes. Rappelons ici que la création de ZDUC, gelée à partir de 1996, fut réactivée en 2011 du fait de la pression exercée conjointement par les organisations autochtones, les anthropologues et des organismes de droits de l'homme (Davy et Filoche, 2014 : 22).

Les concessions foncières encadrent un droit à la terre extrêmement précaire dès lors qu'elles ne sont attribuées que pour un temps déterminé. Bien que la plupart des concessions aient été renouvelées, elles restent sujettes à une destination précise impliquant des obligations à la charge du concessionnaire ; leur reconduction est soumise au bon vouloir de l'administration, de même que leur mutation en cession. Elles dépendent aussi de l'organisation des communautés en associations du type connu en France sous le nom de loi 1901. Les terres concédées et cédées ne sont pas soumises à un régime juridique spécifique de protection : régies par le droit commun, elles sont soumises à l'impôt foncier. Une fois cédées en propriété aux communautés, ces terres peuvent être subdivisées en parcelles individuelles et vendues à des tiers non autochtones.

La réglementation précaire de l'accès des collectivités autochtones au foncier s'avère être aujourd'hui aussi un obstacle à la réalisation de certaines activités économiques. En effet, les demandes de prêts sont conditionnées à la possession de titres de propriété, à l'objet des projets soumis ou encore à leur nécessaire portée communautaire. C'est ici que le concept de subsistance – interprété de manière restrictive par les autorités publiques comme poursuivant une finalité strictement alimentaire obtenue par les activités de chasse, pêche, cueillette ou d'abattis – doit faire l'objet d'une nouvelle définition pour s'adapter à la réalité des activités autochtones. Des projets d'activités économiques de maraîchage ou d'élevage, la construction de carbets (cabanons) pour loger des touristes ou des propositions d'activités d'écotourisme et de transport ont ainsi été refusées par les communes (qui, à l'exception d'une seule, ne sont pas gérées par des élus amérindiens) au motif qu'ils ne répondaient pas strictement à des objectifs de subsistance. Cette interprétation restrictive de la notion de subsistance est interrogée par les communautés autochtones :

> Pourquoi en tant que premiers habitants de ce pays, ne pouvons-nous pas accéder à la terre de nos ancêtres ? Pourquoi, lorsque l'État français nous octroie une parcelle ne pouvons-nous pas l'utiliser pour nous y développer ? Pourquoi ce terme de subsistance est-il utilisé dans son sens le plus restrictif ? Pourquoi certains de nos frères n'ont-ils pas accès à la terre collective ? Nous ne comprenons pas. (Davy et Filoche, 2014 : 88)

Les conflits qui affectent le droit des communautés autochtones de Guyane à la terre, au territoire et aux ressources naturelles montrent les limites des ZDUC et de la simple reconnaissance de droits d'usage dans un contexte de croissance démographique, de patrimonialisation de la biodiversité et d'exploitation par des tiers de leurs ressources naturelles. Ce dispositif a permis pendant longtemps de préserver l'accès des communautés autochtones à leurs terres et aux ressources naturelles ainsi que la pratique d'un certain mode de vie, mais il n'est pas à même d'empêcher leur dépossession foncière ni leur marginalisation. Il est aujourd'hui nécessaire de réformer le régime dans la perspective d'un renforcement des droits à la terre et d'un développement autodéterminé (et durable).

Au Chili, il existe une exception à la généralisation des droits de propriété présentés plus haut : elle s'appuie sur la notion de droits d'usage. La mobilisation du peuple mapuche-lafkenche qui vit sur le littoral a abouti à l'adoption, en 2008, de la loi n° 20.249 portant création de l'Espace côtier marin des peuples originaires (ECMPO). Elle permet à des communautés ou à des associations autochtones de solliciter l'administration exclusive d'un espace côtier, libre de concession et sur lesquelles elles prouvent l'exercice d'un usage coutumier : ce peut être la pratique coutumière de la médecine ou la réalisation de cérémonies, des activités récréatives ou encore la pêche. Dans l'hypothèse où une concession serait octroyée aux collectivités autochtones, aucune nouvelle concession ne pourrait être délivrée à des tiers sur la même superficie. La loi prévoit que les nouvelles demandes de concessions présentées par des tiers et concernant des aires sollicitées par des peuples autochtones en application de cette même loi seront paralysées le temps que l'administration tranche sur la destination de l'espace. Depuis l'entrée en vigueur de la loi, trois ECMPO ont été approuvés et une vingtaine d'autres sont en examen.

Le modèle des droits d'usage encadre également les droits fonciers des populations autochtones de Namibie et du Botswana, pour qui la remise de titres de propriété foncière est exceptionnelle. Au Botswana, les ressources économiques les plus importantes proviennent des mines de diamant, de l'élevage du bétail et du tourisme. Le pays possède également l'un des plus grands territoires de faune sauvage du monde, tant par la quantité que par la variété des espèces animales. Ces caractéristiques fondent une politique foncière que le gouvernement organise autour de la conservation, du tourisme et de l'exploitation minière au détriment des droits des populations autochtones à la terre et aux ressources naturelles, alors qu'elles se trouvent affectées par ces priorités économiques. Les principales législations relatives aux terres des tribus datent de l'époque coloniale (*Tribal Territory Act* de 1933) ou ont été adaptées des dispositions de ces dernières (*Land Territory Act* de 1968). Elles conservent la répartition des terres en faveur des huit tribus dominantes qui parlent le tswana et selon un mode d'administration en *trusts*, gérés par des Comités de terres (*Land boards*) selon les juridicités de ces tribus dominantes. En revanche, la population san, dépossédée sans réparation de la plupart de ses terres ancestrales qui ont été allouées à des fermes commerciales et au développement de l'élevage bovin en application de la politique de pâturage des terres tribales de 1975 (*Tribal grazing land policy*) ou qui ont été envahies par d'autres tribus, survit désormais dans des conditions précaires. Une partie des San, déplacée des terres ancestrales, est aujourd'hui employée au sein des fermes commerciales et réside dans des communautés de réinstallation, contrainte de s'adapter à un mode de vie sédentaire et aux pratiques agro-pastorales sur des terres souvent insuffisantes ; une autre partie se retrouve sur des terres communales administrées, pour la plupart, par les tribus dominantes ; certains San vivent aussi dans des réserves où ils subissent d'importantes restrictions des pratiques de chasse et de cueillette indispensables à la subsistance du groupe et dans la crainte de l'expulsion pour les besoins de la conservation ou du développement. Aucune de ces situations ne garantit aux San un droit à la terre et au territoire. À l'exception de la jurisprudence de 2006 de la Haute Cour de justice du Botswana dans l'affaire de la Réserve de faune sauvage du Kalahari central (CKGR, selon l'acronyme en anglais), les San ne sont pas propriétaires des terres sur lesquelles ils vivent. Ils jouissent de droits d'usage précaires, soumis aux conditions posées par les tribus dominantes, par la réglementation de la faune et de la flore dans les réserves et par l'industrie minière.

En Namibie, la précarité des droits fonciers des populations san s'inscrit dans la lignée de la politique foncière du Botswana, même s'il existe des dispositifs apparemment plus favorables au sein des aires protégées (*Conservancies*). Aujourd'hui, une grande majorité des San vit dans les fermes commerciales ou dans des zones appartenant à l'État (environ 40 %). Beaucoup ont vu leurs terres ancestrales insérées dans des parcs nationaux, avec pour conséquence la restriction de leurs droits et souvent leur déplacement forcé. C'est la situation par exemple des Hai//om, expulsés lors de la création du Parc national Etosha en 1954, celle des communautés san du delta du fleuve Okavango menacées d'expulsion par la déclaration du site comme patrimoine mondial de l'humanité, en 2014 (Mikkelsen, 2015 :

449). Ces interdictions placent les San dans des situations de grande dépendance et d'insécurité alimentaire. La loi sur la réforme des terres communales, adoptée en 2002, permet d'allouer ces espaces à des communautés organisées selon la loi des autorités traditionnelles. Mais seuls des droits d'usage sont reconnus sur ces terres. Le dispositif n'est favorable que dans l'hypothèse où un seul groupe habite le territoire alloué, dès lors qu'il disposera d'un important pouvoir de gestion. Pour l'instant, en vertu de cette loi, seules deux des six communautés san se sont vu attribuer des terres, dans le cadre de deux réserves naturelles (*conservancies*) : Nyae Nyae Development Foundation of Namibia (NNDFN), créée en 1998 dans le district Est de Tsumkwe, et N‡a Jaqna Conservancy, établie dans sa partie ouest en 2003. La résidence en *conservancy* concerne seulement 10 % des San, les autres vivant virtuellement sans terres.

La combinaison de différents modes d'appropriation et d'usage du foncier : Inde, Australie

En Inde, les droits fonciers des tribus répertoriées sont reconnus au sein des 5e et 6e annexes de la Constitution. L'adoption, en 2006, de la loi de reconnaissance des droits des tribaux et autres habitants-usagers des forêts *(Scheduled Tribes & Other Traditional Forest Dwellers – Recognition of Forest Rights – Rules*; plus loin, loi sur les droits forestiers ou *Forest Rights Act, FRA*) répond au souhait de « réparer l'injustice historique, de reconnaître, rétablir et accorder les droits des Adivasi qui leur ont été injustement enlevés par les lois adoptées par la Couronne britannique, maintenues par notre gouvernement après le départ des Britanniques ». Ce faisant, cette loi abroge les législations antérieures qui considéraient les habitants des forêts comme des occupants illégaux ou des intrus. Elle reconnaît des droits individuels de propriété aux membres des tribus répertoriées, sur des terres réellement exploitées d'une superficie maximale de 4 hectares, des droits collectifs leur permettant de vivre sur les terres forestières, de les posséder et de les cultiver, des droits de pâturage, de passage, de glanage, de disposer librement de certaines ressources renouvelables de la forêt, ainsi que des droits de gestion sur la forêt et la vie sauvage (*Forest Management Rights).* Tout en reconnaissant les droits des populations autochtones des forêts aux terres et aux ressources d'occupation et d'utilisation traditionnelle, cette mesure réconcilie les objectifs de préservation de la nature avec l'habitat humain. Les terres relevant de cette loi sont soumises à un régime de protection qui prévoit dans plusieurs circonstances l'accord des Conseils de village (*Gram Sabha*, voir *infra* à propos de la consultation préalable). Leur protection a été renforcée, en 2013, par l'adoption de la loi sur le droit à des compensations équitables et transparentes concernant l'acquisition de terres, la réhabilitation et le relogement *(Land Acquisition, Rehabilitation, Resettlement Act* – Larr).

En Australie, les titres fonciers de possession, exclusive ou partagée, illustrent encore un autre mode de reconnaissance des droits des peuples autochtones à la terre et aux ressources naturelles. Remettant en cause la théorie dite de *terra nullius*, le titre aborigène (*aboriginal title*) est promu dans le cadre de la *common law* pratiquée notamment en Nouvelle-Zélande, au Canada, aux États-Unis, et en Australie. Connus dans ce dernier pays sous le nom de *Native Title (*régime du *« *titre de propriété autochtone*»),* les titres consacrent la reconnaissance d'une tenure foncière autochtone précoloniale. Ils posent le principe selon lequel les titres fonciers autochtones préexistent et ont survécu à la déclaration de souveraineté sur ces pays par la Couronne britannique qui se considérait comme la source suprême de tout titre, détentrice donc d'un « titre radical » selon la *common law* (Erueti, 2014). Deux conditions sont nécessaires à leur reconnaissance : l'existence d'une juridicité (normativité) autochtone établissant des droits sur ces terres et le maintien par le requérant d'un lien (pas seulement affectif) avec la terre concernée. Les titulaires de tels droits selon le *Native Title* sont appelés « propriétaires traditionnels ». Cette reconnaissance a été le fruit d'une ardente lutte juridique des Aborigènes et des Insulaires du détroit de Torres. Dans les années 1970, des recours en justice ont tenté de faire reconnaître l'existence de droits fonciers au bénéfice des communautés autochtones, mais il fallut attendre l'arrêt Mabo 2 (1992) pour que cela soit accepté et étendu à l'ensemble du continent. Avant cette date, des droits de propriété avaient été reconnus aux autochtones en 1976, mais seulement dans le Territoire du Nord. Dans l'affaire Mabo 2, Edward Koiki Mabo avait présenté un recours en justice afin de revendiquer la vigueur de son titre foncier sur des terres des îles Murray situées dans le détroit de Torres. Dans sa décision du 3 juin 1992, donnant raison à plus de dix ans de combat judiciaire menés par le requérant, la Haute Cour de justice reconnaît l'existence d'un titre foncier préexistant à la Couronne :

> Partout où un clan, ou un groupe [aborigène], a continué d'observer les lois et (autant que possible) d'observer les coutumes fondées sur les traditions de ce clan ou groupe, par lesquelles la connexion traditionnelle avec la terre a été pour l'essentiel préservée, le titre commun traditionnel de ce clan ou groupe peut être considéré comme toujours existant. La *common law* peut, en référence aux coutumes et lois ancestrales d'un peuple indigène, identifier et protéger les droits indigènes et les intérêts auxquels ils donnent naissance. Cependant, quand par suite de la marche du temps les lois traditionnelles ne sont, dans les faits, plus reconnues et les coutumes ont cessé d'être réellement observées, le fondement du titre indigène a disparu. Il est impossible de faire renaître, en vue d'une reconnaissance contemporaine, un titre aborigène qui s'est éteint par suite de l'abandon des coutumes et des lois fondées sur la tradition[13]. (*Mabo v. Queensland II (Mabo N°. 2)* : § 66)

Les effets de cette affaire sont étendus un an plus tard à l'ensemble des autochtones d'Australie avec l'adoption de la loi de 1993 sur les *Native Titles*. Précisés par la jurisprudence et circonscrits par de nombreux amendements à la loi de 1993, les *Native Titles* présentent une configuration fragilisée et de nombreuses limites, en raison d'une politique d'achats compensatoires limitée, de l'exclusion d'un grand nombre de groupes aborigènes des procédures, des divisions internes créées

13. Traduction de la décision de la Haute Cour de Justice, *in* Bellier, 2014 : 159.

par celles-ci, et de la durée du processus, sans oublier que les requérants aborigènes supportent le fardeau de la preuve (de leurs droits) sans disposer des ressources adéquates (Préaud, 2011[14]; Wyatt, 2014). D'une part, les titres fonciers indigènes ne consacrent pas des droits de propriété mais correspondent plutôt à un paquet de droits fonciers. Selon les circonstances, ils couvrent aussi bien de simples droits d'usage et d'accès que des droits de possession exclusive tels que le droit de vivre sur une aire, le droit d'accès pour un motif traditionnel, de camper, de réaliser des cérémonies, de visiter et de protéger des lieux et des sites importants, de pêcher, de chasser et de prélever de la nourriture ou des ressources traditionnelles comme l'eau, le bois. Dans le cas d'une possession exclusive, les droits s'étendent au contrôle de l'accès et de l'usage de l'aire possédée que les aborigènes peuvent interdire à tout tiers. Cependant, même sur les aires de possession exclusive, les droits des propriétaires traditionnels dépendent du contenu des droits coutumiers sur ces terres à l'époque coloniale et de leur maintien, prétendument intact jusqu'à nos jours. En vertu du *Future Act Regime* (prévu dans la loi du *Native Title*), les nouveaux usages du territoire sont conditionnés à la négociation d'un accord sur la terre (*Indigenous land use agreement* – Ilua) afin de s'assurer que les nouvelles activités ne viennent pas éteindre, pour des motifs d'incompatibilité, le titre foncier en vigueur qui est, lui, fondé sur des pratiques anciennes. Inaliénables, les titres fonciers ne sont pas imprescriptibles et peuvent être éteints à tout moment. Comme l'indique Martin Préaud (2011), « la jurisprudence du *Native Title Act* a, en outre, remplacé la doctrine de *terra nullius* par celle de l'extinction. Selon cette doctrine, les tribunaux et le parlement australiens peuvent légitimement éteindre les droits et intérêts fonciers des autochtones ».

Le droit aux ressources naturelles

Ce droit est déterminé par la distinction entre ressources du sous-sol et ressources du sol. Concernant les premières (minerais, hydrocarbures, etc.) qui correspondent aux énergies non renouvelables, la majorité des législations étatiques que nous avons étudiées réservent la propriété inaliénable et imprescriptible des ressources du sous-sol à l'État ou à la nation. Dans cette hypothèse, l'État s'octroie un droit prioritaire d'usage et d'usufruit sur ces ressources qu'il concède. Selon les États, de tels droits peuvent être octroyés aux peuples autochtones sur les ressources de leurs terres ancestrales au moyen de concessions relevant du droit commun ou de dispositions spécifiques (Mexique, voir *infra*). En Australie, la loi sur les territoires du Nord de 1976 permet aux propriétaires traditionnels de s'opposer pendant une période de cinq ans à l'exploitation minière sur leurs terres. Dans le cas du *Native Tilte*, le droit aux ressources minières est inexistant car les droits reconnus concernent en général la surface et sont liés aux activités dites traditionnelles (dont l'exploitation minière ne fait pas partie). Les propriétaires

14. http://www.Sogip.ehess.fr/spip.php?rubrique47.

traditionnels ne peuvent négocier que les conditions de l'exploitation de la ressource située sur leurs terres : ils ne peuvent opposer un droit de veto.

Le régime juridique des ressources du sol dépend fortement de la nature des droits fonciers reconnus aux peuples autochtones. Le droit de propriété assure des droits plus importants sur les ressources naturelles des terres titularisées et permet leur libre disposition. En Bolivie, les populations autochtones jouissent de l'exclusivité des droits d'usage et de jouissance sur les ressources naturelles renouvelables de leurs territoires, sous réserve cependant des droits déjà acquis par des tiers (articles 30 et 403 de la Constitution). Les communautés « *indígena originaria campesinas* » situées dans des aires forestières bénéficient d'un droit exclusif de jouissance et de gestion (article 388 de la Constitution). Mais, en général, les superficies des terres titularisées ne couvrent pas l'étendue de l'occupation ni l'utilisation traditionnelles des terres.

Ce scénario prévaut au Chili où la dictature militaire de Pinochet a institutionnalisé, dans les années 1980, la privatisation et la libre-circulation sur le marché d'une grande majorité des ressources naturelles au nom du principe de la propriété, consacré dès cette époque comme le fondement de l'ordre juridique et l'avenir du pays. D'ailleurs, cela était bien expliqué par un slogan de l'époque : « Le Chili, un pays de propriétaires et non de prolétaires ! ». Les législations adoptées (Code des mines, Code des eaux, loi générale de pêche et d'aquaculture, loi des concessions électriques, décret-loi n° 701 sur l'activité forestière, loi des concessions géothermiques, etc.), toujours en vigueur malgré leur incompatibilité avec la Convention 169 de l'OIT, permettent de concéder l'usage de ressources naturelles, y compris celles situées en terres et territoires autochtones. Les concessions donnent lieu à un type de droits de propriété sur les ressources qui peuvent faire l'objet de transactions relatives à l'eau, aux droits de pêche, aux droits miniers, etc.

Le régime juridique de l'eau, convoitée pour la production d'électricité et l'exploitation minière, est particulièrement préoccupant. Sa réglementation désolidarise la propriété de la terre de celle des droits à l'eau et permet à quiconque d'inscrire des droits à l'eau sur des terres de tiers. C'est ainsi que les communautés autochtones ont été particulièrement affectées, au nord par la poussée des industries minières et, au sud, par les conséquences de l'exploitation hydroélectrique et des plantations forestières. Actuellement, l'entreprise Endesa du secteur électrique détient 81 % de « droits à l'eau en usage non renouvelable » pour la génération hydroélectrique. Cette politique fait courir un grand risque aux communautés mapuche. En effet, jusque récemment, celles-ci puisaient l'eau de leurs terres pour leurs besoins quotidiens et ceux de leurs animaux. Mais depuis l'installation généralisée de projets d'eau potable dans les communautés, certaines familles n'utilisent plus ou peu leurs puits et elles négligent l'inscription de droits sur les eaux de leurs terres, au risque que d'autres particuliers ou entreprises le fassent à leur place... Le Fonds des terres et des eaux, administré par la Conadi, facilite l'inscription de droits à l'eau de ceux qui le sollicitent, mais le régime de protection ne court que pour une période de vingt-cinq ans, à l'issue de laquelle les droits retournent dans le droit commun. Une exception à ce régime concerne les communautés autochtones du Nord (Aymara, Atacameña, etc.), qui détiennent des droits ancestraux de propriété et d'usage sur les cours d'eau, les sources, les canaux situés sur leurs terres (article 64, loi n° 19.253).

Dans les autres hypothèses, où les populations autochtones ne sont pas reconnues comme propriétaires des terres qu'elles occupent ou utilisent traditionnellement (zones de droits d'usage, aires protégées ou autres cas), l'accès aux ressources naturelles est limité, interdit ou conditionné à l'obtention d'une autorisation de prélèvement ou d'un permis (de chasse, de pêche, de cueillette, etc.). Des droits de gestion et d'administration des ressources naturelles peuvent être consacrés dans certaines aires protégées cogérées par les peuples autochtones (par ex. les *conservancies* en Namibie), ou dans les terres tribales relevant de la loi sur les droits forestiers (Inde).

En Bolivie, la reconnaissance de territoires autochtones autonomes n'a pas entraîné celle de droits exclusifs sur les ressources du sol et du sous-sol. Les ressources naturelles non renouvelables appartiennent au peuple bolivien et elles sont administrées par l'État. Celui-ci reconnaît cependant un droit des peuples autochtones à la consultation concernant l'exploitation de ces ressources sur leurs territoires, ainsi qu'un droit de participation aux bénéfices de leur exploitation (articles 30 et 403). Cette situation concernait, en 2010, quarante contrats d'exploration et d'exploitation d'hydrocarbures situées en territoires autochtones (plus de 8,9 millions d'hectares) et 32 % des concessions minières certifiées par l'État en 2008.

Des territoires autochtones ? La construction bolivienne

Dès lors que la notion de territoire est associée dans l'histoire classique des idées politico-juridiques à l'État et au droit, c'est-à-dire à la logique de la souveraineté étatique, celle de « territoire autochtone » affronte les résistances du droit étatique.

La Bolivie offre un exemple d'institutionnalisation progressive de territoires autochtones. Leur reconnaissance constitue l'une des principales revendications de la Cidob (Confederación de los Pueblos Indígenas de Bolivia) pour les Basses Terres et du Conamaq (Consejo Nacional de Ayllus y Markas del Qullasuyu) pour les Andes, les deux plus importantes organisations représentatives des peuples autochtones aujourd'hui. Lacroix rappelle le sens de cette demande pour ces deux organisations.

> Le principal objectif du Conamaq [créé en 1997] consiste à reconstituer les entités territoriales d'origine précolombienne (*ayllus, markas, suyus*) condition *sine qua non* pour la libre détermination politique et l'exercice garanti de droits collectifs des peuples indigènes. (Lacroix, 2012 : 63)

> Pour la Cidob [organisée au début des années 1980], l'existence d'un « territoire indigène » implique une unité spatiale intégrale dans laquelle les populations autochtones contrôleraient l'ensemble des ressources naturelles, exerceraient leur autonomie politico-administrative et assumeraient leurs histoires et leurs cultures.

> Le territoire est considéré comme une base primordiale du développement des peuples autochtones. (*Idem* : 64)
>
> Pour les deux instances, il s'agit ainsi de doter les territoires autochtones de gouvernements autonomes reconnus par l'État et assumer des compétences similaires aux autres circonscriptions infranationales. (*Ibidem* : 72)

Dans ces perspectives, afin de revendiquer la titularisation de territoires autochtones, la Cidob organisa, en août 1990, une « marche pour le territoire et la dignité », à l'issue de laquelle furent titularisés neuf territoires entre 1990 et 1991 (Lacroix, 2012a). La quête des territoires se poursuivit à la suite d'une nouvelle grande marche, avec l'adoption de la loi Inra (Institut national de réforme agraire) de 1996, qui mit en place les terres communautaires d'origine (TCO). Toutefois, les TCO ne répondent pas à la demande territoriale des peuples autochtones. En effet, ces derniers ne bénéficient pas, comme ils le revendiquent, de droits exclusifs ou prioritaires sur ces espaces collectifs ni même de ressources décentralisées pour les administrer. Cette limitation favorise une superposition de droits qui génère de nombreux conflits entre les populations titulaires de TCO et divers concessionnaires (entreprises extractives, éleveurs ou paysans) installés, légalement ou pas, dans les aires octroyées aux peuples autochtones.

Une « territorialité autochtone » est introduite avec la Constitution de 2009. Le nouveau paradigme politique reconnaît expressément le droit des peuples autochtones aux territoires et met en place leur institutionnalisation en tant que territoires *indígena originario* paysans (Tioc) à travers le décret 727/10. En application de ce décret, l'ensemble des TCO passe par un processus de conversion en Tioc, lesquels doivent être adaptés à l'instauration des autonomies autochtones. Conformément à la Constitution, sont reconnus au sein des Tioc le droit de propriété collective de la terre, le droit à l'usage et à la jouissance des ressources naturelles renouvelables, celui à la consultation préalable et à la consultation concernant les ressources naturelles non renouvelables situées sur leurs territoires, la faculté d'appliquer leurs propres normes par leurs propres structures de représentation et la détermination de leur développement. Ces territoires comprennent des « aires de production, de jouissance et de conservation des ressources naturelles et des espaces de reproduction sociale, culturelle et spirituelle » (article 403 de la Constitution). Si toutes les TCO ont été systématiquement converties en territoires autochtones (Tioc), aucun de ces derniers n'a pu encore se constituer en véritable collectivité territoriale de l'État plurinational, et les droits territoriaux des peuples autochtones restent précaires (Lacroix, 2015).

La participation des peuples autochtones au contrôle des TTR

Nous avons vu précédemment que les développements du droit international des peuples autochtones plaçaient la « participation » au cœur du processus de règlement des tensions. Nous avons exploré la relation entre « participation » et institutions chargées de faciliter la prise de décisions. Ici, nous examinerons le rapport entre « participation » et usages du territoire. La DDPA présente en effet différents articles qui soulignent l'importance de la participation, de l'association à la prise de décisions ou du consentement dans une série de domaines portant justement sur la nature du contrôle qu'ils peuvent exercer. Ayant pris connaissance dans une précédente section des articles 19 et 27 qui ont une portée plus générale, nous introduisons les articles 10, 29, 30 et 32 qui établissent quelques dispositions clés pour cette épineuse question du contrôle territorial.

Article 10

Les peuples autochtones ne peuvent être enlevés de force à leurs terres ou territoires. Aucune réinstallation ne peut avoir lieu sans le consentement préalable – donné librement et en connaissance de cause – des peuples autochtones concernés et un accord sur une indemnisation juste et équitable et, lorsque cela est possible, la faculté de retour.

Article 29

1. Les peuples autochtones ont droit à la préservation et à la protection de leur environnement et de la capacité de production de leurs terres ou territoires et ressources. À ces fins, les États établissent et mettent en œuvre des programmes d'assistance à l'intention des peuples autochtones, sans discrimination d'aucune sorte.

2. Les États prennent des mesures efficaces pour veiller à ce qu'aucune matière dangereuse ne soit stockée ou déchargée sur les terres ou territoires des peuples autochtones sans leur consentement préalable, donné librement et en connaissance de cause.

3. Les États prennent aussi, selon que de besoin, des mesures efficaces pour veiller à ce que des programmes de surveillance, de prévention et de soins de santé destinés aux peuples autochtones affectés par ces matières, et conçus et exécutés par eux, soient dûment mis en œuvre.

Article 30

Il ne peut y avoir d'activités militaires sur les terres ou territoires des peuples autochtones, à moins que ces activités ne soient justifiées par des raisons d'intérêt public ou qu'elles n'aient été librement décidées en accord avec les peuples autochtones concernés, ou demandées par ces derniers.

Les États engagent des consultations effectives avec les peuples autochtones concernés, par le biais de procédures appropriées et, en particulier, par l'intermédiaire de leurs institutions représentatives, avant d'utiliser leurs terres et territoires pour des activités militaires.

Article 32

Les peuples autochtones ont le droit de définir et d'établir des priorités et des stratégies pour la mise en valeur et l'utilisation de leurs terres ou territoires et autres ressources.

Les États consultent les peuples autochtones concernés et coopèrent avec eux de bonne foi par l'intermédiaire de leurs propres institutions représentatives, en vue d'obtenir leur consentement, donné librement et en connaissance de cause, avant l'approbation de tout projet ayant des incidences sur leurs terres ou territoires et autres ressources, notamment en ce qui concerne la mise en valeur, l'utilisation ou l'exploitation des ressources minérales, hydriques ou autres.

Les États mettent en place des mécanismes efficaces visant à assurer une réparation juste et équitable pour toute activité de cette nature, et des mesures adéquates sont prises pour en atténuer les effets néfastes sur les plans environnemental, économique, social, culturel ou spirituel.

Tableau 19. La participation des peuples autochtones au contrôle des TTR

DDPA	Droits invoqués	Arg.	Bol.	Chi.	Mex.	Fr.-Guy.	Fr.-N.-C.	Aus.	Ind.	Bot.	Nam.
10	Interdiction déplacement forcé et consentement pour la réinstallation	C. 169	C. 169	C. 169	C. 169						ns
29.1	Préservation ressources & environnement	C. 169	C. 169	C. 169	C. 169						
29.2	Produits dangereux		ns								ns
30.1	Interdiction militarisation										
32	Stratégie de mise en valeur Consultation consentement	C. 169	C. 169	C. 169	C. 169 (1)				(2)		

Constitution   Loi(s) code(s)   Constitution et loi(s)   C. 169 : Convention 169 de l'OIT
ns : Norme non spécifique aux PA
(1) Spécifique à l'État de San Luis Potosí. (2) *Pesa Act* pour les tribus répertoriées dans la 5e annexe constitutionnelle.

En lien avec l'ensemble terres, territoires et ressources, le droit international des peuples autochtones reconnaît des droits de participation qui vont de la consultation en vue d'obtenir le consentement jusqu'à l'exigence du consentement préalable, libre et éclairé (CPLE), en passant par la concertation. La C. 169 (article 7) et la DDPA (articles 19 et 22) prévoient expressément la participation des peuples autochtones à *la prise des décisions qui peuvent concerner leurs droits*. De même, la DDPA (article 27) se réfère à des *mécanismes de concertation* afin de « reconnaître les droits des peuples autochtones en ce qui concerne leurs terres, territoires et ressources, y compris ceux qu'ils possèdent, occupent ou utilisent traditionnellement, et de statuer sur ces droits ». La C. 169 (article 15.1) prévoit enfin des *droits de participation* des peuples autochtones à l'utilisation, à la gestion et à la conservation des ressources naturelles de leurs terres.

En application des dispositifs généraux prévus par la C. 169 (article 6) et par la DDPA (article 19), la consultation des peuples autochtones *en vue d'obtenir leur consentement* est exigée pour toute mesure administrative ou législative susceptible d'affecter leurs TTR, et pour toute autre mesure susceptible d'affecter leurs droits territoriaux. La DDPA la prévoit, spécifiquement, dans les circonstances où est compromis l'état sanitaire des territoires autochtones, ce qui vise notamment le cas d'activités militaires en terres autochtones (article 30.2). Cependant le consentement n'est pas obligatoire dans les hypothèses où ces présences militaires sont demandées par les peuples autochtones ou justifiées par des motifs d'intérêt public.

La CourIDH a déterminé que, dans les cas où des projets d'extraction ou d'exploitation des ressources naturelles affectent leurs ressources naturelles, les communautés concernées ne doivent pas seulement être consultées : une étude d'impact environnemental doit être réalisée (2007 : § 152) ; les impacts des projets doivent être diminués ; les populations autochtones concernées doivent recevoir une part équitable des bénéfices économiques générés par l'activité (*idem* : § 133-140). Pour les mêmes circonstances, la C. 169 prévoit la participation des communautés autochtones au partage des bénéfices « à chaque fois que cela est possible » (article 15.2). Aucune de ses dispositions ne se réfère aux projets causant un préjudice majeur.

Dans des situations mettant gravement en cause les droits fondamentaux, le consentement préalable, libre et éclairé est exigé par la C. 169 et par la DDPA. Cela a été étendu à plusieurs hypothèses par la jurisprudence interaméricaine des droits de l'homme et par celle des organes onusiens en matière de protection des droits humains :

- Concernant le stockage de substances dangereuses dans des terres et territoires autochtones (article 29.2 de la DDPA).

- Pour la réalisation de projets de développement ou d'investissement de grande échelle et d'impact majeur sur les territoires (article 32 de la DDPA ; CourIDH, 2007 : § 131 et 134), la jurisprudence interaméricaine des droits de l'homme a étendu la protection de l'article 15.2 de la C. 169 qui prévoyait de simples mesures de consultation.

En cas de déplacement forcé des peuples autochtones, la C. 169 (article 16) est moins protectrice que la DDPA et que la jurisprudence interaméricaine des droits de l'homme, en permettant des déplacements alors même que le consentement n'aurait pas été obtenu[15]. Dans tous les cas, le versement d'une indemnisation juste et équitable (préalablement accordée) ainsi que la faculté de retour quand les circonstances le permettent doivent être prévus, comme le spécifie l'article 10 de la DDPA.

Les exigences de la conservation face aux différentes menaces pesant sur la préservation de la biodiversité et des ressources hydriques, liées aux projets de développement et au marché des minerais et des ressources énergétiques, attirent l'attention sur les modes d'appropriation, de gestion et d'exploitation des ressources

15. Article 16 de la C. 169 : 1. Sous réserve des paragraphes suivants du présent article, les peuples intéressés ne doivent pas être déplacés des terres qu'ils occupent. ; 2. Lorsque le déplacement et la réinstallation desdits peuples sont jugés nécessaires à titre exceptionnel, ils ne doivent avoir lieu qu'avec leur consentement, donné librement et en toute connaissance de cause. Lorsque ce consentement ne peut être obtenu, ils ne doivent avoir lieu qu'à l'issue de procédures appropriées établies par la législation nationale et comprenant, s'il y a lieu, des enquêtes publiques où les peuples intéressés aient la possibilité d'être représentés de façon efficace.

naturelles dont la plupart sont aujourd'hui situées sur des terres possédées, occupées ou utilisées par des communautés autochtones. Celles-ci sont en lutte, de par le monde, contre les industries extractives, les exploitations de monoculture de rente, les industries forestières. Elles s'opposent à la privatisation de l'eau, à la construction de barrages hydroélectriques, d'autoroutes, d'aéroports, ou encore à la mise en place des aires protégées qui les excluent. Ces objets contentieux émanent de politiques et de décisions prises la plupart du temps sans la participation des peuples autochtones, malgré leurs impacts en termes spatiaux, environnementaux, spirituels, socioculturels et économiques, etc. Ils mettent en péril l'état sanitaire des territoires que les peuples autochtones possèdent ou utilisent traditionnellement et compromettent leurs conditions d'existence. Si ces maux se retrouvent, à des degrés divers, dans tous les États de l'étude, la participation des peuples autochtones à la gestion des ressources naturelles renouvelables et non renouvelables varie considérablement, en fonction de la force du cadre juridique adopté et de la puissance des acteurs économiques sur le terrain.

Consultation, consentement préalable, libre et éclairé et mesures affectant les TTR

En tant qu'États parties à la C. 169, l'Argentine, la Bolivie, le Chili et le Mexique sont contraints par l'article 6 de cet instrument d'organiser des consultations en vue d'obtenir le consentement (CPLE) des peuples autochtones avant d'octroyer des concessions d'exploitation des ressources naturelles de leurs terres. La ratification de cette convention devait entraîner la mise en conformité de l'ensemble des législations sectorielles relatives à l'exploration et à l'exploitation des ressources naturelles. Cependant, seule la loi bolivienne sur les hydrocarbures de 2005 a été modifiée pour prévoir expressément la consultation des peuples autochtones en vue d'obtenir le CPLE. Afin de prévenir de futures contestations de la part des peuples autochtones concernés par les procédures de consultation qui seront mises en place et leur éventuelle absence de participation, le décret n° 2298 de mars 2015 prévoit jusqu'à trois notifications adressées aux personnes concernées pour participer à la première réunion d'information et d'organisation de la consultation. À la suite de ces notifications, même en l'absence de participation autochtone aux sessions de préparation de la consultation, l'autorité compétente sera autorisée à établir la méthodologie et le chronogramme d'exécution du processus de consultation et participation. Au contraire de la loi sur les hydrocarbures, la loi minière n° 535/14, adoptée en mai 2014, n'incorpore pas les obligations étatiques de consultation et de consentement pour des exploitations affectant les terres autochtones. Dans tous ces États engagés par les dispositions de la C. 169, les projets réalisés par les entreprises extractives, productives et d'infrastructures ont des conséquences irréversibles sur la santé des populations concernées et l'équilibre de leurs territoires.

En Argentine, l'octroi de concessions par les provinces est en constante augmentation depuis les années 2000. Le développement des industries agricoles n'a pas seulement signifié, pour nombre de communautés autochtones, la perte de leurs terres ancestrales et la migration vers les villes les plus proches à la recherche de nouvelles sources de revenus. Il se caractérise par la destruction de leur environnement et par la dégradation de leurs moyens de subsistance liée à la déforestation et à la pollution associée à l'emploi de produits toxiques lors des fumigations de cultures. La situation est particulièrement alarmante dans la province du Chaco, où le secteur agricole a dévasté des centaines de milliers d'hectares de forêts dont dépendaient de nombreuses communautés du peuple wichi, en violation de leurs droits à la vie et à la terre ainsi que de la loi de protection des forêts de 2007 (Anaya, 2012c). Les industries extractives de minerais, de pétrole et de gaz contaminent les terres autochtones du nord au sud, spécialement la région des Salinas (Salta, Jujuy) et le bassin de Neuquén (provinces de Neuquén, Rio Negro et Mendoza). À titre d'exemple, sur les terres ancestrales de la communauté Gelay ko à Neuquén, 224 hectares de terres concentrent 222 puits de pétrole. Les communautés mapuche des zones d'exploitation du bassin dénoncent régulièrement des déversements de pétrole sur leurs terres. Malgré ces alertes et ces violations, les concessions d'exploration et d'exploitation qui expiraient en 2008 ont été renouvelées jusqu'en 2027, sans consultation des populations autochtones, et des pratiques d'hydro-fracture ont été initiées à Vaca Muerta. Ces méthodes[16] sont vivement dénoncées pour les déséquilibres environnementaux qu'elles engendrent. Seules quelques décisions favorables aux peuples autochtones ont permis de stopper des projets de déforestation et des projets miniers et d'hydrocarbures (Hualpa, 2014). Ces décisions ont été contestées par le gouvernement, qui accuse les tribunaux de paralyser des activités essentielles pour le pays sans aucun fondement technique ni environnemental.

La situation est tout aussi préoccupante au Mexique, qui « connaît depuis deux décennies une flambée extractive sans précédent selon lequel un avenir économique prometteur peut être atteint à la seule condition d'une exploitation et exportation des ressources naturelles : terres, forêts, eau, air, paysage, pétrole et minerais » (Sariego Rodríguez, 2014 : 367). Les concessions minières octroyées pour cinquante ans renouvelables concernent un quart des terres du pays et deux fois plus de superficie que les terres agricoles. Déplacées actuellement hors des centres historiques d'extraction, elles couvrent en moyenne près de 9 % des terres, mais dans certains États elles concernent entre 50 et 97 % des terres autochtones (*idem*). En vertu de la loi d'exploitation minière qui n'a pas incorporé les obligations établies par l'article 6 de la C. 169, cette activité est élevée au rang d'utilité publique, prioritaire sur tout autre usage du sol. La loi reconnaît bien aux peuples autochtones un droit préférentiel pour l'octroi des concessions minières, mais à condition que leur proposition économique soit la plus intéressante, ce qui rend cette disposition illusoire. Si, pour Sariego Rodríguez, « l'exploitation minière provoque le plus d'impacts en termes économiques, environnementaux, sociaux et de gouvernance » (*op. cit.* : 368), d'autres conflits sont recensés

16. Elles consistent à extraire du pétrole et gaz à plus d'un kilomètre de profondeur par injection de fortes pressions d'eau (8 à 18 fois plus que pour les puits conventionnels), de sable et de composants chimiques.

du fait de la construction de barrages (Paso de la Reina à Oaxaca, et Presa de la Parota au Guerrero), d'aéroports (État de Mexico), d'autoroutes (dans l'isthme de Tehuantepec), de projets éoliens (Oaxaca) et de confinement de déchets toxiques (Hidalgo)[17]. Au Mexique, la judiciarisation a été efficace en première instance ; cependant les instances supérieures, qui ont confirmé la violation de l'obligation étatique de consultation et de CPLE, n'ont pas annulé l'acte attaqué. Tel est le cas des Yaqui qui se sont élevés contre l'aqueduc *Independencia*, des Huetosachi de Chihuahua et des Nasavi de Guerrero. Loin de respecter les décisions rendues qui lui sont défavorables, le gouvernement manie la consultation comme une simple faculté qu'il exerce arbitrairement, usant au préalable d'un lot de techniques destinées à s'assurer du soutien des communautés (promesses, offres de nouvelles infrastructures, pressions, violences, etc.).

Cette situation rappelle les résultats de la judiciarisation intensive fondées sur l'article 6 de la Convention 169 qui fut tentée au Chili avant l'adoption de lois réglementant la consultation et le CPLE. Au Chili la constitutionnalisation d'une économie néolibérale sous la dictature militaire a organisé la privatisation et l'exploitation de la plupart des ressources naturelles du pays (notamment eau, minerais, poissons…) et favorisé l'accès de son marché aux industries minières, forestières (extractives et de plantation), hydroélectriques, de pêche etc., lesquelles affectent fortement les espaces et conditions de vie sur les terres autochtones (Toledo, 2006).

Non consultés conformément aux standards internationaux en la matière, les peuples autochtones de ces pays ont développé des stratégies de judiciarisation afin d'obtenir en justice une interprétation favorable du droit international des peuples autochtones en la matière et surtout d'arrêter tout projet, norme ou décision administrative affectant leurs droits aux terres, territoires et ressources naturelles sans leur consultation ou consentement (CPLE). Si l'on remarque quelques jurisprudences favorables aux peuples autochtones (Cloud, 2013 ; Silva, 2014), le fait est que la plupart des projets d'investissement productifs ou d'infrastructures qui affectent des habitats autochtones ne sont pas l'objet de consultations (Observatorio ciudadano, 2014).

Dans les autres États de l'étude Sogip, divers processus de participation sont prévus, qui semblent insuffisants au regard du droit international des peuples autochtones. Ils sont par ailleurs régulièrement remis en cause par les gouvernements au motif qu'ils font obstacle au développement.

En Inde, de nombreuses ressources minières (charbon, fer, bauxite) se situent précisément sur les hautes terres ou dans les aires montagneuses habitées par les tribaux. L'expansion de l'industrie minière est à l'origine des plus importants déplacements de populations autochtones du pays. Cette situation risque de s'aggraver puisque l'exploitation minière est hissée au rang de priorité du développement économique du pays, pour lequel il exige seulement des entreprises qu'elles respectent les cadres du développement durable et garantissent leur responsabilité[18]. Les conséquences des industries extractives et hydroélectriques sont désastreuses,

17. Verónica González González, 2011, http://www.Sogip.ehess.fr/spip.php?rubrique42.

18. Raphaël Rousseleau, 2011, http://www.Sogip.ehess.fr/spip.php?rubrique45.

comme le constatent Felix Padel et Saramendra Das qui se préoccupent de la division des communautés, du déracinement des peuples de leurs terres, de la violence de la police et des *goondas* (hommes de main aux ordres des entreprises) ainsi que de la vente illégale d'alcool, de la prostitution et de l'effondrement de la structure sociale traditionnelle (2014 : 358). Le *Pesa Act* de 1996 n'exige pas le consentement mais la simple consultation préalable des *Panchayat* ou des *Gram Sabha* (Conseils de village) avant toute acquisition de terres pour des projets de développement, et avant la réinstallation des personnes affectées par de tels projets. Le respect du *Pesa Act* a été mis en cause dans la lutte menée par les Dongria Kondh de la région de Nyamgiri en protection de leur montagne contre le projet de mine de bauxite de la société Vedanta, détentrice d'une raffinerie d'alumine dans la même localité. Après des années de combat juridique assuré avec le soutien d'un grand nombre d'ONG indiennes et internationales, la Cour suprême de justice a décidé, le 18 juin 2013, de soumettre la décision de l'ouverture des mines à Nyamgiri au vote des Conseils de village. Malgré les fortes pressions exercées par l'entreprise, les violences des répressions policières et les opérations anti-maoïstes conduites dans la région, les douze villages concernés ont voté à l'unanimité contre le projet minier. À l'issue de cette affaire, le ministre des Affaires tribales enjoignit au gouvernement d'Odisha (comme à ceux d'autres États) d'annuler tout projet minier n'ayant pas reçu le consentement des communautés tribales locales. Dès lors que les ressources minérales appartiennent à l'État, les juges justifiaient leur décision par la valeur mineure des minerais concernés. Dans une autre décision rendue un mois plus tard par la Cour suprême dans l'affaire *Threesiamma Jacob et autres c. Géologue, Département des mines et autres*, les juges estimèrent que « rien dans la loi ne déclare que l'intégralité des richesses en minerai du sous-sol est propriété de l'État [...]. D'un autre côté, la propriété du sous-sol ou de la richesse en minerai devrait normalement suivre la propriété de la terre [...] » (Padel et Das, 2014 : 358). Ces décisions favorables aux droits fonciers des peuples autochtones sont des exceptions parmi les multiples violations et détournements que pratiquent au quotidien les gouvernements locaux (Padel et Das, 2014 ; Gopalakrishnan *in* Doyle, 2015 : 145).

Depuis la loi *Pesa* de 1996, différents dispositifs de consultation préalable et de consentement des Conseils de village ont été adoptés. Le consentement préalable du Conseil de village est exigé par la loi des droits forestiers (*Forest Rights Act* – FRA) de 2006 pour la délivrance d'autorisation de projets industriels situés dans les aires de forêts répertoriées où les Adivasi détiennent des droits fonciers. Pour éviter toute confusion sur ce point, une circulaire a été adoptée en 2009, spécifiant la nécessité d'obtenir l'autorisation écrite des assemblées villageoises avant toute intervention sur des terres forestières. Cela signifie que les compagnies minières telles que Vedanta Resource devaient obtenir l'accord écrit des Dongria Kondh avant d'entreprendre un quelconque projet sur leurs terres. La loi relative à l'acquisition de terres, à la réhabilitation et au relogement (*Land Acquisition, Rehabilitation, Resettlement Act* – Larr), adoptée en 2013 et entrée en vigueur en 2014, prévoit aussi un droit à des compensations équitables et transparentes, et renforce la protection des terres autochtones qui ne peuvent être acquises par des tiers ou par l'État qu'en dernier recours et sous réserve du consentement des propriétaires de ces terres dans les cas où elles seraient réquisitionnées pour des projets industriels ou d'infrastructures d'*intérêt public* (article 41). Mais moins d'un an après son entrée en vigueur, la portée de la loi a été considérablement restreinte par deux ordonnances successives : la première, adoptée en 2014, a été remplacée en avril 2015 par l'ordonnance sur le droit à une compensation juste et à la transparence dans l'acquisition des terres, réhabilitation et réinstallation (*Right to Fair Compensation and Transparency in Land Acquisition, Rehabilitation and Resettlement (Amendment) Ordinance,* 2015). Cette ordonnance a deux volets : d'une part, elle autorise une plus grande variété d'entités privées (compagnies, *trusts,* fondations, ONG, etc.) à acquérir des terres autochtones pour des motifs d'intérêt public ; d'autre part, elle restreint l'exigence de consentement en excluant du dispositif cinq types de projets aux définitions larges : projets liés à la défense et à la sécurité nationale ; projets d'infrastructure rurale et d'électrification rurale ; projets d'infrastructures ; projets de création de couloirs industriels ; projets de création de logements sociaux. La motivation par l'intérêt public est celle qui, aujourd'hui, donne lieu aux plus grandes divergences d'appréciation.

Dans le cadre du *Forest Act* de 2001, la Namibie a également mis en place des dispositifs de consentement et de consultation de l'Autorité traditionnelle concernant des mesures affectant les terres communautaires placées sous son contrôle. Le consentement de l'autorité traditionnelle est requis au moyen d'un accord écrit pour mettre en place les réserves forestières étatiques et régionales (articles 13.5 et 14.5) et les communautés forestières (article 15), ainsi que pour l'octroi de permis de cueillette sur les terres communautaires des forêts non classées (article 33.5). La loi prévoit également la consultation de l'autorité traditionnelle pour la création d'une aire protégée sur des terres communautaires sur lesquelles elle a compétence.

Consentement contre déplacement forcé

Les déplacements forcés des peuples autochtones ont été à la base de leur dépossession des territoires ancestraux. Dans les pays de l'étude, ils sont encore maintenant liés à la mise en œuvre de grands projets de développement sur des terres supposées vides d'occupants ou libres d'activités, mais correspondant à des territoires ancestraux.

En Inde, la vente de terres des tribus répertoriées pour la construction de projets estimés d'importance nationale ou d'intérêt public est à l'origine du déplacement d'environ 20 millions de membres des tribus depuis soixante ans, soit un quart de la population des tribus répertoriées en Inde[19] (Padel et Das, 2014). Les Adivasi représentent aussi 40 à 50 % des personnes déplacées par la construction des barrages depuis l'indépendance. L'exemple le plus célèbre est celui de Sardar

19. Sarah Benabou précise que, si les tribus répertoriées ne représentent que 8 % de la population, elles correspondent toutefois à 40 % du total des déplacés du pays (2014 : 264).

Sarovar sur le fleuve Narmada, dont deux tiers des déplacés (240 000) appartiennent à des tribus répertoriées.

D'importants déplacements sont également causés par la création d'aires protégées, en Inde comme en Afrique, au nom de la protection de l'environnement, comme l'illustre la politique foncière au Botswana. Dans ce pays d'Afrique australe, une décision de justice concernant les populations san et bakgakadi de la réserve du Kalahari central (CKGR) a fait jurisprudence en reconnaissant leurs droits fonciers et leur droit au consentement pour toute mesure visant à les déplacer. Nous revenons ici sur l'affaire *Roy Sesana v. Attorney General*[20], qui fit grand bruit sur la scène internationale des droits de l'homme.

En mai et juin 1997, afin de mener des activités dites « de développement » au sein de la réserve CKGR, le gouvernement du Botswana a expulsé plusieurs centaines d'habitants autochtones pour les installer dans des campements situés à proximité. À sa création, dans les années 1960, la réserve était habitée par près de 5 000 San et Bakgakadi ayant un mode de vie nomade basé sur la chasse et la cueillette. À partir des années 1980, invoquant la propriété étatique des terres, l'objet animalier de la réserve et l'adoption par les populations d'un mode de vie et de subsistance non traditionnel, le gouvernement commença à exercer des pressions afin que les résidents déménagent vers des villages permanents (et moins coûteux) situés hors de la CKGR. Le gouvernement les priva de l'accès à l'eau, détruisit les infrastructures existantes et les stocks de vivres et interdit la chasse… Si bien qu'une majorité de San quittèrent la réserve pour les camps de sédentarisation installés à proximité. Après plus de dix ans de négociations infructueuses menées auprès du gouvernement pour préserver les droits à la terre et aux territoires sur la CKGR, dont les droits de nomadiser et de chasser, 243 San saisirent la justice. En 2006, la Haute Cour de justice du Botswana considéra que les plaignants avaient été forcés de quitter les terres qu'ils occupaient légalement, et cela en violation de leur droit au consentement éclairé : ils n'avaient pas été informés de leurs droits à compensation pour la relocalisation ou de leur droit de retourner librement dans la réserve.

En s'appuyant sur l'arrêt Mabo 2 rendu en Australie, la Haute Cour reconnaissait par cette décision l'existence de droits fonciers d'usage et d'occupation antérieurs à la présence étatique. Le gouvernement décida de limiter la portée du jugement aux seuls plaignants et soumit le retour des autres San à l'obtention d'une autorisation d'entrée dans la réserve. Il interdit l'élevage de bétail, restreignit les droits de chasse et ne fournit plus l'accès à l'eau alors que, depuis 2007, de nouvelles activités minières et touristiques s'étaient développées au sein de l'espace protégé. En réponse, de nouveaux recours furent intentés à partir de 2010 en vue d'assurer la protection des droits à la terre et aux ressources naturelles des peuples autochtones (Hitchcock, 2014 : 247-248).

---

20. *Roy Sesana, Keiwa Setlhobogwa and Others v the Attorney-General*, High Court of Botswana at Lobatse, 13 décembre 2006.

Exploitation des ressources naturelles et partage des bénéfices

Dans la plupart des pays de l'étude, les revenus générés par des investissements (à des fins productives ou extractives) en terres autochtones ne profitent guère ou pas du tout aux peuples autochtones. Leurs communes restent parmi les plus pauvres, alors que les personnes et les collectivités affectées subissent les conséquences d'activités dont les coûts se calculent parfois en vies humaines. Ces éléments sont soulignés pour l'Argentine par le rapporteur spécial sur les droits des peuples autochtones (Anaya, 2012c : § 68-71). Pour le Chili, l'Observatoire des droits de l'homme parle de « désastre environnemental » (Aylwin *et al.*, 2013 : 5) et, pour l'Inde, l'expression de « génocide culturel » a été employée (Padel et Das, 2014 : 36).

Des exceptions permettent d'atténuer ce lourd panorama, comme le montrent, en Nouvelle-Calédonie, l'administration de l'usine du Nord d'exploitation de nickel par les Kanak et, en Australie, la pratique des accords d'usage des terres (Ilua) par les aborigènes. Ce sont bien des dispositifs de participation des peuples autochtones à l'exploitation des ressources naturelles de leurs terres et/ou à un partage plus équilibré des bénéfices perçus.

L'exploitation par les Kanak du nickel de l'usine du Nord

Détenteur de 25 % des ressources mondiales de nickel et de 9 % de ses réserves, l'archipel néo-calédonien en est le sixième producteur mondial. La compétence minière appartenant aux provinces, ce sont elles qui déterminent le cadre de l'exploitation du nickel. Jusqu'à récemment, la Société Le Nickel (SLN, filiale du groupe Eramet contrôlé par l'État français) régnait sur l'industrie du nickel calédonien ; les Kanak étaient tenus à l'écart des bénéfices de l'industrie extractive tandis que les tribus riveraines des sites miniers étaient confrontées à la pollution minière. À la pointe sud de la Grande Terre, une usine de transformation du nickel (Goro Nickel) fut construite par Vale Inco, à Yaté, en partenariat avec la province Sud, à partir de 2001. Mais les populations locales ne furent pas associées au projet tandis que les dommages environnementaux ressentis entraînèrent une forte mobilisation locale contre l'industriel ainsi que de nombreux recours en justice et plusieurs affrontements. Dans un espace politique marqué par la lutte pour l'indépendance, et dans ce contexte particulier, plusieurs associations et responsables coutumiers de Yaté firent appel au respect des droits des peuples autochtones pour contraindre et l'industriel et la province Sud (dominée politiquement par les non-Kanak) à négocier. Un compromis fut signé en septembre 2008, ce qui n'empêcha pas la manifestation régulière de vives inquiétudes quant aux risques environnementaux pour les populations locales. Il est intéressant de voir que cette situation diffère totalement des conditions de l'exploitation minière dans la province Nord, où les Kanak sont majoritaires et exploitent le minerai[21].

Le fait est qu'après les événements qui conduisirent à la signature des Accords de Matignon (1988) puis de Nouméa (1998), dans un but de rééquilibrage

21. Benoît Trepied, 2011, http://www.Sogip.ehess.fr/spip.php?rubrique48.

économique entre le nord et le sud de la Grande Terre et comme stratégie au service de l'indépendance, les indépendantistes kanak décidèrent de doter la province Nord (où ils sont démographiquement majoritaires) d'une usine d'exploitation des ressources de nickel du massif du Koniambo en vue d'un grand projet de développement industriel et urbain. Pour ce faire, ils ont racheté la Société minière du Sud Pacifique (SMSP) par le biais de la Société de financement et d'investissement de la province Nord (Sofinor), puis créé l'usine dite KNS (Koniambo Nickel SAS) à partir d'un montage en *joint-venture* détenu à 51 % par la SMSP qui apporte les ressources en nickel et à 49 % par une multinationale qui apporte les financements. Malgré les sacrifices culturels et environnementaux qu'impliquait le projet, celui-ci fut soutenu par la majorité des clans et tribus du Nord et obtint l'accord de celles du Koniambo.

Dans ce projet, le nickel, une ressource non renouvelable, est considéré comme un bien collectif. Les revenus de l'exploitation ne sont pas versés à titre de redevances aux clans ou aux individus, mais réinvestis dans des projets de développement économique profitables à l'ensemble des habitants, à savoir des pôles touristiques, d'aquaculture, d'aménagement et de services. Afin de répondre aux appels d'offres de l'usine KNS, les Kanak se sont regroupés au sein d'une société par action simplifiée Vavouto-Koniambo (SAS V-K), détenue à 100 % par la Société civile de participation d'investissement du Nord, à laquelle ils adhèrent individuellement comme petits porteurs et collectivement à travers les GDPL tribaux et claniques (Gorohouna, 2014 : 318). Dans un contexte mondial où les peuples autochtones luttent contre l'exploitation des ressources naturelles de leur habitat sans leur consentement, la participation des Kanak au projet de l'usine nord est un cas exceptionnel. Comme l'analyse Samuel Gorohouna,

> ces bouleversements sont sources de progrès socio-économiques mais aussi de tensions, de rivalités et de conflits nouveaux. En déclarant que « la terre fait partie d'abord d'un patrimoine culturel avant d'être un levier économique » (Charte du peuple kanak, 2014 : 21), les coutumiers kanak soulignent les nombreuses contradictions existant entre la volonté politique de réaliser le développement économique pour l'accession à l'indépendance et la volonté coutumière de préserver le patrimoine kanak. Qui plus est, avec la rédaction de la Charte du peuple kanak, ces coutumiers démontrent qu'ils peuvent également parler au nom du peuple kanak, au même titre que les politiques, élus du FLNKS, qui le faisaient jusqu'à présent. (2014 : 321)

La négociation des conditions d'exploitation et d'extraction des ressources naturelles et le partage des bénéfices : les accords d'usage des terres (Ilua) en Australie

En Australie, quel que soit le titre de propriété détenu par les autochtones, la propriété exclusive des eaux de surface et souterraines relève de l'État. Dans la mesure où l'exploitation des ressources naturelles, en particulier minières, est le moteur de la croissance économique australienne, le respect des droits des peuples autochtones s'y trouve souvent subordonné. Plusieurs conflits sont en cours concernant, par exemple, l'installation d'un site de stockage de déchets nucléaires dans le désert central, l'implantation d'une usine de traitement du gaz naturel sur la côte du Kimberley ou encore la protection des écosystèmes riverains dans la péninsule du cap York[22]. Actuellement 5 % des projets miniers se situent sur des terres autochtones et 60 % de l'activité extractive a lieu dans le voisinage de communautés autochtones (Altman, 2014 : 331). Le secteur minier représente ainsi l'un des principaux employeurs des personnes aborigènes hors du secteur public.

Les propriétaires traditionnels ne jouissent pas de droits de propriété sur les ressources naturelles de leurs terres et ne peuvent pas les commercialiser. Mais le dispositif de négociation qui s'ouvre à l'enregistrement des demandes de *Native Title* ou du fait de la détention d'un tel titre leur permet, dans une certaine mesure, de participer aux processus de décision concernant l'exploitation des ressources naturelles ainsi qu'au partage relatif des bénéfices. La force du droit de négociation est plus élevée dans le cas des titres exclusifs que dans celui de droits fonciers partagés ou incorporés au sein d'un accord d'usage (*Indigenous land use agreement Ilua*). Ces derniers accords sont conclus en vue de respecter les principes du développement durable et de la responsabilité sociale des entreprises, à l'instar de ceux conclus au Canada depuis une trentaine d'années entre les communautés autochtones et les entreprises d'exploitation minière. Les populations autochtones qui concluent ces accords, en Australie comme au Canada, ne peuvent pas s'opposer à l'exploitation minière des terres relevant de leurs titres : elles peuvent seulement négocier les conditions de leur mise en œuvre, leur impact sur l'environnement et le patrimoine culturel, le partage des bénéfices économiques ainsi que l'adoption de mesures favorables à l'emploi et au développement commercial. Il existe une exception dans le Territoire du Nord, où les propriétaires fonciers aborigènes et insulaires du détroit de Torres, titulaires du droit au consentement préalable, libre et éclairé peuvent s'opposer à la réalisation d'activités extractives sur leurs terres. Dans ces circonstances, ils jouissent de droits sur les minéraux.

Participation à la gestion des ressources naturelles des aires protégées

En réponse aux objectifs mondiaux de la conservation, il est estimé que 12,9 % de la surface terrestre et 6,3 % des eaux maritimes ont été incorporées à plus de 160 000 aires protégées. Plus de la moitié de ces aires ont été établies sur des terres autochtones sans le consentement des habitants, si bien qu'elles constituent des lieux de violation systématique des droits des peuples autochtones (Colchester, 2014). Ces chiffres nous incitent à prêter une attention particulière aux cas des aires protégées situées en terres autochtones dans les pays de l'étude. Dans chaque pays, la constitution des parcs nationaux a signifié la dépossession des terres et/ou la restriction de la plupart des droits liés à la terre et aux ressources naturelles, que ces parcs aient été créés il y a cent ans ou récemment.

22. Martin Préaud, 2011, http://www.Sogip.ehess.fr/spip.php?rubrique47.

La situation des peuples autochtones du Botswana affectés par de nouvelles créations de parcs nationaux est très significative. La pratique traditionnelle de la chasse se voit restreinte. Si elle reste possible au sein des aires de gestion communautaire de la vie sauvage *(community controlled wildlife management area)* pour lesquelles des *trusts* ont été constitués, en dehors de ces espaces un permis individuel de chasse, difficile à obtenir, est désormais requis pour les chasseurs traditionnels. L'exemple du second plus grand parc du Botswana, la Réserve de gibier du Kalahari central que nous avons présentée précédemment, illustre les priorités gouvernementales axées sur le développement et la conservation sans reconnaissance des droits ancestraux des communautés autochtones.

Le modèle de la conservation stricte qui interdit l'usage des ressources naturelles des aires protégées ainsi que toute résidence humaine en leur sein, en opposant conservation et droits des peuples autochtones, est cependant en train de fléchir face aux exigences d'une « conservation autochtone », pensée par les populations résidentes et qui encourage une réconciliation entre les deux paradigmes (Colchester, 2014). Au cours des deux dernières décennies, le développement d'un droit international des peuples autochtones a pénétré les sphères nationales et les forums dédiés à la protection de la nature, notamment l'IUCN (Union internationale pour la conservation de la nature), au point que certaines législations parmi les États de l'étude prévoient aujourd'hui des dispositifs de participation, encore minoritaires, des peuples autochtones à la gestion des ressources naturelles dans les aires protégées situées sur leurs territoires.

En Argentine, l'Inai (Instituto Nacional de Asuntos Indigenas) et l'administration des parcs nationaux ont souscrit, en 2005, une convention dans laquelle ils s'engagent à prêter assistance aux communautés autochtones concernées par la superposition d'aires protégées et d'habitats autochtones, au nord comme au sud du pays. Seulement cette mesure n'a été mise en œuvre que dans certains parcs, aujourd'hui gérés conjointement par l'administration des parcs et par les communautés détentrices de droits ancestraux sur ces terres[23].

Au Chili, les avancées restent mitigées. Dans un contexte où 18 des 94 aires protégées se superposent à des terres ancestrales, la mise en place par l'Agence nationale pour la promotion de la forêt (Corporacion Nacional para el Fomento Forestal – Conaf) de dispositifs favorisant un partenariat avec des communautés autochtones – à travers le fonctionnement de conseils consultatifs locaux ou des mécanismes de cogestion et de conservations autochtones – a été contredite par les pratiques de cette même institution qui enfreignent les droits des peuples autochtones aux terres et ressources naturelles (Aylwin et Cuadra, 2011).

Les dispositifs les plus significatifs en matière de contrôle de la gestion des ressources naturelles dans des aires protégées sont prévus en Namibie dans le cadre des *conservancies* (aires de conservation), en Australie dans le cas des aires

23. Des expériences significatives de cogestion avec des communautés mapuche détentrices de droits ancestraux dans des aires protégées concernent le parc national Lanin, cogéré depuis une dizaine d'années, ainsi que le parc Nahuel Huapi. Dans ce dernier cas, a été créé en 2012 un Conseil interculturel de cogestion du parc qui intègre les communautés mapuche concernées.

protégées autochtones et, théoriquement plus que dans la pratique, en Inde au sein des réserves de forêts occupées par les tribus répertoriées.

En Namibie, les aires de conservation représentent une stratégie innovante de mise en application du programme gouvernemental de gestion des ressources naturelles sur une base communautaire (*community-based natural resource management*). En vertu de ce dispositif, bien que les communautés autochtones ne soient pas propriétaires de terres ancestrales ni des ressources naturelles qu'elles comprennent, elles peuvent générer leurs moyens de subsistance et participer à la gestion durable de la faune et de la flore : cela à travers la pratique d'activités de tourisme (aménagement de campements, vente d'artisanat), le guidage des chasseurs de trophées et de grand gibier, la collecte de plantes au sein des aires légalement définies. La gestion se réalise en partenariat avec le gouvernement. Cette gestion participative permet de préserver dans une certaine mesure le droit des San d'accéder, d'utiliser et de contrôler leurs terres et ressources naturelles, mais elle constitue un système limité : d'abord par le caractère non exclusif et précaire des droits reconnus dans ces aires (où, sauf exception, les San sont interdits de chasser pour eux-mêmes) ; ensuite par la constante nécessité d'une aide gouvernementale et des ONG pour la survie des populations concernées.

En Australie, le programme gouvernemental *Indigenous Australians Caring for Country* a favorisé la mise en place d'aires protégées autochtones et d'aires protégées administrées en cogestion, selon des modalités partagées entre les propriétaires traditionnels qui en font la demande et les agences de protection de l'environnement. Les agences financent les activités de conservation tandis que les propriétaires traditionnels se chargent de « veiller aux valeurs environnementales et culturelles de leurs terres, ou de s'engager activement dans leur réhabilitation » (Altman, 2014 : 60). Depuis la mise en place de la première aire protégée autochtone de Nantawarrina en 1988, ce type d'aires n'a cessé d'augmenter, ce qui confirme l'importante valeur environnementale des terres possédées par les collectivités autochtones d'Australie. Une étude cartographique menée par Jon Altman montre que les terres relevant de la possession exclusive des peuples autochtones concordent avec une végétation dont l'état est considéré comme non modifié. Ces espaces comptent bien moins d'espèces menacées que les terres où les peuples autochtones ne sont pas les propriétaires exclusifs, et les zones riveraines y sont les moins polluées (*op. cit.* : 59-60).

En Inde, avant l'adoption de la loi sur les forêts (FRA) en 2006, les dispositions du droit de l'environnement privaient les collectivités autochtones des forêts de leurs droits à la terre et aux ressources naturelles. *A contrario*, le FRA vise à concilier les droits des peuples autochtones avec les objectifs de la conservation et de la protection de l'environnement en chargeant les tribus de gérer elles-mêmes la conservation des terres forestières qui leur sont attribuées (Benabou, 2014). La plupart des tribus continuent de voir leurs droits menacés, en violation des dispositions de cette loi, mais il existe des situations dans lesquelles celle-ci a été mise en œuvre. À titre d'exemple, dans l'État du Karnataka, des Soliga, qui craignaient d'être expulsés de terres ancestrales situées dans une réserve de tigres déclarée Sanctuaire de Rangaswani Temple, dénonçaient les contradictions d'un modèle de conservation rigide et non respectueux des savoirs traditionnels autochtones. À la suite d'une longue bataille judiciaire, ils ont obtenu la reconnaissance de droits sur 60 % de la réserve, ce qui leur permet d'y habiter et de continuer de collecter et d'utiliser les ressources forestières, dont le miel qu'ils commercialisent. Ils sont aujourd'hui associés à la préservation du sanctuaire. Mais cette situation reste exceptionnelle et de nombreuses tribus des forêts habitant des réserves de tigres vivent sous la menace d'expulsions (Mikkelsen, 2015 : 349).

Le classement de terres autochtones au registre du patrimoine naturel et/ou culturel de l'humanité présente un autre aspect d'une conservation non consultée ni consentie que dénoncent les peuples autochtones et les ONG de défense de leurs droits. À cet égard, il est demandé à l'Unesco (qui est engagée par l'article 42 de la DDPA) de respecter et de mettre en œuvre les droits des peuples autochtones, spécialement concernant les droits territoriaux ainsi que les droits à la consultation et au consentement (CPLE). Selon un récent ouvrage de l'organisation Iwgia qui analyse les impacts du classement de territoires autochtones au patrimoine mondial de l'humanité et la place accordée aux peuples autochtones dans les mécanismes de prise de décisions qui conduisent à l'inscription du site puis à son administration, une centaine de sites classés concernent des territoires autochtones et les procédures de consultation sont loin d'y être respectées (Disko, Tugendhat et Garcia-Alix, 2014).

Tous les États de notre étude comparative possèdent des sites classés au patrimoine de l'humanité situés sur des terres autochtones. Certaines de ces situations sont analysées dans l'ouvrage précité d'Iwgia, concernant des parcs en Australie, au Botswana, en Inde et au Chili, pays où Erity Teave et Leslie Cloud se sont attachées à étudier l'impact du classement du Parc national de Rapa Nui (Teave et Cloud, 2014). Ce parc, qui couvre plus d'un tiers de la surface de l'île, fut créé en 1966 sur des terres ancestrales dont les Rapa Nui avaient été violemment dépossédés des décennies auparavant. Il fut inscrit au patrimoine mondial de l'humanité, en 1995, sans consultation des descendants des créateurs de cet immense réservoir culturel. Sur une île de quelque 164 km², la course étatique au patrimoine s'est également étendue à la mer avec la création, en 2010, du Parc maritime Motu Motiro Hiva. Ici encore, le gouvernement chilien ne consulta pas la population sur sa création, ni ne songea à l'associer à son administration (Tuki Huke et Cloud, 2014). C'est ainsi que, dépourvus de droits à la terre et aux ressources naturelles au sein du parc et sans droits sur la gestion de l'aire protégée, les Rapa Nui ont engagé en mars 2015 des actions visant à obtenir l'administration du parc et des sites sacrés jusqu'alors exclusivement gérés par la Conaf.

Le droit à réparation concernant les terres, territoires et ressources

La DDPA indique que :

> Article 2
>
> 1. Les peuples autochtones ont le droit de conserver et de développer leurs systèmes ou institutions politiques, économiques et sociaux, de disposer en toute

sécurité de leurs propres moyens de subsistance et de développement et de se livrer librement à toutes leurs activités économiques, traditionnelles et autres.

2. Les peuples autochtones ne peuvent être enlevés de force à leurs terres ou territoires. Aucune réinstallation ne peut avoir lieu sans le consentement préalable – donné librement et en connaissance de cause – des peuples autochtones concernés et un accord sur une indemnisation juste et équitable et, lorsque cela est possible, la faculté de retour.

Article 8
1. Les autochtones, peuples et individus, ont le droit de ne pas subir d'assimilation forcée ou de destruction de leur culture.

2. Les États mettent en place des mécanismes de prévention et de réparation efficaces visant :
a) Tout acte ayant pour but ou pour effet de priver les autochtones de leur intégrité en tant que peuples distincts, ou de leurs valeurs culturelles ou leur identité ethnique ;
b) Tout acte ayant pour but ou pour effet de les déposséder de leurs terres, territoires ou ressources ;
c) Toute forme de transfert forcé de population ayant pour but ou pour effet de violer ou d'éroder l'un quelconque de leurs droits ;
d) Toute forme d'assimilation ou d'intégration forcée ;
e) Toute forme de propagande dirigée contre eux dans le but d'encourager la discrimination raciale ou ethnique ou d'y inciter.

Article 28
1. Les peuples autochtones ont droit à réparation, par le biais, notamment, de la restitution ou, lorsque cela n'est pas possible, d'une indemnisation juste, correcte et équitable pour les terres, territoires et ressources qu'ils possédaient traditionnellement ou occupaient ou utilisaient et qui ont été confisqués, pris, occupés, exploités ou dégradés sans leur consentement préalable, donné librement et en connaissance de cause.

2. Sauf si les peuples concernés en décident librement d'une autre façon, l'indemnisation se fait sous forme de terres, de territoires et de ressources équivalents par leur qualité, leur étendue et leur régime juridique, ou d'une indemnité pécuniaire ou de toute autre réparation appropriée.

Article 32
1. Les peuples autochtones ont le droit de définir et d'établir des priorités et des stratégies pour la mise en valeur et l'utilisation de leurs terres ou territoires et autres ressources.

2. Les États consultent les peuples autochtones concernés et coopèrent avec eux de bonne foi par l'intermédiaire de leurs propres institutions représentatives, en vue d'obtenir leur consentement, donné librement et en connaissance de cause, avant l'approbation de tout projet ayant des incidences sur leurs terres ou territoires et

autres ressources, notamment en ce qui concerne la mise en valeur, l'utilisation ou l'exploitation des ressources minérales, hydriques ou autres.

3. Les États mettent en place des mécanismes efficaces visant à assurer une réparation juste et équitable pour toute activité de cette nature, et des mesures adéquates sont prises pour en atténuer les effets néfastes sur les plans environnemental, économique, social, culturel ou spirituel.

La question de la restitution, de la réparation, de l'indemnisation, de la compensation a suscité un débat prolongé lors de la négociation de la DDPA, tant sur le fond du dispositif à envisager que sur le plan du langage à adopter pour que les peuples autochtones sentent leurs demandes entendues et que les États s'engagent de bonne foi dans la résolution des litiges. S'agissant d'une déclaration à vocation universelle, il fallait approcher la question sur un plan légal, tout en faisant de sérieux efforts sémantiques pour que le même esprit règne en anglais, en français ou en espagnol. Irène Bellier[24] se rappelle comment le président-rapporteur du Groupe de travail sur le projet de déclaration, hispanophone d'origine et excellent anglophone, proposa le terme de *rezarcimiento* pour couvrir les sens possibles de cette réparation dite en anglais *redress*, notion dont la portée et la teneur embarrassaient les États issus de colonisation de peuplement tels que tous les membres du groupe Canzus dont nous avons vu précédemment combien ils étaient réticents à la DDPA.

Tous ces pays ayant développé des politiques foncières favorables aux colons, l'angoisse tout comme l'impossibilité pratique et humaine d'une restitution de la totalité du foncier aux descendants des premiers occupants concerne les effets de la colonisation. Une politique de restitution se traduirait par des bouleversements majeurs, que les nations aujourd'hui ne sont pas prêtes à envisager de manière générale. C'est tout l'enjeu de l'examen auquel est soumis la doctrine de la découverte, depuis l'étude de l'Instance permanente réalisée par Tonya Gonella Frishner en 2010, doctrine au fondement du principe de la « terre libre et vacante », ou *terra nullius,* qui permit l'installation des puissances coloniales puis le développement de leurs populations non autochtones.

Face à ce spectre, nous aimerions citer deux attitudes possibles. L'une est prônée par Andrew Erueti, avocat et juriste maori qui, au vu des situations de l'Australie, du Canada et de la Nouvelle-Zélande, recommande de régler les revendications « qui ne s'éteignent pas » en réparant (*to redress* est le verbe précisément employé) « les injustices historiques et actuelles qui procèdent de la suppression des institutions politiques des peuples autochtones et de l'appropriation de leurs territoires » (2014 : 157-172). Cela est possible en s'appuyant sur les dispositions du droit international des peuples autochtones et sur l'établissement, pour le moins incertain, d'un rapport de force politique dans les pays concernés. L'autre, qui procède d'une double analyse d'écologie et d'économie politiques, est celle de Jon Altman. Au vu des négociations foncières entre l'État d'Australie et les peuples autochtones, en tenant compte des litiges relatifs aux formes d'exploitation industrielle

24. Note de terrain. Observations du Groupe de travail sur le projet de déclaration, Genève 2004.

ou de conservation écologique et constatant l'état des réappropriations du foncier par les aborigènes, Altman propose d'approcher le problème par la notion de valeur. Celle-ci peut être estimée monétairement ou tenir compte d'autres modalités de calcul pour apprécier, par exemple, la valeur de la protection de la biodiversité constatée dans les régions autochtones (2014).

Les deux articles de la DDPA concernant la réparation portent sur deux objets. L'article 10, que nous avons vu plus haut, vise à « interdire » le déplacement forcé des populations autochtones, à anticiper les conséquences des projets de développement ou de colonisation qui conduiraient à leur expulsion, à placer en préalable de leur réalisation l'exigence du consentement, mais aussi l'obligation d'une indemnisation juste et équitable, et la possibilité du retour. L'article 28 prévoit la possibilité d'une restitution sous forme de terres de valeur identique ou d'un équivalent pécuniaire. Au cœur de ces deux articles se trouve la notion de consentement préalable, libre et éclairé auquel les autochtones prêtent un fort intérêt pour rappeler les conditions de leur dépossession ancienne, et anticiper l'avenir. Mais, comme l'indique l'article 10, la relation des personnes, êtres sociaux et culturels, avec une terre ou un territoire ne se limite pas à des considérations financières ou symboliques. Au-delà des sommes qui peuvent très rapidement s'élever, comme en témoignent les aspects financiers des négociations territoriales au Canada, l'enjeu est identitaire et de récupération, tant sociale que morale.

Plusieurs situations doivent alors être envisagées. Si l'on suit l'article 28 de la DDPA, alinéa 1, les peuples autochtones possèdent les terres et territoires traditionnellement occupés mais leur droit est, par exemple, menacé ou atteint par des projets d'infrastructures ou d'extraction minière à proximité ou affectant tout ou partie de leur propriété, ou par l'octroi de concessions à autrui de permis d'exploitation des ressources naturelles. Dans la jurisprudence, la CourIDH qualifie d'expropriation du droit de propriété toute privation totale ou partielle, permanente ou temporaire. Comme l'analyse Rinaldi,

> la construction d'un barrage hydroélectrique qui entraînerait le déplacement d'une communauté en raison de l'inondation de son territoire correspondrait à une privation, ou expropriation, totale ; une concession forestière de quelques mois en territoire traditionnel correspondrait à l'expropriation d'une partie de la propriété. (2012a : 176)

Au contraire de la CourIDH, la Cour européenne des droits de l'homme interprète « qu'il n'y a privation de la propriété que si la privation est totale et porte sur l'ensemble de la propriété » (*ibidem*).

Les violations de ce droit peuvent donc porter sur le foncier et/ou sur les ressources. Il peut aussi exister des cas où les peuples autochtones occupent ou utilisent traditionnellement des TTR mais ne les possèdent pas. Il peut s'agir d'espaces relevant du domaine public[25] ou titularisés en faveur de tiers[26]. Dans

25. Telle était, par exemple, la situation dans l'*Affaire Awas Tingni* soumise à la juridiction de la CourIDH. *Cf.* Anaya et Grossman, 2002.

26. Tel était le cas dans les *affaires Yakye Axa* (CourIDH, 2005a), *Sawhoyamaxa* (CourIDH, 2006) et *Xákmok Kásek* (CourIDH, 2010).

ces deux cas, les enjeux sont différents. Enfin, il existe la situation de peuples autochtones qui ont été privés de leur droit d'occuper ou d'utiliser traditionnellement leurs terres, sans leur consentement[27], que ces terres soient actuellement en possession de l'État ou d'un tiers.

Parmi les modalités de réparations organisées par le droit international des peuples autochtones et la jurisprudence du système interaméricain des droits de l'homme, les mesures de réparation restitutoires sont distinguées des réparations compensatoires. Selon Ghislain Otis,

> sera restitutoire toute réparation qui a pour objet et pour effet de mettre un terme à la violation des droits et d'assurer pour l'avenir aux victimes la pleine jouissance de ces droits… la démarche compensatoire consiste, non pas à redonner à la victime la jouissance effective des droits dont elle a été privée, mais plutôt à réparer le préjudice subi en raison de la violation des droits. Elle est, en d'autres termes, rétrospective plutôt que prospective. (2009 : 102,104)

La restitution

La restitution des droits aux terres, territoires et ressources peut suivre deux formes. Elle peut être juridique et/ou physique. Dans l'affaire du village Moiwana, la CourIDH a ordonné la restitution juridique et physique du droit de propriété aux communautés concernées. Comme l'analyse Otis, la restitution juridique

> prend, dans la jurisprudence de la Cour, la forme de diverses ordonnances dont le but est de faire inscrire formellement les droits fonciers autochtones dans l'ordre juridique étatique de manière à en assurer la garantie par les institutions publiques. (2009 : 103)[28]

Il s'agira, en particulier, de délimiter les espaces autochtones et de les inscrire aux registres fonciers pertinents dans un objectif de sécurisation juridique. À maintes reprises, la jurisprudence interaméricaine des droits de l'homme a rappelé que la titularisation des terres n'est pas constitutive de la propriété autochtone. Elle vise à la reconnaître. Cela est très important pour Otis et Laurent, qui soulignent que le concept de reconnaissance « opère simultanément un décentrement du rôle de l'État et une réhabilitation des traditions juridiques non occidentales dans la configuration du foncier autochtone » (2011 : 47). La titularisation fournit une garantie juridique que les peuples autochtones pourront opposer face à toute situation menaçant leurs droits. Comme le précise la Cour interaméricaine des droits de l'homme,

---

27. La non-obtention du consentement peut relever de raisons indépendantes de leur volonté (affaires Comunidad Indígena Sawhoyamaxa v. Paraguay et Comunidad Yakye Axa v. Paraguay) ou résulter de la violence ou d'actes législatifs ou administratifs non acceptés par les peuples autochtones (CourIDH, 2005b, affaire village Moiwana c. Suriname).

28. Cette solution a été retenue par la CourIDH dans les affaires : (2005b) *Moiwana Village c. Suriname* ; (2007) *Saramaka c. Surinam* ; (2001) *Awas Tingni c. Nicaragua* ; (2005a) *Yakye Axa c. Paraguay* ; (2006) *Sawhoyamaxa c. Paraguay*.

> Les actions de reconnaissance officielle «doivent être considérées comme de simples transferts, comme des mécanismes d'octroi de preuve permettant aux communautés d'accréditer leur domaine antérieur» et non comme l'octroi de nouveaux droits. La titularisation et la démarcation territoriales doivent être comprises comme des actes complexes non constitutifs de la propriété mais qui reconnaissent simplement et garantissent les droits qui appartiennent aux peuples autochtones en application de leur usage coutumier. (CourIDH, 2009 : § 69)

La Cour signale que « [l]e droit des peuples autochtones et tribaux à la propriété de leur territoire doit jouir de la certitude juridique» (CourIDH, 2009 : § 1137 – Recommandation 3). Selon ses magistrats, le titre juridique «doit être reconnu et respecté en pratique, mais aussi en droit, afin de protéger la sécurité juridique» (CourIDH, 2007 : § 115). Une fois que l'occupation et l'utilisation traditionnelles ont été prouvées et que les territoires ont été démarqués, l'État est obligé de procéder à la titularisation des espaces, y compris sous une forme communautaire (CourIDH, 2000 : § 16; CourIDH, 2001 : § 104(l); CourIDH, 2002 : § 130; CourIDH, 2004 : § 115; CourIDH, 2006 : § 113(a)).

Dans les hypothèses où ces espaces sont partagés avec des tiers, la Convention 169 ne reconnaît qu'un droit d'usufruit aux peuples autochtones. Or la DDPA comme le système interaméricain des droits de l'homme reconnaissent le droit à la propriété des populations autochtones concernées par une telle situation. Face à un conflit de droits de propriété, la jurisprudence interaméricaine des droits de l'homme a interprété que le titre de propriété étatique ne prime pas nécessairement sur la propriété fondée sur une occupation traditionnelle et propose de résoudre les situations au cas par cas (CourIDH, 2005a: § 146; CourIDH, 2006 : § 138; CourIDH, 2010 : § 286). Elle a indiqué que les limitations aux droits des peuples autochtones devaient satisfaire les principes de légalité, de nécessité, de proportionnalité, répondre à un objectif légitime dans une société démocratique (CourIDH, 2005a: § 144) et ne pas entraîner la négation de leurs moyens de subsistance comme peuple (CourIDH, 2007 : § 128).

La restitution physique est indépendante de la restitution juridique; elle correspond aux situations où les peuples autochtones ont été dépossédés de leurs terres, territoires et ressources naturelles. En raison de la nature *sui generis* de la propriété autochtone et de son interconnexion avec d'autres droits fondamentaux, la Commission et la Cour interaméricaines des droits de l'homme estiment que la restitution doit être privilégiée par rapport à la compensation[29], même dans les hypothèses de conflits de droits fonciers avec des particuliers. La Commission a ainsi indiqué que « [l']option préférentielle pour la récupération des terres ancestrales en faveur du peuple autochtone ou tribal doit être le point de départ» (CIDH, 2001, § 118). Il ne s'agit cependant pas d'un droit absolu :

> Cela ne signifie pas qu'à chaque fois qu'il y a un conflit entre les intérêts fonciers de particuliers ou de l'État et ceux des membres des communautés autochtones,

29. Cela est mentionné à l'article 28 de la DDPA, par le Comité pour l'élimination de la discrimination raciale, CEDR, RG n° XXIII, 1997 : § 5 et dans la décision de la CourIDH, 2010 : § 281.

> ces derniers doivent prévaloir sur les autres. Lorsque les États sont incapables, pour des raisons concrètes et justifiées, d'adopter des mesures afin de rendre le territoire traditionnel et les ressources communes aux populations autochtones, les compensations doivent d'abord être accordées en fonction de la signification que revêt la terre pour eux. (CourIDH, 2005 a : §§ 148-149)

Dans les pays étudiés, on peut identifier deux types de réparation : celles qui visent à octroyer des titres pour des terres et des ressources naturelles toujours occupées et utilisées mais précaires ; celles qui visent les terres possédées anciennement mais qui ont été confisquées et dont les peuples autochtones réclament l'usage.

L'Inde, l'Australie, l'Argentine et la Bolivie ont mis en place des mécanismes visant à enregistrer les revendications foncières autochtones afin de titulariser celles occupées et utilisées par les communautés demanderesses, à condition qu'elles soient considérées par les lois étatiques comme étant autochtones. En conséquent, même en vertu de ces mécanismes *a priori* favorables, un grand nombre des terres d'occupation et d'utilisation traditionnelles ne parviennent pas à être titularisées. Mais, à des degrés divers, les collectivités autochtones sont associées aux processus de restitution et de délimitation des terres ancestrales en fournissant des récits et des cartes attestant d'un usage traditionnel.

De tels dispositifs de restitution des terres usurpées sont inexistants ou inefficaces au Botswana (Anaya, 2010, § 42) ou en Namibie malgré les intentions de la loi sur la réforme foncière de 1995 (*Agricultural Land Reform Act*) qui prévoyait la redistribution de terres aux citoyens namibiens qui utilisent des terres agricoles sans les posséder. Cette loi prenait expressément en compte les groupes vulnérables comme les San, qui sont nombreux à être employés dans les fermes des propriétaires fonciers.

En Guyane française, l'absence de mécanisme de réparation visant à la restitution des terres ancestrales a été relevée par le Comité des Nations unies pour l'élimination des discriminations raciales dans son dernier rapport périodique de 2015 sur l'application par la France de la Convention sur le même objet (Cerd). Il recommande à cet État « d'envisager la reconnaissance des droits communautaires aux peuples autochtones, en particulier le droit aux terres ancestrales détenues et utilisées par ces communautés depuis les temps immémoriaux ainsi qu'aux ressources traditionnellement utilisées par elles » (Comité Cerd, 2015 : § 12).

En Australie, deux tribunaux sont en charge des questions foncières : le tribunal des réclamations des terres (Land claim tribunal) et le tribunal du titre foncier indigène (Native title tribunal). Le premier, instauré par la loi sur les droits fonciers autochtones dans le Territoire du Nord en 1976, est compétent pour statuer sur les demandes relatives à des terres non détenues en propriété par des tiers. Depuis l'adoption de la loi, près de 40 % des terres ont été récupérées par les populations aborigènes. Une partie correspondant à des « réserves autochtones » a été directement listée et transférée au *trust* des terres autochtones (Aboriginal Land Trust) et 30 % ont fait l'objet de démarches devant le tribunal. Une autre procédure a été mise en place par la loi sur les titres fonciers autochtones qui établit, en 1993, le Native title tribunal. Les revendications de titres fonciers sont en premier lieu enregistrées par ce tribunal qui fournit un travail de médiation entre les demandeurs autochtones et les détenteurs des terres. Dès l'admission de leur demande, les « propriétaires traditionnels » (ainsi reconnus dans le cadre de cette loi) jouissent d'un droit de négociation. À l'issue de la médiation, deux voies sont ouvertes : la souscription d'un accord sur l'usage des terres ou la demande judiciaire de reconnaissance du titre (*Native Title).* Chargés de prouver le maintien d'un droit foncier aborigène préexistant à la colonisation britannique – lequel suppose que les aborigènes n'aient en rien changé leurs usages du territoire en plus de deux cents ans d'existence dans une société construite sur le refoulement des aborigènes –, les requérants autochtones se voient parfois contraints d'adopter un « essentialisme stratégique », selon l'expression de Gayatri Spivak (1988). Celui-ci reviendrait à remplacer la fiction fiscale de *terra nullius* par la fiction contemporaine de la non-invasion. Comme l'observe Jon Altman,

> cette situation dénote l'ironie qu'il y a, pour les peuples colonisés, à faire reconnaître la possession de leurs terres comme légitime en utilisant le langage de la tradition en dépit de leurs nouvelles aspirations, de leurs nouvelles pratiques et de leurs nouvelles coutumes. (Altman, 2014 : 52)

Les contraintes et les coûts des procès sont tels que la reconnaissance du titre foncier n'est pas garantie. Plus de 300 demandes de titres fonciers ont été déposées au Native title tribunal, pour une superficie de 3 200 000 km^2. Actuellement, le foncier sur lequel les Aborigènes et les Insulaires du détroit de Torres détiennent un titre en vertu des lois sur les droits territoriaux ou sur le *Native Title* couvre 2 550 000 km^2, soit 33 % des terres australiennes ; 969 000 km^2 correspondent aux terres récupérées ou enregistrées en vertu des lois sur les droits territoriaux ; 92 titres relèvent de la « possession exclusive » sur une superficie totale de 752 000 km^2 ; 142 titres concernent des « possessions non exclusives » sur 825 000 km^2, la plupart correspondant à des pâturages. Enfin, 700 « accords d'usage » régissent 1 600 000 ha (*idem* : 52-54).

En Inde, la loi sur les forêts (FRA) devait permettre de réparer les injustices historiques en reconnaissant les droits fonciers individuels et collectifs dans les forêts d'occupation traditionnelle. La résolution des demandes présentées par les assemblées villageoises (*Gram Sabha)* relève de la compétence des bureaux forestiers de chaque État. Selon le ministère des Affaires tribales, au 30 septembre 2014, 3 853 977 demandes de reconnaissance de droits avaient été présentées dans tout le pays, dont 3 223 086 avaient été examinés (82,75 %) : plus de la moitié des demandes ont été rejetées (1 694 391) ; 1 494 933 titres ont été distribués et 33 762 étaient en instance de reconnaissance. Ces chiffres doivent être contrebalancés par ceux de la vente de terres autochtones qui ne cessent d'augmenter en violation de la loi Larr. En avril 2012, le gouvernement recensait 437 173 cas de ventes de terres tribales pour une superficie totale de 661 806 ha. Parmi ceux-ci, seuls 217 396 cas ont été résolus en faveur des propriétaires tribaux.

En Bolivie, le processus généralisé de démarcation et de titularisation des TCO fut mis en place par la loi Inra de 1996. L'application de cette loi n'assure cependant pas la récupération des terres usurpées et détenues par des tiers. Comme l'explique Leonardo Tamburini,

> des directives générales furent établies pour la procédure spéciale de titularisation territoriale, avec, néanmoins, une disposition qui limiterait tout le processus: celle de reconnaître de préférence les droits acquis par des tiers dans les territoires jusqu'à cette année (1996). À cause de cette décision, la procédure de titularisation des terres autochtones devint un processus de consolidation des possessions des tiers à la légalité douteuse, et les terres restantes, sans intérêt pour ceux-ci, furent offertes aux autochtones demandeurs. Si des terres venaient à manquer, l'État devait chercher d'autres endroits pour compenser le manque. (2014: 130)

Depuis le nouveau cadre constitutionnel de 2009, et la création des Tioc, la politique de titularisation des territoires autochtones semble gelée, limitée à la régularisation des demandes antérieures à la réforme sans que soient satisfaites de nouvelles demandes. Selon la Fondation Tierra, en 2010 les Tioc couvraient plus de 20 millions d'hectares, soit près de la moitié des terres ancestrales revendiquées (Colque, 2010).

En Argentine, face à l'absence de volonté des provinces de titulariser les terres autochtones qu'elles préfèrent réserver à l'industrie extractive ou productive, la réalisation dans chaque province des cadastres de terres d'occupation traditionnelle autochtone demeure le préalable indispensable et obligatoire à la mise en place du dispositif de réparation foncière. Le dispositif de relevé territorial des communautés autochtones, mis en place par l'Inai en application de la loi sur l'urgence en matière de possession et de propriété des terres (2006), prévoit la participation des peuples autochtones à toutes les phases, depuis l'élaboration jusqu'à la mise en œuvre de l'étude cadastrale, à travers le Conseil de participation autochtone (Consejo de participacion indigena – CPI), ainsi que la participation des communautés dans la phase de mise en récit et en croquis de leurs territoires. Des dysfonctionnements et des lenteurs dans l'application de la loi ont justifié la prorogation de sa mise en œuvre à deux reprises, pour un terme fixé à novembre 2017. Un premier bilan, réalisé en 2011, dénonçait le non-respect de la loi dans une majorité de provinces qui n'avaient pas encore commencé la réalisation du cadastre ainsi que de très nombreuses expulsions dictées par des juges bien que la loi l'interdît expressément. Le rapport indiquait que seulement 12,5 % des communautés enregistrées à l'Inai avaient fait l'objet de relevés cadastraux, la plupart situées dans les provinces à faible pourcentage de population autochtone et où le niveau de conflictualité territoriale était peu élevé, avec des taux de recensement dépassant les 67 % (Tierra del Fuego, Catamarca, Santa Cruz, San Juan, La Pampa et Cordoba). En revanche, selon Endepa (2011), au sein des provinces à forte densité de population autochtone et présentant de nombreux conflits territoriaux, le pourcentage de communautés disposant de cadastres variait entre 0 % (Neuquén et Formosa), 2 % (Chaco), 17 % (Misiones) et 40 % (Rio Negro). Complétant ces données, le chapitre Argentine du rapport annuel d'Iwgia sur les droits des peuples autochtones indique que, à la fin de l'année 2013, « sur un total de 1578 communautés autochtones, seules 223 (14,13 %)

ont obtenu une résolution officielle délimitant les terres qu'elles ont traditionnellement possédées » (Mikkelsen, 2014 : 196). Cela signifie que l'exécution du programme vient à peine de commencer dans les endroits où elle est la plus nécessaire et urgente. La même source signale que 1 021 communautés se situent dans les provinces de Salta, Jujuy, Formosa, Chaco et Neuquén, mais que seules 53 communautés ont obtenu une reconnaissance officielle de leur possession territoriale (5,2 %). Le programme n'a absolument pas avancé depuis 2011 dans les provinces de Neuquén, Formosa et Chaco (*idem*). Au regard de ces chiffres, la situation foncière des peuples autochtones en Argentine est particulièrement préoccupante. Au rythme du recensement actuel des terres d'occupation traditionnelle, le programme devrait être prorogé d'une dizaine d'années supplémentaires, et ne pas se terminer en 2017. Par ailleurs, il ne constitue qu'une étape dans la reconnaissance des droits fonciers des peuples autochtones car il n'assure pas systématiquement la titularisation des terres dont la possession est avérée. Comme l'indique Morita Carrasco, spécialiste reconnue des questions autochtones en Argentine et rédactrice du chapitre sur l'Argentine du rapport cité : « le président de l'Inai a déclaré publiquement et à de nombreuses occasions que l'organisme s'oppose à la restitution des terres ancestrales comme à l'application de la Déclaration des Nations unies sur les droits des peuples autochtones » (Mikkelsen, 2014 : 198).

Les mécanismes de réparation établis en Nouvelle-Calédonie et au Chili pour restituer aux populations autochtones une partie des terres ancestrales aujourd'hui détenues par l'État ou des particuliers font tous les deux appel à une politique de rachat de terres.

Au Chili, afin de répondre aux demandes autochtones de restitution de leurs terres ancestrales, la loi n° 19.253 a créé un Fonds des terres et des eaux géré par la Conadi. Celui-ci prévoit deux mécanismes destinés au rachat de terres ancestrales détenues par des tiers non autochtones ou relevant du domaine public. Le premier prévoit l'octroi de subventions à des personnes ou communautés autochtones afin qu'elles puissent augmenter la superficie de leurs terres estimées insuffisantes par la Conadi (article 20a). Le second mécanisme est destiné à « résoudre les problèmes fonciers relatifs à des terres autochtones aujourd'hui non détenues par des autochtones mais qui avaient été reconnues comme telles par les titres de *Merced*, les "titres de commissaires"[30] ou d'autres cessions réalisées par l'État » (article 20b). Un troisième mécanisme permet le transfert de terres de propriété étatique à la Conadi pour sa remise postérieure en propriété aux populations autochtones (article 21). Plusieurs critiques ont été portées à l'encontre de ce dispositif. D'une part, selon Aylwin,

> les mécanismes de rachat de terres prévus par la loi (article 20) ont eu comme effet de diviser et délocaliser les communautés bénéficiaires. En effet, pour ne citer que la situation des Mapuche, le fonctionnement même du Fonds des terres établi par la loi ne prend pas en compte le concept et les logiques socioculturelles de la territorialité mapuche fondée notamment sur le *Tuwun* (lieu d'origine), en

30. Les *titulos de comisarios* sont des titres de propriété remis en application de la loi du 10 juin 1823.

> autorisant la Conadi à remettre à des communautés mapuche des terres situées au sein d'un territoire duquel elles n'étaient pas originaires. Cette situation concerne presque un tiers des terres acquises par le Fonds. (2013, édition électronique, emplacement 6088/14307)

Ainsi des Mapuche-Lafkenche (des côtes) ont-ils obtenu des terres en territoire huilliche (du sud) tandis que des Nagche (des vallées) recevaient des terres en territoire lafkenche. D'autre part, seules les terres qui avaient été inscrites au sein de titres de *Merced*, ou de titres de commissaires, relèvent de ces mécanismes, ce qui empêche la restitution de plus de 90 % des terres ancestrales usurpées lors des politiques de « mises en réserves » (*reducciones*) en application de la loi du 4 juillet 1866. Bien que ce mécanisme ait permis, dans une certaine mesure, de répondre à un pourcentage de réclamations de terres, de régulariser certains titres de propriété et d'augmenter la superficie des terres autochtones, « il s'est montré incapable de contenir l'ensemble des revendications foncières autochtones, lesquelles ont glissé vers des actions de récupérations territoriales » (Cloud et Le Bonniec, 2012 : 31). Selon le rapport annuel de Iwgia 2015, entre 1994 et 2014, 1 752 727 hectares ont été acquis par le Fonds des terres et des eaux autochtones en application de l'article 20a de la loi 19 253. La plupart (1 726 677 ha) ont été remis à des Mapuche. Le mécanisme de restitution de terres perdues autrefois reconnues comme autochtones a concerné 12 032 173 hectares dont 11 988 582 ont été restitués à des Mapuche (Mikkelsen, 2015 : 210). Le fonctionnement du Fonds depuis les années 2010 accuse un net ralentissement. Entre 2010 et 2011, il a abouti à l'inscription d'une quantité de terres deux fois moins importante que dans les périodes antérieures et il n'a dépensé qu'une partie de son budget (Mikkelsen, 2014 : 227). Concernant les communautés andines des peuples atacama, lickanantai et quechua dont les terres ancestrales ont été incorporées au domaine de l'État, et qui revendiquaient 2 400 000 hectares, 14 % seulement ont été restitués au motif qu'une grande partie des terres revendiquées n'étaient pas d'usage productif (Aylwin *et al.*, 2013). Sur l'île de Pâques-Rapa Nui, en raison des politiques de patrimonialisation terrestre et maritime mises en œuvre par l'État chilien et malgré les demandes des Rapa Nui de restitution de l'ensemble de leurs terres ancestrales, aucune politique de réparation foncière n'a véritablement été mise en place.

En Nouvelle-Calédonie, les militants indépendantistes kanak ont exigé dans les années 1970 la restitution des terres spoliées pendant la période coloniale. Ils ont organisé de nombreuses occupations foncières sur les terrains revendiqués, qui occasionnèrent des affrontements entre Kanak et colons. À partir de 1978 et jusqu'à nos jours, l'État a mis sur pied une vaste réforme foncière. Le dossier a été géré par plusieurs institutions successives, dont la dernière en date est l'Agence de développement rural et d'aménagement du foncier (Adraf) (*cf. supra*). Au 31 décembre 2011, les terres coutumières totalisaient 495 000 hectares, soit un quart du foncier de Nouvelle-Calédonie (en comptant les îles Loyauté), répartis entre 365 000 ha de réserves, 25 400 ha d'agrandissement de réserve, 9 500 ha d'attributions clanique et 925 000 ha d'attribution à des GPL. Selon l'Adraf,

50 % des terres coutumières de Nouvelle-Calédonie (238 000 ha) se trouvent en Province Nord et représentent 25 % du territoire de cette province ; 38 % du foncier coutumier (188 900 ha) se trouve en Province des îles Loyauté qui est constituée à 97 % de terres coutumières. La Province Sud regroupe 12 % du foncier coutumier (60 500 ha) qui couvre 9 % de sa superficie. 7 200 hectares de terres coutumières sont situés dans les communes de l'agglomération de Nouméa. (Source : site Adraf[31])

Au total, comme l'indique un magistrat en poste sur l'île plusieurs années : « Le domaine foncier kanak totalisait 121 600 hectares en 1912, 126700 hectares en 1945 et 164 000 hectares en 1975 » (Lafargue, 2012 : 32).

La compensation

Trois types de compensation aux dommages matériels et immatériels soufferts par les peuples autochtones en raison de la privation de leurs droits aux terres, territoires et ressources naturelles ont été ordonnés par la CourIDH : des compensations en terres, en argent, ou encore d'ordre moral. Les critères retenus pour l'une ou l'autre de ces formes doivent « avoir comme orientation principale la signification qu'a la terre » pour ces peuples (CourIDH, 2005a : § 149). Dans les hypothèses où la restitution physique n'était pas possible pour des « raisons concrètes et justifiées » (*ibidem* : § 217) ou pour des « motifs objectifs et fondés » (CourIDH, 2006 : §§135 et 212), la CourIDH a privilégié la compensation sous formes de terres, en tant qu'alternative résiduelle mais préférentielle sur l'indemnisation pécuniaire[32]. Dans cette hypothèse, les terres doivent être choisies conjointement avec les communautés autochtones intéressées et satisfaire certains critères d'extension et de qualité pour « garantir le maintien et le développement des formes de vie des communautés » (CourIDH, 2005a : §§ 151 et 217 ; CourIDH, 2006 : §§ 135 et 212).

Selon les circonstances, des compensations pécuniaires pourront être versées pour réparer le dommage matériel souffert et aussi pour « redresser » le dommage moral. Comme le souligne Otis :

> L'octroi d'une compensation pécuniaire est une constante dans les arrêts de la Cour portant sur les droits des peuples autochtones. La privation de l'accès ou de la jouissance des terres traditionnelles et de leurs ressources naturelles entraîne le plus souvent des conséquences économiques, culturelles et humaines importantes pour des communautés déjà paupérisées, voire à la limite de la survie physique dans certaines régions des Amériques. Elles peuvent être prescrites pour couvrir la pluralité des dommages soufferts par la privation du droit, qu'ils soient de nature matérielle, morale, voire spirituelle. (2009 : 105)

31. http://www.adraf.nc/index.php?option=com_content&view=article&id=55&Itemid=76 [Consulté le 15 juin 2016].

32. Cette préférence est clairement posée par la CourIDH dans l'affaire *Communauté autochtone Xákmok Kásek c. Paraguay*, 2010.

Dans les affaires soumises à la CourIDH, les compensations pécuniaires les plus importantes ont concerné la réparation des dommages moraux constitués par « l'impact de la dépossession sur les conditions de vie, et donc sur la dignité des autochtones, mais aussi du tort découlant du déracinement culturel et spirituel occasionné par la dépossession foncière » (Otis, 2009 : 105). Des dommages moraux[33] ont, par exemple, été identifiés et dédommagés dans les affaires *Communidad Indigena Yakye Axa v. Paraguay* (CourIDH, 2005a) ; *Communidad Indígena Sawhoyamaxa v. Paraguay* (CourIDH, 2006) ; *Pueblo Saramaka c. Surinam* (CourIDH, 2007).

La Cour a aussi ordonné des formes de compensation non pécuniaire, dites « de satisfaction », destinées à rendre publique la responsabilité de l'État dans le dommage causé, dans une perspective de dialogue et de réconciliation. Ces mesures peuvent prendre la forme d'une diffusion large des parties les plus importantes de la décision de justice, relatant les préjudices causés, ce qui peut être fait en langue autochtone et dans les moyens de communication à large audience autochtone (CourIDH, 2006 : § 236 ; CourIDH, 2005a : § 222 ; CourIDH, 2007 : § 196). Il peut aussi s'agir d'excuses publiques formulées par l'État à l'égard des communautés autochtones victimes, à l'occasion d'un acte public réalisé au sein des communautés autochtones et selon un protocole déterminé avec elles conformément à leurs propres juridicités.

Les terres et ressources naturelles traditionnellement occupées et utilisées par les peuples autochtones sont placées sous la menace constante d'expropriation du fait des activités d'entreprises extractives, productives ou d'infrastructures, ou encore en raison de la déclaration par l'État d'aires protégées. Dans les affaires où les titres fonciers autochtones ont été reconnus, les législations étatiques s'appuient sur les notions d'intérêt national ou d'intérêt public pour leur porter atteinte. Dans les cas où leurs droits fonciers n'ont pas été reconnus, les chances de compensation s'amenuisent. Une éventuelle compensation dépendra soit de la négociation d'accords avec l'État ou l'entreprise concernée[34], soit des tribunaux et de leur appréciation de la réalité des titres fonciers invoqués, de la réalité du dommage, puis de leur évaluation des préjudices subis. Cette évaluation est elle-même fortement dépendante de la qualité de l'étude ou de la déclaration d'impact environnemental et social produite. Or ces dernières ne sont pas toujours réalisées. L'histoire des réparations versées aux peuples autochtones dans le cas d'une privation totale ou partielle de leurs droits fonciers montre que, dans

33. L'existence d'un dommage spirituel n'a pas encore été sanctionnée par une décision de la CourIDH. Dans l'affaire de la communauté de Moiwana, le juge Cançado Trindade était favorable à la reconnaissance d'un tel dommage : « le droit international, en général, et le droit international des droits de l'homme, en particulier, ne peuvent rester indifférents aux manifestations spirituelles du genre humain ». Le dommage, envisagé par le juge, ne reflète pas qu'« un problème psychologique, mais aussi un véritable dommage spirituel qui a affecté, gravement, non seulement les vivants, mais aussi les vivants dans leur relation avec leurs morts » (*cf.* Opinion séparée de Cançado Trindade, Antônio Augusto, jointe à l'arrêt *Comunidad Moiwana v. Suriname* (CourIDH, 2005b : § 68 et § 78), cité par Rinaldi, 2012a : 136).

34. Tel est le cas des *land use agreements* en Australie, et du Pacte pour un développement durable du Grand Sud du 27 septembre 2008 relatif à l'usine de Goro Nickel en Nouvelle-Calédonie.

aucun de ces scénarios, la compensation obtenue n'est proportionnelle aux dommages individuels, collectifs, politiques, économiques, culturels, spirituels, etc., subis. Parmi les pays de l'étude, seules les récentes législations de Bolivie et d'Inde ont réglementé les modalités de compensation des populations autochtones en cas de violation totale ou partielle de leurs droits de propriété fonciers.

En Bolivie, la loi des hydrocarbures de 2005 dispose que les activités hydrocarburifères développées en terres « communautaires d'origine, communales, autochtones ou paysannes » devront être compensées financièrement par les titulaires des activités en question, de manière juste, en respectant la territorialité, les usages et les coutumes des populations affectées (article 119). Sans prendre en compte l'appréciation des dommages réalisée par l'étude d'impact environnemental et social ou invoquée par les communautés affectées elles-mêmes, le décret n° 2195 du 26 novembre 2014, fort polémique, établit un mécanisme destiné à compenser « tout impact socio-environnemental, négatif, direct, accumulé et à long terme » [...] « produit par des activités, ouvrages et projets hydrocarburifères développés dans les territoires indigènes originaires paysans, les terres communales, autochtones ou paysannes » (article 1). Le décret prévoit le versement par les titulaires des activités concernées de compensations forfaitaires dont le montant correspondra à une valeur de 0,3 % à 1,5 % du montant de l'investissement déclaré dans les études d'évaluation de l'impact environnemental présentée par ces projets. Le pourcentage varie en fonction des activités réalisées et d'une évaluation standardisée de l'ampleur des dommages subis : 1 % pour l'exploration sismique, 0,4 % pour la perforation exploratoire, 0,4 % pour l'exploitation, 0,4 % pour les usines de production et de séparation des hydrocarbures et jusque 1,5 % pour le transport d'hydrocarbures par des oléoducs (article 3). Les sommes versées quinze jours après la signature d'un accord entre les titulaires des activités et les populations concernées serviront au financement de projets sociaux et/ou productifs définis par les bénéficiaires. Le décret couvre rétroactivement les compensations à verser dans les cas où aucun accord de compensation n'a été adopté ou mis en œuvre.

En Inde, la loi sur le droit à des compensations équitables et transparentes concernant l'acquisition de terres, la réhabilitation et la réinstallation (*Land Acquisition, Rehabilitation, Resettlement Act,* dite Larr), de 2013, a pour objectif de garantir plusieurs possibilités aux populations autochtones dont les terres ont été aliénées pour des motifs d'intérêt public. Elle prévoit notamment de verser aux propriétaires des terres confisquées une somme correspondant au double de sa valeur pour des terres rurales, d'autres compensations monétaires pour les dommages soufferts, la fourniture de services par l'entreprise qui acquiert leurs terres (école, eau potable, services médicaux, etc.), l'octroi d'un travail ou à défaut sa compensation financière... Dans les hypothèses de déplacement involontaire induit par l'acquisition de leurs terres, la loi encourage le maintien des populations dans une même « aire tribale » afin qu'elles puissent conserver leur identité ethnique, linguistique et culturelle, ainsi que les bénéfices d'un plan de développement sur les nouvelles terres. Toute réinstallation dans une autre aire ferait l'objet d'une compensation supplémentaire (article 41). Enfin, elle répare la perte de droits forestiers par une compensation financière proportionnelle à la teneur de ces droits, ainsi que la privation de droits de pêche par la reconnaissance de droits similaires dans la zone de réinstallation. Selon Iwgia, depuis l'entrée en vigueur de la loi, aucune réhabilitation ni compensation adéquate n'a été mise en œuvre par le gouvernement en ce qui concerne les déplacements causés par des projets de développement (Mikkelsen, 2014 : 366).

CHAPITRE 9

Questions de société : culture, identité, éducation, santé

Parmi les trois blocs de droits identifiés dans le cadre de notre étude, celui qui concerne les questions de culture, identité, éducation et santé (CIES) correspond à la catégorie internationale des droits économiques, sociaux et culturels à laquelle vient s'ajouter la problématique de l'identité autochtone. Celle-ci est reliée à ces droits dans les discours portés par les peuples autochtones, alors que les politiques des États tendent à les traiter séparément.

Les droits CIES soulèvent la question de l'ordonnancement entre le propre et le commun, l'harmonisation complexe recherchée et ô combien débattue entre la diversité et l'universalité, dans un double rapport – juridique et politique. Cela a pour effet de placer ces droits dans une ambivalence permanente. Alors qu'il est plus considéré par les États que les droits politiques et territoriaux des peuples autochtones, le bloc de droits CIES s'avère diffus et fragmenté, traité par bribes tant dans les normes internationales que dans les politiques étatiques.

Le cadre normatif international dans ce domaine se compose d'une vingtaine de textes fondamentaux oscillant entre des principes d'universalité des droits humains et de respect de la diversité culturelle au sein des États. La Déclaration universelle des droits de l'homme (DUDH, 1948) et ses déclinaisons régionales[1], les deux pactes internationaux (1966) relatifs l'un aux droits civils et politiques (PIDCP), l'autre aux droits économiques, sociaux et culturels

1. Déclaration américaine des droits et devoirs de l'homme (1948) ; Protocole additionnel à la Convention américaine des droits de l'homme (Protocole de San Salvador, 1988) ; Convention européenne des droits de l'homme (1950) ; Charte des droits fondamentaux de l'Union européenne (2000) ; Charte

(Pidesc) reconnaissent à la fois un certain nombre de prérogatives à tout être humain et des droits pour tous les peuples. Dans le cadre universaliste ainsi posé, plusieurs conventions visent à proscrire la discrimination[2] sous toutes ses formes et à protéger certaines populations ou groupes[3]. Par ailleurs, plusieurs normes internationales sur la diversité culturelle[4] et le patrimoine culturel[5] ainsi que quelques autres documents sur les droits culturels[6] évoquent partiellement ou ponctuellement la question des peuples autochtones.

La DDPA et la C. 169 complètent de manière plus spécifique ce vaste cadre qui n'en reste pas moins épars sur la question des droits CIES des peuples autochtones. La DDPA met au défi tant les États que les peuples autochtones d'appliquer, de manière commune et consensuelle, des droits économiques, sociaux, culturels et à l'identité. Elle pose en des termes nouveaux la relation entre développement humain et droits culturels, en exhortant les États à agir pour une amélioration de la situation économique et sociale des peuples autochtones tout en accordant à ces derniers l'exercice d'un droit propre au développement établi « selon leurs aspirations et leurs besoins » (préambule, § 10). Alors que les États ont jusqu'à présent appréhendé la question des droits CIES par la mesure des écarts socio-économiques via la prise en considération d'indices internationaux de développement, les peuples autochtones réclament un « développement » approprié et respectueux de leurs cultures. À ce titre, la Déclaration de l'Unesco sur la diversité culturelle encourage les États à « avancer dans la compréhension et la clarification du contenu des droits culturels, en tant que partie intégrante des droits de l'homme ».

Pour mettre en évidence l'ambivalence qui caractérise les droits CIES des peuples autochtones et leur ambiguïté de traitement par les États, nous suivrons une approche en deux temps. Nous appréhendons d'abord la couverture proposée par les droits de l'homme bénéficiant aux autochtones, en particulier les droits économiques et sociaux qui prévoient la protection des individus ainsi que

---

africaine des droits de l'homme et des peuples (1981) ; Déclaration des droits humains de l'Association des nations d'Asie du Sud-Est (2012).

2. Convention internationale sur l'élimination de toutes les formes de discrimination raciale (Cerd, 1965) et Convention internationale sur l'élimination de toutes les formes de discrimination à l'égard des femmes (Cedef, 1979).

3. Convention pour la prévention et la répression du crime de génocide (1948) ; Convention relative aux droits de l'enfant (Cide, 1989) ; Convention internationale sur la protection des droits de tous les travailleurs migrants et des membres de leurs familles (1990) ; Déclaration des droits des personnes appartenant à des minorités nationales ou ethniques, religieuses et linguistiques (1992) ; Convention relative aux droits des personnes handicapées (2006).

4. Entre autres : à l'Unesco, la Déclaration universelle sur la diversité culturelle (2001) et la Convention sur la protection et la promotion de la diversité des expressions culturelles (2005) ; la Charte de la renaissance culturelle africaine (2006).

5. Convention pour la sauvegarde du patrimoine culturel immatériel (2003) ; Déclaration de l'Asean sur le patrimoine culturel pour la société, dite « Convention de Faro » (2005).

6. Entre autres : Rapport du Programme de développement des Nations unies, *La liberté culturelle dans un monde diversifié. Rapport mondial sur le développement humain* (2004) ; Déclaration de Fribourg sur les droits culturels (2007) ; Déclaration de Venise sur le droit de bénéficier du progrès scientifique et de ses applications (2009).

des politiques d'assistance de type universel ou ciblées sur certaines catégories de population. Puis nous focaliserons notre attention sur les droits à une culture et une identité propres qui impliquent des politiques d'ajustement des mesures universelles et la prise en compte de la diversité culturelle.

Le droit fondamental à la non-discrimination

Extraits de la DDPA :

Préambule

Alinéa 4 : Affirmant en outre que toutes les doctrines, politiques et pratiques qui invoquent ou prônent la supériorité de peuples ou d'individus en se fondant sur des différences d'ordre national, racial, religieux, ethnique ou culturel sont racistes, scientifiquement fausses, juridiquement sans valeur, moralement condamnables et socialement injustes,

Alinéa 5 : Réaffirmant que les peuples autochtones, dans l'exercice de leurs droits, ne doivent faire l'objet d'aucune forme de discrimination,

Alinéa 9 : Se félicitant du fait que les peuples autochtones s'organisent pour améliorer leur situation sur les plans politique, économique, social et culturel et mettre fin à toutes les formes de discrimination et d'oppression partout où elles se produisent,

Alinéa 22 : Considérant et réaffirmant que les autochtones sont admis à bénéficier sans aucune discrimination de tous les droits de l'homme reconnus en droit international, et que les peuples autochtones ont des droits collectifs qui sont indispensables à leur existence, à leur bien-être et à leur développement intégral en tant que peuples,

Article 2

Les autochtones, peuples et individus, sont libres et égaux à tous les autres et ont le droit de ne faire l'objet, dans l'exercice de leurs droits, d'aucune forme de discrimination fondée, en particulier, sur leur origine ou leur identité autochtones.

Article 7

1. Les autochtones ont droit à la vie, à l'intégrité physique et mentale, à la liberté et à la sécurité de la personne. Les peuples autochtones ont le droit, à titre collectif, de vivre dans la liberté, la paix et la sécurité en tant que peuples distincts et ne font l'objet d'aucun acte de génocide ou autre acte de violence, y compris le transfert forcé d'enfants autochtones d'un groupe à un autre.

Article 22

1. Une attention particulière est accordée aux droits et aux besoins spéciaux des anciens, des femmes, des jeunes, des enfants et des personnes handicapées autochtones dans l'application de la présente Déclaration.

2. Les États prennent des mesures, en concertation avec les peuples autochtones, pour veiller à ce que les femmes et les enfants autochtones soient pleinement

protégés contre toutes les formes de violence et de discrimination et bénéficient des garanties voulues.

Tableau 20. Le droit fondamental à la non-discrimination

DDPA	Droits énoncés	Arg.	Bol.	Chi.	Mex.	Fr.-Guy.	Fr.-N.-C.	Aus.	Ind.	Bot.	Nam.
2	Liberté et égalité, sans discrimination	C. 169	C. 169	C. 169	C. 169						
7	Vie, intégrité physique et mentale, sécurité physique	C. 169 ns	C. 169	C. 169 ns	C. 169	ns	ns			ns	ns
22	Attention particulière aux plus vulnérables ou handicapés										

Constitution Loi(s) code(s) Constitution et loi(s) C. 169 : Convention 169 de l'OIT
ns : Norme non spécifique aux PA

Les dispositions du préambule s'inscrivent dans le cadre philosophique et juridique de la charte internationale des droits de l'homme. Elles reposent sur deux principes fondamentaux : l'égalité devant la loi et la non-discrimination. Il est question ici de protection des droits civils et politiques, mais aussi de protection physique des individus et des peuples. L'article 2 de la DDPA fait implicitement écho à la Convention sur l'élimination de toutes les formes de discrimination raciale, l'article 7 à la Convention pour la prévention et la répression du crime de génocide et à la Convention contre la torture et autres peines ou traitements cruels, inhumains ou dégradants. Le principe de protection apparaît comme un droit fondamental des peuples autochtones impliquant une responsabilité absolue des États quant au respect de l'existence physique et sociale des individus et des peuples qui les composent. Ajoutons que dans son article 15, alinéa 2, la DDPA préconise l'éducation comme principal moyen de prévention et d'élimination de la discrimination.

La protection des individus et des populations fait l'objet d'un cadre normatif précis dans tous les pays appréhendés par notre étude, mais la manière de la traiter est très variable. Le Botswana et la France s'appuient sur une dimension universaliste exclusive des droits de l'homme pour assurer cette protection dans leurs Constitutions et, en conséquence, ne proposent aucune disposition particulière à l'égard des peuples autochtones dont ils ne reconnaissent pas officiellement l'existence. De la même manière, la Namibie appréhende la non-discrimination et la sécurité physique des populations et des individus par le seul prisme des principes d'égalité et de liberté individuelle inscrits dans sa Constitution (article 10). Toutefois, son article 23 renvoie à l'histoire du pays en prônant spécifiquement l'interdiction de toute forme de discrimination raciale et d'apartheid, ainsi qu'une certaine forme de discrimination positive ayant pour objectif un rééquilibrage socio-économique et éducatif entre tous les membres de la société namibienne. Cette disposition concerne non exclusivement les populations autochtones.

En Australie et en Inde, la stricte transposition des normes internationales dans le corpus législatif est monnaie courante et les spécificités du pays s'inscrivent dans un cadre éminemment universel. Toutefois, quelques normes évoquent explicitement la question des peuples autochtones comme la *Racial Discrimination Act* (1975) en Australie. De la même manière, la *Scheduled Castes and Scheduled Tribes (Prevention of Atrocities) Act* (1989) en Inde vise à prévenir et punir une vingtaine d'actes définis comme des atrocités qui pourraient être commises spécifiquement à l'encontre des membres de castes ou de tribus. Cette loi permet de condamner les actes qui, par exemple, visent à les humilier ou les souiller, à les priver de leurs terres, à les engager dans un travail forcé qui les endette à vie et les rend esclaves, ainsi que les menaces, les injures et les accusations injustes. Elle mentionne aussi l'outrage fait aux femmes, l'abus sexuel, la pollution des eaux, l'interdiction de circuler, le déplacement forcé, le faux témoignage, la fabrique de fausses preuves, ainsi que des actes criminels tels que la destruction par le feu ou l'explosion des lieux sacrés, etc.

Dans les pays latino-américains, la C. 169 de l'OIT constitue un instrument central dans la mise en œuvre des articles 2 et 7 de la DDPA, en particulier en Argentine et au Chili où celle-ci se présente souvent comme le principal dispositif dans la lutte contre la discrimination et la protection physique des peuples autochtones. Précisons toutefois que l'article 8 de la loi chilienne 19.253 considère comme « une faute la discrimination manifeste et intentionnée contre toute personne autochtone en raison de son origine et de sa culture ». Cette conduite est sanctionnée par une amende pouvant correspondre à cinq salaires minima mensuels. Au Mexique et en Bolivie, des dispositions constitutionnelles et législatives viennent, en revanche, renforcer la Convention de l'OIT. Au Mexique, les articles 1 et 17 de la Constitution correspondent respectivement aux deux articles précités de la DDPA. En Bolivie, onze articles de la Constitution interdisent et sanctionnent toute forme de discrimination[7] et une « loi contre le racisme et toute forme de discrimination » a été promulguée en 2010. Dans ces deux pays, le Code pénal définit l'acte de génocide et établit des sanctions spécifiques pour leurs auteurs, contrairement à l'Argentine et au Chili qui ne prévoient rien en la matière.

Le cadre de droit proposé par les articles 2 et 7 de la Déclaration reposant sur la non-discrimination et la sécurité physique s'étend, par l'intermédiaire de l'article 22, à des populations « aux besoins spéciaux ». Il s'agit ici des anciens, des femmes, des jeunes, des enfants et des personnes handicapées autochtones. Le texte indique que les États doivent veiller à leur pleine protection contre toutes les formes de violence et de discrimination, et leur offrir les « garanties voulues ». À l'inverse des articles précédents, cette disposition ne se traduit par aucune reconnaissance normative dans les pays de notre étude. Seule la Bolivie considère celle-ci par la transposition de la DDPA en loi nationale, mais cela n'implique pas à ce jour la mise en place d'un dispositif effectif. L'absence générale

---

7. Articles 9.1, 14, 17, 18, 46, 48, 59, 68, 104, 222, 225. Seul l'article 9 traite explicitement de la discrimination à l'égard des peuples autochtones.

de traitement de l'article 22 est révélatrice d'une difficulté des États à penser, et à agir, à la croisée des catégories qu'ils ont bien souvent eux-mêmes établies. Organisées sur des modes binaires sclérosés par un fonctionnement bureaucratique prononcé (hommes/femmes ; jeunes/vieux ; autochtones/non-autochtones), leurs conceptions du monde social prennent rarement en considération des situations d'appartenance multiple. Chaque individu ou groupe se voit étiqueté d'une caractéristique prédominante, souvent exclusive et excluante. Ainsi, telle politique sera principalement destinée aux jeunes, aux femmes ou aux autochtones, mais rarement aux jeunes femmes autochtones. Cette situation n'est pas du seul ressort des administrations, mais le résultat d'un processus complexe de construction des catégories sociales et économiques auquel participent également les populations ou individus concernés. Ces phénomènes sont relevés et étudiés par la sociologie depuis Max Weber, par les études postcoloniales et par celles proposant une « approche intersectionnelle », une notion employée en sociologie et en analyse politique pour désigner la situation de personnes subissant simultanément plusieurs formes de domination ou de discrimination dans une société.

Situation économique et sociale, et diversité culturelle

Extraits de la DDPA portant sur ce thème
Article 14
1. Les peuples autochtones ont le droit d'établir et de contrôler leurs propres systèmes et établissements scolaires où l'enseignement est dispensé dans leur propre langue, d'une manière adaptée à leurs méthodes culturelles d'enseignement et d'apprentissage.

2. Les autochtones, en particulier les enfants, ont le droit d'accéder à tous les niveaux et à toutes les formes d'enseignement public, sans discrimination aucune.

3. Les États, en concertation avec les peuples autochtones, prennent des mesures efficaces pour que les autochtones, en particulier les enfants, vivant à l'extérieur de leur communauté, puissent accéder, lorsque cela est possible, à un enseignement dispensé selon leur propre culture et dans leur propre langue.

Article 17
1. Les autochtones, individus et peuples, ont le droit de jouir pleinement de tous les droits établis par le droit du travail international et national applicable.

2. Les États doivent, en consultation et en coopération avec les peuples autochtones, prendre des mesures visant spécifiquement à protéger les enfants autochtones contre l'exploitation économique et contre tout travail susceptible d'être dangereux ou d'entraver leur éducation ou de nuire à leur santé ou à leur développement physique, mental, spirituel, moral ou social, en tenant compte de leur vulnérabilité particulière et de l'importance de l'éducation pour leur autonomisation.

3. Les autochtones ont le droit de n'être soumis à aucune condition de travail discriminatoire, notamment en matière d'emploi ou de rémunération

Article 21
1. Les peuples autochtones ont droit, sans discrimination d'aucune sorte, à l'amélioration de leur situation économique et sociale, notamment dans les domaines de l'éducation, de l'emploi, de la formation et de la reconversion professionnelles, du logement, de l'assainissement, de la santé et de la sécurité sociale.

2. Les États prennent des mesures efficaces et, selon qu'il conviendra, des mesures spéciales pour assurer une amélioration continue de la situation économique et sociale des peuples autochtones. Une attention particulière est accordée aux droits et aux besoins particuliers des anciens, des femmes, des jeunes, des enfants et des personnes handicapées autochtones.

Article 24
1. Les peuples autochtones ont droit à leur pharmacopée traditionnelle et ils ont le droit de conserver leurs pratiques médicales, notamment de préserver leurs plantes médicinales, animaux et minéraux d'intérêt vital. Les autochtones ont aussi le droit d'avoir accès, sans aucune discrimination, à tous les services sociaux et de santé.

2. Les autochtones ont le droit, en toute égalité, de jouir du meilleur état possible de santé physique et mentale. Les États prennent les mesures nécessaires en vue d'assurer progressivement la pleine réalisation de ce droit.

Tableau 21. Améliorer la situation dans le respect de la diversité culturelle

DDPA	Droits invoqués	Arg.	Bol.	Chi.	Mex.	Fr.-Guy.	Fr.-N.-C.	Aus.	Inde	Bot.	Nam.
14.2	Accès à l'enseignement public sans discrimination	C. 169 ns	C. 169	C. 169 ns	C. 169	ns	ns		ns	PP	ns
17	Droits du travail international et national	C. 169	C. 169	C. 169	C. 169						
21	Amélioration de la situation économique et sociale	C. 169	C. 169	C. 169	C. 169						
24.1	Accès au système de santé	C. 169 ns	C. 169	C. 169 ns	C. 169	ns	ns		ns		ns

Constitution Loi(s) code(s) Constitution et loi(s) C. 169 : Convention 169 de l'OIT
PP : Programme ou politique publique ns : Norme non spécifique aux PA

Dans le cadre préétabli des droits de l'homme, la DDPA préconise une amélioration de la situation économique et sociale des peuples autochtones. Celle-ci doit être garantie par des mesures étatiques « spéciales » et « efficaces », en particulier pour les anciens, les femmes, les jeunes, les enfants et les personnes handicapées autochtones (article 21). Les domaines d'intervention sont multiples : éducation, santé, sécurité sociale, logement, assainissement. Ils concernent aussi l'emploi, la formation, la reconversion professionnelle et les conditions de travail (articles 17 et 21). L'amélioration de la situation économique et sociale des peuples autochtones repose principalement sur les droits universels et internationaux à un niveau de vie suffisant[8] et à une protection sociale renforcée, en particulier pour les femmes et les enfants[9].

Parmi les pays étudiés, seule l'Australie a récemment mis en place des dispositifs spécifiques, qui s'avèrent toutefois très controversés car répressifs, stigmatisants et discriminants à l'encontre des peuples autochtones. Depuis 2007 et la campagne *Closing the gap*, l'État australien légifère de manière plus active pour tenter de réduire les écarts d'indices de développement humain entre la population autochtone et non autochtone. Plusieurs lois que l'on peut qualifier d'exception ont été adoptées. À la suite d'un rapport sur la protection des enfants aborigènes (Wild et Anderson, 2007) dénonçant un fort taux d'alcoolisme et de nombreux abus sexuels dans les communautés aborigènes des Territoires du Nord, le gouvernement fédéral a promulgué une loi, *Northern Territory National Emergency Response Act* (2007-2012), dont l'objectif officiel consiste à « améliorer le bien-être de certaines communautés » de la région. Cette loi a été nommée localement « intervention » parce qu'elle s'est traduite, entre autres, par une militarisation de la région et une ingérence étatique dans de nombreux domaines de la vie quotidienne des populations locales. La vente et la consommation d'alcool sont tombées sous le joug d'une régulation drastique, le parc informatique public a été sécurisé et la navigation sur Internet restreinte, les terres aborigènes sous responsabilité du Commonwealth ont été mises sous bail fédéral. Pour bon nombre d'observateurs, les effets sont contradictoires, voire désastreux pour les peuples autochtones des Territoires du Nord : l'amélioration de la situation économique et sociale ne serait pas probante, les suicides auraient augmenté de manière significative et l'acculturation s'y serait accélérée. Face au manque de résultats, l'Australie a prolongé toutes ces mesures jusqu'en 2022 dans le cadre de la *Stronger Futures in the Northern Territory Act*, promulguée en 2012. Celle-ci s'accompagne de la *Social Security Legislation Amendment Bill* de 2011, qui conditionne de manière plus drastique l'aide sociale : son utilisation par les individus et les familles bénéficiaires est désormais soumise à une évaluation de l'État. Depuis 2007, la *Racial Discrimination Act* (1975) est suspendue dans les Territoires du Nord pour appliquer les trois lois susmentionnées.

En Australie occidentale, le Premier ministre a annoncé en novembre 2014 la fermeture de plus d'une centaine de communautés aborigènes dans son État, pour « dysfonctionnement ». Cette décision unilatérale, prise sans consultation des populations concernées, s'inscrit dans le cadre des négociations difficiles amorcées depuis plus d'une décennie sur le financement des communautés autochtones

---

8. En particulier, les articles 22 et 25 de la DUDH et l'article 11 du Pidesc. Le droit à un niveau de vie suffisant doit permettre d'assurer à l'individu « sa santé, son bien-être et ceux de sa famille, notamment pour l'alimentation, l'habillement, le logement, les soins médicaux ainsi que pour les services sociaux nécessaires ». Il implique le droit à la sécurité sociale, y compris les assurances sociales. Il s'accompagne d'une recherche « d'amélioration constante de ses conditions d'existence ».

9. En particulier l'article 25 de la DUDH, les articles 9 et 10 du Pidesc, l'article 14 de la Cedef et l'article 27 de la Cide.

dites « reculées », c'est-à-dire autonomes, volontairement éloignées des centres urbains et qui se refusent à négocier avec les entreprises minières. La fermeture de ces communautés implique l'arrêt des services publics essentiels (eau, électricité) proposés par ailleurs à tous les citoyens australiens, quelle que soit leur situation sociale et géographique. Cette perspective serait la prochaine étape d'une politique explicite de non-reconnaissance du droit à l'autodétermination des peuples autochtones, allant à l'encontre des engagements internationaux de l'Australie en matière de droits. Pour certains observateurs avisés et mobilisés pour l'occasion, la raison de cette contre-offensive est l'expression d'une approche limitée de la question autochtone, cantonnée à la seule dimension socio-économique et à la réduction des écarts de niveaux de vie entre autochtones et non autochtones (Préaud et Glowczewski, 2015).

Ailleurs, les mesures spécifiques s'avèrent inexistantes. Si l'objectif est similaire et tout aussi empreint d'un évolutionnisme latent cherchant à « tirer vers le haut » les peuples autochtones, les actions menées pour atteindre cet objectif n'en sont pas moins assimilationnistes mais plus diffuses, inscrites dans une approche universaliste d'une application standardisée des droits humains. L'absence de dispositifs pour la mise en œuvre de l'article 17 de la DDPA qui traite des droits des travailleurs autochtones, prévus pourtant dans d'autres instruments, tant à l'échelle internationale que nationale, est en ce sens significative. Dans certaines circonstances, il apparaît encore aujourd'hui qu'une personne autochtone peut difficilement être considérée comme « employée » et bénéficier des droits généraux du travail. Cette situation a été mise en évidence dans les recours que les communautés guarani du Paraguay et de Bolivie ont portés devant la CIDH (de 2006 à 2009). Plusieurs rapports internationaux, produits notamment par l'OIT et l'Instance permanente sur les questions autochtones (Bedoya et Bedoya Silva-Santisteban, 2005a et 2005b ; Canqui, 2011), considèrent la relation établie par les propriétaires des grandes exploitations agricoles et stations d'élevage comme des cas d'esclavage et de travail forcé impliquant des familles entières, sur plusieurs générations. Dans cette situation que des militants dénoncent également en Asie ou en Afrique, se pose la question du traitement étatique de la multi-appartenance des personnes (par exemple, autochtone et travailleur salarié), et cela soulève par la même occasion celle du caractère intégrationniste des politiques publiques qui perpétuent une forme d'assistanat (Palacios Romeo, 2011), lorsqu'elles existent.

Malgré le manquement général des États dans la mise en œuvre les articles 21 et 17 de la DDPA, quelques actions ou mesures significatives peuvent être mentionnées pour modérer notre constat, car si aucun dispositif spécifique n'existe pour les peuples autochtones, d'autres destinés à l'ensemble d'une population peuvent en revanche leur bénéficier. Par exemple, au Botswana, le programme de développement des aires éloignées, appliqué sous la tutelle du ministère du Gouvernement local, fournit une aide alimentaire aux enfants des communautés pauvres et isolées. Aucune statistique ne permet de connaître exactement le nombre de San concernés par ce type de programme spatialisé mais, selon des estimations, ils constitueraient entre 80 % (au niveau national) et 100 % (au niveau local) des populations en question. En Nouvelle-Calédonie, la politique publique de discrimination positive en faveur de l'emploi pour les Néo-Calédoniens est également susceptible de bénéficier aux Kanak.

Si les États de notre étude n'adoptent aucune mesure spécifique pour améliorer globalement la situation économique et sociale des peuples autochtones, ni même pour leur garantir des conditions de travail minimales et décentes, tous sans exception proposent, en revanche, des dispositifs pour faciliter et garantir leur accès aux services publics d'éducation et de santé, répondant partiellement et chacun à leur manière aux articles 14.2 et 24 de la DDPA. Plusieurs cas de figure se présentent. Certains pays garantissent cet accès dans le cadre d'une approche universelle des droits de l'homme n'impliquant aucun dispositif spécifique pour les peuples autochtones. C'est le cas de la France (Guyane et Nouvelle-Calédonie), du Botswana et de la Namibie. Au Botswana, mais aussi en Guyane française, le gouvernement alloue des moyens pour faciliter la fréquentation des écoles gouvernementales, y compris pour résider dans des pensionnats. Dans ce cas, l'accès à l'école ou aux dispensaires de santé est bien amélioré pour les enfants autochtones (et, en matière de santé, pour les adultes) mais les conditions de scolarité, d'éducation, de résidence (loin des familles) et de traitement visent l'intégration « à tout prix » et non la transmission des langues, des savoirs et des cultures autochtones, ce qui est contraire à la DDPA.

Pour le Chili, comme pour l'ensemble des pays latino-américains de l'étude, les articles 26 et 29 de la C. 169 couvrent le droit d'accéder à tous les niveaux et à toutes les formes d'enseignement public sans discrimination aucune pour les peuples autochtones. Plusieurs pays réaffirment ou renforcent la garantie universelle d'accès déjà existante dans leur dispositif normatif par des dispositions constitutionnelles et/ou légales spécifiques. La Bolivie et le Mexique proposent ce double agencement. La première par quatre articles constitutionnels (articles 9, 18, 30, 78) et une loi de l'éducation (2010), le second par un article constitutionnel principalement dédié à la question des peuples autochtones (article 2) et une loi générale sur les droits linguistiques (2003). L'Argentine, le Chili, l'Australie garantissent l'accès aux services publics par la loi. L'Argentine établit l'accès à une éducation interculturelle bilingue par la Constitution (article 75, alinéa 17), qui charge le Congrès de « garantir le droit à une éducation bilingue et interculturelle », ainsi que par la loi 23.302 de politique et de soutien aux « communautés aborigènes » : les articles 14 à 17 portent sur l'éducation, des modules d'éducation bilingue étant prévus par l'article 16 ; les articles 18 à 21 concernent l'accès à la santé (non différenciée ni interculturelle). Le Chili a adopté en 2009 une loi générale de l'éducation qui prévoit la mise en œuvre des dispositifs d'éducation interculturelle bilingue prévus par la loi 19.253 de 1993. Pour l'Australie, l'accès à l'éducation est posé par l'article 11 de la loi sur les conseils et associations aborigènes (1976).

Dans ce panorama, l'Inde s'inscrit dans un entre-deux. Les principes constitutionnels généraux, reposant pleinement sur un paradigme universaliste, garantissent l'accès indiscriminé des *scheduled tribes* aux services sociaux et de santé. En revanche, si ces mêmes principes couvrent également l'accès à l'éducation, l'article 15 (alinéa 5) de la Constitution vient préciser que d'éventuelles dispositions particulières de l'État central peuvent être adoptées pour la promotion sociale et éducative des tribus et des castes répertoriées, ainsi que pour l'admission de leurs membres dans les institutions éducatives privées ou publiques, que ces derniers soient boursiers ou non.

Après avoir constaté, dans cette sous-partie, les différences d'approche et de traitement entre les pays de notre étude à propos de l'accès aux services sociaux, en particulier de santé et d'éducation, nous examinerons plus loin les dispositifs spécifiques devant permettre la reconnaissance des systèmes de santé et d'éducation autochtones et leur bon fonctionnement.

Identité et appartenance

Dispositions de la DDPA concernant le sujet :

Article 6

Tout autochtone a droit à une nationalité.

Article 8

1. Les autochtones, peuples et individus, ont le droit de ne pas subir d'assimilation forcée ou de destruction de leur culture.

2. Les États mettent en place des mécanismes de prévention et de réparation efficaces visant :

a) Tout acte ayant pour but ou pour effet de priver les autochtones de leur intégrité en tant que peuples distincts, ou de leurs valeurs culturelles ou leur identité ethnique ;
b) Tout acte ayant pour but ou pour effet de les déposséder de leurs terres, territoires ou ressources ;
c) Toute forme de transfert forcé de population ayant pour but ou pour effet de violer ou d'éroder l'un quelconque de leurs droits ;
d) Toute forme d'assimilation ou d'intégration forcée ;
e) Toute forme de propagande dirigée contre eux dans le but d'encourager la discrimination raciale ou ethnique ou d'y inciter.

Article 9

Les autochtones, peuples et individus, ont le droit d'appartenir à une communauté ou à une nation autochtone, conformément aux traditions et coutumes de la communauté ou de la nation considérée. Aucune discrimination quelle qu'elle soit ne saurait résulter de l'exercice de ce droit.

Article 33

1. Les peuples autochtones ont le droit de décider de leur propre identité ou appartenance conformément à leurs coutumes et traditions, sans préjudice du droit des autochtones d'obtenir, à titre individuel, la citoyenneté de l'État dans lequel ils vivent.

2. Les peuples autochtones ont le droit de déterminer les structures de leurs institutions et d'en choisir les membres selon leurs propres procédures.

Article 36

1. Les peuples autochtones, en particulier ceux qui vivent de part et d'autre de frontières internationales, ont le droit d'entretenir et de développer, à travers ces frontières, des contacts, des relations et des liens de coopération avec leurs propres membres ainsi qu'avec les autres peuples, notamment des activités ayant des buts spirituels, culturels, politiques, économiques et sociaux.

2. Les États prennent, en consultation et en coopération avec les peuples autochtones, des mesures efficaces pour faciliter l'exercice de ce droit et en assurer l'application.

Tableau 22. Identité et appartenance

DDPA	Droits invoqués	Arg.	Bol.	Chi.	Mex.	Fr.-Guy.	Fr.-N.-C.	Aus.	Inde	Bot.	Nam.
6	Droit à une nationalité	ns		ns	ns	ns	ns	ns	ns	ns	ns
8	Prévention contre assimilation forcée	C. 169	C. 169	C. 169	C. 169 (1)						
9	Appartenir à une nation autochtone										
33.1	Auto-identification (Identité propre et appartenance)	C. 169	C. 169	C. 169	C. 169		A				
36.1	Entretien et développement de relations transfrontalières	C. 169	C. 169	C. 169	C. 169						
36.2	Mesures spécifiques pour transfrontaliers	C. 169	C. 169	C. 169	C. 169						

Constitution — Loi(s) code(s) — Constitution et loi(s) — C. 169 : Convention 169 de l'OIT
A : Accord — ns : Norme non spécifique

(1) État de Oaxaca seulement.

Les droits CIES des peuples autochtones mettent en évidence une tension permanente entre l'individuel et le collectif, mais aussi entre l'universel et le particulier, dans laquelle la reconnaissance et la prise en considération de la diversité culturelle apparaissent de manière centrale.

Un cadre juridique international s'est progressivement constitué sur la question. En 2001, la Déclaration universelle de l'Unesco sur la diversité culturelle considère celle-ci comme un patrimoine commun de l'humanité (article 1) et un facteur de développement (article 3). Indissociable d'un cadre démocratique, le pluralisme culturel constitue une réponse politique adéquate à la diversité culturelle (article 2). Une interaction est établie avec les droits de l'homme présentés comme garants de cette diversité. Ainsi, l'article 4 dispose :

La défense de la diversité culturelle est un impératif éthique, inséparable du respect de la dignité de la personne humaine. Elle implique l'engagement de respecter les droits de l'homme et les libertés fondamentales, en particulier les droits des personnes appartenant à des minorités et ceux des peuples autochtones. Nul ne peut invoquer la diversité culturelle pour porter atteinte aux droits de l'homme garantis par le droit international, ni pour en limiter la portée.

Adoptée en 2005, la Convention de l'Unesco sur la protection et la promotion de la diversité des expressions culturelles réaffirme que « la diversité culturelle est une caractéristique inhérente à l'humanité » (préambule, alinéa 1) et qu'elle s'avère importante pour « la pleine réalisation des droits de l'homme et des libertés fondamentales proclamés dans la Déclaration universelle des droits de l'homme et dans d'autres instruments universellement reconnus » (*idem*, alinéa 5). Son article 3 établit, en ces termes, un principe d'égale dignité et de respect de toutes les cultures :

> La protection et la promotion de la diversité des expressions culturelles impliquent la reconnaissance de l'égale dignité et du respect de toutes les cultures, y compris celles des personnes appartenant aux minorités et celles des peuples autochtones.

Ces dispositions s'inspirent de l'article 27 du Pacte international relatif aux droits civils et politiques (1966) qui déclare que :

> Dans les États où il existe des minorités ethniques, religieuses ou linguistiques, les personnes appartenant à ces minorités ne peuvent être privées du droit d'avoir, en commun avec les autres membres de leur groupe, leur propre vie culturelle, de professer et de pratiquer leur propre religion, ou d'employer leur propre langue.

À noter que l'article 30 de la Déclaration internationale des droits de l'enfant, adoptée en 1989, prévoit le cas des enfants autochtones :

> Dans les États où il existe des minorités ethniques, religieuses ou linguistiques ou des personnes d'origine autochtone, un enfant autochtone ou appartenant à une de ces minorités ne peut être privé du droit d'avoir sa propre vie culturelle, de professer et de pratiquer sa propre religion ou d'employer sa propre langue en commun avec les autres membres de son groupe.

Adoptée en 2009, la Résolution 64/174 intitulée « Droits de l'homme et diversité culturelle » de l'Assemblée générale de l'ONU rappelle le principe, largement accepté aujourd'hui, de renforcement mutuel entre, d'une part, la promotion et la protection des droits humains et, d'autre part, la tolérance et le respect de la diversité culturelle (Özden et Brunschwig, 2013). À l'échelle régionale, plusieurs textes s'inscrivent dans ce cadre normatif international. La Charte des droits fondamentaux de l'Union européenne (2000) interdit toute forme de discrimination (article 21) et « respecte la diversité culturelle, religieuse et linguistique » (article 22). La Charte de la renaissance culturelle africaine (2006) reconnaît dans son préambule que toutes les cultures émanent des sociétés, des communautés, des groupes et des individus, et que toute politique culturelle africaine doit nécessairement permettre aux peuples de s'épanouir pour assumer une responsabilité accrue dans leur propre développement. Son article 15 indique par ailleurs que les États « doivent créer les conditions favorisant l'accès et la participation de toutes les communautés à la vie culturelle, y compris les communautés marginalisées et défavorisées». L'article 14 incite, pour sa part, à la reconnaissance officielle des «sages» et des «leaders traditionnels» comme acteurs culturels à part entière «de façon à les intégrer dans les mécanismes modernes de résolution des conflits et dans les systèmes de dialogue interculturel».

La DDPA s'inscrit pleinement dans cette trame normative internationale en «affirmant que tous les peuples contribuent à la diversité et à la richesse des civilisations et des cultures, qui constituent le patrimoine commun de l'humanité» (préambule, alinéa 3) et en évoquant une «diversité culturelle autochtone» (article 16) comprise comme une diversité de cultures, de traditions, d'histoires et d'aspirations propres à chaque peuple autochtone (article 15.1). Il en découle un certain nombre de droits liés à la reconnaissance implicite d'une identité autochtone, individuelle et/ou collective, tels que celui de décider de sa propre identité ou appartenance (article 33.1), d'appartenir à une communauté ou une nation autochtone (article 9), d'entretenir des liens au-delà des frontières étatiques (article 36) qui viennent renforcer le droit de ces peuples de ne pas subir d'assimilation ou d'intégration forcée ni aucune forme de destruction de leur intégrité culturelle (article 8).

Si la Déclaration n'aborde pas directement la question de l'identité autochtone, il convient d'avoir toujours à l'esprit les innombrables débats que suscite en général la question de l'identité. Depuis Fredrik Barth (1969), l'anthropologie et la sociologie ont pu démontrer le caractère à la fois interactionnel et situationnel, c'est-à-dire co-construit et dynamique de l'identité, en particulier collective et ethnique. Plus récemment, les peuples autochtones ont été appréhendés par l'anthropologie politique comme formant une catégorie politique relationnelle (Bellier, 2009a) et, par une frange de la sociologie, comme constituant des mouvements sociaux lorsqu'ils sont prédominants dans le paysage politique, ce qui est le cas de plusieurs pays d'Amérique du Sud. Cette approche dynamique et flexible de l'identité permet de penser celle-ci au-delà des débats controversés et bien souvent stériles entre, d'un côté, un essentialisme marqué par le néo-culturalisme et le relativisme culturel proposant une image naïve et idéalisée des peuples autochtones et, de l'autre, un constructivisme considéré comme radical estimant que ces derniers relèvent d'une création exogène, en particulier des organisations internationales et des organisations non gouvernementales transnationales, et jugeant en conséquence que toute revendication identitaire est artificielle, manipulée et dangereuse pour l'équilibre des sociétés et des États.

Une approche barthienne de l'identité autochtone permet de relativiser une grande partie des argumentaires développés par des intellectuels obnubilés par les politiques identitaires et/ou les processus de catégorisation du social, mais aussi de battre en brèche l'approche illusoire des tribunaux de justice ou des représentants politiques en quête d'authenticité culturelle et d'ancestralité comme preuve d'identité ou fondement historique d'un droit à être là. Depuis plusieurs décennies, l'étude des processus identitaires met en avant les dynamiques d'interaction, de catégorisation ou d'«ethnification» impliquant un grand nombre d'agents. Ce courant analytique relève les modes de subjectivation et d'appropriation des catégories par les groupes concernés, et souligne les processus d'invention et de réinvention des traditions et des cultures. Face à ce fait social, il ne semble plus pertinent de s'attacher à démontrer une énième fois l'émergence de nouvelles identités autochtones, processus dit d'ethnogenèse. Sur ce point, tout est dit ou presque. En revanche, saisir le sens des mobilisations de groupes revendiquant leur identité autochtone semble plus à même d'offrir des éléments de compréhension du monde contemporain. Cette approche implique de considérer les constats et les propositions de ces groupes sociaux, qui vont bien souvent au-delà d'intérêts sectoriels ou communautaires pour évoquer des questions sociétales et/ou globales. De tous les droits CIES des peuples autochtones, ceux relatifs aux questions d'identité et d'appartenance sont sans nul doute ceux dont la dimension est la plus politique (voire politisée), car ils soulèvent des enjeux de reconnaissance, de catégorisation, de redistribution de la richesse et des ressources.

Dans le cadre de notre étude, l'identité autochtone fait l'objet d'une normativité peu développée et relativement monolithique, variant très peu d'un pays à l'autre. La plupart des États étudiés traitent la question de manière spartiate et souvent contradictoire. Quelques-uns reconnaissent le droit à l'auto-identification des peuples autochtones, mais rares sont ceux qui prennent des mesures pour protéger ou faciliter le renforcement de leurs identités. Le domaine du possible pour les États ne semble pas aller au-delà de la seule reconnaissance de populations autochtones, l'existence de peuples – autres que ceux définis par les Constitutions ou les gouvernements comme le fondement d'une identité dite nationale – étant difficile à concevoir dans le modèle dominant de l'État-nation et ce, quelle que soit la forme d'organisation politique (unitaire ou fédérale) ou le régime politique (républicain ou monarchique). Alors que notre étude met en évidence la définition progressive, et somme toute relative, de mesures étatiques visant à mettre en œuvre la DDPA, il s'avère que les droits primordiaux à l'identité et à l'appartenance, ceux-là mêmes qui légitiment l'instauration d'autres droits spécifiques aux peuples autochtones (politiques, territoriaux, socio-économiques et culturels) puisqu'ils impliquent la détermination d'un sujet autochtone de droit, sont très peu considérés par les États.

L'article 8 de la DDPA soulève un aspect central de la relation entre États et peuples autochtones. En évoquant le respect de l'intégrité culturelle des seconds par les premiers, le texte international prône la reconnaissance d'une diversité culturelle interne, associée à celle d'identités autochtones. Les États sont conviés à mettre en place des mécanismes spécifiques de prévention et de réparation visant à limiter la destruction des cultures des peuples autochtones. Ceux-ci ne peuvent être privés d'un ensemble d'éléments fondamentaux constitutifs de leur identité et de leur intégrité collectives en tant que peuple, que sont, entre autres, les valeurs culturelles et les terres, territoires et ressources. De même, ces peuples ne peuvent être transférés ou déplacés contre leur gré. Enfin, les États sont sommés de ne pas encourager la discrimination raciale ou ethnique contre les peuples autochtones et de les protéger de toute forme d'assimilation ou d'intégration contrainte. Force est de constater qu'aucun des pays de l'étude n'a pris de telles dispositions.

En revanche, plusieurs d'entre eux reconnaissent aux peuples autochtones le droit à l'auto-identification correspondant à l'article 33.1 de la DDPA, c'est-à-dire à « décider de leur propre identité ou appartenance », sans pour autant pouvoir contester leur inscription dans le giron de l'État[10]. La formulation et l'étendue de ce droit varient selon les pays qui l'adoptent. En Argentine, en Bolivie et au Mexique, celui-ci est constitutionnalisé et associé à la reconnaissance officielle d'une préexistence des peuples autochtones à l'État. Parmi ses nombreuses attributions, le Congrès fédéral de l'Argentine doit « reconnaître la préexistence ethnique et culturelle des peuples autochtones argentins », « garantir le respect de leur identité » et « reconnaître la personnalité juridique de leurs communautés » (article 75 de la Constitution, alinéa 17). Au Mexique, « la conscience d'une identité autochtone devra être un critère fondamental pour déterminer ceux pour qui s'appliquent les dispositions sur les peuples autochtones ». Lesdits peuples « sont ceux qui descendent de populations qui habitent sur le territoire actuel du pays au début de la colonisation » (article 2 de la Constitution). En Bolivie, les peuples autochtones ont le droit « d'exister librement » (article 30 de la Constitution, alinéa 1) et aussi droit « à leur identité culturelle, leur croyance religieuse, leurs spiritualités, leurs pratiques et coutumes et à leur propre cosmovision » (*idem*, alinéa 2). Si l'idée de leur existence précoloniale est plus explicitement définie dans plusieurs lois, elle constitue pourtant un critère fondamental d'identification dans la Constitution (articles 2 et 270).

Le Chili propose une approche similaire mais sans constitutionnalisation. La loi dite « indigène » (1993) présente plusieurs dispositions relatives à l'identité autochtone. La définition des peuples autochtones y repose, à l'instar des autres pays latino-américains de l'étude, sur un critère initial de préexistence coloniale. C'est ainsi que « l'État reconnaît que les autochtones du Chili sont les descendants de groupes humains qui existent sur le territoire national depuis les temps précolombiens » (article 1). Une place importante est accordée à l'auto-identification dans la définition de l'appartenance à un peuple autochtone. L'article 2 établissant les déterminants de la « qualité d'autochtone » dispose, en ce sens, que « dans tous les cas, il sera nécessaire que les personnes s'auto-identifient comme autochtones ». L'article 75 étend cette condition aux villes et crée, de fait, la catégorie d'autochtones « urbains et migrants ». Pour illustrer ce jeu des catégories, précisons qu'en cas de doute sur l'identité autochtone d'une personne, il revient à la Conadi (Corporation nationale de développement indigène/autochtone) de remettre des certificats de « qualité autochtone » aux personnes qui le souhaitent (article 3) et de s'assurer du « maintien et du développement des cultures et des identités propres » aux autochtones urbains (article 77), limitant ainsi le droit à l'auto-identification. Enfin, l'État a l'obligation d'inscrire dans le registre civil les noms et prénoms des personnes autochtones conformément au souhait des parents et à la transcription phonétique qu'ils indiquent aux fonctionnaires (article 28). Depuis la loi 19.947 sur le mariage civil (2004), les autochtones peuvent demander que la manifestation, l'information et la célébration du mariage s'effectuent dans leur langue

10. Ajoutons que ce même article précise que ce droit à l'*auto-identification* ne peut constituer pour les autochtones un obstacle à l'obtention, à titre individuel, de la citoyenneté de l'État dans lequel ils vivent.

maternelle (article 13) et ils peuvent demander la participation d'une personne habilitée à interpréter la langue des parties contractantes si l'un ou les deux époux ne connaissent pas l'espagnol. Toutefois, les témoins devront obligatoirement pratiquer l'espagnol et être capables de se faire comprendre clairement en cette langue (article 16) et les modalités du mariage ne correspondent pas à celles des cérémonies d'union autochtone, comme le *mafun* mapuche.

En Nouvelle-Calédonie, en ce qui concerne spécifiquement les Kanak, le statut de la personne peut être de droit commun ou coutumier. L'Accord de Nouméa mentionne que :

> Toute personne pouvant relever du statut coutumier et qui y aurait renoncé, ou qui s'en serait trouvée privée à la suite d'une renonciation faite par ses ancêtres ou par mariage ou par toute autre cause (cas des enfants inscrits en métropole sur l'état civil) pourra le retrouver. La loi de révision constitutionnelle autorisera cette dérogation à l'article 75 de la Constitution.

En d'autres termes, toute personne kanak ayant le statut civil de droit commun sans l'avoir souhaité peut demander à dépendre du statut coutumier. En revanche, le changement de régime dans le sens inverse n'est pas automatique et nécessite l'accord d'un juge. La situation est quelque peu similaire en Namibie même si l'auto-identification n'est pas explicitement autorisée. La *Traditional Authorities Act* laisse entendre qu'une personne qui n'est pas membre d'une communauté traditionnelle, c'est-à-dire d'un groupe autochtone non défini comme tel[11], peut décider de se soumettre volontairement à son droit coutumier (article 14, alinéa. b). Ce choix peut donc être considéré comme une application du droit à « décider de sa propre identité ou appartenance ».

Au-delà du droit à l'auto-identification, la DDPA accorde le « droit d'appartenir à une communauté ou à une nation autochtone, conformément aux traditions et coutumes de la communauté ou de la nation considérée » (article 9) et reconnaît aussi celui de tout autochtone à une nationalité (article 6)[12]. Dans le cadre de notre étude, seule la Bolivie reconnaît l'appartenance à une nation

---

11. « *"Traditional community" means an indigenous homogeneous, endogamous social grouping of persons comprising of families deriving from exogamous clans which share a common ancestry, language, cultural heritage, customs and traditions, who recognises a common traditional authority and inhabits a common communal area, and may include the members of that traditional community residing outside the common communal area* » ; « *A traditional community means a person either or both of whose parents belong to that traditional community, and includes any other person who by marriage to or adoption by a member of that traditional community or by any other circumstance has assimilated the culture and traditions of that traditional community and has been accepted by the traditional community as a member thereof* » (article 1).

12. La DDPA ne précise pas le sens du terme « nationalité » et n'évoque aucune implication du « droit à une nationalité » mentionné dans son article 6. S'agit-il d'une nationalité étatique liée à une citoyenneté du même ordre ou bien d'une nationalité autochtone proposée par l'article 9 ? La DDPA ouvre-t-elle la double perspective d'une nationalité autochtone et étatique ou bien s'agit-il d'éviter que les autochtones se voient refuser une nationalité, ce qui les rendrait potentiellement apatrides et les priverait de protection étatique ? Le fait est que la DDPA doit être interprétée en conformité avec le reste du droit international public (notamment la Charte des Nations unies) et en considération de l'intégrité territoriale et politique des États.

ou un peuple autochtone par l'officialisation de ces termes depuis 2009 (*cf.* chapitre 5). Par ailleurs, sa Constitution prévoit la possibilité pour les autochtones d'inscrire leur identité culturelle sur leur carte d'identité, leur passeport ou tout autre document d'identification légale (article 30.3). Ailleurs, le bricolage est de mise, qu'il s'inscrive dans une démarche autonome ou dans un cadre officiel. Au Chili, le peuple maori Rapa Nui s'est engagé dans l'élaboration de ses propres documents d'identité, dont un passeport marquant sa volonté de s'inscrire et de s'identifier comme peuple polynésien. Cette démarche, indépendante de l'État, s'inscrit dans le projet de création d'un passeport polynésien porté par l'Union royale des nations du Pacifique (TMAK) initialement destiné aux peuples maohi maori du triangle polynésien. En Nouvelle-Calédonie, les droits mentionnés dans les articles 6 et 9 de la DDPA ne sont pas officiellement reconnus par l'État français mais, comme cela a été par ailleurs indiqué, le processus politique en cours, lié à l'Accord de Nouméa, repose notamment sur la création d'une « citoyenneté de la Nouvelle-Calédonie » susceptible de se transformer, à terme, en nationalité. Ce processus repose, dans le même temps, sur la reconnaissance du peuple kanak, de son identité et de sa souveraineté comme « préalable » à la construction du destin commun proclamé dans le préambule de l'Accord (*cf.* chapitre 7). Cette double perspective se voit renforcée par la Charte du peuple kanak – socle commun des valeurs et principes fondamentaux de la civilisation kanak (2014) – qui s'appuie sur la DDPA pour asseoir la reconnaissance du peuple kanak, son droit à l'autodétermination, à l'identité, à la culture et à l'appartenance kanak. C'est la première fois que, grâce à ce document, la question du peuple kanak en tant que peuple autochtone se pose aussi explicitement, pour inscrire celui-ci dans le processus de « refondation » du pays. En avril 2014, le Sénat coutumier affirmait que la Charte était signée par les trois quarts des autorités coutumières kanak (grands chefs, chefs de tribu, présidents de conseil de chefs de clan, présidents de conseil de district). Cependant, le statut politique et juridique de cette charte reste précaire car elle est loin d'être prise en considération par l'ensemble des acteurs concernés par le processus politique.

Dans le cadre de la DDPA, la reconnaissance d'une entité culturelle ou politique autochtone au sein des États passe aussi par le droit d'entretenir et de développer des contacts, des activités ayant des buts spirituels, culturels, politiques, économiques et sociaux, ainsi que des liens de coopération, pour les peuples autochtones transfrontaliers. L'article 36 précise que ce droit peut s'appliquer à un peuple vivant de part et d'autre d'une frontière internationale ou à un peuple en relation avec d'autres peuples non transfrontaliers. Une nouvelle fois, la Bolivie se distingue des autres pays de notre étude en étant la seule à reconnaître l'intégrité d'un peuple autochtone au-delà des frontières étatiques. Sa Constitution stipule que la politique frontalière doit avoir pour finalité l'amélioration des conditions de vie de la population bolivienne, en particulier celle des nations et peuples autochtones (article 264). Celle-ci doit par ailleurs renforcer l'intégration de ces peuples transfrontaliers au monde et renforcer leurs liens avec les peuples autochtones des pays voisins et du reste du monde (article 265). Toutefois, la Bolivie n'a, à ce jour, prévu aucune mesure spécifique pour appliquer ces principes constitutionnels et se conformer à l'alinéa 2 de l'article 36 de la DDPA qui recommande aux États de prendre « des mesures efficaces pour faciliter l'exercice de ce droit et en assurer l'application » et ce, « en consultation et en coopération avec les peuples autochtones » concernés. Dans les autres pays latino-américains de notre étude, aucune disposition particulière n'est prévue. Seul l'article 32 de la C. 169 demande aux États de « prendre des mesures appropriées » pour « faciliter les contacts et la coopération entre les peuples indigènes et tribaux à travers les frontières y compris dans les domaines économique, social, culturel, spirituel et de l'environnement ». En Guyane, la France ne reconnaît pas de droits spécifiques mais il existe, de fait, une tolérance à l'égard des populations amérindiennes et noirs-marrons vivant sur les rives des fleuves Maroni et Oyapok faisant office de frontières avec le Suriname à l'ouest et le Brésil à l'est. Ces populations traversent régulièrement celles-ci pour leurs activités. Avec l'augmentation de l'orpaillage clandestin et des trafics illicites, la sécurité frontalière a été renforcée au cours des dernières années et la liberté de déplacement pour les Amérindiens s'en trouve plus compliquée.

Transmission et éducation

La DDPA consacre un paragraphe du Préambule et quatre articles à la notion de transmission, à laquelle elle rattache celle de l'éducation et qu'elle vient expliciter en regard de la langue, des systèmes d'écriture et de littérature, des traditions orales mais aussi des philosophies. Elle se fait ici l'écho puissant des volontés des organisations autochtones de garder vivants les systèmes culturels des différentes sociétés, en leur permettant d'assurer leurs responsabilités vis-à-vis des prochaines générations, voire de s'exprimer dans l'espace public par la voie des médias.

Préambule

Alinéa 13

Considérant en particulier le droit des familles et des communautés autochtones de conserver la responsabilité partagée de l'éducation, de la formation, de l'instruction et du bien-être de leurs enfants, conformément aux droits de l'enfant.

Article 13

Les peuples autochtones ont le droit de revivifier, d'utiliser, de développer et de transmettre aux générations futures leur histoire, leur langue, leurs traditions orales, leur philosophie, leur système d'écriture et leur littérature, ainsi que de choisir et de conserver leurs propres noms pour les communautés, les lieux et les personnes.

Les États prennent des mesures efficaces pour protéger ce droit et faire en sorte que les peuples autochtones puissent comprendre et être compris dans les procédures politiques, juridiques et administratives, en fournissant, si nécessaire, des services d'interprétation ou d'autres moyens appropriés.

Article 14

1. Les peuples autochtones ont le droit d'établir et de contrôler leurs propres systèmes et établissements scolaires où l'enseignement est dispensé dans leur propre

langue, d'une manière adaptée à leurs méthodes culturelles d'enseignement et d'apprentissage.

2. Les autochtones, en particulier les enfants, ont le droit d'accéder à tous les niveaux et à toutes les formes d'enseignement public, sans discrimination aucune.

3. Les États, en concertation avec les peuples autochtones, prennent des mesures efficaces pour que les autochtones, en particulier les enfants, vivant à l'extérieur de leur communauté, puissent accéder, lorsque cela est possible, à un enseignement dispensé selon leur propre culture et dans leur propre langue.

Article 15
1. Les peuples autochtones ont droit à ce que l'enseignement et les moyens d'information reflètent fidèlement la dignité et la diversité de leurs cultures, de leurs traditions, de leur histoire et de leurs aspirations.

Article 16
1. Les peuples autochtones ont le droit d'établir leurs propres médias dans leur propre langue et d'accéder à toutes les formes de médias non autochtones sans discrimination aucune.

2. Les États prennent des mesures efficaces pour faire en sorte que les médias publics reflètent dûment la diversité culturelle autochtone. Les États, sans préjudice de l'obligation d'assurer pleinement la liberté d'expression, encouragent les médias privés à refléter de manière adéquate la diversité culturelle autochtone.

Tableau 23. Transmission et éducation

DDPA	Droits invoqués	Arg.	Bol.	Chi.	Mex.	Fr.-Guy.	Fr. N.-C.	Aus.	Inde	Bot.	Nam.
13	Usage, développement, transmission, protection histoire, langue, etc.						A		ns		
14.1	Propres systèmes et établissements scolaires (langues)	C. 169	C. 169	C. 169	C. 169						
14.2	Accès à l'enseignement public sans discrimination	ns C. 169	C. 169	ns C. 169	C. 169	ns	ns		ns		ns
14.3 15	Système éducatif respectueux de la diversité culturelle	C. 169	C. 169	C. 169	C. 169		A		ns		PP
16	Médias propres										

Constitution   Loi(s) code(s)   Constitution et loi(s)   C. 169 : Convention 169 de l'OIT
ns : Norme non spécifique aux PA   A : Accord   PP : Programme ou politique publique

La transmission culturelle

En vertu du droit de tous les peuples à disposer d'eux-mêmes, de déterminer librement leur statut politique et d'assurer librement leur développement économique, social et culturel[13], les peuples autochtones peuvent, selon l'article 13 de la DDPA, développer une culture propre mais aussi transmettre celle-ci aux générations futures, en particulier leurs histoires, leurs langues, leurs traditions orales, leurs philosophies, leurs systèmes d'écriture, leurs littératures, leurs patronymes, toponymes et noms de communautés. Les États sont incités à prendre des mesures pour faciliter une meilleure connaissance ainsi qu'une compréhension mutuelle entre les peuples autochtones et le reste de la société étatique dans laquelle ils s'inscrivent.

La transmission se réalise dans un cadre officiel, objet principal de notre étude, ou bien dans un cadre informel selon les niveaux de reconnaissance des identités et des droits des peuples autochtones. Ces deux cadres sont bien souvent concomitants. Certains traits culturels étant généralement plus reconnus que d'autres par les États, les peuples autochtones doivent bien souvent développer par eux-mêmes des programmes palliatifs destinés à assurer une transmission plus équilibrée et plus globale. Dans certains cas, ils font le choix de ne pas s'en remettre à l'État pour instaurer et assumer en toute autonomie leurs modes intergénérationnels de production et de reproduction culturelle. La plupart des pays de notre étude adoptent des mesures visant à faciliter cette transmission. Celle-ci passe par des politiques de reconnaissance, de respect, de protection et de promotion des cultures des peuples autochtones. Si la comparaison peut s'avérer difficile tant l'ampleur et les modalités des dispositifs mis en place sont variées, l'une des distinctions réside toutefois dans la responsabilisation et le contrôle de la transmission.

Certains cadres normatifs reposent sur des principes constitutionnels peu précis, ce qui laisse une marge d'interprétation et de manœuvre pratique entre les États et les peuples autochtones. Ainsi, la Constitution de l'Inde garantit aux tribaux comme à toute minorité le droit de conserver leurs langues et leurs cultures (article 29). La Constitution bolivienne garantit, quant à elle, le respect, la valorisation et la promotion des savoirs et connaissances traditionnels, de la médecine traditionnelle, des langues, des rituels, des symboles et des costumes des peuples autochtones (article 30, alinéa 9).

À l'inverse, d'autres cadres normatifs paraissent un peu plus explicites pour accorder une plus grande part de responsabilité aux peuples autochtones. Au nom du droit à l'autodétermination et à l'autonomie qui leur est reconnu, la Constitution du Mexique place sous la responsabilité des communautés et des peuples autochtones la préservation et le développement de leurs langues, de leurs connaissances et « de tout autre élément qui constitue leurs cultures et leurs identités » (article 2, alinéa A.v). En Namibie, l'ensemble des habitants bénéficient du droit à une culture, une langue, une tradition et une religion propres (article 19 de la Constitution). Les autorités des communautés dites « traditionnelles » sont en charge de vivifier ces questions à l'échelle locale. Elles doivent, entre autres fonctions, « soutenir,

13. Droit inscrit en ces termes dans les deux pactes (Pidesc et PIDCP) et dans la DDPA.

promouvoir, protéger et préserver la culture, la langue, la tradition et les valeurs traditionnelles de cette communauté traditionnelle » ; « préserver et maintenir leurs sites culturels, leurs œuvres d'art et leur littérature » ; « assurer le bon déroulement des cérémonies traditionnelles » (*Traditional Authorities Act*, article 3).

Les termes de la responsabilisation conjointe sont encore plus forts en Nouvelle-Calédonie. Les Accords de Matignon ont marqué le début d'une revalorisation officielle de la culture kanak qui s'inscrit dans la perspective d'un rééquilibrage du développement économique, social et culturel entre la « communauté mélanésienne originaire du Territoire de Nouvelle-Calédonie » et les autres communautés, en particulier d'origine métropolitaine. L'Agence de développement de la culture kanak (ADCK) joue un rôle central dans cette entreprise qu'elle conduit à l'échelle de l'archipel, sous la responsabilité du gouvernement de la Nouvelle-Calédonie. Les provinces jouissent pour leur part d'une certaine autonomie et sont chargées, entre autres compétences, de l'enseignement des langues vernaculaires et de la promotion des cultures locales. L'Accord de Nouméa est venu renforcer la reconnaissance de la culture kanak en Nouvelle-Calédonie. Dans une section consacrée au patrimoine culturel, il prévoit une série conséquente de mesures : rétablissement des toponymes kanak ; protection juridique des sites sacrés ; rapatriement des objets culturels ; insertion croissante et significative des langues kanak dans l'enseignement et les médias ; valorisation de la culture kanak dans les formations artistiques et dans les médias, création du Centre culturel Jean-Marie Tjibaou comme structure de rayonnement de la culture kanak. Si toutes ces mesures ont été appliquées, la reconnaissance (au travail, à l'école, dans la vie urbaine – logement, transport) demeure inaboutie. La norme sociale dominante, en particulier dans le Grand-Nouméa où vivent les trois quarts de la population calédonienne, reste la culture française.

Au Chili, seul l'État est officiellement en charge de faciliter la transmission culturelle via la Conadi. Dans un esprit similaire à celui des constitutions indienne et bolivienne, la loi 19.253 prône de manière évasive « la reconnaissance, le respect et la protection des cultures et des langues autochtones » et charge l'institution néo-indigéniste d'appliquer un certain nombre de mesures spécifiques (articles 28 à 31) qui permettent à l'État de contrôler et d'orienter le développement des cultures autochtones et leurs modes de transmission. Des dispositions spécifiques sont prévues pour les membres du peuple Rapa Nui, qui peuvent rectifier leur nom de famille mal inscrit à l'état civil ou demander que leurs coutumes patronymiques soient respectées[14], cela afin de conserver leur nom autochtone correctement établi (article 71).

Parmi tous les pays de notre étude qui envisagent des mesures afin que perdurent les cultures autochtones, beaucoup établissent un lien étroit, voire primordial entre celles-ci et les langues des peuples autochtones. Les politiques proposées se focalisent alors principalement sur la question linguistique par des mesures de reconnaissance, de protection ou de conservation censées garantir une transmission culturelle pour les peuples autochtones. Dans certains pays, l'usage de langues

14. Ainsi, par exemple, de placer le nom de la mère avant celui du père, à l'inverse du système patronymique chilien.

non officielles est autorisé dans les domaines législatifs, administratifs, judiciaires et éducatifs dans les régions où l'une d'entre elles est usitée de manière substantielle par la majorité ou une grande partie de la population locale. En Namibie, l'utilisation d'une langue autre que l'anglais officiel ne peut être interdite dans les domaines précités (article 3 de la Constitution). En Inde, la Constitution permet cet usage avec l'aval préalable du président de l'Union (article 347) et autorise le dépôt de plainte en toute langue usitée dans l'Union (article 350). Au Chili, la loi 19.253 établit le principe d'usage et de conservation des langues autochtones dans les régions « à haute densité démographique autochtone », à côté de l'espagnol, seule langue officielle du pays. Au Mexique, la loi générale sur les droits linguistiques des peuples autochtones (2003) reconnaît aux langues autochtones la « même validité » qu'à l'espagnol dans les territoires où elles sont majoritairement usitées, et elle leur octroie le statut de langues nationales (article 4). Elles deviennent à cette occasion « partie intégrante du patrimoine culturel et linguistique » de la nation mexicaine, et constituent « l'une des principales expressions de la composition pluriculturelle » de celle-ci (article 3). Ces langues autochtones seront valides pour n'importe quelle procédure à caractère public et tous les textes officiels seront traduits de l'espagnol (article 7). Un Institut national des langues autochtones décentralisé a été créé en vue de promouvoir le renforcement, la préservation et le développement de ces langues autochtones (article 14).

La Bolivie semble offrir la situation la plus favorable pour les peuples autochtones. L'État n'autorise pas seulement l'usage de leurs langues, il les officialise et les institutionnalise. La Constitution déclare comme officiels l'espagnol et 36 langues autochtones. Elle instaure une fonction publique bilingue : les institutions gouvernementales, plurinationales ou départementales doivent obligatoirement utiliser au moins deux langues officielles, soit au moins une langue autochtone (article 5), et désormais le bilinguisme constitue l'un des critères de recrutement des fonctionnaires (article 234). Par ailleurs, le pays s'est doté, comme au Mexique, d'une loi générale sur les droits linguistiques des peuples autochtones à partir de 2012, laquelle s'inscrit parfaitement dans le projet constitutionnel d'instauration d'un État plurinational. Cette loi établit de nombreux droits linguistiques individuels (articles 5, 19, 23, 24, 25, 26) et collectifs (article 6). Elle déclare les langues autochtones officielles comme élément du patrimoine oral, intangible, historique et culturel de l'État plurinational de Bolivie (article 7). Parmi les mesures les plus spécifiques, l'article 14 indique que les anciens ou « aînés » autochtones sans formation académique pourront être accrédités par le ministère de l'Éducation pour transmettre leurs savoirs culturels et leurs connaissances linguistiques aux générations futures, ce qui a été précisé par la loi sur l'éducation de 2010.

Vulgarisation, transmission et promotion par les médias

Les médias peuvent constituer un moyen pour les peuples autochtones de conserver leurs langues, divulguer leurs histoires, transmettre leurs savoirs, évoquer leurs conditions de vie. Le nombre croissant de radios, de canaux de télévision, de journaux, revues et autres bulletins ou *newsletters*, sous format papier ou sur Internet, lancées sous la houlette d'organisations ou d'associations autochtones, révèle un intérêt certain pour occuper un espace dans les médias, sur la toile et dans les réseaux sociaux, et y affirmer son existence, la plupart du temps sans prosélytisme communautaire. Les médias permettent aux peuples autochtones de s'assurer une présence, aussi minime ou secondaire soit-elle, et de s'inscrire dans les sociétés étatiques ou dans la société civile mondialisée par une voie et un mode d'expression mettant en avant leurs particularités. Lorsqu'ils existent, ils jouent un rôle important dans la transmission de la langue et de la culture.

Dans son article 16, la DDPA instaure le droit pour les peuples autochtones d'établir des médias dans leur propre langue. Ces peuples ont aussi le droit d'accéder à toutes les formes de médias non autochtones sans discrimination aucune. Les États doivent prendre des mesures efficaces pour que les médias publics reflètent la diversité culturelle autochtone et ils doivent encourager, dans le respect de la liberté d'expression, les médias privés à refléter cette diversité. Ajoutons que la Convention internationale des droits de l'enfant engage les États-parties à encourager les médias à tenir compte des besoins linguistiques des enfants autochtones ou appartenant à un groupe minoritaire (article 17, alinéa d). La Convention 169 de l'OIT préconise le recours à des traductions écrites et l'utilisation des moyens de communication de masse dans les langues autochtones dans le cadre de « mesures adaptées aux traditions et aux cultures des peuples intéressés » (article 30).

Tous les pays latino-américains étudiés dans le cadre de nos travaux garantissent l'accès aux médias de masse et prévoient l'apparition de médias propres, en particulier radiophoniques. En Argentine, la loi 26.522 sur les services de communication audiovisuelle (2010) accorde une importance au respect de la diversité identitaire, culturelle et linguistique, qu'elle définit comme un « facteur important de développement durable ». Dans ce cadre, elle reconnaît le droit des peuples autochtones à la « communication avec identité » et encourage l'installation de stations radiophoniques dans les communautés autochtones. Elle prévoit par ailleurs la création de programmes destinés à préserver, affirmer, respecter et promouvoir « les connaissances et les traditions autochtones » ; le soutien à la création de supports et d'archives numériques permettant de « renforcer les communautés locales et autochtones » ; le soutien aux peuples autochtones pour « élaborer les contenus dans leurs propres langues ». Un seul représentant pour l'ensemble des peuples autochtones reconnus par l'Inai pourra siéger au Conseil fédéral de communication audiovisuelle (article 16), une assemblée de vingt-neuf membres qui compte un représentant pour chacune des provinces et un représentant du gouvernement de la ville autonome de Buenos Aires. En 2015, cinquante-six radios FM (dont dix et onze respectivement dans les provinces de Salta et de Jujuy), une radio AM et un canal de télévision (Wall Kintun TV à San Carlos de Bariloche) avaient obtenu l'autorisation d'émettre, parmi lesquelles vingt-neuf fonctionnaient déjà. Les autres radios souffrent d'un manque de moyens techniques et financiers, principale cause de leur absence d'émission.

Au Chili, la loi 19.253 établit que la reconnaissance, le respect et la protection des cultures et langues autochtones passent, entre autres, par la diffusion de programmes en langues autochtones sur les ondes radiophoniques et les canaux de télévision dans les régions à « haute densité autochtone ». Elle encourage la création de moyens de communication autochtones, en particulier des stations de radio (article 28, alinéa c). Au Mexique, la Constitution engage l'État à garantir des réseaux de communications et de télécommunications devant faciliter l'intégration des communautés autochtones, et à leur établir des conditions favorables pour acquérir et administrer des moyens de communication (article 2, section B, alinéa VI). En complément, la loi générale sur les droits linguistiques des peuples autochtones prévoit, dans les grilles des grands médias, des programmes en langues nationales autochtones sur la littérature, les traditions orales et l'usage des langues autochtones (articles 6, 7 et 13). En Bolivie, la Constitution instaure l'obligation pour les médias de « contribuer à la promotion des valeurs éthiques, morales et civiques des différentes cultures du pays par la production et la diffusion de programmes éducatifs plurilingues ». Elle établit que l'État soutient la création de moyens de communication communautaires (c'est-à-dire autochtones) dans une « égalité de conditions et d'opportunités » (article 107). Elle reconnaît aux peuples autochtones le droit « à créer et administrer leurs propres moyens et réseaux de communication » (article 30, alinéa 8).

Si le contenu de l'information proposée par les médias autochtones se différencie de celui des autres médias, les expériences et les initiatives médiatiques des peuples autochtones sont soumises aux mêmes aléas politiques, économiques et éthiques que celles des autres secteurs de la société. Elles ne sont donc pas exemptes des questions d'autonomie, de liberté d'expression et de liberté de la presse. À l'instar des autres médias, le rapport au pouvoir alimente la critique.

L'éducation comme moyen prépondérant de transmission

Dans les relations et les discussions entre les États et les peuples autochtones, l'éducation occupe une place importante. Pour des raisons différentes et propres aux uns et aux autres, celle-ci apparaît comme stratégique. Pour les premiers, l'éducation est l'un des principaux outils de fabrique du corps national, d'une unité politique. Pour les seconds, elle constitue l'un des vecteurs essentiels de transmission culturelle comme moyen de survie en tant que groupe face à l'acculturation pressante des sociétés dominantes. Au-delà de cette divergence qui s'avère fondamentale, un consensus apparaît autour de l'école comme institution éducative primordiale, lieu de savoir et d'apprentissage mais aussi de rencontre et de partage. Ainsi la question de l'éducation pose-t-elle de manière quasi systématique celle de l'école, c'est-à-dire des politiques éducatives et des systèmes scolaires. Ce glissement ne réduit en rien l'ampleur et la profondeur des enjeux autour de l'éducation. L'école incarne un certain nombre de tensions, révélatrices des sociétés et de leurs (dys)fonctionnements. Depuis plusieurs décennies, le débat est ouvert entre les États et les peuples autochtones autour d'équilibres à négocier, et à maintenir, entre principes d'universalité et de diversité : entre une intégration citoyenne et la reconnaissance d'un droit à la différence ; entre l'égalité des chances et un traitement différentiel des élèves ; entre des objectifs patrimoniaux, politiques et pédagogiques ; entre la valorisation des savoirs autochtones et celle des savoirs dominants, etc. (Salaün, 2013 ; Bellier et Hays, 2016). Pour ces différentes raisons, l'école et l'éducation en milieu autochtone est l'un des objets les plus travaillés par les sciences humaines et sociales, et il fut le premier étudié par les experts du Conseil des droits de l'homme, membres du Mécanisme des experts sur les droits des peuples autochtones (CDH-Medpa, 2009).

Pour tenter d'atteindre un équilibre, la DDPA garantit de manière concomitante aux peuples autochtones un accès à l'enseignement public sans discrimination (article 14.2), un enseignement reflétant fidèlement la dignité et la diversité de leurs cultures (article 15.1) mais aussi des systèmes et des établissements scolaires autogérés où l'enseignement est dispensé dans leur propre langue et selon leur propre culture (article 14.1, 14.3). Elle établit un cadre qui repose en grande partie sur un vaste ensemble de normes internationales déjà existant, l'éducation constituant l'une des priorités de la communauté internationale, rappelée dans la Déclaration mondiale de Jomtien sur l'éducation pour tous, en 1990, et inscrite dans les politiques de coopération pour le développement. L'éducation représentait l'un des huit objectifs du Millénaire pour le développement[15]. Son importance est rappelée dans le 4e des 17 Objectifs du développement durable (ODD) qui ont été adoptés par les Nations unies en septembre 2015[16]. Les résultats étant encore très insatisfaisants, l'éducation reste une priorité alors que les États ne déploient pas toujours des moyens nécessaires à une éducation de qualité pour tous.

L'éducation pour tous au bénéfice des peuples autochtones

Le droit de toute personne à l'éducation est inscrit dans plusieurs normes internationales[17]. Il repose sur les principes fondamentaux d'accès généralisé à tous les niveaux d'enseignement, de gratuité et d'obligation pour l'enseignement primaire. « Assurer l'éducation primaire pour tous » constituait le deuxième des huit objectifs du Millénaire, une « Éducation de qualité » est prévue aux ODD[18]. L'ONU souhaitait donner à chaque enfant, garçon ou fille, les moyens d'achever un cycle complet d'études primaires ; la question de l'accès aux études secondaires

15. https ://www.un.org/fr/millenniumgoals/education.shtml.

16. http://www.undp.org/content/undp/fr/home/sdgoverview/post-2015-development-agenda/goal-4.html.

17. Parmi les principales, la DUDH (article 26), le Pidesc (articles 13 et 14), la Cide (article 28), la C. 169 (article 26), la Déclaration mondiale sur l'éducation pour tous.

18. « Cet objectif fait en sorte que toutes les filles et tous les garçons suivent un cycle complet d'enseignement primaire et secondaire gratuit d'ici 2030. Il vise également à donner accès, dans des conditions d'égalité, à un enseignement professionnel, ainsi qu'à éliminer les inégalités entre les sexes et les revenus, dans le but de permettre à tous d'accéder à des études supérieures de qualité. »

et supérieures est aujourd'hui posée pour les ressortissants autochtones. L'une des mesures annoncées a été de renforcer l'éducation en langues autochtones avec le concours du Pnud.

Dans tous les pays appréhendés dans notre étude, l'accès universel à l'école, publique ou privée, est légalement garanti. Le droit fondamental à l'éducation est inscrit dans tous les cadres normatifs, ce qui atteste de la place particulière réservée à l'éducation dans les systèmes étatiques. Quelques pays proposent, en plus, des dispositifs normatifs spécifiques pour les peuples autochtones. En Australie, la politique ciblée d'éducation autochtone – *Indigenous Education (Targeted Assistance) Act*, 2000 – a défini cinq grands objectifs pour réduire le déséquilibre entre autochtones et non-autochtones dans le cadre scolaire. Cela est censé se réaliser par une égalité d'accès à l'éducation, une prolongation du temps de scolarisation pour les jeunes autochtones, une plus grande participation aux décisions concernant les politiques éducatives, une éducation « culturellement appropriée », et se traduire par une similitude des taux de réussite scolaire. Ces dispositions s'inscrivent dans la politique générale de l'Australie de réduction des écarts socio-économiques (politique dite *Closing the gap*).

D'autres pays prévoient des mesures dans leur Constitution, sans pour autant en spécifier la nature ni se référer particulièrement aux situations autochtones ou tribales. Ainsi, l'Inde ne s'interdit aucune disposition spéciale pour l'avancement social et éducatif de chacun (article 15.4), ni pour l'admission de tous dans les institutions éducatives, publiques ou privées (article 15.5), y compris, est-il précisé, pour les membres des castes défavorisées et des tribus. Aucune institution éducative ne peut refuser une admission sur critères de religion, de race, de caste, de langage (article 29.2). En Bolivie, l'éducation est déclarée « unitaire, publique, universelle, démocratique, participative, communautaire, décolonisatrice et de qualité » (articles 17 et 78). Elle est obligatoire jusqu'au baccalauréat (article 81), ce qui implique d'établir des objectifs très ambitieux pour un pays qui enregistrait jusqu'à peu des taux élevés d'analphabétisme et de déscolarisation.

Plusieurs pays prévoient un système d'aides financières pour les écoliers ou les étudiants autochtones. Au Chili, la Conadi est chargée de distribuer des bourses (article 33 de la loi 19.253), sous condition de ressources, de résultats et d'ascendance autochtone (statut qu'elle valide par la remise préalable d'un certificat), et des résidences scolaires et universitaires ont été mises en place pour les étudiants autochtones. Au Mexique, ce type de mesure est inscrit dans la Constitution et relève d'une obligation pour l'État fédéral, les États fédérés et les municipalités. Ces institutions doivent tout mettre en œuvre pour assurer la hausse permanente des taux de scolarisation et garantir l'alphabétisation et la conclusion du cycle basique pour tous (article 2, alinéa B, II). La loi générale sur les droits linguistiques des peuples autochtones renforce la garantie d'accès à l'éducation obligatoire pour les peuples autochtones (article 11). En Argentine, la mesure n'est pas légalisée mais l'Inai finance depuis le début des années 2000 une partie de la scolarité d'enfants autochtones. En 2006, 11 000 bourses ont été proposées à des écoliers autochtones. Leur quantité reste toutefois insuffisante compte tenu de la forte demande et leur versement tardif s'avère souvent problématique pour les familles (Anaya, 2012c: 14) Dans une moindre mesure, les articles 244.2 et 275.1 de la Constitution indienne prévoient des budgets spécifiques et des fonds d'aides à certains États hébergeant des *scheduled tribes,* ce qui permet d'envisager ce même type de dispositif.

Malgré toutes ces mesures et ces dispositifs, de nombreux rapports nationaux comme internationaux montrent que les enfants autochtones comptent parmi les populations les plus enclines à quitter précocement l'école obligatoire. De fait, l'accès à l'enseignement public sans discrimination pour les peuples autochtones est loin d'être « universellement obtenu », même s'il tend à s'améliorer depuis plusieurs années (Stavenhagen, 2008). Au-delà de la diversité des pays et des situations, les raisons du décrochage scolaire sont sensiblement les mêmes. Parmi les plus récurrentes et les plus communes, relevons la pauvreté et la nécessité pour beaucoup d'enfants et de parents de privilégier l'emploi rémunéré, le travail familial ou l'aide domestique ; la discrimination et la stigmatisation ; la distance entre le lieu de résidence et l'école ; des cursus proposés inappropriés ; le déphasage linguistique et culturel entre la maison et l'école ; le manque d'enseignants parlant la langue ; les grossesses précoces. Cela contribue à renforcer et nourrir la marginalisation et l'exclusion scolaire. Ces phénomènes ont été précisément relevés en Argentine pour les peuples kolla et mapuche (Duro, 2011) et en Namibie pour les San (Dieckmann, Thiem, Dirkx & Hays, 2014). Au Botswana, les raisons de la faible participation des San au système scolaire gouvernemental tiennent à l'absence d'enseignement en langue maternelle, à la pratique de punitions corporelles, au manque d'argent pour les frais d'inscription, pour l'achat de vêtements appropriés et de matériel scolaire, au manque de respect de la culture san et à la difficulté des enfants à vivre en internat. La plupart des enfants san doivent quitter leur résidence pour aller à l'école, se retrouvant dès l'âge de 6 ou 7 ans éloignés de leurs foyers et regroupés en dortoirs. Pour éviter qu'ils ne s'enfuient, l'habitude fut prise de les envoyer loin de chez eux, sans possibilité de retourner à pied. Quittant des univers très peu peuplés et plutôt protecteurs, ils se retrouvent isolés en milieu urbanisé. Des cas d'abus sexuels ont été rapportés en plusieurs occasions. Tout le personnel éducatif – gérants de l'internat, enseignants, personnel de service – provient des groupes ethniques dominants et ne parle pas de langues san. Il n'y a pas d'éducateur en langue autre que setswana et anglais, et seul un programme de formation des enseignants d'école maternelle inclut des éléments de langue et de culture san[19].

Vers une éducation plus respectueuse et adaptée

Dans une perspective globale de reconnaissance, de protection et de valorisation de la diversité culturelle, le droit international établit un certain nombre de dispositions et d'orientations générales pour une éducation plus respectueuse et adaptée aux cultures des peuples autochtones. La Convention internationale

19. Jennifer Hays, 2011, http://www.sogip.ehess.fr/spip.php?rubrique40.

des droits de l'enfant (1989) stipule que l'un des objectifs de l'éducation consiste à « inculquer à l'enfant le respect de ses parents, de son identité, de sa langue et de ses valeurs culturelles, ainsi que le respect des valeurs nationales du pays dans lequel il vit, du pays dont il peut être originaire et des civilisations différentes de la sienne » (article 29). Dans son préambule, la Déclaration mondiale sur l'éducation pour tous (1990) reconnaît par ailleurs « que le savoir traditionnel et le patrimoine culturel autochtone ont une valeur et une validité propres et peuvent servir aussi bien à définir qu'à promouvoir le développement ». Pour sa part, le Plan d'action pour la mise en œuvre de la Déclaration de l'Unesco sur la diversité culturelle (2001)[20] prévoit, dans ses lignes essentielles : de sauvegarder le patrimoine linguistique de l'humanité et soutenir l'expression, la création et la diffusion dans le plus grand nombre possible de langues (point 5) ; d'encourager la diversité linguistique – dans le respect de la langue maternelle – à tous les niveaux de l'éducation, partout où c'est possible, et stimuler l'apprentissage du plurilinguisme dès le plus jeune âge (point 6) ; de susciter, à travers l'éducation, une prise de conscience de la valeur positive de la diversité culturelle et améliorer à cet effet tant la formulation des programmes scolaires que la formation des enseignants (point 7) ; d'incorporer dans le processus éducatif, en tant que de besoin, des approches pédagogiques traditionnelles afin de préserver et d'optimiser des méthodes culturellement appropriées pour la communication et la transmission du savoir (point 8).

De manière plus spécifique, la C. 169 précise que des « programmes et des services d'éducation doivent être développés et mis en œuvre en coopération avec les peuples autochtones pour répondre à leurs besoins particuliers et doivent couvrir leur histoire, leurs connaissances et leurs techniques, leurs systèmes de valeurs et leurs autres aspirations sociales, économiques et culturelles » (article 27.1). Les peuples autochtones doivent pouvoir participer à la formulation et à l'exécution des programmes d'éducation (article 27.2). « Des efforts doivent être faits pour assurer que les livres d'histoire et autres matériels pédagogiques fournissent une description équitable, exacte et documentée des sociétés et cultures des peuples intéressés » (article 31). Des dispositions doivent être prises pour sauvegarder les langues des peuples intéressés et en promouvoir le développement et la pratique (article 28.3). Des mesures adéquates doivent être prises pour assurer que ces peuples aient la possibilité d'atteindre la maîtrise de la langue nationale ou de l'une des langues officielles du pays (article 28.2). Lorsque cela est réalisable, un enseignement doit être donné aux enfants des peuples intéressés afin qu'ils apprennent à lire et à écrire dans leur propre langue ou dans la langue qui est la plus communément utilisée par le groupe auquel ils appartiennent. Lorsque cela n'est pas réalisable, les autorités compétentes doivent entreprendre des consultations avec ces peuples en vue de l'adoption de mesures permettant d'atteindre cet objectif (article 28.1). Sans plus de détails, la DDPA va en ce sens en établissant que « les peuples autochtones ont droit à ce que l'enseignement et les moyens

20. Annexe II de la Déclaration de l'Unesco sur la diversité culturelle (2001).

d'information reflètent fidèlement la dignité et la diversité de leurs cultures, de leurs traditions, de leur histoire et de leurs aspirations» (article 15.1).

Pour les peuples autochtones, l'éducation apparaît comme une question primordiale pour sortir de l'exclusion mais aussi pour contribuer à sauvegarder leurs cultures, leurs savoirs, leurs traditions et leurs langues. La revendication d'une adaptation des systèmes scolaires nationaux aux réalités linguistiques et culturelles autochtones est aujourd'hui largement admise (Salaün, 2013). Nombreux sont les États qui disposent désormais de systèmes éducatifs permettant aux peuples autochtones de bénéficier d'une éducation dans leur propre langue (Stavenhagen, 2008). Les politiques ou les programmes dits d'«éducation interculturelle et bilingue» apparaissent comme des dispositifs parmi les plus privilégiés, notamment en Amérique du Sud. Reposant sur la reconnaissance du pluralisme culturel et de la sauvegarde des cultures autochtones (Stiegler, 2008), ils s'inscrivent généralement dans un paradigme multiculturaliste et néolibéral marqué par une délégation accrue des questions éducatives que les États sous-traitent à des entités privées, parfois mais pas toujours au bénéfice des populations locales (Baronnet et Mazars, 2010).

L'éducation bilingue, interculturelle ou non, suscite nombre de commentaires et de débats. Son double caractère se trouve largement discuté et disputé. Le sens de la notion d'interculturalité est loin d'être partagé, celle-ci étant bien trop souvent instaurée et contrôlée par les États sans une collaboration étroite avec les peuples autochtones concernés. Il en va de même pour son application qui implique une bonne coordination et des objectifs communs. Ses finalités sont interrogées au prisme de ses effets ambivalents permettant une amélioration des taux de fréquentation et de réussite scolaire au sein des peuples autochtones, mais impliquant dans le même temps un formatage culturel irrémédiable lié à l'inscription de l'école bilingue dans des systèmes éducatifs relativement rigides dans lesquels prédominent la langue et la culture de la société dominante. L'interculturalité se trouve souvent frappée d'une action étatique prédominante, voire unilatérale, dans la mise en place et le suivi des processus, ne laissant que très peu de marge de manœuvre aux peuples autochtones dont la majorité participe malgré tout aux politiques interculturelles dans l'espoir d'amorcer un rééquilibrage attendu.

À l'exception du Botswana, tous les pays de notre étude proposent des dispositifs spécifiques permettant d'instaurer une éducation plus respectueuse des langues et des cultures des peuples autochtones. La souplesse des ajustements est variable, tant sur la forme que sur le fond. Si la question linguistique semble souvent privilégiée, en grande partie par l'établissement d'une éducation bilingue, l'insertion d'items sur l'histoire, les traditions et les cultures autochtones dans l'enseignement général reste faible ou inexistante. Dans tous les cas, l'ambivalence et l'ambiguïté des mesures, tant normatives que pratiques, subsistent.

L'une des principales distinctions entre les pays réside dans la durée des dispositifs, c'est-à-dire le nombre de cycles scolaires proposant un enseignement bilingue, total ou partiel. La majorité des pays développent leurs efforts sur le cycle primaire et éventuellement secondaire. C'est le cas de l'Australie, du Chili, de la France, de la Namibie et de l'Argentine. Avec l'institution, dès les années 1970, d'une éducation bilingue *two-way* dans certaines écoles de communautés du Territoire du Nord et d'Australie occidentale, l'Australie apparaît comme l'un des pays pionniers en la matière. La politique fédérale reconnaît aux premiers habitants du pays le droit de faire usage de leur langue ancestrale dans les services de l'administration et dans les écoles primaires. Mais rares sont les non-aborigènes parlant l'une des centaines de langues existant sur le continent : les situations se limitent donc à des interactions au plan local avec des fonctionnaires ou des enseignants aborigènes ou insulaires du détroit de Torres. Par ailleurs, l'inclusion des langues et cultures locales dans les programmes scolaires dépend de l'attitude de l'État (fédéré) et de la marge de manœuvre laissée aux écoles locales. Mais selon les normes en vigueur, les écoles autochtones dispensent un enseignement bilingue et les enfants apprennent à lire et à écrire dans leur langue maternelle avant de passer à l'anglais (Leclerc, 2015). L'Australie a aussi développé plusieurs programmes d'éducation bilingue, destinés aux peuples autochtones[21], dont la pertinence a soulevé de nombreux débats dans les cercles académiques et politiques. Malgré les études qui en démontrent les bienfaits, les programmes d'éducation bilingue sont régulièrement critiqués et ils ont été drastiquement réduits. Dans le Territoire du Nord, leur financement a été suspendu entre 1996 et 1998. Dans le cadre de l'Intervention d'urgence, les autorités ont considéré que l'enseignement en langue autochtone avait nui à une bonne intégration économique et permettait d'expliquer la situation de crise (Bellier et Préaud, 2011). Et, en 2009, l'État fédéré imposait que les quatre premières heures d'enseignement primaire et secondaire se fassent en anglais.

Le Chili s'est lui aussi engagé dans un processus que son ministère de l'Éducation nomme dans plusieurs documents une interculturalité « à double voie » (*interculturalidad de doble vía*), qui n'est pas sans rappeler la dénomination australienne. La loi indigène 19.253 (1993) charge la Conadi de mettre en place une éducation interculturelle bilingue dans les régions à haute densité autochtone (article 32)[22]. Avec la loi organique constitutionnelle de l'enseignement (*Ley Orgánica Constitucional de Enseñanza*), promulguée en 1990, les établissements scolaires peuvent élaborer leurs propres cursus et programmes, et il devient plus facile d'y insérer l'étude des langues et des cultures autochtones (Stiegler, 2008). Cette loi fut remplacée en 2009 par la loi générale d'éducation. Promulguée sans le concours des peuples autochtones, celle-ci définit l'éducation interculturelle bilingue comme un moyen adapté d'enseignement et de transmission de la langue, de la cosmovision et de l'histoire pour les peuples autochtones

21. Entre autres, *Aboriginal Education Strategic Initiatives Program, Aboriginal Literacy Strategy and the Aboriginal Language Education Strategy, Indigenous Education Targeted Assistance Act.*

22. La loi prévoit également l'établissement d'un item consacré aux cultures et langues autochtones dans le système éducatif national et la constitution de chaires d'histoire, de culture et de langues autochtones dans l'enseignement supérieur (article 28), dispositions qui peinent à être mises en œuvre jusqu'à aujourd'hui. À titre indicatif, en 2012, seules 300 écoles parmi les 800 concernées proposaient la filière de langue autochtone, en raison d'un manque d'information et d'une absence de personnel adapté à cet enseignement (Carvajal Aceituno et Dresdner, 2012 : 5).

(article 23). Dans les régions à haute densité autochtone, les apprentissages permettant de maîtriser la langue autochtone locale, sous forme écrite et orale, et d'avoir une connaissance de l'histoire et de la culture des peuples autochtones locaux constituent des objectifs prioritaires (articles 28, alinéa m, 29 et 30). Le décret 280 (2009) précise ces nouvelles orientations. L'apprentissage d'une langue autochtone est possible durant les huit premières années scolaires. Des programmes d'étude et d'apprentissage en langue autochtone peuvent être dispensés dans n'importe quel établissement scolaire du pays qui souhaite favoriser une interculturalité locale (articles 3 et 4). Les établissements d'enseignement qui enregistrent, à la fin de l'année scolaire, des inscriptions comptant 20 % ou plus d'élèves d'ascendance autochtone sont dans l'obligation d'offrir la filière « langue autochtone » (article 5). En 2009, le ministère de l'Éducation a établi les objectifs fondamentaux et les contenus minimums pour les premier et deuxième cycles fondamentaux de cette filière. Ceux-ci visent à garantir l'enseignement des langues autochtones dans les unités scolaires comptant une présence majoritaire d'enfants d'ascendance autochtone. Cette filière repose sur deux axes : la communication orale et la communication écrite, toutes deux orientées vers l'enseignement, la promotion et l'évaluation des langues autochtones (Leclerc, 2015). La spécificité de l'enseignement en langue autochtone repose sur l'association d'un enseignant titulaire chargé de garantir le maintien de l'unité pédagogique de l'établissement (ce qui pose certaines limites aux mécanismes de transmission des savoirs autochtones) et l'éducateur traditionnel qui enseigne les contenus culturels. Ils forment un « couple pédagogique ». Le concours des éducateurs traditionnels au processus d'éducation interculturelle est le résultat de fortes mobilisations autochtones en faveur d'une éducation respectueuse des connaissances et des modes de transmission mapuche. Une courte formation pédagogique, assortie d'une certification par les pairs, est réalisée par des organisations autochtones sur délégation du ministère de l'Éducation. Les établissements proposant le modèle d'éducation interculturelle peuvent librement décider d'engager un éducateur traditionnel ou bien un professeur de formation universitaire. En 2015, seules deux universités formaient des professeurs autochtones et non autochtones à l'éducation interculturelle bilingue : l'université Prat, dans le nord, et l'université catholique de Temuco, dans le sud. Cela étant, les diplômés trouvent difficilement un emploi correspondant à leur spécialité. Depuis plusieurs années, l'éducation interculturelle bilingue fait l'objet de vives critiques au Chili. Celles-ci portent principalement sur le fait de ne concerner qu'un public essentiellement autochtone, le manque de moyens et d'enseignants, une couverture essentiellement rurale, le caractère non obligatoire de l'enseignement des langues autochtones et son absence dans l'enseignement supérieur. En 2008, deux académies de langues autochtones (aymara et vâgana rapa nui) ont vu le jour tandis que le projet de création d'une académie de langue mapuche était suspendu en raison de l'opposition de nombreuses organisations mapuche[23].

23. Leslie Cloud, 2011, www.sogip.ehess.fr/spip.php?rubrique41.

En Guyane, si l'État français ne reconnaît pas aux Amérindiens le droit de suivre un enseignement dans leur(s) langue(s) et selon leurs propres systèmes de savoir, il existe un dispositif visant à adapter l'Éducation nationale aux conditions d'enseignement en milieu autochtone. En 1998, le rectorat de Guyane a établi un programme tout à fait novateur sur le territoire français en créant la fonction de médiateurs culturels bilingues. Dans un contexte où la grande majorité des enseignants sont extérieurs aux communautés autochtones où ils enseignent, n'ont pas de langue d'interlocution avec de jeunes autochtones non francophones et sont peu ou pas préparés à cette rencontre, les médiateurs permettent d'assurer une présence de la langue maternelle à l'école, en priorité dans les petites classes. Cette présence vise à rassurer les enfants, à accompagner le développement du langage dans la langue maternelle de l'enfant et à assurer une médiation entre enseignants, élèves et parents. En 2007, le titre de « médiateur culturel bilingue » fut remplacé par celui d'« intervenant en langue maternelle » (ILM) – personne à qui était confiée une double fonction, à la fois linguistique et socioculturelle. Le programme a porté ses fruits. Les observateurs ont non seulement noté une revalorisation effective des langues maternelles amérindiennes, mais aussi relevé une nette amélioration de l'inclusion scolaire alors que la Guyane enregistre régulièrement le taux d'échec scolaire le plus élevé de France. Celle-ci s'est traduite par l'amélioration du comportement et des résultats scolaires chez les élèves ainsi que par un renforcement des liens sociaux entre parents, enfants et enseignants (Crouzier, 2007). Malgré ces résultats, le dispositif des ILM pâtit d'une certaine précarité. Le programme a été interrompu à plusieurs reprises, il ne concerne qu'une partie des villages amérindiens et les médiateurs bilingues ne disposent pas d'un véritable statut au sein de l'Éducation nationale. Le métier d'intervenant en langue maternelle repose sur des contrats à durée déterminée, le statut de ces intervenants n'étant, semble-t-il, jamais pérennisé (Crouzier, 2007). Cette situation de précarité vient sans doute du fait que le programme s'est développé sur un accord *a minima* à partir de deux propositions divergentes, l'une portée par des linguistes et la Fédération des organisations autochtones de Guyane (Foag), l'autre par l'inspecteur d'académie (Launey et Puren, 2010). Par ailleurs, la fonction de médiateurs bilingues

> ne vise pas à préserver un patrimoine linguistique (même si cette préservation peut apparaître comme un effet induit) en assurant le bien-être des élèves déjà bilingues, et le cas échéant en développant un vivier de néo-locuteurs parmi ceux qui sont au départ purement francophones. Il s'agit de permettre à des enfants allophones de se sentir moins étrangers dans une école qui vient chez eux avec des références extérieures, et de construire des bilingues à partir de monolingues non francophones. (Launey et Puren, 2010 : 84)

En Nouvelle-Calédonie, la France propose une autre approche de l'éducation bilingue et interculturelle. Depuis l'Accord de Nouméa, les langues kanak sont, avec le français, des langues d'enseignement et de culture. L'Accord leur prévoit une place accrue dans les médias et l'enseignement, en particulier primaire et secondaire. Cela implique un effort sur la formation des formateurs et la création d'une Académie des langues kanak (Accord de Nouméa, 1.3.3[24]). La plupart de ces dispositions ont été validées par la loi organique de 1999. En 2005, le Congrès de la Nouvelle-Calédonie a voté leur intégration dans les programmes scolaires du premier degré. L'année suivante, il fixait l'enseignement (optionnel et non obligatoire) en langues kanak à cinq heures hebdomadaires en premier cycle. Il est devenu effectif en 14 langues, selon l'implantation de l'école. Certains collèges et lycées offrent également des enseignements en langue kanak, en fonction des spécificités locales, sans généralisation de l'offre à l'échelle de l'archipel. Enfin, une épreuve facultative en langue kanak est prévue au baccalauréat et une filière de « langues et culture kanak » a été instaurée à l'Université de la Nouvelle-Calédonie. Celle-ci forme des étudiants (kanak pour la plupart) destinés à occuper des postes d'enseignant en langues kanak ou de spécialiste au sein de l'Académie des langues kanak, institution créée en 2007. Malgré les moyens disponibles, la mise en place de cet enseignement et son pilotage souffrent encore de nombreuses inerties. En 2010, sur les 9 500 élèves scolarisés en maternelle sur l'archipel, 2 000 (soit 21 %) ont reçu un enseignement de/en langue et culture kanak. À ce jour, l'autorité pédagogique n'a pas donné son aval officiel pour une poursuite de cet enseignement au-delà de la maternelle (Vernaudon, 2011).

En Afrique australe, la Namibie propose l'une des approches éducatives parmi les plus progressistes. L'article 3 de la Constitution reconnaît le droit d'utiliser une autre langue que l'anglais comme langue d'instruction[25], et l'article 19 garantit les droits culturels. La langue, quelle qu'elle soit, est considérée comme le principal moyen de transmission culturelle et les principes d'une éducation initiale en langue maternelle sont largement admis. Dans ce contexte de reconnaissance de l'égalité des langues nationales, dix langues africaines sont usitées comme moyen d'instruction scolaire : le ju|'hoansi (la seule langue san admise), le khoekhoegowab (parlé par les Nama et les Damara, et aussi par l'un des groupes san, les Hai||'om), l'otjiherero (une langue bantu parlée par les Himba et les Herero), et sept autres langues bantu (oshikwanyama, oshindonga, rumanyo, rukwangali, setswana, silozi et thimbukushu). Les locuteurs de ces langues ont, en principe, un accès garanti à une éducation en langue maternelle. Deux autres langues san, le !xun et le khwedam, ont développé du matériel pédagogique, une orthographe et des dictionnaires. Dans le cadre de la politique linguistique nationale, chaque communauté linguistique a la possibilité de choisir la langue d'instruction de ses enfants durant les trois premières années de la scolarité. Il est également admis que le langage initialement choisi doit être enseigné tout au long des années d'éducation formelle. La politique linguistique en éducation recommande l'usage de la langue maternelle comme moyen d'enseignement pour les années 1 à 3. L'anglais est employé comme langue d'enseignement pour les années 4 à 12. Les langues

24. https://www.legifrance.gouv.fr/affichTexte.do?cidTexte=JORFTEXT000000555817.

25. Article 3 : « Aucune des dispositions de la présente Constitution n'empêchera l'usage d'une autre langue comme véhicule d'enseignement dans les écoles privées, de même que dans les écoles financées ou subventionnées par l'État, sous réserve du respect des exigences qui pourraient être imposées par la loi, dans le but d'assurer la connaissance de la langue officielle ou pour des raisons pédagogiques. »

locales sont enseignées comme matière optionnelle à partir de la 4e année. Les cursus des langues khoïsan ne sont pas complets et ne peuvent être encore proposés pour chaque année d'étude (Leclerc, 2015). Le système éducatif semble par ailleurs ouvert à l'emploi de moyens non conventionnels pour améliorer la scolarité des enfants marginalisés. L'expérience alternative dite des « Écoles de village » a été menée au cours des années 2000 dans l'aire protégée Nyae Nyae du district de Tsumkwe, où des maîtres san ont enseigné à des élèves san en langue ju|'hoansi jusqu'au niveau 3. Le programme s'est arrêté, faute de moyens. Mais le ministère de l'Éducation se dit prêt à renouveler ce type d'initiative. La mise en œuvre de la politique volontariste de la Namibie, définie en grande partie par la *National Policy Options for Educationally Marginalized Children* (Wietersheim, 2002), reste toutefois très limitée et fortement dépendante des moyens donnés par des bailleurs de fonds (Davids, 2011). Ces derniers ne soutenant que les projets bien intégrés dans le système éducatif étatique, les gouvernements qui se succèdent ont tendance à vouloir standardiser l'école, malgré un discours ouvert et des pratiques plutôt novatrices. Ainsi l'enseignement des langues san se voit-il entravé par l'absence de professeurs qualifiés, même si le programme de formation des maîtres est bien ouvert à tous. En conséquence, les enfants san continuent d'avoir des difficultés pour poursuivre leurs études, et les enseignants san n'ont guère de succès au certificat d'aptitude à l'enseignement qui leur est dorénavant demandé. La question de l'enseignement en langue maternelle reste donc critique pour les San en Namibie et ceux-ci se trouvent extrêmement désavantagés dans le système scolaire du pays. L'une des pistes d'amélioration de cette situation résiderait dans une plus grande intégration des San à la politique éducative nationale (Dieckmann, Thiem, Dirkx et Hays, 2014).

En Argentine, la Constitution garantit sans plus de détails le « droit à une éducation bilingue et interculturelle » pour les peuples autochtones (article 75, alinéa 17). La loi 23.302 sur la politique de soutien aux communautés autochtones (1985) préconise une éducation prioritaire dans les communautés concernées. Elle instaure un enseignement en langue maternelle autochtone au cours des trois premières années du niveau primaire. Sur cette période, la langue nationale, l'espagnol, fait l'objet d'un enseignement complémentaire. Ensuite, le cursus devient bilingue (article 16). Pour les établissements situés hors des communautés autochtones mais comptant des enfants issus de celles-ci, cette mesure est optionnelle. Afin de mettre en place cette éducation en langue maternelle puis bilingue, une formation spécifique est prévue pour les enseignants bilingues officiant au niveau primaire. La loi 26.206 d'éducation nationale (2006) étend l'application au secondaire d'une éducation interculturelle bilingue. Elle la définit, par la même occasion, en ces termes :

> L'éducation interculturelle bilingue est la modalité du système éducatif des niveaux initiaux, primaire et secondaire que garantit le droit constitutionnel des peuples autochtones, conformément à l'article 75, alinéa 17 de la Constitution nationale, à recevoir une éducation qui contribue à préserver et renforcer leurs règles culturelles, leur langue, leur cosmovision et leur identité ethnique ; à se libérer activement dans un monde multiculturel et à améliorer leur qualité de vie. De même, l'Éducation interculturelle bilingue promeut un dialogue mutuellement

enrichissant de connaissances et de valeurs entre les peuples autochtones et les populations ethniquement, linguistiquement et culturellement différentes. Elle favorise la reconnaissance et le respect de ces différences. (Article 52)

Pour la mise en place de ce type d'éducation, l'État fédéral se voit chargé de garantir la présence et la participation permanentes de représentants autochtones dans les organes responsables de définir et d'évaluer les politiques d'éducation interculturelle bilingue. Il doit par ailleurs assurer la formation d'enseignants bilingues et proposer des modules d'enseignements adaptés, conçus à partir de recherches menées sur la réalité socioculturelle et linguistique des peuples autochtones (article 53). Le ministère de l'Éducation élaborera le contenu des programmes communs (article 54). Malgré ce niveau significatif de reconnaissance légale du droit à l'éducation interculturelle bilingue, les peuples autochtones d'Argentine sont toujours confrontés à un certain nombre d'obstacles, comme le manque d'écoles de niveau secondaire en zone autochtone, la persistance d'un accès difficile à l'éducation, le manque de moyens mis à disposition par les États fédérés, le système défectueux de formation des enseignants, l'absence de lignes directrices dans les programmes, la disparité des mesures entre les États (Anaya, 2012c). Par ailleurs, l'éducation bilingue n'est généralement appliquée que dans les cours de langue, ce qui limite sa portée et ses effets. Elle reste trop souvent dépendante de la politique des établissements et du bon vouloir des enseignants locaux (Duro, 2011). Ces difficultés se répercutent sur les projets d'extension d'une éducation interculturelle bilingue à l'enseignement supérieur, qui existent depuis une décennie, sans se concrétiser (Mundt, 2004 ; Anaya, 2012c).

En Inde, la Constitution, qui ne se réfère pas au terme [*ādivāsī*] consacré par les usages pour parler des populations tribales (Roy Burman, 2009), considère les situations des tribus répertoriées (*scheduled tribes*) de deux manières : dans un cadre général de non-discrimination entre les minorités (lié à la Constitution) et de manière plus spécifique dans les annexes (5 et 6) de la Constitution consacrées aux *scheduled tribes*. Alors que l'éducation des enfants tribaux avait suscité une forme de compétition entre les écoles missionnaires et les *ashram* hindous durant la période coloniale (Rousseleau, 2015[26]), l'Inde indépendante a reconnu le droit des minorités à établir et administrer leurs institutions éducatives (article 30) et prévu que chaque État fédéré devait faciliter l'instruction en langue maternelle au niveau du primaire (article 350a). L'article 350b prévoit, quant à lui, la nomination par le président de l'Union d'un commissaire en charge des minorités linguistiques (*Commissioner for Linguistic Minorities*). Plus qu'elle ne reflète un intérêt pour les langues autochtones, cette disposition révèle une sensibilité particulière de l'Inde aux questions linguistiques, le découpage des États fédérés suivant d'ailleurs un critère linguistique. La Constitution prévoit aussi des mesures générales d'action positive en faveur des Adivasi, en tant que dispositif de rattrapage : des réservations de postes dans les institutions éducatives (article 15.4-5) et administratives (article 16.4) ; quota au

26. « *Ekalavya* ou les dilemmes de l'éducation *adivasi* dans des institutions nationales (Inde) », communication à la conférence internationale *Les Échelles de gouvernance : les Nations unies, les États et les peuples autochtones*, Paris, 15-17 avril 2015.

niveau fédéral de 7,5 % de « tribaux répertoriés » et de sièges dans les assemblées parlementaires au niveau des États *(State Legislative Assemblies)* et de l'Union *Lok Sabha* (articles 330-335) ; des mesures concernant la terre et l'éducation, et des programmes d'assistance (type *welfare programs* – articles 46 et 275 –).

Alors que l'on ne connaît pas en Inde de politique d'éducation bilingue destinée à « mettre à niveau » les autochtones sur le modèle que nous avons évoqué pour l'Amérique du Sud, et moins encore de politique de reconnaissance de leurs savoirs et traditions propres, le ministère des Affaires tribales développe quelques mesures en matière d'éducation à un niveau supérieur. En 2007, le Parlement de l'Union a voté la création d'une Université tribale nationale Indira Gandhi à Amarkantak (Madhya Pradesh) qui possède notamment une faculté d'études tribales (*tribal studies*). Elle s'inspire de l'expérience de Adivasi Academy Tejgadh au Gujarat, qui propose depuis 2000 un programme en études tribales ouvrant sur une série de diplômes : en études tribales (2002-2009) ; en études muséales et culturelles (2004-2006) ; en journalisme et médias ruraux (2004) ; en développement et sécurité sociale (2004) ; en gestion forestière et agriculture durable (2005-2007) ; en développement rural (2004-2005) ; en sécurité alimentaire et autonomie des femmes (2005-2007), des domaines qui singularisent les besoins adivasi dans le secteur de l'éducation. Pour son fondateur, l'enseignement est bâti sur une diversité de matières disponibles dans les universités et les collèges, abordées de manière à les rendre pertinentes pour la discipline des « études tribales ». Il est moins question de bâtir un enseignement général pour les enfants adivasi à partir d'une valorisation des langues, cultures et savoirs traditionnels. On note cette même tendance à « intégrer » les tribaux dans l'ensemble national, en Odisha, où a été inauguré l'Institut kalinga des sciences sociales (Kiss), un internat ouvert aux enfants adivasi (20 000 selon son site web), dont l'objectif le plus affiché est de les sortir de la « pauvreté abjecte » dans laquelle ils vivent et d'en faire des « agents de changement ». Si ce modèle éducationnel paraît strictement assimilationniste, l'intérêt porté aujourd'hui aux enfants adivasi semble avoir partie liée avec la politique d'industrialisation du pays. On note que Kiss est financé par Vedanta, une entreprise d'aluminium dont le projet d'extraction de bauxite dans le territoire des Dongria Khonds a été violemment contesté (Padel et Das, 2014), ainsi que par Intel, Air Liquide et d'autres entreprises peu connues pour leurs initiatives en matière de respect des droits des peuples autochtones.

En tout état de cause, en Inde, l'application des lois fédérales reste entre les mains des États fédérés qui sont fondés sur une langue régionale dominante et qui tendent, par conséquent, à laisser aux communautés tribales le soin de transmettre ou non leur langue et leur culture. C'est ainsi que les langues minoritaires sont rarement enseignées à l'école, mais demeurent sous la supervision du commissaire aux minorités linguistiques qui émet des recommandations auprès des différents gouvernements des États pour proposer leur enseignement (Leclerc, 2015). Dans l'ensemble des minorités, les groupes les moins favorisés sont les Adivasi régis par la 5e annexe et davantage soumis aux politiques régionalistes en raison de leur statut et vulnérabilité sociale. C'est pourquoi, malgré les garanties constitutionnelles que nous avons évoquées, Virginius Xaxa parle de politique assimilationniste de fait en Inde centrale, par rapport à une intégration sociopolitique qui fonctionnerait dans les Territoires du Nord-Est (régis par la 6e annexe) grâce à une plus grande autonomie reconnue aux populations (Xaxa, 2013).

Héritiers de politiques indigéno-assimilationnistes fortement critiquées à la fin du XXe siècle, deux pays de notre étude proposent aujourd'hui de généraliser l'éducation bilingue, élaborée pour les populations amérindiennes, en l'étendant à l'enseignement supérieur[27]. Au Mexique, l'éducation bilingue et interculturelle est solidement ancrée dans le cadre normatif de l'État fédéral. Cela est lié à l'histoire du pays, lequel a été l'un des pionniers des politiques indigénistes en Amérique du Sud au cours des années 1950, puis des programmes d'éducation bilingue à partir des années 1980. L'article 2 de la Constitution, consacré aux peuples autochtones, oblige toutes les institutions étatiques à « garantir et développer les niveaux de scolarité en favorisant l'éducation bilingue et interculturelle [...], définir des programmes éducatifs régionaux qui prennent en compte l'héritage culturel » des peuples autochtones, « développer le respect et la reconnaissance des diverses cultures existantes au sein de la nation » mexicaine (article 2, B, II). La loi générale d'éducation et la loi générale des droits linguistiques des peuples autochtones reconnaissent le droit à l'éducation obligatoire bilingue et interculturelle, en encourageant l'interculturalité, le multilinguisme ainsi que le respect de la diversité et des droits linguistiques. L'article 11 de la loi générale des droits linguistiques étend ces principes aux niveaux secondaire et supérieur. Ces dispositions se traduisent par un certain nombre d'initiatives organisationnelles et institutionnelles. Le Secrétariat national d'éducation publique a mis en place une Coordination générale de l'éducation interculturelle et bilingue et un Réseau des universités interculturelles s'est constitué, réunissant à ce jour neuf institutions d'enseignement supérieur[28]. Ces deux structures travaillent et fonctionnent ensemble. Malgré tout, le nombre de lycées et d'universités offrant une éducation bilingue et interculturelle reste peu élevé dans ce pays qui compte parmi ceux où vivent officiellement le plus de peuples autochtones. Pour poursuivre ses études, il faut souvent quitter sa communauté ou étudier dans un établissement ne proposant que des cursus et des formations classiques. Un autre point défectueux du système mexicain réside dans l'absence de formation d'enseignants bilingues, ce qui apparaît comme une grande contradiction de la politique éducative du pays. Enfin, la participation des peuples autochtones à l'élaboration des programmes scolaires, en particulier à l'intégration de modules portant spécifiquement sur les langues et les cultures autochtones, reste défaillante, voire inexistante. Ce qui implique des tensions quant au contenu et au format des enseignements bilingues et interculturels.

Comme le Mexique, la Bolivie est un pays phare dans l'histoire des politiques indigénistes et néo-indigénistes en Amérique du Sud. Le pays est engagé depuis 2009 dans la construction d'un État plurinational, et son cadre normatif propose

---

27. Sur l'éducation interculturelle bilingue en Amérique latine, voir Luis Enrique López, 2016, et Sheila Aikman, 2016.

28. Universidad Intercultural de Chiapas (Unich), Universidad Intercultural del Estado de Tabasco (UIET), Universidad Intercultural del Estado de México (UIEM), Universidad Intercultural Indígena de Michoacán, Universidad Intercultural del Estado de Puebla (UIEP), Universidad Veracruzana Intercultural, Universidad Intercultural del Estado de Guerrero, Universidad Autónoma Indígena de México, Universidad Maya de Quintana Roo (UIMQROO).

un grand nombre de dispositions relatives à une éducation respectueuse des langues et des cultures des peuples autochtones. Sa Constitution consacre plusieurs articles précis à cette question. Elle établit le droit pour toute personne à recevoir unc éducation universelle, productive, gratuite, intégrale et interculturelle pour tous les niveaux d'enseignement (article 17). Elle attribue à tout le système éducatif, y compris pour l'enseignement supérieur, un caractère « intraculturel, interculturel et plurilingue » (articles 30.12, 78.2, 91.2). À cette fin, l'État et la société « ont le devoir d'éradiquer l'analphabétisme par des programmes adéquats à la réalité culturelle et linguistique de la population » (article 84). Les centres éducatifs doivent reconnaître et garantir la liberté et l'enseignement de la « spiritualité des nations et peuples autochtones » (article 86). Dans l'éducation supérieure, les formations proposées devront prendre en compte les connaissances universelles et les savoirs collectifs des peuples autochtones (article 91.1). Les universités sont dans l'obligation de créer et soutenir des centres interculturels de formation académique et professionnelle ouverts au public et de développer des programmes de récupération, de préservation, et d'apprentissage des différentes langues autochtones (article 95). La loi d'éducation (2010) et la loi générale sur les droits et les politiques linguistiques (2012) assoient ces dispositions visant à étendre l'éducation interculturelle et bilingue à tout le système éducatif en Bolivie. Cela accompagne la politique d'officialisation des langues autochtones auparavant évoquée. En pratique, il s'agit en partie de poursuivre, d'étendre et d'approfondir les lignes directrices de l'éducation bilingue posées par la réforme éducative de 1994 qui incluait déjà l'apprentissage de deux langues, dont une obligatoirement autochtone. Cette réforme avait établi les bases d'une éducation interculturelle bilingue généralisée et la grande majorité des établissements scolaires, en particulier ruraux, proposaient l'apprentissage des langues autochtones locales. Toutefois la réforme a été trop partielle pour obtenir les résultats scolaires, pédagogiques et linguistiques escomptés, se limitant à certaines régions et aux premières années (Contreras et Talavera Simoni, 2004). La Bolivie poursuit donc une politique engagée il y a deux décennies, mais y apporte un grand nombre d'innovations qui répondent à d'autres prérogatives de la Déclaration, suggérant une éducation autochtone autonome, pour et par les peuples autochtones (Moye Noza, 2016).

Une éducation comptant avec des systèmes et établissements scolaires propres aux peuples autochtones

La perspective est ouverte par l'article 14 de la DDPA, qui stipule le droit pour les peuples autochtones d'établir et de contrôler leurs propres systèmes et établissements scolaires où l'enseignement est dispensé dans leur propre langue, d'une manière adaptée à leurs méthodes culturelles d'enseignement et d'apprentissage (alinéa 1). La DDPA prévoit que les États doivent prendre, en concertation avec les peuples autochtones, des mesures efficaces pour que leurs membres, en particulier les enfants vivant à l'extérieur de leur communauté, puissent accéder, lorsque cela est possible, à un enseignement dispensé selon leur propre culture et dans leur propre langue (alinéa 3). Ces dispositions font écho à l'article 27.3 de la Convention 169 de l'OIT qui comprend « le droit de ces peuples de créer leurs propres institutions et moyens d'éducation, à condition que ces institutions répondent aux normes minimales établies par l'autorité compétente en consultation avec ces peuples. Des ressources appropriées doivent leur être fournies à cette fin ».

Dans le cadre de notre étude, seuls deux pays accordent officiellement aux peuples autochtones une autonomie éducative significative. En Inde, la Constitution garantit aux minorités le droit d'établir des institutions éducatives de leur choix et intégrées au système éducatif indien. L'article 30 est sur ce point explicite :

> 1) Toute minorité, par sa religion ou par sa langue, a le droit de créer et d'administrer les établissements scolaires de son choix.
>
> 1A) Au moment de promulguer une loi prévoyant l'acquisition obligatoire de toute propriété appartenant à un établissement scolaire créé et administré par une minorité telle qu'elle est décrite au paragraphe 1, l'État doit s'assurer que le montant fixé en vertu de cette loi pour ladite acquisition est tel qu'il ne restreint ni n'abolit les droits garantis par la présente.
>
> 2) Au moment d'accorder son aide à des établissements scolaires, l'État ne doit pas faire preuve de discrimination à l'endroit de quelque établissement scolaire que ce soit, sous prétexte qu'il est administré par une minorité religieuse ou linguistique[29].

Dans les faits, cette mesure ne s'est pas traduite par la création d'un grand nombre d'écoles au regard de la diversité culturelle du pays et du nombre de minorités qui y cohabitent. Et « sauf exception, seuls les groupes parlant une langue comptant environ un million de locuteurs ont pu bénéficier de cette disposition constitutionnelle ; parfois de petites langues parlées par plus de 100 locuteurs ont réussi à obtenir que leur langue soit enseignée dans les écoles » (Leclerc, 2015).

En Bolivie, la principale nouveauté résulte de l'insertion du principe constitutionnel d'intra-culturalité dans le système d'éducation interculturelle et bilingue déjà développé. La loi d'éducation, adoptée en 2010, définit ce dernier comme suit dans son article 6 :

> L'intra-culturalité promeut la récupération, le renforcement, le développement et la cohésion à l'intérieur des cultures des nations et peuples indigène originaire paysans, des communautés interculturelles et afro-boliviennes pour la consolidation de l'État plurinational basé sur l'équité, la solidarité, la complémentarité, la réciprocité et la justice. Dans le curriculum du système éducatif plurinational sont incorporés les savoirs et connaissances des cosmovisions des nations et peuples indigène originaire paysans, des communautés interculturelles et afro-boliviennes.

Ce principe se distingue de celui d'inter-culturalité qui est défini dans le même article comme :

> Le développement de l'interrelation et de l'interaction des connaissances, des savoirs, de la science et de la technologie propres à chaque culture avec d'autres cultures, qui renforcent l'identité propre et l'interaction dans l'égalité de conditions

29. Traduction proposée par J. Leclerc.

entre toutes les cultures boliviennes et celles du reste du monde. Sont privilégiées les pratiques d'interaction entre les différents peuples et cultures développant des attitudes de valorisation, de coexistence et de dialogue entre les différentes visions du monde pour projeter et universaliser une sagesse propre.

Les implications liées à ce changement de paradigme sont nombreuses. La principale conséquence est que les peuples autochtones participent directement au système éducatif, à l'élaboration des programmes et des corpus éducatifs ainsi qu'à la gestion d'établissements scolaires. Entre autres nombreuses innovations, la loi de l'éducation préconise l'apprentissage et l'usage de la langue maternelle au cours des premières années de scolarité. Au cours du cursus scolaire, deux langues officielles nationales et une langue étrangère (librement choisie selon l'établissement) doivent être enseignées (article 7). Pour les personnes autochtones, la langue maternelle peut constituer la première langue d'apprentissage scolaire. L'histoire, les cosmovisions et les savoirs des peuples autochtones seront intégrés dans le programme scolaire (article 6). La loi prévoit la création d'un Institut des langues *indígenas* (article 88) et des Conseils éducatifs des peuples originaires (article 92). Le premier est chargé de créer des antennes locales financées par les entités territoriales locales pour la normalisation, la recherche et le développement des langues autochtones. Les seconds participeront à la formulation et à la gestion des politiques éducatives et veilleront à leur application locale. C'est la première fois qu'une loi sur l'éducation est élaborée sans l'intervention directe des organismes internationaux et avec l'ensemble des secteurs sociaux du pays, dont les organisations autochtones. Ces dernières demandent l'application rapide de cette loi, en particulier la mise en place des structures et des institutions locales qu'elles doivent gérer.

En avril 2009, trois universités autochtones ont été inaugurées sous l'égide du gouvernement d'Evo Morales. Elles délivrent des diplômes de technicien professionnel (3,5 années d'études), de maîtrise (5 ans) et de magistère (7 ans). Elles ont pour finalité officielle de « transformer le caractère colonial de l'État et de l'éducation supérieure par la formation de ressources humaines » locales et « d'articuler l'éducation supérieure avec les nécessités régionales de développement et la participation des communautés organisées dans la région » (décret suprême 29 664, 2008). Aucune évaluation n'a encore été réalisée sur ce projet pilote qui a pu être expérimenté grâce au soutien financier du Fonds de développement pour les peuples autochtones (FDPI) à hauteur de 8 millions d'euros. Le Comité exécutif des universités boliviennes ne reconnaît pas ces universités autochtones, estimant qu'elles ne répondent pas aux critères d'autonomie stipulés dans la Constitution politique et qu'elles relèvent d'une politique exclusivement gouvernementale et non étatique. Plus globalement, il paraît encore trop tôt pour évaluer les effets pratiques des changements normatifs conséquents dans le domaine de l'éducation en Bolivie. À n'en pas douter, les obstacles seront nombreux pour mettre en place ce que les textes de loi et les politiques reconnaissent officiellement. Toutefois, la Bolivie semble vouloir redoubler d'efforts pour parvenir à assumer sa révolution éducative, si l'on se réfère aux actions accomplies référencées dans les rapports transmis à l'ONU au cours des dernières années.

Dans quelques autres pays, la possibilité pour les peuples autochtones d'établir et de contrôler leurs propres systèmes et établissements scolaires relève d'initiatives autonomes et locales. En Argentine, depuis 2004, date à laquelle fut initialement intégré un module d'éducation interculturelle bilingue au sein du système éducatif général, les peuples autochtones de différentes provinces ont mis en place des écoles d'éducation autonome qui enseignent leurs langues, leur histoire, leurs arts et leurs cultures. Ces établissements fonctionnent difficilement, faute de financements pérennes, et ne permettent pas d'établir une stratégie éducative de fond et sur le long terme.

En Australie, les droits à l'éducation incluent pour les autochtones celui de suivre un enseignement dans leur(s) langue(s) et selon leurs propres systèmes de savoir. Mais l'éducation et l'enregistrement des langues autochtones sont bien souvent pris en charge par des centres de langues régionaux ou locaux, voire par les communautés elles-mêmes pour pallier l'absence ou la mauvaise application des politiques d'enseignement des langues par les États et territoires en charge des questions éducatives.

Ce genre d'initiative autochtone reste minoritaire (Leclerc, 2015). Pour mémoire, la révolte kanak des années 1980 en Nouvelle-Calédonie s'était également déployée sur le terrain scolaire (contre « l'école coloniale française »), ce qui a conduit à la création des Écoles populaires kanak (EPK). Après le retour de la paix dans les années 1990, ces écoles militantes ont fermé leurs portes les unes après les autres, l'école républicaine redevenant la norme incontournable de la « réussite » scolaire. À partir de la loi Deixonne (1951) étendue aux langues mélanésiennes en janvier 1992, l'enseignement d'un certain nombre de langues kanak est devenu possible, mais au sein des écoles générales.

Patrimoine culturel, savoirs traditionnels, propriété intellectuelle

La DDPA consacre quatre articles à des éléments se rattachant à la notion de patrimoine, laquelle étymologiquement désigne « l'ensemble des biens, des droits hérités du père », ce qui inclut la notion de biens de famille, s'étend aux biens provenant de la mère, signale un mode de transmission héréditaire et un type de propriété. Au regard des droits des peuples autochtones, la notion de patrimoine est explicitement rattachée au domaine de la culture entendue au sens large, incluant les sciences et les techniques, le domaine de la création et celui des pratiques, y compris rituelles. Cela couvre deux champs de connaissances : le champ des savoirs encodés comme « traditionnels » qui se manifestent de différentes manières, ce qui a suscité l'usage à leurs propos de la notion d'« expression culturelle » ; le champ des savoirs sur le monde, la nature et l'environnement, dont la protection a des conséquences dans les domaines de la pharmacologie et des pratiques médicales. La notion s'étend aussi au domaine du vivant et incorpore des éléments qui, résultant de la colonisation, ont été érigés en objets culturels tels les « restes humains » (têtes réduites ou tatouées, corps exposés, reliques) mis en valeur dans les musées ou relégués dans leurs collections.

Ces notions de patrimoine culturel, savoirs traditionnels et expressions culturelles ont d'abord été développées par le droit international avant d'être tardivement saisies par le droit des peuples autochtones. C'est dans le cadre de la protection de l'environnement et de la biodiversité que le patrimoine immatériel autochtone a commencé à être appréhendé à travers la notion de savoirs traditionnels. Le « Sommet de la Terre », qui s'est tenu à Rio de Janeiro du 3 au 14 juin 1992, donna lieu cette même année à l'adoption de deux instruments, une déclaration et une convention qui affirment l'importance des savoirs traditionnels autochtones pour la gestion de l'environnement et pour le développement durable. La Déclaration sur l'environnement et le développement souligne, dans son « principe 22 », que :

> les populations et communautés autochtones et les autres collectivités locales ont un rôle vital à jouer dans la gestion de l'environnement et le développement du fait de leurs connaissances du milieu et de leurs pratiques traditionnelles. Les États devraient reconnaître leur identité, leur culture et leurs intérêts, leur accorder tout l'appui nécessaire et leur permettre de participer efficacement à la réalisation d'un développement durable.

La Convention sur la biodiversité biologique (CDB) adoptée la même année prévoit dans son article 8j (Conservation *in situ*) que chaque partie contractante :

> [...] sous réserve des dispositions de sa législation nationale, respecte, préserve et maintient les connaissances, innovations et pratiques des communautés autochtones et locales qui incarnent des modes de vie traditionnels présentant un intérêt pour la conservation et l'utilisation durable de la diversité biologique et en favorise l'application sur une plus grande échelle, avec l'accord et la participation des dépositaires de ces connaissances, innovations et pratiques et encourage le partage équitable des avantages découlant de l'utilisation de ces connaissances, innovations et pratiques.

L'aspect relatif au partage des avantages tirés de l'utilisation des savoirs autochtones sera un point essentiel du Protocole de Nagoya de 2010 « sur l'accès aux ressources génétiques et le partage juste et équitable des avantages découlant de leur utilisation à la Convention sur la diversité biologique », plus communément appelé Protocole de Nagoya sur l'accès et le partage des avantages (APA). Cet accord, entré en vigueur en 2014 et destiné à assurer la mise en œuvre de la CDB en tant que convention-cadre, rappelle dans son préambule

> le lien d'interdépendance entre les ressources génétiques et les connaissances traditionnelles, le fait que ces ressources et ces connaissances sont indissociables pour les communautés autochtones et locales, et l'importance des connaissances traditionnelles pour la conservation de la diversité biologique et l'utilisation durable de ses éléments constitutifs, ainsi que pour la pérennité des moyens de subsistance des communautés concernées.

Comme le souligne Thomas Burelli :

> les textes adoptés à Rio vont ainsi constituer de véritables éléments déclencheurs contenant des principes qui essaimeront par la suite dans d'autres textes

> et conventions bien au-delà du droit de l'environnement. Ainsi, comme nous le constaterons ces principes vont d'une certaine manière devenir autonomes, jusqu'à constituer des sujets à part entière, traités et développés dans des textes spécifiques et des forums de négociation non liés au droit de l'environnement, tels que l'Unesco ou encore l'Organisation mondiale de la propriété intellectuelle (Ompi). Dès lors, des principes nés dans le cadre du droit de l'environnement vont par la suite conduire à la reconnaissance d'autres droits en cascade pour les peuples autochtones. (2015 : 183)

La notion particulière de patrimoine culturel a connu ses principaux développements en droit international sous l'égide de l'Unesco qui a adopté de nombreux instruments propres à appréhender l'hétérogénéité du concept. Si la liste de ces instruments est importante, nous en citerons ici quatre qui, bien qu'ils ne s'adressent pas intégralement aux peuples autochtones, affectent le rapport à leur patrimoine culturel : la Convention relative à la protection du patrimoine mondial culturel et naturel (1972), la Déclaration universelle sur la diversité culturelle (2001), la Convention sur la sauvegarde du patrimoine culturel immatériel (2003) et la Convention sur la protection et la promotion de la diversité des expressions culturelles (2005). Seules quelques dispositions de ces instruments se réfèrent à la situation des peuples autochtones. La Déclaration de 2001 recommande « de respecter la dignité humaine et l'attachement aux droits de l'homme des minorités et des peuples autochtones en tant que moyens essentiels de défendre la diversité culturelle » (article 4). La Convention de 2003 affirme dans son préambule que « les communautés, en particulier les communautés autochtones, les groupes et, le cas échéant, les individus, jouent un rôle important dans la production, la sauvegarde, l'entretien et la recréation du patrimoine culturel immatériel ». Enfin, se référant expressément aux peuples autochtones, le préambule de la Convention de 2005 ainsi que les articles 2 et 7 proclament le principe de l'égale dignité et du respect de toutes les cultures et engagent les États à prendre des mesures afin de promouvoir les expressions culturelles. Cependant, malgré ces timides assertions en faveur des peuples autochtones, les conceptions du patrimoine que ces instruments défendent n'accordent pas de droits spécifiques aux populations autochtones sur leur patrimoine et savoirs traditionnels ; par ailleurs, la distinction entre patrimoine naturel et culturel, matériel et immatériel que ces normes opèrent n'est pas adaptée aux conceptions autochtones du patrimoine, comme le souligne l'étude du Mécanisme d'experts sur les droits des peuples autochtones, à propos de la « promotion et protection des droits des peuples autochtones en ce qui concerne leur patrimoine culturel » :

> Il existe certes de nombreux régimes juridiques de protection du patrimoine culturel mais sans une intégration suffisante en ce qui concerne la protection du patrimoine culturel des peuples autochtones. Tous ces systèmes complexes et parallèles de protection du patrimoine culturel aboutissent à une fragmentation en une multitude de cadres juridiques qui, en fin de compte, ne protègent pas convenablement le patrimoine culturel des peuples autochtones. Ces systèmes n'intègrent pas le fait que, pour les peuples autochtones, le patrimoine culturel est une réalité

globale qui comprend leurs connexions spirituelles, économiques et sociales à leur terre et à leurs territoires. (CDH-Medpa, 2015 : § 24)

La distinction opérée par l'Unesco entre droit au patrimoine, droit au territoire et droit à l'autodétermination a d'ailleurs entraîné le classement de nombreux territoires autochtones comme patrimoine de l'humanité à caractère culturel ou naturel, en application de la Convention de 1972, sans que soient pris en compte les droits des peuples autochtones au territoire et à leur patrimoine ni encouragée leur participation à la prise de décisions. Une étude menée par Iwgia estime que, sur environ 1 000 sites désignés comme patrimoine mondial, environ une centaine correspond à des sites autochtones (Disko, Tugendhat et García-Alix, 2014 : 3). Cet ouvrage recense des cas relatifs aux pays de notre étude comme le Parc national rapa nui, déclaré patrimoine mondial de l'Unesco en 1995 sans le consentement des Rapa Nui (Tuki Huke et Cloud, 2014), les aires protégées Uluru-Kata Tjuta National Park, Kakadu National Park et Wet Tropics en Australie, ou encore le site Tsodilo Hills au Botswana. Cette liste n'est évidemment pas exhaustive et, dans l'ensemble des pays de l'étude, des territoires autochtones ont été classés au patrimoine mondial de l'humanité sans le consentement des peuples concernés.

L'absence de droits spécifiques des peuples autochtones au patrimoine ou concernant leurs savoirs traditionnels a entraîné leur appropriation par l'État au titre du patrimoine national ou bien leur acquisition par des entités privées, comme le rappelle le Mécanisme d'experts :

> Nombreux sont les groupes autochtones qui pâtissent d'une appropriation indue de leur patrimoine culturel, sous de multiples formes : marchandisation, utilisation de l'imagerie et des symboles des peuples autochtones à des fins commerciales et appropriation indue de chants traditionnels. (CDH-Medpa, 2015 : § 65)

Tout en reconnaissant que les musées sont des lieux d'enseignement et de compréhension qui contribuent à la promotion et à la valorisation du patrimoine culturel autochtone (§ 67), le rapport relève que :

> Toutefois, les musées participent souvent à l'appropriation indue du patrimoine culturel des peuples autochtones. Bon nombre d'entre eux, privés ou publics, détiennent et exposent le patrimoine culturel de peuples autochtones sans le consentement des intéressés. […] De nombreuses pièces culturelles et restes humains sont détenus par des musées publics et des collectionneurs privés partout dans le monde, sans le consentement libre, préalable et éclairé des peuples autochtones concernés. (CDH-Medpa, 2015 : § 68)

Il faudra attendre l'adoption de la DDPA en 2007 pour que soient consacrés des droits aux peuples autochtones sur leur patrimoine propre, ce qui dessine une nouvelle approche du patrimoine autochtone mais aussi de nouvelles obligations à la charge des institutions étatiques et onusiennes pour assurer l'effectivité de ces droits. D'une part, la DDPA protège le patrimoine culturel, les savoirs traditionnels et les expressions culturelles autochtones, lesquels sont complétés par les manifestations autochtones des sciences, techniques et cultures, y compris les ressources humaines et génétiques, les semences, la pharmacopée, la connaissance des propriétés de la faune et de la flore, les traditions orales, la littérature, l'esthétique, les sports et les jeux traditionnels ainsi que les arts visuels et du spectacle. Sur cet ensemble de savoirs, elle reconnaît aux peuples autochtones des droits à la préservation, au contrôle, à la protection et au développement. Introduisant un nouveau régime de propriété intellectuelle collective *sui generis*, la DDPA reconnaît les droits de « préserver, de contrôler, de protéger et de développer leur propriété intellectuelle collective de ce patrimoine culturel, de ce savoir traditionnel et de ces expressions culturelles traditionnelles ».

L'article 31, qui détaille l'étendue du patrimoine autochtone et les droits afférents, est complété par trois autres articles qui viennent préciser la portée des droits à la préservation et au contrôle des peuples autochtones sur leur patrimoine en prévoyant des mesures de réparation restitutoire concernant les biens culturels, intellectuels, religieux et spirituels qui ont été pris sans leur consentement préalable, donné librement et en connaissance de cause, ou en violation de leurs lois, traditions et coutumes (article 11), un droit d'accès, même privé, aux sites religieux, et le droit au rapatriement des objets de culte et des restes humains (article 12), ainsi que les droits à leurs savoirs traditionnels dans le domaine de la pharmacopée (article 24).

> Article 31
>
> 1. Les peuples autochtones ont le droit de préserver, de contrôler, de protéger et de développer leur patrimoine culturel, leur savoir traditionnel et leurs expressions culturelles traditionnelles ainsi que les manifestations de leurs sciences, techniques et culture, y compris leurs ressources humaines et génétiques, leurs semences, leur pharmacopée, leur connaissance des propriétés de la faune et de la flore, leurs traditions orales, leur littérature, leur esthétique, leurs sports et leurs jeux traditionnels et leurs arts visuels et du spectacle. Ils ont également le droit de préserver, de contrôler, de protéger et de développer leur propriété intellectuelle collective de ce patrimoine culturel, de ce savoir traditionnel et de ces expressions culturelles traditionnelles.
>
> 2. En concertation avec les peuples autochtones, les États prennent des mesures efficaces pour reconnaître ces droits et en protéger l'exercice.
>
> Article 11
>
> 1. Les peuples autochtones ont le droit d'observer et de revivifier leurs traditions culturelles et leurs coutumes. Ils ont notamment le droit de conserver, de protéger et de développer les manifestations passées, présentes et futures de leur culture, telles que les sites archéologiques et historiques, l'artisanat, les dessins et modèles, les rites, les techniques, les arts visuels et du spectacle et la littérature.
>
> 2. Les États doivent accorder réparation par le biais de mécanismes efficaces – qui peuvent comprendre la restitution – mis au point en concertation avec les peuples autochtones, en ce qui concerne les biens culturels, intellectuels, religieux et spirituels qui leur ont été pris sans leur consentement préalable, donné librement et en connaissance de cause, ou en violation de leurs lois, traditions et coutumes.

Article 12
1. Les peuples autochtones ont le droit de manifester, de pratiquer, de promouvoir et d'enseigner leurs traditions, coutumes et rites religieux et spirituels ; le droit d'entretenir et de protéger leurs sites religieux et culturels et d'y avoir accès en privé ; le droit d'utiliser leurs objets rituels et d'en disposer ; et le droit au rapatriement de leurs restes humains.

2. Les États veillent à permettre l'accès aux objets de culte et aux restes humains en leur possession et/ou leur rapatriement, par le biais de mécanismes justes, transparents et efficaces mis au point en concertation avec les peuples autochtones concernés.

Article 24
1. Les peuples autochtones ont droit à leur pharmacopée traditionnelle et ils ont le droit de conserver leurs pratiques médicales, notamment de préserver leurs plantes médicinales, animaux et minéraux d'intérêt vital. Les autochtones ont aussi le droit d'avoir accès, sans aucune discrimination, à tous les services sociaux et de santé.

2. Les autochtones ont le droit, en toute égalité, de jouir du meilleur état possible de santé physique et mentale. Les États prennent les mesures nécessaires en vue d'assurer progressivement la pleine réalisation de ce droit.

Ces articles mettent des obligations à la charge des États, consistant non seulement à prendre des mesures efficaces pour reconnaître les droits énoncés dans l'article 31, pour en protéger l'exercice, mais aussi pour accorder réparation par le biais de mécanismes efficaces mis au point en concertation avec les peuples autochtones, en ce qui concerne les biens culturels, intellectuels, religieux et spirituels qui ont été pris sans leur consentement préalable, donné librement et en connaissance de cause, ou en violation de leurs lois, traditions et coutumes (article 11.2) ; ils doivent également veiller à permettre l'accès aux objets de culte et aux restes humains en leur possession et/ou leur rapatriement, par le biais de mécanismes justes, transparents et efficaces mis au point en concertation avec les peuples autochtones concernés (12.2). Le respect des droits des peuples autochtones à leur patrimoine naturel n'engage pas seulement les États mais l'ensemble des agences de l'ONU (dont l'Unesco), tenues par l'article 42 d'appliquer la DDPA.

Afin de sensibiliser l'Unesco au respect de la DDPA, International Work Group for Indigenous Affairs (Iwgia) exerce un important *lobbying* en faveur du respect par cette agence du droit des peuples autochtones à la consultation et au consentement préalable, libre et éclairé quand le classement d'un site au patrimoine mondial concerne un territoire autochtone[30]. L'obligation d'obtenir le consentement préalable, donné librement et en connaissance de cause, a été rappelée par les experts de l'ONU qui soulignent que :

30. Déclaration à la 11e session de l'Instance permanente prononcée par Iwgia, FPP et d'autres organisations solidaires, le 15 mai 2012.

> la création de sites du patrimoine mondial ou autres formes de zones protégées peut avoir des effets préjudiciables pour les peuples autochtones car, souvent, leurs droits ancestraux à leurs terres et territoires ne sont pas respectés ni protégés. Dans de nombreuses zones où la nature est protégée, notamment les zones inscrites sur la Liste du patrimoine mondial, des règles strictes restreignent les pratiques et activités traditionnelles, telles que la chasse, la cueillette, l'agriculture ou l'élevage, en violation des droits culturels et des droits aux moyens de subsistance des peuples autochtones. (CDH-Medpa, 2015 : § 55)

À ce jour, la participation des peuples autochtones à la prise de décisions concernant le classement de leurs sites comme patrimoine mondial n'est toujours pas respectée par l'Unesco. En 2011, l'inscription de la Réserve nationale du lac Bogoria, au Kenya, sur la liste du patrimoine mondial a été condamnée par la Commission africaine des droits de l'homme et des peuples au motif que le Comité du patrimoine mondial n'avait pas respecté les droits de la communauté des Endorois (CADHP, 2011).

La situation dans les États à l'étude relève de trois modalités de traitement avec : le cas unique de la Bolivie qui, en constitutionnalisant le dispositif de la DDPA, reprend l'intégralité de ses articles ; le cas de quatre pays (Chili, Mexique, Australie, Namibie) qui approchent ces questions par voie législative, l'Australie se distinguant par le volume des lois consacrées à la culture en général ; et le cas de trois autres pays (Inde, Argentine, Botswana) qui ne reconnaissent pas spécifiquement le patrimoine ou les savoirs autochtones. La France occupe une position spéciale en raison des différences observées en Guyane et en Nouvelle-Calédonie. Au regard des articles 11 et 31, on observe certaines correspondances entre la Bolivie, le Chili, le Mexique et l'Australie avec une ambivalence pesant sur la notion même de patrimoine, étatique ou propre. En Namibie et en Nouvelle-Calédonie, le patrimoine autochtone est reconnu, mais il n'existe pas encore de politique de préservation particulière. Au Mexique, l'État est chargé de la protection du patrimoine autochtone comme patrimoine de la nation mexicaine. Le Chili ne reconnaît pas aux peuples autochtones un patrimoine propre, mais il est de son devoir de promouvoir les cultures qui font, elles, partie du patrimoine de la nation chilienne, selon l'article 7 de la loi 19.253.

En Guyane, depuis les années 1980, les expressions culturelles des peuples autochtones sont promues par des associations locales qui favorisent l'émergence de groupes folkloriques et d'artisanat, et qui organisent des festivals de musique ou encore des manifestations sportives traditionnelles ; de grandes activités autour des Jeux kali'na sont ainsi organisées, depuis 2001, par la commune d'Awala-Yalimapo. Dans cette commune caractérisée par une politique culturelle engagée, comme ailleurs en Guyane, les associations amérindiennes sont soutenues par des financements locaux et étatiques, et régulièrement conviées aux manifestations culturelles guyanaises. Les initiatives sont variées et pas toujours dénuées d'ambiguïté, comme l'a manifesté le projet controversé (et finalement abandonné) de construction d'un carbet amérindien au Jardin d'acclimatation à Paris, dans le cadre des célébrations de l'Année des outre-mer en 2011 : il rappelait tristement les expositions coloniales qui ne firent nul honneur à la République. À signaler que la collectivité territoriale de Guyane a adopté le 9 août pour célébrer le Jour international des peuples autochtones, ouvrant ainsi un espace d'expression publique des peuples amérindiens. Ainsi que le signale Blada[31] : « L'objectif est d'ancrer définitivement ces journées dans le patrimoine guyanais et de leur conférer toute la dimension symbolique qu'elles méritent. »

Depuis 2010 est en cours d'élaboration en Nouvelle-Calédonie un projet de « loi du pays » (acte quasi législatif adopté par le Congrès néo-calédonien) sur le patrimoine culturel/les savoirs traditionnels, qui « avance une alternative originale pour la gestion du patrimoine culturel immatériel autochtone et tente de lui ménager un espace spécifique au sein de l'ordre juridique étatique français. Il s'agit d'un projet de reconnaissance, de protection et de valorisation des savoirs traditionnels. [...] à ce jour la seule tentative de développement d'un cadre spécifique de protection des savoirs traditionnels en France » (Burelli, 2015 : 116). Par ailleurs, l'Accord de Nouméa prévoit explicitement de protéger et de valoriser le patrimoine culturel kanak dans une série de domaines – toponymie, objets culturels, langues – qui relèvent des missions du Centre culturel Jean-Marie Tjibaou et de l'Académie des langues kanak évoquées plus haut. Pour ce qui concerne les restes humains et les objets de culte, il existe bien un droit au retour vers le territoire de la Nouvelle-Calédonie, mais en tant qu'il s'agit d'un droit au patrimoine national, non d'un droit au patrimoine kanak.

En Australie, un ensemble de mesures législatives, tant au niveau fédéral qu'au niveau des États, traite de la protection, de l'identification ou de l'évaluation du patrimoine culturel. Ces mesures ont des conséquences indirectes sur les intérêts autochtones (ou ont été progressivement amendées de manière à prendre en compte ceux-ci), tandis que d'autres ont été votées spécifiquement en référence au patrimoine autochtone. Les dispositions varient selon les États et Territoires. À propos de l'État d'Australie occidentale où se situe la péninsule de Burrup qui comprend la plus vaste collection de pétroglyphes au monde, Mark Harris considère que :

> une protection de principe est accordée au titre de l'*Aboriginal Heritage Act* (1972-1980). Les limites de la portée de cette législation sont très claires à la lecture de son long titre qui affirme que son but est de « prendre des dispositions, au nom de la communauté, pour des lieux et des objets utilisés de manière coutumière ou traditionnelle par les habitants originels de l'Australie, leurs descendants ou ceux qui leur sont associés » [...] De ce point de vue, la loi limite clairement les paramètres de ce qui peut être défini comme patrimoine culturel autochtone. La loi constitue en infraction le fait de perturber ou de détruire un quelconque site aborigène, et institue la déclaration de zones de protection pour les sites aborigènes. Mais elle permet la révocation de ces déclarations « dans l'intérêt général de

31. https://www.blada.com/sorties/prochaines/8156-Journees_Peuples_Autochtones.htm ; voir le programme de la 6e journée sur https://www.ctguyane.fr/programme-de-6e-edition-journees-peuples-autochtones-devoile/ [consulté le 24/11/2016].

> la communauté » et confère au ministre le pouvoir d'autoriser la perturbation ou la destruction d'un tel site. (Harris, 2014 : 343)

Il existe bien une protection fédérale inscrite dans la loi de 1984 sur la protection du patrimoine des Aborigènes et des Insulaires du détroit de Torres, à l'origine adoptée comme une mesure temporaire venant en complément de la législation des États fédérés sur le patrimoine. Selon cette loi, les zones aborigènes d'importance, les objets et les reliques peuvent être protégés à la suite de l'intervention du ministre (après réception d'une requête d'un groupe ou d'une personne aborigène, ou en leur nom) publiant un arrêté visant à protéger la zone ou l'objet. Cette déclaration peut être temporaire ou permanente, et différentes pénalités sont prévues pour les personnes ou les organisations qui y contreviennent. Mais pour Harris :

> En dépit du fait que la loi offre une piste pour la protection du patrimoine culturel autochtone, elle s'est avérée particulièrement inefficace dans un contexte où les gouvernements des deux principaux partis (à la fois au niveau fédéral et au niveau de l'État) se sont montrés réticents à répondre favorablement aux demandes de protection. (*Idem* : 343)

Il existe donc un Conseil du patrimoine australien, mais pas de reconnaissance explicite d'un patrimoine aborigène, dont la protection revient dans certaines circonstances aux propriétaires traditionnels d'un lieu, lorsqu'ils sont reconnus comme tels par le Native title tribunal et qu'ils disposent d'un titre en bonne et due forme à opposer aux diverses velléités d'utilisation pour motif industriel, de conservation ou touristique.

> La méthode de mobilisation des groupes autochtones pour protéger leurs droits au patrimoine culturel et à la propriété intellectuelle varie d'une région du pays à l'autre, mais elle s'appuie largement sur des personnalités qui « parlent pour le pays », détenant des droits traditionnels et culturels sur certains lieux et objets spécifiques (ce qui n'implique pas nécessairement leur reconnaissance de la part des autorités non autochtones). Dans la lutte pour protéger la péninsule de Burrup, l'organisation Stand Up for the Burrup a travaillé en étroite collaboration avec les hommes de loi confirmés, de la nation Wong-Goo-Tt- Oo, Wilfred Hicks et Tim Douglas, tout en reconnaissant les intérêts d'autres peuples de l'ouest du Pilbara. (Harris, 2014 : 342)

Le droit australien prévoit également un droit d'accès aux objets de culte et restes humains caractérisé, dès 2011, par la mise en place d'une politique de rapatriement qui facilite la restitution de restes humains, détenus à l'étranger, aux Aborigènes et Insulaires du détroit de Torres. Selon le rapport précité du Mécanisme d'experts, ce programme aurait permis le retour de plus de 1 400 restes humains et de plus de 1 400 objets de culte conservés dans des collections australiennes, ainsi que le rapatriement, en Australie, de plus de 1 200 restes humains (2015 : § 73).

L'Argentine a également adopté une loi relative au retour des restes humains autochtones. La loi n° 25.517, votée en 2001, établit que les « restes mortels des autochtones [...] qui se trouvent dans des musées et/ou collections publiques ou privées devront être mis à disposition des peuples autochtones et/ou communautés d'appartenance qui les réclament» (article 1). L'Inai est en charge de coordonner et d'assister les actions prévues. Auparavant, d'autres lois nationales avaient été adoptées en vue d'assurer la restitution spécifique de restes humains identifiés par la loi. La première restitution prévue par la loi n° 23.940 de 1991 concernait le retour par le musée de la Plata des restes du cacique tehuelche Inakayal qui sera enterré, en 1994, par sa communauté autochtone dans la province de Chubut (Endere, 2011). Le Musée de La Plata a reçu de nombreuses demandes de restitution, concernant notamment les restes de Panguitruz Güor (Mariano Rosas), fils du cacique Ranquel Painé, ceux du cacique mapuche Calfucurá, de Kryygi (Damiana) des Aché du Paraguay, et de restes selk'nam, réclamés par la communauté Rafaela Ishton, Selk'nam (Ona) de Terre de Feu.

La notion de patrimoine culturel englobe celle des savoirs traditionnels autochtones. Dans ce domaine, le Sénat coutumier de la Nouvelle-Calédonie a adopté, le 13 novembre 2014, le projet de loi du pays relative à la sauvegarde des savoirs traditionnels liés aux expressions de la culture kanak et associés à la biodiversité, ainsi qu'au régime d'accès et de partage des avantages. En Afrique australe, la protection des savoirs traditionnels des San a permis aux tribunaux de leur reconnaître, en 2003, le droit de bénéficier des profits tirés de la commercialisation d'une plante «coupe-faim» (*Hoodia gordonnii*). Cette victoire éveilla un intérêt plus général pour les savoirs traditionnels. Après avoir élaboré, en 2001, le *Media and Research Contract of the San of Southern Africa*, Wimsa a rédigé un second document afin de permettre aux San d'appréhender les conséquences de la requalification de leurs connaissances locales en «savoir traditionnel» protégé (Wimsa, 2003).

Au Botswana, le patrimoine n'est pas reconnu à l'une quelconque des huit ethnies reconnues ni *a fortiori* au San, mais appartient à la nation tout entière. Le Botswana est, dans ce domaine encore, fidèle à sa philosophie de cohésion nationale qu'il renforce par les notions d'«héritage commun», de «fierté nationale» et de «désir de stabilité» (Vision, 2016[32])

Pour ce qui concerne l'article 24 de la DDPA, portant sur les pratiques médicinales et l'accès à la santé, la reconnaissance normative, lorsqu'elle existe, est limitée. La Bolivie reconnaît les pratiques traditionnelles et la possibilité de dispenser/recevoir des soins respectueux des us et des coutumes. Le Mexique autorise la détention de *peyotl* à des fins cérémonielles. En matière de santé et de pratiques médicinales, la question est très complexe tant les systèmes de médecine occidentale et autres (dont autochtones) sont aux antipodes les uns des autres. Toutefois, on note quelques avancées dans la mise en place de programmes de santé de type interculturel sous formes de politiques publiques comme en Australie, au Mexique ou en Bolivie, se traduisant par des initiatives législatives pour que les femmes autochtones puissent être accompagnées par leur famille lors de l'accouchement en milieu hospitalier en Argentine, ou encore pour se réaliser à domicile

32. http://www.vision2016.co.bw/

ou sur place en territoire autochtone, par exemple au Chili. Dans ce pays, depuis quelques années, plusieurs expériences de centres de santé associent, au sein d'un même espace, médecine occidentale et médecine mapuche (chaque spécialiste exerçant ses propres compétences). Accessibles aux patients autochtones et non autochtones, ils rencontrent un vif succès auprès des deux populations.

Conclusion

Arrivés au terme de notre parcours visant à éclairer le sens des droits contenus dans la DDPA puis à identifier les dispositifs nationaux qui dessinent l'univers des possibles pour en appliquer les dispositions, sur le plan juridique du moins, il nous reste à tirer quelques grandes conclusions.

Rappelons que, dans le cadre de cette étude, nous avons suivi une approche multiscalaire propice à l'objectif qui était de proposer, à partir d'études de cas, un aperçu significatif de la mise en pratique des droits des peuples autochtones dans le monde contemporain. La démarche a reposé sur une perspective double confrontant l'émergence d'un cadre juridique international à des situations connues par les populations autochtones dans une dizaine de pays. En nous appuyant sur une analyse substantielle, cela nous a permis de suggérer les grandes lignes d'interprétation des modalités de reconnaissance et des conditions d'application des droits des peuples autochtones. Par ailleurs, nous avons adopté une démarche interdisciplinaire pour éclairer les changements que l'on a pu observer dans la prise en charge des questions autochtones, sans nous adosser à un unique point de vue qui émanerait de la prise en considération des seuls outils politiques et juridiques. Cela nous a conduits à engager, dans la troisième partie, la réflexion et l'analyse autour de blocs de droits que nous avons agencés selon des catégories qui ne figurent comme telles ni dans la DDPA, ni dans aucun instrument du corpus international des droits des peuples autochtones. Il nous a en effet semblé pertinent, sur le plan heuristique, de rassembler les articles de la DDPA et les dispositions se rattachant à l'autodétermination, aux institutions, à la participation et à l'accès à la justice, afin de délimiter l'espace du politique au sein duquel un certain nombre d'autres droits peuvent se développer, notamment les droits fonciers ou les droits culturels. Nous avons ensuite examiné le dispositif relatif aux droits à la terre, au territoire et aux ressources naturelles car il constitue, avec le droit à l'autodétermination des peuples autochtones, le cœur de la DDPA. Pour préciser les aspects qui nous paraissaient les plus importants à la compréhension des situations actuelles et futures des peuples autochtones, il était nécessaire d'évoquer le sens de la « relation spéciale » des autochtones à la terre et aux ressources, d'aborder le problème des droits de propriété et de possession, mais aussi ceux liés au contrôle du territoire et à la réparation lorsque la spoliation du foncier ou la dégradation des ressources étaient avérées. Puis nous avons exploré le domaine extrêmement vaste des questions relatives à l'identité, à la culture, à la santé, au patrimoine qui sont posées dans la DDPA et sont l'objet de traitements nombreux, historiques, diversifiés et d'une immense complexité.

En organisant ces blocs pour avancer dans notre démonstration, nous n'avons pas suivi l'ordre des articles de la DDPA, ni la chronologie des adoptions internationales de conventions, déclarations ou pactes qui précisent les développements des droits de l'homme, ce dont témoigne le tableau 24 ci-après. Nous souhaitions éclairer les dimensions collectives et individuelles des droits, sur le plan général des normes et aux plans singuliers de leur interprétation et des revendications qu'elles nourrissent, afin d'exposer la spécificité du cadre juridique qui s'adresse aux populations autochtones. Mais le but était aussi de montrer des évolutions en cours.

En travaillant sur l'objet matrice de l'ouvrage qu'est la Déclaration des Nations unies sur les droits des peuples autochtones, nous avons remarqué que les deux types d'acteurs principalement concernés sont saisis dans le texte par le fait que les uns ont des devoirs, les États, et les autres des droits, les peuples autochtones. Cet énoncé ne doit pas être interprété de manière limitative et surtout non fondée pour arguer, par exemple, que les États seraient privés de droits et les peuples autochtones d'obligations. L'argument, spécieux et fortement idéologique, est parfois exprimé par certains experts étatiques qui demandent que ces points soient précisés par le système international pour éclairer les gouvernements sur leurs marges de manœuvre et lesdites obligations[1]. Il revient dans des discussions moins officielles se déroulant dans différentes enceintes, universitaires ou informelles, pour questionner la raison même de reconnaître des droits et une personnalité juridique à des collectifs que les groupes dominants – les *lobbies* économiques les plus actifs mais aussi les républicains les plus durs – souhaitent effacer des territoires qu'ils occupent et de l'attention qu'ils reçoivent dans les politiques publiques. C'est pour échapper à un écueil symptomatique des politiques d'assimilation qui ont présidé à l'évincement territorial des autochtones et à leur normalisation culturelle – politiques condamnées par l'histoire comme par le droit aujourd'hui – qu'il convenait de se livrer au travail d'éclairage que nous avons proposé.

Un troisième ensemble d'acteurs est aussi impliqué, que nous avons nommé régulièrement au cours de ce travail, à savoir la communauté internationale ou plus précisément la « famille des Nations unies » et les agences du système onusien.

1. Notes sur le terrain de l'Instance permanente, prises par I. Bellier, sur plusieurs années.

Après avoir contribué à l'identification des problématiques de discrimination à l'encontre des populations autochtones, elles sont désormais mobilisées pour assurer la mise en œuvre des dispositions de la DDPA. Non titulaires de la souveraineté politique des États qui imposent leurs règles ni peuplés d'autochtones, les agences, les programmes internationaux, les fonds onusiens collaborent principalement avec les États et, occasionnellement, avec des organisations ou des personnes autochtones pour certaines missions: ces dernières jouent un rôle dans la programmation des politiques et dans la prise en charge de certains domaines d'action. Nous avons aussi mentionné l'importance d'un quatrième groupe d'acteurs que sont les organisations non gouvernementales, ensemble auquel nous nous référons non parce que les ONG constituent l'un des neuf groupes majeurs de la société tout comme les peuples autochtones, mais parce que certaines d'entre elles ont joué un rôle particulier et puissant dans l'articulation des collectifs autochtones au système international. Ensemble, les organisations internationales et non gouvernementales dessinent avec les principaux acteurs concernés, les États et les peuples autochtones, le cadre de gouvernance des questions autochtones.

En posant ce cadre, nous rendons clair le fait que les peuples autochtones ne configurent pas seulement un groupe social dominé ou une nébuleuse de groupes ethniques. Leurs représentants ont pris place dans l'action politique en construisant un mouvement international. Celui-ci nourrit en retour les mouvements sociaux qui, depuis les lieux de vie des individus concernés, demandent le respect du droit mais aussi un changement de celui-ci. Cette propriété d'agrégation transnationale, que l'on peut considérer comme une réponse à la globalisation, devrait conduire les sciences sociales à repenser les théories de l'ethnicité.

En raison de la relation particulière construite entre l'État et son ou ses peuples, selon la culture politique du pays prise dans toute son historicité, la nomination « peuples autochtones » dans la DDPA engage une réflexion sur les entités concernées, sur les catégories qui président à leur traitement politique et sur les évolutions du droit. Il fallut vingt-cinq ans de négociations et entrer dans le XXIe siècle pour que les peuples autochtones, qui ont une conscience claire de leur existence historique et de leur différence dans les sociétés dominantes stato-nationales, voient reconnu leur droit à l'autodétermination en vertu duquel ils peuvent déterminer leur statut politique et assurer leur développement économique, social et culturel.

Sur la base des études qui éclairent les problématiques autochtones sous des lumières croisées, il s'agissait de penser le dispositif qui s'est mis en place à partir de 2007, date de l'adoption de la DDPA par la communauté internationale, comme un progrès vers la démocratie et l'inclusion sociale. Dans ce contexte, les conditions de possibilités de traitement inclusif (pour aller vers le commun), ou exclusif (et donc spécifique), devaient être analysées à l'aune des régimes plus larges de gestion du social que définissent les politiques du multiculturalisme, extrêmement différentes selon que l'on étudie leurs propriétés et leurs limites en Amérique latine ou en Australie. Il fallait aussi confronter les évolutions que l'on observe aux cadres des politiques néolibérales qui induisent diverses formes de dérégulation étatique et reposent sur des bases légales porteuses de profonds changements pour les sociétés autochtones. Nous pensons ici aux effets problématiques et transformateurs de deux pratiques qui semblent s'imposer dans la relation entre communautés autochtones et tiers : la contractualisation et la diffusion des responsabilités collectives.

Pour ce qui concerne le texte de la DDPA, dont nous avons analysé en première partie de cet ouvrage la place au sein du cadre juridique international, en revenant sur l'historicité du processus de rédaction et sur la légitimité que lui a conférée la participation des bénéficiaires de l'instrument aux négociations puis au suivi de sa mise en œuvre, deux conclusions s'imposent. La première est que cette déclaration onusienne suit un style propre dont l'originalité repose sur des éléments de structure mettant en avant les deux types d'acteurs principalement concernés (les États et les peuples autochtones). La seconde est que ses dispositions requièrent une interprétation et engagent l'ONU. Pour ce qui concerne les dispositifs étatiques, si nous avons observé des différences sensibles entre les pays de l'Amérique du Sud et les autres pays de notre étude, il nous a aussi semblé possible de déceler des convergences dans le traitement des questions autochtones, notamment une plus grande technicisation que l'on met en relation avec des conjonctures internationales qui dessinent un nouveau paysage pour les questions autochtones.

La DDPA comme objet à penser

Le document a une portée ambitieuse, mais cette ambition ne peut se réaliser par la seule force des mots qui la portent. Comme nous l'avons signalé, les quarante-six articles du texte de la DDPA s'organisent autour de grands principes qui énoncent les droits fondamentaux des peuples autochtones considérés comme « sujets de droits dans l'ordre international », développent les droits dans des domaines précis (culture, éducation, travail, terre, environnement, développement, etc.) et, enfin, spécifient l'action attendue des États pour appliquer ceux-ci. L'ONU est engagée dans la mise en œuvre des dispositions établies qui constituent des « normes minimales » : d'un côté, l'article 42 implique la responsabilité de la communauté internationale dans la pleine application des droits des peuples autochtones, de l'autre, l'article 46 vient rappeler qu'aucune disposition ne peut « détruire ou amoindrir, totalement ou partiellement, l'intégrité territoriale ou l'unité politique d'un État souverain et indépendant ». La mise en œuvre des dispositions de la DDPA dépend de la bonne volonté politique des gouvernements, mais il ne faut pas négliger la capacité des peuples autochtones ou celle des défenseurs des droits humains à faire bouger les lignes. Dans cette direction, les Nations unies ont produit fin 2015 un autre document, résultant des décisions de la Conférence mondiale des peuples autochtones que l'Assemblée générale a convoquée en septembre 2014, intitulé Plan d'action à l'échelle du système (*System-Wide Action Plan*, ou *Swap* en anglais), pour préciser la mise en œuvre des dispositions de la DDPA[2].

---

2. https://www.un.org/development/desa/indigenouspeoples/about-us/system-wide-action-plan.html.

De notre côté, nous avons observé que si le langage des droits de l'homme définit des objectifs généraux tels que combattre les préjugés, éliminer la discrimination, promouvoir la tolérance ou refléter la diversité, les objectifs en matière autochtone s'organisent autour de certains pôles que sont les enjeux de protection, de réparation, de législation, de consultation en vue d'obtenir le consentement des personnes et des groupes affectés par différents types de mesures étatiques. En analysant le type de recommandations suggérées dans le libellé des articles, nous avons relevé que, au regard de l'énoncé des droits, les États sont invités à prendre des « mesures efficaces », surtout dans les domaines de la culture (article 13), de l'éducation (articles 14 et 15), du patrimoine (article 31), de l'environnement (article 29), des savoirs (article 31) et de l'identité transfrontalière (article 36). Mais pour ce qui concerne la protection des territoires et celle des individus, notamment ceux qui sont considérés comme les plus vulnérables – enfants, femmes, anciens, handicapés (article 22) –, les États sont invités à prendre des « initiatives ». Le texte de la DDPA n'a rien de révolutionnaire, mais son caractère contraignant est controversé, et c'est sur ce deuxième aspect, à savoir l'ordre déclaratif, que s'appuient les États qui ne souhaitent pas l'appliquer.

Cela met en avant la question du futur d'un tel document, qui a malgré tout une haute valeur morale et symbolique et une forte légitimité. Pour avancer, il fallait se tourner vers l'interprétation des dispositions de la DDPA et réfléchir à la méthode susceptible d'inciter les gouvernements à donner vie à l'ensemble des droits qu'elle énonce. La DDPA ne connaît à ce jour aucune opposition manifeste, les quatre pays (Australie, Canada, États-Unis et Nouvelle-Zélande) qui s'y étaient opposés en 2007 l'ayant adoptée solennellement en 2009 et 2010. Mais chaque gouvernement expose ses propres interprétations, se sent engagé différemment par le dispositif international et dispose de ses outils juridiques pour traiter ou non des droits en question. L'observation des travaux de l'Instance permanente sur les questions autochtones permet de constater que les représentants des États sont de plus en plus nombreux à faire rapport des « progrès » accomplis dans la mise en œuvre de la DDPA « chez eux ». Ces moments de « dialogue constructif » permettent de mesurer l'écart entre les discours officiels et les faits connus des militants autochtones.

La DDPA concerne des groupes sociaux que certains pays signataires refusent de reconnaître chez eux comme « peuples autochtones », ainsi qu'ils le signalent explicitement. Dans ces cas, les groupes qui relèvent de cette catégorie se voient appliquer le traitement politique des minorités, moins contraignant au plan juridique et surtout établi sur une base individualiste. Il est aussi possible de relever des aménagements en faveur de droits collectifs qui peuvent être réalisés dans les marges, ce dont témoignent la France ou la Namibie dans l'ensemble des pays que nous avons étudiés. Dans d'autres cas, le gouvernement peut considérer que les développements du droit international concernent surtout « les anciennes puissances coloniales » ou « les grands pays développés », ce qui correspond à la position de l'Inde dans notre étude. Dans tous les cas, les représentants des gouvernements ont tendance à penser que leur cadre domestique est la principale donne à prendre en considération. Cela est particulièrement clair pour le Botswana, qui se montre extrêmement sensible à la pression internationale. En revanche, dans le cas de la Bolivie, la volonté d'engager un véritable changement s'est traduite par l'intégration de la DDPA dans le droit étatique.

Nous ne nous sommes pas lancés dans une entreprise qui engagerait le droit comparé ou la géopolitique aux plans méthodologiques et conceptuels, mais la perception de l'existence de différences de traitement juridique et la connaissance même superficielle des jeux diplomatiques nous ont rendus pleinement conscients des différents cadres qui s'imposent à la réflexion lorsqu'il s'agit de penser la vie d'une norme internationale dans des espaces nationaux définis par des histoires, des cultures politiques, des cadres juridiques spécifiques et des rapports sociaux de domination également marqués par l'histoire. C'est pourquoi nous avons observé la chronologie de la prise en considération des questions autochtones, les époques correspondant à la formulation des droits autochtones et les domaines qu'ils couvrent dans les États.

Le tableau 24 fait ressortir la préférence des États, la diversité des outils juridiques et la concentration de l'adoption de normes entre le début des années 1990, correspondant à l'émergence d'une conscience planétaire de l'environnement qui fait une place à l'identification d'un rapport spécial entre « la nature » et les peuples autochtones, et le moment de l'adoption de la DDPA. On note aussi une concentration des lois relatives aux questions autochtones en Amérique latine, où l'adoption de la DDPA a eu pour effet de relancer l'application de la Convention 169 de l'OIT. Mais, tandis que le cadre international relatif à l'environnement est de plus en plus présent (entre autres, avec la Convention pour la diversité biologique et la Convention-cadre de lutte contre le changement climatique), on note peu d'évolutions normatives concernant les autochtones dans les pays considérés par notre étude. Cela nous interpelle sur la nature des outils mobilisés dans la gouvernance de la planète, et sur la manière dont les peuples autochtones s'inscrivent dans le dispositif. Cela pourrait évoluer dans les prochaines années.

Tableau 24. La normalisation des droits autochtones dans le temps : 1946-2014

Arg.	Bol.	Chi.	Mex.	Fr.-G.	Fr.-N.-C.	Aus.	Inde	Bot.	Nam.	Repères chronologiques
					PP					
										DUDH (ONU) - 1948
						Loi	C°			
							C°			
							C°			
							Loi			
							Loi			
										Convention 107 (OIT) - 1957
						Loi				
										CIEDR (ONU) - 1966
			Loi			Loi		C°	C°	
				PP		Loi		C°		
						Loi				
						Loi				
						Loi				
						PP				
										Cedef - 1979
Loi		PP				Loi				
Loi		PP	PP		Ord.	Loi				
Loi		C°	Loi		A					
										Convention 169 (OIT) - 1989
	C. 169		C. 169			PP	Loi		C°	
	C. 169		C. 169						C°	
	C. 169		C. 169							
										CDB/DDM - 1992
C°		Loi	Loi		C°	Loi	Loi		PP	
C°		Loi	Loi		C°	Loi	Loi		Loi	
C°		Loi	C°		A	PP			Loi	
C. 169			C°	PP	A	Loi			Loi	
C. 169			C°		A	Loi			Loi	
C. 169			Code		Loi	Loi			Loi	
Loi			Loi		Loi	Loi			PP	
	Loi		Loi			Loi			Loi	
						Loi			Loi	
			Loi						Loi	
									Loi	
						Loi	Loi		Loi	
									Loi	
Loi					Loi	Loi			PP	

Arg.	Bol.	Chi.	Mex.	Fr.-G.	Fr.-N.-C.	Aus.	Inde	Bot.	Nam.	Repères chronologiques
										DDPA (ONU) - 2007
	C°					PP				
	C°	Loi	Déc.							
	C°	C. 169								
	Loi	C. 169			Code					
	Loi	C. 169								
	Loi		Code							
	Loi									
	Loi									
	Loi					Loi				
	Loi									
	Loi									
	Loi									
	Loi									
	Loi									
	Loi	Déc.	Déc.			Loi				
	Loi					PP				
	Loi	Déc.								
			Loi	Code						
										Doc. final Conférence mondiale (ONU) - 2014

Code pour type de normes

Accord : A ; Code : Code ; Constitution : C° ; Convention 169 : C. 169 ;
Décret : Déc. ; Loi : Loo ; Ordonnance : Ord.
Politique publique/programme : PP

Catégories de droits

Culture, identité, éducation, santé
Terres, territoires, ressources
Gouvernance & citoyenneté

CDB : Convention sur la diversité biologique.
CIEDR : Convention internationale sur l'élimination de toutes les formes de discrimination raciale.
DDM : Déclaration des droits des personnes appartenant à des minorités nationales ou ethniques, religieuses et linguistiques.
DUDH : Déclaration universelle des droits de l'homme.

Au fil de notre recherche, dans une dizaine de pays fort différents les uns des autres, nous avons pu constater la faible diffusion de cet instrument de droit qui, à part la Bolivie qui l'a intégré d'office dans son droit étatique, n'est l'objet d'aucune promotion active. Des efforts de traduction ont certes été réalisés dans cinquante-huit langues, mais ils ne suffisent pas à faire connaître le contenu de la DDPA ni à familiariser les uns (bénéficiaires) et les autres (décideurs) aux dispositifs qu'elle dessine. Peu nombreuses sont les personnes susceptibles de l'expliquer.

Les écarts existant entre États et système international, que nous examinons dans dix pays, permettent d'observer que la DDPA enrichit le droit international des droits de l'homme d'une nouvelle dimension en mettant l'accent sur les droits collectifs. Si l'on considère que le droit international des droits de l'homme repose à la fois sur un corpus juridique et sur les interprétations auquel il se prête en regard des situations qu'il est amené à traiter, la DDPA doit être examinée du point de vue de son potentiel à raison des dispositions du droit qu'elle incorpore et du point de vue du potentiel qu'ouvrent les interprétations dynamiques auxquelles elle donne lieu. Sous cette optique, et au-delà du principe symbolique de reconnaissance qu'il contient, le droit international des droits de l'homme et des peuples autochtones semble un outil mieux adapté globalement à la résolution des problèmes posés et vécus par les groupes sociaux concernés que le droit étatique dont les évolutions sont sujettes aux équilibres politiques du jour et aux interprétations d'écoles de pensée souvent plus conservatrices. Le droit international représente la principale, voire l'unique, porte d'accès aux droits pour un grand nombre de populations, de communautés et de personnes.

Nous n'avons pas traité en détail le recours aux organes conventionnels de droits de l'homme que les autochtones mobilisent pour que l'État auquel ils appartiennent applique les solutions de droit actuelles. Mais il était important de préciser l'existence des systèmes de droits humains et les contextes régionaux dans lesquels ils s'inscrivent, qui dessinent un paysage juridique plus ou moins favorable au regard des demandes autochtones. En la matière, le système interaméricain semble le plus original et le plus développé en raison sans doute de l'historicité du colonialisme de peuplement qui a établi les « Indiens » comme les peuples autochtones des Amériques par excellence et qui s'est ouvert à la résolution des questions posées par les sociétés noires-marrons et les afro-descendants depuis les transitions démocratiques connues par l'ensemble du sous-continent latino-américain. Les décisions de la Cour interaméricaine des droits de l'homme inspirent d'autres juridictions, comme nous l'avons noté à propos de la Commission africaine des droits de l'homme et des peuples.

Les avancées du droit des droits de l'homme coïncident avec la construction d'un mouvement international qui, en poussant à la participation toujours plus active de délégués autochtones aux activités des Nations unies, a obtenu la consécration de la catégorie « peuples autochtones » pour distinguer certaines populations dans l'ensemble colonial (et postcolonial) des « indigènes ». Cette question de la colonisation et, corollairement, celle de la décolonialisation, n'engage pas les mêmes responsabilités, ni ne dessine les mêmes horizons d'actions. Si l'Europe est perçue comme matrice de la colonisation du reste du monde, la position de l'Union européenne est rarement examinée sous cet angle lorsqu'il s'agit de discuter des questions autochtones. Pourtant ces héritages imprègnent les politiques de coopération pour le développement, dessinent des rapports privilégiés entre métropole et anciennes colonies, finissent par définir une certaine perception de ce que « peuples autochtones » veut dire. On trouve trace de cela dans les débats scientifiques relatifs à l'autochtonie ou à l'indigénéité. On en trouve aussi trace dans les positions que les États – tels le Royaume-Uni et la France – adoptent lors des négociations intergouvernementales dans lesquelles les délégations autochtones avancent leurs pions même si elles ne sont pas assises à la table des négociations, comme c'est le cas dans le cadre de la Conférence des parties sur les changements climatiques. Leurs plaidoyers s'avèrent plus efficaces auprès de leurs pays d'origine qu'auprès des puissances coloniales, membres du Conseil de sécurité, mais les enjeux, industriels, commerciaux ou financiers qui opposent pays « développés » et pays « en voie de développement » limitent leurs gains politiques.

Adoptée près de cinquante ans après la Déclaration sur la décolonisation, la DDPA invite les États du XXIe siècle à un vaste exercice de réflexivité sur leur composition socio-démographique, leur organisation territoriale et institutionnelle, leurs fondements juridiques et leurs systèmes politiques. Cette réflexivité est nécessaire pour considérer pleinement l'émergence de cette nouvelle catégorie de sujets de droit international que sont les peuples autochtones. Elle produit des effets en termes de conduite politique, concerne les dénominations dont les populations autochtones sont l'objet et détermine les dispositifs qui leur sont appliqués.

Les pays qui ont gagné leur indépendance au milieu du XXe siècle – au prix d'une guerre dont les souvenirs sont vivaces dans la mémoire familiale et collective – sont peu enclins à considérer la mosaïque de « leurs » peuples sous l'angle d'une décolonisation interne. Mais les organisations qui se retrouvent dans le mouvement international des peuples autochtones, qui mobilisent les outils « droits des peuples autochtones », qui revendiquent sur les fronts politiques et territoriaux, culturels et civiques, expriment leur inconfort dans l'état présent des lois de leurs pays et critiquent la manière dont celles-ci reflètent une déconsidération plus générale de leurs situations. Si l'on fait abstraction de l'abcès de fixation sur une interprétation du droit des peuples à disposer d'eux-mêmes comme « autonomie interne » ou comme « indépendance externe », un horizon plus ouvert se dégage pour prendre en considération les demandes des peuples autochtones.

Du fait de leur démographie, les peuples autochtones sont loin de mettre en péril l'État qui les englobe. Leur caractère minoritaire ne constitue pas un motif valide de les tenir dans une condition subalterne. Leur histoire, la place qu'ils occupent dans l'imaginaire de la modernité, la relation qu'ils entretiennent avec le territoire sont riches d'enseignements pour tous les peuples. La reconnaissance de leurs institutions comme des systèmes de gouvernement et de justice, tout comme l'importance de se donner, à l'échelle mondiale mais aussi locale, les moyens de protéger la diversité culturelle dont les sociétés autochtones sont une expression majoritaire, invitent à penser la pluralisation du monde et à réfléchir aux moyens de garantir l'expression de tous.

Il n'est pas anodin que les luttes des peuples et des personnes autochtones, qui sont nées bien avant que la DDPA n'en soit même au stade des principes, s'appuient sur deux piliers du système international – non ceux que l'on considère de manière commune en droit international, à savoir la souveraineté politique et l'intégrité territoriale des États, mais ceux que représentent pour les humains la lutte contre le racisme et la discrimination et la protection de l'environnement. Les peuples autochtones rappellent le sens de la vie et sa valeur dans un système qui tient sur des relations de pouvoir. L'« adoption des peuples autochtones par la communauté internationale » (Bellier, 2012 : 63), l'institutionnalisation de leurs problématiques au sein des Nations unies grâce à la mise en place d'organes auxquels ils peuvent participer (GTPA, GTPD, Ipqa, Medpa, rapporteur spécial) témoignent de l'importance de reconsidérer l'état de ces relations pour accommoder les différences d'un monde qui n'en finit pas de se complexifier.

En déplaçant le foyer des observations du micro local au global, nous avons prêté une attention particulière aux effets induits par la prise en charge de ces questions aux Nations unies, parmi lesquels figure la redéfinition des formes de la participation des autochtones aux débats internationaux. Alors que ceux-ci sont pour la plupart exclus des systèmes de gouvernement et expriment la discrimination sociale (ou raciale) dont ils sont l'objet dans les sociétés dominantes, certains signes attirent notre attention. L'Assemblée générale des Nations unies a engagé, en 2016, de nouveaux débats sur « la participation des autochtones aux affaires qui les concernent » ailleurs que dans les instances qui leur sont dédiées (Instance permanente sur les questions autochtones et Mécanisme des experts sur les droits des peuples autochtones). Nous remarquons aussi le caractère exceptionnel (peut-être unique) de la prise de parole à la 7699e session du Conseil de sécurité d'une jeune femme peule m'bororo du Tchad sur les questions du changement climatique au Sahel[3]. Cela invite à penser sérieusement aux évolutions des représentations du monde et aux divisions de celui-ci. Cet ouvrage s'efforce, modestement, de donner des clés d'une analyse plurielle.

En marche vers un monde plus divers

Contrairement à la période qui précédait la saisine des Nations unies et qui se caractérisait par l'effacement des « indigènes » au nom d'une mission de civilisation dont les élites coloniales puis créoles se sont emparées pour asseoir leurs intérêts, la période actuelle se caractérise par une plus grande visibilité des questions autochtones et par l'affirmation de leurs représentants. Ceux-ci utilisent tous les moyens à disposition. Ils recherchent et privilégient toujours la voie du dialogue lorsque celui-ci est ouvert par les États. Cela ne signifie pas que leurs voix contestataires soient toujours ni partout entendues, ni même respectées comme en témoignent les nombreuses procédures policières ou sécuritaires qui tendent à criminaliser les leaders autochtones lorsqu'ils/elles mènent des luttes pour récupérer des terres ou pour empêcher la dégradation des territoires quand ceux-ci souffrent des projets d'exploitation décidés sans le consentement des populations locales. Cela invite à réfléchir au découplage auquel on assiste entre la montée en puissance des politiques de reconnaissance de la diversité culturelle et la lenteur infinie des processus de règlement des contentieux fonciers. On pourrait considérer qu'il s'agit de deux domaines bien distincts du droit mais, pour les autochtones, la culture ne se construit pas comme un champ séparé des conditions matérielles et spirituelles de l'existence qu'ils établissent dans un territoire donné.

Dans de nombreux groupes et langues, il n'existe pas de mot pour dire « culture » (Bellier, 2002), mais lorsque celle-ci est l'objet d'une conceptualisation elle obéit à des règles que nous appelons « lois » dans le système occidental. Ainsi, par exemple, les Aborigènes d'Australie disposent du concept de « rêve » (*dreaming*)

3. https://www.un.org/development/desa/indigenouspeoples/news/2016/06/14646/.

pour éclairer ce que l'on range sous le concept de *law* en anglais (*loi* ou *droit* en français). Leurs autorités traditionnelles sont nommées, en kriol, *cultural bosses,* pour évoquer la charge qu'elles assument pour le groupe en matière de gestion du territoire et de ses ressources. La relation intime entre l'individu, l'art de vivre, les relations de parenté, l'économie des échanges et le monde environnant ont d'ailleurs conduit le groupe majeur « peuples autochtones », invité à s'associer aux cadres du développement durable (Rio de Janerio, 2012), à demander, sans succès, que le terme « culture » vienne définir un quatrième pilier du développement durable en complément des trois piliers reconnus que sont le social, l'économie et l'environnement. Il ne revendiquait pas la reconnaissance de l'artisanat ou du folklore, mais la prise en considération d'un ensemble plus vaste de connaissances, de savoirs, de compétences liés à la reproduction de la vie. Cette problématique incite à réfléchir aux changements proposés par la DDPA dans le cadre de ce que les juristes dénomment le « pluralisme juridique ».

À travers le système onusien, en considérant les différents espaces qui s'ouvrent aux acteurs non étatiques, les peuples autochtones accèdent à la parole publique, leurs représentants se saisissent de ce qui la constitue, à savoir, ici, les mots du droit. Ils lui donnent de la substance en fonction de leurs régimes d'expérience et ils s'efforcent d'en retirer tous les bénéfices possibles, non aux fins égoïstes de leurs présentes situations mais pour les prochaines générations de leurs peuples et de l'humanité. À cet égard, on observe une évolution des profils des leaders qui va de pair avec une réorientation du mouvement international. Les délégués autochtones des premiers temps, principalement masculins, qui s'engagèrent sur une cause (celle des peuples victimes de massacres et d'évictions) et témoignèrent de leur capacité à saisir, sur le plan de la morale et de la justice, les « dominants » (responsables politiques laissant faire les violations), sont remplacés, sur les bancs des observateurs invités à participer à la décision, par des jeunes qui jouent sur de nouveaux registres : celui des racines identitaires qu'ils estiment nécessaires pour se projeter dans le futur, et celui de la connaissance des développements contemporains du droit. Ils ajoutent une dimension propre à la jeunesse, à savoir l'impatience et l'exigence de progrès. Les militants des premiers temps sont aussi remplacés par des femmes qui entendent redéfinir leur place dans le politique, dans l'économie et dans la culture, en considération de toutes les évolutions qu'ont connues leurs sociétés. Mais tous, anciens, jeunes et femmes envoient un message convergent : il porte sur leur place dans le monde et sur leur possibilité d'envisager une communauté de destin, pas seulement une communauté d'origine.

On observe sur le terrain un certain fétichisme du droit, propre à lutter contre des phantasmes archaïques (les autochtones comme « barbares », les indigènes comme « sauvages », la « mission de civilisation » comme régime de justification de la conquête, etc.). Mais l'énoncé du droit ne suffit pas. Car le droit international ne s'applique pas de manière directe dans tous les États ni dans toutes les circonstances. La tension entre les deux régimes de droit, stato-national et international, est constante, ce qui laisse à ceux qui réclament une inclusion citoyenne, économique et sociale une marge de manœuvre pour s'emparer du moyen le plus approprié : saisir les tribunaux du pays ou recourir aux organes internationaux. Encore faut-il qu'ils disposent du capital intellectuel (connaissance, langage, compétences juridiques) et des moyens financiers pour se lancer dans ces démarches, pour ester en justice et obtenir réparation, ou pour se déplacer dans les centres onusiens afin de participer à cette nouvelle définition de l'humain. Dans la mesure où les peuples autochtones sont régulièrement identifiés comme « les plus pauvres des pauvres » et vulnérables en tout état de cause, on commence à percevoir le noyau des contradictions quant au contrôle de leur destin : à défaut d'être pleinement autonomes ou indépendants, soit ils disposent des moyens de l'État qui les maintient dans une dépendance et limite leur possibilité de contester ses décisions ; soit ils reçoivent des soutiens externes, au premier rang desquels figurent les ONG, les bailleurs de fonds internationaux, la coopération bilatérale, participant d'une situation qui les place dans une autre situation de dépendance vis-à-vis de jeux d'acteurs qu'ils ne sont pas en mesure de contrôler mais dont ils essayent de tirer parti.

Notre approche nous a conduits à travailler sur les échelles spatio-temporelles dans lesquelles évoluent les droits des peuples autochtones. Sur le plan spatial, elles permettent de comprendre les figures de l'internationalisation et de la transnationalisation des questions autochtones. En mettant au jour les multiples dimensions des questions autochtones, à partir du corpus des rapports qui leur sont consacrés aux Nations unies, des études que les anthropologues réalisent sur le terrain et des déclarations que prononcent les délégations autochtones sur la scène onusienne, on s'aperçoit que les sociétés locales connaissent des situations semblables non seulement en regard de la construction de l'État, depuis plusieurs siècles, mais aussi en regard de la globalisation actuelle. Au XXIe siècle, elles sont amenées à partager de nouvelles expériences communes de dépossession foncière par des entreprises minières transnationales et/ou des acteurs agro-industriels venus d'ailleurs, tout en étant soumises à des processus de requalification de la part des acteurs de la culture et du tourisme qui mettent en avant leurs différences culturelles et construisent leur mise en patrimoine.

Notre étude ne s'est pas penchée sur les différentes situations économiques (techniques de subsistance, savoirs agro-pastoraux, pratiques halieutiques et cynégétiques, économie de cueillette, régimes alimentaires, etc.), ni n'a approfondi la vitalité de ces pratiques qui sont affectées par l'arrivée de nouveaux acteurs économiques (qualifiés de « grands agents du changement », *megadrivers of change*). Nous n'avons pas discuté sur le fond des critères retenus pour identifier les économies en question bien qu'ils établissent les bases d'une évaluation de la situation des autochtones dans les indicateurs nationaux de santé, d'éducation, ou de bien-être. Plus simplement, nous avons mentionné les éléments qui expliquent la position dégradée des communautés autochtones dans la mesure du développement et nous considérons comme une avancée non dénuée de pièges la participation des organisations autochtones à la définition des objectifs de développement durable.

Nous n'avons pas placé au cœur de cette étude comparative sur les droits des peuples autochtones le phénomène plus général du changement économique et social qui affecte toutes les sociétés du monde, les sociétés autochtones comme les autres. Nous nous sommes cependant appuyés sur différents constats et analyses que portent l'anthropologie, la sociologie ou la science politique pour éclairer l'origine du problème défini par le syntagme «questions autochtones», et ainsi comprendre ce que le droit international s'efforce de résoudre à l'échelle globale. La mise en évidence des échelles de la gouvernance permet d'expliquer comment un sujet de droit international, ainsi que le sont désormais reconnus les peuples autochtones du fait de l'adoption de la DDPA, est saisi de manières distinctes selon l'échelle considérée (globale, régionale, étatique) et par qui. Cette «chaîne de traitement» que nous avons précisée tout au long de l'analyse a des effets dans les collectifs autochtones qui souhaitent voir leurs droits respectés, leurs territoires et leurs vies préservés.

Cette approche permet de mieux comprendre ce que représente la scène des Nations unies en considérant la construction et l'expression de rapports de force en son sein, l'émission de signes valant ralliement pour certains pays et opposition pour d'autres, ainsi que la projection de peurs destinées à couvrir d'autres enjeux que ceux du droit. Cette scène est principalement peuplée par les fonctionnaires nationaux et internationaux, investie par les experts et fréquentée de manière ponctuelle par les représentants autochtones. On y remarque que les acteurs les plus puissants, les mieux organisés et les plus riches que représentent les groupes économiques ou les firmes multinationales, sont absents *in persona*. Mais ils sont présents *ad referendum*. Maintenant que les voies du dialogue ont été établies entre les représentants des États, ceux des peuples autochtones et le système onusien, et que celui-ci se poursuit plus ou moins bien sur les scènes nationales, la nécessité s'impose d'y inclure les agents de la colonisation moderne, souvent présentés comme les chevaliers du développement et souvent accusés aussi de violer les droits fondamentaux des populations. Le rapporteur spécial sur les droits des peuples autochtones et celui sur les activités extractives ont commencé à faire rapport sur ces questions: leurs recommandations visent à inclure les entreprises, le secteur privé (*business*) dans le dialogue des «droits de l'homme»; un groupe de travail spécifique a été mis en place en 2011[4]; des études sont réalisées précisément sur ces questions (Doyle, 2015).

L'état des droits dans les pays de l'étude Sogip

La troisième partie de cet ouvrage présente les situations de reconnaissance des droits des peuples autochtones, dans la dizaine de pays cibles de cette étude, à travers des lectures commentées de blocs de droits. Le premier relatif aux questions de gouvernance et de citoyenneté définit l'espace du politique, le deuxième porte sur les rapports à la terre et les dimensions de la territorialité, incluant l'usage des ressources, le troisième porte sur les questions de société et plus individuelles. En résumé, le tableau 25 propose une synthèse des types et catégories de droits, une vue d'ensemble ne pouvant être présentée qu'après avoir posé clairement les éléments d'interprétation qui y sont résumés.

4. http://www.iwgia.org/human-rights/un-mechanisms-and-processes/un-working-group-on-the-issue-of-human-rights-and-transnational-corporations-and-other-business-enterprises.

Tableau 25. La DDPA en regard des cadres normatifs des pays Sogip

Domaine de droits	Art. DDPA	Droits invoqués	Arg.	Bol.	Chi.	Mex.	Fr.- Guy.	Fr.-N.-C.	Aus.	Inde	Bot.	Nam.
Gouvernance et citoyenneté	1	Droits de l'homme : collectifs et individuels	*	*	*	*						
	3	Autodétermination						A ns				ns
	4	Autonomie										ns
	5	Participation à vie nationale	ns		ns		ns	A	ns		ns	ns
	5	Maintien et renforcement des institutions	*	*	*	*		A				
	18	Participation à la prise de décisions	*	*	*	*		PP			PP ns	
	18 & 19	Reconnaissance d'institutions propres	*	*	*	*	AP	A				
	19	Consultation & consentement/mesures législatives ou administratives	*	*	*	* (1)		A				ns
	20.1	Conservation systèmes ou institutions pol., éco. & soc.	*	*	*	*		A			PP ns	
	20.2	Indemnisation/privation de moyens de subsistance	*	*	*	*					PP ns	
	33.2	Organisation propre						A				
	34	Promotion, développement, conservation des institutions & coutumes	*	*	*	*		A				
	35	Détermination des responsabilités individuelles envers la communauté	*	*	*	*		A				
	37.1	Respect des traités et accords										
	40	Procédures judiciaires justes, équitables	*	*	*	*					ns	
Terres, territoires, ressources naturelles	10	Déplacements forcés interdits	*	*	*	*						ns
	25	Conservation des liens spirituels avec TTR	*	*	*	*		A				
	26.1	Droit aux TTR d'occupation ou d'usage traditionnel	*	*	*	* ns		A				
	26.2	Possession, occupation, valorisation, contrôle des TTR	*	*	*	* ns		A				
	26.3	Reconnaissance, protection juridique TTR	*	*	*	*		A				
	27	Concertation sur droits établis sur TTR	*	*	*	*						
	28	Réparation ou restitution et indemnisation/espaces confisqués										
	29.1	Préservation, protection de l'environnement et des ressources naturelles	*	*	*	*						
	29.2	Mesures contre dépôt ou présence de produits dangereux sur territoires		ns								ns
	30	Limitation, consultation/activités militaires										
	32	Consultation et consentement sur projets	*	*	*	*				(2)		

Domaine de droits	Art. DDPA	Droits invoqués	Arg.	Bol.	Chi.	Mex.	Fr.- Guy.	Fr.-N.-C.	Aus.	Inde	Bot.	Nam.
Culture, identité, éducation, santé	2	Liberté et égalité, sans discrimination	*	*	*	*						
	7	Vie, intégrité physique et mentale sécurité physique	* ns	*	* ns	*	ns	ns			ns	ns
	8	Prévention contre assimilation forcée	*	*	*	*						
	6	Droit à une nationalité	ns		ns	ns	ns	ns	ns	ns	ns	ns
	9	Appartenir à une communauté ou nation autochtones										
	11.1	Reconnaissance patrimoine culturel propre			ns			A				
	11.2	Réparation historique/perte patrimoine propre ou restitution										ns
	12.1	Protection & accès aux sites religieux										
	12.2	Accès aux objets de culte et restes humains							PP			
	13.1	Transmission culture propre						A		ns		
	14.1	Propres systèmes et établissements scolaires	*	*	*	*						
	14.2	Accès à l'enseignement public sans discrimination	* ns	*	* ns	*	ns	ns		ns	PP	ns
	14.3/15	Éducation respectueuse	*	*	*	*		A		ns		PP
	16	Médias propres										
	17	Droits du travail international et national	*	*	*	*						
	21	Améliorer la situation éco et sociale	*	*	*	*						
	22	Attention aux plus vulnérables/handicapés										
	23	Développement propre	*	*	*	*		A				ns
	24.1	Pharmacopée traditionnelle et pratiques médicales	*	*	*	*					PP ns	
	24.1	Accès au système de santé	* ns	*	* ns	*	ns	ns		ns		ns
	24.2	Santé physique et mentale	*	*	*	*						
	31	Préservation du patrimoine culturel et du savoir traditionnel										
	33.1	Auto-identification ; appartenance	*	*	*	*		A				
	36.1	Entretien de relations transfrontalières	*	*	*	*						
	36.2	Mesures spécifiques pour transfrontaliers	*	*	*	*						

Constitution · Loi(s) code(s) · Constitution et loi(s) · * : Convention 169 de l'OIT · A : Accord
AP : Arrêté préfectoral · PP : Programme ou politique publique · ns : Norme non spécifique aux PA

Pour des raisons de lisibilité, les conventions internationales non spécifiques aux peuples autochtones mais considérant certains droits stipulés dans la DDPA ne sont pas incluses dans ce tableau. Nous renvoyons le lecteur aux tableaux 8 et 9.

(1) Concerne l'État de San Luis Potosí. (2) *Pesa Act* pour les tribus répertoriées dans la 5e annexe.

Ce tableau fait ressortir l'existence d'un cadre spécifique à l'Amérique du Sud, posé par le fait que les États de ce sous-continent sont les principaux signataires de la Convention 169 de l'OIT, avec dix-sept pays sur les vingt-deux l'ayant ratifiée. Dans le cas de la France, une demande de ratification de cet instrument international est portée par les organisations de soutien aux droits des peuples autochtones à propos notamment des Amérindiens de Guyane française. Comme elle s'appliquerait sur l'ensemble du territoire de ce pays, et donc sur les autres possessions ultramarines régies par des régimes propres aux collectivités d'outremer, elle est soigneusement évitée par tous les gouvernements, quelle que soit leur orientation politique, en raison du débat qui ne manquerait pas de s'engager sur la reconnaissance des « peuples indigènes et tribaux » concernés, et sur leur différenciation du peuple français, impossible sans modifier la Constitution. La ratification de la C. 169 a aussi été mise à l'agenda de la Namibie qui a bénéficié du programme Pro-169, financé par la Coopération espagnole (l'un des trois pays européens signataires de cette convention, avec les Pays-Bas et la Norvège). Mais, faute de financement après trois ans d'activité, le programme n'a pas terminé le travail d'explication et de réflexion sur les modalités de l'adoption.

En Amérique centrale et du Sud, on observe aussi l'existence d'un cadre constitutionnel : général pour la Bolivie où il s'accompagne de lois pour tous les droits évoqués, il n'est que partiel pour le Mexique et plus limité encore pour l'Argentine. Ces deux pays se distinguent par le faible nombre de lois adoptées en la matière : elles concernent surtout certains aspects du rapport aux terres, territoires et ressources et, dans une moindre mesure, quelques aspects culturels et sociaux. Le Chili, qui ne dispose à ce jour que d'une « loi indigène » mais qui prévoit de se lancer dans un processus de constitutionnalisation à moyen terme, dispose de l'outil législatif dans les trois blocs de droits mais pas pour tous les domaines couverts par la DDPA. Parmi les quatre pays hispanophones étudiés, la Bolivie est le seul à considérer le droit d'appartenir à une nation autochtone.

Le territoire de la Guyane française se distingue des pays voisins (sur le plan régional) par l'absence de constitutionnalisation des droits relatifs aux peuples autochtones et de législation spécifique. Les Amérindiens et les Bushinenge qui ne sont pas l'objet d'une reconnaissance formelle bénéficient d'aménagements dans les marges du droit, à travers le régime des zones de droit d'usage reconnues aux « habitants tirant traditionnellement leur subsistance de la forêt », un régime garanti par l'inscription dans le Code de l'environnement. Pour le reste, l'ensemble des lois de la République leur est applicable, ce qui prévient, sur le plan général, certaines discriminations à leur égard mais réussit plus sûrement encore à ce que les administrations éducatives ou sanitaires n'aient pas les moyens de réaliser les efforts nécessaires pour une intégration respectueuse de la diversité de ces populations. Cela a pour effet désastreux, par exemple, que les autorités préfectorales en charge de l'administration de ce territoire ne sachent pas comment enrayer les épidémies de suicides qui secouent la jeunesse wayana ou wayampi, mais aussi kali'na[5].

Il est intéressant de remarquer ici que la République unitaire et centralisée qu'est la France dispose de régimes d'administration des territoires ultra-marins très différents les uns des autres. En Nouvelle-Calédonie, sur les 52 droits que nous avons évoqués en troisième colonne du tableau, près de la moitié d'entre eux sont pris en considération par un cadre juridique qui va de la politique publique non spécifique en matière d'accès au système de santé (comme pour la Guyane) à la reconnaissance du droit à l'autodétermination par intégration de l'Accord de Nouméa dans la Constitution (droit qui concerne l'ensemble du territoire néo-calédonien), en passant par des dispositions concernant spécifiquement les clans et chefferies kanak dans ce même accord.

Le pays voisin qu'est l'Australie, infiniment plus grand que la Nouvelle-Calédonie et d'une autre tradition juridique que celle de la France, présente la particularité de ne pas inscrire dans sa Constitution les peuples autochtones que sont les Aborigènes et les Insulaires du détroit de Torres, qui le demandent depuis de nombreuses années. Elle régule les rapports avec ces collectivités, qu'il lui est impossible de ne pas reconnaître comme autochtones, par la double voie de l'acte législatif, avec notamment une loi antidiscrimination et une loi sur les propriétés foncières, et par des politiques publiques, ponctuelles et capables de suspendre l'application de la loi comme en témoigne l'Intervention d'urgence dans le Territoire du Nord, qui dure depuis plusieurs années. De manière intéressante, la loi sur l'environnement et la biodiversité, qui prévoit de nombreuses dispositions concernant les populations autochtones, intéresse plus précisément le bloc des droits relatifs à la culture, à l'éducation, aux savoirs et au patrimoine que celui concernant les droits à la terre, aux territoires et aux ressources.

L'Inde, qui présente la propriété d'abriter plus de peuples autochtones que l'ensemble des autres pays de notre étude, dispose à la fois d'un cadre constitutionnel concernant les « tribus répertoriées » des Territoires du Nord-Est (6e annexe) et celles du reste de l'Inde (5e annexe), et de lois pour 21 des droits concernés par la DDPA. Signataire de cet instrument, tout en freinant la reconnaissance comme « peuples autochtones » des centaines de peuples et tribus qu'elle administre, elle dispose de lois pour les trois blocs concernés et de récentes évolutions législatives concernent le rôle des conseils locaux et l'environnement. Selon les spécialistes de la région, l'Inde, championne de la légalité sur un ensemble de droits concernant les peuples autochtones, est aussi championne en matière d'irrespect de ceux-ci, les sociétés visées ne disposant guère des moyens de les faire respecter face aux invasions de terres, aux projets d'aménagement routiers et industriels, et surtout face aux activités des sociétés minières.

---

5. À l'issue d'une mission qu'elles ont conduite sur la question du suicide des jeunes Amérindiens en octobre 2016, à la demande du Premier ministre, le rapport des deux parlementaires écologistes, respectivement députée et sénatrice, pointe les faiblesses de la République dans ce territoire à 7800 km de Paris (Archimbaud et Chapdelaine, 2015).

Deux autres pays de notre étude, situés en Afrique, voisins géographiquement et englobant des peuples relevant de la catégorie san (et d'autres groupes pouvant se qualifier comme peuples autochtones, au sens international de la catégorie), présentent de grandes différences au plan de la prise en considération des droits. Le Botswana et la Namibie, qui n'ont guère participé à la négociation de la DDPA et qui se sont opposés à son adoption en 2006, avant de se rallier en 2007, sont dorénavant plus présents dans la salle de l'Instance permanente et connaissent des évolutions significatives mais assez opposées. Par exemple, lors de la quinzième session, en 2016, un San représentait l'État de la Namibie, ce qui témoigne d'un sérieux changement dans la considération dont ce groupe jouit dans ce pays qui n'a pas fini de gérer les héritages de l'apartheid. Mais du côté du Botswana, pays de la ligne de front anti-apartheid, les délégués san n'avaient que la salle pour manifester leurs critiques des politiques gouvernementales. La Namibie présente un cadre constitutionnel et législatif dense, notamment pour ce qui concerne les droits politiques, la citoyenneté, la gouvernance ou le rapport aux TTR, et de manière moindre les questions de culture, d'éducation ou de santé. Le Botswana agit principalement par la voie de politiques publiques, et applique des normes non spécifiques pour huit des droits concernés.

Ces deux exemples sont révélateurs de l'importance de l'approche comparative que nous avons engagée à partir de deux entrées : d'une part l'État, d'autre part, le peuple. La situation transfrontalière permet de comprendre bien des aspects des questions autochtones. Si l'on se déplace vers l'Argentine et le Chili, deux pays sur le territoire desquels vivent des communautés mapuche, on observe que celles-ci, qui ont la conscience et la mémoire des liens transfrontaliers, ne disposent ni des mêmes cadres de reconnaissance formelle, ni des mêmes raisons de se mobiliser, ni des mêmes moyens d'affirmer les institutions et identités qui leur sont propres.

Au début de cet ouvrage, nous avons indiqué qu'une plus grande offre juridique en matière de droits de l'homme et un plus grand nombre de recours en justice constituent des outils qui permettent de revendiquer le respect de certains droits autochtones, notamment si le catalogue disponible des droits de l'homme comprend les droits de solidarité. L'ouverture étatique aux droits de l'homme génère une dynamique interprétative du droit et a un effet sur l'évolution de la culture juridique à mobiliser en faveur des droits des peuples autochtones. Il nous semble assez clair que le passage par les droits de l'homme prépare la culture juridique nationale à la réception de ceux-ci. À cet égard, il convient de remarquer les différences entre les pays de notre étude, de pointer quelques faits saillants et de s'alarmer des retours en arrière que portent certains partis politiques.

En Amérique du Centre et du Sud, le rôle de la Commission et celui de la Cour interaméricaine des droits de l'homme est moteur pour ce qui concerne la reconnaissance des droits autochtones, mais l'application des décisions reste soumise à la bonne volonté des États et peut être limitée par des arguments financiers susceptibles de s'avérer dissuasifs dans certains cas : il arrive qu'un pays choisisse de suspendre sa contribution financière parce qu'une décision ne lui convient pas. En France, les problématiques autochtones ne sont pas traitées par la Commission des droits de l'homme mais, à côté des ONG spécialisées sur les questions autochtones – comme le Groupe international de travail pour les peuples autochtones (Gitpa) –, des ONG généralistes de défense des droits de l'homme (comme Amnesty International ou la Fondation France-Libertés) commencent à se saisir des questions autochtones qu'elles portent devant le public et devant les instances internationales compétentes de l'ONU, notamment à Genève où se réunissent les organes de traités chargés de suivre l'application des conventions relevant des droits de l'homme. En Australie, la Commission des droits de l'homme accompagne les processus d'aménagement et d'adéquation du droit, abrite un Commissariat aborigène à la justice sociale et soutient le Congrès des Premières Nations d'Australie. Sans son action, les peuples autochtones d'Australie seraient encore plus marginalisés et invisibles qu'ils ne le sont. En Inde, comme pour le reste de l'Asie où le système régional des droits de l'homme n'est pas construit, les situations litigieuses sont tranchées par la Cour suprême. En Afrique, la Commission africaine des droits de l'homme et des peuples joue le rôle de la médiation conceptuelle pour éclairer les gouvernements sur le cadre international, sur les populations concernées, sur les obligations légales existantes et sur les efforts à fournir pour aider à la résolution de questions qui restent fort sensibles politiquement.

Quels que soient les cadres normatifs, les dispositifs adoptés et le rôle assumé par les organes des droits de l'homme dans chacun des pays de notre étude, la mise en pratique des droits des peuples autochtones constitue un véritable défi, tant pour les peuples concernés que pour les États dont ils dépendent. La gageure est d'autant plus grande qu'elle ne se limite pas à la seule reconnaissance de ces droits ni même à leur respect éventuel. Ici et là, la DDPA incite nombre d'États et de sociétés nationales à s'examiner dans leur ensemble pour se repenser en profondeur, et commencer à mettre en place une relation de partenariat avec les peuples autochtones qui émergent, en leur sein, comme sujets juridiques et politiques à part entière. Cette perspective de redéfinitions croisées pourrait bien s'étendre pour devenir un phénomène global qu'il convient, dès à présent, d'appréhender pour contribuer à une lecture plus intelligible du monde contemporain.

Bibliographie

Ouvrages et articles scientifiques

Abélès, Marc, 1995, « Pour une anthropologie des institutions », *L'Homme*, vol. 35, n° 135, pp. 65-85.

Acevedo, Paulina, y Observatorio Ciudadano, 7 juin 2016, « Crisis de financiamiento de la CIDH impactará en la protección de derechos humanos en la región ».

Agniel, Guy, 1995, « L'adaptation juridique des réalités sociologiques », *in* De Decker, Paul, *Coutume autochtone et évolution du droit dans le Pacifique du Sud*, Paris, L'Harmattan, pp. 52-79.

Åhrén, Mattias, [2009] 2013, « Une introduction aux dispositions sur les terres, territoires et ressources naturelles de la Déclaration des droits des peuples autochtones », *in* Charters, Claire et Stavenhagen, Rodolfo (eds), *La Déclaration des peuples autochtones. Genèse, enjeux et perspectives de mise en œuvre*, Paris, L'Harmattan, pp. 201-216.

Aikman, Sheila, 2016, « L'éducation interculturelle bilingue en Amérique latine dans "l'après 2015" », *in* Bellier, Irène et Hays, Jennifer (dir.), *Quelle éducation pour les peuples autochtones ?* Paris, L'Harmattan, pp. 59-73.

Alba, Luis Alfonso de, [2009] 2013, « L'adoption de la Déclaration des Nations unies sur les droits des peuples autochtones au Conseil des droits de l'homme », *in* Charters, Claire et Stavenhagen, Rodolfo (eds), *La Déclaration des peuples autochtones. Genèse, enjeux et perspectives de mise en œuvre*, Paris, L'Harmattan, pp. 109-138.

Alexandrowicz, Charles Henry, 1967, *An Introduction to the History of the Law of Nations in the East Indies*, Oxford, Clarendon Press.

Allen, Stephen et Xanthaki, Alexandra (eds)**,** 2011, *Reflections on the UN Declaration on the Rights of Indigenous Peoples*, Oxford, Hart Publishing.

Altman, Jon C., 2001, « Sustainable development options on aboriginal land : The hybrid economy in the twenty-first century », *CAEPR Discussion Paper* n° 226, Canberra, Australia National university, http://caepr.anu.edu.au/Publications/DP/2001DP226.php [consulté le 17 février 2015].

Altman, Jon C., 2014, « Économie et écologie politiques des droits sur la terre des autochtones en Australie », *in* Bellier, Irène (dir.), *Terres, territoires, ressources. Politiques, pratiques et droits des peuples autochtones*, Paris, L'Harmattan, pp. 47-68.

Anaya, James, 2000, *Indigenous Peoples in International Law*, New York, Oxford University Press.

Anaya, James et Grossman, Claudio, 2002, « The case of Awas Tingni v. Nicaragua : A new step in the international law of indigenous peoples », *Arizona Journal of International and Comparative Law*, n° 1, 2002, http://www.ajicl.org/AJICL2002/vol191/introduction-final.pdf [consulté le 15 septembre 2014].

Anaya, James, [2009], 2013, « Le droit des peuples autochtones à l'autodétermination après l'adoption de la Déclaration », *in* Charters, Claire et Stavenhagen, Rodolfo (eds), *La Déclaration des droits des peuples autochtones. Genèse, enjeux et perspectives de mise en œuvre*, Paris, L'Harmattan, pp. 186-200.

Austin-Broos, Diane J., 2003, « Places, practices and things : The articulation of Arrernte kinship with welfare and work », *American Ethnologist*, vol. 30 (1), pp. 118-135.

Aylwin, José et Cuadra, Ximena, 2011, *Los desafíos de la conservación en los territorios indígenas en Chile*, Temuco, Observatorio de los Derechos de los Pueblos Indígenas.

Aylwin, José ; Meza-Lopehandía G., Matías ; Yañez, Nancy, 2013, *Los pueblos indígenas y el derecho*, Santiago de Chile, LOM.

Badie, Bertrand, 1995, *La Fin des territoires. Essai sur le désordre international et l'utilité sociale du respect*, Paris, CNRS Éditions, collection « Biblis ».

Badie, Bertrand, 2002, *La Diplomatie des droits de l'homme*, Paris, Fayard.

Baldwyn, Clive et Morel, Cynthia, 2013, « Recourir à la Déclaration des Nations unies sur les droits des peuples autochtones dans des actions en justice », *in* Bellier, Irène (dir.), *Peuples autochtones dans le monde. Les enjeux de la reconnaissance*, Paris, L'Harmattan, pp. 265-290.

Baronnet, Bruno et Mazars, Nadège, 2010, « Los pueblos indígenas de Colombia frente a los servicos públicos de salud y educación : las experiencias de gestión propia de la política social », *in* Gros, Christian et Foyer, Jean (eds), *Desarrollo con identidad ? Gobernanza económica indígena. Siete estudios de caso*, Lima/Quito/Mexico, Ifea-Flacso-Cemca, pp. 121-183.

Barsh, Russel Lawrence, 1995, « Indigenous peoples at Vienna : What's next after the battle of the "S" », *in* Patel J. (ed.), *Addressing Discrimination in the Vienna Declaration : A Guide for NGO's and Interested Individuals*, Tokyo Metropolis : international movement against all forms or discrimination and racism.

Barth, Fredrik, 1969, *Ethnic Groups and Boundaries : The Social Organization of Culture Difference*, Bergen/Oslo, Universitetsforlaget, Londres, George Allen & Unwin.

Bartkowiak-Théron, Isabelle, 2012, « Regard critique sur le multiculturalisme australien », *Informations sociales*, 2012/3, n° 171, pp. 53-62.

Barume, Albert KwoKwo, 2010, *Land Rights of Indigenous Peoples in Africa*, Copenhagen, Iwgia.

Barume, Albert Kwokwo, [2009] 2013, « Répondre aux inquiétudes des États africains », *in* Charters, Claire et Stavenhagen, Rodolfo (eds), *La Déclaration des droits des peuples autochtones. Genèse, enjeux et perspectives de mise en œuvre*, Paris, L'Harmattan, pp. 171-183.

Bazurco Osorio, Martín et Exeni Rodríguez, José Luis, 2012, « Bolivia : justicia indígena en tiempos de plurinacionalidad », *in* Sousa Santos, Boaventura de, et Exeni Rodriguez, José Luis (eds), *Justicia indígena, plurinacionalidad e interculturalidad en Bolivia*, La Paz, Abya-Yala, Fundación Rosa Luxemburg, pp. 49-146.

Belkacemi, Nadia, 1999, « Les autochtones français : populations ou peuples ? », *Droit et cultures*, 37 (1), pp. 37-52.

Bellier, Irène, 2002, « Du lointain au proche : réflexions sur le passage d'un terrain exotique au terrain des institutions politiques », *in* Ghasarian Christian (dir.), *De l'ethnographie à l'anthropologie réflexive. Nouveaux terrains, nouvelles pratiques, nouveaux enjeux*, Paris, Armand Colin, pp. 45-62.

Bellier, Irène, 2005, « The declaration of the rights of indigenous peoples and the world : indigenous movement », *Griffith Law Review*, vol. 14, n° 2, pp. 227-246.

Bellier, Irène, 2006a, « Le projet de déclaration des droits des peuples autochtones et les États américains : avancées et clivages », *in* Gros, Christian et Strigler, Marie-Claude (dir.), *Être indien dans les Amériques*, Paris, Institut des Amériques, pp. 27-41.

Bellier, Irène, 2006b, « Identité globalisée et droits collectifs : les enjeux des peuples autochtones dans la constellation onusienne », *Autrepart*, n° 38, pp. 99-118.

Bellier, Irène, 2007, « Partenariat et participation des peuples autochtones aux Nations unies : intérêt et limites d'une présence institutionnelle », *in* Neveu, Catherine, *Démocratie participative, cultures et pratiques*, Paris, L'Harmattan, pp. 175-192.

Bellier, Irène, 2008, « Le développement et les peuples autochtones ; conflits de savoirs et enjeux de nouvelles pratiques politiques », *in* Geronimi, Vincent ; Bellier, Irène ; Gabas, Jean-Jacques ; Vernières, Michel ; Viltard, Yves, *Savoirs et politiques de développement. Questions en débat à l'aube du xxi*ᵉ *siècle*, Paris, Karthala, pp. 119-139.

Bellier, Irène, 2009a, « Autochtones », *Espaces Temps.net*, revue en ligne, www.espacestemps.net/document7583.html.

Bellier, Irène, 2009b, « Usages et déclinaisons internationales de l'autochtonie dans le contexte des Nations unies », *in* Gagné, Natacha ; Thibault, Martin ; Salaün, Marie (dir.), *Autochtones : vues de France et de Québec*, Québec, PUL, pp. 75-92.

Bellier, Irène, 2011, « Misunderstanding of autochthony *vis-à-vis* the question of indigenous peoples », dialogue avec Peter Geshiere, *Social Anthropology*, vol. 19, 2, pp. 204-212.

Bellier, Irène et Préaud, Martin, 2011, « Emerging issues in indigenous rights : transformative effects of the recognition of indigenous peoples », *The International Journal of Human Rights*, http://dx.doi.org/10.1080/13642987.2011.574616.

Bellier, Irène, 2012, « Les peuples autochtones aux Nations unies : un nouvel acteur dans la fabrique de normes internationales », *Critique internationale*, n° 54, pp. 61-80.

Bellier, Irène, 2013a, « "We indigenous peoples…" Global activism and the emergence of a new collective subject at the United Nations », *in* Müller, Birgit (ed.), *The Gloss of Harmony. The Politics of Policy Making in Multilateral Organizations*, Londres, Pluto Press, pp. 177-201.

Bellier, Irène (dir.), 2013b, *Peuples autochtones dans le monde. Les enjeux de la reconnaissance*, Paris, L'Harmattan.

Bellier, Irène, 2013c, « La reconnaissance internationale des peuples autochtones », *in* Bellier, Irène (dir.), *Peuples autochtones dans le monde. Les enjeux de la reconnaissance*, Paris, L'Harmattan, pp. 13-37.

Bellier, Irène (dir.), 2014, « Terres, territoires, ressources : les relations entre politique, économie, culture et droits des peuples autochtones », *in* Bellier, Irène (dir.), *Terres, territoires, ressources. Politiques, pratiques et droits des peuples autochtones*, Paris, L'Harmattan, pp. 9-27.

Bellier, Irène et González González, Verónica, 2015, « Peuples autochtones : la fabrique onusienne d'une identité symbolique », *Revue Mots. Les langages du politique*, n° 108, juillet 2015, pp. 131-150.

Bellier, Irène et Hays, Jennifer (dir.), 2016, *Quelle éducation pour les peuples autochtones ?* Paris, L'Harmattan.

Bellier, Irène, à paraître, « "The participation of indigenous peoples in matters that affect them" : a challenge for international negotiations », *in* Hays, Jennifer and Bellier, Irène (dir.), *Scales of Governance and Indigenous Peoples : New Rights or Same Old Wrongs?* Oxford, Routledge.

Benabou Sarah, 2014, « Parcs et populations locales en Inde : les dessous d'une coexistence explosive », *in* Bellier, Irène (dir.), *Terres, territoires, ressources. Politiques, pratiques et droits des peuples autochtones*, Paris, L'Harmattan, pp. 257-270.

Bengoa, José, 2000, *La emergencia indígena en América latina*. México/Santiago, Fondo de Cultura Económica.

Bird Rose, Deborah, 1996, *Nourishing Terrains : Australian Aboriginal Views of Landscape and Wilderness*, Canberra, Australian Heritage Commission.

Bonneau, Karine, 2006, « Le droit à réparation des victimes de violations des droits de l'homme : le rôle pionnier de la Cour interaméricaine des droits de l'homme », *Droits fondamentaux*, n° 6, http://droits-fondamentaux.u-paris2.fr/sites/default/files/publication/le_droit_a_reparation_des_victimes_de_violations_des_droits_de_lhomme.pdf [consulté le 20 mars 2015].

Briones, Claudia et Carrasco, Morita, 2000, *Pacta sunt servanda. Capitulaciones, convenio y tratados con indigenas en Pampa y Patagonia (Argentina, 1742-1878)*, Copenhagen, Iwgia.

Burelli, Thomas, 2012, « Savoirs traditionnels en Nouvelle-Calédonie », *in* Faberon, J.-Y. et Mennesson T. (dir.), *Peuple premier et cohésion sociale en Nouvelle-Calédonie - Identités et rééquilibrages*, Aix-Marseille, Puam, pp. 115-129.

Burelli, Thomas, 2015, « De la conservation de la biodiversité à l'émergence des droits de propriété intellectuelle autochtones : la reconnaissance progressive de l'apport des savoirs autochtones et leur protection en droit international », *in* Krolik, Christophe et Nadaud, Séverine (eds), *L'Environnement au secours du développement économique et social*, Les Chroniques de l'Omij, pp. 181-199.

Carbonnier, Jean, 1978, *Sociologie juridique*, Paris, PUF.

Carrasco, Morita, 2009, *Tierras duras*, Copenhague, Iwgia.

Carrasco, Morita, 2014, « Sens du combat autochtone pour la propriété du territoire. Argentine : région semi-aride du Chaco », *in* Bellier, Irène (dir.), *Terres, territoires, ressources. Politiques, pratiques et droits des peuples autochtones*, Paris, L'Harmattan, pp. 107-124.

Carvajal Aceituno, Rodrigo et Dresdner Vicencio, Daniela, 2012, « Cultura Mapuche en el Curriculum nacional : el pulso de la interculturalidad en Chile », Conferencia internacional sobre investigación en políticas culturales, http://docslide.us/documents/ponencia-final-cultura-mapuche-en-el-curriculum-nacional-el-pulso-de-la-interculturalidad-en-chile-iccprjulio2012.html.

Charters, Claire, [2009] 2013, « La légitimité de la Déclaration sur les droits des peuples autochtones », *in* Charters, Claire et Stavenhagen, Rodolfo (eds), *La Déclaration des droits des peuples autochtones. Genèse, enjeux et perspectives de mise en œuvre*, Paris, L'Harmattan, pp. 283-306.

Charters, Claire et Stavenhagen, Rodolfo (eds), [2009] 2013, *La Déclaration des droits des peuples autochtones. Genèse, enjeux et perspectives de mise en œuvre*, Paris, L'Harmattan. Traduction de *Making the Declaration Work : The United Nations Declaration on the Rights of Indigenous Peoples*, Copenhague, Iwgia.

Chase Smith, Richard, 2014, « Les communautés autochtones du Pérou : pourquoi ne veut-on pas les voir ? », *in* Bellier, Irène (dir.), 2014, *Terres, territoires, ressources. Politiques, pratiques et droits des peuples autochtones*, Paris, L'Harmattan, pp. 69-88.

Chávez, Luis Enrique, [2009] 2013, « La Déclaration sur les droits des peuples autochtones rompt l'impasse : le point du milieu », *in* Charters, Claire et Stavenhagen, Rodolfo (eds), *La Déclaration des droits des peuples autochtones. Genèse, enjeux et perspectives de mise en œuvre*, Paris, L'Harmattan, pp. 98-107.

Christakis, Théodore, 1999, *Le Droit à l'autodétermination en dehors des situations de décolonisation*, Paris, La Documentation française.

Clavero, Bartolomé, 2003, « Multiculturalismo, derechos humanos y constitución », *Boletín Nº 5: Emergencia de los Movimientos Sociales en la Región Andina* del Programa Andino de Derechos Humanos - Universidad Andina Simón Bolívar, http://www.uasb.edu.ec/padh, http://repositorio.uasb.edu.ec/bitstream/10644/589/1/RAA-05-Clavero-Multiculturalismo,%20derechos%20humanos.pdf [consulté le 26 février 2017].

Clavero, Bartolomé, 2006, « Libre determinación y pie de igualdad de los pueblos indígenas », *in* Programa de Cooperación sobre Derechos Humanos México - Comisión Europea, *Derechos humanos de los pueblos indígenas*, México DF, Secretaría de Relaciones Exteriores, pp. 189-194.

Clavero, Bartolomé, 2012, « Tribunal constitucional en Estado plurinacional : el reto constituyente de Bolivia », *Revista Española de Derecho Constitucional*, n° 94, pp. 29-60.

Clavero, Bartolomé, 2016, « El difícil reto de la Declaración Americana sobre Derechos de los Pueblos Indígenas », contribution à l'enseignement de Raquel Yrigoyen, *Diplomatura de Estudio Internacional en Litigio Estratégico en Derechos Indígenas*, PUCP-IIDS http://www.bartolomeclavero.net/wp-content/uploads/2016/07/DADPI-PUCP-IIDS.pdf [consulté le 26 février 2017].

Cloud, Leslie et Le Bonniec, Fabien, 2012, « Entre logiques d'État et autochtonie : dynamiques de la territorialité mapuche à l'heure du droit à l'autodétermination des peuples autochtones », *Quaderns-e*, vol. 17, n° 2, pp. 25-43.

Cloud, Leslie, 2013, *Bilan de la judiciarisation des droits des peuples autochtones au Chili depuis la ratification de la Convention 169 de l'Organisation internationale du travail (OIT) sur les droits des peuples autochtones et tribaux*, communication présentée lors du séminaire Sogip « Perspectives comparatives sur les droits des peuples autochtones 2012-2013 », le 14 mars 2013, http://www.sogip.ehess.fr/spip.php?article521.

Cloud, Leslie; González González, Verónica; Lacroix, Laurent, 2013, « Catégories, nominations et droits liés à l'autochtonie en Amérique latine. Variations historiques et enjeux actuels », *in* Bellier, Irène (dir.), *Peuples autochtones dans le monde. Les enjeux de la reconnaissance*, Paris, L'Harmattan, pp. 41-74.

Cloud, Leslie, 2015, « Le droit à l'autodétermination du peuple Mapuche au XIXe siècle : du droit des gens au droit interne », *in* Le Bonniec, Fabien et Salas Astrain, Ricardo (dir.), *Les Mapuche à la mode*, Paris, L'Harmattan, pp. 29-48.

Colchester, Marcus, 2014, « Indigenous peoples and protected areas: Towards reconciliation? », *in* Disko, Stefan et Tugendhat, Helen (eds), *World Heritage Sites and Indigenous Peoples' Rights*, Copenhagen, Iwgia, Forest Peoples Programme and Gundjeihmi Aboriginal Corporation, pp. 39-53.

Collomb, Gérard, 1999, « Du "capitaine" au "chef coutumier" chez les Kali'na », *Ethnologie française*, 1999/4, pp. 549-557.

Colque, Gonzalo (dir.)**,** 2010, *Territorios indigena originario campesinos en Bolivia. Entre la Loma Santa y la Pachamama*, La Paz, Fundación Tierra.

Contreras, Manuel et Talavera Simoni, María Luisa, 2004, *Examen parcial. La reforma educativa boliviana. 1992-2002*, La Paz, PIEB/Asdi.

Contreras Painemal, Carlos, 2011, *Los tratados celebrados por los Mapuche con la Corona Española, la República de Chile y la República de Argentina*, thèse de doctorat en anthropologie, Freie Universität Berlin, ZI Lateinamerika-Institut.

Cottereau-Reiss, Pascale, 2010, *Être jeune en Province Nord, enquête psycho-sociale réalisée auprès des 18-30 ans*, Osas/PN, Nouvelle-Calédonie.

Crawhall, Nigel, 2011, « L'organisation des peuples autochtones en Afrique ». Entretien avec Nigel Crawhall, propos recueillis par Estienne Rodary, *Écologie & Politique*, 2011/2, n° 42, pp. 171-186.

Crawhall, Nigel, 2013, « L'Afrique et les droits des peuples autochtones : un bilan des réactions à la Déclaration des Nations unies », *in* Bellier, Irène (dir.), *Peuples autochtones dans le monde. Les enjeux de la reconnaissance*, Paris, L'Harmattan, pp. 183-208.

Cristino, Claudio et Fuentes, Miguel (eds)**,** 2010, *La Compañía Explotadora de Isla de Pascua : patrimonio, memoria e identidad en Rapa Nui*, Santiago de Chile, Escaparate.

Crouzier, Marie-Françoise, 2007, « Programme "Intervenants en langue et culture maternelles" en Guyane : une efficacité à confirmer. Première évaluation d'un dispositif novateur sur le territoire français », communication présentée au Congrès international de la recherche en éducation et en formation, Strasbourg, 28-31 août 2007, http://www.congresintaref.org/actes_pdf/AREF2007_Marie-Francoise_CROUZIER_206.pdf.

Daes, Erica-Irene, 2008, *Indigenous Peoples : Keepers of our Past – Custodians of our Future*, Copenhagen, Iwgia.

Daes, Erica-Irene, 2013, « La contribution du groupe de travail sur les populations autochtones (GTPA) à la genèse et à l'évolution de la Déclaration des Nations unies sur les droits des peuples autochtones », *in* Charters, Claire et Stavenhagen, Rodolfo (eds), *La Déclaration des droits des peuples autochtones. Genèse, enjeux et perspectives de mise en œuvre*, Paris, L'Harmattan, pp. 19-78.

Dahl, Jens, 2009, *Iwgia : a History*, Iwgia, Copenhagen, document n° 125.

Daillier, Patrick et Pellet, Alain, 1999, *Droit international public*, Paris, LGDJ.

Davenel, Yves-Marie, 2013, « Des *inorodcy* aux *korennye narody* : modalités de la reconnaissance des peuples "autochtones" en fédération de Russie », *in* Bellier, Irène (dir.), *Peuples autochtones dans le monde. Les enjeux de la reconnaissance*, Paris, L'Harmattan, pp. 165-180.

Davids, Laurentius, 2011, « San language development for education in Namibia : Progress and challenges », *Diaspora, Indigenous, and Minority Education*, vol. 5, Issue 2, pp. 126-134.

Davy, Damien et Filoche, Geoffroy (coord.)**,** 2014, *Atlas cartographique des zones de droits d'usage collectifs, Concession et cessions en Guyane française. Bilan et perspectives 25 ans après*, Paris, CNRS-IRD. http://www.guyane.cnrs.fr/IMG/pdf/2014_rapport_ZDUC_final.pdf [consulté en ligne le 15 juin 2016].

Decombels, Alain et Lagadec, Gaël, 2009, *L'Ombre de la crise*, université de Munich, http://mpra.ub.uni-muenchen.de/17871 [consulté le 17 février 2015].

Dehouve, Danièle, 2003, *La Géopolitique des Indiens du Mexique. Du local au global*, Paris, CNRS Éditions.

Delage, Rémy, 2006, « L'Inde à l'épreuve du multiculturalisme. Contexte et perspectives géographiques », *Géographie et cultures*, n° 58, pp. 19-32.

Delmas-Marty, Mireille, 2004, *Le Relatif et l'Universel. Les forces imaginantes du droit*, Paris, Éditions du Seuil.

Dieckmann, Ute ; Thiem, Maarit ; Dirkx, Erik ; Hays, Jennifer, 2014, *"Scraping the pot". San in Namibia two Decades after Independence*, Windhoek, Legal Assistance Center and Desert Research Foundation of Namibia, John Meinert Publishing.

Disko, Stefan ; Tugendhat, Helen ; García-Alix, Lola, 2014, « World heritage sites and Indigenous peoples' rights : An introduction », *in* Disko, Stefan et Tugendhat, Helen (eds), *World Heritage Sites and Indigenous Peoples' Rights*, Copenhague, Iwgia, pp. 3-37.

Dodson, Mick et Smith, Diane, 2003, « Governance for sustainable development : Strategic issues and principles for Indigenous Australian communities », Centre for Aboriginal Economic Policy Research, ANU College of Arts & Social Sciences, *Discussion Paper* 250/2003, http://caepr.anu.edu.au/Publications/DP/2003DP250.php [consulté le 17 février 2015].

Doyle, Cathal et Cariño, Jill (eds)**,** 2014, *Les Peuples autochtones et les industries extractives. Mettre en œuvre le consentement, libre, préalable et informé*, Paris, L'Harmattan.

Doyle, Cathal (ed.)**,** 2015, *Business and Human Rights. Indigenous Peoples' Experiences with Access to Remedy. Cases Studies from Africa, Asia and Latin America*, Chiang Mai/Madrid/Copenhague, AIPP/Almaciga/Iwgia.

Duro, Elena (dir.)**,** 2011, *Los pueblos indígenas en Argentina y el derecho a la educación. Situación socioeducativa de niñas, niños y adolescentes de comunidades mapuche y kolla*, Buenos Aires, Unicef.

Eberhard, Christoph et Geneviève, Vernicos (eds)**,** 2006, *La Quête anthropologique du droit : autour de la démarche d'Étienne Le Roy*, Paris, Karthala.

Eberhard, Christoph, 2010, *Le Droit au miroir des cultures. Pour une autre mondialisation*, Paris, LGDJ.

Eberhard, Christoph, 2011, *Droits de l'homme et dialogue interculturel*, Paris, Connaissances et Savoirs.

Eberhard, Christoph, 2014, *Oser le plurivers. Pour une globalisation interculturelle et responsable*, Paris, Connaissances et Savoirs.

Endere, María Luz, 2011, « Cacique Inakayal. La primera restitución de restos humanos ordenada por ley », vol. 1, 1, *Revista Corpus*, https://corpusarchivos.revues.org/937.

Erueti, Andrew, 2014, « Réparations pour les peuples autochtones : Canada, Nouvelle-Zélande et Australie », *in* Bellier, Irène (dir.), *Terres, territoires, ressources. Politiques, pratiques et droits des peuples autochtones*, Paris, L'Harmattan, pp. 157-172.

Escobar, Arturo, 2014, « Territoires de la différence : l'ontologie politique des "droits au territoire" », *in* Bellier, Irène (dir.), *Terres, territoires, ressources. Politiques, pratiques et droits des peuples autochtones*, Paris, L'Harmattan, pp. 31-46.

Féral, François, sd, « L'adoption de la Charte du peuple kanak de Nouvelle-Calédonie. Les prémices d'un pluralisme juridique : origines, fondements et perspectives des droits autochtones du peuple kanak », https://www.academia.edu/6921583/Ladoption_de_la_Charte_du_peuple_Kanak_de_Nouvelle-Cal%C3%A9donie [consulté le 10 juin 2016].

Fernández Carrillo, Beatriz, 2013, « Los Pueblos Indígenas y el sistema de Naciones Unidas : perspectivas de cambio », *in* Gómez Isa, Felipe et Berraondo, Mikel (eds), *Los derechos indígenas tras la Declaración. El desafío de la implementación*, Deusto, Universidad de Bilbao, pp. 65-89.

Ferreira de Carvalho, Edson, 2013, « La colisión entre el derecho colectivo de los pueblos indígenas a las tierras ocupadas tradicionalmente y el derecho a la propiedad privada en el ordenamiento jurídico brasileño : el caso Raposa Serra do Sol », Asociación Profesional Extremeña de Antropología, dialnet.unirioja.es/descarga/articulo/4761698.pdf [consulté le 11 février].

Filoche, Geoffroy, 2011, « Les Amérindiens de Guyane française, de reconnaissances disparates en bricolages juridiques. L'exemple des Kali'na d'Awala-Yalimapo », *Journal de la Société des américanistes*, tome 97-2, pp. 343-368.

Fritz, Jean-Claude ; Fritz, Gérard ; Deroche, Frédéric ; Porteilla, Raphaël, 2006, *La Nouvelle Question indigène : peuples autochtones et ordre mondial*, Paris, L'Harmattan.

Gagné, Natacha, 2009, « Penser la citoyenneté à l'aune des histoires coloniales : terrains en pays maaori et tahitien », *Anthropologie et sociétés*, 33 (2), pp. 81-100.

Gausset, Quentin ; Kenrick, Justin ; Gibb, Robert, 2011, « Indigeneity and autochtony : a couple of false twins? », *Social Anthropology*, vol. 19, Issue 2, pp. 135-142.

Germond-Duret, Céline, 2011, *Banque mondiale, peuples autochtones et normalisation*, Paris, Éditions Khartala/Institut de hautes études internationales et du développement.

Geslin, Albane, 2011, « La protection internationale des peuples autochtones : de la reconnaissance d'une identité transnationale autochtone à l'interculturalité normative », *Annuaire français de droit international*, Paris, LVI, CNRS Éditions, pp. 658-687.

Glowczewski, Barbara, 2004, *Rêves en colère. Alliances aborigènes dans le Nord-Ouest australien*, Paris, Plon.

Gonzalez Casanova, Pablo, 1964, « Société plurale, colonialisme interne et développement », *Tiers-Monde*, t. 5, n° 18, pp. 291-295.

González González, Verónica, 2014, *« Lo indígena » tratado por les organizaciones internacionales : Los casos de la Unesco y de la FAO*, thèse de doctorat en sociologie, université Paris 3 Sorbonne nouvelle.

Gorohouna, Samuel, 2014, « Une voie économique kanak ? Implication autochtone autour du nickel et de l'usine du Nord », *in* Bellier, Irène (dir.), *Terres, territoires, ressources. Politiques, pratiques et droits des peuples autochtones*, Paris, L'Harmattan/Sogip, coll. Horizons autochtones, pp. 307-323.

Gouritin, Armelle, 2016, « Adoption de la Déclaration américaine des droits des peuples autochtones, le 15 juin 2016 : Enjeux, tensions et contenu dans un contexte mondial et régional », *Bulletin Sentinelle* n° 481, http://www.sentinelle-droit-international.fr/?q=content/adoption-de-la-d%C3%A9claration-am%C3%A9ricaine-des-droits-des-peuples-autochtones-le-15-juin-2016 [consulté le 13 février 2017].

Gros, Christian, 1999, « Ser diferente por (para) ser moderno, o las paradojas de la identidad », *Análisis político*, n° 36, pp. 3-20.

Gros, Christian et Dumoulin-Kervran, David (eds)**,** 2011, *Le Multiculturalisme « au concret ». Un modèle latino-américain ?* Paris, Presses de la Sorbonne nouvelle.

Grotius, Hugo, [1724] 1989, *Le Droit de la guerre et la paix*, université de Caen.

Guay, Christiane et Thibault, Martin, 2008, « L'ère/l'aire de la gouvernance autochtone : le territoire en question », *Canadian Journal of Regional Science/Revue canadienne des sciences régionales*, XXXI : 3, pp. 637-650.

Guenther, Mathias et *al.***,** 2006, « The concept of indigeneity », *Social Anthropology*, 14-1, pp. 17-32.

Guissé, Hadji, 2003, *Working paper on globalization and the economic, social and cultural rights of indigenous populations*, étude présentée au GTPA, E/CN.4/Sub.2/AC.4/2003/14

Guyon, Stéphanie et Trépied, Benoît, 2013, « Les autochtones de la République. Amérindiens, Tahitiens et Kanak face au legs colonial français », *in* Bellier, Irène, *Peuples autochtones dans le monde. Les enjeux de la reconnaissance*, Paris, L'Harmattan, pp. 93-112.

Harris, Mark, 2014, « Extraction des ressources et valeur du patrimoine culturel, en Australie occidentale », *in* Bellier, Irène (dir.), *Terres, territoires, ressources. Politiques, pratiques et droits des peuples autochtones*, Paris, L'Harmattan, pp. 337-350.

Hartley, Jackie ; Joffe, Paul ; Preston, Jennifer (eds)**,** 2010, *Realizing the UN Declaration on the Rights of Indigenous Peoples : Triumph, Hope, and Action*, Saskatoo, Purich Pub.

Hassenteufel, Patrick, 2000, « Deux ou trois choses que je sais d'elle. Remarques à propos d'expériences de comparaisons européennes », *in* Centre universitaire de recherches administratives et politiques de Picardie (Curapp), *Les Méthodes au concret*, Paris, PUF, pp. 105-124.

Hassenteufel, Patrick, 2005, « De la comparaison internationale à la comparaison transnationale. Les déplacements de la construction d'objets comparatifs en matière de politiques publiques », *Revue française de science politique*, 55 (1), pp. 113-132.

Hauriou, Maurice, 1925, « La théorie de l'institution et de la fondation. Essai de vitalisme social », *in* « Aux sources du droit : le pouvoir, l'ordre et la liberté », *Cahiers de la Nouvelle Journée*, n° 23 (réimprimé université de Caen, 1990).

Hays, Jennifer ; Hopson, Rodney et le Roux, Willemien, 2010, *Evaluation of the Namas-Supported San Education Project in Tsumkwe, Otjozondjupa, Namibia*, rapport transmis au Namibiaforeningen (Namibia Association of Norway/Namas).

Hays, Jennifer ; Brian, Jones ; Maarit, Thiem, 2014, « Otjozondjupa Region », *in* Dieckman, Ute ; Thiem, Maarit ; Dirkx, Eric ; Hays, Jennifer (eds), *Scraping the Pot : the San in Nami-*

bia two Decades after Independence, Windhoek, Legal Assistance Center and Desert Research Foundation of Namibia, John Meinert Publishing, pp. 93-172.

Hennebel, Ludovic, 2007, « Les références croisées entre les juridictions internationales des droits de l'homme », *in* Martens, Paul *et al.*, *Le Dialogue des juges*, Bruxelles, Bruylant, pp. 31-76.

Hennebel, Ludovic, 2010, « La convención americana de derechos humanos y la protección de los derechos de los pueblos indígenas », *Boletín Mexicano de Derecho Comparado*, vol. XLIII, n° 127, pp. 131-177.

Hitchcock, Robert; Sapignoli, Maria; Babchuk, Wayne, 2011, « What about our rights? Settlements, subsistence, and livelihood security among Central Kalahari San and Bakgalagadi », *The International Journal of Human Rights*, 15 (1), pp. 62-88.

Hitchcock, Robert, 2014, « Environnement, culture et conflits d'usage dans le Kalahari central, Botswana », *in* Bellier, Irène (dir.), *Terres, territoires, ressources. Politiques, pratiques et droits des peuples autochtones*, Paris, L'Harmattan, pp. 239-256.

Hualpa, Eduardo, 2014, *Derechos constitucionales de los pueblos indígenas*, Buenos Aires, Ad Hoc.

Israel, Jean-Jacques, 1998, *Droit des libertés fondamentales*, Paris, LGDJ.

Jaffrelot, Christophe, 1996, « Le multiculturalisme indien à l'épreuve. Le cas des débats constitutionnels », *L'Année sociologique*, vol. 46, n° 1/1, pp. 187-210.

Jansen, Lesle, 2013, « Les peuples autochtones dans le droit international : le cas des San de Namibie », *in* Bellier, Irène (dir.), *Peuples autochtones dans le monde. Les enjeux de la reconnaissance*, Paris, L'Harmattan, pp. 291-306.

Karlsson, Bengt G., 2004, « Beyond Integration : indigenous assertion in India », *IIAS Newsletter*, n° 35, p. 8.

Kiema, Kuela, 2016, « Marcher sur la corde raide de l'éducation. Récit d'une rencontre avec l'école publique au Bostwana et réflexions sur l'ONG Bokamoso Educational Trust », *in* Bellier, Irène et Hays, Jennifer (dir.), *Quelle éducation pour les peuples autochtones ?*, Paris, L'Harmattan, pp. 210-221.

Koivurova, Timo, 2011, « Jurisprudence of the European Court of human rights regarding Indigenous peoples : retrospect and prospects », *International Journal on Minority and Group Rights*, n° 18, pp. 1-37.

Kowal, Emma, 2015, *Trapped in the Gap. Doing Good in Indigenous Australia*, New York/ Oxford, Berghahn Books.

Lacroix, Laurent, 2011, « État plurinational et redéfinition du multiculturalisme en Bolivie », *in* Gros, Christian et Dumoulin Kervran, David, *Le Multiculturalisme « au concret ». Un modèle latino-américain ?* Paris, Presses de la Sorbonne nouvelle, pp. 135-146.

Lacroix, Laurent, 2012a, « Territorialité autochtone et agenda politique en Bolivie (1970-2010) », *Quaderns-e, Institu Català d'Antropologia*, número 17 (1), pp. 60-77.

Lacroix, Laurent, 2012b, « L'institutionnalisation des "autonomies indigènes" en Bolivie », *Actes du Ier congrès de l'Association française d'ethnologie et d'anthropologie (AFEA). No(s) Limit(es)*, http://afea2011.sciencesconf.org/browse/session?sessionid=1124.

Lacroix, Laurent, 2013, « Un multiculturalisme sans minorités ? Quelques réflexions sur l'État plurinational en Bolivie et en Équateur », *Belgeo, Les Minorités nationales et ethniques : entre renouvellement et permanence*, http://belgeo.revues.org/11512.

Lacroix, Laurent, 2015, « Le devenir incertain des territoires et droits des peuples autochtones dans les Basses Terres de l'État plurinational de Bolivie », *in* Kulesza, Patrick et Dreyfus-Gamelon, Simone (dir.), *Les Indiens d'Amazonie face au développement prédateur. Nouveaux projets d'exploitation et menaces sur les droits humains*, Paris, L'Harmattan, pp. 307-347.

Lafargue, Régis, 2012, *Le Droit coutumier en Nouvelle-Calédonie*, Paris, Maison de la Nouvelle-Calédonie.

Lajoie, Andrée (ed.), 2005, *Gouvernance autochtone : aspects juridiques, économiques et sociaux*, Montréal, Éditions Thémis.

Launey Michel et Puren, Laurent, 2010, « Josiane Hamers à la rencontre du plurilinguisme guyanais », *Synergies Monde*, n° 7, pp. 79-96.

Leclair, Jean et Otis, Ghislain, 2005, « Nouvelles perspectives de gouvernance politique : éléments de synthèse », *in* Lajoie, Andrée (dir.), *Gouvernance autochtone : aspects juridiques, économiques et sociaux*, Éditions Thémis, pp. 9-16.

Leclair, Jean, 2009, « Les périls du totalitarisme conceptuel en droit et en sciences sociales », vol. 14, *Lex Electronica* (18 pages).

Leclair, Jean, 2011, « "Il faut savoir se méfier des oracles." Regards sur le droit et les autochtones », vol. XLI, n° 1, *Recherches amérindiennes au Québec,* pp. 102-111 et « Réplique », pp. 119-120.

Leclair, Jean, 2012a, « Le fédéralisme comme refus des monismes nationalistes », *in* Karmis, Dimitrios et Rocher, François (dir.), *La Dynamique confiance-méfiance dans les démocraties multinationales. Le Canada sous l'angle comparatif*, Québec, Presses de l'université Laval, pp. 209-243.

Leclair, Jean, 2012b, « L'effet structurant des droits reconnus aux peuples autochtones sur le débat entourant le Plan Nord », *in* Lévesque, Carole ; Salée, Daniel ; Radu, Ioana (dir.), « Les peuples autochtones et le Plan Nord : éléments pour un débat », *Cahiers Dialog*, n° 2012-04, Réseau de recherche et de connaissances relatives aux peuples autochtones (Dialog) et Institut national de la recherche scientifique, Montréal, pp. 65-78.

Leclair, Jean, 2016a, « Penser le Canada dans un monde désenchanté. Réflexions sur le fédéralisme, le nationalisme et la différence autochtone », *Constitutional Forum constitutionnel*, vol. 25 (1), pp. 1-14.

Leclair, Jean, 2016b, « Military historiography, warriors and soldiers : the normative impact of epistemological choices », *in* Macklem, Patrick et Sanderson, Douglas (dir.), *Essays on the Constitutional Entrenchment of Aboriginal and Treaty Rights*, Toronto, University of Toronto Press, pp. 179-206.

Leclerc, Jacques, 2015, *L'Aménagement linguistique dans le monde, Québec, TLFQ,* université Laval, http://www.axl.cefan.ulaval.ca/index.html.

Le Coadic, Ronan, 2005, « Le multiculturalisme », *in* Le Coadic, Ronan et Filippova, Elena (dir.), *Débats sur l'identité et le multiculturalisme*, Moscou, Institut d'ethnologie et d'anthropologie, Académie des sciences de Russie, pp. 25-51.

Lee, Richard et Susser, Ida, 2006, « Confounding conventional wisdom : The Ju'/hoansi and HIV/AIDS », *in* Hitchcock, Robert ; Ikeya, Kazunobu ; Biesele, Megan ; Lee, Richard (eds), *Updating the San : Image and Reality of an African People in the Twenty-First Century*, Osaka, National Museum of Ethnology, pp. 45-61.

Legendre, Pierre, 2004, *Ce que l'Occident ne voit pas de l'Occident*, Paris, Fayard.

Legendre, Pierre, 2010, *Le Point fixe*, Paris, Fayard.

Le Gouill, Claude, 2011, « L'ethnicisation des luttes pour le pouvoir local en Bolivie. La conquête du monde rural dans le Nord Potosi », *Revue d'Études en Agriculture et Environnement - Review of Agricultural and Environmental Studies*, Inra, 92, pp. 363-387.

Le Gouill, Claude, 2013, *Je ne suis pas ton compagnon mon frère. Ayllus, syndicats et métis : construction de l'altérité et changement social dans le Nord Potosí, Bolivie*, thèse de doctorat en sociologie, Paris, IHEAL/université Paris 3.

Leroux, Jacques, 2010, « Le contrôle territorial ou posséder ce que l'on protège chez trois peuples algonquiens du Québec », *in* Noreau, Pierre (dir.), *Gouvernance autochtone : reconfiguration d'un avenir collectif. Nouvelles perspectives et processus émergents*, Montréal, Éditions Thémis, pp. 99-132.

Leroux, Jacques, 2013, « Aki, la terre algonquine et sa forêt meurtrie », *in* Le Roy, Etienne (ed.), *La Terre et l'homme. Espaces et ressources convoités, entre le local et le global*, Paris, Karthala, pp. 157-206.

Le Roy, Étienne, 2010, « Des maîtrises foncières aux représentations du territoire. Apport d'une analyse matricielle à une interprétation processuelle des rapports de l'homme à l'espace », *in* Noreau, Pierre (dir.), *Gouvernance autochtone : reconfiguration d'un avenir collectif. Nouvelles perspectives et processus émergents*, Montréal, Éditions Thémis, pp. 65-78.

Le Roy, Étienne, 2011, *La Terre de l'autre, une anthropologie des régimes d'appropriation foncière*, Paris, LGDJ.

Le Roy, Étienne, 2013, « La terre africaine entre deux modernités. La petite exploitation familiale face à l'appropriation des terres à grande échelle », *in* Le Roy, Étienne (ed.), *La Terre et l'Homme. Espaces et ressources convoités, entre le local et le global*, Karthala, pp. 207-247.

Levaggi, Abelardo, 1990, « Tratamiento legal y jurisprudencial del aborigen en la Argentina durante el siglo XIX », *in* Levaggi, Abelardo (dir.), *El aborigen y el Derecho en el pasado y el presente*, Buenos Aires, Umsa, pp. 245-284.

Levaggi, Abelardo, 2000, *Paz en la frontera. Historia de los tratados con las comunidades indigenas en la Argentina (siglo XIX)*, Buenos Aires, Usma.

Levaggi, Abelardo, 2002, *Diplomacia hispano-indígena en las fronteras de América. Historia de los tratados entre la monarquía española y las comunidades aborígenes*, Madrid, Centro de estudios políticos y constitucionales.

Lile, Hadi Khosravi, 2006, « A new era for Indigenous peoples : the United Nations Permanent Forum on Indigenous issues », *Gáldu ˇCála - Journal of Indigenous Peoples Rights*, n° 2/2006.

Littlechild, Wilton, 2013, « Quand les peuples autochtones gagnent, le monde entier est gagnant », *in* Charters, Claire et Stavenhagen, Rodolfo (eds), *La Déclaration des droits des peuples autochtones. Genèse, enjeux et perspectives de mise en œuvre*, Paris, L'Harmattan, pp. 371-376.

López, Luis Enrique, 2016, « L'éducation des populations autochtones et les droits des peuples autochtones en Amérique latine », *in* Bellier, Irène et Hays, Jennifer (dir.), *Quelle éducation pour les peuples autochtones ?* Paris, L'Harmattan, pp. 37-58.

López Bárcenas, Francisco, 2002, « Reforma constitucional y derechos indigenas en México. Entre el consenso y la ilegitimidad », *in* Espinoza Sauceda, Guadalupe ; Escalante

Betancourt, Yuri ; Gallegos Toussaint, Ximena ; López Bárcenas, Francisco ; Zúñiga Balderas, Abigail, *Los derechos indígenas y la reforma constitucional en México*, México, Casa Vieja, pp. 7-37.

López Bárcenas, Francisco, 2017, Autonomías y derechos indígenas en México, http://www.lopezbarcenas.org/files/escritos/Autonomias_y_Derechos_Indigenas_en_Mexico.pdf [consulté le 14 février 2017].

MacKay, Fergus, 2013, *Indigenous Peoples and United Nations Human Rights Bodies—A Compilation of UN Treaty Body Jurisprudence and the Recommendations of the Human Rights Council*, Forest peoples programme, vol. V - 2011-2012, http://www.forestpeoples.org/topics/un-human-rights-system/publication/2013/indigenous-peoples-and-united-nations-human-rights-bo [consulté le 15 février 2015].

Macedo Lopez da Silva, Silvia, 2013, « Pourquoi vous nous appelez Indiens ? La catégorie d'indien et son appropriation par les populations autochtones au Brésil », *in* Bellier, Irène (dir.), *Peuples autochtones dans le monde. Les enjeux de la reconnaissance*, Paris, L'Harmattan, pp. 75-92.

Martínez Espinoza, Manuel Ignacio, 2006, « Las juntas de buen gobierno y los caracoles del movimiento zapatista : fundamentos analíticos para entender el fenómeno », *Revista de Investigaciones Políticas y Sociológicas*, vol. 5, núm. 1, pp. 215-233.

Martres, Jean-Pascal et Larrieu, Jacques, 1993, *Coutumes et droit en Guyane. Amérindiens, Noirs-Marrons, Hmong*, Paris, Economica.

Mauss, Marcel, 1968, *Œuvres*, I, Paris, Éditions de Minuit.

Maynard, John, 2007, *Fight for Liberty and Freedom : the Origins of Australian Aboriginal Activism*, Canberra, Aboriginal Studies Press.

Metangmo, Véronique Michèle, 2004, *L'Autodétermination interne des peuples : une règle internationale constitutive de l'État ?* mémoire du master recherche, mention droit international, université de Lille II.

Mikkelsen, Caecilie (ed.)**,** 2014, *The Indigenous World*, Copenhague, Iwgia.

Mikkelsen, Caecilie (ed.)**,** 2015, *The Indigenous World*, Copenhague, Iwgia.

Minde, Henry, 2008, *Indigenous Peoples : Self-determination, Knowledge, Indigeneity*, Delft, Eburon.

Moran, Anthony, 2011, « Multiculturalism as nation-building in Australia : Inclusive national identity and the embrace of diversity », *Ethnic and Racial Studies*, vol. 34, n° 12, pp. 2153-2172.

Morin, Françoise et Saladin d'Anglure, Bernard, 1995, « L'ethnicité, un outil politique pour les autochtones de l'Arctique et de l'Amazonie », Études/Inuit/Studies, 19, pp. 37-68.

Morin, Françoise, 2001, « La construction de nouveaux espaces politiques inuits à l'heure de la mondialisation », *Recherches amérindiennes au Québec*, XXXI, pp. 25-36.

Morin, Françoise, 2005, « L'ONU comme creuset de l'autochtonie », *Parcours anthropologiques*, n° 5, pp. 35-42.

Morin, Françoise, 2006, « Les Nations unies à l'épreuve des peuples autochtones », *in* Gros, Christian et Strigler, Marie-Claude, *Être indien dans les Amériques*, Paris, Éditions de l'Institut des Amériques, pp. 43-54.

Morin, Michel, 1997, *L'Usurpation de la souveraineté autochtone. Le cas des peuples de la Nouvelle-France* et des *colonies anglaises de l'Amérique du Nord*, Montréal, Éditions du Boréal.

Moye Noza, Pedro, 2016, « Perspectives sur l'éducation intraculturelle et interculturelle bilingue en Bolivie. Implication d'un représentant de la Cidob et du Ceam », *in* Bellier, Irène et Hays, Jennifer (eds), *Quelle éducation pour les peuples autochtones?* Paris, L'Harmattan, pp. 175-184.

Mundt, Carlos, 2004, *Situación de la educación superior indígena. Informe nacional de Argentina*, Unesco/Iesalc.

Observatorio ciudadano, 2014, *El derecho a la consulta de los pueblos indígenas, análisis del derecho nacional, internacional y comparado*, Santiago de Chile, Observatorio Ciudadano/Embajada de Noruega/Iwgia.

Oliva Martínez, Juan Daniel, 2012, *Pueblos indígenas a la conquista de sus derechos*, Madrid, Boletin Oficial del Estado.

Ost, François, 2010, « Vers un droit universel, la fin d'un vieux rêve ? », communication, http://www.dhdi.free.fr/recherches/theoriedroit/articles/ostdroituniversel.pdf [consulté le 10 février 2015].

Otis, Ghislain, 2005, *Droit, territoire et gouvernance des peuples autochtones*, Laval, Presses de l'université Laval.

Otis, Ghislain, 2006, « Territorialité, personnalité et gouvernance autochtone », *Cahiers de droit*, vol. 47, n° 4, pp. 781-814.

Otis, Ghislain, 2009, « Les réparations pour violation des droits fonciers des peuples autochtones : leçons de la Cour interaméricaine des droits de l'homme », *Recherches amérindiennes au Québec*, volume 39, numéro 1-2, pp. 99-108, http://www.erudit.org/revue/raq/2009/v39/n1-2/045000ar.pdf [consulté le 14 septembre 2014].

Otis, Ghislain ; Cissé, Abdoullah ; De Deckker, Paul et Mastor, Wanda, 2010, *Cultures juridiques et gouvernance dans l'espace francophone. Présentation générale d'une problématique*, Paris, Éditions des Archives contemporaines.

Otis, Ghislain, 2010a, « La quête de la coutume : réflexions sur la "post-territorialité" dans la gouvernance autochtone », *in* Noreau, Pierre (dir.), *Gouvernance autochtone : reconfiguration d'un avenir collectif. Nouvelles perspectives et processus émergents*, Montréal, Éditions Thémis, pp. 155-177.

Otis, Ghislain, 2010b, « Coutume autochtone et gouvernance environnementale dans le système interaméricain de protection des droits de l'homme », *Journal of Environmental Law and Practice*, vol. 20, n° 3, pp. 233- 254.

Otis, Ghislain (dir.)**,** 2012, *Méthodologie du pluralisme juridique*, Paris, Karthala.

Otis, Ghislain et Laurent, Aurélie, 2011, « Le défi des revendications foncières autochtones : la Cour européenne des droits de l'homme sur la voie de la décolonisation de la propriété ? », *Revue trimestrielle des droits de l'homme*, n° 89, pp. 43-70.

Otis, Ghislain et Laurent, Aurélie, 2012, « Un exemple de dialogue transjudiciaire dans les systèmes régionaux de protection des droits de l'homme : la question foncière autochtone », http://www.institut-gouvernance.org/docs/un_exemple_de_dialogue_transjudicaire.pdf.

Özden, Melik et Brunschwig, Simon, 2013, *Les Droits culturels*, Genève, Cetim, coll. « Droits humains », http://www.cetim.ch/fr/documents/bro15-culture-A4-fra.pdf.

Pactet, Pierre, 1995, *Institutions politiques, droit constitutionnel*, Paris, Masson.

Padel, Felix et Das, Saramendra, 2014, « Mouvements contre l'industrie minière en Inde : Les *Adivasi* pourront-ils arrêter le nivellement par le bas ? », *in* Bellier, Irène (dir.), *Terres,* *territoires, ressources. Politiques, pratiques et droits des peuples autochtones*, Paris, L'Harmattan, pp. 351-365.

Pakleppa, Richard, 2004, « Civil rights in legislation and practice – A case study from Tsumkwe District West, Namibia », *in* Hitchcock, Robert et Vinding, Diana (ed.), *Indigenous Peoples' Rights in Southern Africa*, Copenhague, Iwgia, pp. 82-98, http://www.iwgia.org/iwgia_files_publications_files/0119_SouthernAfricaDoc110Complete.pdf.

Palacios Romeo, Francisco J., 2011, « Estados uniformes, soberanías informes y colectivos difusos : argumentario para la constitucionalización del derecho colectivo indígena », *in* Aparicio Wilhelmi, Marco (ed.), *Contracorrientes. Apuntes sobre igualdad, diferencia y derechos*, Girona, Documenta Universitaria, pp. 57-92.

Panikkar, Raimon, 2014, *Pluriversum. Pour une démocratie des cultures*, Paris, Les Éditions du Cerf.

Papillon, Martin, 2012, « Les peuples autochtones et la citoyenneté : quelques effets contradictoires de la gouvernance néolibérale », *Éthique publique* [en ligne], vol. 14, n° 1 | 2012, mis en ligne le 3 février 2013 [consulté le 10 février 2015], http://ethiquepublique.revues.org/968.

Plançon, Caroline, 2010, « Territorialité et normativité (*nomos*) dans l'histoire des idées juridiques, politiques et anthropologiques. Une lecture de la gouvernance autochtone au Canada », *in* Noreau, Pierre (dir.), *Gouvernance autochtone : reconfiguration d'un avenir collectif. Nouvelles perspectives et processus émergents*, Montréal, Éditions Thémis, pp. 77-98.

Poirier, Sylvie, 2000, « Contemporanéités autochtones, territoires et (post)colonialisme. Réflexions sur des exemples canadiens et australiens », *Anthropologie et Sociétés*, 24 (1), pp. 137-155.

Poirier, Sylvie, 2009, « La différence aborigène et la citoyenneté australienne : une conciliation impossible ? », *Anthropologie et sociétés*, 33 (2), pp. 101-122.

Préaud, Martin, 2013, « Peuples autochtones dans le Pacifique. Héritages coloniaux et gouvernance autochtone », *in* Bellier, Irène (dir.), *Peuples autochtones dans le monde. Les enjeux de la reconnaissance*, Paris, pp. 113-130.

Préaud, Martin et Gooda, Mike, 2013, « Établir une relation entre le gouvernement et les peuples autochtones d'Australie », *in* Bellier, Irène (dir.), *Peuples autochtones dans le monde. Les enjeux de la reconnaissance*, Paris, L'Harmattan, pp. 307-318.

Préaud, Martin et Dousset, Laurent, 2014, « Reconnaissance ? Une critique anthropologique du cas australien », *in* Dousset, Laurent ; Glowczewski, Barbara ; Salaün, Marie (eds), *Les Sciences humaines et sociales dans le Pacifique Sud : terrains, questions et méthodes*, Marseille, Pacific-Credo Publications, pp. 333-357.

Préaud, Martin, 2015, « Indigeneity behind the scenes : invasion and kriolisation », *E-Tropic* 14.2 (2015), "Behind the Scenes" TransOceanik Special Edition, Special Issue, http://www.reefandleaf.com.au/etropic%2014.2%20files/2f%20FINAL%20Preaud.pdf.

Préaud, Martin et Glowczewski, Barbara, 2015, « Non aux fermetures de communautés aborigènes en Australie », *Huffington Post*, http://www.huffingtonpost.fr/martin-preaud/non-aux-fermetures-de-communautes-aborigenes-en-australie_b_7151048.html?utm_hp_ref=france [consulté le 10 octobre 2015].

Regino Montes, Adelfo et Torres Cisternos, Gustavo, [2009], 2013, « La Déclaration des Nations unies sur les droits des peuples autochtones : base d'une nouvelle relation entre les peuples autochtones, les États et les sociétés », *in* Charters, Claire et Stavenhagen, Rodolfo (eds), *La Déclaration des droits des peuples autochtones. Genèse, enjeux et perspectives de mise en œuvre*, Paris, L'Harmattan, pp. 139-170.

Rinaldi, Karine, 2009, « Le droit des populations autochtones et tribales à la propriété dans le système interaméricain de protection des droits de l'homme », *in* Hennebel, Ludovic et Tigroudja, Hélène, *Le Particularisme interaméricain des droits de homme*, Paris, Éditions Pedone, pp. 215-250.

Rinaldi, Karine, 2012a, *Les Droits des sociétés traditionnelles dans la jurisprudence de la Cour interaméricaine des droits de l'homme. Le modèle interaméricain de l'interprétation multiculturelle des droits*, thèse de doctorat en droit international public, université de Nice Sophia-Antipolis.

Rinaldi, Karine, 2012b, « Cour IADH, arrêt Peuple autochtone Kichwa de Sarayaku c. Équateur. Un bilan mitigé », *Bulletin Sentinelle* n° 314, http://pre.sentinelle-droit-international.fr/bulletins/a2012/20120909_bull_314/bulletin_sentinelle_314.php#279.

Rinaldi, Karine, 2015, « Cour IADH, Peuples autochtones Kuna de Madungandí et Emberá de Bayano et leurs membres c. Panama : entre interprétations douteuses et précisions des droits territoriaux », *Bulletin Sentinelle*, n° 417, http://www.sentinelle-droit-international.fr/?q=node/87.

Rivière, Peter, 1984, *Individual and Society in Guiana : a Comparative Study of Amerindian Social Organization*, Cambridge, Cambridge University Press.

Rodríguez-Piñero Royo, Luis, 2006, « El sistema interamericano de derechos humanos y los pueblos indígenas », *in* Berraondo López, Mikel (dir.), *Pueblos indígenas y derechos humanos*, Bilbao, Éditions de l'université de Deusto, pp. 153-203.

Rodríguez-Piñero Royo, Luis, [2009] 2013, « "S'il y a lieu" : supervision et mise en œuvre des droits des peuples autochtones conformément à la Déclaration », *in* Charters, Claire et Stavenhagen, Rodolfo (eds), *La Déclaration des droits des peuples autochtones. Genèse, enjeux et perspectives de mise en œuvre*, Paris, L'Harmattan, pp. 316-342.

Rostkowski, Joëlle, 2006, « Représentations et revendications des Indiens d'Amérique du Nord sur la scène internationale. De la Société des nations à la création du Groupe de travail sur les populations autochtones à l'ONU », *in* Gros, Christian et Strigler, Marie-Claude, *Être indien dans les Amériques*, Paris, Éditions de l'Institut des Amériques, pp. 147-155.

Rowse, Tim, 1992, *Remote Possibilities : The Aboriginal Domain and the Administrative Imagination*, Darwin, North Australia Research Unit, ANU.

Roy Burman, J.J., 2009, « ADIVASI : un terme discuté pour désigner comme autochtones les tribus de l'Inde », http://www.gitpa.org/web/gitpa300-16-44indeTEXTESREFBurman.pdf [consulté le 15 juin 2016].

Rude-Antoine, Edwige et Chrétien-Vernicos, Geneviève (coord.)**,** 2009, *Anthropologies et droits, état des savoirs et orientations contemporaines*, Paris, Dalloz.

Salaün, Marie, 2013, *Décoloniser l'école ? Hawai'i, Nouvelle-Calédonie, expériences contemporaines*, Rennes, Presses universitaires de Rennes.

Sambo Dorough, Dalee, [2009] 2013, « La signification de la Déclaration des droits des peuples autochtones et son application future », *in* Charters, Claire et Stavenhagen, Rodolfo (eds), *La Déclaration des droits des peuples autochtones. Genèse, enjeux et perspectives de mise en œuvre*, Paris, pp. 268-282.

Sanders, Will, 2002, « Towards an indigenous order of Australian government : Rethinking self-determination as indigenous affairs policy », *CAEPR Discussion Paper* n° 230, Canberra, ANU.

Sariego Rodríguez, Juan Luis, 2014, « Droits autochtones et conflits miniers au Mexique », *in* Bellier, Irène (dir.), *Terres, territoires, ressources. Politiques, pratiques et droits des peuples autochtones*, Paris, L'Harmattan, pp. 367-381.

Saugestad, Sidsel, 2011, « Impact of international mechanisms on indigenous rights in Botswana », *The International Journal of Human Rights*, 15 (1), pp. 37-61.

Schulte-Tenckhoff, Isabelle, 1997, *La Question des peuples autochtones*, Brussels, Bruylant/Paris, LGDJ.

Sermet, Laurent, 2012, « Normativité, juridicité et pluralisme. De quelques enseignements tirés de la déclaration des Nations unies sur les droits des peuples autochtones », *in* Otis, Ghislain (dir.), *Méthodologie du pluralisme juridique*, Paris, Karthala, pp. 201-243.

Sierra, Maria Teresa (ed.), 2004, *Haciendo justicia : interlegalidad, derecho y género en regiones indígenas*, Tlalpan, México DF, Ciesas.

Sierra, Maria Teresa, 2005a, « Derecho indígena y acceso a la justicia en México : Perspectivas desde la interlegalidad », *Revista IIDH*, n° 41, pp. 287-314.

Sierra, María Teresa, 2005b, « La renovación de la justicia indígena en tiempos de derechos : etnicidad, género y diversidad », communication présentée aux Journées « Estado, violencia y ciudadanía en América Latina », Université libre de Berlin, 23-25 juin. http://lanic.utexas.edu/project/etext/llilas/vrp/sierra.pdf [consulté le 16 février 2015].

Sierra, María Teresa, 2013, « Desafíos al Estado desde los márgenes. La policía comunitaria de Guerrero », *in* Sierra, María Teresa ; Hernández, Aída ; Sieder, Rachel, *De las reformas multiculturales al fin del reconocimiento. Justicia, pueblos indígenas y violencia*, Ciesas - Flacso-México, pp. 159-194.

Silva, Hernando, 2014, « La jurisprudencia de los tibunales de justicia en Chile en materia de consulta : un largo y complejo camino », *El derecho a la consulta de los pueblos indígenas: análisis del derecho nacional, internacional y comparado*, Santiago de Chile, Observatorio Ciudadano/Embajada de Noruega/Iwgia, pp. 47-58.

Simon, Scott et Mona, Awi, 2013, « L'autonomie autochtone à Taiwan. Un cadre légal en construction », *in* Bellier, Irène (dir.), *Peuples autochtones dans le monde. Les enjeux de la reconnaissance*, Paris, L'Harmattan, pp. 147-164.

Sioui-Durand, Yves, 2009, « Y a-t-il un nouveau monde pour les Amérindiens ? », *in* Gagné, Natacha ; Martin, Thibault ; Salaün, Marie, *Autochtones : vues de France et de Québec*, Québec, Presses universitaires de Laval, pp. 505-514.

Soucaille, Alexandre, 2007, « Chemin faisant en région sauvage. Rencontres entre Autres sur la terre de l'action politique », *Multitudes* 30, pp. 103-116.

Sousa Santos, Boaventura de, 2012, *De las dualidades a las ecologías*, La Paz, REMTE-Red Boliviana de Mujeres Transformando la Economía.

Sousa Santos, Boaventura de et Exeni Rodríguez, José Luis (eds), 2012, *Justicia indígena, plurinacionalidad e interculturalidad en Bolivia*, La Paz, Fundación Rosa Luxemburg/AbyaYala, http://www.ces.uc.pt/iframe/publicacoes/outras/201215/SantosExeni_Justicia_ indigena_ plurinacionalidad_e_interculturalidad_Bolivia.pdf [consulté le 10 mai 2014].

Sousa Santos, Boaventura de, 2013, *Descolonizar el saber, reinventar el poder*, Montevideo, Ediciones Trilce.

Spivak, Gayatri Chakravorty, 1988, « Can the subaltern speak ? », *in* Nelson, Cary et Grossberg, Lawrence (eds), *Marxism and the Interpretation of Culture*, MacMillan Education, Basingstoke, pp. 271-313.

Stavenhagen, Rodolfo, 2008, *Los pueblos indígenas y sus derechos*, Mexico, Unesco.

Stavenhagen, Rodolfo, 2013, « La protection des droits autochtones : le défi de la mise en œuvre », *in* Bellier, Irène (dir.), *Peuples autochtones dans le monde. Les enjeux de la reconnaissance*, Paris, L'Harmattan, pp. 7-12.

Stiegler, Ursula, 2008, « From the assimilation to the acceptance of the other? Educational policy for indigenous peoples in Latin America and the "intercultural bilingual education" policy in Chile », *Revista Electrónica Teoría de la Educación : Educación y Cultura en la Sociedad de la Información*, vol. 9, n° 2, Universidad de Salamanca, pp. 52-76.

Stokes, Geoffrey, 2002, « Australian democracy and indigenous self-determination, 1901-2001 », *in* Geoffrey, Brennan et Castles, Francis, *Australia Reshaped : 200 Years of Institutional Transformation*, Cambridge, Cambridge University Press, coll. Reshaping Australian institutions, pp. 181-219.

Suárez, Francisco, 1612, *Tractatus de legibus ac Deo legislatore : in decem libros distributus*, Portugal, Conimbricae.

Sullivan Patrick, 1996, *All Free Man now. Culture, Community and Politics in the Kimberley Region, North-Western Australia*, Canberra, AIATSIS.

Tauli-Corpuz, Victoria ; Enkiwe-Abayo, Leah ; Chávez, Raymond de (eds)**,** 2010, *Towards an Alternative Development Paradigm : Indigenous People's Self-Determined Development*, Baguio, Tebtebba Foundation.

Teave, Erity et Cloud, Leslie, 2014, « Rapa Nui National Park, cultural world heritage : The struggle of the Rapa Nui people for their ancestral territory and heritage, for environmental protection, and for cultural integrity », *in* Disko, Stefan et Tugendhat, Helen (eds), *World Heritage Sites and Indigenous Peoples' Rights*, Copenhagen, Iwgia, Forrest Peoples Programme and Gundjeihmi Aboriginal Corporation, pp. 403-421.

Thom, Brian, 2014, « Confusion sur les territoires autochtones au Canada », *in* Bellier, Irène (dir.), *Terres, territoires, ressources. Politiques, pratiques et droits des peuples autochtones*, Paris, pp. 89-105.

Toledo, Victor, 2006, *Pueblo Mapuche, derechos colectivos y territorio : Desafíos para la sustentabilidad democrática*, Santiago, LOM.

Trépied, Benoît, 2012, « Une nouvelle question indigène outre-mer ? », *La Vie des idées*. http://www.laviedesidees.fr/Une-nouvelle-question-indigene.html.

Trépied, Benoît, 2013, « Indigenous struggles and water policies in New Caledonia », *Social Identities*, 18-4, July 2012, pp. 465-479.

Trépied, Benoît et Guyon, Stéphanie, 2013, « Les autochtones de la République. Amérindiens, Tahitiens et Kanak face au legs colonial français », *in* Bellier, Irène (dir.), *Peuples autochtones dans le monde. Les enjeux de la reconnaissance*, Paris, L'Harmattan, pp. 93-112.

Truyol y Serra, Antonio, 1995, *Histoire du droit international public*, Paris, Économica.

Tuki Hey *et al.*, 2002, *Comision Verdad Historia y Nuevo Trato*, t. I, vol. III, Santiago, pp. 445-482, http://www.memoriachilena.cl/602/articles-122901_recurso_6.pdf.

Tuki Huke, Tuhiira Terahi et Cloud, Leslie, 2014, « Rapa Nui, un territoire placé sous régime patrimonial : les défis de sa restitution au peuple maori rapa nui », *in* Bellier, Irène (dir.),

Terres, territoires, ressources. Politiques, pratiques et droits des peuples autochtones, Paris, L'Harmattan, pp. 271-289.

Van Cott, Donna Lee, 2000, *The Friendly Liquidation of the Past: The Politics of Diversity in Latin America*, Pittsburg, University of Pittsburg Press.

Vernaudon, Jacques, 2011, « Les langues kanak à l'école en Nouvelle-Calédonie : un long cheminement », 29 septembre 2011, http://blog.sorosoro.org/les-langues-kanak-a-l%E2%80%99ecole-en-nouvelle-caledonie-un-long-cheminement.

Vincent, Sylvie, 2010, « Circulation sur le territoire et régime foncier des Innus dans la première moitié du XXe siècle », *in* Noreau, Pierre (dir.), *Gouvernance autochtone : reconfiguration d'un avenir collectif. Nouvelles perspectives et processus émergents*, Montréal, Éditions Thémis, pp. 133-153.

Vitoria, Francisco de, [1539], 1989, *Relectio de indis*, Madrid, Consejo superior de investigaciones cientificas.

Wilhelmi, Marco Aparicio, 2013, « La (re)construction de l'autonomie autochtone comme composante du projet de décolonisation en Bolivie : le cas de Jésus de Machaca », *in* Bellier, Irène (dir.), *Peuples autochtones dans le monde. Les enjeux de la reconnaissance*, Paris, L'Harmattan, pp. 229-247.

Willemsen-Díaz, Augusto, 2014, « Comment les droits des peuples autochtones sont entrés à l'ONU », *in* Charters, Claire et Stavenhagen, Rodolfo (eds), *La Déclaration des droits des peuples autochtones. Genèse, enjeux et perspectives de mise en œuvre*, Paris, L'Harmattan, pp. 20-35.

Wolfe, Patrick, 2006, « Settler colonialism and the elimination of the native », *Journal of Genocide Research* 8, n° 4, pp. 387-409.

Wyatt, Brian, 2014, « Protéger les droits, la culture et la tradition au sein d'une économie en croissance », *in* Bellier, Irène (dir.), *Terres, territoires, ressources. Politiques, pratiques et droits des peuples autochtones*, Paris, L'Harmattan, pp. 323-335.

Xaxa, Virginius, 2005, « Politics of language, religion and identity : Tribes in India », *Economic and Political Weekly*, vol. 40, n° 13, pp. 1362-1370.

Xaxa, Virginius, 2008, « The concept of indigenous peoples in India », *in* Erni, Christian, *Indigenous peoples in Asia*, Copenhagen et Chiang Mai : Iwgia et AIPP.

Xaxa, Virginius, 2013, « La conscience *adivasi* (*indigenous peoples*) en Inde », *in* Bellier, Irène (dir.), *Peuples autochtones dans le monde. Les enjeux de la reconnaissance*, Paris, L'Harmattan, pp. 131-145.

Yokota, Yozo, 2003, *Working paper on the possible elaboration of draft guidelines relating to transnational companies whose activities affect indigenous communities*, étude présentée au GTPA, E/CN.4/Sub.2/AC.4/2003/5.

Yrigoyen, Raquel, 2010, *Pueblos indígenas, constituciones y reformas políticas en América Latina*, Lima, ILDS-Inesc-Ilsa.

Zavala, José Manuel, 1998, « L'envers de la "Frontière" du royaume du Chili. Le cas des traités de paix hispano-mapuches du XVIIIe siècle », *Histoire et Sociétés de l'Amérique latine (HSAL)* n° 7, pp. 185-208.

Zavala, José Manuel, 1999, « Frontières et ethnohistoire : le cas des Mapuche », *Cahiers des Amériques latines*, n° 31-32, pp. 279-288.

Zavala, José Manuel, 2011, *Los Mapuche del siglo XVIII : dinamicas interétnica y estrategias de resistencia*, Santiago, Ediciones Universidad Catolica de Temuco.

Rapports et études des Nations unies

Anaya, James, 2008, *Observaciones del Relator Especial sobre la situación de derechos humanos y libertades fundamentales de los indígenas acerca del proceso de revisión constitucional en el Ecuador*, http://www.ohchr.org/Documents/Issues/IPeoples/SR/ObservacionesEcuadorSRIndigenous.pdf [consulté le 11 février 2015].

Anaya, James, 2009a, *Rapport sur le Chili et la loi de consultation*, A/HRC/12/34/Add.6, ONU.

Anaya, James, 2009b, *Rapport sur la Russie*, A/HRC/15/37/Add.5, ONU.

Anaya, James, 2009c, *Rapport du Rapporteur spécial sur la situation des droits de l'homme et des libertés fondamentales des populations autochtones*, A/HRC/12/34, 15 juillet 2009.

Anaya, James, 2010, *Rapport du rapporteur spécial sur la situation des droits de l'homme et les libertés fondamentales des populations autochtones, La situation des peuples autochtones au Botswana*, A/HRC/15/37/Add.2, ONU.

Anaya, James, 2011, *Rapport du rapporteur spécial sur les droits des peuples autochtones. Additif - La situation du peuple kanak de Nouvelle-Calédonie (France)*, 14 septembre 2011, A/HRC/18/35/Add.6, ONU.

Anaya, James, 2012a, *Comentarios del relator especial sobre los derechos de los pueblos indígenas, en relación con el documento titulado : Propuesta de gobierno para nueva normativa de consulta y participación indígena de conformidad a los artículos 6° y 7° del Convenio N° 169 de la Organización Internacional del Trabajo*, http://unsr.jamesanaya.org/special-reports/comentarios-a-la-propuesta-del-normativa-de-consulta-chile [consulté le 11 février 2015].

Anaya, James, 2012b, *Rapport du rapporteur spécial sur les droits des peuples autochtones*, A/HRC/21/47, ONU.

Anaya, James, 2012c, *Informe del Relator Especial sobre los derechos de los pueblos indígenas. La situación de los pueblos indígenas en Argentina*. A/HRC/21/47/Add.2, ONU.

Anaya, James, 2013, *Rapport du rapporteur spécial sur les droits des peuples autochtones*, A/68/317, ONU, pp. 16-19.

Canqui, Elisa, 2011, *El trabajo forzoso y los pueblos indígenas*, E/C.19/2011/CRP. 4.

CDH-Medpa, 2009, Étude sur les enseignements tirés et les défis à relever pour faire du droit des peuples autochtones à l'éducation une réalité, 2a/hrc/emrip/2009/2, ONU.

CDH-Medpa, 2010a, *Rapport du Mécanisme d'experts sur les droits des peuples autochtones sur le séminaire des Nations unies sur les traités, accords et autres arrangements constructifs*, A/HRC/EMRIP/2010/5, ONU.

CDH-Medpa, 2010b, *Rapport préliminaire de l'étude du Mécanisme d'experts sur les droits des peuples autochtones*, A/HRC/EMRIP/2010/2, ONU.

CDH-Medpa, 2010c, *Contribution à l'étude sur les peuples autochtones et le droit de participer à la prise de décisions*, A/HRC/EMRIP/2010/3, ONU.

CDH-Medpa, 2013, *Étude sur l'accès à la justice dans la promotion et la protection des droits des peuples autochtones*, A/HRC/EMRIP/2013/2, ONU, http://www.ohchr.org/Documents/Issues/IPeoples/EMRIP/Session6/A-HRC-EMRIP-2013-2_fr.pdf.

CDH-Medpa, 2014, *Accès à la justice dans la promotion et la protection des droits des peuples autochtones : justice réparatrice, systèmes judiciaires autochtones et accès à* *la justice des femmes, des enfants et des jeunes ainsi que des personnes handicapées autochtones*, A/HRC/EMRIP/2014/3/Rev.1, ONU.

CDH-Medpa, 2015, *Promotion et protection des droits des peuples autochtones en ce qui concerne leur patrimoine culturel*, A/HRC/30/53, ONU, http://www.ohchr.org/EN/HRBodies/HRC/RegularSessions/Session30/Pages/ListReports.aspx.

Clavero, Bartolomé, 2009, *Cometido del Foro permanente para las Cuestiones indígenas a la luz del valor vinculante y con vistas a la mayor eficacia del derecho internacional de los derechos humanos*, PFII/2009/EGM1/4, ONU.

Cristescu, Aureliu, 1981, *Le Droit à l'autodétermination, développement historique et actuel sur la base des instruments des Nations unies*. Étude du rapporteur spécial de la sous-commission de la lutte contre les mesures discriminatoires et de la protection des minorités, E/CN.4/Sub.2/404/Rev. 1, ONU.

Daes, Erica-Irene, 2001, *Indigenous Peoples and their Relationship to Land*, Final working paper, E/CN.4/Sub.2/2001/21, http://hrlibrary.umn.edu/demo/RelationshiptoLand_Daes.pdf [consulté le 15 février 2017].

Daes, Erica-Irene, 2004, *Rapport final sur l'étude relative à la souveraineté permanente des peuples autochtones sur les ressources naturelles*, E/CN.4/Sub.2/2004/30, ONU.

Endepa, 2011, *Advertencia sobre la inejecución de las leyes nacionales n° 26.160 y 26.554. Emergencia de la posesión y propiedad comunitaria indígena*. http://redaf.org.ar/wp-content/uploads/2011/05/informe-ley-26160.pdf [consulté le 13 février 2017].

Gonella Frishner, Tonya, 2010, *Étude préliminaire des conséquences pour les peuples autochtones de la construction juridique internationale connue sous le nom de « doctrine de la découverte »*, document de l'Instance permanente sur les questions autochtones, EC19/2010/13, ONU.

Littlechild, Wilton, 2004, *Rapport du séminaire sur les traités, accords et autres arrangements constructifs entre les États et les peuples autochtones*, Groupe de travail de la Commission des droits de l'homme, E/CN.4/Sub.2/AC.4/2004/7, ONU.

Martínez, Miguel Alfonso, 1999, *Étude des traités, accords et autres arrangements constructifs entre les États et les populations autochtones*, rapport final, E/CN.4/Sub.2/1999/20, ONU.

Martínez Cobo, José, 1981-1986, *Étude du problème de la discrimination contre les populations autochtones*, E/CN.4/Sub.2/476 ; E/CN.4/Sub.2/476/Add.5 ; E/CN.4/Sub.2/1982/2 ; E/CN.4/Sub.2/1983/21 (1981-1983) ; E/CN.4/sub 2/1986/87 add 1-4, ONU, https://www.un.org/development/desa/indigenouspeoples/publications/2014/09/martinez-cobo-study/ [consulté le 4 mars 2017].

Santa Cruz, Hernán, 1970, *Racial Discrimination*, E/CN. 4/Sub 2/307/Rev., ONU, chap. IX, « Measures taken in connexion with the protection of indigenous peoples » et chap. XIII, §§ 1094-1102, « Problems of indigenous populations ».

Stavenhagen, Rodolfo, 2004, *Rapport du rapporteur spécial sur les droits et libertés fondamentales des peuples autochtones*, E/CN.4/2004/80/Add.3, ONU.

Stavenhagen Rodolfo, 2006, *Rapport du rapporteur spécial sur la situation des droits de l'homme et des libertés fondamentales des populations autochtones. Additif mission en Nouvelle-Zélande*, E/CN.4/2006/78/Add.3, ONU.

Union interparlementaire, 2014, *Au-delà des chiffres : la représentation des peuples autochtones au Parlement*, http://www.ipu.org/pdf/publications/indigenous-sur-fr.pdf [consulté le 10 mars 2015].

Wild, Rex et Anderson, Pat, 2007, *Ampe Akelyernemane Meke Mekarle « Little Children are Sacred »: Report of the Northern Territory Board of Inquiry into the Protection of Aboriginal Children from Sexual Abuse*, http://web.archive.org/web/20070703014641/http://www.nt.gov.au/dcm/inquirysaac/pdf/bipacsa_final_report.pdf [consulté le 4 avril 2016].

Décisions, observations, rapports des organes de droit

Comité des droits économiques, sociaux et culturels

CDESC, 1969, *Observation générale n° 12 sur les expulsions forcées*: E/1998/22, annexe IV, § 10.

CDESC, 1997, *Observation générale n° 7: le droit à un logement suffisant (art. 11.1 du pacte); expulsions forcées*, E/1998/22, réimprimé [...] HRI/GEN/1/Rev.7 (2004), https://hrlibrary.umn.edu/esc/frencg/general_comments/index_gc.html [consulté le 4 mars 2017].

CDESC, 2000a, *Observation générale n° 12 sur le droit à une alimentation adéquate* (article 11), E/C.12/1999/5, § 13.

CDESC, 2000b, *Observation générale n° 14 sur le droit à bénéficier du niveau de santé le plus élevé* (article 12), E/C.12/2000/4, §§ 12(b) et 27.

CDESC, 2002, *Observation générale n° 15 sur le droit à l'eau* (articles 11 et 12 du Pidesc), E/C.12/2002/11, §§ 7 et 16.

CDESC, 2009, *Observation générale n° 11 sur les enfants autochtones et leurs droits en vertu de la Convention*, CRC/C/GC/11, § 16.

CNCDH, 2017, *La place des peuples autochtones dans les territoires ultramarins français*. Avis du 23 février, http://www.cncdh.fr/sites/default/files/170223_avis_peuples_autochtones.pdf [consulté le 8 mars 2017].

Comité pour l'élimination du racisme et de la discrimination

CEDR, 1997, RG n° XXIII, *Les Droits des populations autochtones* (51e session), A/52/18, annexe V; réimprimé dans Recommandations générales adoptées par les organes créés en vertu d'instruments relatifs aux droits de l'homme, HRI/GEN/1/Rev.7 (2004).

CEDR, 2010, *Rapport du Comité des Nations unies pour l'élimination des discriminations raciales concernant le Danemark*, CERD/C/DNK/CO/18-19 de 2010.

CEDR, 2011, *Rapport du Comité des Nations unies pour l'élimination des discriminations raciales concernant la Norvège*, CERD/C/NOR/CO/19-20.

CEDR, 2012, *Rapport du Comité des Nations unies pour l'élimination des discriminations raciales concernant la Finlande*, CERD/C/FIN/CO/20-22.

CEDR, 2013a, *Rapport du Comité des Nations unies pour l'élimination des discriminations raciales concernant la Suède*, C/SWE/CO/19-21.

CEDR, 2013b, *Rapport du Comité des Nations unies pour l'élimination des discriminations raciales concernant la Russie*, CERD/C/RUS/CO/20-22.

Commission interaméricaine des droits de l'homme

CIDH, 1973, *Protection spéciale des populations autochtones. Action pour combattre le racisme et la discrimination raciale,* Résolution du 13 mars 1973, OEA/Ser.L/V/II/.29, doc. 41 rev. 2.

CIDH, 1993, *Report on the Situation of Human Rights of a Segment of the Nicaraguan Population of Miskito Origin*, OEA/Ser.L./V.II.62, doc. 10 rev. 3.

CIDH, 1994, *Special Report on the Human Rights Situation in the so-called « Communities of Peoples in Resistance » in Guatemala*, OEA/Ser/L/V/II.86, doc. 5 rev. 1.

CIDH, 1994, *Observation générale n° 23 sur l'article 27 (droits des minorités) du PIDCP*, CCPR/C/21/rev.1/Add.5, § 7.

CIDH, 1997, *Recommandation générale XXIII : les peuples autochtones*, Cerd/C/51/Misc.23/rev.1, § 5.

CIDH, 2000, *The Human Rights Situation of Indigenous People in the Americas (2000)* http://www.cidh.org/Indigenas/TOC.htm.

CIDH, 2001, *Authorities and Precedents in International and Domestic Law for Proposed American Declaration on the Rights of Indigenous Peoples*, OEA/Ser.L/V/II.110, doc. 22.

CIDH, 2001, *5ᵉ rapport sur la situation des droits de l'homme au Guatemala*, OEA/Ser.L/V/II.111, Doc. 21 rev. Cápitulo X.

CIDH, 2002, *Informe sobre Terrorismo y Derechos Humanos*, § 341.

CIDH, 2007a, *El acceso a la justicia como garantía de lo Derechos económicos, sociales y culturales. Estudio de los estándares fijados por el sistema Interamericano de derechos humanos,* OEA/Ser.L/V/II.129, doc. 4.

CIDH, 2007b, *Acceso a la justicia para las mujeres víctimas de violencia en las Américas*.

CIDH, 2009, *Indigenous and Tribal Peoples' Rights over their Ancestral Lands and Natural Resources*, OEA/Ser.L/V/II, doc. 56/09.

CIDH, 2009, *Rapport de suivi sur l'accès à la justice et l'inclusion sociale. Le chemin vers le renforcement de la démocratie en Bolivie*, OEA/Ser/L/V/II.135, doc. 40.

CIDH, 2010a, *Derechos de los pueblos indígenas y tribales sobre sus tierras ancestrales y recursos naturales. Normas y jurisprudencia del Sistema Interamericano de Derechos Humanos*, OEA/Ser.L/V/II, doc. 56/09.

CIDH, 2010b, *Captive Communities : Situation of the Guaraní Indigenous People and Contemporary Forms of Slavery in the Bolivian Chaco (2010)*, OEA/Ser.L/V/II, doc. 58.

CIDH, 2013, *Indigenous Peoples in Voluntary Isolation and Initial Contact in the Americas*, OEA/Ser.L/V/II, doc. 47/13, OEA/IACHR/Iwgia.

Commission africaine des droits de l'homme et des peuples

CADHP-Iwgia, 2005, *Rapport du Groupe de travail d'experts de la Commission africaine des droits de l'homme et des peuples sur les populations/communautés autochtones*, Copenhague, Iwgia.

CADHP, 2009, Décision 276/03 - *Center for Minority Rights Development (Kenya) and Minority Rights Group (on behalf of Endorois Welfare Council)/ Kenya*, 25 novembre.

CADHP, 2011, *Résolution sur la protection des droits des populations autochtones dans le contexte de la convention sur le Patrimoine mondial et l'inscription du lac Bogoria sur la liste du Patrimoine mondial*, 50ᵉ session ordinaire, 24/10-5/11/2011.

Cour européenne des droits de l'homme

CEDH, 1979, arrêt *Airey c. Irlande*, décision du 9 octobre 1979.

CEDH, 2012, *References to the Inter-American Court of Human Rights in the Case Laws of the European Court of Human Rights*, Council of Europe/European Court of Human Rights, http://www.echr.coe.int/Documents/Research_report_inter_american_court_ENG.pdf [consulté le 23 mars 2015].

Cour interaméricaine des droits de l'homme

CourIDH, 2000, *2e rapport sur le Pérou : Segundo Informe sobre la situación de los derechos humanos en el Perú*, OEA/Ser.L/V/II.106, Doc. 59 rev., Capítulo X, parr. 16.

CourIDH, 2001, *Affaire de la Comunidad Mayagna (Sumo) Awas Tingni c. Nicaragua*. Décision du 31 août.

CourIDH, 2002, *Rapport n° 75/02*, Affaire 11.140, *Mary et Carrie Dann (États-Unis)*, 27 décembre.

CourIDH, 2004, *Rapport sur les communautés maya du district de Toledo (Belize)*, n° 40/04, Affaire12.053, 12 octobre.

CourIDH, 2005a, *Affaire Comunidad Indígena Yakye Axa c. Paraguay*. Décision du 17 juin.

CourIDH, 2005b, *Affaire Village Moiwana c. Suriname*. Décision du 15 juin.

CourIDH, 2006, *Affaire Comunidad Indígena Sawhoyamaxa c. Paraguay*. Décision du 29 mars.

CourIDH, 2007, *Affaire Pueblo Saramaka c. Surinam*. Décision du 28 novembre.

CourIDH, 2009, *Democracia y Derechos Humanos en Venezuela*. Doc. OEA/Ser.L/V/II, Doc.54, § 1137- recommandation 3.

CourIDH, 2009, *Affaire Radilla Pacheco v. États-Unis mexicains*. Décision du 23 novembre http://www.ordenjuridico.gob.mx/jurint/STCIDHM4.pdf [consulté le 15 février 2017].

CourIDH, 2010, *Affaire Comunidad Indígena Xákmok Kásek v. Paraguay*. Décision du 24 août.

CourIDH, 2010, *Arrêt Rosendo Cantú et autres c. México du 31 août 2010 ; arrêt Fernández Ortega et autres c. México* du 30 août 2010.

CourIDH, 2012, *Pueblo Indígena Kichwa de Sarayaku c. Ecuador*. Décision du 27 juin.

CourIDH, 2013, *Affaire Comunidad Garífuna Punta Piedra y sus miembros c Honduras*, cas n° 12.761, remise à la Cour le 1er octobre 2013.

CourIDH, 2014, *Arrêt Norín Catriman et autres (Lonkos, dirigeants et activistes du peuple autochtone Mapuche) c. Chili*, du 29 mai 2014. Et *Affaire peuples kaliña et lokono c. Suriname*, remise à la Cour le 26 janvier 2014.

Organisation internationale du travail

OIT, 2010, *Monitoreo de los derechos de los pueblos indígenas y tribales a través de los convenios de la OIT. Una recopilación de los comentarios de los órganos de control de la OIT 2009-2010*, OIT.

OIT, 2009, *Rapport du Comité d'examen de la plainte relative au non-respect par la Colombie de la Convention 169, présentée en vertu de l'article 24 de la charte de l'OIT*, par la Central Unitaria de Trabadores (CUT) [en línea]. Organización Internacional del Trabajo [ref. 5 de abril de 2009], OIT.

Bedoya Garland, Eduardo et Bedoya Silva-Santisteban, Alvaro, 2005a, *Enganche y Servidumbre por Deudas en Bolivia*, DECLARATION/WP/41/2004, OIT.

Bedoya Silva-Santisteban, Alvaro et Bedoya Garland, Eduardo, 2005b, *Servidumbre por Deudas y Marginación en el Chaco de Paraguay*, DECLARATION/WP/45/2005, OIT.

Autres documents de référence

Archimbaud, Aline et Chapdelaine, Marie-Anne, 2015, *Rapport à Monsieur le Premier ministre, Suicides des jeunes Amérindiens en Guyane française : 37 propositions pour enrayer ces drames et créer les conditions d'un mieux-être*, http://www.ladocumentationfrancaise.fr/var/storage/rapports-publics/154000882.pdf [consulté le 4 mars 2017].

Commission nationale consultative des droits de l'homme (CNCDH), 2017, Avis - *La place des peuples autochtones dans les territoires ultramarins français*, 23 février, http://www.cncdh.fr/sites/default/files/170223_avis_peuples_autochtones.pdf, [consulté le 8 mars 2017].

Conférence des parties à la Convention sur la diversité biologique, décision VII/16 adoptée le 13 avril 2004, UNEP/CBD/COP/DEC/VII/16.

Defensoria penal pública de Chile, 2008, *La defensa de imputados indígenas en la defensoria penal pública*, http://www.dpp.cl/resources/upload/7b2bbb2dab6e978eda31ebf9f61ea010.pdf [consulté le 11 mars 2015].

Defensoria penal pública de Chile, 2014, *Memoria 2013*, http://www.dpp.cl/resources/upload/files/documento/bd1eefb5a04f47e285d12fb10aa387c6.pdf [consulté le 11 mars 2015].

Sénat coutumier, 2014, *Charte du peuple kanak – Socle des valeurs et principes fondamentaux de la civilisation kanak*, http://www.senat-coutumier.nc/phocadownload/userupload/nos_publications/charte_socle_commun_2014.pdf.

Social Justice Report, 2009, http://www.humanrights.gov.au/publications/social-justice-report-2009 [consulté le 9 février 2015].

Wietersheim (von), Erika, 2002, *Educationally Marginalized Children in Namibia: An Inventory of Programmes, Interventions and Data*, Unicef/Ministry of Basic Education, Sport and Culture (MBESC), http://www.streetchildrenresources.org/wp-content/uploads/2013/02/educationally-marginalised-namibia.pdf [consulté le 13 février 2017].

Wimsa, 2001, *Media and Research Contract of the San of Southern Africa*. Approved by the Wimsa Annual General Assembly on 28 November, Working Group for Indigenous Minorities in Southern Africa, Windhoek, Namibia.

Wimsa, 2003, *The San of Southern Africa: heritage and intellectual property*. Working Group for Indigenous Minorities in Southern Africa, Windhoek, Namibia.

Wimsa, 2004, *Annual report, April 2003 to March 2004*. Working Group for Indigenous Minorities in Southern Africa, Windhoek, Namibia.

INDEX DES TABLEAUX ET FIGURES

L'HARMATTAN ITALIA
Via Degli Artisti 15; 10124 Torino
harmattan.italia@gmail.com

L'HARMATTAN HONGRIE
Könyvesbolt ; Kossuth L. u. 14-16
1053 Budapest

L'HARMATTAN KINSHASA
185, avenue Nyangwe
Commune de Lingwala
Kinshasa, R.D. Congo
(00243) 998697603 ou (00243) 999229662

L'HARMATTAN CONGO
67, av. E. P. Lumumba
Bât. – Congo Pharmacie (Bib. Nat.)
BP2874 Brazzaville
harmattan.congo@yahoo.fr

L'HARMATTAN GUINÉE
Almamya Rue KA 028, en face
du restaurant Le Cèdre
OKB agency BP 3470 Conakry
(00224) 657 20 85 08 / 664 28 91 96
harmattanguinee@yahoo.fr

L'HARMATTAN MALI
Rue 73, Porte 536, Niamakoro,
Cité Unicef, Bamako
Tél. 00 (223) 20205724 / +(223) 76378082
poudiougopaul@yahoo.fr
pp.harmattan@gmail.com

L'HARMATTAN CAMEROUN
TSINGA/FECAFOOT
BP 11486 Yaoundé
699198028/675441949
harmattancam@yahoo.com

L'HARMATTAN CÔTE D'IVOIRE
Résidence Karl / cité des arts
Abidjan-Cocody 03 BP 1588 Abidjan 03
(00225) 05 77 87 31
etien_nda@yahoo.fr

L'HARMATTAN BURKINA
Penou Achille Some
Ouagadougou
(+226) 70 26 88 27

L'HARMATTAN SÉNÉGAL
10 VDN en face Mermoz, après le pont de Fann
BP 45034 Dakar Fann
33 825 98 58 / 33 860 9858
senharmattan@gmail.com / senlibraire@gmail.com
www.harmattansenegal.com

Achevé d'imprimer par Corlet Numérique - 14110 Condé-sur-Noireau
N° d'Imprimeur : 137743 - Dépôt légal : avril 2017 - *Imprimé en France*

www.ingramcontent.com/pod-product-compliance
Lightning Source LLC
LaVergne TN
LVHW021144061026
849535LV00002B/356
* 9 7 8 2 3 4 3 1 1 9 0 8 3 *